U0709934

中國國家圖書館編

國家圖書館藏敦煌遺書

第一百二十三册　北敦一四一五二號——北敦一四二二一號

北京圖書館出版社

圖書在版編目(CIP)數據

國家圖書館藏敦煌遺書・第一百二十三册/中國國家圖書館編;任繼愈主編. 一北京:北京圖書館出版社,2009.12

ISBN 978-7-5013-3685-2

Ⅰ.國… Ⅱ.①中…②任… Ⅲ.敦煌學—文獻 Ⅳ.K870.6

中國版本圖書館 CIP 數據核字(2009)第 216183 號

書　　名　國家圖書館藏敦煌遺書・第一百二十三册
著　　者　中國國家圖書館編　任繼愈主編
責任編輯　徐　蜀　孫　彦
封面設計　李　璀

出　　版　北京圖書館出版社　(100034　北京西城區文津街 7 號)
發　　行　010-66139745　66151313　66175620　66126153
66174391(傳真)　66126156(門市部)
E-mail　btsfxb@nlc.gov.cn(郵購)
Website　www.nlcpress.com → 投稿中心
經　　銷　新華書店
印　　刷　北京文津閣印務有限責任公司

開　　本　八開
印　　張　59.5
版　　次　2009 年 12 月第 1 版第 1 次印刷
印　　數　1-250 册(套)

書　　號　ISBN 978-7-5013-3685-2/K・1648
定　　價　990.00 圓

編輯委員會

主　　編　任繼愈
常務副主編　方廣錩
副　主　編　李際寧　張志清
編委（按姓氏筆畫排列）　王克芬　王姿怡　吳玉梅　周春華　陳　穎　黄　霞（常務）　黄　建　程佳羽　劉玉芬

出版委員會

主　任　詹福瑞
副主任　陳　力
委　員（按姓氏筆畫排列）　李　健　姜　紅　郭又陵　徐　蜀　孫　彦

攝製人員（按姓氏筆畫排列）

于向洋　王富生　王遂新　谷韶軍　張　軍　張紅兵　張　陽　曹　宏　郭春紅　楊　勇　嚴　平

原件修整人員（按姓氏筆畫排列）

朱振彬　杜偉生　李　英　胡玉清　胡秀菊　張　平　劉建明

目錄

BD14152 號背　現代護首　　（1–1）

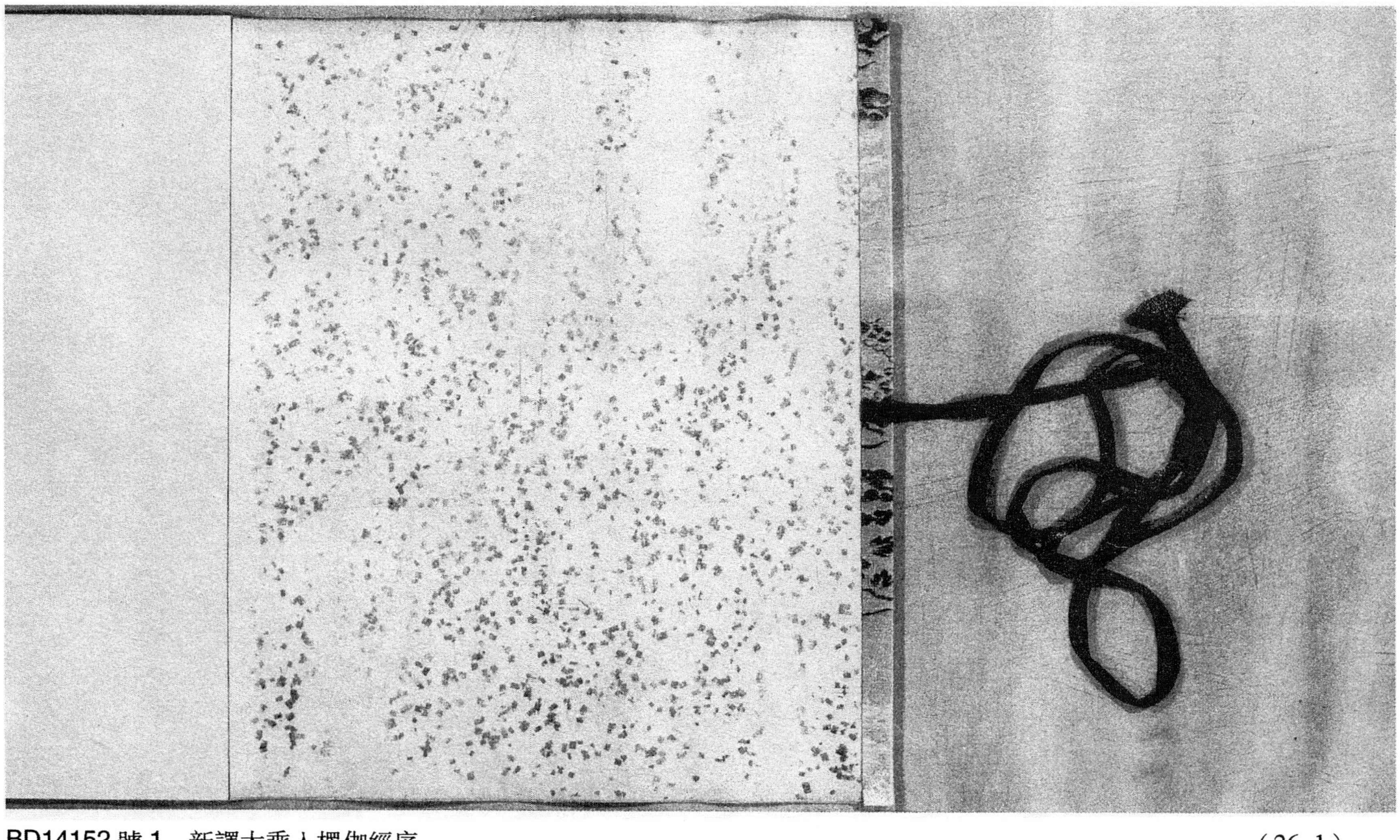

BD14152 號 1　新譯大乘入楞伽經序　　（26–1）

新譯大乘入楞伽經序　御製

蓋聞摩羅山頂既最崇而最嚴楞伽城中實
難往而難入先佛弘宣之地曩聖修行之所
爰有城主號羅婆那乘宮殿以謁
尊顏奏樂音而祈妙法因曦峯以表興指藏
海以明宗所言入楞伽經者斯乃諸佛心量
之玄樞群經理窟之妙鍵廣喻幽旨洞明深
義不生不滅非有非無絕去來之二途離斷

BD14152 號 1　新譯大乘入楞伽經序　（26–2）

尊顏奏樂音而祈妙法因曦峯以表興指藏
海以明宗所言入楞伽經者斯乃諸佛心量
之玄樞群經理窟之妙鍵廣喻幽旨洞明深
義不生不滅非有非無絕去來之二途離斷
常之雙執以第一義諦得最上妙珍體諸法
之皆虛知前境之如幻混假名之分別等生
死與涅槃大慧之問初陳法王之旨斯發一
百八義應實相而離世間三十九門破邪
見而宣正法曉名相之並假祛妄想之迷
衿依正智以會如如悟緣起而歸妙理境風
既息識浪方澄三自性皆空二無我俱泯入
如來之藏遊解脫之門原此經文來自西國
至若元嘉建號跋陀之譯未弘延昌紀年
流支之義多舛朕虔思付囑情切紹隆以久
視元年歲次庚子林鍾紀律炎帝司辰于
時避暑箕峯觀風潁水三陽宮內重出斯經
討三本之要識〔詮〕七卷之了教三藏沙門于闐
國僧實叉難陀大德大福先寺僧復禮等並
名追安遠德邁騰蘭襲龍樹之芳猷探馬
鳴之秘府戒香與覺花齊馥意珠共性月
同圓故能了達沖微發揮奧賾以長安四
年正月十五日繕寫云畢自惟菲薄言謝珪
璋顧四辯而多慚瞻一乘而罔測難違緇俗
之請綴申翰墨之文詞拙理乖彌增愧恧伏
以此經微妙最為希有所冀破重昏之暗傳

BD14152 號 1　新譯大乘入楞伽經序　（26–3）

年正月十五日繕寫云畢自惟菲薄言謝珪
璋顧四辯而多慙瞻一乘而罔測難違緇俗
之請狸申翰墨之文詞拙理乖彌增媿恧伏
以此經微妙最爲希有所冀破重昏之暗傳
燈之句不窮演流注之功湧泉之義无盡題
目品次列於後云

佛說大乘入楞伽經羅婆那王勸請品第一品
如是我聞一時佛住大海濱摩羅耶山頂楞
伽城中與大比丘衆及大菩薩衆俱其諸菩
薩摩訶薩悉已通達五法三性諸識无我善
知境界自心現義遊戲无量自在三昧神通
諸力隨衆生心現種種形方便調伏一切諸
佛手灌其頂皆從種種諸佛國土而來此會
大慧菩薩摩訶薩爲其上首
尒時世尊於海龍王宮說法過七日已從大
海出有无量億梵釋護世諸天龍等奉迎於
佛尒時如來擧目觀見摩羅耶山楞伽大城
即便微笑而作是言昔諸如來應正等覺皆
於此城說自所得聖智證法非諸外道臆度
邪見及以二乘修行境界我今亦當爲羅婆
那王開示此法
尒時羅婆那夜叉王以佛神力聞佛言音遙
知如來從龍宮出梵釋護世天龍圍繞見海
波浪觀其衆會藏識大海境界風動轉識浪
起發歡喜心於其城中高聲唱言我當詣佛

BD14152 號 1　新譯大乘入楞伽經序

BD14152 號 2　大乘入楞伽經卷一

(26–4)

那王開示此法
尒時羅婆那夜叉王以佛神力聞佛言音遙
知如來從龍宮出梵釋護世天龍圍繞見海
波浪觀其衆會藏識大海境界風動轉識浪
起發歡喜心於其城中高聲唱言我當詣佛
請入此城令我及與諸天世人於長夜中得
大饒益作是語已即與眷屬乘花宮殿往世
尊所到已下殿右繞三匝作衆伎樂供養如
來所持樂器皆是大青因陁羅寶瑠璃等寶
以爲間錯无價上衣而用纏裹其聲美妙音
節相和於中說偈而讚佛曰

心自性法藏　无我離見垢　證智之所知　願佛爲宣說
善法集爲身　證智常安樂　變化自在者　願入楞伽城
過去佛菩薩　皆曾住此城　此諸夜叉衆　一心願聽法
尒時羅婆那楞伽王以都吒迦音歌讚佛已
復以歌聲而說頌言
世尊於七日　住摩竭海中　然後出龍宮　安詳昇此岸
我與諸綵女　及夜叉眷屬　輸迦娑刺那　衆中聰慧者
悉以其神力　往詣如來所　各下花宮殿　礼敬世所尊
復以佛威神　對佛稱己名　我是羅刹王　十首羅婆那
今來詣佛所　願佛攝受我　及楞伽城中　所有諸衆生
過去无量佛　咸昇寶山頂　住楞伽城中　說自所證法
世尊亦應尒　住彼寶嚴山　菩薩衆圍繞　演說清淨法
我等於今日　及住楞伽衆　一心共欲聞　離言自證法
我念去來世　所有无量佛　菩薩共圍繞　演說楞伽經

BD14152 號 2　大乘入楞伽經卷一

(26–5)

今來詣佛所 願佛攝受我 及楞伽城中 所有諸夜叉
過去无量佛 咸昇寶山頂 住楞伽城中 說自所證法
世尊亦應尒 住彼寶嚴山 菩薩眾圍遶 演說清淨法
我等於今日 及住楞伽眾 一心共欲聞 離言自證法
我念去來世 所有无量佛 菩薩共圍遶 演說楞伽經
此入楞伽典 昔佛所稱讚 願佛同往尊 亦為眾開演
請佛為哀愍 无量夜叉眾 入彼寶嚴城 說此妙法門
此妙楞伽城 種種寶嚴飾 牆壁非土石 羅網悉珍寶
此諸夜叉眾 昔曾供養佛 修行離諸過 證智常明了
夜叉男女等 渴仰於大乘 自信摩訶衍 亦樂令他住
唯願无上尊 為諸羅刹眾 甕耳等眷屬 往詣楞伽城
我於去來今 勤供養諸佛 願聞自證法 究竟大乘道
願佛哀愍我 及諸夜叉眾 共諸佛子等 入此楞伽城
我宮殿妹女 及以諸瓔珞 可愛无憂園 願佛哀納受
我於佛菩薩 无有不捨物 乃至身給侍 唯願哀納受
尒時世尊聞是語已即告之言夜叉王過去
世中諸大導師咸哀愍汝受汝勸請詣寶山中
說自證法未來諸佛亦復如是此是修行
甚深觀行現法樂者之所住處我及諸菩薩
哀愍汝故受汝所請作是語已默然而住時羅
婆那王即以所乘妙花宮殿奉施於佛佛
坐其上王及諸菩薩前後導從无量婇女歌
詠讚歎供養於佛往詣彼城到彼城已羅婆
那王及諸眷屬復作種種上妙供養夜叉眾
中童男童女以寶羅網供養於佛羅婆那王
施寶瓔珞奉佛菩薩以挂其頸尒時世尊及

BD14152 號 2　大乘入楞伽經卷一　（26–6）

詠讚歎供養於佛往詣彼城到彼城已羅婆
那王及諸眷屬復作種種上妙供養夜叉眾
中童男童女以寶羅網供養於佛羅婆那王
施寶瓔珞奉佛菩薩以挂其頸尒時世尊及
諸菩薩受供養已各為略說自證境界甚深之
法時羅婆那王并其眷屬復更供養大慧菩
薩而勸請言
我今請大士 奉問於世尊 一切諸如來 自證智境界
我與夜叉眾 及此諸菩薩 一心願欲聞 是故咸勸請
汝是修行者 言論中最勝 是故生尊敬 勸汝請問法
自證清淨法 究竟入佛地 離外道二乘 一切諸過失
尒時世尊以神通力於彼山中復更化作无
量寶山悉以諸天百千萬億妙寶嚴飾一一
山上皆現佛身一一佛前皆有羅婆那王及
其眾會十方所有一切國土皆於中現一一
國中悉有如來一一佛前咸有羅婆那王并
其眷屬楞伽大城阿輸迦園如是莊嚴等无
有異一一皆有大慧菩薩而興請問佛為開
示自證智境以百千妙音說此經已佛及諸
菩薩皆於空中隱而不現羅婆那王唯自見
身住本宮中作是思惟向者是誰誰聽其說
所見何物是誰能見佛及國城眾寶山林如
是等物今何所在為夢所作為幻所成為復猶
如乾闥婆城為翳所見為燄所惑為如夢中
石女生子為如煙旋火輪耶復更思惟一切

BD14152 號 2　大乘入楞伽經卷一　（26–7）

所見何物是誰能見佛及國城衆寶山林如
是等物今何所在爲夢所作爲幻所成爲復猶
如乾闥婆城爲翳所見爲燄所惑爲如夢中
石女生子爲如煙焰旋火輪耶復更思惟一切
諸法性皆如是唯是自心分別境界凡夫
迷惑不能解了无有能見亦无所見无有
能說亦无所說見佛聞法皆是分別如向所
見不能見佛不起分別是則能見時楞伽王
尋即開悟離諸雜染證唯自心住无分別往
昔所種善根力故於一切法得如實見不隨
他悟能以自智善巧觀察永離一切臆度邪
解住大修行爲修行師現種種身善達方便
巧知諸地上增進相常樂遠離心意意識斷
三相續見離外道執著內自覺悟入如來藏
趣於佛地聞虛空中及宮殿內咸出聲言善
哉大王如汝所覺諸修行者應如是學應如
是見一切如來應如是見一切諸法若異見
者則是斷見汝應永離心意意識應懃觀察
一切諸法應修內行莫著外見莫墮二乘及
以外道所修句義所見境界及所應得諸三
昧法汝不應樂戲論談笑汝不應起圍陁諸
見亦不應著王位自在亦不應住六定等中
若能如是即是如實修行者行能摧他論能
破惡見能捨一切我見執著能以妙慧轉所依
識能修菩薩大乘之道能入如來自證之地汝

BD14152號2　大乘入楞伽經卷一　（26–8）

若能如是即是如實修行者行能摧他論能
破惡見能捨一切我見執著能以妙慧轉所依
識能修菩薩大乘之道能入如來自證之地汝
應如是勤加修學令所得法轉更清淨善修
三昧三摩鉢底莫著二乘外道境界以爲勝
樂如凡修者之所分別外道執我見有我相
及實求那而生取著二乘見有无明緣行於
性空中亂想分別楞伽王此法殊勝是大乘
道能令成就自證聖智於諸有中受上妙生
楞伽王此大乘行破无明翳滅識波浪不墮
外道諸見行中楞伽王外道行者執著於我
作諸異論不能演說離執著見識性二義善
哉楞伽王汝先見佛思惟此義如是思惟乃
是見佛
尒時羅婆那王復作是念願我更得奉見如
來如來世尊於觀自在離外道法能說自證
聖智境界超諸應化所應作事住如來定入
三昧樂是故說名大觀行師亦復名爲大哀
愍者能燒煩惱分別薪盡諸佛子衆所共圍
繞普入一切衆生心中遍一切處具一切智
永離一切分別事相我今願得重見如來大
神通力以得見故未得者得已得不退離諸
分別住三昧樂增長滿足如來智地
尒時世尊知楞伽王即當證悟无生法忍爲

BD14152號2　大乘入楞伽經卷一　（26–9）

永離一切分別事相我今願得重見如來大
神通力以得見故未得者得已得不退離諸
分別住三昧樂增長滿足如來智地
尒時世尊知楞伽王即當證悟无生法忍爲
哀愍故便現其身令所化事還復如本時十
頭王見所曾覩无量山城悉寶莊嚴一一城
中皆有如有應正等覺三十二相以嚴其身
自見其身遍諸佛前悉有大慧夜叉圍繞說
自證智所行之法亦見十方諸佛國土如是
等事悉无有別尒時世尊普觀衆會以慧
眼觀非肉眼觀如師子王奮迅迴盻欣然大
笑於其眉間髀脇腰頸及以肩臂德字之中
一一毛孔皆放无量妙色光明如虹拖暉如日
舒光亦如劫火猛焰熾然時虛空中梵釋四
天遙見如來坐如須弥楞伽山頂欣然大笑
尒時諸菩薩及諸天衆咸作是念如來世尊
於法自在何因緣故欣然大笑身放光明默
然不動住自證境入三昧樂如師子王周迴
顧視觀羅婆那念如實法
尒時大慧菩薩摩訶薩先受羅婆王請復知
菩薩衆會之心及觀未來一切衆生皆悉樂
著語言文字隨言取義而生迷惑執取二乘外
道之行或作是念世尊已離諸識境界何因
緣故欣然大笑爲斷彼疑而問於佛佛即告
言善哉大慧善哉大慧汝觀世間愍諸衆生

BD14152號2　大乘入楞伽經卷一　（26–10）

著語言文字隨言取義而生迷惑執取二乘外
道之行或作是念世尊已離諸識境界何因
緣故欣然大笑爲斷彼疑而問於佛佛即告
言善哉大慧善哉大慧汝觀世間愍諸衆生
於三世中惡見所纏欲令開悟而問於我諸
智慧人爲利自他能作是問大慧此楞伽王
曾問過去一切如來應正等覺二種之義今
亦欲問未來亦尒此二種義差別之相一切
二乘及諸外道皆不能測
尒時如來知楞伽王欲問此義而告之曰楞伽
王汝欲問我宜應速問我當爲汝分別解釋
滿汝所願令汝歡喜能以智慧思惟觀察離
諸分別善知諸地修習對治證真實義入三
昧樂爲諸如來之所攝受住奢摩他樂遠
離二乘三昧過失住於不動善慧法雲菩薩
之地能如實知諸法无我當於大寶蓮花宮
中以三昧水而灌其頂復現无量蓮花圍繞
无數菩薩於中止住與諸衆會遞相瞻視如
是境界不可思議楞伽王汝起一方便行住
修行地復起无量諸方便行汝定當得如上
所說不思議事處如來位隨形應物汝所當
得一切二乘及諸外道梵釋天等所未曾見
尒時楞伽王蒙佛許已即於清淨光明如大
蓮花寶山頂上從座而起諸婇女衆之所圍
繞化作无量種種色花種種色香末香塗香
幢幡幰蓋冠佩瓔珞及餘世間未曾見聞

BD14152號2　大乘入楞伽經卷一　（26–11）

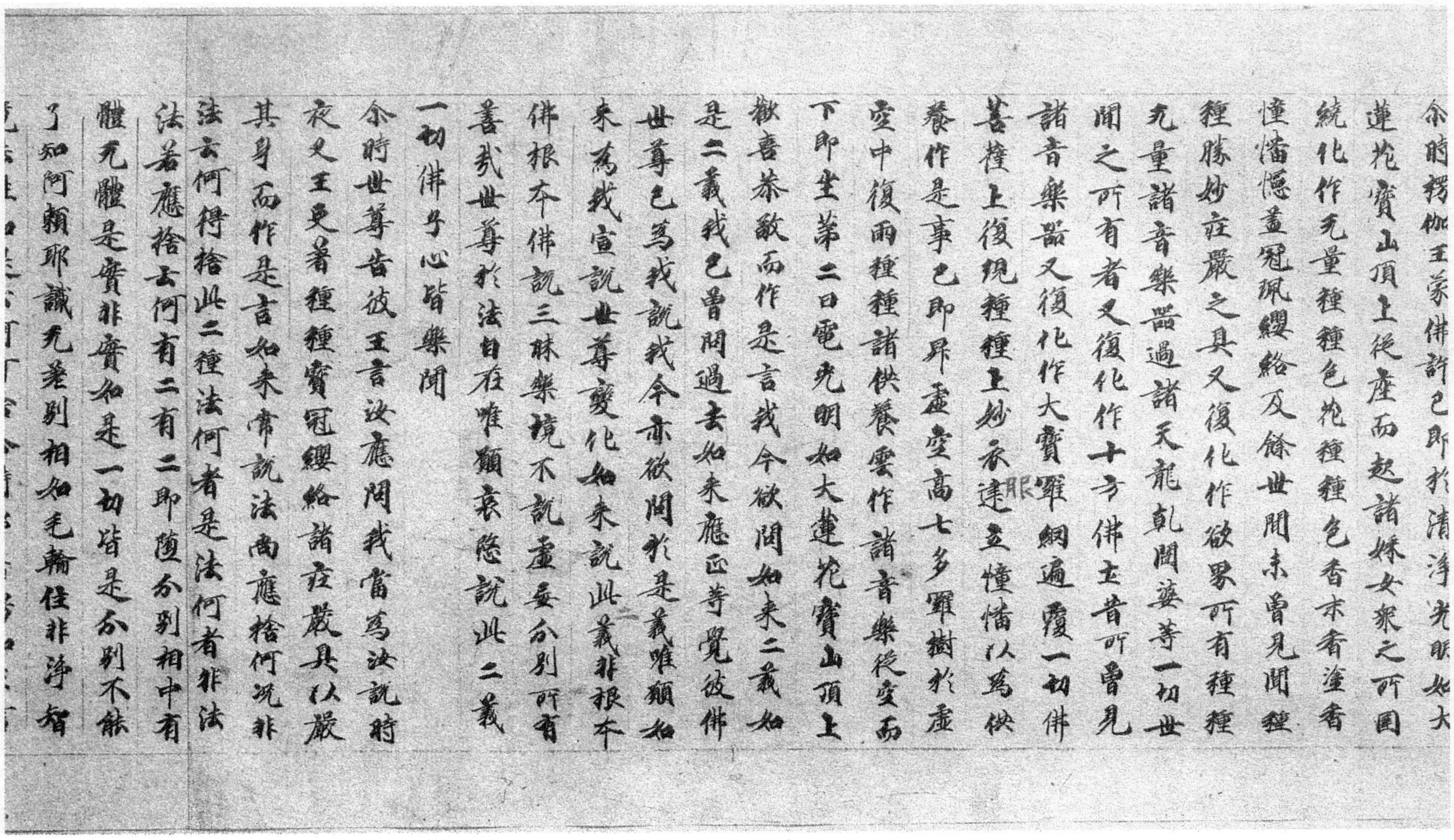
尒時楞伽王蒙佛許已即於清淨光明如大
蓮花寶山頂上從座而起諸婇女衆之所圍
繞化作无量種種色花種種色香末香塗香
幢幡幰蓋冠佩瓔珞及餘世間未曾見聞種
種勝妙莊嚴之具又復化作欲界所有種種
无量諸音樂器過諸天龍乾闥婆等一切世
間之所有者又復化作十方佛土昔所曾見
諸音樂器又復化作大寶羅網遍覆一切佛
菩薩上復現種種上妙衣服建立幢幡以為供
養作是事已即昇虛空高七多羅樹於虛
空中復雨種種諸供養雲作諸音樂從空而
下即坐第二日電光明如大蓮花寶山頂上
歡喜恭敬而作是言我今欲問如來二義如
是二義我已曾問過去如來應正等覺彼佛
世尊已為我說我今亦欲問於是義唯願如
來為我宣說世尊變化如來說此義非根本
佛根本佛說三昧樂境不說虛妄分別所有
善哉世尊於法自在唯願哀愍說此二義
一切佛子心皆樂聞
尒時世尊告彼王言汝應問我當為汝說時
夜叉王更著種種寶冠瓔珞諸莊嚴具以嚴
其身而作是言如來常說法尚應捨何况非
法云何得捨此二種法何者是法何者非法
法若應捨云何有二有二即墮分別相中有
體无體是實非實如是一切皆是分別不能
了知阿賴耶識无差別相如毛輪住非淨智

BD14152 號 2　大乘入楞伽經卷一　（26–12）

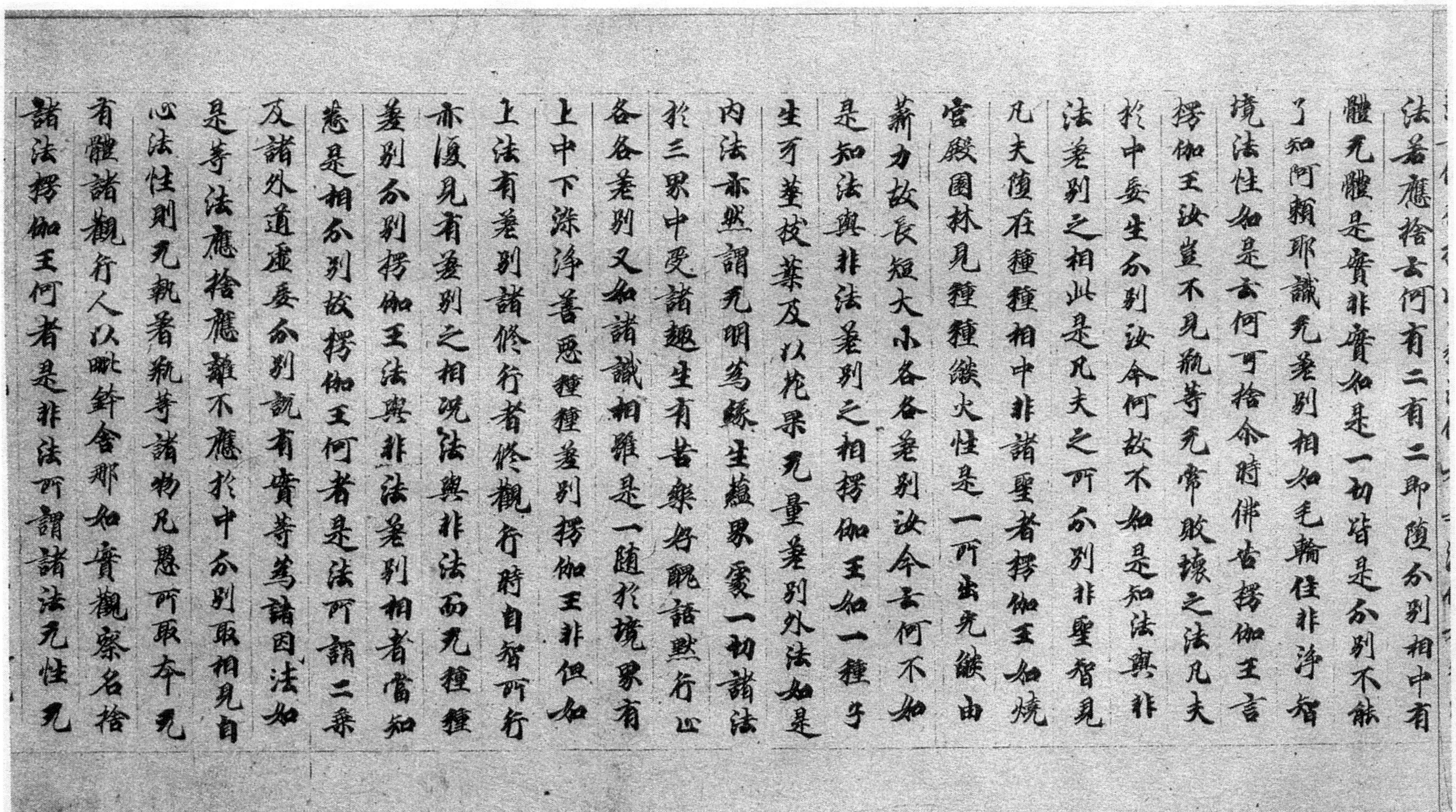
法若應捨云何有二有二即墮分別相中有
體无體是實非實如是一切皆是分別不能
了知阿賴耶識无差別相如毛輪住非淨智
境法性如是云何可捨尒時佛告楞伽王言
楞伽王汝豈不見瓶等无常敗壞之法凡夫
於中妄生分別汝今何故不如是知法與非
法差別之相此是凡夫之所分別非聖智見
凡夫墮在種種相中非諸聖者楞伽王如燒
宮殿園林見種種燄火性是一所出光燄由
薪力故長短大小各各差別汝今云何不如
是知法與非法差別之相楞伽王如一種子
生牙莖枝葉及以花果无量差別外法如是
內法亦然謂无明為緣生蘊界處一切諸法
於三界中受諸趣生有苦樂好醜語默行止
各各差別又如諸識相雖是一隨於境界有
上中下染淨善惡種種差別楞伽王非但如
上法有差別諸修行者修觀行時自智所行
亦復見有差別之相况法與非法而无種種
差別分別楞伽王法與非法差別相者當知
悉是相分別故楞伽王何者是法所謂二乘
及諸外道虛妄分別說有實等為諸因法如
是等法應捨應離不應於中分別取相見自
心法性則无執著瓶等諸物凡愚所取本无
有體諸觀行人以毗鉢舍那如實觀察名捨
諸法楞伽王何者是非法所謂諸法无性无

BD14152 號 2　大乘入楞伽經卷一　（26–13）

是等法應捨應離不應於中分別取相見自
心法性則无執著執等諸物凡愚所取本无
有體諸觀行人以毗鉢舍那如實觀察名捨
諸法楞伽王何者是非法所謂諸法无性无
相永離分別如實見者若有若无如是境界
彼皆不起是名捨非法復有非法所謂兔角
石女兒等皆无性相不可分別但隨世俗說
有名字非如執等而可取著以彼非是識之
所取如是分別亦應捨離是名捨法及捨非
法楞伽王汝先所問我已說竟楞伽王汝言
我於過去諸如來所已問是義彼諸如來已
為我說楞伽王汝言過去但是分別未來亦
然我亦同彼楞伽王彼諸佛法皆離分別已
出一切分別戲論非如色相唯智能證為令
衆生得安樂故而演說法以无相智說名如
來是故如來以智為體智為身故不可分別
不可以何分別不可以我人衆生相分別何
故不能分別以意識因境界起取色形相是
故離能分別亦離所分別楞伽王譬如壁上
畫彩衆生无有覺知世間衆生悉亦如是无業
无報諸法亦然无聞无說楞伽王世間衆生
猶如變化凡夫外道不能了達楞伽王能如
是見名為正見若他見者名分別見由分別
故取著於二楞伽王譬如有人於水鏡中自
見其像於燈月中自見其影於山谷中自聞

猶如變化凡夫外道不能了達楞伽王能如
是見名為正見若他見者名分別見由分別
故取著於二楞伽王譬如有人於水鏡中自
見其像於燈月中自見其影於山谷中自聞
其響便生分別而起取著此亦如是法與非
法唯是分別由分別故不能捨離但更增長
一切虛妄不得寂滅寂滅者所謂一緣一緣
者是最勝三昧從此能生自聖智以如來藏
而為境界

佛說大乘入楞伽經集一切法品第二之初

尒時大慧菩薩摩訶薩與摩帝菩薩俱遊一
切諸佛國土承佛神力從座而起偏袒右肩
右膝著地向佛合掌曲躬恭敬而說頌言
世間離生滅　譬如虛空花　智不得有无　而興大悲心
一切法如幻　遠離於心識　智不得有无　而興大悲心
世間恒如夢　遠離於斷常　智不得有无　而興大悲心
知人法无我　煩惱及尒焰　常清淨无相　而興大悲心
佛不住涅槃　涅槃不住佛　遠離覺所覺　若有若非有
法身如幻夢　云何可稱讚　知无性无生　乃名稱讚佛
佛无根境相　不見名見佛　云何於牟尼　而能有讚毀
若見於牟尼　寂靜遠離生　是人今後世　離著无所取
尒時大慧菩薩摩訶薩偈讚佛已自說姓名
我名為大慧　通達於大乘　今以百八義　仰諮尊中上
時世間解聞是語已普觀衆會而作是言
汝等諸佛子　今皆恣所問　我當為汝說　自證之境界

我名為大慧　通達於大乘　今以百八義　仰諮尊中上
時世間解聞是語已普觀衆會而作是言
汝等諸佛子　今皆恣所問　我當為汝說　自證之境界
爾時大慧菩薩摩訶薩蒙佛許已頂礼佛
足以頌問曰
云何起計度　云何淨計度　云何起迷惑　云何淨迷惑
云何名佛子　及无影次第　云何剎土化　相及諸外道
解脫至何所　誰縛誰能解　云何禪境界　何故有三乘
彼以何緣生　何作何能作　誰說二俱異　云何諸有起
云何无色定　及與滅盡定　云何為想滅　云何從定覺
云何所作生　進去及持身　云何見諸物　云何入諸地
云何有佛子　誰能破三有　何處身云何　生復住何處
云何得神通　自在及三昧　三昧心何相　願佛為我說
云何名藏識　云何名意識　云何起諸見　云何退諸見
云何姓非姓　云何唯是心　何因建立相　云何成无我
云何无衆生　云何隨俗說　云何得不起　常見及斷見
云何佛外道　其相不相違　何故當來世　種種諸異部
云何為性空　云何剎那滅　胎藏云何起　云何世不動
云何諸世間　如幻亦如夢　乾城及陽焰　乃至水中月
云何菩提分　覺分從何起　云何國土亂　何故見諸有
云何知世法　云何離文字　云何如空花　不生亦不滅
真如有幾種　諸度心有幾　云何如虛空　云何離分別
云何地次第　云何得无影　何者二无我　云何所知淨
聖智有幾種　戒衆生亦然　摩尼等諸寶　斯並云何出
誰起於語言　衆生及諸物　明處與伎術　誰之所顯示
伽他有幾種　長行句亦然　道理幾不同　解釋幾差別

BD14152 號 2　大乘入楞伽經卷一　（26–16）

云何地次第　云何得无影　何者二无我　云何所知淨
聖智有幾種　戒衆生亦然　摩尼等諸寶　斯並云何出
誰起於語言　衆生及諸物　明處與伎術　誰之所顯示
伽他有幾種　長行句亦然　道理幾不同　解釋幾差別
飲食是誰作　愛欲云何起　云何轉輪王　及以諸小王
云何王守護　天衆幾種別　地日月星宿　斯等並是何
解脫有幾種　修行師復然　云何阿闍梨　弟子幾差別
如來有幾種　本生事亦然　衆魔及異學　如是各有幾
自性幾種異　心有幾種別　云何唯假設　願佛為開演
云何為風雲　念智何因有　藤樹等行列　此並誰能作
云何為馬獸　何因而捕取　云何卑陋人　願佛為我說
云何六時攝　云何一闡提　女男及不男　此並云何生
云何修行進　云何修行退　瑜伽師有幾　令人住其中
衆生生諸趣　何形何色相　富饒大自在　此復何因得
云何釋迦種　云何甘蔗種　仙人長苦行　是誰之教授
何因佛世尊　一切剎中現　異名諸色類　佛子衆圍繞
何因不食肉　何因令斷肉　食肉諸衆生　以何因故食
何故諸國土　猶如日月形　須弥及蓮花　萬字師子像
何故諸國土　如因陁羅網　覆住或側住　一切寶所成
何故諸國土　无垢日月光　或如花果形　箜篌細腰鼓
云何變化佛　云何為報佛　真如智慧佛　願皆為我說
云何於欲界　不成等正覺　何故色究竟　離染得菩提
如來滅度後　誰當持正法　世尊住久如　正法幾時住
悉檀有幾種　諸見復有幾　何故立毗尼　及以諸比丘
一切諸佛子　獨覺及聲聞　云何轉所依　云何得无相
云何得世通　云何得出世　復以何因故　心住七地中

BD14152 號 2　大乘入楞伽經卷一　（26–17）

如來滅度後　誰當持正法　世尊住久如　正法幾時住
悉檀有幾種　諸見復有幾　何故立毗尼　及以諸比丘
一切諸佛子　獨覺及聲聞　云何轉所依　云何得无相
云何得世通　云何得出世　復以何因故　心住七地中
僧伽有幾種　云何成破僧　云何爲衆生　廣說醫方論
何故大牟尼　唱說如是言　迦葉拘留孫　拘那含是我
何故說斷常　及與我无我　何不恒說實　一切唯是心
云何男女林　訶梨菴摩羅　雞羅娑輪圍　及以金剛山
如是處中間　无量寶莊嚴　仙人乾闥婆　一切皆充滿
此皆何因緣　願尊爲我說
尒時世尊聞其所請大乘微妙諸佛之心最
上法門即告之言善哉大慧諦聽諦聽如汝
所問當次苐說即說頌言
若生若不生　涅槃及空相　流轉无自性　波羅蜜佛子
聲聞辟支佛　外道无色行　須弥巨海山　洲渚剎土地
星宿與日月　天衆阿脩羅　解脫自在通　力禪諸三昧
滅及如意足　菩提分及道　禪定與无量　諸蘊及往來
乃至滅盡定　心生起言說　心意識无我　五法及自性
分別所分別　能所二種見　諸乘種性處　金摩尼真珠
一闡提大種　荒亂及一佛　智所知教得　衆生有无有
烏馬獸何因　云何而捕取　云何因譬喻　相應成悉檀
所作及能作　衆林與迷惑　如是真實理　唯心无境界
諸地无次苐　无相轉所依　醫方工巧論　伎術諸明處
須弥諸山地　巨海日月量　上中下衆生　身各幾微塵
一一剎幾塵　一一弓幾肘　幾弓俱盧舍　半由旬由旬
兔毫與隙遊　蟣羊毛穬麦　半升與一升　是各幾穬麦

BD14152 號 2　大乘入楞伽經卷一　（26–18）

諸地无次苐　无相轉所依　醫方工巧論　伎術諸明處
須弥諸山地　巨海日月量　上中下衆生　身各幾微塵
一一剎幾塵　一一弓幾肘　幾弓俱盧舍　半由旬由旬
兔毫與隙遊　蟣羊毛穬麦　半升與一升　是各幾穬麦
一斛及十斛　十萬暨千億　乃至頻婆羅　是等各幾數
幾塵成芥子　幾芥成草子　復以幾草子　而成於一豆
幾豆成一銖　幾銖成一兩　幾兩成一斤　幾斤成須弥
此等所應請　何因問餘事　聲聞辟支佛　諸佛及佛子
如是等身量　各有幾微塵　火風各幾塵　一一根有幾
眉及諸毛孔　復各幾塵成　如是等諸事　云何不問我
云何得財富　云何轉輪王　云何王守護　云何得解脫
云何長行句　婬欲及飲食　云何男女林　金剛等諸山
幻夢渴愛譬　諸雲從何起　時節云何有　何因種種味
女男及不男　佛菩薩嚴飾　云何諸妙山　仙闥婆莊嚴
解脫至何所　誰縛誰解脫　云何禪境界　變化及外道
云何无因作　云何有因作　云何轉諸見　云何起計度
云何淨計度　所作云何起　云何而轉去　云何斷諸想
云何起三昧　破三有者誰　何處身云何　云何无有我
云何隨俗說　汝問相云何　及所問非我　云何爲胎藏
及以餘支分　云何斷常見　云何心一境　云何言說智
戒種性佛子　云何稱理釋　云何師弟子　衆生種性別
飲食及虛空　聦明魔施設　云何樹行布　是汝之所問
何因一切剎　種種相不同　或有如箜篌　腰鼓及衆花
或有離光明　仙人長苦行　或有好族姓　令衆生尊重
或有體卑陋　爲人所輕賤　云何欲界中　修行不成佛

BD14152 號 2　大乘入楞伽經卷一　（26–19）

飲食及虛空　聰明魔施設　云何樹行布　是汝之所問
何因一切剎　種種相不同　或有如箜篌　腰鼓及眾花
或有離光明　仙人長苦行　或有好族姓　令眾生尊重
或有體卑陋　為人所輕賤　云何欲界中　修行不成佛
而於色究竟　乃昇等正覺　云何世間人　而能獲神通
何因稱比丘　何故名僧伽　云何化及報　真如智慧佛
云何使其心　得住七地中　此及於餘義　汝今咸問我
如先佛所說　一百八種句　二相皆相應　遠離諸見過
亦離於世俗　言語所成法　我當為汝說　佛子應聽受
爾時大慧菩薩摩訶薩白佛言　世尊何者是
一百八句　佛言大慧　所謂生句非生句　常句
非常句　相句非相句　住異句非住異句　剎那句
非剎那句　自性句非自性句　空句非空句　斷
句非斷句　心句非心句　中句非中句　恒句非
恒句　緣句非緣句　因句非因句　煩惱句非煩
惱句　愛句非愛句　方便句非方便句　善巧
句非善巧句　清淨句非清淨句　相應句非相
應句　譬喻句非譬喻句　弟子句非弟子句　師
句非師句　種性句非種性句　三乘句非三乘
句　无影像句非无影像句　願句非願句　三輪
句非三輪句　標相句非標相句　有句非有句
无句非无句　俱句非俱句　自證聖智句非自證
聖智句　現法樂句非現法樂句　剎句非剎句
塵句非塵句　水句非水句　弓句非弓句　大種
句非大種句　算數句非算數句　神通句非神

BD14152 號 2　大乘入楞伽經卷一　（26–20）

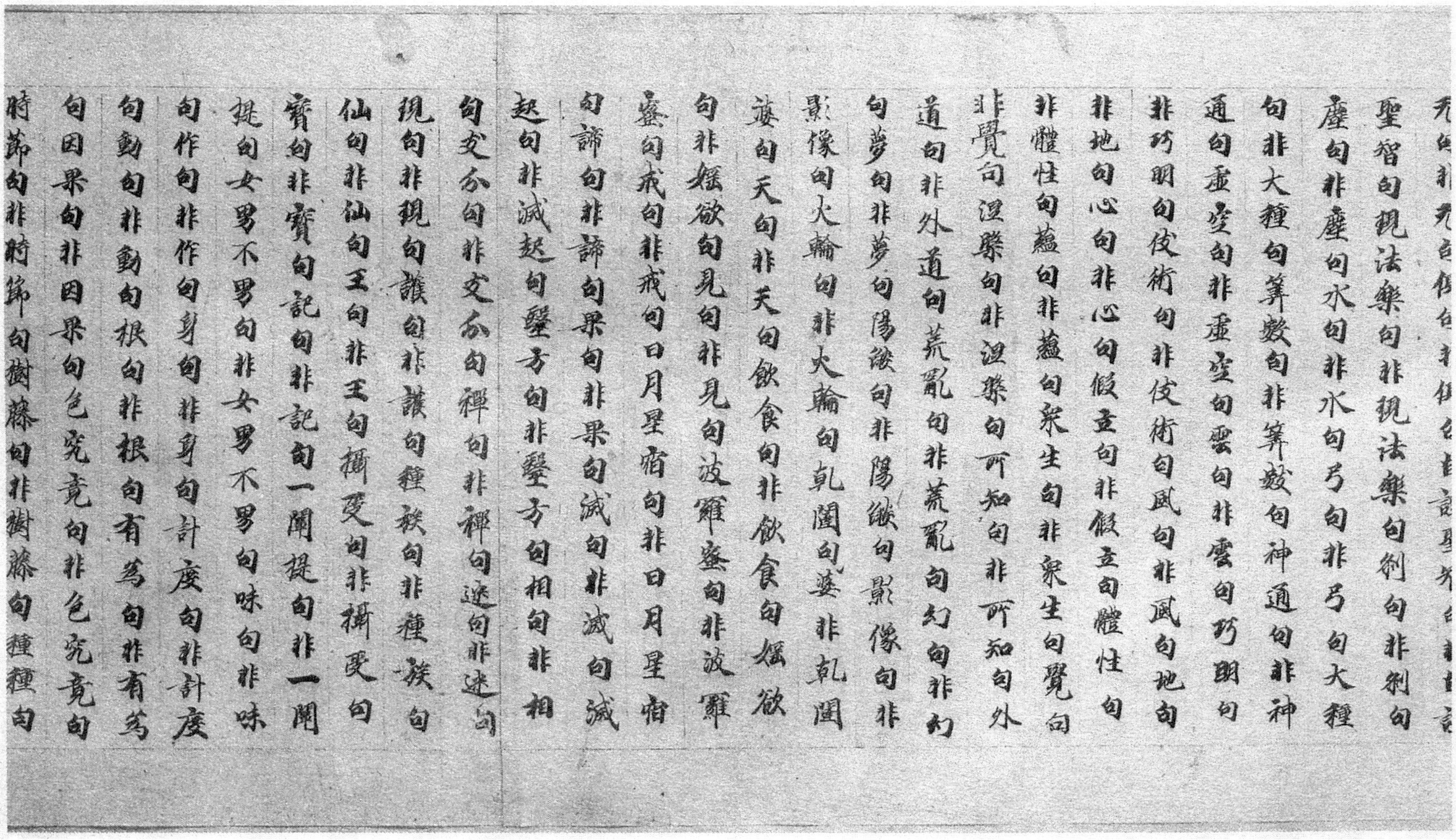
聖智句　現法樂句非現法樂句　剎句非剎句
塵句非塵句　水句非水句　弓句非弓句　大種
句非大種句　算數句非算數句　神通句非神
通句　虛空句非虛空句　雲句非雲句　巧明句
非巧明句　伎術句非伎術句　風句非風句　地句
非地句　心句非心句　假立句非假立句　體性句
非體性句　蘊句非蘊句　眾生句非眾生句　覺句
非覺句　涅槃句非涅槃句　所知句非所知句　外
道句非外道句　荒亂句非荒亂句　幻句非幻
句　夢句非夢句　陽焰句非陽焰句　影像句非
影像句　火輪句非火輪句　乾闥婆句非乾闥
婆句　天句非天句　飲食句非飲食句　婬欲
句非婬欲句　見句非見句　波羅蜜句非波羅
蜜句　戒句非戒句　日月星宿句非日月星宿
句　諦句非諦句　果句非果句　滅句非滅句　滅
起句非滅起句　醫方句非醫方句　相句非相
句　支分句非支分句　禪句非禪句　迷句非迷句
現句非現句　護句非護句　種族句非種族句
仙句非仙句　王句非王句　攝受句非攝受句
寶句非寶句　記句非記句　一闡提句非一闡
提句　女男不男句非女男不男句　味句非味
句　作句非作句　身句非身句　計度句非計度
句　動句非動句　根句非根句　有為句非有為
句　因果句非因果句　色究竟句非色究竟句
時節句非時節句　樹藤句非樹藤句　種種句

BD14152 號 2　大乘入楞伽經卷一　（26–21）

句作句非作句身句非身句計度句非計度
句動句非動句根句非根句有為句非有為
句因果句非因果句色究竟句非色究竟句
時節句非時節句樹藤句非樹藤句種種句
非種種句演說句非演說句決定句非決定句
毗尼句非毗尼句比丘句非比丘句住持句非住
持句文字句非文字句大慧此百八句皆是
過去諸佛所說
尒時大慧菩薩摩訶薩復白佛言世尊諸識
有幾種生住滅佛言大慧諸識有二種生住
滅非億度者之所能知所謂相續生及相生
相續住及相住相續滅及相滅諸識有三相
謂轉相業相真相大慧識廣說有八略則唯
二謂現識及分別事識大慧如明鏡中現諸
色像現識亦尒大慧現識與分別事識此二
識无異相互為因大慧現識以不思議熏變
為因分別事識以分別境界及无始戲論習
氣為因大慧阿賴耶識虛妄分別種種習氣
滅即一切根識滅是名相滅大慧相續滅者
謂所依因滅及所緣滅即相續滅所依因者
謂无始戲論虛妄習氣所緣者謂自心所見
分別境界大慧譬如泥團與微塵非異非不
異金與莊嚴具亦如是大慧若泥團與微塵
異者應非彼成而實彼成是故不異若不異
者泥團微塵應无分別大慧轉識藏識若異

BD14152 號 2　大乘入楞伽經卷一　（26–22）

分別境界大慧譬如泥團與微塵非異非不
異金與莊嚴具亦如是大慧若泥團與微塵
異者應非彼成而實彼成是故不異若不異
者泥團微塵應无分別大慧轉識藏識若異
者藏識非彼因若不異者轉識滅藏識亦應
滅然彼真相不滅大慧識真相不滅但業相滅
若真相滅者藏識應滅若藏識滅者即不
異外道斷滅論大慧彼諸外道作如是說取
境界相續識滅即无始相續識滅大慧彼諸
外道說相續識從作者生不說眼識依色光
明和合而生唯說作者為生因故作者是何
彼計勝性丈夫自在時及微塵為能作者復
次大慧有七種自性所謂集自性性自性相自
性大種自性因自性緣自性成自性復次大
慧有七種第一義所謂心所行智所行二見
所行超二見所行超子地所行如來所行如
來自證聖智所行大慧此是過去未來現在
一切如來應正等覺法自性第一義心以此
心成就如來世間出世間最上法以聖慧眼
入自共相種種安立其所安立不與外道惡
見共大慧云何為外道惡見謂不知境界自
分別現於自性第一義見有見无而起言
說大慧我今當說若了境如幻自心所現則
滅妄想三有苦及无知愛業緣大慧有諸沙
門婆羅門妄計非有及有於因果外顯現諸物

BD14152 號 2　大乘入楞伽經卷一　（26–23）

分別現於自性第一義見有見無而起言
說大慧我今當說若了境如幻自心所現則
滅妄想三有苦及無知愛業緣大慧有諸沙
門婆羅門妄計非有及有於因果外顯現諸物
依時而住或計蘊界處依緣生住有已即滅
大慧彼於若相續若作用若生若滅若諸有
若涅槃若道若業若果若諦破壞斷滅論何
以故不得現法故不見根本故大慧譬如瓶
破不作瓶事又如焦種不能生芽此亦如是
若蘊界處法已現當滅應知此則無相續生
以無因故但是自心虛妄所見復次大慧若
本無有識三緣合生龜應生毛沙應出油汝
宗則壞違決定義所作事業悉空無益大慧
三合為緣是因果性可說為有過現未來從
無生有此依住覺想地者所有理教及自惡
見熏習餘氣作如是說大慧愚癡凡夫惡見
噬邪見迷醉無智妄稱一切智說
大慧復有沙門婆羅門觀一切法皆無自性
如空中雲如旋火輪如乾闥婆城如幻如焰
如水中月如夢所見不離自心由無始來虛
妄見故取以為外作是觀已斷分別緣亦
離妄心所取名義知身及物并所住處一切皆
是藏識境界無能所取及生住滅如是思惟
恒住不捨大慧此菩薩摩訶薩不久當得生
死涅槃二種平等大悲方便無功用行觀衆

BD14152 號 2　大乘入楞伽經卷一　（26–24）

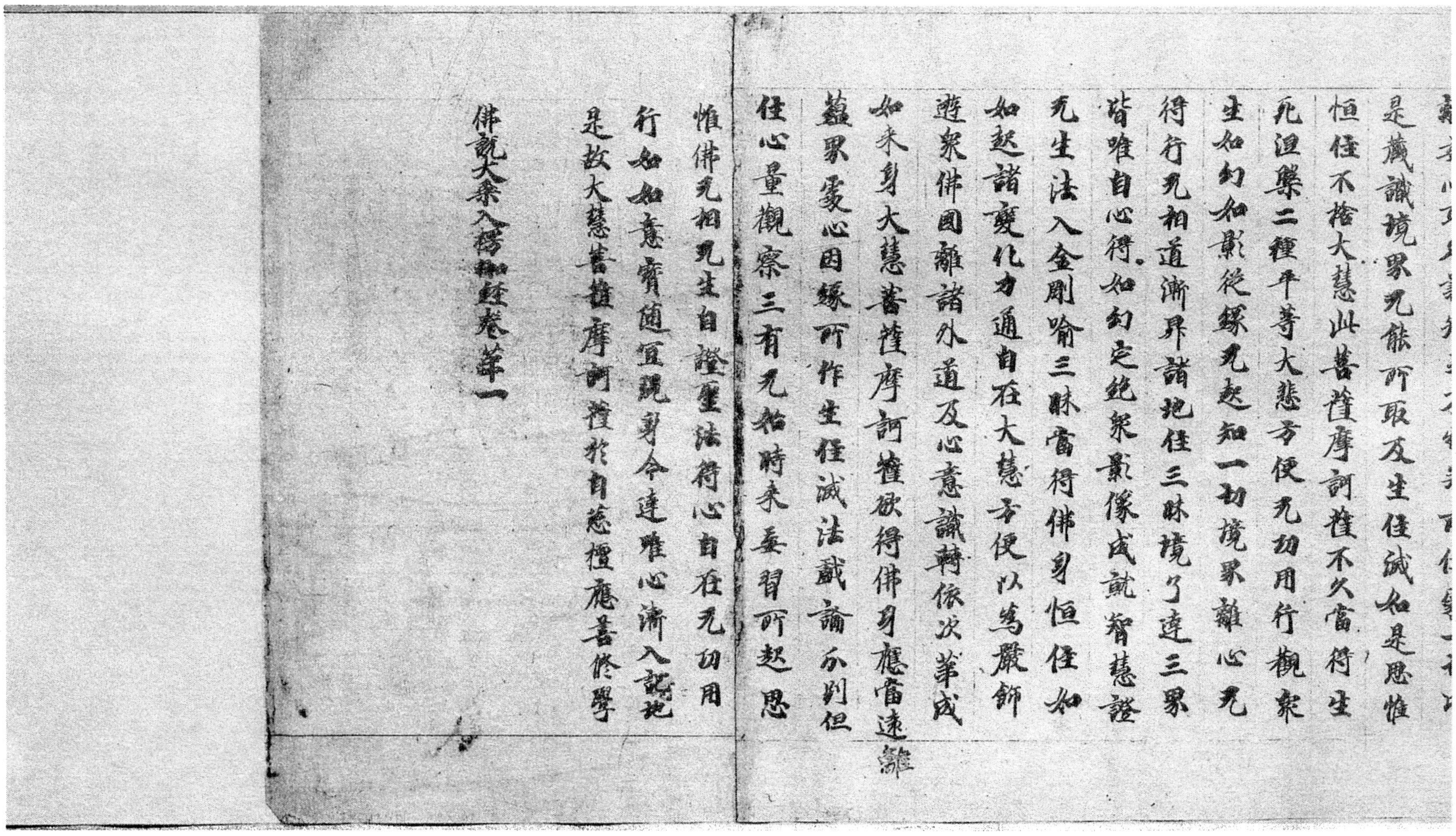
是藏識境界無能所取及生住滅如是思惟
恒住不捨大慧此菩薩摩訶薩不久當得生
死涅槃二種平等大悲方便無功用行觀衆
生如幻如影從緣無起知一切境界離心無
得行無相道漸昇諸地住三昧境了達三界
皆唯自心得如幻定絕衆影像成就智慧證
無生法入金剛喻三昧當得佛身恒住如
如起諸變化力通自在大慧方便以為嚴飾
遊衆佛國離諸外道及心意意識轉依次第成
如來身大慧菩薩摩訶薩欲得佛身應當遠離
蘊界處心因緣所作生住滅法戲論分別但
住心量觀察三有無始時來妄習所起思
惟佛無相無生自證聖法得心自在無功用
行如如意寶隨宜現身令達唯心漸入諸地
是故大慧菩薩摩訶薩於自悉檀應善修學

佛說大乘入楞伽經卷第一

BD14152 號 2　大乘入楞伽經卷一　（26–25）

行如如意寶隨宜現身令達唯心漸入記地
是故大慧菩薩摩訶薩於自悉檀應善修學
佛說大乘入楞伽經卷第一

BD14152 號 2　大乘入楞伽經卷一　　（26–26）

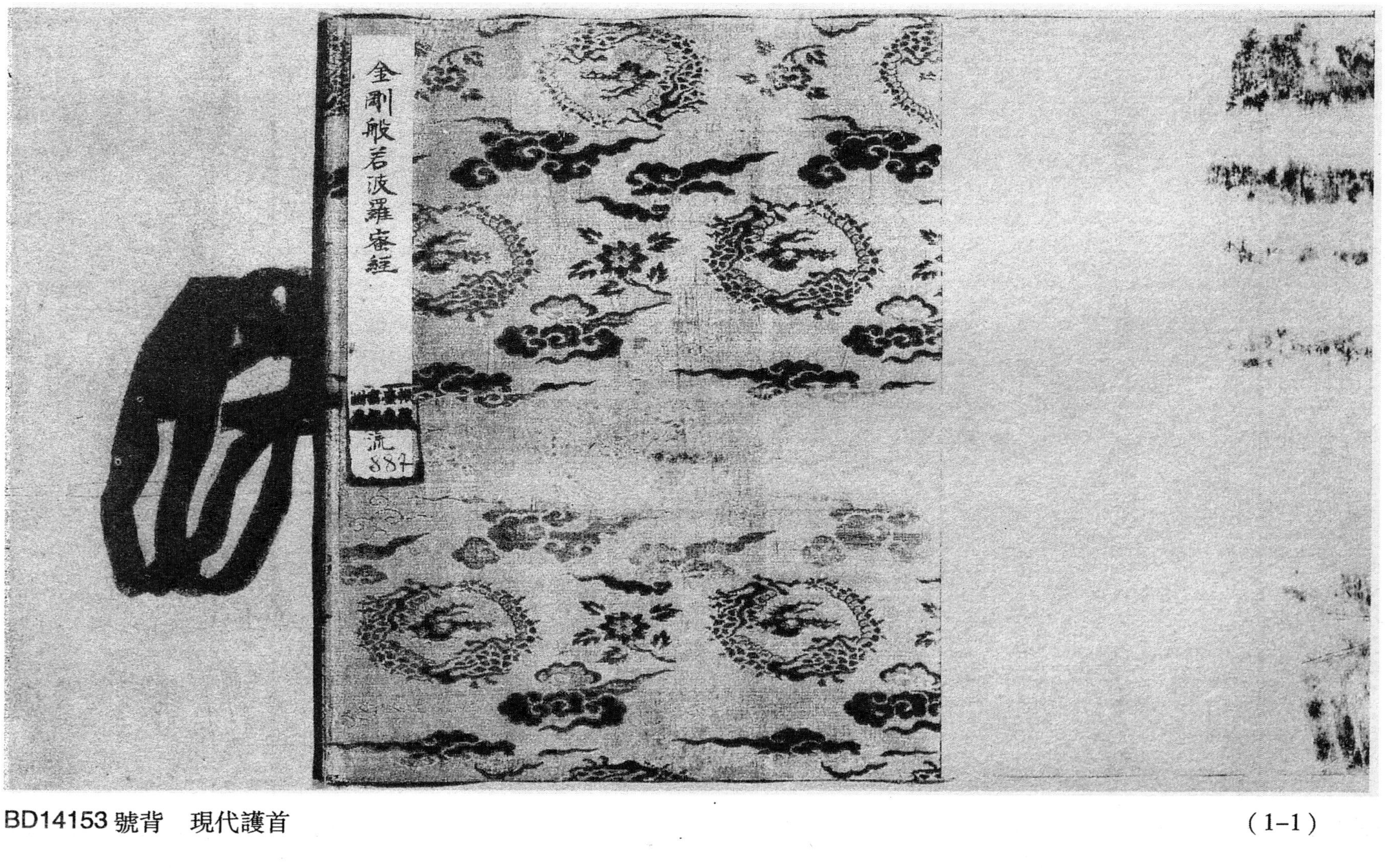

BD14153 號背　現代護首　　（1–1）

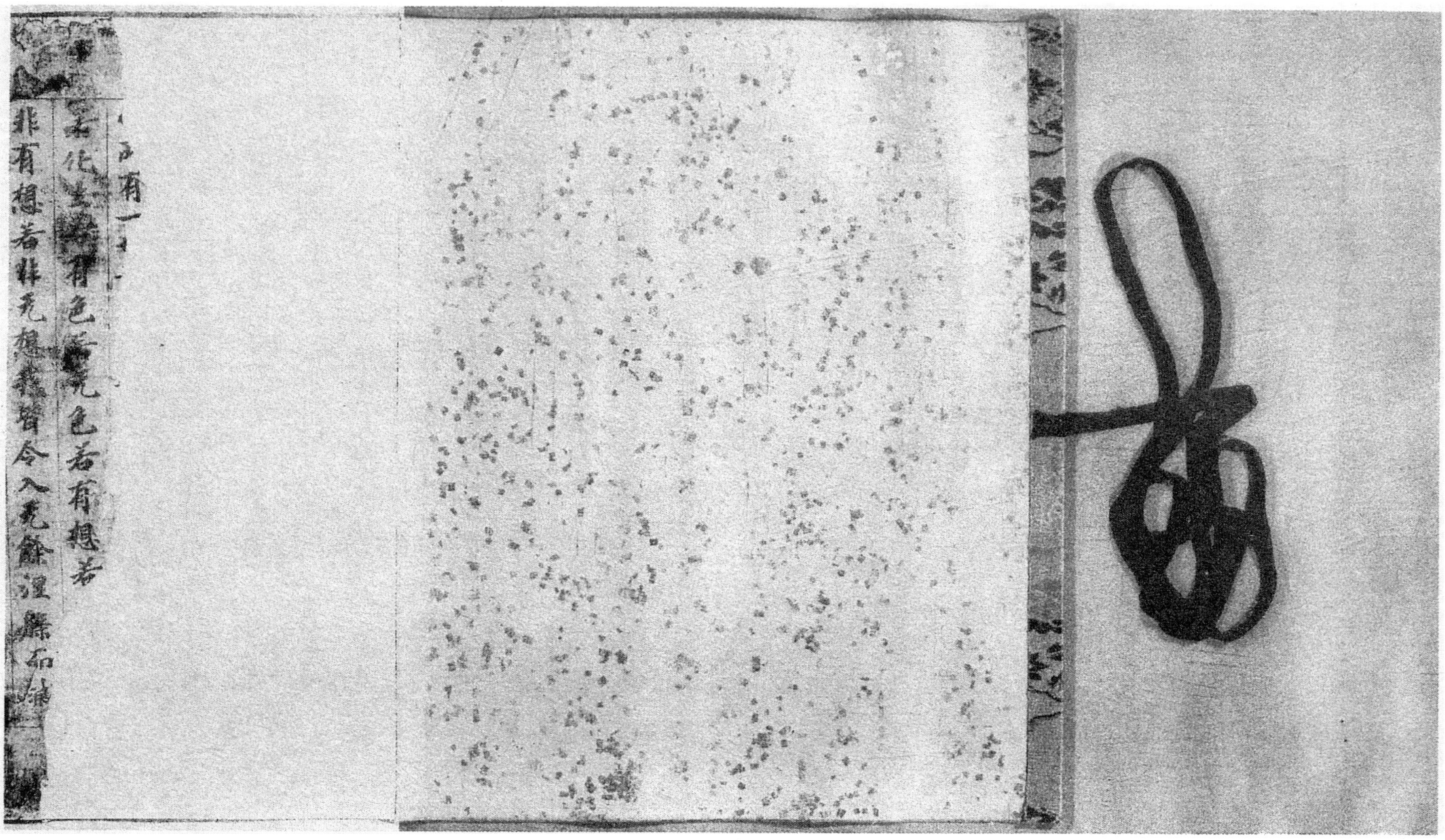
所有一
若化生若有色若无色若有想若
非有想若非无想我皆令入无餘涅槃而滅

BD14153 號　金剛般若波羅蜜經　（15–1）

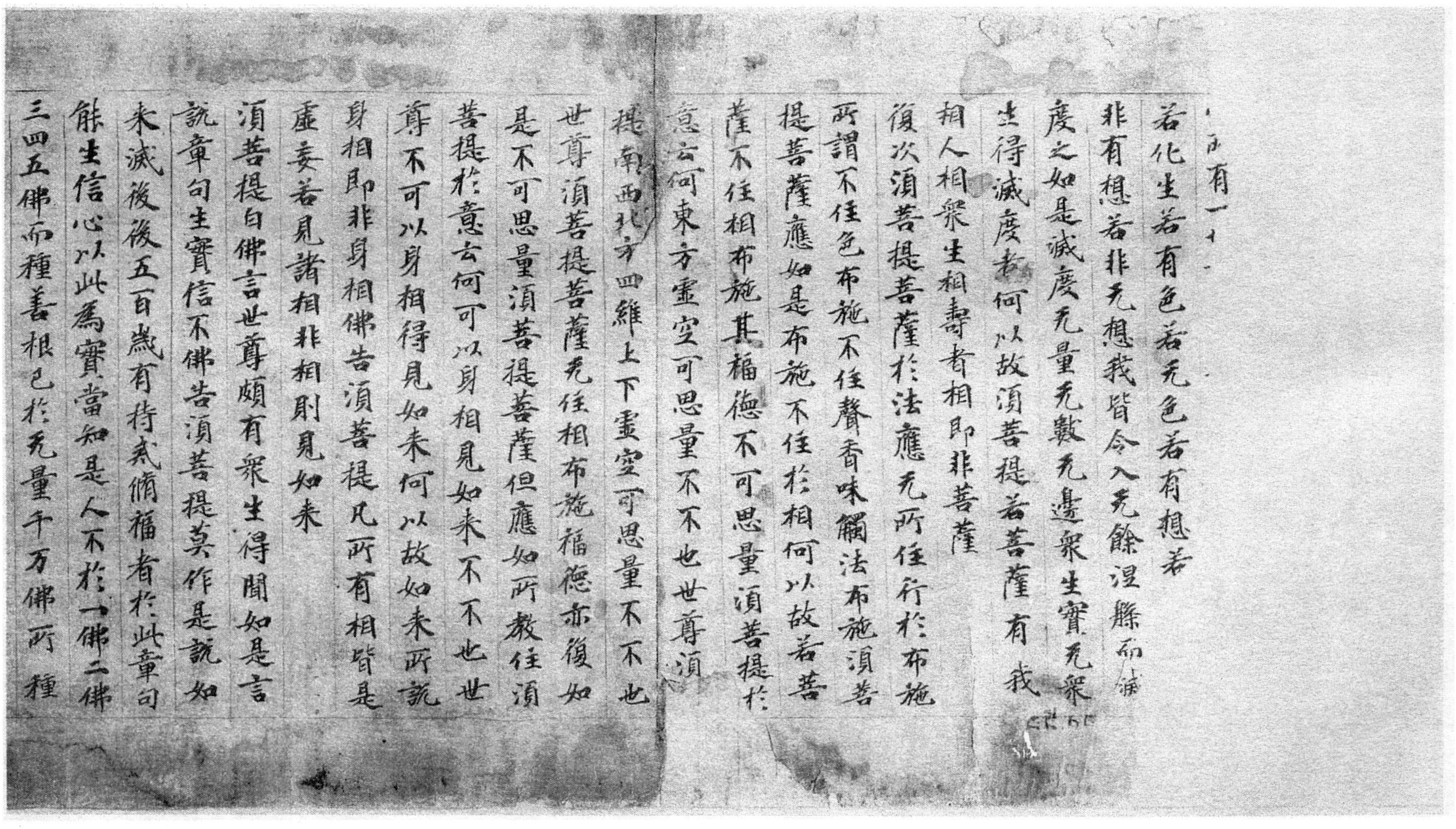
所有一
若化生若有色若无色若有想若
非有想若非无想我皆令入无餘涅槃而滅
度之如是滅度无量无數无邊衆生實无衆
生得滅度者何以故須菩提若菩薩有我
相人相衆生相壽者相即非菩薩
復次須菩提菩薩於法應无所住行於布施
所謂不住色布施不住聲香味觸法布施須菩
提菩薩應如是布施不住於相何以故若菩
薩不住相布施其福德不可思量須菩提於
意云何東方虛空可思量不不也世尊須
菩提南西北方四維上下虛空可思量不不也
世尊須菩提菩薩无住相布施福德亦復如
是不可思量須菩提菩薩但應如所教住須
菩提於意云何可以身相見如來不不也世
尊不可以身相得見如來何以故如來所說
身相即非身相佛告須菩提凡所有相皆是
虛妄若見諸相非相則見如來
須菩提白佛言世尊頗有衆生得聞如是言
說章句生實信不佛告須菩提莫作是說如
來滅後後五百歲有持戒脩福者於此章句
能生信心以此為實當知是人不於一佛二佛
三四五佛而種善根已於无量千万佛所種

BD14153 號　金剛般若波羅蜜經　（15–2）

說章句生實信不佛告須菩提莫作是說如
來滅後後五百歲有持戒脩福者於此章句
能生信心以此為實當知是人不於一佛二佛
三四五佛而種善根已於无量千万佛所種
諸善根聞是章句乃至一念生淨信者須
菩提如來悉知悉見是諸衆生得如是无量
福德何以故是諸衆生无復我相人相衆生
相壽者相无法相亦无非法相何以故是諸
衆生若心取相則為著我人衆生壽者若取
法相即著我人衆生壽者何以故若取非法
相即著我人衆生壽者是故不應取法不應
取非法以是義故如來常說汝等比丘知我
說法如筏喻者法尚應捨何況非法
須菩提於意云何如來得阿耨多羅三藐三
菩提耶如來有所說法耶須菩提言如我解
佛所說義无有定法名阿耨多羅三藐三
菩提亦无有定法如來可說何以故如來所
說法皆不可取不可說非法非非法所以者
何一切賢聖皆以无為法而有差別
須菩提於意云何若人滿三千大千世界七
寶以用布施是人所得福德寧為多不須菩
提言甚多世尊何以故是福德即非福德
性是故如來說福德多若復有人於此經中
受持乃至四句偈等為他人說其福勝彼何以
故須菩提一切諸佛及諸佛阿耨多羅三藐
三菩提法皆從此經出須菩提所謂佛法者

BD14153號　金剛般若波羅蜜經　（15–3）

性是故如來說福德多若復有人於此經中
受持乃至四句偈等為他人說其福勝彼何以
故須菩提一切諸佛及諸佛阿耨多羅三藐
三菩提法皆從此經出須菩提所謂佛法者
即非佛法
須菩提於意云何須陁洹能作是念我得
須陁洹果不須菩提言不也世尊何以故須陁
洹名為入流而无所入不入色聲香味觸法是
名須陁洹須菩提於意云何斯陁含能作
是念我得斯陁含果不須菩提言不也世
尊何以故斯陁含名一往來而實无往來是
名斯陁含須菩提於意云何阿那含能作是
念我得阿那含果不須菩提言不也世尊何以
故阿那含名為不來而實无來是故名阿那
含須菩提於意云何阿羅漢能作是念我得
阿羅漢道不須菩提言不也世尊何以故實
无有法名阿羅漢世尊若阿羅漢作是念我
得阿羅漢道即為著我人衆生壽者世尊
佛說我得无諍三昧人中最為第一是第一
離欲阿羅漢我不作是念我是離欲阿羅漢
世尊我若作是念我得阿羅漢道世尊則不
說須菩提是樂阿蘭那行者以須菩提實
无所行而名須菩提是樂阿蘭那行
佛告須菩提於意云何如來昔在然燈佛所
於法有所得不世尊如來在然燈佛所於法
實无所得須菩提於意云何菩薩莊嚴佛土
不不也世尊何以故莊嚴佛土者則非莊嚴

BD14153號　金剛般若波羅蜜經　（15–4）

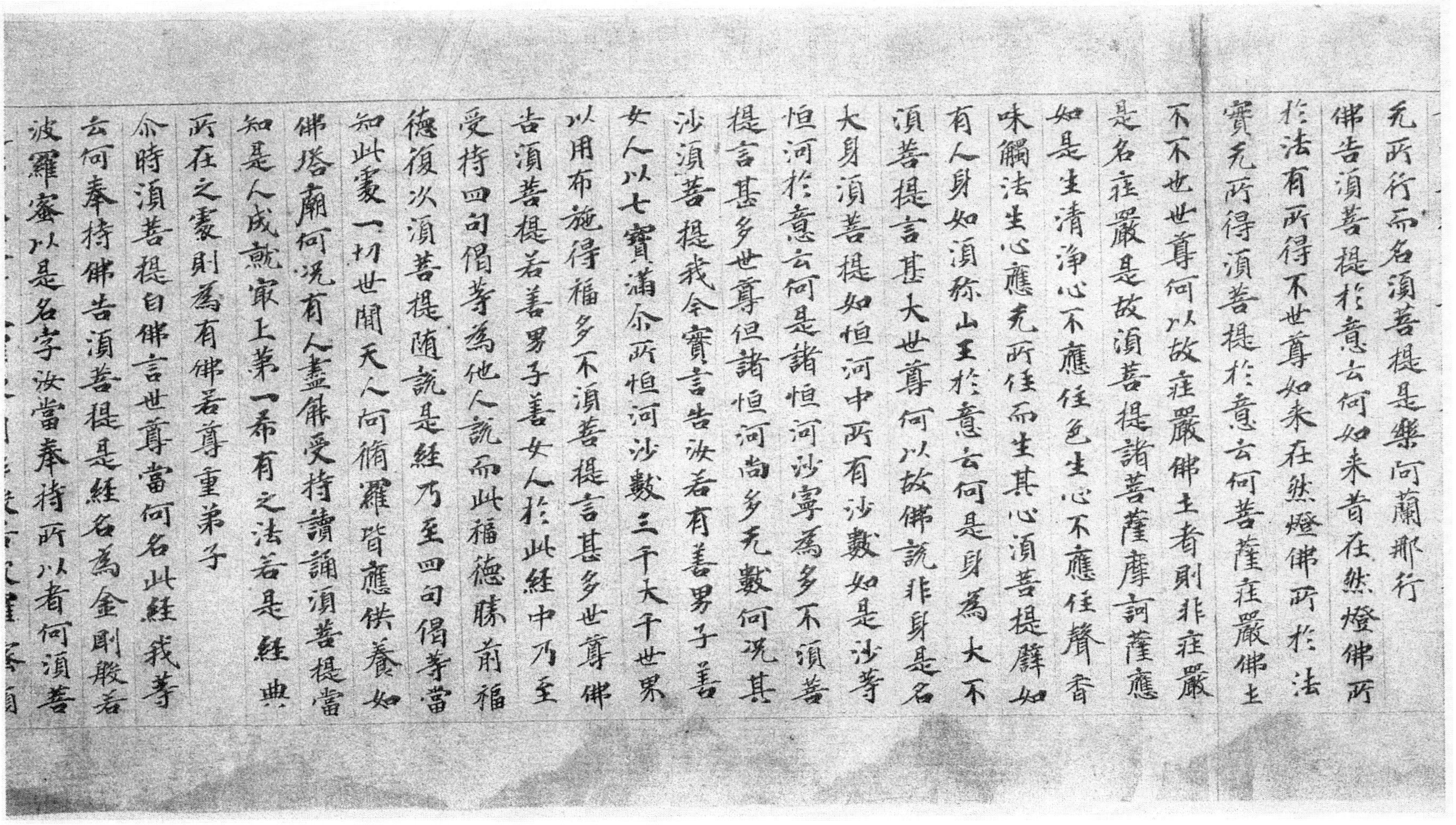
无所行而名須菩提是樂阿蘭那行
佛告須菩提於意云何如来昔在然燈佛所
於法有所得不世尊如来在然燈佛所於法
實无所得須菩提於意云何菩薩莊嚴佛土
不不也世尊何以故莊嚴佛土者則非莊嚴
是名莊嚴是故須菩提諸菩薩摩訶薩應
如是生清淨心不應住色生心不應住聲香
味觸法生心應无所住而生其心須菩提譬如
有人身如須弥山王於意云何是身為大不
須菩提言甚大世尊何以故佛說非身是名
大身須菩提如恒河中所有沙數如是沙等
恒河於意云何是諸恒河沙寧為多不須菩
提言甚多世尊但諸恒河尚多无數何況其
沙須菩提我今實言告汝若有善男子善
女人以七寶滿尒所恒河沙數三千大千世界
以用布施得福多不須菩提言甚多世尊佛
告須菩提若善男子善女人於此經中乃至
受持四句偈等為他人說而此福德勝前福
德復次須菩提隨說是經乃至四句偈等當
知此處一切世間天人阿脩羅皆應供養如
佛塔廟何況有人盡能受持讀誦須菩提當
知是人成就最上第一希有之法若是經典
所在之處則為有佛若尊重弟子
尒時須菩提白佛言世尊當何名此經我等
云何奉持佛告須菩提是經名為金剛般若
波羅蜜以是名字汝當奉持所以者何須菩

BD14153 號　金剛般若波羅蜜經　（15–5）

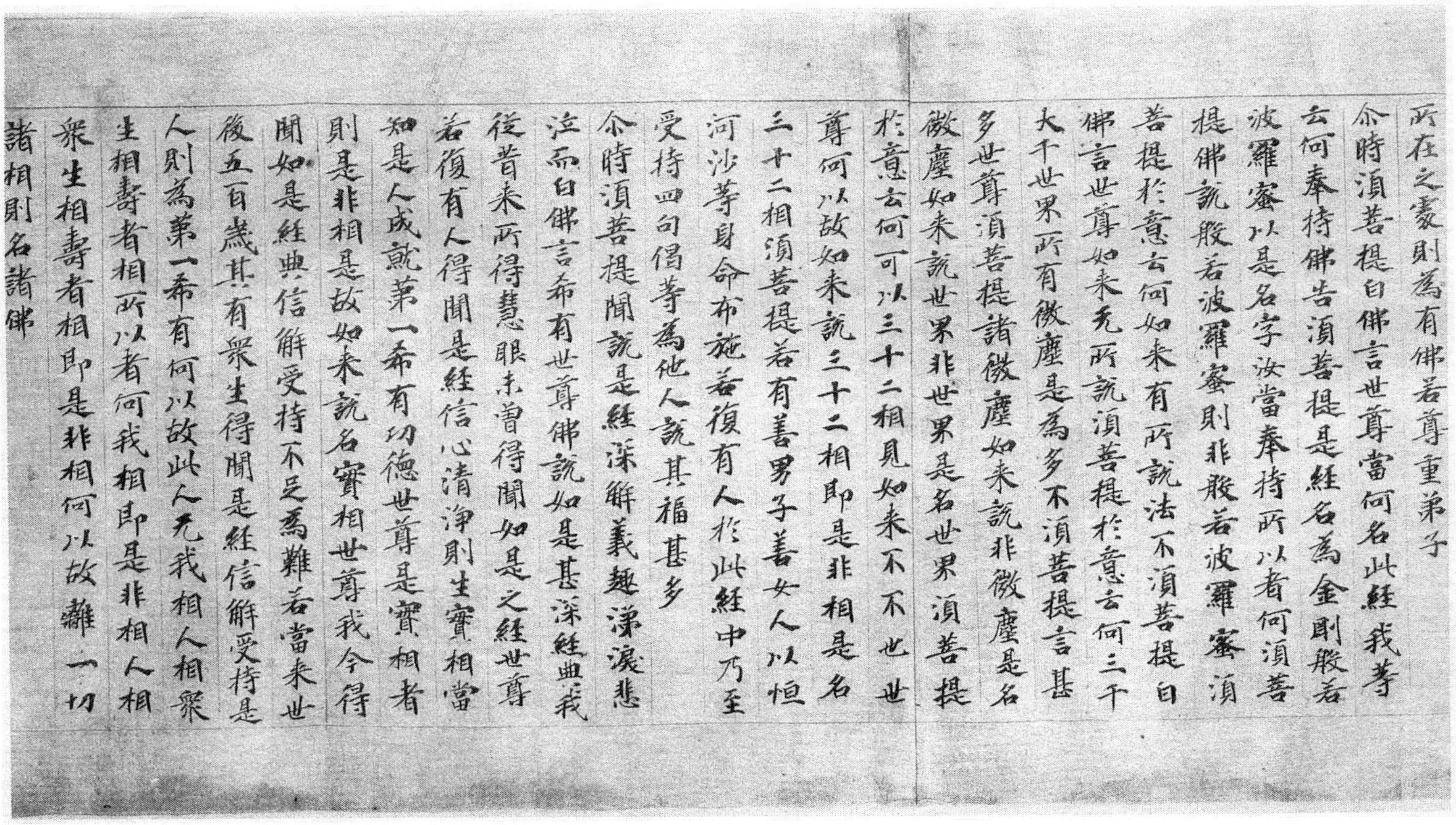
所在之處則為有佛若尊重弟子
尒時須菩提白佛言世尊當何名此經我等
云何奉持佛告須菩提是經名為金剛般若
波羅蜜以是名字汝當奉持所以者何須菩
提佛說般若波羅蜜則非般若波羅蜜須
菩提於意云何如来有所說法不須菩提白
佛言世尊如来无所說須菩提於意云何三千
大千世界所有微塵是為多不須菩提言甚
多世尊須菩提諸微塵如来說非微塵是名
微塵如来說世界非世界是名世界須菩提
於意云何可以三十二相見如来不不也世
尊何以故如来說三十二相即是非相是名
三十二相須菩提若有善男子善女人以恒
河沙等身命布施若復有人於此經中乃至
受持四句偈等為他人說其福甚多
尒時須菩提聞說是經深解義趣涕淚悲
泣而白佛言希有世尊佛說如是甚深經典我
從昔来所得慧眼未曾得聞如是之經世尊
若復有人得聞是經信心清淨則生實相當
知是人成就第一希有功德世尊是實相者
則是非相是故如来說名實相世尊我今得
聞如是經典信解受持不足為難若當来世
後五百歲其有衆生得聞是經信解受持是
人則為第一希有何以故此人无我相人相衆
生相壽者相所以者何我相即是非相人相
衆生相壽者相即是非相何以故離一切
諸相則名諸佛

BD14153 號　金剛般若波羅蜜經　（15–6）

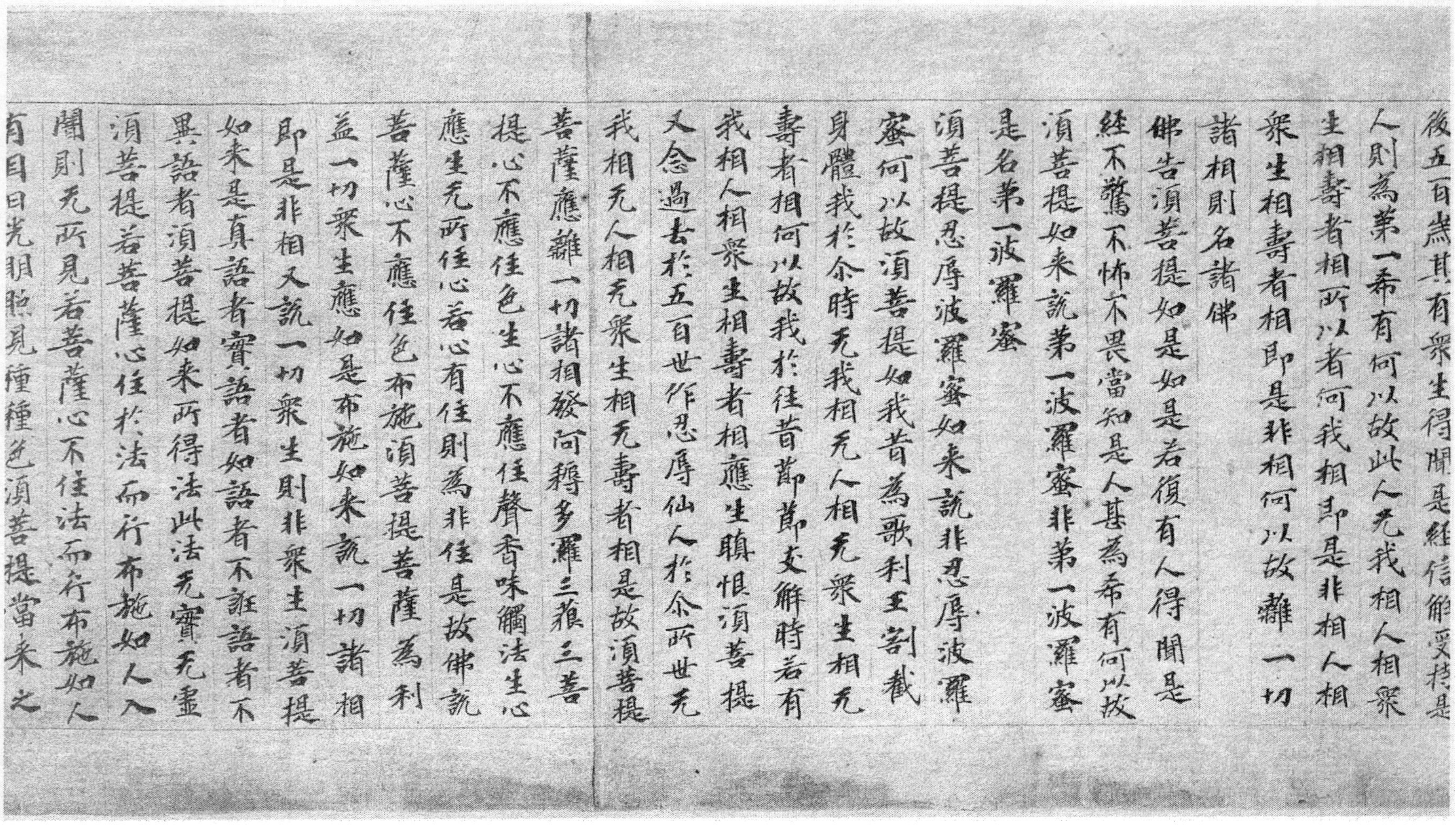

後五百歳其有衆生得聞是經信解受持是
人則為第一希有何以故此人无我相人相衆
生相壽者相所以者何我相即是非相人相
衆生相壽者相即是非相何以故離一切
諸相則名諸佛
佛告須菩提如是如是若復有人得聞是
經不驚不怖不畏當知是人甚為希有何以故
須菩提如来説第一波羅蜜非第一波羅蜜
是名第一波羅蜜
須菩提忍辱波羅蜜如来説非忍辱波羅
蜜何以故須菩提如我昔為歌利王割截
身體我於尒時无我相无人相无衆生相无
壽者相何以故我於往昔節節支解時若有
我相人相衆生相壽者相應生瞋恨須菩提
又念過去於五百世作忍辱仙人於尒所世无
我相无人相无衆生相无壽者相是故須菩提
菩薩應離一切諸相發阿耨多羅三藐三菩
提心不應住色生心不應住聲香味觸法生心
應生无所住心若心有住則為非住是故佛説
菩薩心不應住色布施須菩提菩薩為利
益一切衆生應如是布施如来説一切諸相
即是非相又説一切衆生則非衆生須菩提
如来是真語者實語者如語者不誑語者不
異語者須菩提如来所得法此法无實无虚
須菩提若菩薩心住於法而行布施如人入
闇則无所見若菩薩心不住法而行布施如人
有目日光明照見種種色須菩提當来之

BD14153號　金剛般若波羅蜜經　（15–7）

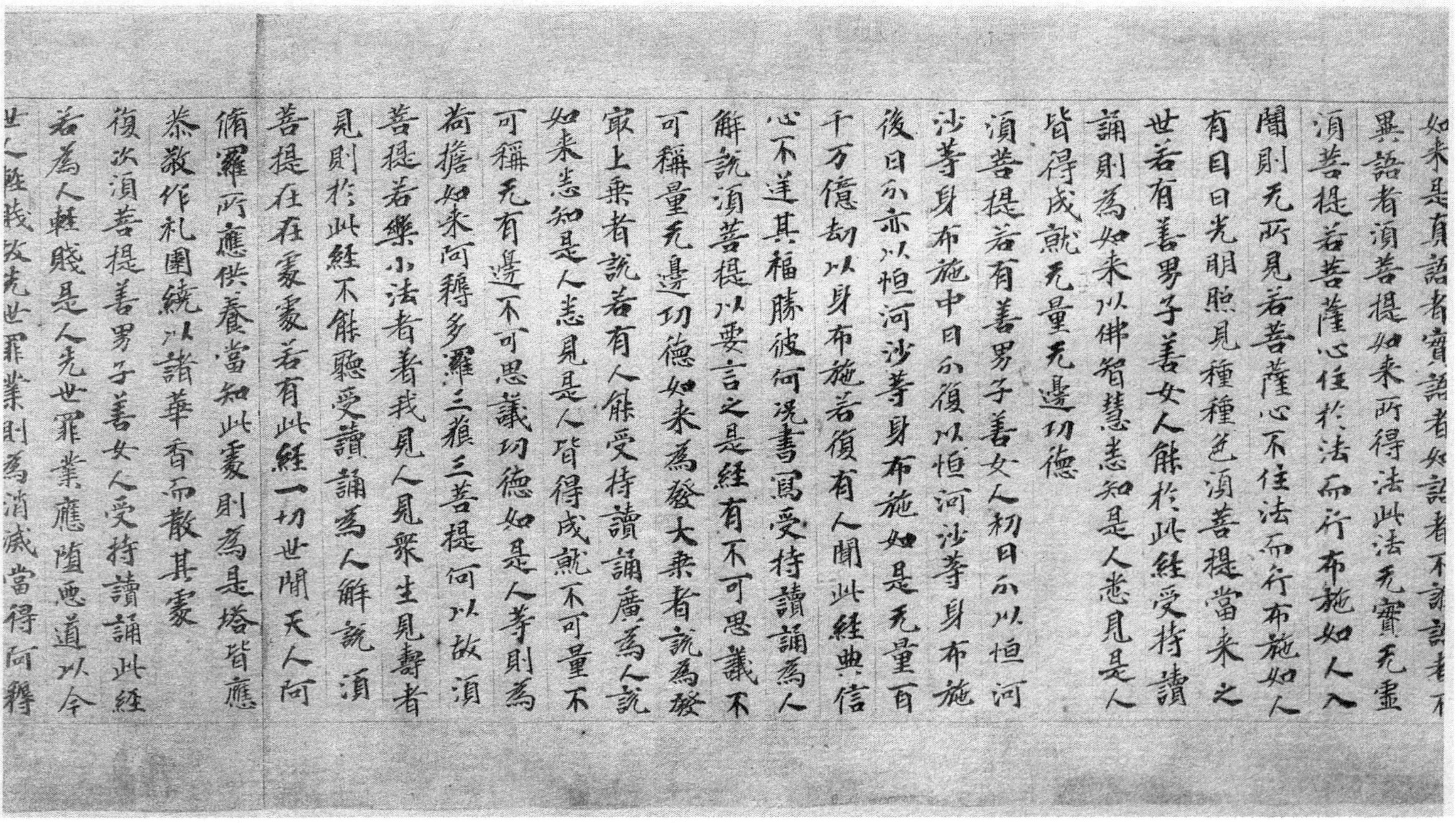

如来是真語者實語者如語者不誑語者不
異語者須菩提如来所得法此法无實无虚
須菩提若菩薩心住於法而行布施如人入
闇則无所見若菩薩心不住法而行布施如人
有目日光明照見種種色須菩提當来之
世若有善男子善女人能於此經受持讀
誦則為如来以佛智慧悉知是人悉見是人
皆得成就无量无邊功德
須菩提若有善男子善女人初日分以恒河
沙等身布施中日分復以恒河沙等身布施
後日分亦以恒河沙等身布施如是无量百
千万億劫以身布施若復有人聞此經典信
心不逆其福勝彼何況書寫受持讀誦為人
解説須菩提以要言之是經有不可思議不
可稱量无邊功德如来為發大乘者説為發
最上乘者説若有人能受持讀誦廣為人説
如来悉知是人悉見是人皆得成就不可量不
可稱无有邊不可思議功德如是人等則為
荷擔如来阿耨多羅三藐三菩提何以故須
菩提若樂小法者著我見人見衆生見壽者
見則於此經不能聽受讀誦為人解説須
菩提在在處處若有此經一切世間天人阿
脩羅所應供養當知此處則為是塔皆應
恭敬作礼圍繞以諸華香而散其處
復次須菩提善男子善女人受持讀誦此經
若為人輕賤是人先世罪業應墮惡道以今
世人輕賤故先世罪業則為消滅當得阿耨

BD14153號　金剛般若波羅蜜經　（15–8）

脩羅所應供養當知此處則為是塔皆應
恭敬作礼圍繞以諸華香而散其處
復次須菩提善男子善女人受持讀誦此經
若為人輕賤是人先世罪業應墮惡道以今
世人輕賤故先世罪業則為消滅當得阿耨
多羅三藐三菩提須菩提我念過去无量阿
僧祇劫於然燈佛前得值八百四千万億那
由他諸佛悉皆供養承事无空過者若復
有人於後末世能受持讀誦此經所得功德
於我所供養諸佛功德百分不及一百千万億分
乃至筭數譬喻所不能及須菩提若善男
子善女人於後末世有受持讀誦此經所得功
德我若具說者或有人聞心則狂亂狐疑不
信須菩提當知是經義不可思議果報亦不
可思議
尒時須菩提白佛言世尊善男子善女人發
阿耨多羅三藐三菩提心云何應住云何降
伏其心佛告須菩提善男子善女人發阿耨
多羅三藐三菩提者當生如是心我應滅度
一切衆生滅度一切衆生已而无有一衆生實
滅度者何以故若菩薩有我相人相衆生相
壽者相則非菩薩所以者何須菩提實无
有法發阿耨多羅三藐三菩提者須菩提於
意云何如來於然燈佛所有法得阿耨多羅
三藐三菩提不不也世尊如我解佛所說義
佛於然燈佛所无有法得阿耨多羅三藐三
菩提佛言如是如是須菩提實无有法如來

BD14153號　金剛般若波羅蜜經　（15–9）

有法發阿耨多羅三藐三菩提者須菩提於
意云何如來於然燈佛所有法得阿耨多羅
三藐三菩提不不也世尊如我解佛所說義
佛於然燈佛所无有法得阿耨多羅三藐三
菩提佛言如是如是須菩提實无有法如來
得阿耨多羅三藐三菩提須菩提若有法如
來得阿耨多羅三藐三菩提者然燈佛則不
與我受記汝於來世當得作佛号釋迦牟尼以
實无有法得阿耨多羅三藐三菩提是故然
燈佛與我受記作是言汝於來世當得作佛
号釋迦牟尼何以故如來者即諸法如義若
有人言如來得阿耨多羅三藐三菩提須菩
提實无有法佛得阿耨多羅三藐三菩提
須菩提如來所得阿耨多羅三藐三菩提於
是中无實无虛是故如來說一切法皆是佛
法須菩提所言一切法者即非一切法是故
名一切法須菩提譬如人身長大須菩提言
世尊如來說人身長大則為非大身是名大
身須菩提菩薩亦如是若作是言我當滅度
无量衆生則不名菩薩何以故須菩提實无
有法名為菩薩是故佛說一切法无我无人
无衆生无壽者須菩提若菩薩作是言我當
莊嚴佛土是不名菩薩何以故如來說莊嚴
佛土者即非莊嚴是名莊嚴須菩提若菩薩
通達无我法者如來說名真是菩薩
須菩提於意云何如來有肉眼不如是世尊
如來有肉眼須菩提於意云何如來有天眼

BD14153號　金剛般若波羅蜜經　（15–10）

莊嚴佛土是不名菩薩何以故如來說莊嚴
佛土者即非莊嚴是名莊嚴須菩提若菩薩
通達无我法者如來說名真是菩薩
須菩提於意云何如來有肉眼不如是世尊
如來有肉眼須菩提於意云何如來有天眼
不如是世尊如來有天眼須菩提於意云何
如來有慧眼不如是世尊如來有慧眼須菩
提於意云何如來有法眼不如是世尊如來
有法眼須菩提於意云何如來有佛眼不如
是世尊如來有佛眼須菩提於意云何恒河
中所有沙佛說是沙不如是世尊如來說是
沙須菩提於意云何如一恒河中所有沙有如
是等恒河是諸恒河所有沙數佛世界如是
寧為多不甚多世尊佛告須菩提尒所國土
中所有眾生若干種心如來悉知何以故如來
說諸心皆為非心是名為心所以者何須菩提
過去心不可得現在心不可得未來心不可
得須菩提於意云何若有人滿三千大千世
界七寶以用布施是人以是因緣得福多不
如是世尊此人以是因緣得福甚多須菩提
若福德有實如來不說得福德多以福德
无故如來說得福德多
須菩提於意云何佛可以具足色身見不不
也世尊如來不應以色身見何以故如來說
具足色身即非具足色身是名具足色身須
菩提於意云何如來可以具足諸相見不不

BD14153 號　金剛般若波羅蜜經　（15–11）

須菩提於意云何佛可以具足色身見不不
也世尊如來不應以色身見何以故如來說
具足色身即非具足色身是名具足色身須
菩提於意云何如來可以具足諸相見不不
也世尊如來不應以具足諸相見何以故如
來說諸相具足即非具足是名諸相具足須
菩提汝勿謂如來作是念我當有所說法莫作
是念何以故若人言如來有所說法即為謗佛
不能解我所說故須菩提說法者无法可說
是名說法須菩提白佛言世尊佛得阿耨多
羅三藐三菩提為无所得耶如是如是須菩
提我於阿耨多羅三藐三菩提乃至无有少
法可得是名阿耨多羅三藐三菩提復次須
菩提是法平等无有高下是名阿耨多羅
三藐三菩提以无我无人无眾生无壽者脩
一切善法則得阿耨多羅三藐三菩提須菩提
所言善法者如來說非善法是名善法須
菩提若三千大千世界中所有諸須弥山王
如是等七寶聚有人持用布施若人以此般
若波羅蜜經乃至四句偈等受持讀誦為他
人說於前福德百分不及一百千万億分乃至
筭數譬喻所不能及
須菩提於意云何汝等勿謂如來作是念我
當度眾生須菩提莫作是念何以故實无有
眾生如來度者若有眾生如來度者如來則
有我人眾生壽者須菩提如來說有我者

BD14153 號　金剛般若波羅蜜經　（15–12）

須菩提於意云何汝等勿謂如來作是念我
當度衆生須菩提莫作是念何以故實无有
衆生如來度者若有衆生如來度者如來則
有我人衆生壽者須菩提如來說有我者
則非有我而凡夫之人以為有我須菩提凡夫
者如來說則非凡夫須菩提於意云何可以
三十二相觀如來不須菩提言如是如是以
三十二相觀如來佛言須菩提若以三十二相
觀如來者轉輪聖王則是如來須菩提白
佛言世尊如我解佛所說義不應以三十二
相觀如來尒時世尊而說偈言
若以色見我　以音聲求我　是人行邪道　不能見如來
須菩提汝若作是念如來不以具足相故得阿
耨多羅三藐三菩提須菩提莫作是念如來
不以具足相故得阿耨多羅三藐三菩提須
菩提汝若作是念發阿耨多羅三藐三菩提
者說諸法斷滅相莫作是念何以故發阿耨
多羅三藐三菩提者於法不說斷滅相須菩
提若菩薩以滿恒河沙等世界七寶持用布
施若復有人知一切法无我得成於忍此菩薩
勝前菩薩所得功德須菩提以諸菩薩不受
福德故須菩提白佛言世尊云何菩薩不受福
德須菩提菩薩所作福德不應貪著是故說
不受福德須菩提若有人言如來若去若
坐若卧是人不解我所說義何以故如來者无
所從來亦无所去故名如來
須菩提若善男子善女人以三千大千世界

BD14153號　金剛般若波羅蜜經　（15-13）

德須菩提菩薩所作福德不應貪著是故說
不受福德須菩提若有人言如來若去若
坐若卧是人不解我所說義何以故如來者无
所從來亦无所去故名如來
須菩提若善男子善女人以三千大千世界
碎為微塵於意云何是微塵衆寧為多不甚
多世尊何以故若是微塵衆實有者佛則不
說是微塵衆所以者何佛說微塵衆則非微
塵衆是名微塵衆世尊如來所說三千大千
世界則非世界是名世界何以故若世界實有
者則是一合相如來說一合相則非一合相是
名一合相須菩提一合相者則是不可說但
凡夫之人貪著其事須菩提若人言佛說
我見人見衆生見壽者見須菩提於意云何
是人解我所說義不世尊是人不解如來所
說義何以故世尊說我見人見衆生見壽者
見即非我見人見衆生見壽者見是名我見
人見衆生見壽者見須菩提發阿耨多羅
三藐三菩提心者於一切法應如是知如是見
如是信解不生法相須菩提所言法相者如
來說即非法相是名法相須菩提若有人以
滿无量阿僧祇世界七寶持用布施若有善
男子善女人發菩薩心者持於此經乃至四句
偈等受持讀誦為人演說其福勝彼云何為
人演說不取於相如如不動何以故
一切有為法　如夢幻泡影　如露亦如電　應作如是觀
佛說是經已長老須菩提及諸比丘比丘尼
優婆塞優婆夷一切世間天人阿脩羅聞佛

BD14153號　金剛般若波羅蜜經　（15-14）

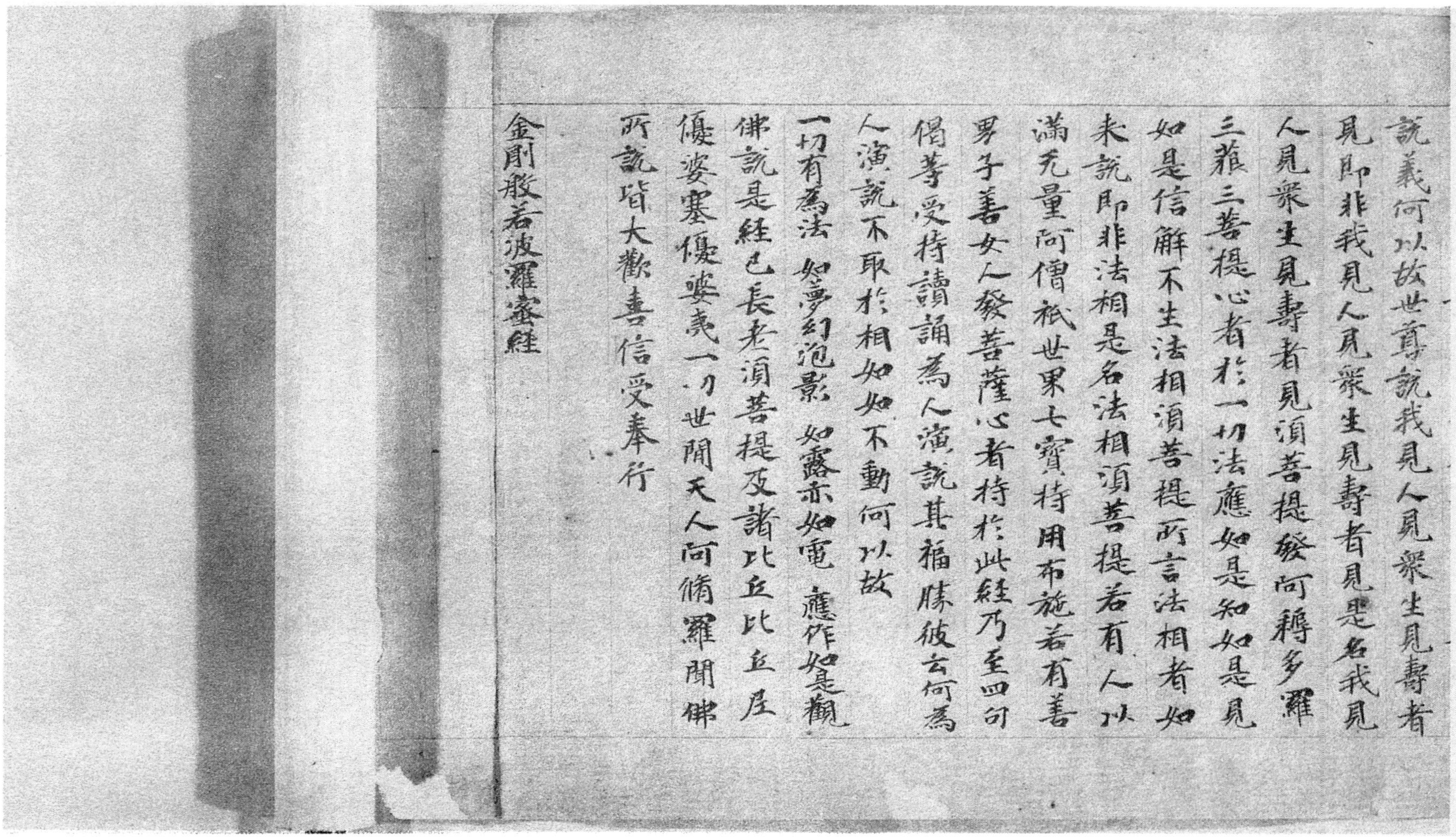

說義何以故世尊說我見人見衆生見壽者
見即非我見人見衆生見壽者見是名我見
人見衆生見壽者見須菩提發阿耨多羅
三藐三菩提心者於一切法應如是知如是見
如是信解不生法相須菩提所言法相者如
來說即非法相是名法相須菩提若有人以
滿无量阿僧祇世界七寶持用布施若有善
男子善女人發菩薩心者持於此經乃至四句
偈等受持讀誦為人演說其福勝彼云何為
人演說不取於相如如不動何以故
一切有為法　如夢幻泡影　如露亦如電　應作如是觀
佛說是經已長老須菩提及諸比丘比丘尼
優婆塞優婆夷一切世間天人阿脩羅聞佛
所說皆大歡喜信受奉行
金剛般若波羅蜜經

BD14153 號　金剛般若波羅蜜經　　（15–15）

BD14154 號背　現代護首　　（1–1）

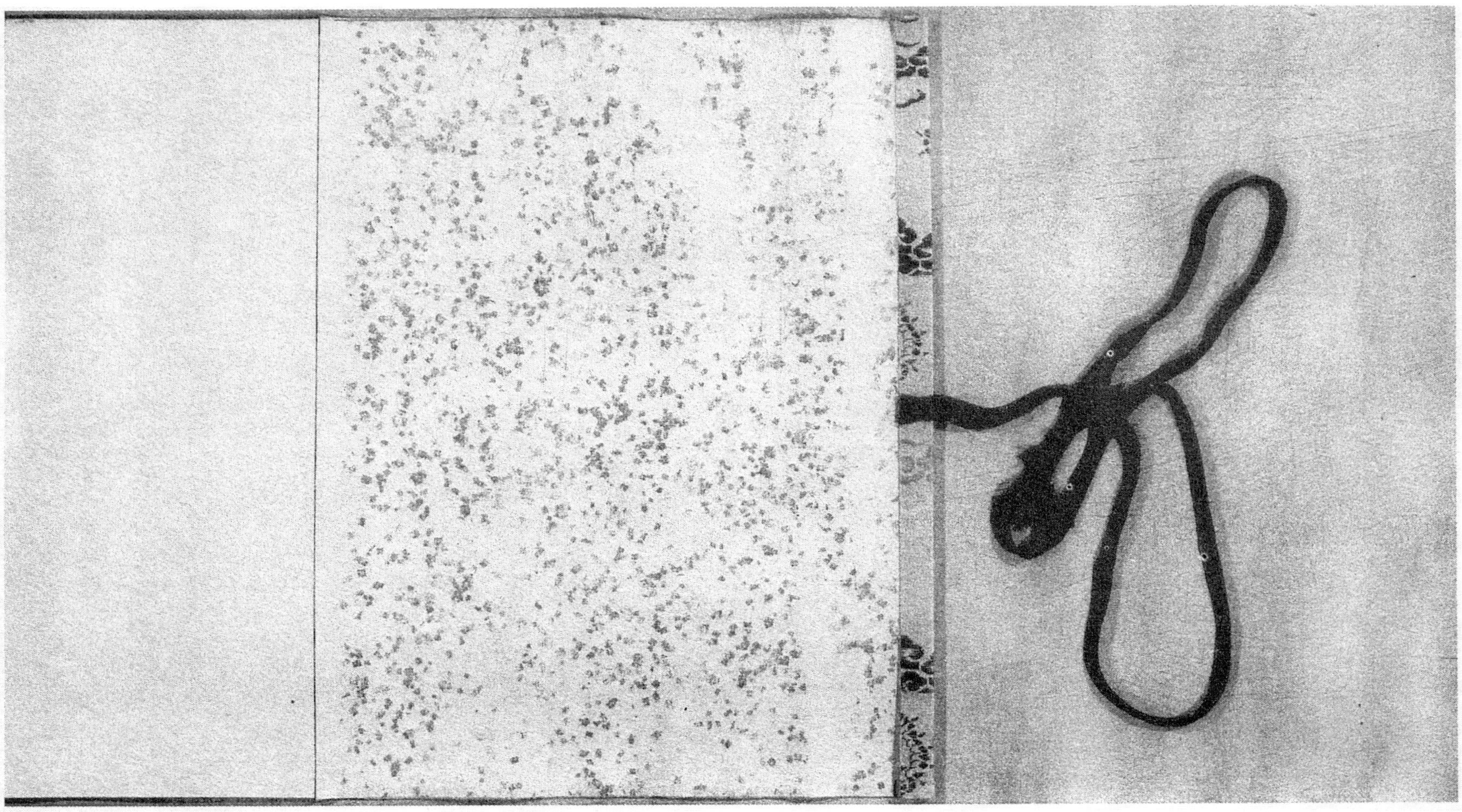

BD14154 號　金剛般若波羅蜜經　（7–1）

是名莊嚴是故須菩提諸菩薩摩訶薩應如
是生清淨心不應住色生心不應住聲香味
觸法生心應无所住而生其心須菩提譬如
有人身如須弥山王於意云何是身為大不
須菩提言甚大世尊何以故佛說非身是名
大身
須菩提如恒河中所有沙數如是沙等恒河
於意云何是諸恒河沙寧為多不須菩提言
甚多世尊但諸恒河尚多无數何況其沙須
菩提我今實言告汝若有善男子善女人以
七寶滿尒所恒河沙數三千大千世界以用
布施得福多不須菩提言甚多世尊佛告須
菩提若善男子善女人於此經中乃至受持
四句偈等為他人說而此福德勝前福德復
次須菩提隨說是經乃至四句偈等當知此
處一切世間天人阿脩羅皆應供養如佛塔
廟何況有人盡能受持讀誦須菩提當知是
人成就最上第一希有之法若是經典所在

BD14154 號　金剛般若波羅蜜經　（7–2）

次須菩提隨說是經乃至四句偈等當知此
處一切世間天人阿脩羅皆應供養如佛塔
廟何況有人盡能受持讀誦須菩提當知是
人成就最上第一希有之法若是經典所在
之處則為有佛若尊重弟子
爾時須菩提白佛言世尊當何名此經我等
云何奉持佛告須菩提是經名為金剛般若
波羅蜜以是名字汝當奉持所以者何須菩
提佛說般若波羅蜜則非般若波羅蜜須菩
提於意云何如來有所說法不須菩提白佛
言世尊如來无所說須菩提於意云何三千
大千世界所有微塵是為多不須菩提言甚
多世尊須菩提諸微塵如來說非微塵是名
微塵如來說世界非世界是名世界須菩提
於意云何可以卅二相見如來不不也世尊
不可以卅二相得見如來何以故如來說卅二
相即是非相是名卅二相須菩提若有善男
子善女人以恒河沙等身命布施若復有人
於此經中乃至受持四句偈等為他人說其
福甚多
爾時須菩提聞說是經深解義趣涕淚悲泣
而白佛言希有世尊佛說如是甚深經典我
從昔來所得慧眼未曾得聞如是之經世尊
若復有人得聞是經信心清淨則生實相當
知是人成就第一希有功德世尊是實相者
則是非相是故如來說名實相世尊我今得
聞如是經典信解受持不足為難若當來世

BD14154 號　金剛般若波羅蜜經　（7–3）

若復有人得聞是經信心清淨則生實相當
知是人成就第一希有功德世尊是實相者
則是非相是故如來說名實相世尊我今得
聞如是經典信解受持不足為難若當來世
後五百歲其有眾生聞是經典信解受持是
人則為第一希有何以故此人无我相人相
眾生相壽者相所以者何我相即是非相人
相眾生相壽者相即是非相何以故離一切
諸相則名諸佛
佛告須菩提如是如是若復有人得聞是經
不驚不怖不畏當知是人甚為希有何以故
須菩提如來說第一波羅蜜非第一波羅蜜
是名第一波羅蜜須菩提忍辱波羅蜜如來
說非忍辱波羅蜜何以故須菩提如我昔為
歌利王割截身體我於爾時无我相无人相
无眾生相无壽者相何以故我於往昔節節
支解時若有我相人相眾生相壽者相應生
瞋恨須菩提又念過去於五百世作忍辱仙
人於爾所世无我相无人相无眾生相无壽
者相是故須菩提菩薩應離一切相發阿耨
多羅三藐三菩提心不應住色生心不應住
聲香味觸法生心應生无所住心若心有住
則為非住是故佛說菩薩心不應住色布施
須菩提菩薩為利益一切眾生應如是布施如
來說一切諸相即是非相又說一切眾生則
非眾生須菩提如來是真語者實語者如語
者不誑語者不異語者須菩提如來所得法

BD14154 號　金剛般若波羅蜜經　（7–4）

須菩提菩薩為利益一切衆生應如是布施如
来說一切諸相即是非相又說一切衆生則
非衆生須菩提如来是真語者實語者如語
者不誑語者不異語者須菩提如来所得法
此法无實无虛須菩提若菩薩心住於法而
行布施如人入闇則无所見若菩薩心不住
法而行布施如人有目日光明照見種種色
須菩提當来之世若有善男子善女人能於
此經受持讀誦則為如来以佛智慧悉知是
人悉見是人皆得成就无量无邊功德
須菩提若有善男子善女人初日分以恒河
沙等身布施中日分復以恒河沙等身布施
後日分亦以恒河沙等身布施如是无量百
千万億劫以身布施若復有人聞此經典信
心不逆其福勝彼何況書寫受持讀誦為人
解說須菩提以要言之是經有不可思議不
可稱量无邊功德如来為發大乘者說為發
最上乘者說若有人能受持讀誦廣為人說
如来悉知是人悉見是人皆得成就不可量不
可稱无有邊不可思議功德如是人等則為
荷擔如来阿耨多羅三藐三菩提何以故須
菩提若樂小法者著我見人見衆生見壽者
見則於此經不能聽受讀誦為人解說須菩
提在在處處若有此經一切世間天人阿脩
羅所應供養當知此處則為是塔皆應恭
敬作礼圍繞以諸華香而散其處
復次須菩提善男子善女人受持讀誦此經

BD14154號　金剛般若波羅蜜經　（7–5）

見則於此經不能聽受讀誦為人解說須菩
提在在處處若有此經一切世間天人阿脩
羅所應供養當知此處則為是塔皆應恭
敬作礼圍繞以諸華香而散其處
復次須菩提善男子善女人受持讀誦此經
若為人輕賤是人先世罪業應墮惡道以今
世人輕賤故先世罪業則為消滅當得阿耨
多羅三藐三菩提須菩提我念過去无量阿
僧祇劫於然燈佛前得值八百四千万億那
由他諸佛悉皆供養承事无空過者若復有
人於後末世能受持讀誦此經所得功德於
我所供養諸佛功德百分不及一千万億分
乃至筭數譬喻所不能及須菩提若善男子
善女人於後末世有受持讀誦此經所得功
德我若具說者或有人聞心則狂亂狐疑不
信須菩提當知是經義不可思議果報亦不
可思議
尒時須菩提白佛言世尊善男子善女人發
阿耨多羅三藐三菩提心云何應住云何降
伏其心佛告須菩提善男子善女人發阿耨
多羅三藐三菩提者當生如是心我應滅度
一切衆生滅度一切衆生已而无有一衆生
實滅度者何以故若菩薩有我相人相衆生
相壽者相則非菩薩所以者何須菩提實无
有法發阿耨多羅三藐三菩提者須菩提於
意云何如来於然燈佛所有法得阿耨多羅
三藐三菩提不不也世尊如我解佛所說義

BD14154號　金剛般若波羅蜜經　（7–6）

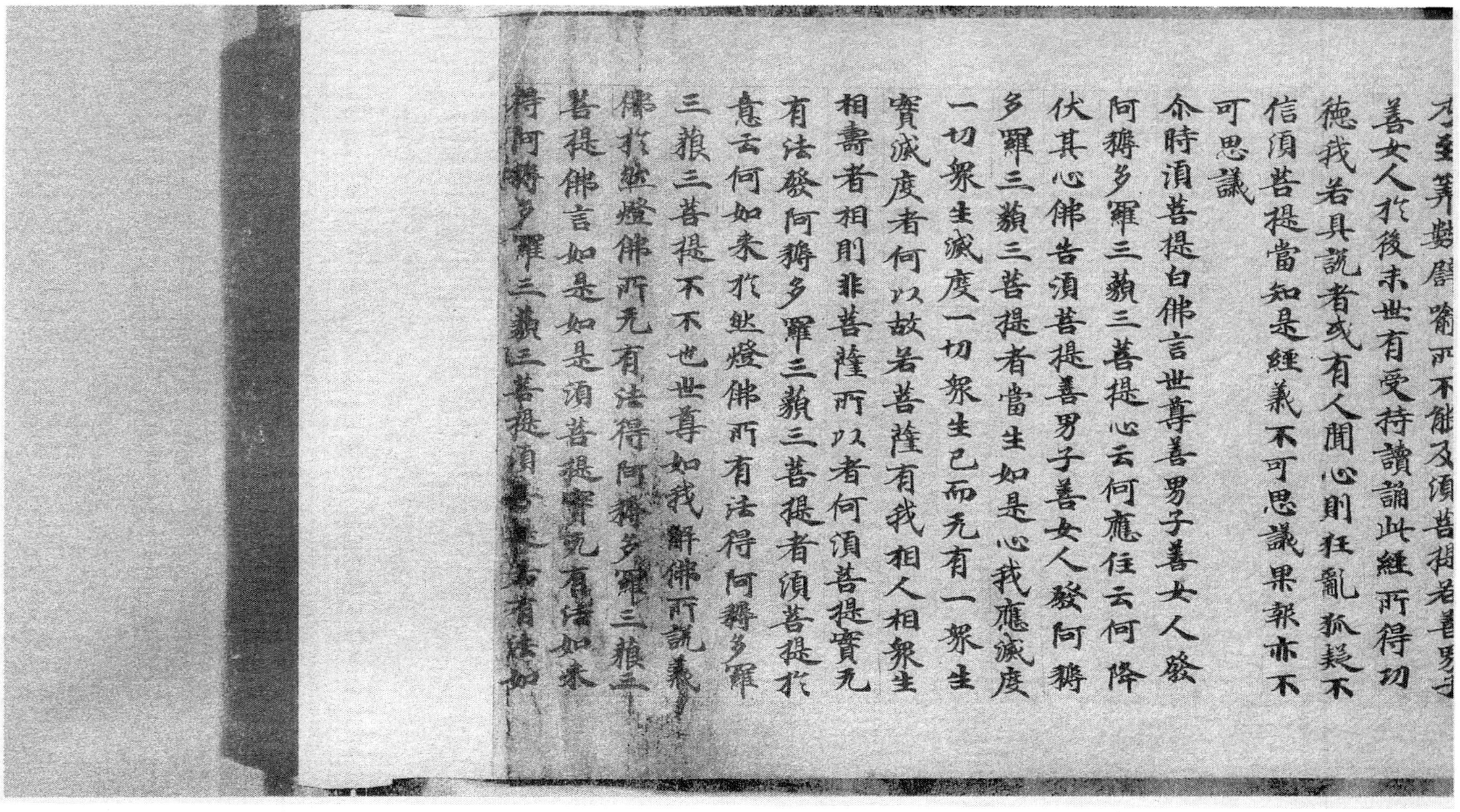

算數譬喻所不能及須菩提若善男子
善女人於後末世有受持讀誦此經所得功
德我若具說者或有人聞心則狂亂狐疑不
信須菩提當知是經義不可思議果報亦不
可思議
尒時須菩提白佛言世尊善男子善女人發
阿耨多羅三藐三菩提心云何應住云何降
伏其心佛告須菩提善男子善女人發阿耨
多羅三藐三菩提者當生如是心我應滅度
一切衆生滅度一切衆生已而无有一衆生
實滅度者何以故若菩薩有我相人相衆生
相壽者相則非菩薩所以者何須菩提實无
有法發阿耨多羅三藐三菩提者須菩提於
意云何如來於然燈佛所有法得阿耨多羅
三藐三菩提不不也世尊如我解佛所說義
佛於然燈佛所无有法得阿耨多羅三藐三
菩提佛言如是如是須菩提實无有法如來
得阿耨多羅三藐三菩提須菩提若有法如

BD14154 號　金剛般若波羅蜜經　（7–7）

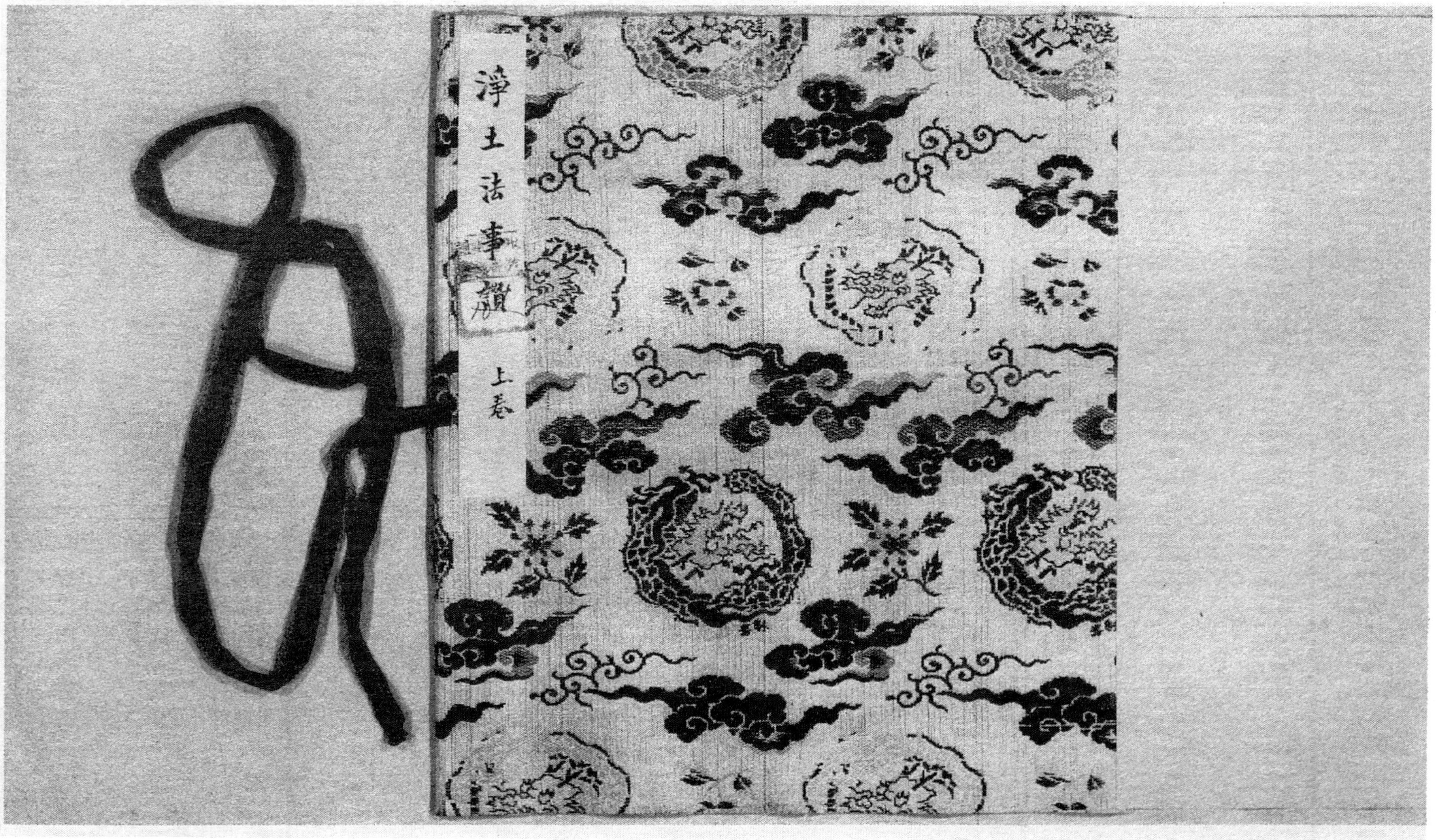

BD14155 號背　現代護首　（1–1）

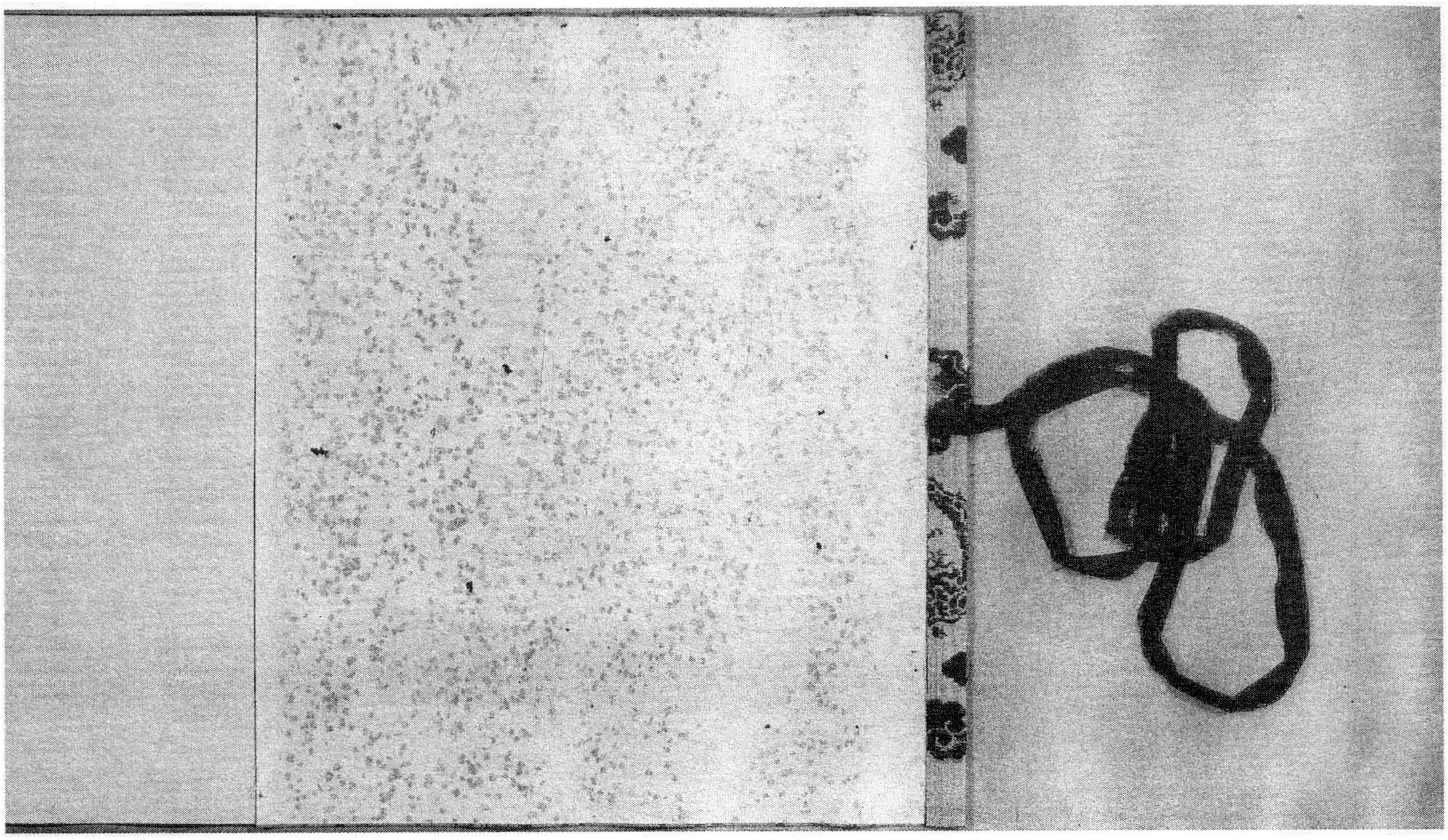

BD14155 號　轉經行道願往生淨土法事讚卷上　（22–1）

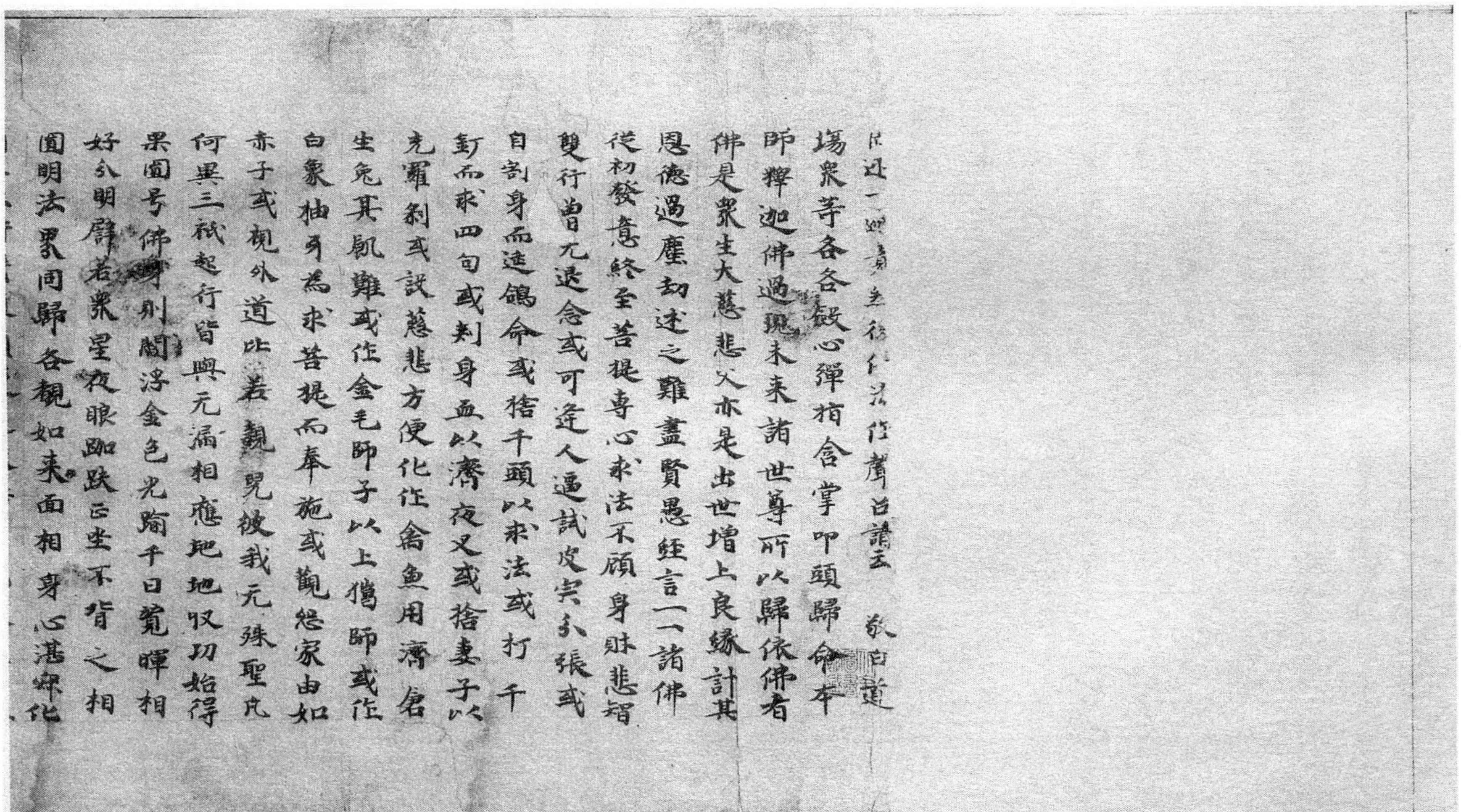

比丘一迦見至往生法作讚白諸衆　敬白道
場衆等各各斂心彈指合掌叩頭歸命本
師釋迦佛過現未來諸世尊所以歸依佛者
佛是衆生大慈悲父亦是出世增上良緣計其
恩德過塵劫述之難盡賢愚經言一一諸佛
從初發意終至菩提專心求法不顧身財悲智
雙行曾无退念或可逢人遍試皮宍亦張或
自割身而遶鴿命或捨千頭以求法或打千
釘而求四句或剝身血以濟夜叉或捨妻子以
充羅剎或設慈悲方便化作禽魚用濟倉
生免其飢難或作金毛師子以上獵師或作
白象柚牙為求菩提而奉施或覩怨家由如
赤子或視外道比若親兒彼我无殊聖凡
何異三祇起行皆與无漏相應地地收功始得
果圓号佛剎閻浮金色光蹈千日覺暉相
好分明譬若衆星夜眼跏趺正坐不背之相
圓明法界同歸各觀如來面相身心湛寂化

BD14155 號　轉經行道願往生淨土法事讚卷上　（22–2）

何異三祇起行皆興无漏相應地地収功始得
果圓号佛身則閻浮金色光踰千日覓暉相
好分明群若衆星夜眼跏趺正坐不背之相
圓明法界同歸各覩如来面相身心湛寂化
用不失時機隨類變通報身則无来不動但
如来智德難之難盡道場衆等各生慚謝之
心能使諸佛為我捨身過於塵劫哀哉世尊
能為難事長劫勤勤忍疲勞之苦痛雖復為
生苦行不覓小恩望欲等出塵勞會菩提而
歸彼岸衆等齊心為今施主厶甲等奉請十
方諸佛一切世尊弟子等敬尋諸佛境界
唯佛能知國土精華非凡所測三身化用皆
五淨土以導群生法躰无殊有識歸之
得悟但為凡夫亂想寄託无由故使釋迦諸
佛不捨慈悲直指西方十万億剎國名極
樂佛号弥陁現在說法其國清淨具四莊嚴
永絕譏嫌等无憂惱人天善惡皆得往生到
彼无差齊同不退何意然者乃由弥陁因地
世饒佛所捨位出家即起悲智之心廣弘四
十八願以佛願力五逆之與十惡罪滅得生謗
法闡提迴心皆往復因菩提致請誓捨娑婆
念念无遺決定求生極樂如来因其請故即
說定散兩門三福九章廣作未聞之益十
方恒沙諸佛共讚釋迦舒舌遍覆三千證
得往生非謬如是等諸佛世尊不捨慈悲受
今施主厶甲及衆生請入此道場證明功德奉請
已今勸諸衆等各各斂心歸依合掌礼

說定散兩門三福九章廣作未聞之益十
方恒沙諸佛共讚釋迦舒舌遍覆三千證
得往生非謬如是等諸佛世尊不捨慈悲受
今施主厶甲及衆生請入此道場證明功德奉請
已今勸諸衆等各各斂心歸依合掌礼
下座接高讚云　願往生願往生衆等咸歸命
本師釋迦佛十方世界諸如来願受施主
衆生請不捨慈悲入道場證明功德滅諸罪
一心念見弥陁衆等身心皆踊躍手執香華常
供養
高座接下讚云　願往生願往生願在弥陁佛前
立手執香華常供養
下接高讚云　願往生願往生願在弥陁佛前
立手執香華常供養
高接下更白請尊經舍利及諸聖衆即云重
白道場大衆等各各斂心彈指合掌叩頭心
歸命為今施主及衆生次當奉請十方法界
諸佛所說脩多羅藏八万四千又請全身散
身舍利等唯願放大神光入此道場證明功
德又請十方聲聞緣覺得道聖人唯願不捨
慈悲現大神通入此道場證明功德又當奉
請諸菩薩衆普賢文殊觀音勢志等唯願
不捨慈悲滿衆生願入此道場證明功德所以
歸依奉請者此諸菩薩從初發意乃至菩提
常行平等接引无偏自利利他无時暫息常
以法音覺諸世間光明普照无量佛土一切
世界六種震動摠攝魔界動魔宮殿摑裂

不捨慈悲滿願生願入此道場證明功德所以
歸依奉請者此諸菩薩從初發意乃至菩提
常行平等接引无偏自利利他无時暫息常
以法音覺諸世間光明普照无量佛土一切
世界六種震動搖攝魔界動魔宮殿摑裂
耶網消滅諸見散諸塵勞壞諸慾塹開闡
法門顯明清白光融佛法宣流正化常行不深
身口意業常行不害身口意業常行不癡身
口意業常行不退轉身口意業常行不動身
口意業常行讚歎身口意業常行清淨身口
意業常行離惱身口意業常行隨智慧身
口意業覺悟成就色相成就定慧成就此諸菩
薩常為諸天王天龍八部人王梵王等守護恭
敬供養與一切衆生為救為歸為明為導為
勝為上具无量行願多所饒益安隱天人利益
一切遊步十方守權方便入佛法藏究竟彼
岸智惠聖明不可思議轉佛法輪成就
如來一切種智於一切法悉得自在如是等
菩薩大士不可稱計唯願不捨慈悲受衆
生請一時來會今此道場為今施主厶甲證明
功德今勸道場衆等人各殷心歸依合掌礼
下接高讚云　願往生願往生衆等希聞諸佛
法龍宮八万四千藏已放神光入道場證明
功德復滿願因慈離苦見弥陀法界含靈亦
除障我等身心皆踊躍手執香華常供養
昌此讚竟即坐作。
高接下讚云　願往生願往生龍宮經藏如恒

BD14155號　轉經行道願往生淨土法事讚卷上　（22–5）

除障我等身心皆踊躍手執香華常供養
昌此讚竟即坐作。
高接下讚云　願往生願往生龍宮經藏如恒
沙十方佛法復過是我今標心普皆請放大
神光入道場證明功德復除罪增長施主菩
提芽衆等各各齊心手執香華如法供養
下接高讚云　願往生願往生今日道場難得
遇无上佛法亦難聞畢命形斷諸惡從是
念念罪皆除六根明了得惺悟戒定慈悲
誓不靈衆等身心皆踊躍手執香華常
供養
高接下讚云　願往生願往生願在弥陀佛
前坐手執香華常供養
下接高讚云　願往生願往生久住娑婆常
沒沒三惡四趣盡皆亭披毛戴角受衆苦未
曾聞見聖人名憶此疲勞長劫事誓願捨
命見弥陀衆等身心皆踊躍手執香華常
供養
高接下讚云　願往生願往生衆等咸歸命
今為施主及衆生已請十方法界全身舍利
碎身金剛利物隨宜分形影赴雖復形分大
小神化一種无殊大則類同山岳小則比若芥
塵畢竟真識齊心供養近則人天獲報富
樂長劫隨身遠則淨土无生尅果則涅槃之
常樂又願道場衆等各各齊心手執香華
如法供養
下接高讚云　願往生願往生真身舍利遍大

BD14155號　轉經行道願往生淨土法事讚卷上　（22–6）

塵畢竟真誠齊心供養近則人天獲報富
樂長劫隨身遠則淨土无生尅果則涅槃之
常樂又願道場衆等各各齊心手執香華
如法供養
下接高讚云　願往生願往生真身舍利遍大
小見聞歡喜脩供養自作善根他人福一切
合集皆迴向晝夜精勤不敢退專心決定覓
弥陁衆等身心皆踊躍手執香華常供養
高接下讚云　願往生願往生願在弥陁佛前
坐手執香華常供養
下接高讚云　願往生願往生願在弥陁佛前
坐手執香華常供養
高接下讚云　願往生願往生普賢文殊弘誓
願十方佛子亦皆然一念分身遍六道隨機
化度斷因緣願我生生得親近圍遶聽法悟
真門永拔无明生死業誓作弥陁淨土人衆
等各各齊心手執香華如法供養
下接高讚云　願往生願往生十方菩薩大慈
悲不惜身命度衆生六道分身隨類現為
說妙法證无生无生淨土隨人入廣大寬平
无比量四種威儀常見佛法侶攜將入寶堂
衆等身心皆踊躍手執香華常供養
高接下讚云　願往生願往生願在弥陁佛前坐
手執香華常供養
下接高讚云　願往生願往生願在弥陁佛前
坐手執香華常供養
高接下讚云　願往生願往生為今施主及衆
生奉請賢入道場證明功德

BD14155 號　轉經行道願往生淨土法事讚卷上　（22–7）

下接高讚云　願往生願往生願在弥陁佛前
坐手執香華常供養
高接下讚云　願往生願往生為今施主及衆
生奉請賢入道場證明功德脩供養三毒
煩惱因茲滅无明闇罪皆除願我生生值
諸佛念念脩道至无餘迴此今生功德業
當来畢定在金渠衆等各各齊心手執
香華如法供養
下接高讚云　願往生願往生菩薩聖衆身
難別慈悲智慧等无殊不惜身財求妙
法難行苦行未曾休誓到菩提登彼岸放
大慈光度有流有流衆生我身是来光畢
命入西方衆等身心皆踊躍手執香華常
供養
高接下讚云　願往生願往生願在弥陁會
中坐手執香華常供養
下接高讚云　願往生願往生願在弥陁會中
坐手執香華常供養
高接下讚云　願往生願往生為今施主皆已請
十方諸佛入道場龍宮法藏真舍利已放神
光入道場羅漢群支通自在一念来華入道
場普賢文殊菩薩衆一切俱来入道場是
諸聖衆如雲集地上虛空難可量各坐蓮
華百寶座證明功德放慈光如此聖會難
逢遇同時發願入西方衆等身心皆踊躍手
執香華常供養
下接高讚云　願往生願往生願在弥陁會中

BD14155 號　轉經行道願往生淨土法事讚卷上　（22–8）

華百寶座證明功德放慈光如此聖會難
逢遇同時發願入西方衆等身心皆踊躍手
執香華常供養
下接高讚云　願往生願往生願在弥陁會中
坐手執香華常供養
高接下奉請香華云　重白道場衆等各各
斂心彈指合掌叩頭標心運想今為施主厶甲
等奉請十方法界人天凡聖水陸虛空一切香
華音樂光明寶藏香山香衣香樹香林香
池香水入此道場又請一切寶山寶樹寶衣
寶池寶水寶幢寶蓋寶華寶網寶樓
寶閣入此道場又請一切華林華樹華幢華
蓋華樓華閣華宮華殿華衣入此道場又請
一切光雲樹光雲林光雲網光雲衣光雲蓋光雲
幢光雲臺光雲樓光雲閣光雲樂光雲香光
雲池光雲水光雲幡光雲山入此道場又請
一切香雲山香雲衣香雲樹香雲林香雲
網香雲蓋香雲幢香雲樓香雲閣香雲池
香雲水香雲光香雲樂香雲華香雲臺入此
道場又請一切寶雲山寶雲樹寶雲華寶
雲果寶雲衣寶雲幢寶雲蓋寶雲網寶
雲幡寶雲樂寶雲樓閣寶雲光明寶雲
天衆寶雲供養海入此道場又請一切華
雲山華雲林樹華雲幢蓋華雲衣服華雲
羅網華雲音樂華雲樓閣華雲光明華
雲臺座入此道場又請一切天人變化庄嚴
供養海一切聲聞變化庄嚴供養海一切菩

雲山華雲林樹華雲幢蓋華雲衣服華雲
羅網華雲音樂華雲樓閣華雲光明華
雲臺座入此道場又請一切天人變化庄嚴
供養海一切聲聞變化庄嚴供養海一切菩
薩變化庄嚴供養海一切諸佛變化庄嚴
供養海如是等无量无邊恒沙供養種種
庄嚴悉皆奉請入此道場供養一切佛舍
利并真法菩薩聲聞衆此香華雲庄嚴
供養海為滿施主衆生願隨心變現受用作
佛事供養已人各至心歸依合掌礼
下接高讚云　願往生願往生願在弥陁會中坐
手執香華常供養
奉請既竟即須行道七遍又使一人持華在
西南角立待行道人至即盡行花興行道衆
等既受得華竟不得即散且待各自標心
供養待行道至佛前即隨意散之散竟即
過至行華人所更華亦如前法乃至七遍亦如
是若行道訖即各依本坐處立待唱梵聲盡
即坐
高接下勸衆行道即云　奉請一切香華供養
已訖一切恭敬道場衆等各執香華如法行
道
行道讚梵偈云　道場庄嚴極清淨天上人間
无比量過現諸佛等靈儀人天龍鬼中法藏
全身碎身真舍利大衆持華散其上瞻仰
尊顔遶七匝梵響音聲等供養願我身淨
如香爐願我心如智慧火念念焚燒戒定香

[illegible]
全身碎身真舍利大衆持華散其上瞻仰
尊顔遶七匝唄讚音聲等供養願我身淨
如香爐願我心如智慧火念念焚燒戒定香
供養十方三世佛
下棲唄人聲立讚云　願往生道場衆等尒許
多人塵劫已來巡三界淪迴六道无住止希見
道場諸佛會親承供養難思議七周行道散
華訖悲喜交流願滅罪乘此善根生安樂
華開見佛證无爲衆等持心跪本座手執香
華常供養
唱此讚竟盡令坐
高棲下讚云　願往生願往生願在弥陁佛前
坐手執香華常供養
下棲高讚云　願往生願往願在弥陁會中坐
手執香華常供養
高棲下讚云　願往生願往生釋迦如來初發
願頃捨塵勞脩菩行念念精勤无有退不
限日月及歲年大劫長劫僧祇劫過踰大地
等微塵不惜身財求妙法慈悲誓願度衆
生普勸歸西安養國逍遙快樂得三明衆
等各各傾心手執香華如法供養
下請高座入文讚云　願往生願往生衆等齊心請
高座慇懃致敬說尊經道場難逢時亘遇
无常迅速命難亭眼前業道人人見皆由
三毒作因緣雖得人身常闇鈍貪嗔邪見
轉專日夜惛惛不惺惺悟流浪三塗因忽
尒淪迴長劫苦弥陁淨土何時聞大衆同心

BD14155號　轉經行道願往生淨土法事讚卷上　（22–11）

无常迅速命難亭眼前業道人人見皆由
三毒作因緣雖得人身常闇鈍貪嗔邪見
轉專日夜惛惛不惺惺悟流浪三塗因忽
尒淪迴長劫苦弥陁淨土何時聞大衆同心
請高座爲度群生轉法輪衆等傾心樂聞法
手執香華常供養
高棲下讚云　願往生願往生衆等齊心生渴
仰慇懃頂礼樂聞經聖人所重過命不貪
王位捨千頭七寸長釘遍體入標心爲物不生
憂自取身皮寫經偈普願群生入法流千燈
炎炎流身血諸天泣淚散華周感傷大士身
心痛徹徹含咲現无嗔仰願同聞同斷惡難
逢難遇誓當專念迴心生淨土畢命入
彼涅槃門各各傾心无異想手執香華如法
供養
下棲高讚云　願往生願往生曠劫已來居
生死三塗常没苦皆逕始服人身聞正法由如
渴者得清泉念念思聞淨土教文文句句誓
當慇憶想長時流浪苦專心聽法入真門淨
土无生亦无死究竟解脫金剛身以是因緣諸
高座釋伽慈恩轉法輪衆等身心皆踊躍手執香華常供養
高棲下讚云　願往生願往生願在弥陁會中坐
手執香華常供養
下棲高讚云　願往生願往生衆生見佛心開
悟發願同生諸佛家住此娑婆已來久无功
捨命劫塵沙自覺心頑神識鈍良由地獄卧
銅車銅車炎炎難居止一念之間百千死非

BD14155號　轉經行道願往生淨土法事讚卷上　（22–12）

手執香華常供養
下棱高讚云　願往生願往生衆生見佛心開
悟發願同生　諸佛家住此娑婆已来久无功
捨命劫塵沙自覺心頑神識鈍良由地獄卧
銅車銅車炎炎難居止一念之間百千死非
直此中多苦痛一切泥犁亦如是泥犁一入
過塵劫畜生鬼道還如此今得人身貪嬈
惡諸佛聖教生非毀非毀聖教罪根深謗說
良善苦常沉大聖雖有神通力无能相救
蓋悲心今勸道場時衆等發露懺悔罪无
窮衆等同生彼淨土手執香華常供養
高座待下座聲盡即懺云　敬白道場諸衆等
今為施主厶甲及諸衆生歸命十方諸佛龍
宮法藏舍利真形菩薩大士緣覺聲聞等
現在道場證明懺悔又白天曹地府閻羅天
子五道太山三十六王地獄典領天神地神虛
空神山林河海一切靈祇及衆賢聖等各
有天通道眼他心宿命漏盡智人現在道場
證明弟子今日施主厶甲及諸衆生披心懺
悔弟子道場衆等内外尒許多人自從過去
盡過去際現在盡現在際未来盡未来際身
口意業行住坐卧於一切三寶師僧父母六親
眷屬善知識法界衆生上具造一切惡常
起一切惡頓起一切惡相續起一切惡方便起一
切惡障業障報障煩惱障生死罪障不得
見聞佛法僧障弟子衆等自從曠劫已来
乃至今身至於今日於其中間作如是等

BD14155 號　轉經行道願往生淨土法事讚卷上　（22–13）

眷屬善知識法界衆生上具造一切惡常
起一切惡頓起一切惡相續起一切惡方便起一
切惡障業障報障煩惱障生死罪障不得
見聞佛法僧障弟子衆等自從曠劫已来
乃至今身至於今日於其中間作如是等
罪業行多作无量无邊能令我等墮於地
獄无有出期是故經言阿鼻地獄十八小地
獄十八寒氷地獄十八黑闇地獄十八小熱地獄
十八刀輪地獄十八劍輪地獄十八火車地獄
十八沸屎地獄十八鑊湯地獄十八灰河地獄
五百億刀林地獄五百億劍林地獄五百億
剌床地獄五百億銅柱地獄五百億鐵錢地
獄五百億鐵鋼地獄十八鐵窟地獄十八鐵
丸地獄十八尖石地獄十八飲銅地獄如是衆
多地獄佛言阿鼻地獄縱廣正等八万由
旬七重鐵城七層鐵網下十八隔周帀七重
皆是刀林七重城内復有劍林下十八隔隔有
八万四千重於其四角有四大銅狗其身廣
長卌由旬眼如掣電牙如劍樹齒如刀山
舌如鐵剌一切身毛皆出猛火其烟臭惡
世間臭物无以可譬有十八獄卒頭如羅刹
頭口如夜叉口六十四眼散迸鐵丸狗牙上
出高四由旬牙頭火流燒前鐵車令鐵車
輪一一輪輞化為一億大刀鋒刃劍戟皆從火
出如是流火燒阿鼻城令阿鼻城赤如融
銅獄卒頭上有八牛頭一一牛頭有十八角一
一角頭皆出火聚復化成十八輞火輞復變
作大刀輪如車輪許輪輪相次在火焰間

BD14155 號　轉經行道願往生淨土法事讚卷上　（22–14）

出如是流火燒阿鼻城令阿鼻城赤如融
銅獄卒頭上有八牛頭一一牛頭有十八角一
一角頭皆出火聚復化成十八輞火輞復變
作大刀輪如車輪許輪輪相次在火炎間
滿阿鼻城銅狗張口吐舌在地舌如鐵刺舌
出之時化無量舌滿阿鼻城七重城內有七
鐵幢幢頭火踊如沸踊泉其鐵流迸滿阿鼻
城阿鼻四門於門閫上有八十釜沸銅踊出
從門漫流滿阿鼻城一一隔間有八萬四千鐵
蟒大蛇吐毒吐火身滿城內其蛇哮吼如天
震雷雨大鐵丸滿阿鼻城此城苦事八萬億
千苦中苦者集在此城五百億蟲八萬四
千嘴嘴頭火流如雨而下滿阿鼻城此蟲
下時阿鼻猛火其炎大熾赤光火炎照八
萬四千由旬從阿鼻地獄上衝大海沃焦山下
大海水滴如車軸許成大鐵尖滿阿鼻城
佛言若有眾生煞害三寶偷劫三寶污染
三寶欺誑三寶謗毀三寶破壞三寶煞害
父母偷劫父母污染父母欺誑父母謗毀父母
破壞父母作如是等煞逆罪者命終之時
銅狗張口化十八車狀如金車寶蓋在上一切火
炎化為玉女罪人遙見心生歡喜我欲往中我
欲往中風刀解時寒急失聲寧得如火在車
上坐然火自爆作是念已即便命終揮霍之
間已坐金車顧瞻玉女皆捉鐵斧斬截其身
身下火起如旋火輪譬如壯士屈申臂頃直
落阿鼻大地獄從於上隔如旋火輪至下隔

上坐然火自爆作是念已即便命終揮霍之
間已坐金車顧瞻玉女皆捉鐵斧斬截其身
身下火起如旋火輪譬如壯士屈申臂頃直
落阿鼻大地獄從於上隔如旋火輪至下隔
際身遍隔內銅狗大吼齧骨唼髓獄卒羅
剎捉大鐵叉叉頭令起遍體火炎滿阿鼻
城鐵網雨刀從毛孔入化閻羅王大聲告勅
癡人獄種汝在世時不孝父母邪慢無道
汝今生處名阿鼻地獄汝不知恩無有慚愧
受此苦惱為樂不耶作是語已即滅不現介
時獄卒復驅罪人從於下隔乃至上隔經歷八
萬四千隔中攄身而過至鐵網際一日一夜介乃
周遍阿鼻地獄一日一夜當此閻浮提日月歲
數六十小劫如是壽命盡一大劫五逆罪人
無慚無愧造作五逆五逆罪故臨終時十八
風刀如鐵火車解截其身以熱逼故便作是
言得好色華清涼大樹於下遊戲不亦樂
乎作此念時阿鼻地獄八萬四千諸惡劍林
化作寶樹華菓茂盛行列在前大熱火炎
化為蓮華在彼樹下罪人見已我所願者今
已得果作是語時於累而坐蓮華上坐已
須臾鐵嘴諸蟲從火華起穿骨入髓徹
心穿惱攀樹而上一切劍枝削肉徹骨無量刀林
當上而下火車爐炭十八苦事一時來迎此相現
時陷墜地下從下隔上身如華敷遍滿下隔
從下隔起火炎猛熾至於上隔至上隔已身
滿其中熱惱急故張眼吐舌此人罪故萬億

心穿惱攣樹而上一切劒林
當上而下火車爐炭十八苦事一時來迎此相現
時陷墜地下從下隔上身如華敷遍滿下隔
從下隔起火炎猛熾至於上隔至上隔已身
滿其中熱惱急故張眼吐舌此人罪故万億
融銅百千刀輪從空中下頭入足出一切苦事
過於上說百千万倍具五逆者其人受罪
足滿五劫弟子道場衆等自從无身已來乃
至今身至於今日於其中間放縱三業作如
是等罪樂行多作无量无邊今聞佛說阿鼻
地獄衆多地獄心驚毛豎怖懼无量慚愧
无量今對道場凡聖發露懺悔願罪消滅永
盡无餘懺悔已至心歸命阿弥陀佛
下接高和云　懺悔已至心歸命阿弥陀佛
高接下懺云　弟子道場衆等自從曠劫已來
乃至今身至於今日於其中間放縱身口意
業造一切罪或破五戒八戒十戒三歸戒四不
壞信戒三聚戒十无盡戒聲聞戒大乘戒
及一切威儀戒四重八禁等虛食信施誹謗
耶見不識因果斷學波若毀十方佛偷僧
祇物婬泆无道逼掠淨戒諸比丘尼姊妹親
戚不知慚愧毀辱所親造衆惡或樂行十
惡不脩十善障樂行八苦不持八戒障樂行三
毒不受三歸障樂行五逆不持五戒障樂
行地獄極苦業不脩淨土極樂障樂行畜
生愚癡業不脩智慧慈悲障樂行慳貪餓
鬼疾妬業不行布施利他障行諂曲虛誑
脩羅業不行直實言信不相違障樂行嗔

毒不受三歸障樂行五逆不持五戒障樂
行地獄極苦業不脩淨土極樂障樂行畜
生愚癡業不脩智慧慈悲障樂行慳貪餓
鬼疾妬業不行布施利他障行諂曲虛誑
脩羅業不行直實言信不相違障樂行嗔
惚煞害毒龍業不行歡喜慈心障樂行我
慢自大下賤不自在業不行謙下敬上尊
貴障樂行耶見破戒破見惡見謂脩善
无福造惡无殃外道闡提業不行正見覺
行出世往生淨土障樂行破滅三寶壞人
善事惡魔惡鬼業不行護惜三寶成人
功德具足障樂受三界人天長時繫縛
業不貪淨土无生解脫障樂受二乘俠方
業不行菩薩廣大慈悲障樂行親近惡
人業不樂親近諸佛菩薩善知識障樂
行六貪六弊業不行六度四攝障樂行不
識因果飯宍業不知身中有如來佛性障
樂行食噉一切衆生酒宍五辛多病短命業
不行慈心樂見聞佛法僧香華供養障如
是障罪自作教他見作隨喜若故作誤作戲
咲作嗔嫌作違順愛增作无量无邊思量
不可盡說不可盡亦如大地微塵无數虛
空无邊法界无邊法性无邊方便无邊我
及衆生造罪亦復无邊如是等罪上至諸
菩薩下至聲聞緣覺所不能知唯佛與佛乃能
知我罪之多少地獄經言若有衆生作是
罪者臨命終時刀風解身偃卧不定如被

及衆生造罪亦復无邊如是等罪上至諸
菩薩下至聲聞緣覺所不能知唯佛與佛乃能
知我罪之多少地獄經言若有衆生作是
罪者臨命終時刀風解身偃卧不定如被
搥撻其心荒越發狂癡想見己室宅男女
大小一切皆是不淨之物屎尿臭處盈流于
外尒時衆人即作是語云何此處无好城
墎及好山林使吾遊戲乃處如此不淨物
間作是語已獄卒羅刹以大鐵叉驚阿
鼻獄及諸刀林化作寶樹及清涼池火
炎化作金葉蓮華諸鐵嘴虫化為鳧鴈
地獄痛聲如歌詠音罪人聞已如此好處
吾當遊中念已尋時坐火蓮華諸鐵嘴虫
從身毛孔唼食其軀百千鐵輪從頂上入
恒沙鐵叉挑其眼精地獄銅狗化作百億
鐵狗覓分其身取心而食俄尒之間身如
鐵華滿十八隔中一一華葉八万四千一一葉頭
身手支節在一隔間地獄不大此身不小
遍滿如此大地獄中此等罪人墮此地獄經
歷八万四千大劫此泥犁城復入東方十八隔
中如前受苦此阿鼻獄南亦十八隔西亦十
八隔謗方等經具五逆罪破壞僧祇汚比
丘尼斷諸善根如此罪人具衆罪者身
滿阿鼻獄四支復滿十八隔中此阿鼻獄但
燒如此獄種衆生劫欲盡時東門即開見
東門外清泉流水華菓林樹一切俱現是諸
罪人從下隔見眼火暫歇從下隔起婉轉

滿阿鼻獄四支復滿十八隔中此阿鼻獄但
燒如此獄種衆生劫欲盡時東門即開見
東門外清泉流水華菓林樹一切俱現是諸
罪人從下隔見眼火暫歇從下隔起婉轉
腹行揵身上走到上隔中手攀刀輪時虛
空中雨熱鐵丸走趣東門既至門閫獄卒羅
刹手把鐵叉逆刺其眼鐵狗齧心悶絶而
死死已復生見南門開如前不異如是西
門北門亦皆如此如是時間經歷半劫阿
鼻地獄死生寒氷中寒氷獄死生黑闇處
八千万歲目无所見受大蛇身婉轉腹行諸
情闇塞无所解知百千狐狼牽掣食
之命終之後生畜生中五千万身受鳥獸
形還生人中聾盲瘖瘂疥癩癰疽貧窮
下賤一切諸衰以為嚴飾受此賤形經五
百身後復還生餓鬼道中　如是等淪迴
三惡无量无邊弟子衆等今聞地獄心驚
毛竪怖懼无量怨畏殘殃不盡復還流浪
今生已來縱暴三業造衆重罪若不懺
悔定招此苦无有出期今對三寶道場大
衆前發露懺悔懺悔即安樂知而不敢
覆藏唯願十方三寶法界衆生發大慈悲
廣大慈悲不計我惡如草覆地布施歡
喜受我懺悔憶我清淨唯願不捨慈悲
攝護我等已作之罪願除滅未起之罪願
不生已作之善願增長之善方便令生願
從今日乃至不起悲已來誓共衆生捨邪歸

寶藏唯願十方三寶法界衆生發大慈悲
廣大慈悲不計我惡如草覆地布施歡
喜受我懺悔憶我清淨唯願不捨慈悲
攝護我等已作之罪願除滅未起之罪願
不生已作之善願增長之善方便令生願
從今日乃至不起忍已來誓共衆生捨耶歸
正發菩提心慈心相向佛眼相看菩提眷屬
作真善知識同生淨土乃至成佛如是等罪
永斷相續更不敢作懺悔發願已至心歸命
阿弥陁佛
下接高和云　懺悔已至心歸命阿弥陁佛
下接高讚云　願往生願往生願在弥陁會中
坐手執香華常供養
高接下讚云　願往生願往生願在弥陁會中
坐手執香華常供養
下接高讚云　願往生願往生願在弥陁會中
坐手執香華常供養
下座作曉唱礼　隨意散
淨土法事讚卷上　願往生僧善導集記

BD14155 號　轉經行道願往生淨土法事讚卷上　(22–21)

下接高讚云　願往生願往生願在弥陁會中
坐手執香華常供養
下座作曉唱礼　隨意散
淨土法事讚卷上　願往生僧善導集記

BD14155 號　轉經行道願往生淨土法事讚卷上　(22–22)

大般涅槃經師子吼菩薩品之三　卷廿九
善男子汝不可以有退心故言諸衆生無有
佛性譬如二人俱聞他方有七寶山山有清
泉其味甘美有能到者永斷貧窮服其水者
增壽万歲唯路懸遠嶮岨多難時彼二人俱
欲共往一人莊嚴種種行具一則空往無所賫
持相與前進路值一人多賫寶貨七珎具
足二人便前問言仁者彼土實有七寶山耶

BD14156 號　大般涅槃經（北本　異本）卷二九　（26–1）

泉其味甘美有能到者永斷貧窮服其水者
增壽万歲唯路懸遠嶮岨多難時彼二人俱
欲共往一人莊嚴種種行具一則空往無所賫
持相與前進路值一人多賫寶貨七珎具
足二人便前問言仁者彼土實有七寶山耶
其人答言實有不虛我已獲寶飲服其水唯
患路嶮多有盜賊沙鹵蕀刺之於水草往者
千万達者甚少聞是事已一人即悔尋作是
言路既懸遠艱難非一往者無量達者無幾
而我云何當能到彼我今産業粗自供足若
涉斯路或失身命身命不全長壽安在一人
復言有人能過我亦能過若得果達則得如
願採取珎寶飲服甘水如其不達以死爲期
是時二人一則悔還一則前進到彼山所多
獲財寶如願服水多賫所有還其所止奉養
父母供給宗親時悔還者見是事已心復生
熱彼去已還我何爲住即便莊嚴涉路而去
七寶山者喻大涅槃甘味之水喻於佛性其
二人者喻二菩薩初發道心嶮惡道者喻於
生死所逢人者喻佛世尊有盜賊者喻於四
魔沙鹵蕀刺喻諸煩惱無水草者喻不修習
菩提之道一人還者喻退轉菩薩其直往者
喻不退菩薩善男子衆生佛性常住不變猶
彼嶮道不可說言人悔還故令道無常佛性
亦尒善男子菩提道中終無退者善男子如
向悔者見其先伴獲寶而還勢力自在供養
父母給足宗親多受安樂見是事已心中生

BD14156 號　大般涅槃經（北本　異本）卷二九　（26–2）

彼嶮道不可說言人悔還故令道無常佛性
亦尒善男子菩提道中終無退者善男子如
向悔者見其先伴獲寶而還勢力自在供養
父母給足宗親多受安樂見是事已心中生
熱即復莊嚴復道還去不惜身命堪忍衆難
遂便到彼七寶山中退轉菩薩亦復如是善
男子一切衆生定當得成阿耨多羅三藐三
菩提以是義故我經中說一切衆生乃至五
逆犯四重禁及一闡提悉有佛性師子吼言
世尊云何菩薩有退不退善男子若有菩薩
脩習如來三十二相業因緣者得名不退得
名菩薩摩訶薩也名不動轉名爲憐愍一切
衆生名勝一切聲聞緣覺名阿鞞跋致善男
子若菩薩摩訶薩持戒不動施心無移安住
實語如須弥山以是業緣得足下平如奩底
相若菩薩摩訶薩於父母所和上師長乃至
畜生以如法財供養供給以是業緣得成足
下千輻輪相若菩薩摩訶薩不煞不盜於父
母師長常生歡喜以是業緣得成三相一者
手指纖長二者足跟長三者其身方直如是
三相同一業緣若菩薩摩訶薩脩四攝法攝
取衆生以是業緣得網縵指如白鵝王若菩
薩摩訶薩父母師長若病苦時自手洗拭捉
持按摩以是業緣得手足濡若菩薩摩訶薩
持戒聞法惠施無猒以是業緣得節踝傭滿
身毛上靡若菩薩摩訶薩專心聽法演說正

BD14156號　大般涅槃經（北本　異本）卷二九　（26–3）

薩摩訶薩父母師長若病苦時自手洗拭捉
持按摩以是業緣得手足濡若菩薩摩訶薩
持戒聞法惠施無猒以是業緣得節踝傭滿
身毛上靡若菩薩摩訶薩專心聽法演說正
教以是業緣得鹿王蹲若菩薩摩訶薩於
諸衆生不生害心飲食知足常樂惠施瞻病
給藥以是業緣其身圓滿如尼拘陁樹立手過
膝頂有肉髻無見頂相若菩薩摩訶薩見怖
畏者爲作救護見裸跣者施與衣服以是業
緣得陰藏相若菩薩摩訶薩親近智者遠離
愚人善憙問荅掃治行路以是業緣皮膚細
濡身毛右旋若菩薩摩訶薩常以衣服飲食
卧具醫藥香花燈明施人以是業緣得身金
色常光明曜若菩薩摩訶薩行施之時所珎
之物能捨不悋不觀福田及非福田以是業
緣得七處滿相若菩薩摩訶薩布施之時心
不生疑以是業緣得柔耎聲若菩薩摩訶薩
如法求財以用布施以是業緣得缺骨充滿
師子上身臂肘傭纖若菩薩摩訶薩遠離
兩舌惡口恚心以是業緣得四十齒白淨齊密
若菩薩摩訶薩於諸衆生脩大慈悲以是業
緣得二牙相若菩薩摩訶薩常作是願有來
求者隨意給與以是業緣得師子頰若菩薩
摩訶薩隨諸衆生所須之食悉皆與之以是
業緣得味中上味若菩薩摩訶薩自脩十善

BD14156號　大般涅槃經（北本　異本）卷二九　（26–4）

緣得二牙相若菩薩摩訶薩常作是願有衆
求者隨意給與以是業緣得師子頬若菩薩
摩訶薩隨諸衆生所須之食悉皆與之以是
業緣得味中上味若菩薩摩訶薩自修十善
兼以化人以是業緣得廣長舌若菩薩摩訶
薩不訟彼短不謗正法以是業緣得梵音聲
若菩薩摩訶薩見諸怨憎生於善心以是業
緣得目睫紺色若菩薩摩訶薩不隱他德稱
揚其善以是業緣得白豪相善男子若菩薩
摩訶薩修習如是三十二相業因緣時則得
不退菩提之心善男子一切衆生不可思議
諸佛境界業果佛性亦不可思議何以故如
是四法皆悉是常以是常故不可思議一切
衆生煩惱覆障故名為常斷常煩惱故名無
常若言一切衆生常者何故修習八聖道分
為斷衆苦衆苦若斷則名無常所受之樂則
名為常是故我言一切衆生煩惱覆障不見
佛性以不見故不得涅槃師子吼言世尊如
佛所說一切諸法有二種因一者正因二者
緣因以是二因應無縛解是五陰者念念生
滅如其生滅誰有縛解世尊因此五陰生後
五陰此陰自滅不至彼陰雖不至彼能生彼
陰如因子生牙子不至牙雖不至牙而能生
牙衆生亦尒云何縛解善男子諦聽諦聽我
當為汝分別解說善男子如人捨命受大苦

BD14156號　大般涅槃經（北本　異本）卷二九　　（26–5）

五陰此陰自滅不至彼陰雖不至彼能生彼
陰如因子生牙子不至牙雖不至牙而能生
牙衆生亦尒云何縛解善男子諦聽諦聽我
當為汝分別解說善男子如人捨命受大苦
時宗親圍遶號哭懊惱其人惶怖莫知依救
雖有五情無所知覺支節戰動不能自持
身體虛冷煖氣欲盡見先所修善惡報相善男
子如日垂沒山陵堆阜影現東移理無西逝
衆生業果亦復如是此陰滅時彼陰續生如
燈生闇滅燈滅闇生善男子如蠟印印泥印
與泥合印滅文成而是蠟印不變在泥文非
泥出不餘處來以印因緣而生是文現在陰
滅中陰陰生是現在陰終不變為中陰五陰
中陰五陰亦非自生不從餘來因現陰故生
中陰陰如印印泥印壞文成名雖無差而時
節各異是故我說中陰五陰非肉眼見天眼
所見是中陰中有三種食一者思食二者觸
食三者意食中陰二種一善業果二惡業果
因善業故得善覺觀因惡業故得惡覺觀父
母交會判合之時隨業因緣向受生處於母
生愛於父生瞋父精出時謂是已有見已心
悅而生歡喜以是三種煩惱因緣中陰陰壞
生後五陰如印印泥印壞文成生時諸根有
具不具具者見色則生於貪生於貪故則名
為愛狂故生貪是名無明貪愛無明二因緣
故所見境界皆悉顛倒無常見常無我見我

BD14156號　大般涅槃經（北本　異本）卷二九　　（26–6）

恱而生歡喜以是三種煩惱因緣中陰壞
生後五陰如印印泥印壞文成生時諸根有
具不具具者見色則生於貪生於貪故則名
為愛狂故生貪是名無明貪愛無明二因緣
故所見境界皆悉顛倒無常見常無我見我
無樂見樂無淨見淨以四倒故作善惡行煩惱
作業業作煩惱是名繫縛以是義故名五陰
生是人若得親近於佛及佛弟子諸善知識
便得聞受十二部經以聞法故觀善境界觀
善境界故得大智慧大智慧者名正知見得
知見故於生死中而生悔心生悔心故不生
歡樂不生歡樂故能破貪心破貪心故修八
聖道修八聖道故得無生死無生死故名得
解脫如火不遇薪名之為滅滅生死故名為
滅度以是義故名五陰滅師子吼言空中無
刺云何言拔陰無繫者云何繫縛佛言善男
子以煩惱鏁繫縛五陰離五陰已無別煩惱
離煩惱已無別五陰善男子如柱持屋離屋
無柱離柱無屋衆生五陰亦復如是有煩惱
故名為繫縛無煩惱故名為解脫善男子如
拳合掌繫結等三合散生滅更無別法衆生
五陰亦復如是有煩惱故名為繫縛無煩惱
故名為解脫善男子如說名色繫縛衆生名
色若滅則無衆生離名色已無別衆生離衆
生已無別名色亦名名色繫縛衆生亦名衆
生繫縛名色師子吼言世尊如眼不見自見指

BD14156號　大般涅槃經（北本　異本）卷二九　（26–7）

故名為解脫善男子如說名色繫縛衆生名
色若滅則無衆生離名色已無別衆生離衆
生已無別名色亦名名色繫縛衆生亦名衆
生繫縛名色師子吼言世尊如眼不見自見指
不自觸刀不自割受不自受云何如來說言
名色繫縛名色何以故言名色者即是衆生
言衆生者即是名色若言名色繫縛衆生即
是名色繫縛名色佛言善男子如二手合時
更無異法而來合也名之與色亦復如是以
是義故我言名色繫縛衆生若離名色則得
解脫是故我言衆生解脫師子吼言世尊若
有名色是繫縛者諸阿羅漢未離名色亦應
繫縛善男子解脫二種一者子斷二者果斷
言子斷者名斷煩惱阿羅漢等已斷煩惱衆
結爛壞是故子結不能繫縛未斷果故名果
繫縛諸阿羅漢不見佛性以不見故不得阿
耨多羅三藐三菩提以是義故可言果繫不
得說言名色繫縛善男子辟如然燈油未盡
時明則不滅若油盡者滅則不疑善男子所
言油者喻諸煩惱燈喻衆生一切衆生煩惱
油故不入涅槃若得斷者則入涅槃師子吼
言世尊燈之與油二性各異衆生煩惱則不
如是衆生即是煩惱煩惱即是衆生衆生
名五陰五陰名衆生五陰名煩惱煩惱名五陰
云何如來喻之於燈佛言善男子喻有八種

BD14156號　大般涅槃經（北本　異本）卷二九　（26–8）

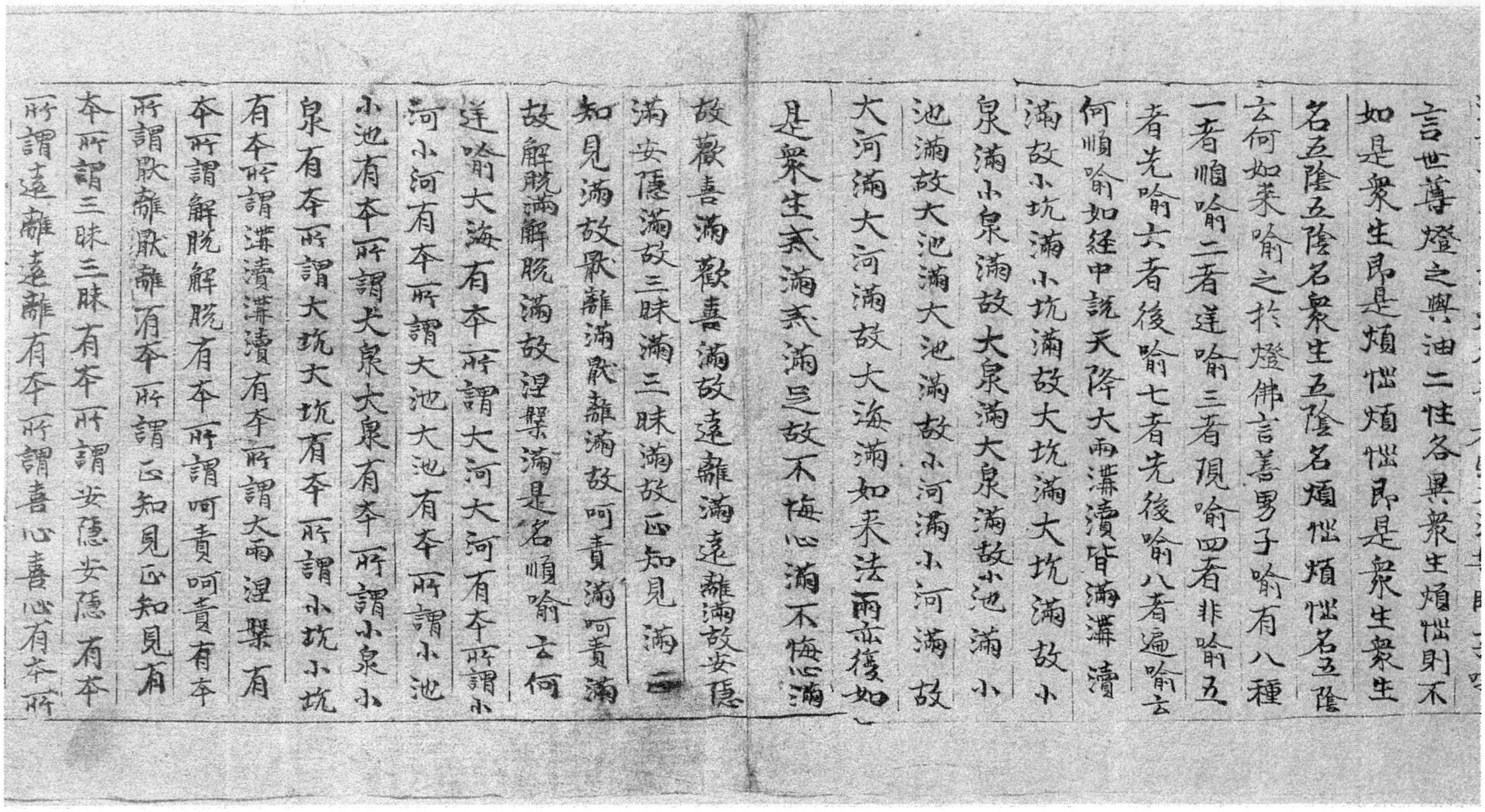
言世尊燈之與油二性各異衆生煩惱則不
如是衆生即是煩惱煩惱即是衆生衆生
名五陰五陰名衆生五陰名煩惱煩惱名五陰
云何如來喻之於燈佛言善男子喻有八種
一者順喻二者逆喻三者現喻四者非喻五
者先喻六者後喻七者先後喻八者遍喻云
何順喻如經中說天降大雨溝瀆皆滿溝瀆
滿故小坑滿小坑滿故大坑滿大坑滿故小
泉滿小泉滿故大泉滿大泉滿故小池滿小
池滿故大池滿大池滿故小河滿小河滿故
大河滿大河滿故大海滿如來法雨亦復如
是衆生戒滿戒滿足故不悔心滿不悔心滿
故歡喜滿歡喜滿故遠離滿遠離滿故安隱
滿安隱滿故三昧滿三昧滿故正知見滿
知見滿故厭離滿厭離滿故呵責滿呵責滿
故解脫滿解脫滿故涅槃滿是名順喻云何
逆喻大海有本所謂大河大河有本所謂小
河小河有本所謂大池大池有本所謂小池
小池有本所謂大泉大泉有本所謂小泉小
泉有本所謂大坑大坑有本所謂小坑小坑
有本所謂溝瀆溝瀆有本所謂大雨涅槃有
本所謂解脫解脫有本所謂呵責呵責有本
所謂厭離厭離有本所謂正知見正知見有
本所謂三昧三昧有本所謂安隱安隱有本
所謂遠離遠離有本所謂喜心喜心有本所

BD14156 號　大般涅槃經（北本　異本）卷二九　　（26–9）

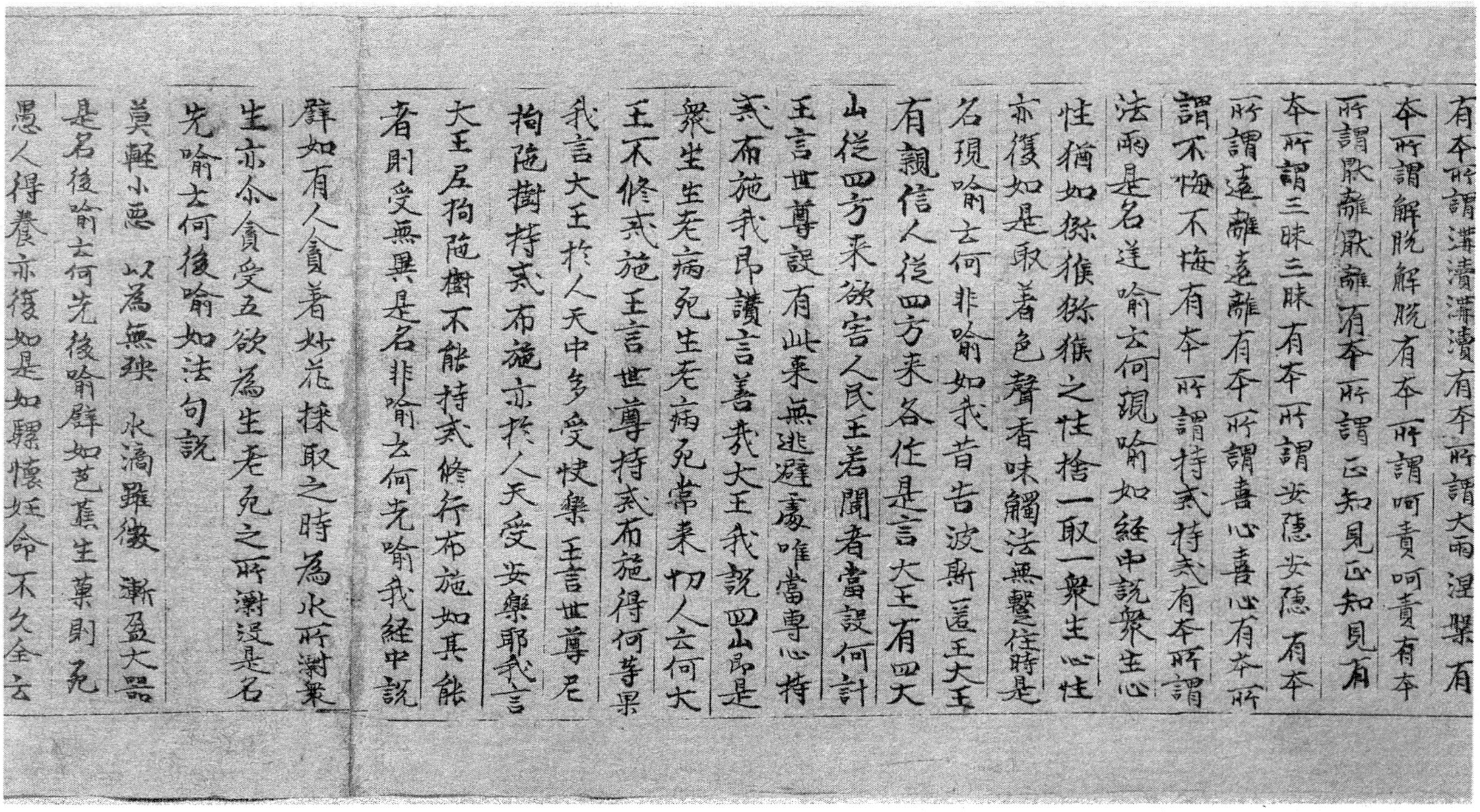
有本所謂溝瀆溝瀆有本所謂大雨涅槃有
本所謂解脫解脫有本所謂呵責呵責有本
所謂厭離厭離有本所謂正知見正知見有
本所謂三昧三昧有本所謂安隱安隱有本
所謂遠離遠離有本所謂喜心喜心有本所
謂不悔不悔有本所謂持戒持戒有本所謂
法雨是名逆喻云何現喻如經中說衆生心
性猶如獼猴獼猴之性捨一取一衆生心性
亦復如是取著色聲香味觸法無暫住時是
名現喻云何非喻如我昔告波斯匿王大王
有親信人從四方來各作是言大王有四大
山從四方來欲害人民王若聞者當設何計
王言世尊設有此來無逃避處唯當專心持
戒布施我即讚言善哉大王我說四山即是
衆生生老病死生老病死常來切人云何大
王不修戒施王言世尊持戒布施得何等果
我言大王於人天中多受快樂王言世尊尼
拘陁樹持戒布施亦於人天受安樂耶我言
大王尼拘陁樹不能持戒修行布施如其能
者則受無異是名非喻云何先喻我經中說
譬如有人貪著妙花採取之時為水所漂衆
生亦尒貪受五欲為生老死之所漂沒是名
先喻云何後喻如法句說
莫輕小惡　以為無殃　水渧雖微　漸盈大器
是名後喻云何先後喻譬如芭蕉生菓則死
愚人得養亦復如是如騾懷妊命不久全云

BD14156 號　大般涅槃經（北本　異本）卷二九　　（26–10）

先喻云何後喻如法句說
莫輕小惡　以為無殃　水渧雖微　漸盈大器
是名後喻云何先後喻譬如芭蕉生菓則死
愚人得養亦復如是如騾懷妊命不久全云
何遍喻如經中說三十三天有波利質多羅
樹其根入地深五由延高百由延枝葉四布
五十由延葉熟則黃諸天見已心生歡喜是
葉不久必當墮落其葉既落復生歡喜是枝
不久必當變色枝既變色復生歡喜是色不
久必當生胞見已復喜是胞不久必當生嘴
見已復喜是嘴不久必當開剖開剖之時香
氣周遍五十由延光明遠照八十由延尒時
諸天夏三月時在下受樂善男子我諸弟子
亦復如是葉色黃者喻我弟子念欲出家其
葉落者喻我弟子剃除鬚髮其色變者喻我
弟子白四羯磨受具足戒初生胞者喻我弟
子發阿耨多羅三藐三菩提心嘴者喻於十
住菩薩得見佛性開剖者喻於菩薩得阿耨
多羅三藐三菩提香者喻於十方無量衆生
受持禁戒光者喻於如來名号無礙周遍十
方夏三月者喻三三昧三十三天受快樂者
喻於諸佛在大涅槃得常樂我淨是名遍喻
善男子凡所引喻不必盡取或取少分或取
多分或復全取如言如來面如滿月是名少
分善男子譬如有人初不見乳轉問他言乳

BD14156 號　大般涅槃經（北本　異本）卷二九　（26–11）

喻於諸佛在大涅槃得常樂我淨是名遍喻
善男子凡所引喻不必盡取或取少分或取
多分或復全取如言如來面如滿月是名少
分善男子譬如有人初不見乳轉問他言乳
為何類彼人荅言如水蜜貝水則濕相蜜則
甜相貝則色相雖引三喻未即乳實善男子
我言燈喻喻於衆生亦復如是善男子離水
無河衆生亦尒離五陰已無別衆生善男子
如離箱轂輪軸輻輞更無別車衆生亦尒善
男子若欲得合彼燈喻者諦聽諦聽我今當
說炷者喻於二十五有油者喻愛明喻智慧
除破黑闇喻破無明煻喻聖道如燈油盡明
餱則滅衆生愛盡則見佛性雖有名色不能
繫縛雖復處在二十五有不為諸有之所染
汙師子吼言世尊衆生五陰空無所有誰有
受教修習道者佛言善男子一切衆生皆有
念心慧心發心勤精進心信心定心如是等
法雖念念生滅猶故相似相續不斷故名修
道師子吼言世尊如是等法皆念念滅是念
念滅亦相似相續云何修習佛言善男子如
燈雖念念滅而有光明除破闇冥念等諸法
亦復如是善男子如衆生食雖念念滅亦令
飢者而得飽滿譬如上藥雖念念滅亦能愈
病日月光明雖念念滅亦能增長樹林草木
善男子汝言念念滅云何增長者心不斷故
名為增長善男子如人誦書所誦字句不得

BD14156 號　大般涅槃經（北本　異本）卷二九　（26–12）

飢者而得飽滿譬如上藥雖念念滅亦能愈病日月光明雖念念滅亦能增長樹林草木善男子汝言念念滅云何增長者心不斷故名為增長善男子如人誦書所誦字句不得一時前不至中中不至後人之與字及以心想俱念念滅以久習故而得通利善男子譬如金師從初習作至于皓首雖念念滅前不至後以積習故所作遂妙是故得稱善好金師讀誦經書亦復如是善男子譬如種子地亦不教汝當生芽以法性故芽則自生乃至花亦不教汝當作菓以法性故而菓自生衆生修道亦復如是善男子譬如數法一不至二二不至三雖念念滅而至千万衆生修道亦復如是善男子如燈念念滅初滅之時不教後燄我滅汝生當破諸闇善男子譬如犢子生便求乳求乳之智實無人教雖念念滅而初飢後飽是故當知不應相似若相似者不應異生衆生脩道亦復如是初雖未增以久修故則能破壞一切煩惱師子吼言世尊如佛所說須陁洹人得果證已雖生惡國猶故持戒不殺盜婬兩舌飲酒須陁洹陰即此處滅不至惡國修道亦尒不至惡國若相似者何故不生淨妙國土若惡國陰非須陁洹陰去何而得不作惡業佛言善男子須陁洹者雖生惡國終不失於須陁洹名陰不相似是故我引犢子為喻須陁洹人雖生惡國以

BD14156號　大般涅槃經（北本　異本）卷二九　（26–13）

者何故不生淨妙國土若惡國陰非須陁洹陰去何而得不作惡業佛言善男子須陁洹者雖生惡國終不失於須陁洹名陰不相似是故我引犢子為喻須陁洹人雖生惡國以道力故不作惡業善男子譬如香山有師子王是故一切飛鳥走獸絕跡此山無敢近者有時是王至雪山中一切鳥獸猶故不住須陁洹人亦復如是雖不修道以道力故不作諸惡善男子譬如有人服食甘露甘露雖滅以其力勢能令是人不生不死善男子如須弥山有上妙藥名樗伽利有人服之雖念念滅以藥力故不遇患苦善男子如轉輪王所坐之處王雖不在無人敢近何以故王威力故須陁洹人亦復如是雖生惡國不修習道以道力故不作惡業善男子須陁洹陰於此而滅雖生異陰由故不失須陁洹善男子譬如衆生為菓實故於種子中多役作業糞治溉灌未得菓實而子復滅亦得名為因子得果須陁洹陰亦復如是善男子譬如有人資生巨富唯有一子先已終沒其子有子復在他土其人忽然奄便終亡孫聞是已還收産業雖知財貨非其所作然其收取無遮護者何以故以性一故須陁洹陰亦復如是師子吼言如佛說偈

比丘若修習　戒定及智慧　當知是不退　親近大涅槃

世尊云何修戒云何修定云何修慧佛言善

BD14156號　大般涅槃經（北本　異本）卷二九　（26–14）

者何以故以性一故須陁洹陰亦復如是師
子吼言如佛說偈
竝若修習　戒定及智慧　當知是不退　親近大涅槃
世尊云何修戒云何修定云何修慧佛言善
男子若復有人受持禁戒但為自利人天受樂
不為度脫一切眾生不為擁護無上正法但
為利養畏三惡道為命色力安無礙辯畏
懼王法惡名穢稱為世事業如是護戒則不
得名修習戒也善男子云何名為真修習戒受
持戒時若為度脫一切眾生為護正法度不
度故解未解故歸無歸故未入涅槃令得入
故如是修時不見戒不見戒相不見持者不
見果報不觀毀犯善男子若能如是是則名
為修習戒也云何復名修習三昧修三昧時
為自度脫為於利養不為眾生不為護法為
見貪欲穢食等過男女等根九孔不淨鬪諍
打剌手相殺害若為此事修三昧者是則不
名修習三昧善男子云何復名真修三昧若
為眾生修習三昧於眾生中得平等心為令
眾生得不退法為令眾生得聖心故為令眾
生得大乘故為欲護持無上法故為令眾生
不退菩提心故為令眾生得首楞嚴故為令
眾生得金剛三昧故為令眾生得陁羅尼故
為令眾生得四無礙故為令眾生見佛性故
作是行時不見三昧不見三昧相不見修者
不見果報善男子若能如是則名為修習

眾生得金剛三昧故為令眾生得陁羅尼故
為令眾生得四無礙故為令眾生見佛性故
作是行時不見三昧不見三昧相不見修者
不見果報善男子若能如是是則名為修習
三昧云何復名修於智慧若有修者作是思
惟我若修習如是智慧則得解脫度三惡道
誰能利益一切眾生誰能度人於先死道佛
出世難如優曇鉢花我今能斷諸煩惱結得
解脫果是故我當勤修智慧速斷煩惱早得
度脫如是修者不得名為修習智慧云何名
為真修習者智者若觀生老死苦一切眾生
無明所覆不知修習無上正道願我此身患
代眾生受大苦惱眾生所有貧窮下賤破戒
之心貪瞋癡業願皆悉來集于我身願諸眾
生不生貪取不為名色之所繫縛願諸眾生
早度生死令我一身處之不厭願令一切皆
得阿耨多羅三藐三菩提如是修時不見智
慧不見智慧相不見修者不見果報是則名
為修習智慧善男子修習如是戒定智慧是
名菩薩不能如是修戒定慧是名聲聞復次
善男子云何復名修習於戒若能破壞一切
眾生十六惡律儀何等十六一者為利餧養
羔羊肥已轉賣二者為利買已屠殺三者為
利餧養豬豚肥已轉賣四者為利買已屠殺
五者為利餧養牛犢肥已轉賣六者為利買

衆生十六惡律儀何等十六一者為利餧養
羔羊肥已轉賣二者為利買已屠煞三者為
利餧養豬豚肥已轉賣四者為利買已屠煞
五者為利餧養牛犢肥已轉賣六者為利買
已屠煞七者為利養雞令肥肥已轉賣八者
為利買已屠煞九者釣魚十者獵師十一者
劫奪十二者魁膾十三者網捕飛鳥十四者
兩舌十五者獄卒十六者呪龍能為衆生永
斷如是十六惡業是名修戒云何修定能行
一切世間三昧所謂無身三昧能令衆生生
顛倒心謂是涅槃有無邊心三昧淨聚三昧
世邊三昧世斷三昧世性三昧世丈夫三昧
非想非非想三昧如是等定能令衆生生顛
倒心謂是涅槃若能永斷如是三昧是則名
為修習三昧云何復名修習智慧能破世間
所有惡見一切衆生悉有惡見所謂色即是
我亦是我所色中有我我中有色乃至識亦
如是常即是我色滅我存色即是我色滅我
滅復有人言作者名我受者名色復有人言
作者名色受者名我復有人言無作無受自
生自滅悉非因緣復有人言無作無受悉是
自在之所造作復有人言無有作者無有受
者一切悉是時節所作復有人言作者受者
悉無所有地等五大名為衆生善男子若能
破壞一切衆生如是惡見是則名為修智慧

自在之所造作復有人言無有作者無有受
者一切悉是時節所作復有人言作者受者
悉無所有地等五大名為衆生善男子若能
破壞一切衆生如是惡見是則名為修智慧
也善男子修習戒者為身寂靜修習三昧為
心寂靜修習智慧為壞疑心壞疑心者為修
習道修習道者為見佛性見佛性者為得阿
耨多羅三藐三菩提得阿耨多羅三藐三
菩提者為得無上大涅槃得大涅槃為斷
衆生一切生死一切煩惱一切諸有一切諸
界一切諸諦故斷於生死乃至斷諦為得常
樂我淨法故師子吼言世尊如佛所說若不
生不滅名大涅槃生亦如是不生不滅何故
不得名為涅槃善男子如是如是如汝所言
是生雖復不生不滅而有始終世尊是生死
法亦無始終若無始終則名為常常即涅槃
何故不名生死為涅槃耶善男子是生死法
悉有因果有因果故不得名之為涅槃也何
以故涅槃之體無因果故師子吼言世尊夫
涅槃者亦有因果如佛所說
從因故生天　從因墮惡道　從因故涅槃　是故皆有因
如佛往昔告諸比丘我今當說沙門道果言
沙門者謂能具修戒定智慧道者謂八聖道
沙門果者所謂涅槃世尊涅槃如是豈非果
耶云何說言涅槃之體無因無果佛言善男

沙門者謂能具修戒定智慧道者謂八聖道
沙門果者所謂涅槃世尊涅槃如是豈非果
耶云何說言涅槃之體無因無果佛言善男
子我所宣說涅槃因者所謂佛性佛性之性
不生涅槃是故我言涅槃無因能破煩惱故
名大果不從道生故名無果是故涅槃無因
無果師子吼言世尊衆生佛性為悉共有為
各各有若共有者一人得阿耨多羅三藐三
菩提時一切衆生亦應同得世尊如十二人
共有一怨若一人能除餘十九人皆亦同除
佛性若尒一人得時餘亦應得若各各有則
是無常何以故可筭數故然佛所說衆生佛
性不一不二若各各有不應說言諸佛平等
亦不應說佛性如空佛言善男子衆生佛性
不一不二諸佛平等猶如虛空一切衆生同
共有之若有能修八聖道者當知是人則得
明見善男子雪山有草名曰忍辱牛若食者
則成醍醐衆生佛性亦復如是師子吼言如
佛所說忍辱草者一耶名耶如其一者牛食
則盡如其多者云何而言衆生佛性亦如是
耶如佛所說若有修習八聖道者則見佛性
是義不然何以故道若一者如忍辱草則應
有盡如其有盡一人修已餘則無分道若多
者云何得言具足修習亦不得名為薩婆若
智佛言善男子如平坦路一切衆生悉於中

BD14156號　大般涅槃經（北本　異本）卷二九　（26–19）

是義不然何以故道若一者如忍辱草則應
有盡如其有盡一人修已餘則無分道若多
者云何得言具足修習亦不得名為薩婆若
智佛言善男子如平坦路一切衆生悉於中
行無鄣礙者中路有樹其蔭清涼行人在下
憩駕止息然其樹蔭常住不異亦不消壞無
持去者路喻聖道蔭喻佛性善男子譬如大
城唯有一門雖有多人經由入出都無有能
作遮礙者亦復無人破壞毀落而賫持去善
男子譬如橋梁行人所由亦無有人遮止障
礙毀壞持去善男子譬如良醫遍療衆病亦
無有能遮止是醫治此捨彼聖道佛性亦復
如是師子吼言世尊所引諸喻義不如是何
以故先者在路於後則妨云何而言無有障
礙餘亦皆尒聖道佛性若如是者一人修時
應妨餘者佛言善男子如汝所說義不相應
我所喻道是少分喻非一切世善男子世間
道者則有障礙此彼之異無有平等無漏道
者則不如是能令衆生無有障礙平等無二
無有妨礙此彼之異如是正道能為一切衆
生佛性而作了因不作生因猶如明燈照了
於物善男子一切衆生皆同無明因緣於行
不可說言一人無明因緣行已其餘應無一
切衆生悉有無明因緣於行是故說言十二
因緣一切平等衆生所修無漏正道亦復如
是等斷衆生煩惱四生諸界有道以是義故

BD14156號　大般涅槃經（北本　異本）卷二九　（26–20）

不可說言一人無明因緣行已其餘應無一
切衆生悉有無明因緣於行是故說言十二
因緣一切平等衆生所修無漏正道亦復如
是等斷衆生煩惱四生諸界有道以是義故
名爲平等其有護者彼此知見無有障是是
故得名薩婆若智師子吼言一切衆生身不
一種或有天身或有人身或有畜生餓鬼地
獄之身如是多身差別非一云何而言佛性
爲一佛言善男子辟如有人置毒乳中乃至
醍醐皆悉有毒乳不名酪酪不名乳乃至醍
醐亦復如是名字雖變毒性不失遍五味中
皆悉如是若服醍醐亦能煞人實不置毒於
醍醐中衆生佛性亦復如是雖處五道受別
異身而是佛性常一無變師子吼言世尊十
六大國有六大城所謂舍婆提城婆枳多城
瞻婆城毗舍離城波羅奈城王舍城如是六
城世中最大何故如來捨之在此邊地弊惡
撿陋隘小拘尸那城入般涅槃善男子汝不
應言拘尸那城邊地弊惡最陋隘小應言是
城微妙功德之所莊嚴何以故諸佛菩薩所
行處故善男子如賤人舍王若過者則應讃
歎是舍嚴麗福德成就乃令大王迴駕臨顧
善男子如人重病服穢弊藥服已病愈即應
歡喜讃歎是藥最上最妙能愈我病善男子
如人乘船在大海中其船卒壞無所依倚依
倚死屍得到彼岸到彼岸已應大歡喜讃歎

BD14156 號　大般涅槃經（北本　異本）卷二九　（26–21）

歎是舍嚴麗福德成就乃令大王迴駕臨顧
善男子如人重病服穢弊藥服已病愈即應
歡喜讃歎是藥最上最妙能愈我病善男子
如人乘船在大海中其船卒壞無所依倚依
倚死屍得到彼岸到彼岸已應大歡喜讃歎
是屍我賴相遇而得安隱拘尸那城亦復如
是乃是諸佛菩薩行處云何而言邊地弊惡
陋隘小城善男子我念往昔過恒沙劫劫名
善覺時有聖王姓憍尸迦七寶成就千子具
足其王始初造立此城周帀縱廣十二由延
七寶莊嚴土多有河其水清淨柔耎甘美所
謂尼連禪河伊羅跋提河毗連禪河伊樓未
坻河毗婆舍那河如是等河其數五百河此
彼岸樹木鬱茂花菓鮮潔尒時人民壽命無
量時轉輪聖王過百年已作是唱言如佛所
說一切諸法皆悉無常若能修習十善法者
能斷如是無常大苦人民聞已咸共奉修十
善之法我於尒時聞佛名号受持十善思惟
修習初發阿耨多羅三藐三菩提心發是心
已復以是法轉教無量無邊衆生言一切法
無常變壞是故我今續於此處亦說諸法無
常變壞唯說佛身是常住法我憶往昔所行
因緣是故今來在此涅槃亦欲酬報此地往
恩以是義故我經中說我眷屬者受恩能報
復次善男子往昔衆生壽命無量尒時此城

BD14156 號　大般涅槃經（北本　異本）卷二九　（26–22）

常變壞唯說佛身是常住法我憶往昔所行
因緣是故今來在此涅槃亦欲酬報此地往
恩以是義故我經中說我眷屬者受恩能報
復次善男子往昔衆生壽命無量尒時此城
名拘舍跋提周帀縱廣五十由延時閻浮提
居民隣接雞鳴相及有轉輪王名曰善見七
寶成就千子具足王四天下第一太子思惟
正法得辟支佛時轉輪王見其太子成辟支
佛威儀庠序神通希有見是事已即捨王位
如棄涕唾出家在此娑羅樹間八万歲中修
習慈心悲喜捨心各八万歲善男子欲知尒
時善見聖王則我身是是故我今常樂遊止
如是四法是四法者名為三昧以是義故如
來之身常樂我淨善男子以是因緣今來
在此拘尸那城娑羅樹間三昧正受善男子我
念往昔過無量劫此城尒時名迦毗羅衛其
城有王名曰白淨其王夫人名曰摩耶王有
一子名悉達多尒時王子不由師教自然思
惟得阿耨多羅三藐三菩提有二弟子一名
舍利弗二名大目揵連給侍弟子名曰阿難
尒時世尊在雙樹間演說如是大涅槃經我
時在會得豫斯事聞諸衆生悉有佛性聞是
事已即於菩提得不退轉尋自發願願未來
世成佛之時父母國土名字弟子侍使之人
說法教化如今世尊等無有異以是因緣今
來在此敷揚演說大涅槃經善男子我初出

BD14156號　大般涅槃經（北本　異本）卷二九　（26–23）

事已即於菩提得不退轉尋自發願願未來
世成佛之時父母國土名字弟子侍使之人
說法教化如今世尊等無有異以是因緣今
來在此敷揚演說大涅槃經善男子我初出
家未得阿耨多羅三藐三菩提時頻婆娑羅
王遣使而言悉達太子若為聖王我當臣屬
若不樂家得阿耨多羅三藐三菩提者願先
來至此王舍城說法度人受我供養我時嘿
然已受彼請善男子我初得阿耨多羅三藐
三菩提已向鬱闍國時伊連禪河有婆羅門
姓迦葉氏與五百弟子在彼河側求無上道
我為是人故往說法迦葉言瞿曇我今年邁
已百二十摩伽陀國所有人民及其大王頻
婆娑羅咸謂我已證羅漢果我今若當在於
汝前聽受法者一切人民或生倒心大德迦
葉非羅漢耶幸願瞿曇速往餘處若此人民
定知瞿曇功德勝我我等無由復得供養我
時答言迦葉汝若於我不生慇重大瞋恨者
見容一宿明當早去迦葉言瞿曇我心無他
深相愛重但我住處有一毒龍其性暴急恐
相危害我言迦葉毒中之毒不過三毒我今
已斷世間之毒我所不畏迦葉復言苟能不
畏善哉聽住善男子我於尒時故為迦葉現
十八變如經中說尒時迦葉及其眷屬五百
等輩見聞是已證羅漢果是時迦葉復有二
弟一名伽耶迦葉二名那提迦葉師徒眷屬

BD14156號　大般涅槃經（北本　異本）卷二九　（26–24）

十八變如經中說尒時迦葉及其眷屬五百
等輩見聞是已證羅漢果是時迦葉復有二
弟一名伽耶迦葉二名那提迦葉師徒眷屬
復有五百亦皆證得阿羅漢果時王舍城六
師之徒聞是事已即於我所生大惡心我時
赴信受彼王請詣王舍城來至中路王與無
量百千之衆悉來奉迎我為說法時聞法已
欲界諸天八万六千發阿耨多羅三藐三菩提
心頻婆娑羅王所將營從十二万人得須
陁洹果無量衆生成就忍心既入城已度舍
利弗大目揵連及其眷屬二百五十人令捨
本心出家學道我即住彼受王供養外道六
師相與集聚詣舍衛城時彼城中有一長者
名須達多為兒娉婦詣王舍城既達彼城寄
上長者珊檀那舍時此長者中夜而起告諸
眷屬仁等可起速共莊嚴掃治宅舍辦具餚
饍須達聞已尋自思惟將非欲請摩伽王耶
為有婚姻歡樂會乎思惟是已尋發問言大
士欲請摩伽陁王頻婆娑羅耶為有婚姻歡
樂會乎懷移不安乃如是耶長者答言不也
居士我明請佛無上法王須達長者初聞佛
名身毛皆竪尋復問言何等名佛長者答言
汝不聞耶迦毗羅城有釋種子字悉達多姓
瞿曇氏父名白淨其生未久相師占之定當
得作轉輪聖王如菴羅菓已在手中心不顧

BD14156號　大般涅槃經（北本　異本）卷二九　（26–25）

名身毛皆竪尋復問言何等名佛長者答言
汝不聞耶迦毗羅城有釋種子字悉達多姓
瞿曇氏父名白淨其生未久相師占之定當
得作轉輪聖王如菴羅菓已在手中心不顧
樂捨之出家無師自覺得阿耨多羅三藐三
菩提貪恚癡盡常住無變不生不滅無有憂
畏於諸衆生其心平等猶如父母等視一子
所有身心衆中最勝雖勝一切而無憍慢塗
割二事其心無二智慧通達於法無礙具足
十力四無所畏五智三昧大慈大悲及三念
處故号為佛明受我請是故悤悤未暇
相瞻

大般涅槃經卷第廿九

BD14156號　大般涅槃經（北本　異本）卷二九　（26–26）

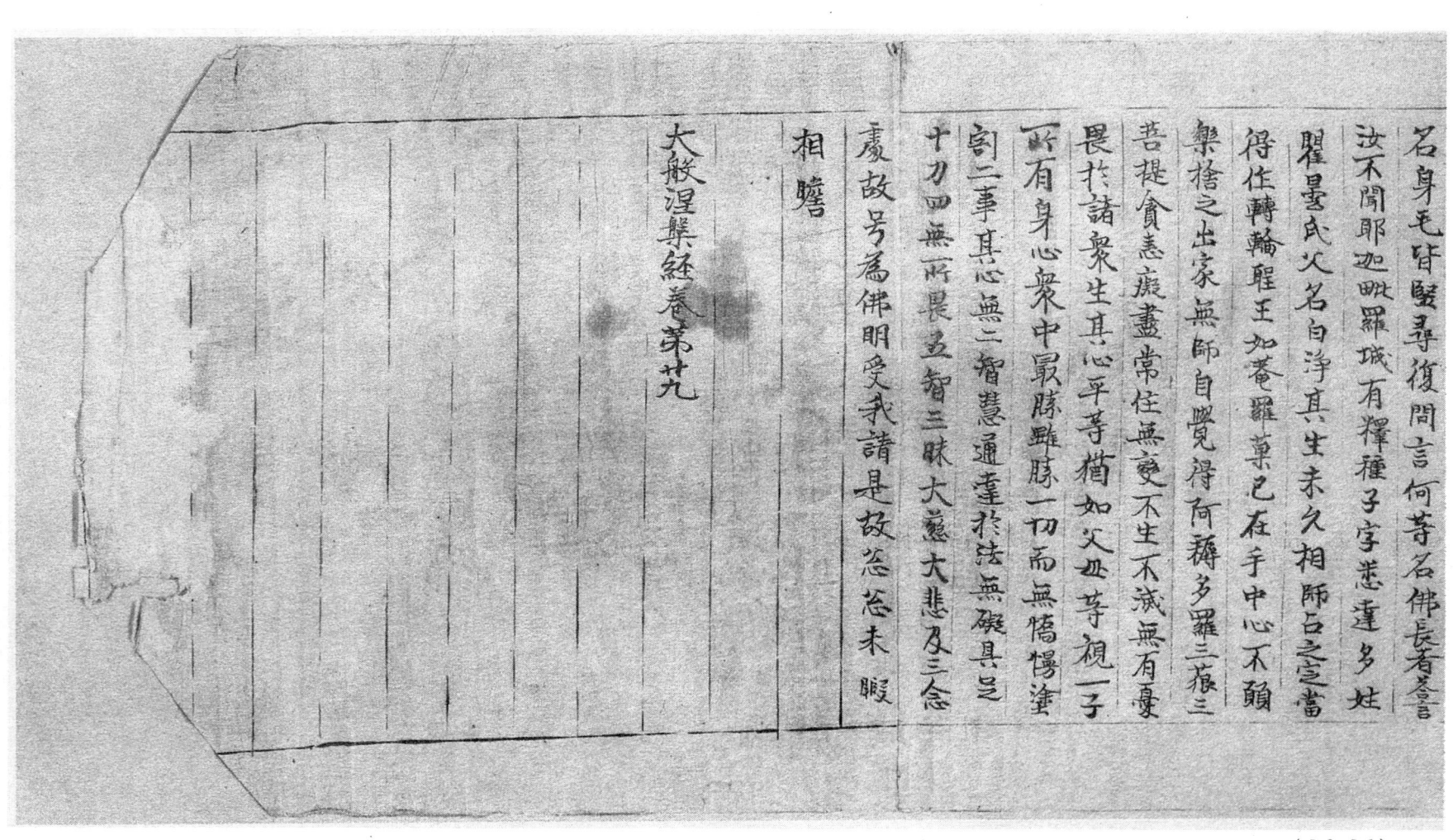

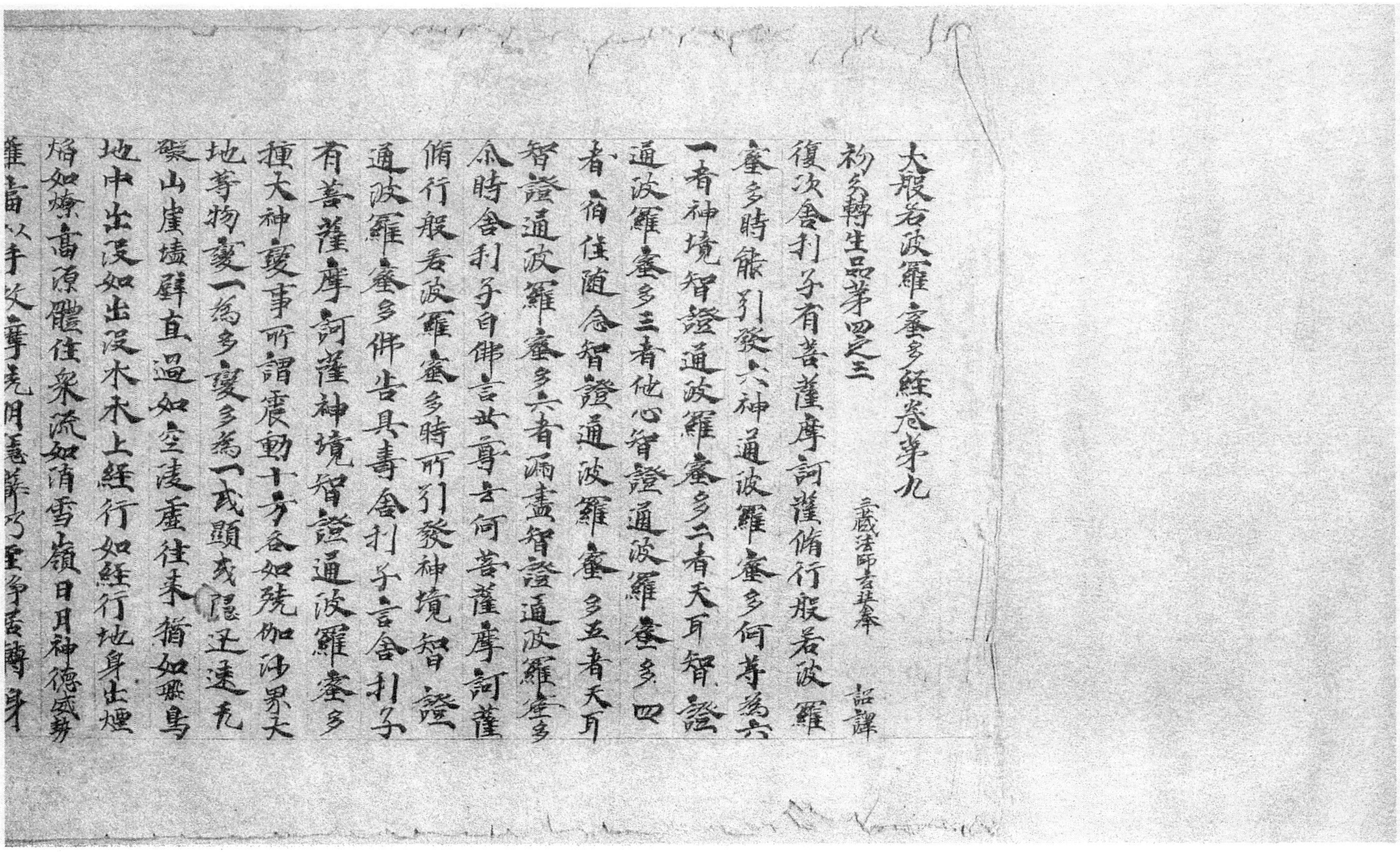

大般若波羅蜜多經卷第九
初分轉生品第四之三　三藏法師玄奘奉　詔譯
復次舍利子有菩薩摩訶薩脩行般若波羅
蜜多時能引發六神通波羅蜜多何等為六
一者神境智證通波羅蜜多二者天耳智證
通波羅蜜多三者他心智證通波羅蜜多四
者宿住隨念智證通波羅蜜多五者天耳
智證通波羅蜜多六者漏盡智證通波羅蜜多
尒時舍利子白佛言世尊云何菩薩摩訶薩
脩行般若波羅蜜多時所引發神境智證
通波羅蜜多佛告具壽舍利子言舍利子
有菩薩摩訶薩神境智證通波羅蜜多
種大神變事所謂震動十方各如殑伽沙界大
地等物變一為多變多為一或顯或隱迅速无
礙山崖墻壁直過如空淩虛往來猶如飛鳥
地中出沒如出沒水水上經行如經行地身出煙
焰如燎高原體出眾流如銷雪嶺日月神德威勢
難當以手抆摩光明隱蔽乃至淨居轉身

BD14157 號　大般若波羅蜜多經卷九　（24–1）

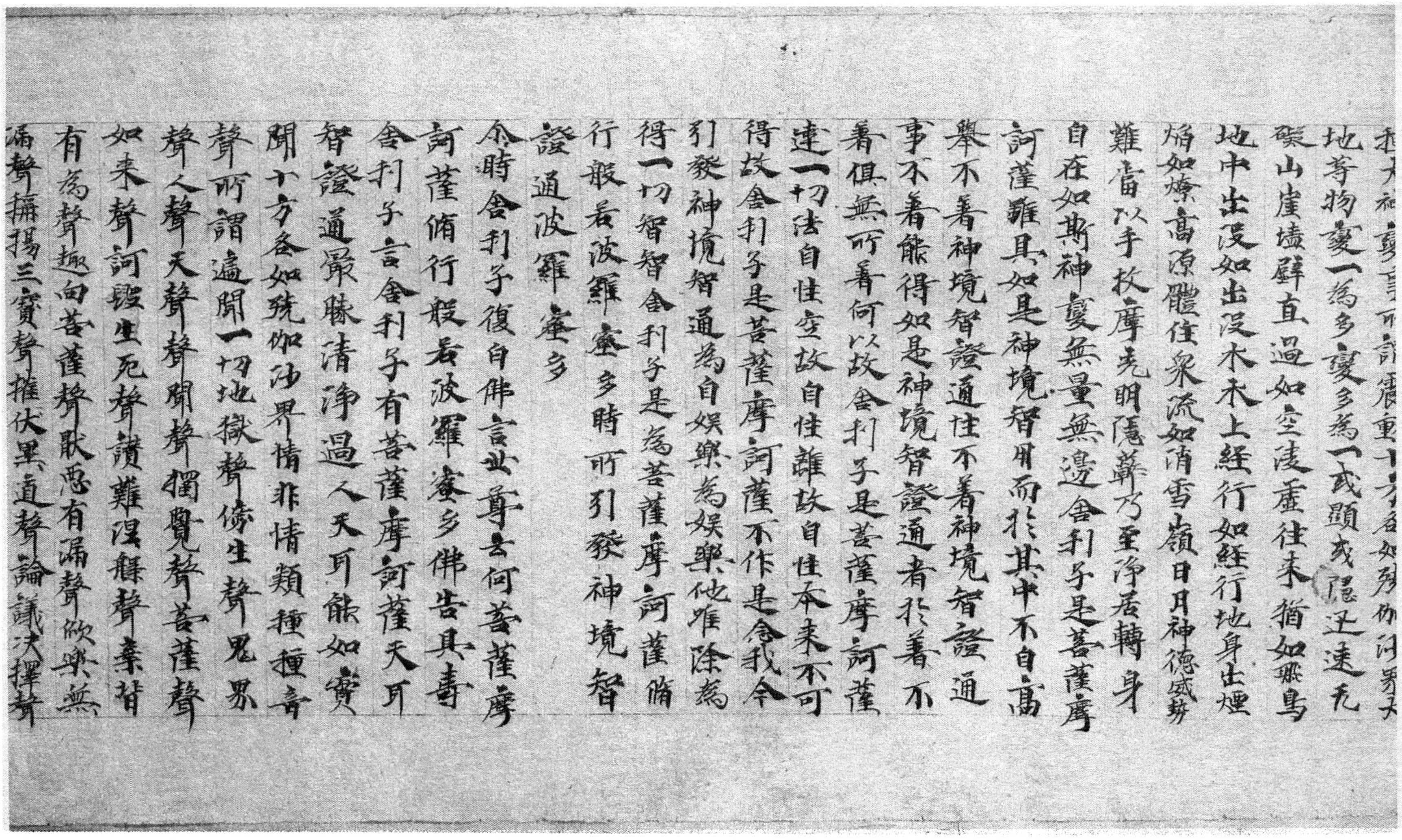

種大神變事所謂震動十方各如殑伽沙界大
地等物變一為多變多為一或顯或隱迅速无
礙山崖墻壁直過如空淩虛往來猶如飛鳥
地中出沒如出沒水水上經行如經行地身出煙
焰如燎高原體出眾流如銷雪嶺日月神德威勢
難當以手抆摩光明隱蔽乃至淨居轉身
自在如斯神變無量無邊舍利子是菩薩摩
訶薩雖具如是神境智用而於其中不自高
舉不著神境智證通性不著神境智證通
事不著能得如是神境智證通者於著不
著俱無所著何以故舍利子是菩薩摩訶薩
達一切法自性空故自性離故自性本來不可
得故舍利子是菩薩摩訶薩不作是念我今
引發神境智通為自娛樂為娛樂他唯除為
得一切智智舍利子是為菩薩摩訶薩脩
行般若波羅蜜多時所引發神境智
證通波羅蜜多
尒時舍利子復白佛言世尊云何菩薩摩
訶薩脩行般若波羅蜜多佛告具壽
舍利子言舍利子有菩薩摩訶薩天耳
智證通最勝清淨過人天耳能如實
聞十方各如殑伽沙界情非情類種種音
聲所謂遍聞一切地獄聲傍生聲鬼界
聲人聲天聲聲聞聲獨覺聲菩薩聲
如來聲訶毀生死聲讚歎涅槃聲棄背
有為聲趣向菩提聲猒惡有漏聲欣樂無
漏聲稱揚三寶聲摧伏異道聲論議決擇聲

BD14157 號　大般若波羅蜜多經卷九　（24–2）

聲人聲天聲聲聞聲獨覺聲菩薩聲
如來聲訶毀生死聲讚歎涅槃聲棄背
有為聲趣向菩薩聲厭惡有漏聲欣樂無
漏聲稱揚三寶聲摧伏異道聲論議決擇聲
諷誦經典聲勸斷諸惡聲教修眾善聲拔濟
苦難聲慶慰歡樂聲如是等聲若大若小皆
能遍聞無障無礙舍利子是菩薩摩訶薩
雖具如是天耳作用而於其中不自高舉不
著天耳智證通性不著天耳智證通事不著
能得如是天耳智證通者於著不著俱無所
著何以故舍利子是菩薩摩訶薩達一
切法自性空故自性離故自性本來
不可得故舍利子是菩薩摩訶薩
不作是念我今引發天耳智通為自
娛樂為娛樂他唯除為得一切智智舍利子
是為菩薩摩訶薩修行般若波羅蜜多時所引
發天耳智證通波羅蜜多
爾時舍利子復白佛言世尊云何菩薩摩訶
薩修行般若波羅蜜多時所引發他心智證
通波羅蜜多佛告具壽舍利子言舍利子
有菩薩摩訶薩他心智證通能如實知十方各
殑伽沙界他有情類心心所法所謂遍知他
有情類若有貪心如實知有貪心若離貪
心如實知離貪心若有瞋心如實知有瞋心若
離瞋心如實知離瞋心若有癡心如實知有癡
心若離癡心如實知離癡心若有愛心如

有情類若有貪心如實知有貪心若離貪
心如實知離貪心若有瞋心如實知有瞋心若
離瞋心如實知離瞋心若有癡心如實知有癡
心若離癡心如實知離癡心若有愛心如
實知有愛心若離愛心如實知離愛心若
有取心如實知有取心若離取心如實知離
取心若聚心如實知聚心若散心如實知散
心若小心如實知小心若大心如實知大心
若舉心如實知舉心若下心如實知下心若
寂靜心如實知寂靜心若不寂靜心如實
知不寂靜心若掉心如實知掉心若不掉心如
實知不掉心若定心如實知定心若不定心
如實知不定心若解脫心如實知解脫心若不
解脫心如實知不解脫心若有漏心如實
知有漏心若无漏心如實知无漏心若有疊
心如實知有疊心若无疊心如實知無疊心
若有上心如實知有上心若无上心如實知無
上心舍利子是菩薩摩訶薩雖具如是
他心智用而於其中不自高舉不著他心智
證通性不著他心智證通事不著能得如是
他心智證通者於著不著俱無所著何以故舍
利子是菩薩摩訶薩達一切法自性空故自
性離故自性本來不可得故舍利子是菩薩
摩訶薩不作是念我今引發他心智通為自
娛樂為娛樂他唯除為得一切智智舍利子
是為菩薩摩訶薩修行般若波羅蜜多
時所引發他心智證通波羅蜜多

利子是菩薩摩訶薩達一切法自性空故自
性離故自性本来不可得故舍利子是菩薩
摩訶薩不作是念我今引發他心智通為自
娛樂為娛樂他唯除為得一切智智舍利子
是為菩薩摩訶薩修行般若波羅蜜多
時所引發他心智證通波羅蜜多
尒時舍利子復白佛言世尊云何菩薩摩訶
薩修行般若波羅蜜多時所引發宿住隨念
智證通波羅蜜多佛告具壽舍利子言舍利子
有菩薩摩訶薩宿住隨念智證通能如實
知十方各如殑伽沙界一切有情諸宿住事
所謂隨念若自若他一心十心百心千心多百
千心頃諸宿住事或復隨念一日十日百日千
日多百千日諸宿住事或復隨念一月十
月百月千月多百千月諸宿住事或復隨念
一歲十歲百歲千歲多百千歲諸宿住事或
復隨念一劫十劫百劫千劫多百千劫乃至
无量无數百千俱胝那庾多劫諸宿住事
或復隨念前際所有諸宿住事謂如是時如
是處如是名如是姓如是類如是食如是久
住如是壽限如是長壽如是受樂如是受苦
從彼處沒来生此間從此間沒往生彼處如
是狀貌如是言說若略若廣若自若他諸宿
住事皆能隨念舍利子是菩薩摩訶薩雖具
如是宿住智用而於其中不自高舉不著宿
住隨念智證通性不著宿住隨念智證通
事不著能得宿住隨念智證通者於著不著

是狀貌如是言說若略若廣若自若他諸宿
住事皆能隨念舍利子是菩薩摩訶薩雖具
如是宿住智用而於其中不自高舉不著宿
住隨念智證通性不著宿住隨念智證通
事不著能得宿住隨念智證通者於著不著
俱无所著何以故舍利子是菩薩摩訶薩達
一切法自性空故自性離故自性本来不可得
故舍利子是菩薩摩訶薩不作是念我今引
發宿住智通為自娛樂為娛樂他唯除為得
一切智智舍利子是為菩薩摩訶薩修行般
若波羅蜜多時所引發宿住隨念智證通
波羅蜜多
尒時舍利子復白佛言世尊云何菩薩摩訶
薩修行般若波羅蜜多時所引發天眼智證
通波羅蜜多佛告具壽舍利子言舍利子有
菩薩摩訶薩天眼智證通最勝清淨過人天
眼能如實見十方各如殑伽沙界情非情類
種種色像所謂普見諸有情類死時生時妙
色麁色若勝若劣善趣惡趣諸如是等種
種色像因此復知諸有情類隨業力用受生
差別如是有情成就身妙行成就語妙行成
就意妙行讚美賢聖正見因緣身壞命終當
昇善趣或生天上或生人中受諸妙樂如是有
情成就身惡行成就語惡行成就意惡行誹
謗賢聖邪見因緣身壞命終當墮惡趣或生
地獄或生傍生或生鬼界或生邊地下賤穢惡
有情類中是諸有情種種業類受果

昇善趣或生天上或生人中受諸妙樂如是有
情成就身惡行成就語惡行成就意惡行誹
毀賢聖邪見因緣身壞命終當墮惡趣或生
地獄或生傍生或生鬼界或生邊地下賤穢惡
有情類中受諸剋苦如是有情種種業類受果
差別皆如實知舍利子是菩薩摩訶薩雖
具如是天眼作用而於其中不自高舉不著天
眼智證通性不著天眼智證通事不著能得
如是天眼智證通者於著不著俱無所著何
以故舍利子是菩薩摩訶薩一切法自性空
故自性離故自性本來不可得故舍利子
是菩薩摩訶薩不作是念我今引發天眼
智通為自娛樂為娛樂他唯除為得一切智
智舍利子是為菩薩摩訶薩修行般若波
羅蜜多時所引發天眼智證通波羅蜜多
尒時舍利子復白佛言世尊云何菩薩摩訶
薩修行般若波羅蜜多時所引發漏盡智證
通波羅蜜多佛告具壽舍利子言舍利子
有菩薩摩訶薩漏盡通證通能如實知十方
各如殑伽沙界一切有情若自若他漏盡不
盡此通依止金剛喻定斷諸障習方得圓滿
得不退轉菩薩地時於一切漏亦名為盡畢
竟不起現前故菩薩雖得此漏盡通不墮聲
聞及獨覺地唯趣無上正等菩提不復希求
餘義利故舍利子是菩薩摩訶薩雖具如是
漏盡智用而於其中不自高舉不著漏盡智

BD14157號　大般若波羅蜜多經卷九　（24–7）

得不退轉菩薩地時於一切漏亦名為盡畢
竟不起現前故菩薩雖得此漏盡通不墮聲
聞及獨覺地唯趣無上正等菩提不復希求
餘義利故舍利子是菩薩摩訶薩雖具如是
漏盡智用而於其中不自高舉不著漏盡智
證通性不著漏盡智證通事不著能得如是
漏盡智證通者於著不著俱無所著何以故
舍利子是菩薩摩訶薩達一切法自性空故
自性離故自性本來不可得故舍利子是菩
薩摩訶薩不作是念我今引發漏盡智通為
自娛樂為娛樂他唯除為得一切智智舍利子
是為菩薩摩訶薩修行般若波羅蜜多
時所發引漏盡智證通波羅蜜多如是舍利
子諸菩薩摩訶薩修行般若波羅蜜多時
能圓滿清淨六神通波羅蜜多由此六神通波
羅蜜多圓滿清淨故便得圓滿一切智智謂
一切智一切相智
復次舍利子有菩薩摩訶薩修行般若波羅
蜜多時安住布施波羅蜜多嚴淨一切一切
相智道由畢竟空不起惠施慳貪心故復
次舍利子有菩薩摩訶薩修行般若波羅蜜
多時安住淨戒波羅蜜多嚴淨一切智一切
相智道由畢竟空不起持戒犯戒心故復次
舍利子有菩薩摩訶薩修行般若波羅蜜多
時安住忍波羅蜜多嚴淨一切智一切相智
智道由畢竟空不起慈悲忿恚心故復次舍利
子有菩薩摩訶薩修行般若波羅蜜

BD14157號　大般若波羅蜜多經卷九　（24–8）

舍利子有菩薩摩訶薩脩行般若波羅蜜多
時安住忍波羅蜜多嚴淨一切智一切相智
智道由畢竟空不起慈悲忿恚心故復次舍利
子有菩薩摩訶薩脩行般若波羅蜜
多時安住精進波羅蜜多嚴淨一切智一切相
智道由畢竟空不起勤勇懈怠心故復次舍
利子有菩薩摩訶薩脩行般若波羅蜜多時
安住靜慮波羅蜜多嚴淨一切智一切相智
道由畢竟空不起寂靜散亂心故復次舍利
子有菩薩摩訶薩脩行般若波羅蜜多時還
住般若波羅蜜多嚴淨一切智一切相智道由
畢竟空不起智慧愚癡心故
復次舍利子有菩薩摩訶薩脩行般若波羅
蜜多時安住布施淨戒波羅蜜多嚴淨一切
智一切相智道由畢竟空不起惠施慳貪持
戒犯戒心故復次舍利子有菩薩摩訶薩脩
行般若波羅蜜多時安住布施安住波羅蜜
多嚴淨一切智一切相智道由畢竟空不起惠
施慳貪慈悲忿恚心故復次舍利子有菩薩
摩訶薩脩行般若波羅蜜多時安住布施
精進波羅蜜多嚴淨一切智一切相智道由畢
由畢竟空不起惠施慳貪懃用懈怠心故復次
舍利子有菩薩摩訶薩脩行般若羅蜜多
時安住布施靜慮波羅蜜多嚴淨一切智一
切相智道由畢竟空不起惠施慳貪寂靜散
亂心故復次舍利子有菩薩摩訶薩脩行般若

BD14157號　大般若波羅蜜多經卷九　（24–9）

舍利子有菩薩摩訶薩脩行般若羅蜜多
時安住布施靜慮波羅蜜多嚴淨一切智一
切相智道由畢竟空不起惠施慳貪寂靜散
亂心故復次舍利子有菩薩摩訶薩脩行般若
波羅蜜多時安住布施般若羅蜜多嚴淨一
切智一切相智道由畢竟空不起惠施慳貪
智慧愚癡心故復次舍利子有菩薩摩訶
薩脩行般若波羅蜜多時安住淨戒安忍波
羅蜜多嚴淨一切智一切相智道由畢竟空
不起持戒犯戒慈悲忿恚心故復次舍利
子有菩薩摩訶薩脩行般若波羅蜜多時
安住淨戒精進波羅蜜多嚴淨一切智一切相
智慧由畢竟空不起持戒犯戒懃勇懈怠心
故復次舍利子有菩薩摩訶薩脩行般若波
羅蜜多時安住淨戒靜慮波羅蜜多嚴淨一
切智一切相智道由畢竟空不起持戒犯戒
寂靜散亂心故復次舍利子有菩薩摩訶薩
脩行般若波羅蜜多時安住淨戒般若波羅
蜜多嚴淨一切智一切相智道由畢竟空不起
持戒犯戒智慧愚癡心故復次舍利子有
菩薩摩訶薩脩行般若波羅蜜多時安住安
忍精進波羅蜜多嚴一切智一切相智道
由畢竟空不起慈悲忿恚勤勇懈怠心故復
次舍利子有菩薩摩訶薩脩行般若波羅蜜
多時安住安忍靜慮波羅蜜多嚴淨一切智
一切相智道由畢竟空不起慈悲忿恚寂靜

BD14157號　大般若波羅蜜多經卷九　（24–10）

由畢竟空不起慈悲忩恚勤勇懈怠心故復
次舍利子有菩薩摩訶薩脩行般若波羅蜜
多時安住安忍靜慮波羅蜜多嚴淨一切智
一切相智道由畢竟空不起慈悲忩恚寂靜
散亂心故復次舍利子有菩薩摩訶薩脩行
般若波羅蜜多時安住安忍般若波羅蜜多
嚴淨一切智一切相智道由畢竟空不起慈
悲忩恚智慧愚癡心故復次舍利子有菩薩
摩訶脩行般若波羅蜜多時安住精進靜
慮波羅蜜多嚴淨一切智一切相智道由畢
竟空不起勤勇懈怠寂靜散亂心故復次舍
利子有菩薩摩訶薩脩行般若波羅蜜多時
安住精進般若波羅蜜多嚴淨一切智一切
相智道由畢竟空不起勤勇懈怠智慧愚癡
心故復次舍利子有菩薩摩訶薩脩行般若
波羅蜜多時安住靜慮般若波羅蜜多嚴
淨一切智一切相智道由畢竟空不起寂靜散亂
智慧愚癡心故
復次舍利子有菩薩摩訶薩脩行般若波羅
蜜多時安住布施淨戒安忍波羅蜜多嚴淨
一切智一切相智道由畢竟空不起惠施慳貪
持戒犯戒慈悲忩恚心故復次舍子有菩薩
摩訶薩脩行般若波羅蜜多時安住布
施淨戒精進波羅蜜多嚴淨一切智一切相智
道由畢竟空不起惠施慳貪持戒犯戒勤
勇懈怠故復次舍利子有菩薩摩訶薩脩

BD14157 號　大般若波羅蜜多經卷九　（24–11）

持戒犯戒慈悲忩恚心故復次舍子有菩薩
摩訶薩脩行般若波羅蜜多時安住布
施淨戒精進波羅蜜多嚴淨一切智一切相智
道由畢竟空不起惠施慳貪持戒犯戒勤
勇懈怠故復次舍利子有菩薩摩訶薩脩
行般若波羅蜜多時安住布施淨戒靜慮波
羅蜜多嚴淨一切智一切相智道由畢竟空不
起惠施慳貪持戒犯戒寂靜散亂心故復次
舍利子有菩薩摩訶薩脩行般若波羅蜜多
時安住布施淨戒般若波羅蜜多嚴淨一切
智一切相智道由畢竟空不起惠施慳貪持戒
犯戒智慧愚癡心復次舍利子有菩薩摩
訶薩脩行般若波羅蜜多時安住布施安忍
精進波羅蜜多嚴淨一切智一切相智道由
畢竟空不起惠施慳貪慈悲忩恚勤勇懈
怠心故復次舍利子有菩薩摩訶薩脩行般
若波羅蜜時安住布施安忍靜慮波羅蜜
多嚴淨一切智一切相智道由畢竟空不起惠
施慳貪慈悲忩恚寂靜散亂心故復次舍利
子有菩薩摩訶薩脩行般若波羅蜜多時安
住布施安忍般若波羅蜜多嚴淨一切智一
切相智道由畢竟空不起惠施慳貪慈悲忩
恚智慧愚癡心故復次舍利子有菩薩摩訶
薩脩行般若波羅蜜多時安住布施精進靜
慮波羅蜜多嚴淨一切智一切相智道由畢
竟空不起惠施慳貪勤勇懈怠寂靜散亂心

BD14157 號　大般若波羅蜜多經卷九　（24–12）

慧智慧愚癡心故復次舍利子有菩薩摩訶
薩脩行般若波羅蜜多時安住布施精進靜
慮波羅蜜多嚴淨一切智一切相智道由畢
竟空不起惠施慳貪勤勇懈怠寂靜散亂心
故復次舍利子有菩薩摩訶薩脩行般若波
羅蜜多時安住布施精進般若波羅蜜多
淨一切智一切相智道由竟空不起惠施慳貪
勤勇懈怠智慧愚癡心故復次舍利子有
菩薩摩訶薩脩行般若波羅蜜多時安住布
施靜慮般若波羅蜜多嚴淨一切智一切相
智道由畢竟空不起惠施慳貪寂靜散亂智
慧愚癡心故復次舍利子有菩薩摩訶薩脩
行般若波羅蜜多時安住淨戒安忍精進波羅
蜜多嚴淨一切智一切相智道由畢竟空不起
持戒犯戒慈悲忿恚勤勇懈怠心故復次
舍利子有菩薩摩訶薩脩行般若波羅蜜多
時安住淨戒安忍靜慮波羅蜜多嚴淨一切
智一切相智道由畢竟空不起持戒犯戒慈悲
忿恚寂靜散亂心故復次舍利子有菩薩
摩訶薩脩行般若波羅蜜多時安住淨戒
安忍般若波羅蜜多嚴淨一切智一切相智道
由畢竟空不起持戒犯戒慈悲忿恚智慧
愚癡心故復次舍利子有菩薩摩訶薩脩行般
若波羅蜜多時安住淨戒精進靜慮波羅蜜
多嚴淨一切智一切相智道由畢竟空不起持
戒犯戒勤勇懈怠寂靜散乱心故復次舍利

愚癡心故復次舍利子有菩薩摩訶薩脩行般
若波羅蜜多時安住淨戒精進靜慮波羅蜜
多嚴淨一切智一切相智道由畢竟空不起持
戒犯戒勤勇懈怠寂靜散乱心故復次舍利
子有菩薩摩訶薩脩行般若波羅蜜多時
安住淨戒精進般若波羅蜜多嚴淨一切智
一切相智道由畢竟蜜不起持戒犯戒勤勇
懈怠智慧愚癡心故復次舍利子有菩薩摩
訶薩脩行般若波羅蜜多時安住淨戒靜慮
般若波羅蜜多嚴淨一切智一切相智道由
畢竟空不起持戒犯戒寂靜散乱智慧愚癡
波羅蜜多時安住安忍精進靜慮波羅蜜多
嚴淨一切智一切相智道由畢竟空不起慈悲
忿恚勤勇懈怠寂靜散亂心故復次舍利
子有菩薩摩訶薩脩行般若波羅蜜多時安
相智道由畢竟空不起慈悲忿恚勤勇懈
怠智慧愚癡心故復次舍利子有菩薩摩
訶脩行般若波羅蜜多時安住安忍
靜慮般羅波蜜多嚴淨一切智相智
道由畢竟空不起慈悲忿恚
寂靜散亂智惠愚癡心故
復次舍利子有菩薩摩訶薩脩行般若波
羅蜜多時安住精進靜慮般若波羅蜜多嚴
淨一切智一切相智道由畢竟蜜不起勤勇懈
怠寂靜散亂智慧愚癡心故
復次舍利子有菩薩摩訶薩脩行般若波羅

羅蜜多時安住精進靜慮般若波羅蜜多嚴
淨一切智一切相智道由畢竟空不起勤勇懈
怠寂靜散亂智慧愚癡心故
復次舍利子有菩薩摩訶薩脩行般若波羅
蜜多時安住布施淨戒安忍
精進波羅蜜多嚴淨一切
智一切相智道由畢竟空不起恚
施慳貪持戒犯戒慈悲忿恚勤勇懈怠心故
復次舍利子有菩薩摩訶薩脩行般若波羅
蜜多時安住布施淨戒安忍靜慮波羅蜜多
嚴淨一切智一切相智道由畢竟空不起恚施
慳貪持戒犯戒慈悲忿恚寂靜散亂心故
復次舍利子有菩薩摩訶薩脩行般若波羅
蜜多時安住布施淨戒安忍般若波羅蜜多
嚴淨一切智一切相智道由畢竟空不起慧
施慳貪持戒犯戒慈悲忿恚智惠愚癡心故
復次舍利子有菩薩摩訶薩脩行般若波羅
蜜多時安住布施淨戒精進靜慮波羅蜜多
嚴淨一切智一切相智道由畢竟空不起起恚
施慳貪持戒犯戒勤勇懈怠寂靜散亂心故
復次舍利子有菩薩摩訶薩脩行般若波羅
蜜多時安住布施淨戒精進般若波羅蜜多
嚴淨一切智一切相智道由畢竟空不起恚
施慳貪持戒犯戒勤勇懈怠智惠愚癡心故
復次舍利子有菩薩摩訶薩脩行般若波羅
蜜多時安住布施淨戒靜慮般若波羅蜜多

BD14157 號　大般若波羅蜜多經卷九　（24–15）

嚴淨一切智一切相智道由畢竟空不起恚
施慳貪持戒犯戒勤勇懈怠智惠愚癡心故
復次舍利子有菩薩摩訶薩脩行般若波羅
蜜多時安住布施淨戒靜慮般若波羅蜜多
嚴淨一切智一切相智道由畢竟空不起恚施
慳貪持戒犯戒寂靜散亂智慧愚癡心故
復次舍利子有菩薩摩訶薩脩行般若波羅
蜜多時安住布施安忍精進靜慮波羅蜜多
嚴淨一切智一切相智道由畢竟空不起恚施
慳貪慈悲忿恚勤勇懈怠寂靜散亂心故
復次舍利子有菩薩摩訶薩脩行般若波羅
蜜多時安住布施安忍靜慮般若波羅蜜多
嚴淨一切智一切相智道由畢竟空不起恚
施慳貪慈悲忿恚寂靜散亂智惠愚癡心
故復次舍利子有菩薩摩訶薩脩行般若波
羅蜜多時安住布施精進靜慮般若波羅蜜多
嚴淨一切智一切相智道由畢竟空不起恚
施慳貪勤勇懈怠寂淨散亂智惠愚癡心
故復次舍利子有菩薩摩訶薩脩行般若波
羅蜜多時安住淨戒安忍精進靜慮波羅蜜
多嚴淨一切智一切相智道由畢竟空不起持
戒犯戒慈悲忿恚勤勇懈怠寂靜散亂心
故復次舍利子有菩薩摩訶薩脩行般若波
羅蜜多時安住淨戒安忍精進般若波羅蜜
多嚴淨一切智一切相智道由畢竟空不起持
戒犯戒慈悲忿恚勤勇懈怠智慧愚癡心故

BD14157 號　大般若波羅蜜多經卷九　（24–16）

故復次舍利子有菩薩摩訶薩脩行般若波
羅蜜多時安住淨戒安忍精進般若波羅蜜
多嚴淨一切智一切相智道由畢竟空不起持
戒犯戒慈悲忿恚勤勇懈怠智慧愚癡心故
復次舍利子有菩薩摩訶薩脩行般若波羅
蜜多時安住淨戒安忍靜慮般若波羅蜜多
嚴淨一切智一切相智道由畢竟空不起持
戒犯戒慈悲忿恚寂靜散亂智慧愚癡心
故復次舍利子有菩薩摩訶薩脩行般若波羅
蜜多時安住淨戒精進靜慮般若波羅蜜多
嚴淨一切智一切相智道由畢竟空不起持
戒犯戒勤勇懈怠寂靜散亂智慧愚癡心故
復次舍利子有菩薩摩訶薩脩行般若波羅
蜜多時安住安忍精進靜慮般若波羅蜜多
嚴淨一切智一切相智道由畢竟空不起慈
悲忿恚勤勇懈怠寂靜散亂智慧愚癡心
故復次舍利子有菩薩摩訶薩脩行般若波
羅蜜多時安住布施淨戒安忍精進靜慮波
羅蜜多嚴淨一切智一切相智道由畢竟空不
起惠施慳貪持戒犯戒慈悲忿恚勤勇懈怠
寂靜散亂心故復次舍利子有菩薩摩訶薩
脩行般若波羅蜜多時安住布施淨戒安忍
精進般若波羅蜜多嚴淨一切智一切相智
道由畢竟空不起惠施慳貪持戒犯戒慈悲
忿恚勤勇懈怠智慧愚癡心故復次舍利子
有菩薩摩訶薩脩行般若波羅蜜多時安住
布施淨戒精進靜慮般若波羅蜜多嚴淨一

BD14157號　大般若波羅蜜多經卷九　（24–17）

脩行般若[illegible]
精進般若波羅蜜多嚴淨一切智一切相智
道由畢竟空不起惠施慳貪持戒犯戒慈悲
忿恚勤勇懈怠智慧愚癡心故復次舍利子
有菩薩摩訶薩脩行般若波羅蜜多時安住
布施淨戒精進靜慮般若波羅蜜多嚴淨一
切智一切相智道由畢竟空不起惠施慳貪
持戒犯戒勤勇懈怠寂靜散亂智慧愚癡心
故復次舍利子有菩薩摩訶薩脩行般若波
羅蜜多時安住布施安忍精進靜慮般若波
羅蜜多嚴淨一切智一切相智道由畢竟空
不起惠施慳貪慈悲忿恚勤勇懈怠寂靜
散亂智慧愚癡心故復次舍利子有菩薩摩
訶薩脩行般若波羅蜜多時安住淨戒安忍
精進靜慮般若波羅蜜多嚴淨一切智一切相
智道由畢竟空不起持戒犯戒慈悲忿恚勤
勇懈怠寂靜散亂智慧愚癡心故復次舍
利子有菩薩摩訶薩脩行般若波羅蜜夛時
安住布施淨戒安忍精進靜慮般若波羅蜜
多嚴淨一切智一切相智道由畢竟空不起惠施
施慳貪持戒犯戒慈悲忿恚勤勇懈怠寂
靜散亂智慧愚癡心故
如是舍利子諸菩薩摩訶薩脩行般若波羅
蜜多時安住六種波羅蜜多嚴淨一切智一切相智
道由畢竟空無去來故無布施無慳貪唯假
施設故無淨戒無犯戒唯假施設故無安忍無
忿恚唯假施設故無精進無懈怠唯假施

BD14157號　大般若波羅蜜多經卷九　（24–18）

蜜多時安住六種波羅蜜多嚴淨一切智一切相智
道由畢竟空無去來故無布施無慳貪唯假
施設故無淨戒無犯戒唯假施設故無安忍
忿恚唯假施設故無精進無懈怠唯假施
設故無靜慮無散亂唯假施設故無般若無
愚癡唯假施設故是菩薩摩訶薩不著趣
入不著不趣入不著已度不著未度不著布
施不著慳貪不著淨戒不著犯戒不著安忍
不著忿恚不著精進不著懈怠不著靜慮
不著散亂不著般若不著愚癡舍利子是菩
薩摩訶薩當於尒時亦不著布施者不著慳
貪者不著淨戒者不著犯戒者不著安忍者
不著忿恚者不著精進者不著懈怠者不著
靜慮者不著散亂者不著般若者不著愚癡
者舍利子是菩薩摩訶薩當於舍時於著不
著亦無所著何以故舍利子是菩薩摩訶薩
達一切法畢竟空故舍利子是菩薩摩訶薩
當於尒時不著毀罵不著讚歎不著損害不著
饒益不著輕慢不著恭敬何以故舍利子是
菩薩摩訶薩達一切法畢竟不生無生法
中無有毀罵讚歎法故無有損害饒益法故
無有輕慢恭敬法故舍利子是菩薩摩訶薩
當於尒時不著毀罵者不著讚歎者不著損
害者不著饒益者不著輕慢者不著恭敬者
何以故舍利子是菩薩摩訶薩達一切法
皆本性空本性空中無有毀罵讚歎者故無

當於尒時不著毀罵者不著讚歎者不著損
害者不著饒益者不著輕慢者不著恭敬者
何以故舍利子是菩薩摩訶薩達一切法
皆本性空本性空中無有毀罵讚歎者故無
有損害饒益者故無有輕慢恭敬者故舍
利子是菩薩摩訶薩當於尒時於著不著亦
無所著何以故舍利子是菩薩摩訶薩脩行
般若波羅蜜多永斷一切著不著故如是舍
利子諸菩薩摩訶薩脩行般若波羅蜜多時
所獲功德最上最妙不可思議一切聲聞及
諸獨覺皆所非有舍利子此菩薩摩訶薩如
是功德既圓滿已復以殊勝布施愛語利行
同事成熟有情復以種種堅固大願勇猛精
進嚴淨佛土由斯疾證所求無上正等菩提
復次舍利子諸菩薩摩訶薩脩行般若波羅
蜜多時於一切有情若劣若勝若好若醜起平
等心是菩薩摩訶薩於一切有情起平等心
已復起利益安樂之心是菩薩摩訶薩於一
切有情起利益安樂心已於一切法性皆得平
等是菩薩摩訶薩於一切法平等性中作大饒
益舍利子是菩薩摩訶薩由此因緣於現法
中得十方界一切如來應正等覺共所護念
亦得十方一切菩薩摩訶薩衆共所稱讚亦
得一切聲聞獨覺脩梵行者共所敬愛亦為一
切世間天人阿素洛等共養恭敬尊重

中得十方界一切如來應正等覺共所護念
亦得十方一切菩薩摩訶薩衆共所稱讚亦
得一切聲聞獨覺脩梵行者共所敬愛亦爲一
切世間天人阿素洛等共養恭敬尊重
讚歎舍利子是菩薩摩訶薩由此因緣隨
所生處眼常不見不可愛色耳常不聞不可
愛聲鼻常不齅不可愛香舌常不嘗不可
愛味身常不覺不可愛觸意常不取不可
愛法舍利子是菩薩摩訶薩由此因緣所獲功
德轉增轉勝乃至無上正等菩薩常無退轉
當佛說是甚深般若波羅蜜多勝功德時會
中無量大苾芻衆從座而起各持種種新淨
上服奉獻世尊奉已皆發阿耨多羅三藐三
菩提心尒時世尊即便微笑從面門出種種
色光時阿難陀即從座起偏覆左肩右膝著
地合掌恭敬白言世尊何因何緣現此微笑
諸佛微笑非無因緣唯願世尊哀愍爲說尒
時佛告阿難陀言此從座起無量苾芻從是
已後六十一劫日喻劫中當得作佛皆同一号
謂大幢相如來應正等覺明行圓滿善逝世
間解無上丈夫調御士天人師佛薄伽梵是
諸苾芻從此歿已當生東方不動佛國於彼
佛所勤脩梵行尒時復有六十百千諸天
子衆聞佛所說甚深般若波羅蜜多功德勝
利皆發無上正等覺心世尊記彼當於慈氏
如來法中淨信出家勤脩梵行慈氏如來皆

BD14157 號　大般若波羅蜜多經卷九　（24–21）

佛所勤脩梵行尒時復有六十百千諸天
子衆聞佛所說甚深般若波羅蜜多功德勝
利皆發無上正等覺心世尊記彼當於慈氏
如來法中淨信出家勤脩梵行慈氏如來皆
爲授記當得無上正等菩提轉正法輪度無
量衆皆令證得常樂涅槃
尒時此間一切衆會以佛神力皆見十方各千
佛土諸佛世尊及彼衆會彼諸佛土功德莊
嚴微妙殊勝當於尒時此堪忍界功德莊嚴
所不能及時此衆會無量百千諸有情類各
發願言以我所脩諸純淨業願當往生彼
彼佛土尒時世尊知其心願即復微笑面門
又出種種色光時阿難陀復從座起恭敬問
佛微笑因緣尒時佛告阿難陀言汝今見此
從座而起無量百千諸有情不阿難白言唯
然已見佛告阿難是諸有情從此壽盡隨彼
願力各得往生彼彼佛土於諸佛所脩菩薩
行乃至無上正等菩提在所生處常不離佛
供養恭敬尊重讚歎精進脩習布施淨戒
安忍精進靜慮般若波羅蜜多安住內空外
空內外空空空大空勝義空有爲空無爲空畢
竟空無際空散空無變異空本性空自相空
共相空一切法空不可得空無性空自性空無
性自性空安住真如法界法性不虛妄性不
變異性平等性離生性法定法住實際虛
空界不思議界脩行四念住四正斷四神足

BD14157 號　大般若波羅蜜多經卷九　（24–22）

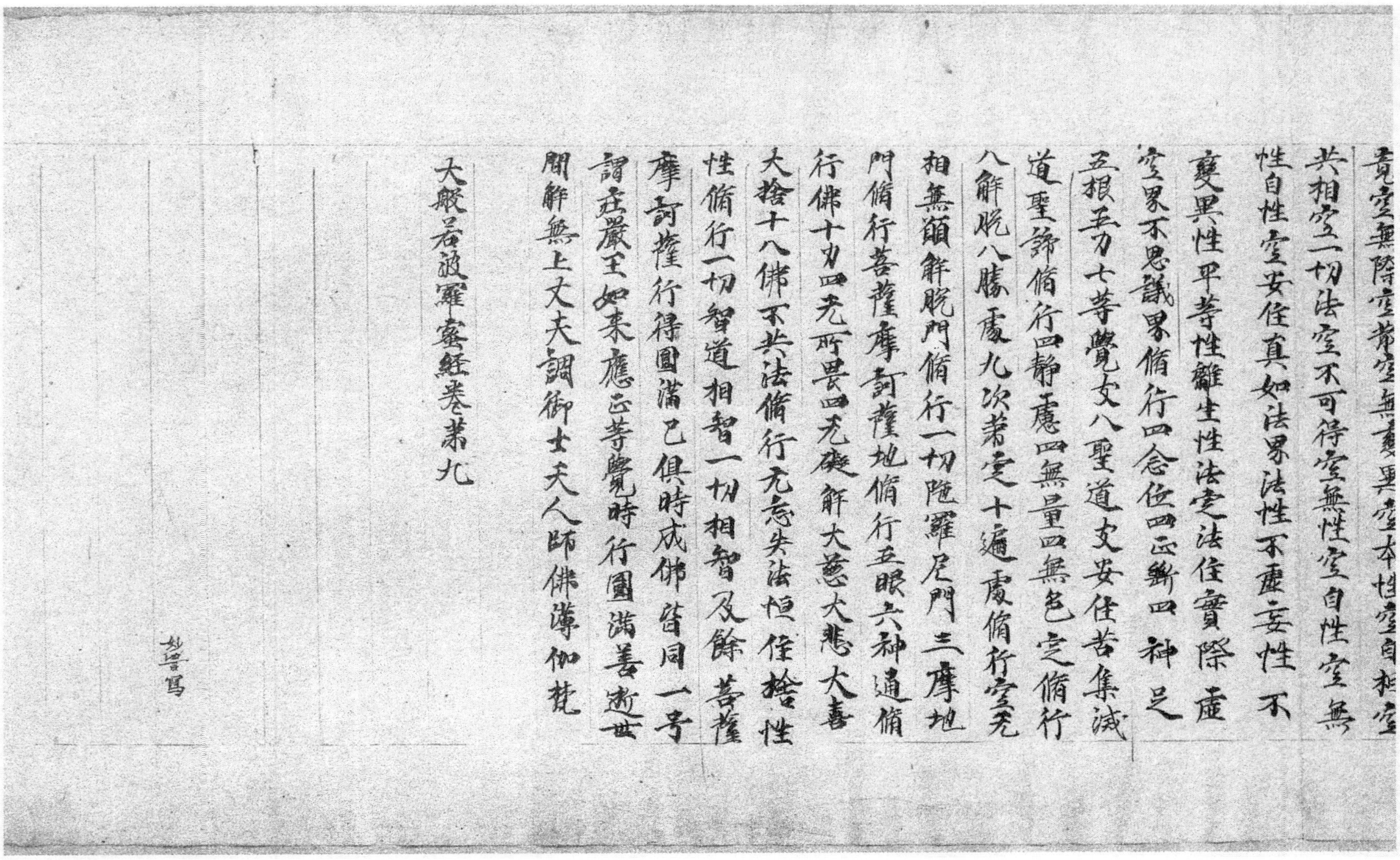
貴空無際空散空無變異空本性空自相空
共相空一切法空不可得空無性空自性空無
性自性空安住真如法界法性不虛妄性不
變異性平等性離生性法定法住實際虛
空界不思議界修行四念住四正斷四神足
五根五力七等覺支八聖道支安住苦集滅
道聖諦修行四靜慮四無量四無色定修行
八解脫八勝處九次第定十遍處修行空无
相無願解脫門修行一切陀羅尼門三摩地
門修行菩薩摩訶薩地修行五眼六神通修
行佛十力四无所畏四无礙解大慈大悲大喜
大捨十八佛不共法修行无忘失法恒住捨
性修行一切智道相智一切相智及餘菩薩
摩訶薩行得圓滿已俱時成佛皆同一号
謂莊嚴王如來應正等覺時行圓滿善逝世
間解無上丈夫調御士天人師佛薄伽梵
大般若波羅蜜經卷第九
妙音寫

BD14157號　大般若波羅蜜多經卷九　（24–23）

性修行一切智道相智一切相智及餘菩薩
摩訶薩行得圓滿已俱時成佛皆同一号
謂莊嚴王如來應正等覺時行圓滿善逝世
間解無上丈夫調御士天人師佛薄伽梵
大般若波羅蜜經卷第九
妙音寫
[illegible]崇

BD14157號　大般若波羅蜜多經卷九　（24–24）

BD14157 號背　勘記　　（1–1）

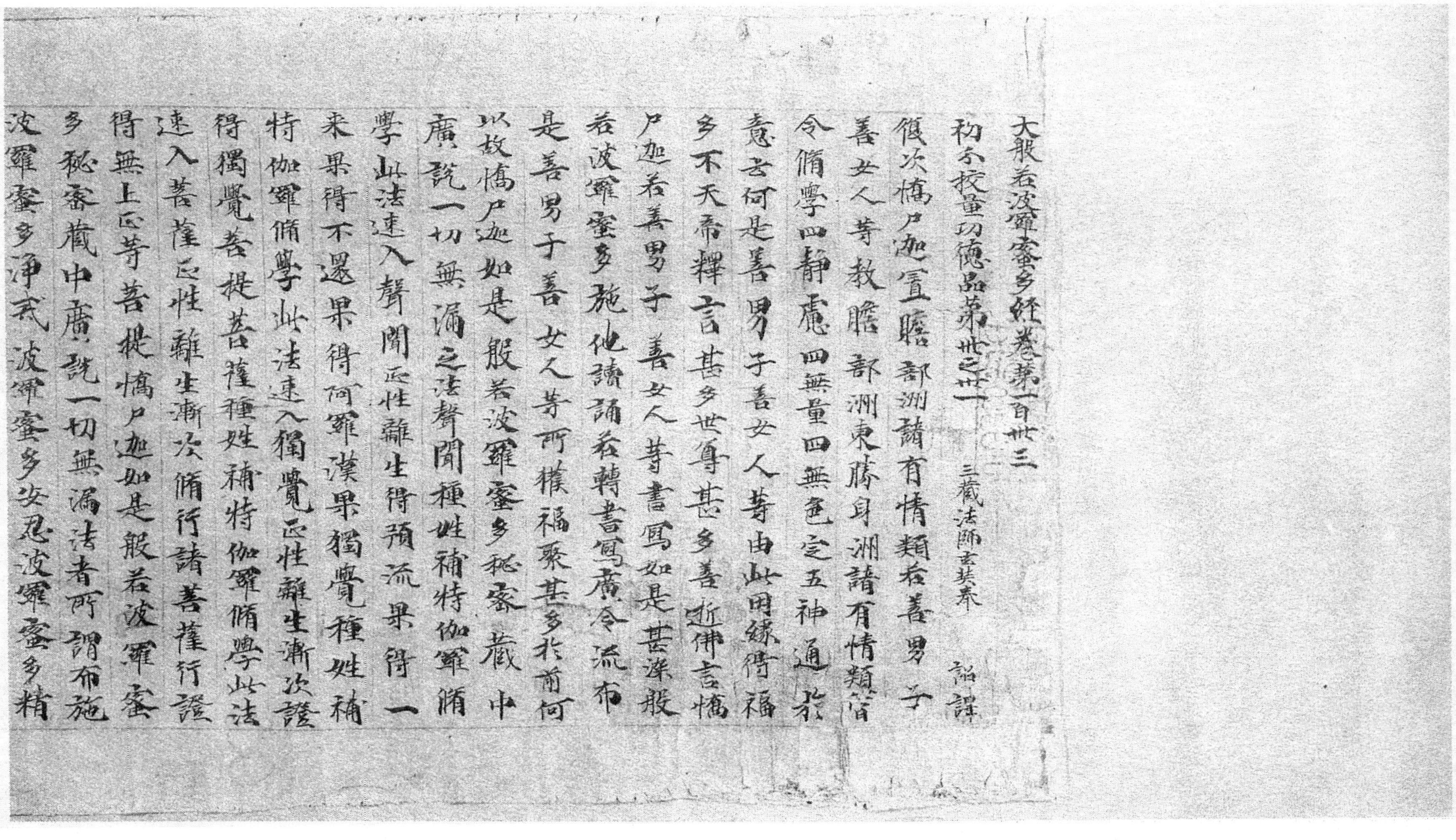

大般若波羅蜜多經卷第一百卅三
初分校量功德品第卅之卅一　三藏法師玄奘奉　詔譯
復次憍尸迦置贍部洲諸有情類若善男子
善女人等教贍部洲東勝身洲諸有情類皆
令脩學四靜慮四無量四無色定五神通於
意云何是善男子善女人等由此因緣得福
多不天帝釋言甚多世尊甚多善逝佛言憍
尸迦若善男子善女人等書寫如是甚深般
若波羅蜜多施他讀誦若轉書寫廣令流布
是善男子善女人等所獲福聚甚多於前何
以故憍尸迦如是般若波羅蜜多秘密藏中
廣說一切無漏之法聲聞種姓補特伽羅脩
學此法速入聲聞正性離生得預流果得一
來果得不還果得阿羅漢果獨覺種姓補
特伽羅脩學此法速入獨覺正性離生漸次證
得獨覺菩提菩薩種姓補特伽羅脩學此法
速入菩薩正性離生漸次脩行諸菩薩行證
得無上正等菩提憍尸迦如是般若波羅蜜
多秘密藏中廣說一切無漏法者所謂布施
波羅蜜多淨戒波羅蜜多安忍波羅蜜多精

BD14158 號　大般若波羅蜜多經卷一三三　　（18–1）

特伽羅脩學此法速入獨覺正性離生漸次證
得獨覺菩提菩薩種姓補特伽羅脩學此法
速入菩薩正性離生漸次脩行諸菩薩行證
得無上正等菩提憍尸迦如是般若波羅蜜
多秘密藏中廣說一切無漏法者所謂布施
波羅蜜多淨戒波羅蜜多安忍波羅蜜多精
進波羅蜜多靜慮波羅蜜多般若波羅蜜多
內空外空內外空空空大空勝義空有為空
無為空畢竟空無際空散空無變異空本性
空自相空共相空一切法空不可得空無性
空自性空無性自性空真如法界法性不虛妄
性不變異性平等性離生性法定法住實際
虛空界不思議界無漏四靜慮四無量四無
色定八解脫八勝處九次第定十遍處四
念住四正斷四神足五根五力七等覺支八
聖道支空解脫門無相解脫門無願解脫門
五眼六神通佛十力四無所畏四無礙解大慈
大悲大喜大捨十八佛不共法一切智道
相智一切相智一切陁羅尼門一切三摩地
門及餘無量無邊佛法皆是此中所說一切
無漏之法憍尸迦若善男子善女人等教一
有情住預流果所獲福聚猶勝教化南贍部
洲東勝身洲諸有情類皆令脩學四靜慮四
無量四無色定五神通何以故憍尸迦諸有
脩行四靜慮四無量四無色定五神通不免地
獄傍生鬼趣若諸有精住預流果便得永
脫三惡趣故況教令住一來不還阿羅漢果

BD14158號　大般若波羅蜜多經卷一三三　（18–2）

無量四無色定五神通何以故憍尸迦諸有
脩行四靜慮四無量四無色定五神通不免地
獄傍生鬼趣若諸有精住預流果便得永
脫三惡趣故況教令住一來不還阿羅漢果
所獲福聚而不勝彼憍尸迦若善男子善女
人等教贍部洲東勝身洲諸有情類皆住預
流一來不還阿羅漢果所獲福聚不如有人
教一有情令其安住獨覺菩提何以故憍尸
迦獨覺菩提所有功德勝預流等百千倍故
憍尸迦若善男子善女人等教贍部洲東勝
身洲諸有情類皆令安住獨覺菩提所獲福
聚不如有人教一有情令趣無上正等菩提
何以故憍尸迦若教有情令趣無上正等菩
提則令世間佛眼不斷所以者何由有菩薩
摩訶薩故便有預流一來不還阿羅漢果獨
覺菩提由有菩薩摩訶薩故便有如來應正
等覺證得無上正等菩提由有菩薩摩訶薩
故便有佛寶法寶僧寶一切世間歸依供養
以是故憍尸迦一切世間若天若魔若梵若
沙門若婆羅門及阿素洛人非人等應以無
量上妙花鬘塗散等香衣服纓絡寶幢幡蓋
衆妙珍奇伎樂燈明盡諸所有供養恭敬尊
重讚歎菩薩摩訶薩憍尸迦由此當知若善
男子善女人等書寫如是甚深般若波羅蜜
多施他讀誦若轉書寫廣令流布所獲福聚
勝前福聚無量無邊何以故如是般若波羅
蜜多秘密藏中廣說一切世出世間勝善法

BD14158號　大般若波羅蜜多經卷一三三　（18–3）

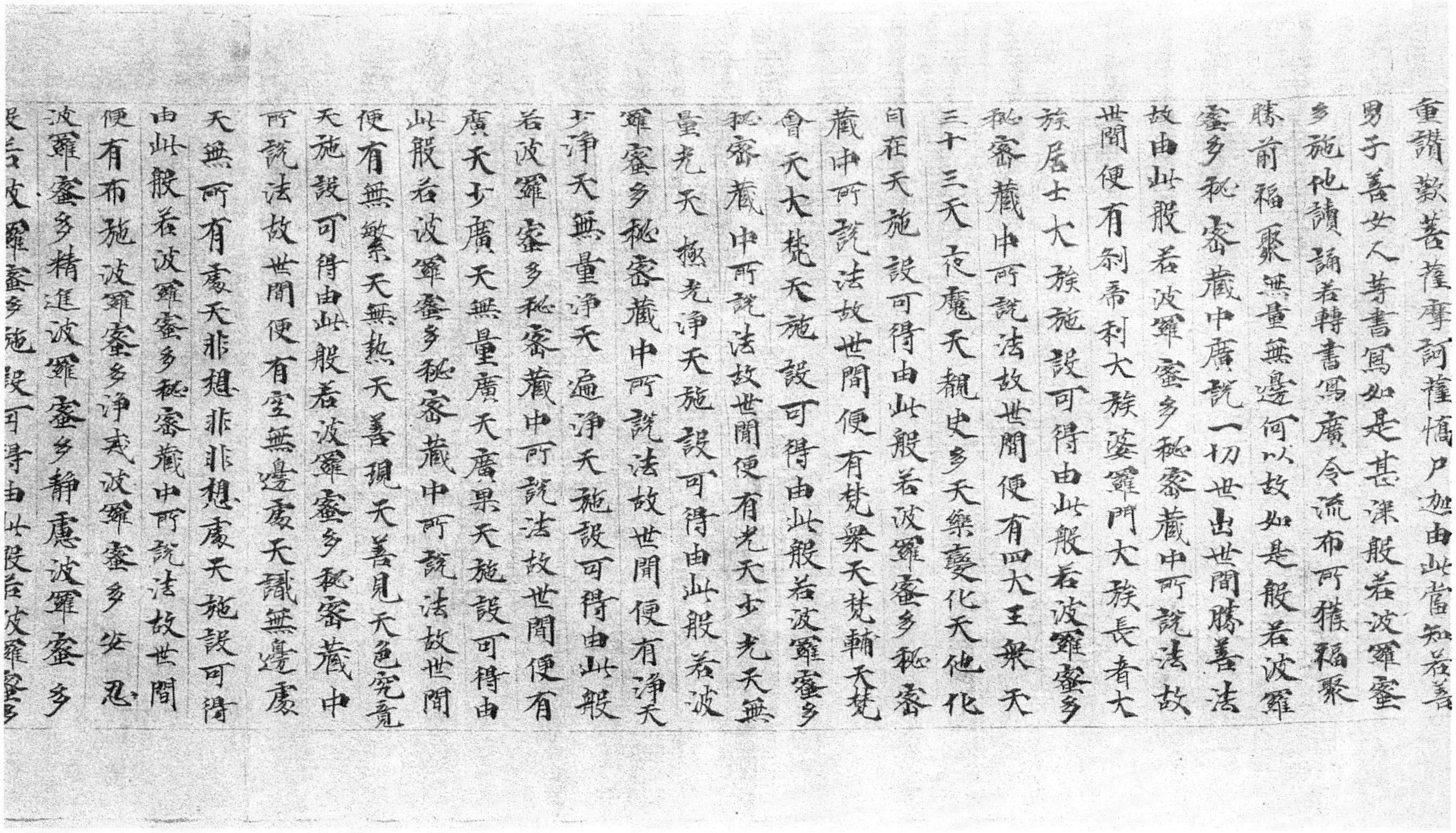
重讃歎菩薩摩訶薩憍尸迦由此當知若善
男子善女人等書寫如是甚深般若波羅蜜
多施他讀誦若轉書寫廣令流布所獲福聚
勝前福聚無量無邊何以故如是般若波羅
蜜多秘密藏中廣說一切世出世間勝善法
故由此般若波羅蜜多秘密藏中所說法故
世間便有剎帝利大族婆羅門大族長者大
族居士大族施設可得由此般若波羅蜜多
秘密藏中所說法故世間便有四大王衆天
三十三天夜魔天覩史多天樂變化天他化
自在天施設可得由此般若波羅蜜多秘密
藏中所說法故世間便有梵衆天梵輔天梵
會天大梵天施設可得由此般若波羅蜜多
秘密藏中所說法故世間便有光天少光天無
量光天極光淨天施設可得由此般若波
羅蜜多秘密藏中所說法故世間便有淨天
少淨天無量淨天遍淨天施設可得由此般
若波羅蜜多秘密藏中所說法故世間便有
廣天少廣天無量廣天廣果天施設可得由
此般若波羅蜜多秘密藏中所說法故世間
便有無繁天無熱天善現天善見天色究竟
天施設可得由此般若波羅蜜多秘密藏中
所說法故世間便有空無邊處天識無邊處
天無所有處天非想非非想處天施設可得
由此般若波羅蜜多秘密藏中所說法故世間
便有布施波羅蜜多淨戒波羅蜜多安忍
波羅蜜多精進波羅蜜多靜慮波羅蜜多
般若波羅蜜多施設可得由此般若波羅蜜多

BD14158 號　大般若波羅蜜多經卷一三三　（18–4）

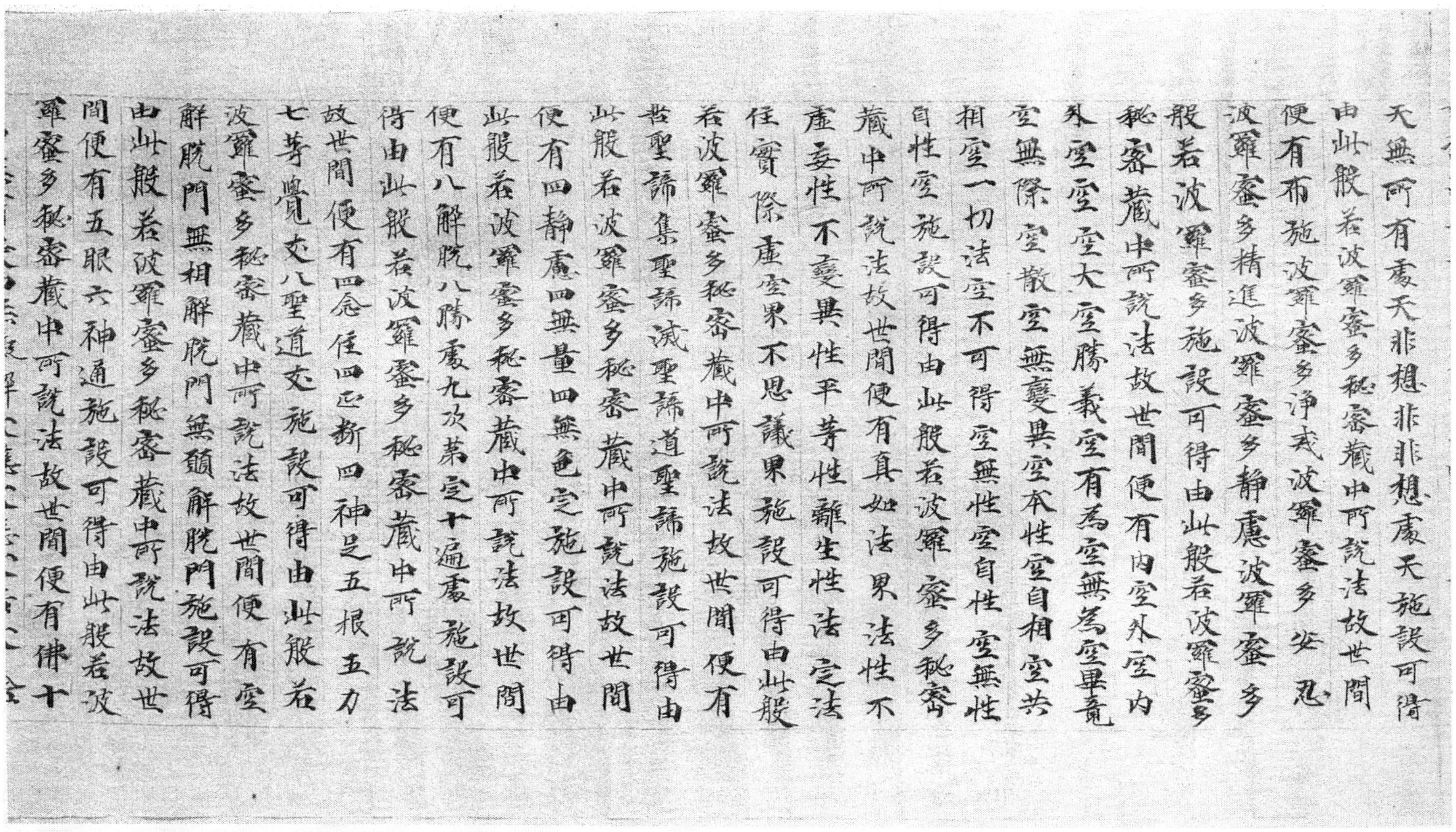
天無所有處天非想非非想處天施設可得
由此般若波羅蜜多秘密藏中所說法故世間
便有布施波羅蜜多淨戒波羅蜜多安忍
波羅蜜多精進波羅蜜多靜慮波羅蜜多
般若波羅蜜多施設可得由此般若波羅蜜多
秘密藏中所說法故世間便有內空外空內
外空空空大空勝義空有為空無為空畢竟
空無際空散空無變異空本性空自相空共
相空一切法空不可得空無性空自性空無性
自性空施設可得由此般若波羅蜜多秘密
藏中所說法故世間便有真如法界法性不
虛妄性不變異性平等性離生性法定法
住實際虛空界不思議界施設可得由此般
若波羅蜜多秘密藏中所說法故世間便有
苦聖諦集聖諦滅聖諦道聖諦施設可得由
此般若波羅蜜多秘密藏中所說法故世間
便有四靜慮四無量四無色定施設可得由
此般若波羅蜜多秘密藏中所說法故世間
便有八解脫八勝處九次第定十遍處施設可
得由此般若波羅蜜多秘密藏中所說法
故世間便有四念住四正斷四神足五根五力
七等覺支八聖道支施設可得由此般若
波羅蜜多秘密藏中所說法故世間便有空
解脫門無相解脫門無願解脫門施設可得
由此般若波羅蜜多秘密藏中所說法故世
間便有五眼六神通施設可得由此般若波
羅蜜多秘密藏中所說法故世間便有佛十

BD14158 號　大般若波羅蜜多經卷一三三　（18–5）

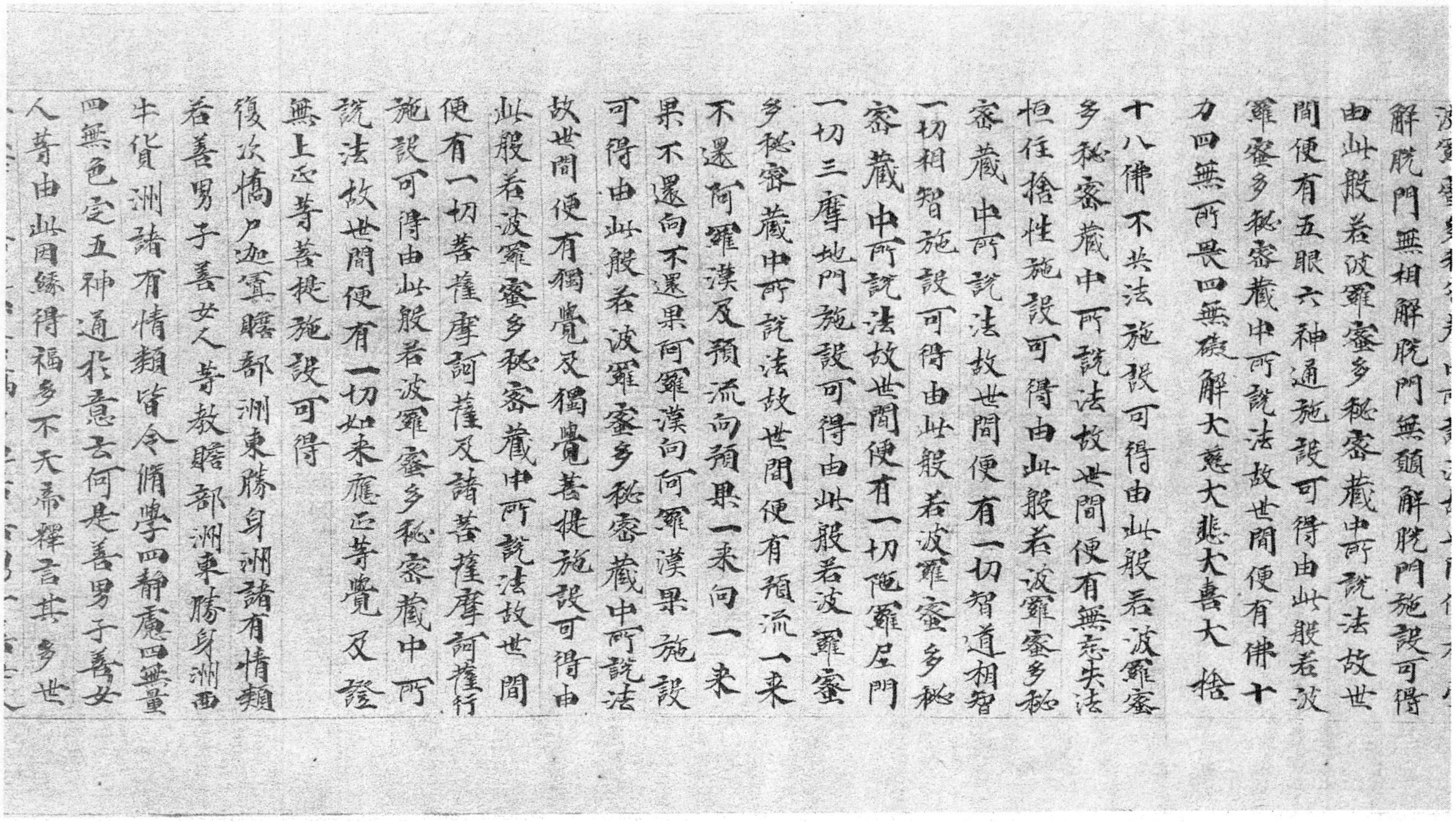

解脫門無相解脫門無願解脫門施設可得
由此般若波羅蜜多秘密藏中所說法故世
間便有五眼六神通施設可得由此般若波
羅蜜多秘密藏中所說法故世間便有佛十
力四無所畏四無礙解大慈大悲大喜大捨
十八佛不共法施設可得由此般若波羅蜜
多秘密藏中所說法故世間便有無忘失法
恒住捨性施設可得由此般若波羅蜜多秘
密藏中所說法故世間便有一切智道相智
一切相智施設可得由此般若波羅蜜多秘
密藏中所說法故世間便有一切陁羅尼門
一切三摩地門施設可得由此般若波羅蜜
多秘密藏中所說法故世間便有預流一來
不還阿羅漢及預流向預流果一來向一來
果不還向不還果阿羅漢向阿羅漢果施設
可得由此般若波羅蜜多秘密藏中所說法
故世間便有獨覺及獨覺菩提施設可得由
此般若波羅蜜多秘密藏中所說法故世間
便有一切菩薩摩訶薩及諸菩薩摩訶薩行
施設可得由此般若波羅蜜多秘密藏中所
說法故世間便有一切如來應正等覺及證
無上正等菩提施設可得
復次憍尸迦置贍部洲東勝身洲諸有情類
若善男子善女人等教贍部洲東勝身洲西
牛貨洲諸有情類皆令修學四靜慮四無量
四無色定五神通於意云何是善男子善女
人等由此因緣得福多不天帝釋言甚多世

BD14158號　大般若波羅蜜多經卷一三三　（18–6）

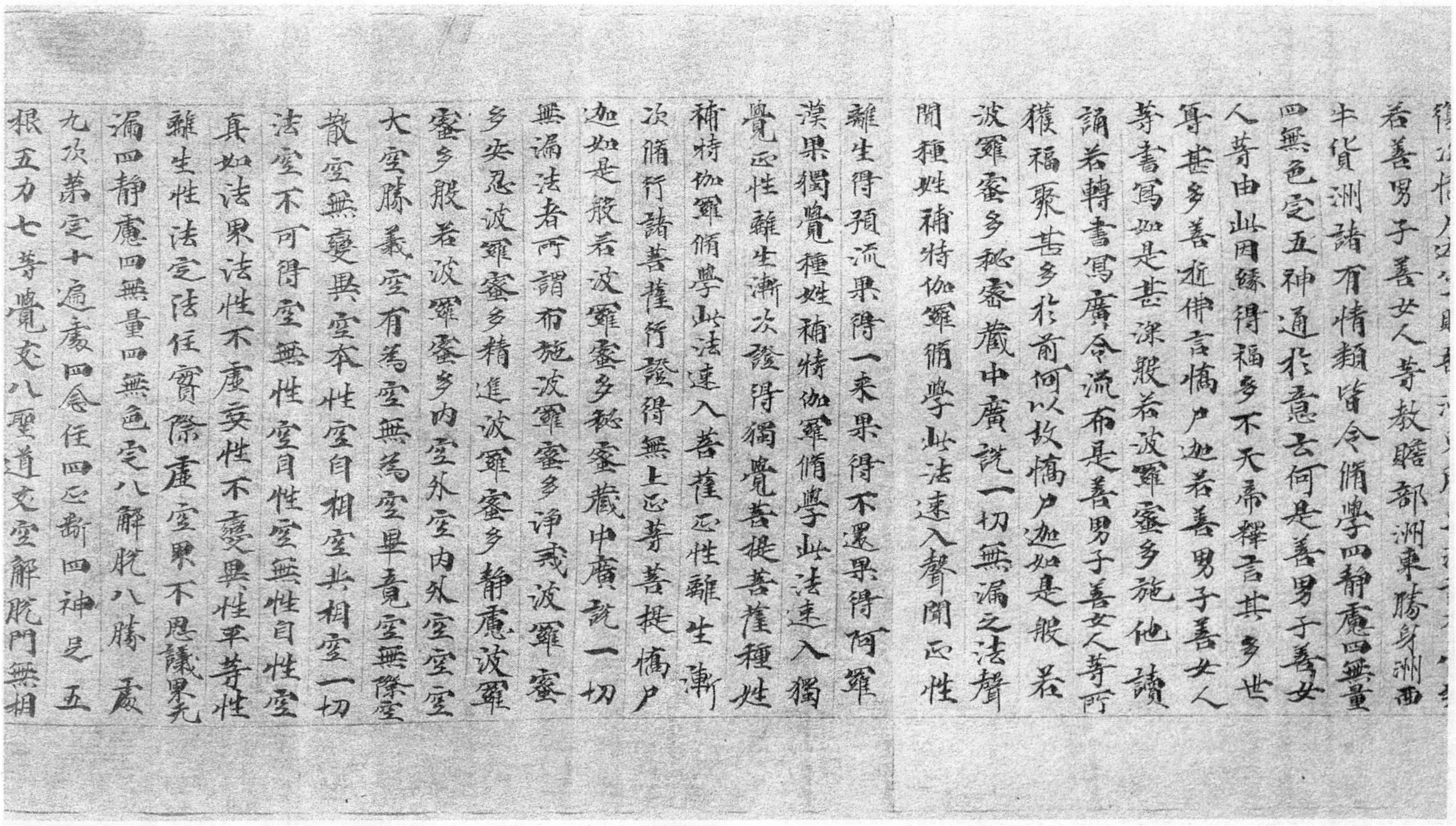

若善男子善女人等教贍部洲東勝身洲西
牛貨洲諸有情類皆令修學四靜慮四無量
四無色定五神通於意云何是善男子善女
人等由此因緣得福多不天帝釋言甚多世
尊甚多善逝佛言憍尸迦若善男子善女人
等書寫如是甚深般若波羅蜜多施他讀
誦若轉書寫廣令流布是善男子善女人等所
獲福聚甚多於前何以故憍尸迦如是般若
波羅蜜多秘密藏中廣說一切無漏之法聲
聞種姓補特伽羅修學此法速入聲聞正性
離生得預流果得一來果得不還果得阿羅
漢果獨覺種姓補特伽羅修學此法速入獨
覺正性離生漸次證得獨覺菩提菩薩種姓
補特伽羅修學此法速入菩薩正性離生漸
次修行諸菩薩行證得無上正等菩提憍尸
迦如是般若波羅蜜多秘密藏中廣說一切
無漏法者所謂布施波羅蜜多淨戒波羅蜜
多安忍波羅蜜多精進波羅蜜多靜慮波羅
蜜多般若波羅蜜多內空外空內外空空空
大空勝義空有為空無為空畢竟空無際空
散空無變異空本性空自相空共相空一切
法空不可得空無性空自性空無性自性空
真如法界法性不虛妄性不變異性平等性
離生性法定法住實際虛空界不思議界无
漏四靜慮四無量四無色定八解脫八勝處
九次第定十遍處四念住四正斷四神足五
根五力七等覺支八聖道支空解脫門無相

BD14158號　大般若波羅蜜多經卷一三三　（18–7）

真如法界法性不虛妄性不變異性平等性
離生性法定法住實際虛空界不思議界无
漏四靜慮四無量四無色定八解脫八勝處
九次第定十遍處四念住四正斷四神足五
根五力七等覺支八聖道支空解脫門無相
解脫門無願解脫門五眼六神通佛十力四
無所畏四無礙解大慈大悲大喜大捨十八
佛不共法一切智道相智一切相智一切陁
羅尼門一切三摩地門及餘無量無邊佛法
皆是此中所說一切無漏之法憍尸迦若善
男子善女人等教一有情住預流果所獲福
聚猶勝教化南贍部洲東勝身洲西牛貨洲諸
有情類皆令脩學四靜慮四無量四無色定
五神通何以故憍尸迦諸有脩行四靜慮四
無量四無色定五神通不免地獄傍生鬼
趣若諸有情住預流果便得永脫三惡趣故
況教令住一來不還阿羅漢果所獲福聚而不
勝彼憍尸迦若善男子善女人等教贍部
洲東勝身洲西牛貨洲諸有情類皆住預流
一來不還阿羅漢果所獲福聚不如有人教
一有情令其安住獨覺菩提何以故憍尸迦
獨覺菩提所有功德勝預流等百千倍故憍
尸迦若善男子善女人等教贍部洲東勝身
洲西牛貨洲諸有情類皆令安住獨覺菩提
所獲福聚不如有人教一有情令趣無上正
等菩提何以故憍尸迦若教有情令趣無上
正等菩提則令世間佛眼不斷所以者何由

BD14158 號　大般若波羅蜜多經卷一三三　（18–8）

洲西牛貨洲諸有情類皆令安住獨覺菩提
所獲福聚不如有人教一有情令趣無上正
等菩提何以故憍尸迦若教有情令趣無上
正等菩提則令世間佛眼不斷所以者何由
有菩薩摩訶薩故便有預流一來不還阿羅
漢果獨覺菩提由有菩薩摩訶薩故便有如
來應正等覺證得無上正等菩提由有菩薩
摩訶薩故便有佛寶法寶僧寶一切世間歸
依供養以是故憍尸迦一切世間若天若魔若
梵若沙門若婆羅門及阿素洛人非人等應
以無量上妙華鬘塗散等香衣服纓絡寶
幢幡蓋衆妙珎奇伎樂燈明盡諸所有供養
恭敬尊重讚歎菩薩摩訶薩憍尸迦由此當
知若善男子善女人等書寫如是甚深般若
波羅蜜多施他讀誦若轉書寫廣令流布所
獲福聚勝前福聚無量無邊何以故如是般
若波羅蜜多秘密藏中廣說一切世出世間
勝善法故由此般若波羅蜜多秘密藏中所
說法故世間便有剎帝利大族婆羅門大族
長者大族居士大族施設可得由此般若波
羅蜜多秘密藏中所說法故世間便有四大
王衆天三十三天夜摩天覩史多天樂變化
天他化自在天施設可得由此般若波羅蜜
多秘密藏中所說法故世間便有梵衆天梵
輔天梵會天大梵天施設可得由此般若波
羅蜜多秘密藏中所說法故世間便有光天
少光天無量光天極光淨天施設可得由此

BD14158 號　大般若波羅蜜多經卷一三三　（18–9）

天他化自在天施設可得由此般若波羅蜜
多秘密藏中所說法故世間便有梵衆天梵
輔天梵會天大梵天施設可得由此般若波
羅蜜多秘密藏中所說法故世間便有光天
少光天無量光天極光淨天施設可得由此
般若波羅蜜多秘密藏中所說法故世間便
有淨天少淨天無量淨天遍淨天施設可得
由此般若波羅蜜多秘密藏中所說法故世
間便有廣天少廣天無量廣天廣果天施設
可得由此般若波羅蜜多秘密藏中所說法
故世間便有無繁天無熱天善現天善見天
色究竟天施設可得由此般若波羅蜜多秘
密藏中所說法故世間便有空無邊處天識
無邊處天無所有處天非想非非想處天施
設可得由此般若波羅蜜多秘密藏中所說
法故世間便有布施波羅蜜多淨戒波羅蜜
多安忍波羅蜜多精進波羅蜜多靜慮波羅
蜜多般若波羅蜜多施設可得由此般若波
羅蜜多秘密藏中所說法故世間便有內空
外空內外空空空大空勝義空有為空無為
空畢竟空無際空散空無變異空本性空自
相空共相空一切法空不可得空無性空自
性空無性自性空施設可得由此般若波羅
蜜多秘密藏中所說法故世間便有真如法
界法性不虛妄性不變異性平等性離生性
法定法住實際虛空界不思議界施設可得
由此般若波羅蜜多秘密藏中所說法故世

BD14158號　大般若波羅蜜多經卷一三三　（18–10）

蜜多秘密藏中所說
界法性不虛妄性不變異性平等性離生性
法定法住實際虛空界不思議界施設可得
由此般若波羅蜜多秘密藏中所說法故世
間便有苦聖諦集聖諦滅聖諦道聖諦施設
可得由此般若波羅蜜多秘密藏中所說法
故世間便有四靜慮四無量四無色定施設
可得由此般若波羅蜜多秘密藏中所說法
故世間便有八解脫八勝處九次第定十遍
處施設可得由此般若波羅蜜多秘密藏中
所說法故世間便有四念住四正斷四神足
五根五力七等覺支八聖道支施設可得
由此般若波羅蜜多秘密藏中所說法故世間
便有空解脫門無相解脫門無願解脫門施
設可得由此般若波羅蜜多秘密藏中所說
法故世間便有五眼六神通施設可得由此
般若波羅蜜多秘密藏中所說法故世間便
有佛十力四無所畏四無礙解大慈大悲大
喜大捨十八佛不共法施設可得由此般若
波羅蜜多秘密藏中所說法故世間便有无
忘失法恒住捨性施設可得由此般若波羅
蜜多秘密藏中所說法故世間便有一切智
道相智一切相智施設可得由此般若波羅
蜜多秘密藏中所說法故世間便有一切陀
羅尼門一切三摩地門施設可得由此般若
波羅蜜多秘密藏中所說法故世間便有預
流一來不還阿羅漢及預流向預流果一來
向一來果不還向不還果阿羅漢向阿羅漢

BD14158號　大般若波羅蜜多經卷一三三　（18–11）

蜜多秘密藏中所說法故世間便有一切陁
羅尼門一切三摩地門施設可得由此般若
波羅蜜多秘密藏中所說法故世間便有預
流一來不還阿羅漢及預流向預流果一來
向一來果不還向不還果阿羅漢向阿羅漢
果施設可得由此般若波羅蜜多秘密藏中
所說法故世間便有獨覺及獨覺菩提施設
可得由此般若波羅蜜多秘密藏中所說法
故世間便有一切菩薩摩訶薩及諸菩薩摩
訶薩行施設可得由此般若波羅蜜多秘密
藏中所說法故世間便有一切如來應正等
覺及證無上正等菩提施設可得
復次憍尸迦置贍部洲東勝身洲西牛貨洲
諸有情類若善男子善女人等教贍部洲東
勝身洲西牛貨洲北俱盧洲諸有情類皆令
脩學四靜慮四無量四無色定五神通於意
云何是善男子善女人等由此因緣得福多
不天帝釋言甚多世尊甚多善逝佛言憍尸
迦若善男子善女人等書寫如是甚深般若
波羅蜜多施他讀誦若轉書寫廣令流布是
善男子善女人等所獲福聚甚多於前何以
故憍尸迦如是般若波羅蜜多秘密藏中廣
說一切無漏之法聲聞種姓補特伽羅脩學此
法速入聲聞正性離生得預流果得一來果
得不還果得阿羅漢果獨覺種姓補特伽
羅脩學此法速入獨覺正性離生漸次證得
獨覺菩提菩薩種姓補特伽羅脩學此法速

BD14158號　大般若波羅蜜多經卷一三三　（18–12）

說一切無漏之法聲聞種姓補特伽羅脩學此
法速入聲聞正性離生得預流果得一來果
得不還果得阿羅漢果獨覺種姓補特伽
羅脩學此法速入獨覺正性離生漸次證得
獨覺菩提菩薩種姓補特伽羅脩學此法速
入菩薩正性離生漸次脩行諸菩薩行證得無
上正等菩提憍尸迦如是般若波羅蜜多秘
秘密藏中廣說一切無漏法者所謂布施波
羅蜜多淨戒波羅蜜多安忍波羅蜜多精進
波羅蜜多靜慮波羅蜜多般若波羅蜜多內
空外空內外空空空大空勝義空有為空無
為空畢竟空無際空散空無變異空本性空
自相空共相空一切法空不可得空無性空
自性空無性自性空真如法界法性不虛妄性
不變異性平等性離生性法定法住實際
虛空界不思議界無漏四靜慮四無量四無色
定八解脫八勝處九次第定十遍處四念
住四正斷四神足五根五力七等覺支八聖
道支空解脫門無相解脫門無願解脫門五
眼六神通佛十力四無所畏四無礙解大慈
大悲大喜大捨十八佛不共法一切智道相智
一切相智一切陁羅尼門一切三摩地門及
餘無量無邊佛法皆是此中所說一切無漏
之法憍尸迦若善男子善女人等教一有情
住預流果所獲福聚猶勝教化南贍部洲
東勝身洲西牛貨洲北俱盧洲諸有情類皆
令脩學四靜慮四無量四無色定五神通何以

BD14158號　大般若波羅蜜多經卷一三三　（18–13）

之法憍尸迦若善男子善女人等教一有情
住預流果所獲福聚猶勝教化南贍部洲
東勝身洲西牛貨洲北俱盧洲諸有情類皆
令修學四靜慮四無量四無色定五神通何以
故憍尸迦諸有修行四靜慮四無量四無色
定五神通不免地獄傍生鬼趣若諸有情住
預流果便得永脫三惡趣故況教令住一來
不還阿羅漢果所獲福聚而不勝彼憍尸迦若
善男子善女人等教贍部洲東勝身洲西牛
貨洲北俱盧洲諸有情類皆住預流一來
不還阿羅漢果所獲福聚不如有人教一有
情令其安住獨覺菩提何以故憍尸迦獨覺
菩提所有功德勝預流等百千倍故憍尸迦若
善男子善女人等教贍部洲東勝身洲西
牛貨洲北俱盧洲諸有情類皆令安住獨覺
菩提所獲福聚不如有人教一有情令趣
無上正等菩提何以故憍尸迦若教有情令趣
無上正等菩提則令世間佛眼不斷所以者何
由有菩薩摩訶薩故便有預流一來不還阿
羅漢果獨覺菩提由有菩薩摩訶薩故便
有如來應正等覺證得無上正等菩提由有
菩薩摩訶薩故便有佛寶法寶僧寶一切世
間歸依供養以是故憍尸迦一切世間若天
若魔若梵若沙門若婆羅門及阿素洛人非
人等應以無量上妙華鬘塗散等香衣服纓
絡寶幢幡蓋衆妙珍奇伎樂燈明盡諸所有
供養恭敬尊重讚歎菩薩摩訶薩憍尸迦由

BD14158號　大般若波羅蜜多經卷一三三　（18–14）

若魔若梵若沙門若婆羅門及阿素洛人非
人等應以無量上妙華鬘塗散等香衣服纓
絡寶幢幡蓋衆妙珍奇伎樂燈明盡諸所有
供養恭敬尊重讚歎菩薩摩訶薩憍尸迦由
此當知若善男子善女人等書寫如是甚深
般若波羅蜜多施他讀誦若轉書寫廣令
流布所獲福聚勝前福聚無量無邊何以故
如是般若波羅蜜多秘密藏中廣說一切世
出世間勝善法故由此般若波羅蜜多秘密
藏中所說法故世間便有剎帝利大族婆羅
門大族長者大族居士大族施設可得由此般
若波羅蜜多秘密藏中所說法故世間便有
四大王衆天三十三天夜魔天覩史多天樂
變化天他化自在天施設可得由此般若波
羅蜜多秘密藏中所說法故世間便有梵衆
天梵輔天梵會天大梵天施設可得由此般
若波羅蜜多秘密藏中所說法故世間便有
光天少光天無量光天極光淨天施設可得
由此般若波羅蜜多秘密藏中所說法故世
間便有淨天少淨天無量淨天遍淨天施設
可得由此般若波羅蜜多秘密藏中所說法
故世間便有廣天少廣天無量廣天廣果天
施設可得由此般若波羅蜜多秘密藏中所
說法故世間便有無繁天無熱天善現天善
見天色究竟天施設可得由此般若波羅蜜
多秘密藏中所說法故世間便有空無邊處
天識無邊處天無所有處天非想非非想處

BD14158號　大般若波羅蜜多經卷一三三　（18–15）

說法故世間便有無繁天無熱天善現天善
見天色究竟天施設可得由此般若波羅蜜
多秘密藏中所說法故世間便有空無邊處
天識無邊處天無所有處天非想非非想處
天施設可得由此般若波羅蜜多秘密藏中
所說法故世間便有布施波羅蜜多淨戒波
羅蜜多安忍波羅蜜多精進波羅蜜多靜慮
波羅蜜多般若波羅蜜多施設可得由此般
若波羅蜜多秘密藏中所說法故世間便有
內空外空內外空空空大空勝義空有為空
無為空畢竟空無際空散空無變異空本性
空自相空共相空一切法空不可得空無性空
自性空無性自性空施設可得由此般若
波羅蜜多秘密藏中所說法故世間便有真
如法界法性不虛妄性不變異性平等性離
生性法定法住實際虛空界不思議界施設
可得由此般若波羅蜜多秘密藏中所說法
故世間便有苦聖諦集聖諦滅聖諦道聖諦
施設可得由此般若波羅蜜多秘密藏中所
說法故世間便有四靜慮四無量四無色定
施設可得由此般若波羅蜜多秘密藏中所
說法故世間便有八解脫八勝處九次第定
十遍處施設可得由此般若波羅蜜多秘密
藏中所說法故世間便有四念住四正斷四
神足五根五力七等覺支八聖道支施設可
得由此般若波羅蜜多秘密藏中所說法故
世間便有空解脫門無相解脫門無願解脫

BD14158 號　大般若波羅蜜多經卷一三三　（18–16）

藏中所說法故世間便有四念住四正斷四
神足五根五力七等覺支八聖道支施設可
得由此般若波羅蜜多秘密藏中所說法故
世間便有空解脫門無相解脫門無願解脫
門施設可得由此般若波羅蜜多秘密藏中
所說法故世間便有五眼六神通施設可得
由此般若波羅蜜多秘密藏中所說法故世
間便有佛十力四無所畏四無礙解大慈大悲
大喜大捨十八佛不共法施設可得由此
般若波羅蜜多秘密藏中說法故世間便
有無忘失法恒住捨性施設可得由此般若
波羅蜜多秘密藏中所說法故世間便有一
切智道相智一切相智施設可得由此般若
波羅蜜多秘密藏中所說法故世間便有一
切陀羅尼門一切三摩地門施設可得由此
般若波羅蜜多秘密藏中所說法故世間便
有預流一來不還向羅漢及預流向預流果
一來向一來果不還向不還果阿羅漢向阿羅
漢果施設可得由此般若波羅蜜多秘密
藏中所說法故世間便有獨覺及獨覺菩提
施設可得由此般若波羅蜜多秘密藏中所
說法故世間便有一切菩薩摩訶薩及諸菩
薩摩訶薩行施設可得由此般若波羅蜜多
秘密藏中所說法故世間便有一切如來應
正等覺及證無上正等菩提施設可得

大般若波羅蜜多經卷第一百卅三

BD14158 號　大般若波羅蜜多經卷一三三　（18–17）

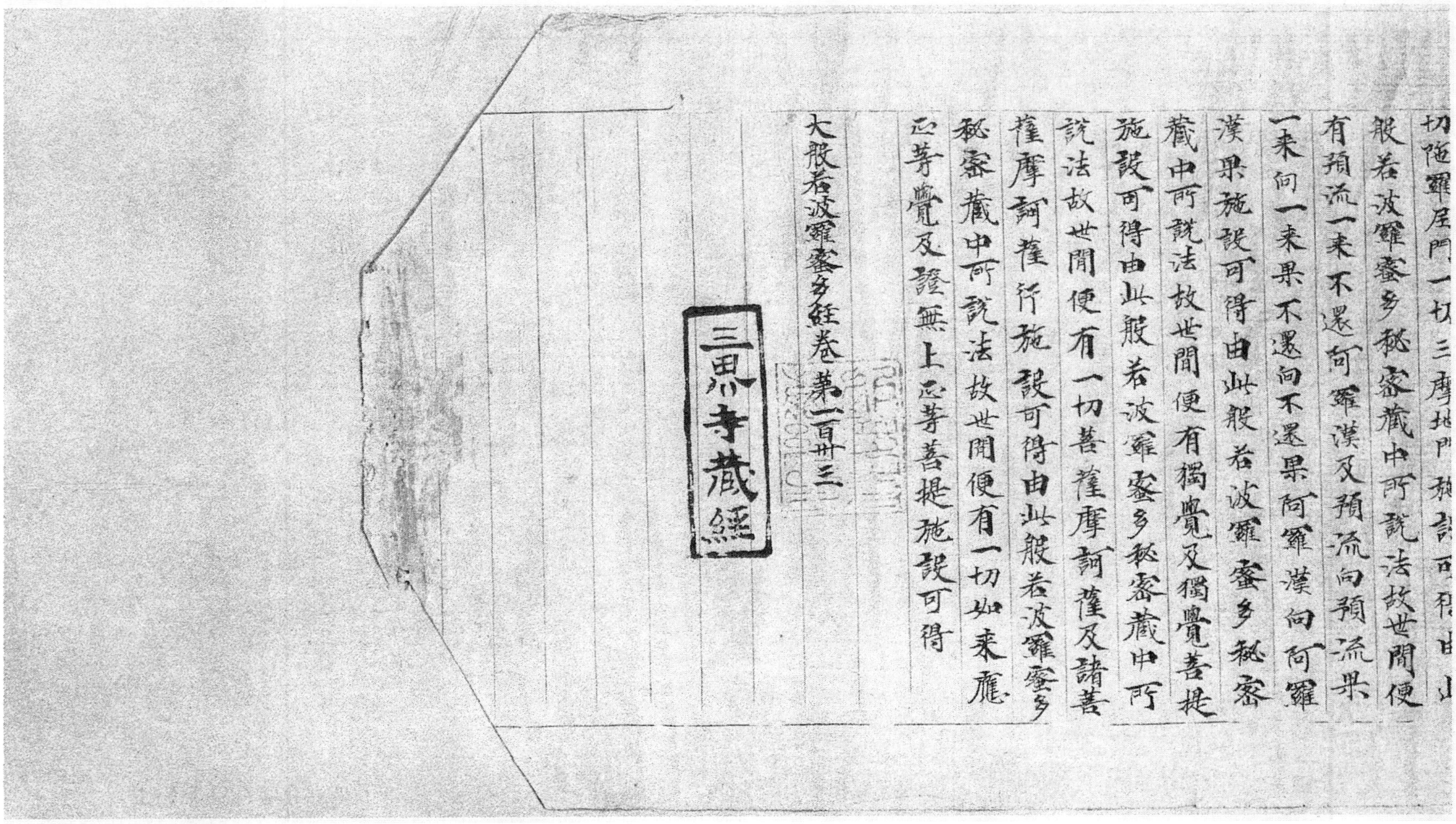

切陀羅尼門一切三摩地門施設可得由此
般若波羅蜜多秘密藏中所說法故世間便
有預流一來不還阿羅漢及預流向預流果
一來向一來果不還向不還果阿羅漢向阿羅
漢果施設可得由此般若波羅蜜多秘密
藏中所說法故世間便有獨覺及獨覺菩提
施設可得由此般若波羅蜜多秘密藏中所
說法故世間便有一切菩薩摩訶薩及諸菩
薩摩訶薩行施設可得由此般若波羅蜜多
秘密藏中所說法故世間便有一切如來應
正等覺及證無上正等菩提施設可得

三界寺藏經

大般若波羅蜜多經卷第一百卅三

BD14158 號　大般若波羅蜜多經卷一三三　　（18–18）

一百卅三　十四

悖記

罽

BD14158 號背　勘記、題記　　（1–1）

BD14159 號背　護首、題記　　（1–1）

大般若波羅蜜多經卷第一百七十七
三藏法師玄奘奉　詔譯
初分讚般若品第卅二之六
世尊若新學大乘菩薩摩訶薩不依般若波

BD14159 號　大般若波羅蜜多經卷一七七　　（24–1）

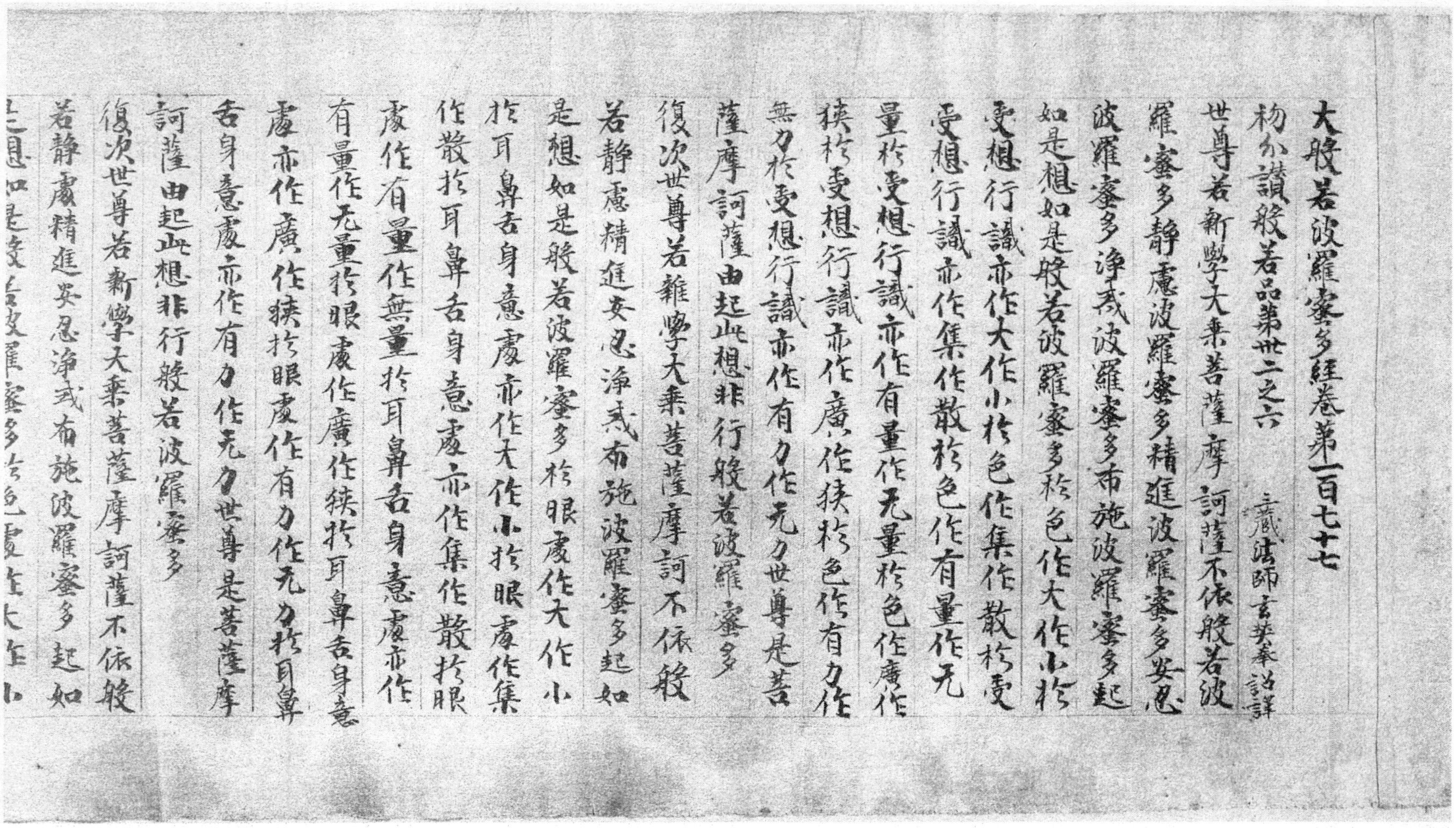

大般若波羅蜜多經卷第一百七十七
初分讚般若品第卅二之六　三藏法師玄奘奉　詔譯
世尊若新學大乘菩薩摩訶薩不依般若波
羅蜜多靜慮波羅蜜多精進波羅蜜多安忍
波羅蜜多淨戒波羅蜜多布施波羅蜜多起
如是想如是般若波羅蜜多於色作大作小於
受想行識亦作大作小於色作集作散於受
受想行識亦作集作散於色作有量作无
量於受想行識亦作有量作无量於色作廣作
狹於受想行識亦作廣作狹於色作有力作
無力於受想行識亦作有力作无力世尊是菩
薩摩訶薩由起此想非行般若波羅蜜多
復次世尊若雜學大乘菩薩摩訶不依般
若靜慮精進安忍淨戒布施波羅蜜多起如
是想如是般若波羅蜜多於眼處作大作小
於耳鼻舌身意處亦作大作小於眼處作集
作散於耳鼻舌身意處亦作集作散於眼
處作有量作無量於耳鼻舌身意處亦作
有量作无量於眼處作廣作狹於耳鼻舌身意
處亦作廣作狹於眼處作有力作无力於耳鼻
舌身意處亦作有力作无力世尊是菩薩摩
訶薩由起此想非行般若波羅蜜多
復次世尊若新學大乘菩薩摩訶薩不依般
若靜慮精進安忍淨戒布施波羅蜜多起如
是想如是般若波羅蜜多於色處作大作小

BD14159號　大般若波羅蜜多經卷一七七　（24–2）

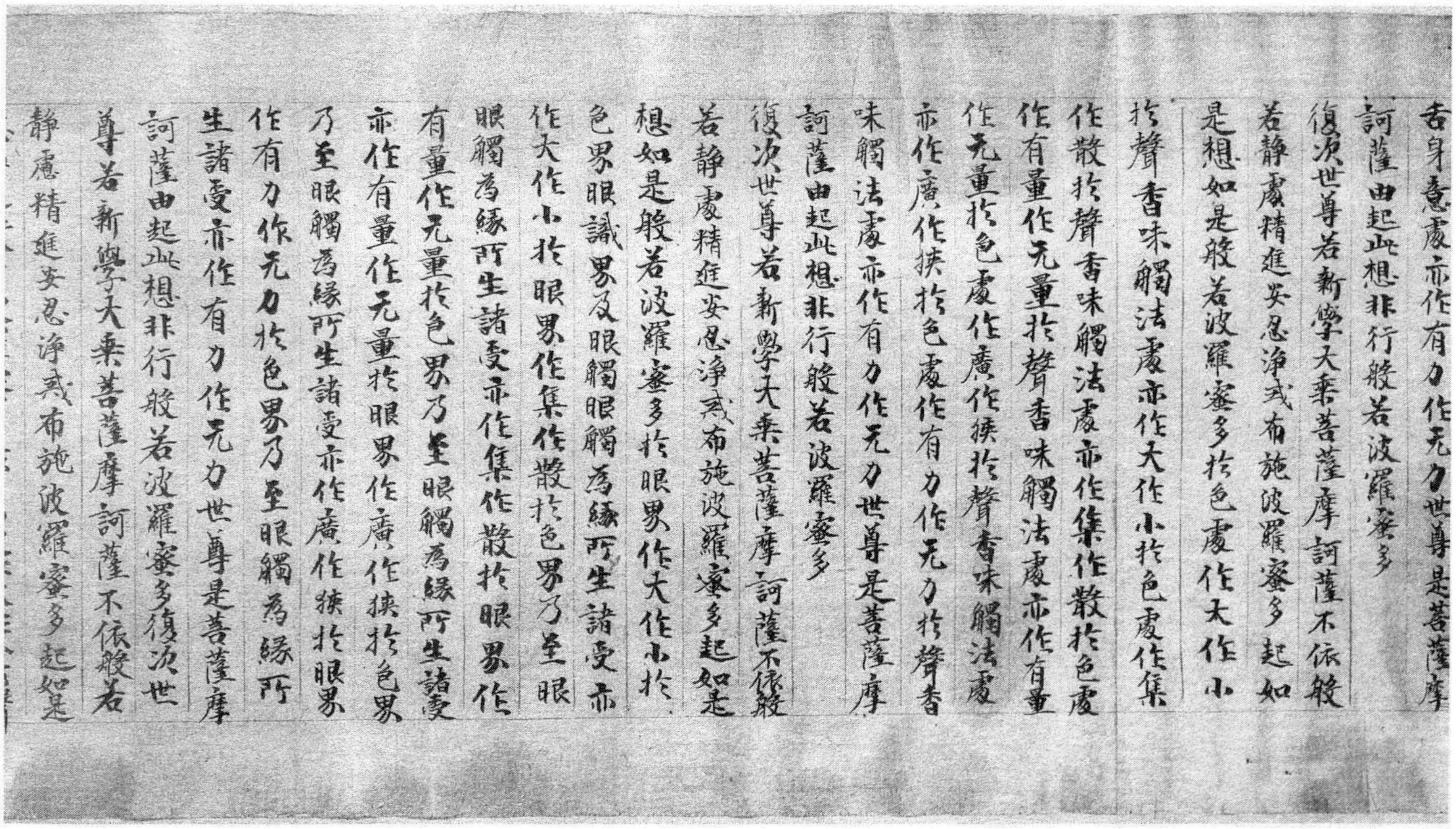

舌身意處亦作有力作无力世尊是菩薩摩
訶薩由起此想非行般若波羅蜜多
復次世尊若新學大乘菩薩摩訶薩不依般
若靜慮精進安忍淨戒布施波羅蜜多起如
是想如是般若波羅蜜多於色處作大作小
於聲香味觸法處亦作大作小於色處作集
作散於聲香味觸法處亦作集作散於色處
作有量作无量於聲香味觸法處亦作有量
作无量於色處作廣作狹於聲香味觸法處
亦作廣作狹於色處作有力作无力於聲香
味觸法處亦作有力作无力世尊是菩薩摩
訶薩由起此想非行般若波羅蜜多
復次世尊若新學大乘菩薩摩訶薩不依般
若靜慮精進安忍淨戒布施波羅蜜多起如是
想如是般若波羅蜜多於眼界作大作小於
色界眼識界及眼觸眼觸為緣所生諸受亦
作大作小於眼界作集作散於色界乃至眼
眼觸為緣所生諸受亦作集作散於眼界作
有量作无量於色界乃至眼觸為緣所生諸受
亦作有量作无量於眼界作廣作狹於色界
乃至眼觸為緣所生諸受亦作廣作狹於眼界
作有力作无力於色界乃至眼觸為緣所
生諸受亦作有力作无力世尊是菩薩摩
訶薩由起此想非行般若波羅蜜多復次世
尊若新學大乘菩薩摩訶薩不依般若
靜慮精進安忍淨戒布施波羅蜜多起如是

BD14159號　大般若波羅蜜多經卷一七七　（24–3）

生諸受亦作有力作无力世尊是菩薩摩
訶薩由起此想非行般若波羅蜜多復次世
尊若新學大乘菩薩摩訶薩不依般若
靜慮精進安忍淨戒布施波羅蜜多起如是
想如是般若波羅蜜多於耳界作大作小於聲
界耳識界及耳觸爲緣所生諸受亦作大
作小於耳界作集作散於聲界乃至耳觸
爲緣所生諸受亦作集作散於耳界作有
量作无量於聲界乃至耳觸爲緣所生諸受
亦作有量作无量於耳界作廣作狹於聲界乃
至耳觸爲緣所生諸受亦作廣作狹於耳界作
有力作无力於聲界乃至耳觸爲緣所生諸
受亦作有力作无力世尊是菩薩摩訶薩由
起此想非行般若波羅蜜多復次世尊若新
學大乘菩薩摩訶薩不依般若靜慮精進
安忍淨戒布施波羅蜜多起如是想如是般
若波羅蜜多於鼻界作大作小於香界鼻識
界及鼻觸鼻觸爲緣所生諸受亦作大作小於
鼻界作集作散於香界乃至鼻觸爲緣所生
諸受所亦作集作散於鼻界作有量作无量於
香界乃至鼻觸爲緣所生諸受亦作有量作
无量於鼻界作廣作狹於香界乃至鼻觸
爲緣所生諸受亦作廣作狹於鼻界作有力作
无力於香界乃至鼻觸爲緣所生諸受亦作
有力作无力世尊是菩薩摩訶薩由起此想
非行般若波羅蜜多復次世尊若新學大乘

BD14159 號　大般若波羅蜜多經卷一七七　（24–4）

爲緣所生諸受亦作廣作狹於鼻界作有力作
无力於香界乃至鼻觸爲緣所生諸受亦作
有力作无力世尊是菩薩摩訶薩由起此想
非行般若波羅蜜多復次世尊若新學大乘
菩薩摩訶薩不依般若靜慮精進安忍淨
戒布施波羅蜜多起如是想如是般若波羅蜜
多於舌界作大作小於味界舌識界乃至舌觸
舌觸爲緣所生諸受亦作大作小於舌界作集
作散於味界乃至舌觸爲緣所生諸受亦
作集作散於舌界作有量作无量於味界乃至
舌觸爲緣所生諸受亦作有量作无量於舌界
作廣作狹於味界乃至舌觸爲緣所生
諸受亦作廣作狹於舌界作有力作无力於
味界乃至舌觸爲緣所生諸受亦作有力作
无力世尊是菩薩摩訶薩由起此想非行般
若波羅蜜多復次世尊若新學大乘菩薩摩
訶薩不依般若靜慮精進安忍淨戒布施波
羅蜜多起如是想如是般若波羅蜜多於身
界作大作小於觸界身識界及身觸身觸
爲緣所生諸受亦作大作小於身界作集作
散觸界乃至身觸爲緣所生諸受亦作集作
散於身界作有量作无量於觸界乃至身觸
爲緣所生諸受亦作有量作无量於身界作
廣作狹於觸界乃至身觸爲緣所生諸受亦
作廣作狹於身界作有力作无力於觸界乃
至身觸爲緣所生諸受亦作有力作无力世

BD14159 號　大般若波羅蜜多經卷一七七　（24–5）

般於身界作有量作无量於觸界乃至身觸
為緣所生諸受亦作有量作无量於身界作
廣作狹於觸界乃至身觸為緣所生諸受亦
作廣作狹於身界作有力作无力於觸界乃
至身觸為緣所生諸受亦作有力作无力世
尊是菩薩摩訶薩由起此想非行般若波羅
蜜多復次世尊若新學大乘菩薩摩訶薩不
依般若靜慮精進安忍淨戒布施波羅蜜多
起如是想如是般若波羅蜜多於意界作大
作小於法界意識界及意觸意觸為緣所生
諸受亦作大作小於意界作集作散於法界
乃至意觸為緣所生諸受亦作集作散於意
界作有量作无量於法界乃至意觸為緣所
生諸受亦作有量作无量於意界作廣作狹
於法界乃至意觸為緣所生諸受亦作廣作
狹於意界作有力作无力於法界乃至意觸
為緣所生諸受亦作有力作无力世尊是菩薩
摩訶薩由起此想非行般若波羅蜜多
復次世尊若新學大乘菩薩摩訶薩不依般
若靜慮精進安忍淨戒布施波羅蜜多起如
是想如是般若波羅蜜多於地界作大作小
於水火風空識界亦作大作小於地界作集
作散於水火風空識界亦作集作散於地界
作有量作无量於水火風空識界亦作有
量无量於地界作廣作狹於水火風空識界
亦作廣作狹於地界作有力作无力於水大

BD14159 號　大般若波羅蜜多經卷一七七　（24–6）

作有量作无量於水火風空識界亦作有
量无量於地界作廣作狹於水火風空識界
亦作廣作狹於地界作有力作无力於水大
風空識界亦作有力作无力世尊是菩薩摩
訶薩由起此想非行般若波羅蜜多復次世
尊若新學大乘菩薩摩訶薩不依般若靜
慮精進安忍淨戒布施波羅蜜多起如是想
般若波羅蜜多於无明作大作小於行識名
色六處觸受愛取有生老死愁歎苦憂惱
亦作大作小於无明作集作散於行乃至老
死愁歎苦憂惱亦作集作散於无明作有量
作无量於行乃至老死愁歎苦憂惱亦作有
量作无量於无明作廣作狹於行乃至老死
愁歎苦憂惱亦作廣作狹於无明作有力作
无力於行乃至老死愁歎苦憂惱亦作有力
作无力世尊是菩薩摩訶薩由起此想非行
般若波羅蜜多
復次世尊若新學大乘菩薩摩訶薩不依般
若靜慮精進安忍淨戒布施波羅蜜多起如
是想如是般若波羅蜜多於布施波羅蜜多
作大作小於淨戒安忍精進靜慮般若波羅
蜜多亦作大作小於布施波羅蜜多作集作散
於淨戒乃至般若波羅蜜多亦作集作散於
布施波羅蜜多作有量作无量於淨戒乃
至般若波羅蜜多亦作有量作无量於布施
波羅蜜多作廣作狹於淨戒乃至般若波羅

BD14159 號　大般若波羅蜜多經卷一七七　（24–7）

於淨戒乃至般若波羅蜜多亦作集作散於
布施波羅蜜多作有量作无量於淨戒乃
至般若波羅蜜多亦作有量作无量於布施
波羅蜜多作廣作狹於淨戒乃至般若波羅
蜜多亦作廣作狹於布施波羅蜜多作有力
作无力於淨戒乃至般若波羅蜜多亦作有
力作无力世尊是菩薩摩訶薩由起此想非行
般若波羅蜜多復次世尊若新學大乘菩
薩摩訶薩不依般若新慮精進安忍淨戒布施
波羅蜜多起如是想如是般若波羅蜜多於
內空作大作小於外空內外空空空大空勝義
空有為空无為空畢竟空无際空散空无
變異空本性空自相空共相空一切法空不可
得空无性空自性空无性自性空亦作大
作小於內空作集作散於外空乃至无性自
性空亦作集作散於內空作有量作无量
於外空乃至无性自性空亦作有量作无量於
內空作廣作狹於外空乃至无性自性空亦
作廣作狹於內空作有力作无力於外空乃
至无性自性空亦作有力作无力世尊是菩薩
摩訶薩由起此想非行般若波羅蜜多
復次世尊若新學大乘菩薩摩訶薩不依
般若靜慮精進安忍淨戒布施波羅蜜多起
如是想如是般若波羅蜜多於真如作大作小
於法界法性不虛妄性不變異性平等性離
生性法定法住實際虛空界不思議界亦作

般若靜慮精進安忍淨戒布施波羅蜜多起
如是想如是般若波羅蜜多於真如作大作小
於法界法性不虛妄性不變異性平等性離
生性法定法住實際虛空界不思議界亦作
大作小於真如作集作散於法界乃至不思議
界亦作集作散於真如作有量作无量於
法界乃至不思議界亦作有量作无量於真如
作廣作狹於法界乃至不思議界亦作廣作
狹於真如作有力作无力於法界乃至不思議
界亦作有力作无力世尊是菩薩摩訶薩
由起此想非行般若波羅蜜多
復次世尊若新學大乘菩薩摩訶薩不
依般若靜慮精進安忍淨戒布施波羅蜜多
起如是想如是般若波羅蜜多於苦聖諦作大作
小於集滅道聖諦亦作大作小於苦聖諦作
集作散於集滅道聖諦亦作集作散於苦
聖諦作有量作无量於集滅道聖諦亦作有
量作无量於苦聖諦作廣作狹於集滅道聖
諦亦作廣作狹於苦聖諦作有力作无力於
集滅道聖諦亦作有力作无力世尊是菩薩摩
訶薩由起此想非行般若波羅蜜多復次世尊
若新學大乘菩薩摩訶薩不依般若靜
慮精進安忍淨戒布施波羅蜜多起如是想
如是般若波羅蜜多於四靜慮作大作小於四
无量四无色定亦作大作小於四靜慮作集作
散於四无量四无色定亦作集作散於四靜慮

若新學大乘菩薩摩訶薩不依般若靜
慮精進安忍淨戒布施波羅蜜多起如是想
如是般若波羅蜜多於四靜慮作大作小於四
无量四无色定亦作大作小於四靜慮作集作
散於四无量四无色定亦作集作散於四靜慮
作有量作无量於四无量四无色定亦作
有量作无量於四靜慮作廣作狹於四无
量四无色定亦作廣作狹於四靜慮作有力
作无力於四无量四无色定亦作有力作无力
世尊是菩薩摩訶薩由起此想非行般若波
羅蜜多復次世尊若新學大乘菩薩摩
訶薩不依般若靜慮精進安忍淨戒布施
波羅蜜多起如是想如是般若波羅蜜多於八
解脫作大作小於八勝處九次第定十遍處亦
作大作小於八解脫作集作散於八勝處九次
第定十遍處亦作集作散於八解脫作有量
作无量於八勝處九次第定十遍處亦作有
量作无量於八解脫作廣作狹於八勝處九
次第定十遍處亦作廣作狹於八解脫作有
力作无力於八勝處九次第定十遍處亦作有
力作无力世尊是菩薩摩訶薩由起此想非
行般若波羅蜜多復次世尊若新學大
乘菩薩摩訶薩不依般若靜慮精進安忍
淨戒布施波羅蜜多起如是想如是般若波羅
蜜多於四念住作大作小於四正斷四神足五根
五力七等覺支八聖道支亦作大作小於四
念住集作散於四正斷乃至八聖道支

乘菩薩摩訶薩不依般若靜慮精進安忍
淨戒布施波羅蜜多起如是想如是般若波羅
蜜多於四念住作大作小於四正斷四神足五根
五力七等覺支八聖道支亦作大作小於四
念住集作散於四正斷乃至八聖道支
亦作集作散於四念住作有量作无量於
四正斷乃至八聖道支亦作有量作无量於
四念住作廣作狹於四正斷乃至八聖道支
亦作廣作狹於四念住作有力作无力於四
正斷乃至八聖道支亦作有力作无力世尊
是菩薩摩訶薩由起此想非行般若波羅蜜
多復次世尊若新學大乘菩薩摩訶薩
不依般若靜慮精進安忍淨戒布施波羅蜜多
起如是想如是般若波羅蜜多於空解脫門
作大作小於无相无願解脫門亦作大作小於空
解脫門作集作散於无相无願解脫門亦作
集作散於空解脫門作有量作无量於无相
无願解脫門亦作有量作无量於空解脫門
作廣作狹於无相无願解脫門亦作廣作狹
於空解脫門作有力作无力於无相无願解
脫門亦作有力作无力世尊是菩薩摩訶薩
由起此想非行般若波羅蜜多復次世尊若
新學大乘菩薩摩訶薩不依般若靜慮精
進安忍淨戒布施波羅蜜多起如是想如是般
若波羅蜜多於五眼作大作小於六神通亦作
大作小於五眼作集作散於六神通亦作集作

新學大乘菩薩摩訶薩不依般若靜慮精
進安忍淨戒布施波羅蜜多起如是想如是般
若波羅蜜多於五眼作大作小於六神通亦作
大作小於五眼作集作散於六神通亦作集作
散於五眼作有量作无量於六神通亦作有
量有无量於五眼作廣作狹於六神通亦
作廣作狹於五眼作有力作无力於六通神亦
作有力作无力世尊是菩薩摩訶薩由起
此想非行般若波羅蜜多復次世尊若新
學大乘菩薩摩訶薩不依般若靜慮精進
安忍淨戒布施波羅蜜多起如是想如是般若
波羅蜜多於佛十力作大作小於四无所畏四
无礙解大慈大悲大喜大捨十八佛不共法亦
作大作小於佛十力作集作散於四无所畏
乃至十八佛不共法亦作集作散於佛十
力作有量作无量於四无所畏乃至十八佛
十力作有量作无量於四无所畏乃至十八佛不
共法亦作有量作无量於佛十力作廣作
狹於四无所畏乃至十八佛不共法亦作廣
作狹於佛十力作有力作无力於四无所畏
乃至十八佛不共法亦作有力作无力世尊
是菩薩摩訶薩由起此想非行般若波羅
蜜多復次世尊若新學大乘菩薩摩訶薩
不依般若靜慮精進安忍淨戒布施波羅
蜜多起如是想如是般若波羅蜜多於无忘失
法作大作小於恒住捨性亦作大作小於无忘失

BD14159號　大般若波羅蜜多經卷一七七　（24–12）

蜜多復次世尊若新學大乘菩薩摩訶薩
不依般若靜慮精進安忍淨戒布施波羅
蜜多起如是想如是般若波羅蜜多於无忘失
法作大作小於恒住捨性亦作大作小於无忘失
法作集作散於恒住捨性亦作集作散於无
忘失法作有量作无量於恒住捨性亦作有
量作无量於无忘失法作廣作狹於恒住捨
性亦作廣作狹於无忘失法作有力作无
力於恒住捨性亦作有力作无力世尊是菩
薩摩訶薩由起此想非行般若波羅蜜多
復次世尊若新學大乘菩薩摩訶薩不依般
若靜慮精進安忍淨戒布施波羅蜜多起如
是想如是般若波羅蜜多於一切智作大作小
於道相智一切相智亦作大作小於一切智作
集作散於道相智一切相智亦作集作散於
一切智作有量作无量於道相智一切相智亦
作有量作无量於一切智作廣作狹於道
相智一切相智亦作廣作狹於一切智作有
力作无力於道相智一切相智亦作有力作无
力世尊是菩薩摩訶薩由起此想非行般若
波羅蜜多復次世尊若新學大乘菩薩摩
訶薩不依般若靜慮精進安忍淨戒布施波
羅蜜多起如是想如是般若波羅蜜多於一
切陀羅尼門作大作小於一切三摩地門亦作
大作小於一切陀羅尼門作集作散於一切三
摩地門亦作集作散於一切陀羅尼門

BD14159號　大般若波羅蜜多經卷一七七　（24–13）

羅蜜多起如是想如是般若波羅蜜多於一
切陁羅尼門作大作小於一切三摩地門亦作
大作小於一切陁羅尼門作集作散於一切三
摩地門亦作集作散於一切陁羅尼門
作有量作无量於一切三摩地門亦作有量
作无量於一切陁羅尼門作廣作狹於一切
三摩地門亦作廣作狹於一切陁羅尼門
作有力作无力於一切三摩地門亦作有力作无
力世尊是菩薩摩訶薩由起此想非行般若
波羅蜜多復次世尊若新學大乘菩薩摩
訶薩不依般若靜慮精進安忍淨戒布施
波羅蜜多起如是想如是般若波羅蜜多於
預流作大作小於一來不還阿羅漢亦作大
作小於預流作集作散於一來不還阿羅漢
亦作集作散於預流作有量作无量於一來
不還阿羅漢亦作有量作无量於預流作廣
作狹於一來不還阿羅漢亦作廣作狹於
預流作有力作无力於一來不還阿羅漢亦作
有力作无力世尊是菩薩摩訶薩由起此想
非行般若波羅蜜多復次世尊若新學大乘
菩薩摩訶薩不依般若靜慮精進安忍淨
戒布施波羅蜜多起如是想如是般若波羅
蜜多於預流向預流果作大作小於一來向一
來果不還向不還果阿羅漢向阿羅漢果亦
作大作小於預流向預流果作集作散於一來
向乃至阿羅漢果亦作集作散於預流向
預流果作有量作无量於一來……

BD14159號　大般若波羅蜜多經卷一七七　（24–14）

來果不還向不還果阿羅漢向阿羅漢果亦
作大作小於預流向預流果作集作散於一來
向乃至阿羅漢果亦作集作散於預流向
預流果作有量作无量於一來向乃至阿羅
漢果亦作有量作无量於預流向預流果
作廣作狹於一來向乃至阿羅漢果亦作廣
作狹於預流向預流果作有力作无力於一
來向乃至阿羅漢果亦作有力作无力世尊是
菩薩摩訶薩由起此想非行般若波羅蜜多
復次世尊若新學大乘菩薩摩訶薩不依般
若靜慮精進安忍淨戒布施波羅蜜多起如
是想如是般若波羅蜜多於獨覺作大作小於
獨覺菩提亦作大作小於獨覺作集作散於
獨覺菩提亦作集作散於獨覺作有量
无量於獨覺菩提亦作有量作无量於獨
覺作廣作狹於獨覺菩提亦作廣作狹於獨
覺作有力作无力於獨覺菩提亦作有力作无
力世尊是菩薩摩訶薩由起此想非行般若
波羅蜜多復次世尊若新學大乘菩薩摩
訶薩不依般若靜慮精進安忍淨戒布施波
羅蜜多起如是想如是般若波羅蜜多於菩
薩摩訶薩作大作小於菩薩摩訶薩行亦作
大作小於菩薩摩訶薩作集作散於菩薩
摩訶薩行亦作集作散於菩薩摩訶薩作
有量作无量於菩薩摩訶薩行亦作有量
作无量於菩薩摩訶薩作廣作狹於菩薩

BD14159號　大般若波羅蜜多經卷一七七　（24–15）

大作小於菩薩摩訶薩作集作散於菩薩
摩訶薩行亦作集作散於菩薩摩訶薩作
有量作无量於菩薩摩訶薩行亦作有量
作无量於菩薩摩訶薩作廣作狹於菩薩
摩訶薩行亦作廣作狹於菩薩摩訶薩作有
力作无力於菩薩摩訶薩行亦作有力作无力世
尊是菩薩摩訶薩由起此想非行般若波羅
蜜多復次世尊若新學大乘菩薩摩訶薩
不依般若靜慮精進安忍淨戒布施波羅蜜
多起如是想如是般波羅蜜多於諸如來應正等
覺作大作小於佛无上正等菩提亦作大作小
於諸如來應正等覺作集作散於佛无上
正等菩提亦作集作散於諸如來應正等
覺作有量作无量於佛无上正等菩提亦作
有量作无量於諸如來應正等覺作廣作狹
於佛无上正等菩提亦作廣作狹於諸如來
應正等覺作有力作无力於佛无上正等菩
提亦作有力作无力世尊是菩薩摩訶薩由
起此想非行般若波羅蜜多復次世尊若新
學大乘菩薩摩訶薩不依般若靜慮精進
安忍淨戒布施波羅蜜多起如是想如是般若
波羅蜜多於一切法作大作小作集作散作有
量作无量作廣作狹作有力作无力世尊是
菩薩摩訶薩由起此想非行般若波羅蜜
多何以故世尊若菩薩摩訶薩起如是想如是
般若波羅蜜多於色若作大小不作大小於受
想行識若作大小不作大小於色若作集散

BD14159號　大般若波羅蜜多經卷一七七　（24–16）

量作无量作廣作狹作有力作无力世尊是
菩薩摩訶薩由起此想非行般若波羅蜜
多何以故世尊若菩薩摩訶薩起如是想如是
般若波羅蜜多於色若作大小不作大小於受
想行識若作大小不作大小於色若作集散
不作集散於受想行識若作集散不作集
散於色若作有量无量不作有量无量於受
想行識若作有量无量不作有量无量於
色若作廣狹不作廣狹於受想行識若作廣
狹不作廣狹於色若作有力无力不作有力
无力於受想行識若作有力无不作有力无
力世尊如是一切皆非般若波羅蜜多等預
流果故復次世尊若菩薩摩訶薩起如是
想如是般若波羅蜜多於眼處若作大小不作
大小於耳鼻舌身意處若作大小不作大小於
眼處若作集散不作集散於耳鼻舌身
意處若作集散不作集散於眼處若作有量
无量不作有量无量於耳鼻舌身意處若作
有量无量不作有量无量於眼處若作廣狹
不作廣狹於耳鼻舌身意處若作廣狹不
作廣狹於眼處若作有力无力不作有力无力
於耳鼻舌身意處若作有力无力不作有力
无力世尊如是一切皆非般若波羅蜜多等流
果故復次世尊若菩薩摩訶薩起如是想
如是般若波羅蜜多於色處若作大小不作大小
於聲香味觸法處若作大小不作大小於色
處若作集散不作集散於聲香味觸法處

BD14159號　大般若波羅蜜多經卷一七七　（24–17）

果故復次世尊若菩薩摩訶薩起如是想
如是般若波羅蜜多於色處若作大小不作大小
於聲香味觸法處若作大小不作大小於色
處若作集散不作集散於聲香味觸法處
若作集散不作集散於色處若作有量无
量不作有量无量於聲香味觸法處若作
有量无量不作有量无量於色處若作廣狹不
作廣狹於聲香味觸法處若作廣狹不作
廣狹於聲處若作有力无力不作有力无力於聲
香味觸法處若作有力无力不作有力无力
世尊如是一切皆非般若波羅蜜多等流果
故復次世尊若菩薩摩訶薩起如是想如
是般若波羅蜜多於眼界若作大小不作大小
於色界眼識界及眼觸眼觸為緣所生諸
受若作大小不作大小於眼界若作集散不作
集散於色界乃至眼觸為緣所生諸受若作
集散不作集散於眼界若作有量无量不作
有量无量於色界乃至眼觸為緣所生諸受若
作有量无量不作有量无量於眼界若作廣
狹不作廣狹於色界乃至眼觸為緣所生諸
受若作廣狹不作廣狹於眼界若作有力无
力不作有力无力於色界乃至眼觸為緣所
生諸受若作有力无力不作有力无力世尊
如是一切皆非般若波羅蜜多等流果故復
次世尊若菩薩摩訶薩起如是想如是般
若波羅蜜多於耳界若作大小不作大小於聲

生諸受若作有力无力不作有力无力世尊
如是一切皆非般若波羅蜜多等流果故復
次世尊若菩薩摩訶薩起如是想如是般
若波羅蜜多於耳界若作大小不作大小於聲
界耳識界及耳觸耳觸為緣所生諸受若作
大小不作大小於耳界若作集散不作集散於
聲界乃至耳觸為緣所生諸受若作集散
不作集散於耳界若作有量无量不作有量
无量於聲界乃至耳觸為緣所生諸受若作
有量无量不作有量无量於耳界若作廣狹
不作廣狹於聲界乃至耳觸為緣所生諸受
若作廣狹不作廣狹於耳界若作有力无力
不作有力无力於聲界乃至耳觸為緣所生
諸受若作有力无力不作有力无力世尊如是
一切皆非般若波羅蜜多等流果故復次世
尊若菩薩摩訶薩起如是想如是般若波
羅蜜多於鼻界若作大小不作大小於香界
鼻識界及鼻觸鼻觸為緣所生諸受若作
大小不作大小於鼻界若作集散不作集散於
香界乃至鼻觸為緣所生諸受若作集散不
作集散於鼻界若作有量无量不作有量无
量於香界乃至鼻觸為緣所生諸受若作有
量无量不作有量无量於鼻界若作廣狹
不作廣狹香界乃至鼻觸為緣所生諸受若
作廣狹不作廣狹於鼻界若作有力无力不
作有力无力於香界乃至鼻觸為緣所生諸
受若作

量无量不作有量无量於鼻界若作廣狹
不作廣狹香界乃至鼻觸為緣所生諸受若
作廣狹不作廣狹於鼻界若作有力无力不
作有力无力於香界乃至鼻觸為緣所生諸
受若作有力无力不作有力无力世尊如是一切
皆非般若波羅蜜多等流果故復次世尊
若菩薩摩訶薩起如是想如是般若波羅
蜜多於舌界若作大小不作大小於味界舌
識界及舌觸舌觸為緣所生諸受若作大小
不作大小於舌界若作集作散不作集散於
味界乃至舌觸為緣生諸受若作集散不作
集散於舌界若作有量无量不作有量无量
於味界乃至舌觸為緣所生諸受若作有
量无不作有量无量於舌界若作廣狹不作
廣狹於味界乃至舌觸為緣所生諸受若作
廣狹不作廣狹於舌界若作有力无力不作
有力无力於味界乃至舌觸為緣所生諸受
若作有力无力不作有力无力世尊如是一切皆
非般若波羅蜜多等流果故復次世尊若
菩薩摩訶薩起如是想如是般若波羅蜜
多於身界若作大小不作大小於觸界身識
界及身觸身觸為緣所生諸受若作大小不
作大小於身界若作集散不作集散於觸界
乃至身觸為緣所生諸受若作集散不作集
散於身界若作有量无量不作有量无量於
觸界乃至身觸為緣所生諸受若作有量无
[illegible]

BD14159號　大般若波羅蜜多經卷一七七　（24–20）

作大小於身界若作集散不作集散於觸界
乃至身觸為緣所生諸受若作集散不作集
散於身界若作有量无量不作有量无量於
觸界乃至身觸為緣所生諸受若作有量无
量不作有量无量於身界若作廣狹不作廣
狹於觸界乃至身觸為緣所生諸受若作
廣狹作廣狹於身界若作有力无力不作有
力无力於觸界乃至身觸為緣所生諸受若
作有力无力不作有力无力世尊如是一切皆
非般若波羅蜜多等流果故復次世尊若
菩薩摩訶薩起如是想如是般若波羅蜜多
於意界若作大小不作大小於法界意識界及
意觸意觸為緣所生諸受若作大小不作大
小於意界若作集散不作集散於法界
乃至意觸為緣所生諸受若作集散不作集散
於意界若作有量无量不作有量无量於法界
乃至意觸為緣所生諸受若作有量无量不
作有量无量於意界若作廣狹不作廣狹於
法界乃至意觸為緣所生諸受若作廣狹
不作廣狹於意界若作有力无力不作有力
无力於法界乃至意觸為緣所生諸受若作
有力无力不作有力无力世尊如是一切皆非般
若波羅蜜多等流果故復次世尊若菩
薩摩訶薩起如是想如是般若波羅蜜多
於地界若作大小不作大小於水火風空識界
若作大小不作大小於地界若作集散不作集
散於水火風空識界若作集散不作集散於

BD14159號　大般若波羅蜜多經卷一七七　（24–21）

薩摩訶薩起如是想如是般若波羅蜜多
於地界若作大小不作大小於水火風空識界
若作大小不作大小於地界若作集散不作集
散於水火風空識界若作集散不作集散於
地界若作有量无量不作有量无量於水
火風空識界若作有量无量不作有量无量
於地界若作廣狹不作廣狹於水火風空識
界若作廣狹不作廣狹於地界若作有力无
力不作有力无力於水火風識界若作有力无
力不作有力无力世尊如是一切皆非般若
波羅蜜多等流果故復次世尊若菩薩
摩訶薩起如是想如是般若波羅蜜多於无
明若作大小不作大小於行識名色六處觸
受愛取有生老死愁歎苦憂惱若作大小不
作大小於无明若作集散不作集散於行乃至
老死愁歎苦憂惱若作集散不作集散於无
明若作有量无量不作有量无量於行乃至
老死愁歎苦憂惱若作有量无量不作有
量无量於无明若作廣狹不作廣狹於行
乃至老死愁歎苦憂惱若作廣狹不作廣狹於
无明若作有力无力不作有力无力於行乃至老
死愁歎苦憂惱若作有力无力不作有力无
力世尊如是一切皆非般若波羅蜜多等流
果故復次世尊若菩薩摩訶薩起如是想
如是般若波羅蜜多於布施波羅蜜多若作
大小不作大小於淨戒安忍精進靜慮般若波

BD14159號　大般若波羅蜜多經卷一七七　(24–22)

死愁歎苦憂惱若作有力无力不作有力无
力世尊如是一切皆非般若波羅蜜多等流
果故復次世尊若菩薩摩訶薩起如是想
如是般若波羅蜜多於布施波羅蜜多若作
大小不作大小於淨戒安忍精進靜慮般若波
羅蜜多若作大小不作大小於布施波羅蜜
多若作集散不作集散於淨戒乃至般若波
羅蜜多若作集散不作集散於布施波羅
蜜多若作有量无量不作有量无量於淨戒
乃至般若波羅蜜多若作有量无量不作有
量无量於布施波羅蜜多若作廣狹不作廣
狹於淨戒乃至般若波羅蜜多若作廣狹不
作廣狹於布施波羅蜜多若作有力无力不
作有力无力於淨戒乃至般若波羅蜜多若
作有力无力不作有力无力世尊如是一切皆非
般若波羅蜜多等流果故復次世尊若菩
薩摩訶薩起如是想如是般若波羅蜜多
於內空若作大小不作大小於外空內外空空
空大空勝義空有為空无為空畢竟空
无際空散空无變異空本性空自相空共
相空一切法空不可得空无性空自性空无性
自性空若作大小不作大小於內空若作集散
不作集散於外空乃至无性自性空若作集
散不作集散於內空若作有量无量不作有
量无量於外空乃至无性自性空若作有量
无量不作有量无量於內空若作廣狹不作
廣狹於外空乃至无性自性空若作廣狹不

BD14159號　大般若波羅蜜多經卷一七七　(24–23)

般若波羅蜜多等流果故復次世尊若菩
薩摩訶薩起如是想如是般若波羅蜜多
於內空若作大小不作大小於外空內外空空
空大空勝義空有爲空无爲空畢竟空
无際空散空无變異空本性空自相空共
相空一切法空不可得空无性空自性空无性
自性空若作大小不作大小於內空若作集散
不作集散於外空乃至无性自性空若作集
散不作集散於內空若作有量无量不作有
量无量於外空乃至无性自性空若作有量
无量不作有量无量於內空若作廣狹不作
廣狹於外空乃至无性自性空若作廣狹不
作廣狹於內空若作有力无力不作有力无
力於外空乃至无性自性空若作有力无力不
作有力无力世尊如是一切皆非般若波羅蜜
多等流果故

大般若波羅蜜多經卷第一百七十七

BD14159 號　大般若波羅蜜多經卷一七七　（24–24）

大般若波羅蜜多經卷第二百九十七
初分波羅蜜多品第卌八之二　三藏法師玄奘奉　詔譯
世尊如是般若波羅蜜多是佛十力波羅蜜
多佛言如是達一切法難屈伏故世尊如是
般若波羅蜜多是四無所畏波羅蜜多佛言
如是得道相智无退没故世尊如是般若波
羅蜜多是四无礙觧波羅蜜多佛言如是
得一切智相无滯礙故世尊如是般若波羅蜜
多是大慈波羅蜜多佛言如是安樂一切有
情故世尊如是般若波羅蜜多是大悲波羅
蜜多佛言如是利益一切有情

BD14160 號 1　大般若波羅蜜多經卷二九七　（24–1）

羅蜜多是四无礙解波羅蜜多佛言如是
得一切智相无滯礙故世尊如是般若波羅蜜
多是大慈波羅蜜多佛言如是安樂一切有
情故世尊如是般若波羅蜜多是大悲波羅
蜜多佛言如是利益一切有情故世尊如是
般若波羅蜜多是大喜波羅蜜多佛言如
是不捨一切有情故世尊如是般若波羅蜜多
是大捨波羅蜜多佛言如是於諸有情心平
等故世尊如是般若波羅蜜多是十八佛不
共法波羅蜜多佛言如是超過一切聲聞獨
覺法故世尊如是般若波羅蜜多是无忘失
法波羅蜜多佛言如是无忘失事不可得故
世尊如是般若波羅蜜多是恒住捨性波羅
蜜多佛言如是恒住捨事不可得故
世尊如是般若波羅蜜多是一切陁羅尼門波
羅蜜多佛言如是諸總持事不可得故世
尊如是般若波羅蜜多是一切三摩地門波
羅蜜多佛言如是諸等持事不可得故世尊
如是般若波羅蜜多是一切智波羅蜜多佛
言如是一切智事不可得故世尊如是般若
波羅蜜多是道相智波羅蜜多佛言如是道
相智事不可得故世尊如是般若波羅蜜多
是一切相智波羅蜜多佛言如是一切相智
事不可得故世尊如是般若波羅蜜多是一
切菩薩摩訶薩行波羅蜜多佛言如是一切
菩薩摩訶薩行事不可得故世尊如是般
若波羅蜜多是諸佛无上正等菩提波羅蜜

事不可得故世尊如是般若波羅蜜多是一
切菩薩摩訶薩行波羅蜜多佛言如是一切
菩薩摩訶薩行事不可得故世尊如是般
若波羅蜜多是諸佛无上正等菩提波羅蜜
多佛言如是諸佛无上正等菩提事不可得
故世尊如是般若波羅蜜多是如來波羅蜜多
佛言如是能如實說一切法故世尊如是般
若波羅蜜多是自然波羅蜜多佛言如是
於一切法得自在故世尊如是般若波羅蜜多
是正等覺波羅蜜多佛言如是於一切法能
正等覺一切相故
初分難聞功德品第卅九
時天帝釋作是念言若善男子善女人等
曾於過去无量如來應正等覺親近供養發
弘誓願種諸善根多善知識之所攝受今乃
得聞如是般若波羅蜜多功德名字況能書寫
讀誦受持如理思惟為他演說或能隨力如
說脩行當智是人已於過去无量佛所親近
承事供養恭敬尊重讚歎殖衆德本曾聞
般若波羅蜜多聞已受持思惟讀誦為他演
說如教而行或於此經能問能荅由斯福力
今辦是事若善男子善女人等已曾供養無量
如來應正等覺功德純淨聞此般若波羅蜜
多其心不驚不恐不怖聞已信樂如說脩行
當知是人多俱胝劫已曾脩習布施淨戒安
忍精進靜慮般若波羅蜜多故於今生能成
此事

多其心不驚不恐不怖聞已信樂如說脩行
當知是人多俱胝劫已曾脩習布施淨戒安
忍精進靜慮般若波羅蜜多故於今生能成
此事
尒時具壽舍利子白佛言世尊若善男子善
女人等聞此般若波羅蜜多甚深義趣其心
不驚不恐不怖聞已書寫讀誦受持如理思
惟為他演說或復隨力如教脩行當知是人
如不退住諸菩薩摩訶薩何以故世尊如是般
若波羅蜜多義趣甚深極難信解若於先
世不久脩習布施淨戒安忍精進靜慮般若
波羅蜜多豈暫得聞即能信解世尊若善男
子善女人等聞說般若波羅蜜多毀呰誹謗
當知是人先世於此甚深般若波羅蜜多亦
曾毀謗何以故世尊是善男子善女人等聞
說如是甚深般若波羅蜜多由宿習力不信
不樂心不清淨世尊是善男子善女人等未
曾親近諸佛菩薩及弟子衆未曾請問云何
應行布施波羅蜜多云何應行淨戒安忍精
進靜慮般若波羅蜜多云何應住內空云何
應住外空內外空空空大空勝義空有為空
无為空畢竟空无際空散空無變異空本性
空自相空共相空一切法空不可得空无性空
自性空无性自性空云何應住真如云何
應住法界法性不虛妄性不變異性平等性
離生性法定法住實際虛空界不思議界云

BD14160 號 1　大般若波羅蜜多經卷二九七　（24–4）

空自相空共相空一切法空不可得空无性空
自性空无性自性空云何應住真如云何
應住法界法性不虛妄性不變異性平等性
離生性法定法住實際虛空界不思議界云
何應住苦聖諦云何應住集滅道聖諦云
何應脩四靜慮云何應脩四无量四无色定
云何應脩八解脫云何應脩八勝處九次第
定十遍處云何應脩四念住云何應脩四正
斷四神足五根五力七等覺支八聖道支云何
應脩空解脫門云何應脩无相无願解脫門
云何應脩五眼云何應脩六神通云何應脩
佛十力云何應脩四无所畏四无礙解大慈
大悲大喜大捨十八佛不共法云何應脩无
忘失法云何應脩恒住捨性云何應脩一切
智云何應脩道相智一切相智云何應脩一
切陁羅尼門云何應脩一切三摩地門云何
應脩一切菩薩摩訶薩行云何應脩諸佛
无上正等菩提故今聞說甚深般若波羅蜜多
毀呰誹謗不信不樂心不清淨
尒時天帝釋謂舍利子言大德如是般若波
羅蜜多義趣甚深極難信解若善男子善
女人等於布施淨戒安忍精進靜慮般若波
羅蜜多未久信解不久脩行聞說般若波羅蜜
多不能信解或生毀謗未為希有若善男子
善女人等於內空外空內外空空空大空勝
義空有為空无為空畢竟空无際空散空
无變異空本性空自相空共相空一切法空

BD14160 號 1　大般若波羅蜜多經卷二九七　（24–5）

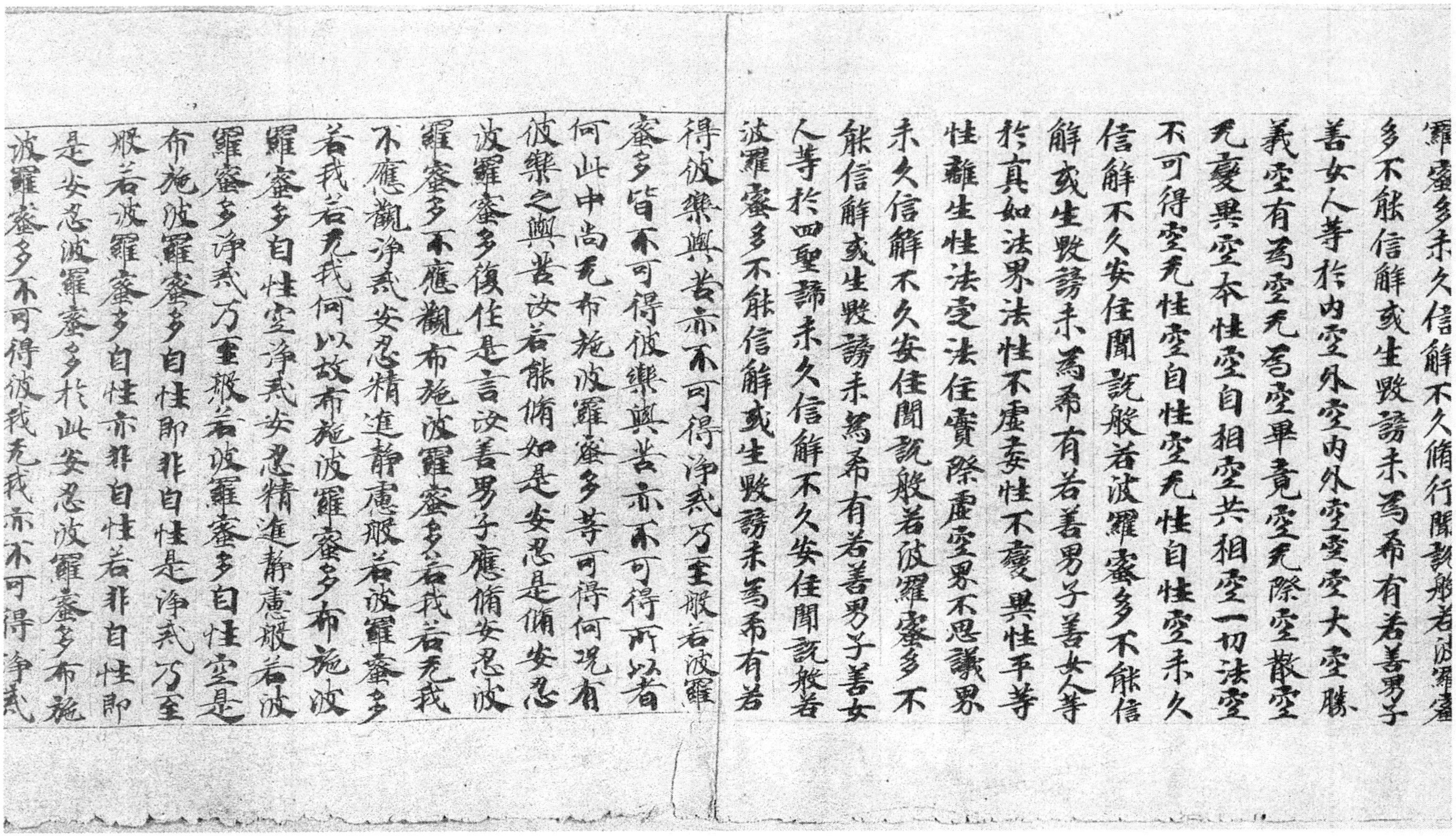
羅蜜多未久信解不久脩行聞說般若波羅蜜
多不能信解或生毀謗未爲希有若善男子
善女人等於内空外空内外空空空大空勝
義空有爲空無爲空畢竟空無際空散空
無變異空本性空自相空共相空一切法空
不可得空無性空自性空無性自性空未久
信解不久安住聞說般若波羅蜜多不能信
解或生毀謗未爲希有若善男子善女人等
於真如法界法性不虛妄性不變異性平等
性離生性法定法住實際虛空界不思議界
未久信解不久安住聞說般若波羅蜜多不
能信解或生毀謗未爲希有若善男子善女
人等於四聖諦未久信解不久安住聞說般若
波羅蜜多不能信解或生毀謗未爲希有若

得彼樂與苦亦不可得淨戒乃至般若波羅
蜜多皆不可得彼樂與苦亦不可得所以者
何此中尚無布施波羅蜜多等可得何況有
彼樂之與苦汝若能脩如是安忍是脩安忍
波羅蜜多復作是言汝善男子應脩安忍波
羅蜜多不應觀布施波羅蜜多若我若無我
不應觀淨戒安忍精進靜慮般若波羅蜜多
若我若無我何以故布施波羅蜜多布施波
羅蜜多自性空淨戒安忍精進靜慮般若波
羅蜜多淨戒乃至般若波羅蜜多自性空是
布施波羅蜜多自性即非自性是淨戒乃至
般若波羅蜜多自性亦非自性若非自性即
是安忍波羅蜜多於此安忍波羅蜜多布施
波羅蜜多不可得彼我無我亦不可得淨戒

BD14160號1　大般若波羅蜜多經卷二九七　　（24–6）
BD14160號2　大般若波羅蜜多經卷一五七

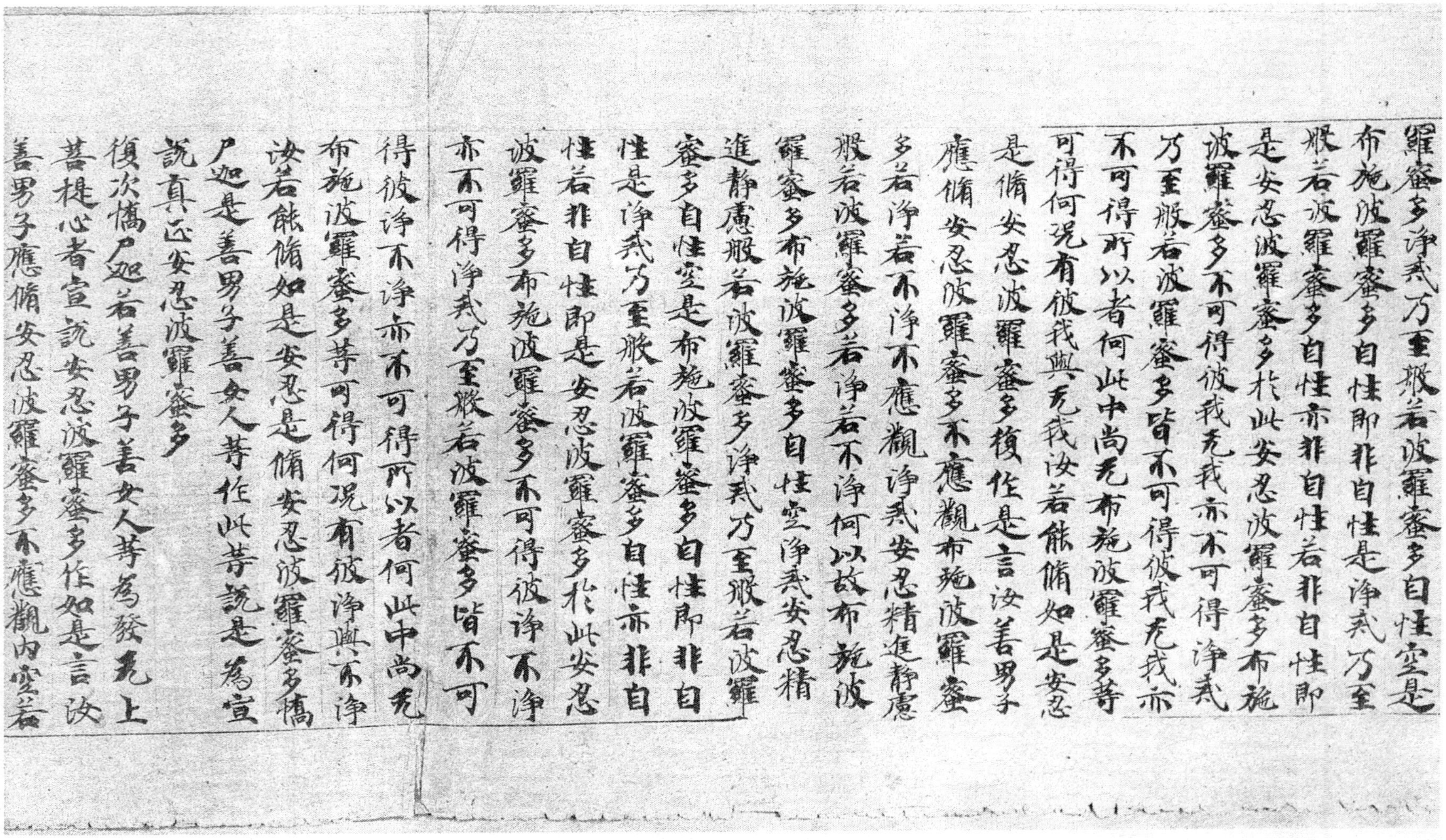
羅蜜多淨戒乃至般若波羅蜜多自性空是
布施波羅蜜多自性即非自性是淨戒乃至
般若波羅蜜多自性亦非自性若非自性即
是安忍波羅蜜多於此安忍波羅蜜多布施
波羅蜜多不可得彼我無我亦不可得淨戒
乃至般若波羅蜜多皆不可得彼我無我亦
不可得所以者何此中尚無布施波羅蜜多等
可得何況有彼我與無我汝若能脩如是安忍
是脩安忍波羅蜜多復作是言汝善男子
應脩安忍波羅蜜多不應觀布施波羅蜜
多若淨若不淨不應觀淨戒安忍精進靜慮
般若波羅蜜多若淨若不淨何以故布施波
羅蜜多布施波羅蜜多自性空淨戒安忍精
進靜慮般若波羅蜜多淨戒乃至般若波羅
蜜多自性空是布施波羅蜜多自性即非自
性是淨戒乃至般若波羅蜜多自性亦非自
性若非自性即是安忍波羅蜜多於此安忍
波羅蜜多布施波羅蜜多不可得彼淨不淨
亦不可得淨戒乃至般若波羅蜜多皆不可
得彼淨不淨亦不可得所以者何此中尚無
布施波羅蜜多等可得何況有彼淨與不淨
汝若能脩如是安忍是脩安忍波羅蜜多憍
尸迦是善男子善女人等作此等說是爲宣
說真正安忍波羅蜜多
復次憍尸迦若善男子善女人等爲發無上
菩提心者宣說安忍波羅蜜多作如是言汝
善男子應脩安忍波羅蜜多不應觀内空若

BD14160號2　大般若波羅蜜多經卷一五七　　（24–7）

尸迦是善男子善女人等作此等說是為宣
說真正安忍波羅蜜多
復次憍尸迦若善男子善女人等為發无上
菩提心者宣說安忍波羅蜜多作如是言汝
善男子應脩安忍波羅蜜多不應觀內空若
常若无常不應觀外空內外空空空大空勝
義空有為空无為空畢竟空无際空散空无
變異空本性空自相空共相空一切法空不
可得空无性空自性空无性自性空若常若
无常何以故內空內空自性空外空內外空
空空大空勝義空有為空无為空畢竟空
无際空散空无變異空本性空自相空共相空
一切法空不可得空无性空自性空无性自
性空外空乃至无性自性空自性空是內空
自性即非自性是外空乃至无性自性空自
性亦非自性若非自性即是安忍波羅蜜多
於此安忍波羅蜜多內空不可得彼常无常
亦不可得外空乃至无性自性空皆不可得
彼常无常亦不可得所以者何此中尚无內空
等可得何況有彼常與无常汝若能脩如
是安忍是脩安忍波羅蜜多復作是言汝善
男子應脩安忍波羅蜜多不應觀內空若樂
若苦不應觀外空內外空空空大空勝義空
有為空无為空畢竟空无際空散空无變
異空本性空自相空共相空一切法空不可得
空无性空自性空无性自性空若樂若苦何
以故內空內空自性空外空內外空空空大

BD14160號2　大般若波羅蜜多經卷一五七　（24–8）

若苦不應觀外空內外空空空大空勝義空
有為空无為空畢竟空无際空散空无變
異空本性空自相空共相空一切法空不可得
空无性空自性空无性自性空若樂若苦何
以故內空內空自性空外空內外空空空大
空勝義空有為空无為空畢竟空无際空散
空无變異空本性空自相空共相空一切法
空不可得空无性空自性空无性自性空外
空乃至无性自性空自性空是內空自性即
非自性是外空乃至无性自性空自性亦非
自性若非自性即是安忍波羅蜜多於此安
忍波羅蜜多內空不可得彼樂與苦亦不可
得外空乃至无性自性空皆不可得彼樂與
苦亦不可得所以者何此中尚无內空等可
得何況有彼樂之與苦汝若能脩如是安忍
是脩安忍波羅蜜多復作是言汝善男子應
脩安忍波羅蜜多不應觀內空若我若无我不
應觀外空內外空空空大空勝義空有為空
无為空畢竟空无際空散空无變異空本性
空自相空共相空一切法空不可得空无性空
自性空无性自性空若我若无我何以故
內空內空自性空外空內外空空空大空勝
義空有為空无為空畢竟空无際空散空
无變異空本性空自相空共相空一切法空
不可得空无性空自性空无性自性空外空
乃至无性自性空自性空是內空自性即非
自性是外空乃至无性自性空自性亦非自
性若非自性即是安忍波羅蜜多於此安忍

BD14160號2　大般若波羅蜜多經卷一五七　（24–9）

无變異空本性空自相空共相空一切法空
不可得空无性空自性空无性自性空外空
乃至无性自性空是内空自性亦非自
自性是外空乃至无性自性空自性即非
性若非自性即是安忍波羅蜜多於此安忍
波羅蜜多内空不可得彼我无我亦不可得
外空乃至无性自性空皆不可得彼我无我
亦不可得所以者何此中尚无内空等可得
何況有彼我與无我汝若能脩如是安忍是
脩安忍波羅蜜多復作是言汝善男子應脩
安忍波羅蜜多不應觀内空若淨若不淨不
應觀外空内外空空空大空勝義空有爲空
无爲空畢竟空无際空散空无變異空本性
空自相空共相空一切法空不可得空无性
空自性空无性自性空若淨若不淨何以故
内空内空自性空外空内外空空空大空勝
義空有爲空无爲空畢竟空无際空散空
无變異空本性空自相空共相空一切法空不
可得空无性空自性空无性自性空外空乃
至无性自性空自性空是内空自性即非自
性是外空乃至无性自性空自性亦非自性
若非自性即是安忍波羅蜜多於此安忍波
羅蜜多内空不可得彼淨不淨亦不可得外
空乃至无性自性空皆不可得彼淨不淨亦
不可得所以者何此中尚无内空等可得何
況有彼淨與不淨汝若能脩如是安忍是脩
安忍波羅蜜多憍尸迦是善男子善女人等

BD14160 號 2　大般若波羅蜜多經卷一五七　（24–10）

空乃至无性自性空皆不可得彼淨不淨亦
不可得所以者何此中尚无内空等可得何
況有彼淨與不淨汝若能脩如是安忍是脩
安忍波羅蜜多憍尸迦是善男子善女人等
作此等説是爲宣説真正　忍波羅蜜多
復次憍尸迦若善男子善女人等爲發无上菩
提心者宣説安忍波羅蜜多作如是言汝善
男子應脩安忍波羅蜜多不應觀真如若
常若无常不應觀法界法性不虚妄性不變
異性平等性離生性法定法住實際虚空界
不思議界若常若无常何以故真如真如自性
空法界法性不虚妄性不變異性平等性離
生性法定法住實際虚空界不思議界法界
乃至不思議界自性空是真如自性即非自
性是法界乃至不思議界自性亦非自性若
非自性即是安忍波羅蜜多於此安忍波羅蜜
多真如不可得彼常无常亦不可得法界
乃至不思議界皆不可得彼常无常亦不可
得所以者何此中尚无真如等可得何況有
彼常與无常汝若能脩如是安忍是脩安忍
波羅蜜多復作是言汝善男子應脩安忍波
羅蜜多不應觀真如若樂若苦不應觀法界
法性不虚妄性不變異性平等性離生性法
定法住實際虚空界不思議界若樂若苦何
以故真如真如自性空法界法性不虚妄性
不變異性平等性離生性法定法住實際虚

BD14160 號 2　大般若波羅蜜多經卷一五七　（24–11）

法性不虛妄性不變異性平等性離生性法
定法住實際虛空界不思議界若樂若苦何
以故真如真如自性空法界法性不虛妄性
不變異性平等性離生性法定法住實際虛
空界不思議界法界乃至不思議界自性空
是真如自性即非自性是法界乃至不思議
界自性亦非自性若非自性即是安忍波羅
蜜多於此安忍波羅蜜多真如不可得彼樂
與苦亦不可得法界乃至不思議界皆不可
得彼樂與苦亦不可得所以者何此中尚无
真如等可得何況有彼樂之與苦汝若能脩
如是安忍是脩安忍波羅蜜多復作是言汝
善男子應脩安忍波羅蜜多不應觀真如若
我若无我不應觀法界法性不虛妄性不變
異性平等性離生性法定法住實際虛空界
不思議界若我若无我何以故真如真如自性
空法界法性不虛妄性不變異性平等性離
生性法定法住實際虛空界不思議界法
界乃至不思議界自性空是真如自性即非
自性是法界乃至不思議界自性亦非自性
若非自性即是安忍波羅蜜多於此安忍波
羅蜜多真如不可得我无我亦不可得法界
乃至不思議界皆不可得彼我无我亦不可
得所以者何此中尚无真如等可得何況有
彼我與无我汝若能脩如是安忍是脩安忍
波羅蜜多復作是言汝善男子應脩安忍
波羅蜜多不應觀真如若淨若不淨不應觀

乃至不思議界皆不可得彼我无我亦不可
得所以者何此中尚无真如等可得何況有
彼我與无我汝若能脩如是安忍是脩安忍
波羅蜜多復作是言汝善男子應脩安忍
波羅蜜多不應觀真如若淨若不淨不應觀
法界法性不虛妄性不變異性平等性離生
性法定法住實際虛空界不思議界若淨若
不淨何以故真如真如自性空法界法性不
虛妄性不變異性平等性離生性法定法住
實際虛空界不思議界法界乃至不思議界
自性空是真如自性即非自性是法界乃至
不思議界自性亦非自性若非自性即是安
忍波羅蜜多於此安忍波羅蜜多真如不可
得彼淨不淨亦不可得法界乃至不思議界
皆不可得彼淨不淨亦不可得所以者何此
中尚無真如等可得何況有彼淨無不淨汝
若能脩如是安忍是脩安忍波羅蜜多憍
尸迦是善男子善女人等作此等說是為
宣說真正安忍波羅蜜多
復次憍尸迦若善男子善女人等為發无上菩
提心者宣說安忍波羅蜜多作如是言汝善
男子應脩安忍波羅蜜多不應觀苦聖諦
若常若无常不應觀集滅道聖諦若常若无
常何以故苦聖諦苦聖諦自性空集滅道聖
諦集滅道聖諦自性空是苦聖諦自性即非
自性是集滅道聖諦自性亦非自性若非自
性即是安忍波羅蜜多於此安忍波羅蜜多

常何以故苦聖諦苦聖諦自性空集滅道聖
諦集滅道聖諦自性空是苦聖諦自性即非
自性是集滅道聖諦自性亦非自性若非自
性即是安忍波羅蜜多於此安忍波羅蜜多
苦聖諦不可得彼常无常亦不可得集滅道
聖諦皆不可得彼常无常亦不可得所以者
何以中尚无苦聖諦等可得何况有彼常與
无常汝若能脩如是安忍是脩安忍波羅蜜
多復作是言汝善男子應脩安忍波羅蜜多
不應觀苦聖諦若樂若苦不應觀集滅道聖
諦若樂若苦何以故苦聖諦苦聖諦自性空
集滅道聖諦集滅道聖諦自性空是苦聖諦
自性即非自性是集滅道聖諦自性亦非自
性若非自性即是安忍波羅蜜多於此安忍
波羅蜜多苦聖諦不可得彼樂與苦亦不可
得集滅道聖諦皆不可得彼樂與苦亦不可
得所以者何此中尚无苦聖諦等可得何况
有彼樂之與苦汝若能脩如是安忍是脩安
忍波羅蜜多復作是言汝善男子應脩安忍
波羅蜜多不應觀苦聖諦若我若无我不應
觀集滅道聖諦若我若无我何以故苦聖諦
苦聖諦自性空集滅道聖諦集滅道聖諦自
性空是苦聖諦自性即非自性是集滅道聖
諦自性亦非自性若非自性即是安忍波羅
蜜多於此安忍波羅蜜多苦聖諦不可得彼
我无我亦不可得集滅道聖諦皆不可得彼
我无我亦不可得所以者何此中尚无苦聖諦

BD14160號2　大般若波羅蜜多經卷一五七　（24–14）

諦自性亦非自性若非自性即是安忍波羅
蜜多於此安忍波羅蜜多苦聖諦不可得彼
我无我亦不可得集滅道聖諦皆不可得彼
我无我亦不可得所以者何此中尚无苦聖諦
等可得何况有彼我與无我汝若能脩如
是安忍是脩安忍波羅蜜多復作是言汝善
男子應脩安忍波羅蜜多不應觀苦聖諦若
淨若不淨不應觀集滅道聖諦若淨若不淨
何以故苦聖諦苦聖諦自性空集滅道聖諦
集滅道聖諦自性空是苦聖諦自性即非自
性是集滅道聖諦自性亦非自性若非自性
即是安忍波羅蜜多於此安忍波羅蜜多苦
聖諦不可得彼淨不淨亦不可得集滅道聖
諦皆不可得彼淨不淨亦不可得所以者何此
中尚无苦聖諦等可得何况有彼淨與不
淨汝若能脩如是安忍是脩安忍波羅蜜多
憍尸迦是善男子善女人等作此等說是為
宣說真正安忍波羅蜜多
復次憍尸迦若善男子善女人等為發无上
菩提心者宣說安忍波羅蜜多作如是言汝
善男子應脩安忍波羅蜜多不應觀四靜慮
若常若无常不應觀四无量四无色定若常
若无常何以故四靜慮四靜慮自性空四无
量四无色定四无量四无色定自性空是四
靜慮自性即非自性是四无量四无色定自
性亦非自性若非自性即是安忍波羅蜜多
於此安忍波羅蜜多四靜慮不可得彼常无

BD14160號2　大般若波羅蜜多經卷一五七　（24–15）

若无常何以故四静慮四静慮自性空四无
量四无色定四无量四无色定自性空是四
静慮自性即非自性是四无量四无色定自
性亦非自性若非自性即是安忍波羅蜜多
於此安忍波羅蜜多四静慮不可得彼常无
常亦不可得四无量四无色定皆不可得彼
常无常亦不可得所以者何此中尚无四静
慮等可得何况有彼常與无常汝若能脩如
是安忍是脩安忍波羅蜜多復作是言汝善
男子應脩安忍波羅蜜多不應觀四静慮若
樂若苦不應觀四无量四无色定若樂若苦
何以故四静慮四静慮自性空四无量四无
色定四无量四无色定自性空是四静慮自
性即非自性是四无量四无色定自性亦非
自性若非自性即是安忍波羅蜜多於此安
忍波羅蜜多四静慮不可得彼樂與苦亦不
可得四无量四无色定皆不可得彼樂與苦
亦不可得所以者何此中尚无四静慮等可
得何况有彼樂之與苦汝若能脩如是安忍
是脩安忍波羅蜜多復作是言汝善男子
應脩安忍波羅蜜多不應觀四静慮若我若无
我不應觀四无量四无色定若我若无我何以故
四静慮四静慮自性空四无量四无色定四
无量四无色定自性空是四静慮自性即非
自性是四无量四无色定自性亦非自性
若非自性即是安忍波羅蜜多於此安忍
波羅蜜多四静慮不可得彼我无我亦不可

BD14160 號 2　大般若波羅蜜多經卷一五七　　（24–16）

无量四无色定自性空是四静慮自性即非
自性是四无量四无色定自性亦非自性
若非自性即是安忍波羅蜜多於此安忍
波羅蜜多四静慮不可得彼我无我亦不可
得四无量四无色定皆不可得彼我无我亦不
可得所以者何此中尚无四静慮等可得何
况有彼我與无我汝若能脩如是安忍是
脩安忍波羅蜜多復作是言汝善男子應脩
安忍波羅蜜多不應觀四静慮若淨若不淨
不應觀四无量四无色定若淨若不淨何以
故四静慮四静慮自性空四无量四无色定
四无量四无色定自性空是四静慮自性即
非自性是四无量四无色定自性亦非自性
若非自性即是安忍波羅蜜多於此安忍波
羅蜜多四静慮不可得彼淨不淨亦不可得
四无量四无色定皆不可得彼淨不淨亦不
可得所以者何此中尚无四静慮等可得何况
有彼淨與不淨汝若能脩如是安忍是脩
安忍波羅蜜多憍尸迦是善男子善女人等
作此等說是爲宣說真正安忍波羅蜜多
復次憍尸迦若善男子善女人等爲發无上菩
提心者宣說安忍波羅蜜多作如是言汝善
男子應脩安忍波羅蜜多不應觀八解脫若
常若无常不應觀八勝處九次第定十遍處
若常若无常何以故八解脫八解脫自性空
八勝處九次第定十遍處八勝處九次第定

BD14160 號 2　大般若波羅蜜多經卷一五七　　（24–17）

男子應修安忍波羅蜜多不應觀八解脫若
常若無常不應觀八勝處九次第定十遍處
若常若無常何以故八解脫八解脫自性空
八勝處九次第定十遍處八勝處九次第定
十遍處自性空是八解脫自性即非自性是
八勝處九次第定十遍處自性亦非自性若
非自性即是安忍波羅蜜多於此安忍波羅
蜜多八解脫不可得彼常無常亦不可得八
勝處九次第定十遍處不可得彼常無常
亦不可得所以者何此中尚無八解脫等可
得何況有彼常與無常汝若能修如是安忍
是修安忍波羅蜜多復作是言汝善男子應
修安忍波羅蜜多不應觀八解脫若樂若苦
不應觀八勝處九次第定十遍處若樂若苦
何以故八解脫八解脫自性空八勝處九次第
定十遍處八勝處九次第定十遍處自性空
是八解脫自性即非自性是八勝處九次
第定十遍處自性亦非自性若非自性即是
安忍波羅蜜多於此安忍波羅蜜多八解脫
不可得彼樂與苦亦不可得八勝處九次第
定十遍處皆不可得彼樂與苦亦不可得所
以者何此中尚無八解脫等可得何況有彼樂
之與苦汝若能修如是安忍是修安忍波羅
蜜多復作是言汝善男子應修安忍波羅
蜜多不應觀八解脫若我若無我不應觀八
勝處九次第定十遍處若我若無我何以故
八解脫八解脫自性空八勝處九次第定十遍

BD14160 號 2　大般若波羅蜜多經卷一五七　（24–18）

蜜多不應觀八解脫若我若無我不應觀八
勝處九次第定十遍處若我若無我何以故
八解脫八解脫自性空八勝處九次第定十遍
處八勝處九次第定十遍處自性空是八
解脫自性即非自性是八勝處九次第定十
遍處自性亦非自性若非自性即是安忍波
羅蜜多於此安忍波羅蜜多八解脫不可得
彼我無我亦不可得八勝處九次第定十遍處
皆不可得彼我無我亦不可得所以者何
此中尚無八解脫等可得何況有彼我與無
我汝若能修如是安忍是修安忍波羅蜜多
復作是言汝善男子應修安忍波羅蜜多不
應觀八解脫若淨若不淨不應觀八勝處九
次第定十遍處若淨若不淨何以故八解脫
八解脫自性空八勝處九次第定十遍處八
勝處九次第定十遍處自性空是八解脫自
性即非自性是八勝處九次第定十遍處自
性亦非自性若非自性即是安忍波羅蜜多
於此安忍波羅蜜多八解脫不可得彼淨不
淨亦不可得八勝處九次第定十遍處皆不
可得彼淨不淨亦不可得所以者何此中尚
無八解脫等可得何況有彼淨與不淨汝若
能修如是安忍是修安忍波羅蜜多憍尸迦
是善男子善女人等作此等說是為宣說
真正安忍波羅蜜多
復次憍尸迦若善男子善女人等為發無上
菩提心者宣說安忍波羅蜜多作如是言汝

BD14160 號 2　大般若波羅蜜多經卷一五七　（24–19）

是善男子善女人等作此等說是爲宣說
真正安忍波羅蜜多
復次憍尸迦若善男子善女人等爲發无上
菩提心者宣說安忍波羅蜜多作如是言汝
善男子應脩安忍波羅蜜多不應觀四念住
若常若无常不應觀四正斷四神足五根五
力七等覺支八聖道支若常若无常何以故
四念住四念住自性空四正斷四神足五根五力
七等覺支八聖道支四正斷乃至八聖道支
自性空是四念住自性即非自性是四正
斷乃至八聖道支自性亦非自性若非自性
即是安忍波羅蜜多於此安忍波羅蜜多四念
住不可得彼常无常亦不可得四正斷乃至
八聖道支皆不可得彼常无常亦不可得
所以者何此中尚无四念住等可得何況有
彼常與无常汝若能脩如是安忍是脩
安忍波羅蜜多復作是言汝善男子應脩安
忍波羅蜜多不應觀四念住若樂若苦不應觀
四正斷四神足五根五力七等覺支八聖道
支若樂若苦何以故四念住四念住自性空
四正斷四神足五根五力七等覺支八聖道
支四正斷乃至八聖道支自性空是四念住
自性即非自性是四正斷乃至八聖道支自
性亦非自性若非自性即是安忍波羅蜜多
於此安忍波羅蜜多四念住不可得彼樂與
苦亦不可得四正斷乃至八聖道支皆不可
得彼樂與苦亦不可得所以者何此中尚无

BD14160號2　大般若波羅蜜多經卷一五七　（24–20）

性亦非自性若非自性即是安忍波羅蜜多
於此安忍波羅蜜多四念住不可得彼樂與
苦亦不可得四正斷乃至八聖道支皆不可
得彼樂與苦亦不可得所以者何此中尚无
四念住等可得何況有彼樂之與苦汝若
能脩如是安忍是脩安忍波羅蜜多復作是言
汝善男子應脩安忍波羅蜜多不應觀四念
住若我若无我不應觀四正斷四神足五根五
力七等覺支八聖道支若我若无我何以故
四念住四念住自性空四正斷四神足五根
五力七等覺支八聖道支四正斷乃至八聖
道支自性空是四念住自性即非自性是
四正斷乃至八聖道支自性亦非自性若非
自性即是安忍波羅蜜多於此安忍波羅蜜
多四念住不可得彼我无我亦不可得四正
斷乃至八聖道支皆不可得彼我无我亦不
可得所以者何此中尚无四念住等可得何
況有彼我與无我汝若能脩如是安忍是脩
安忍波羅蜜多復作是言汝善男子應脩安
忍波羅蜜多不應觀四念住若淨若不淨不
應觀四正斷四神足五根五力七等覺支八
聖道支若淨若不淨何以故四念住四念住
自性空四正斷四神足五根五力七等覺支
八聖道支四正斷乃至八聖道支自性空是
四念住自性即非自性是四正斷乃至八聖
道支自性亦非自性若非自性即是安忍波
羅蜜多於此安忍波羅蜜多四念住不可得

BD14160號2　大般若波羅蜜多經卷一五七　（24–21）

八聖道支四正斷乃至八聖道支自性空是
四念住自性即非自性是四正斷乃至八聖
道支自性亦非自性若非自性即是安忍波
羅蜜多於此安忍波羅蜜多四念住不可得
彼淨不淨亦不可得四正斷乃至八聖道支
皆不可得彼淨不淨亦不可得所以者何此
中尚无四念住等可得何況有彼淨與不淨
汝若能脩如是安忍是脩安忍波羅蜜多憍
尸迦是善男子善女人等作此等說是爲宣
說真正安忍波羅蜜多
復次憍尸迦若善男子善女人等爲發无上
菩提心者宣說安忍波羅蜜多作如是言汝
善男子應脩安忍波羅蜜多不應觀空解脫
門若常若无常不應觀无相无願解脫門若
常若无常何以故空解脫門空解脫門自性
空无相无願解脫門无相无願解脫門自性
空是空解脫門自性即非自性是无相无願
解脫門自性亦非自性若非自性即是安忍
波羅蜜多於此安忍波羅蜜多空解脫門不
可得彼常无常亦不可得无相无願解脫門
皆不可得彼常无常亦不可得所以者何此
中尚无空解脫門等可得何況有彼常與无
常汝若能脩如是安忍是脩安忍波羅蜜多
復作是言汝善男子應脩安忍波羅蜜多不
應觀空解脫門若樂若苦不應觀无相无
願解脫門若樂若苦何以故空解脫門空解脫
門自性空无相无願解脫門无相无願解脫

復作是言汝善男子應脩安忍波羅蜜多不
應觀空解脫門若樂若苦不應觀无相无
願解脫門若樂若苦何以故空解脫門空解脫
門自性空无相无願解脫門无相无願解脫
門自性空是空解脫門自性即非自性是无
相无願解脫門自性亦非自性若非自性即
是安忍波羅蜜多於此安忍波羅蜜多空解
脫門不可得彼樂與苦亦不可得无相无願解
脫門皆不可得彼樂與苦亦不可得所以者
何此中尚无空解脫門等可得何況有彼樂
之與苦汝若能脩如是安忍是脩安忍波羅
蜜多復作是言汝善男子應脩安忍波羅蜜
多不應觀空解脫門若我若无我不應觀无
相无願解脫門若我若无我何以故空解脫
門空解脫門自性空无相无願解脫門无相
无願解脫門自性空是空解脫門自性即非
自性是无相无願解脫門自性亦非自性若
非自性即是安忍波羅蜜多於此安忍波羅
蜜多空解脫門不可得彼我无我亦不可得
无相无願解脫門皆不可得彼我无我亦不
可得所以者何此中尚无空解脫門等可得
何況有彼我與无我汝若能脩如是安忍是
脩安忍波羅蜜多復作是言汝善男子應脩
安忍波羅蜜多不應觀空解脫門若淨若不
淨不應觀无相无願解脫門若淨若不淨何
以故空解脫門空解脫門自性空无相无願
解脫門无相无願解脫門自性空是空解脫

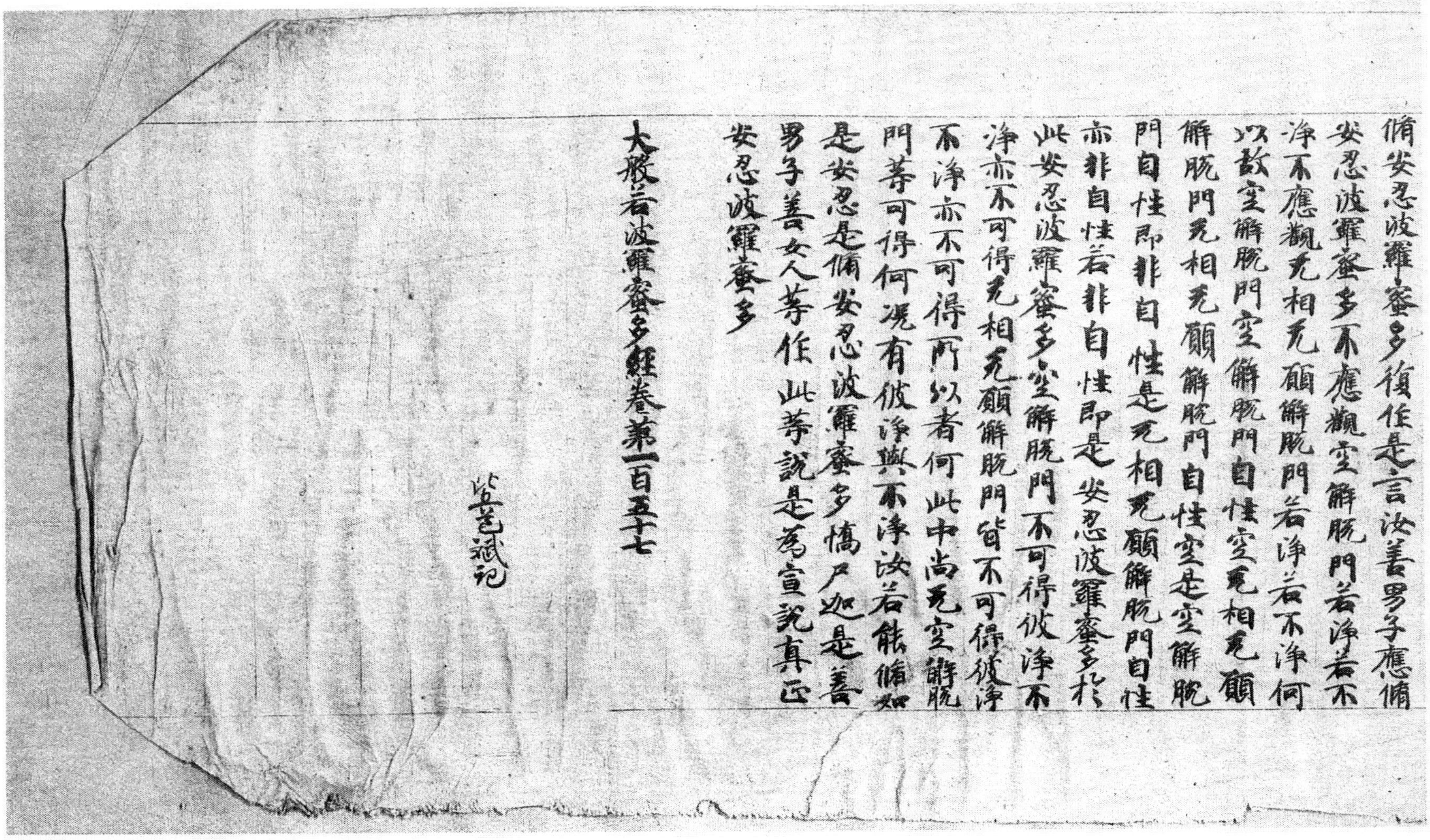

脩安忍波羅蜜多復作是言汝善男子應脩
安忍波羅蜜多不應觀空解脫門若淨若不
淨不應觀无相无願解脫門若淨若不淨何
以故空解脫門空解脫門自性空无相无願
解脫門无相无願解脫門自性空是空解脫
門自性即非自性是无相无願解脫門自性
亦非自性若非自性即是安忍波羅蜜多於
此安忍波羅蜜多空解脫門不可得彼淨不
淨亦不可得无相无願解脫門皆不可得彼淨
不淨亦不可得所以者何此中尚无空解脫
門等可得何况有彼淨與不淨汝若能脩如
是安忍是脩安忍波羅蜜多憍尸迦是善
男子善女人等作此等說是為宣說真正
安忍波羅蜜多

大般若波羅蜜多經卷第一百五十七

竺[illegible]識記

BD14160號2　大般若波羅蜜多經卷一五七　（24–24）

BD14160號背　古代裱補　（1–1）

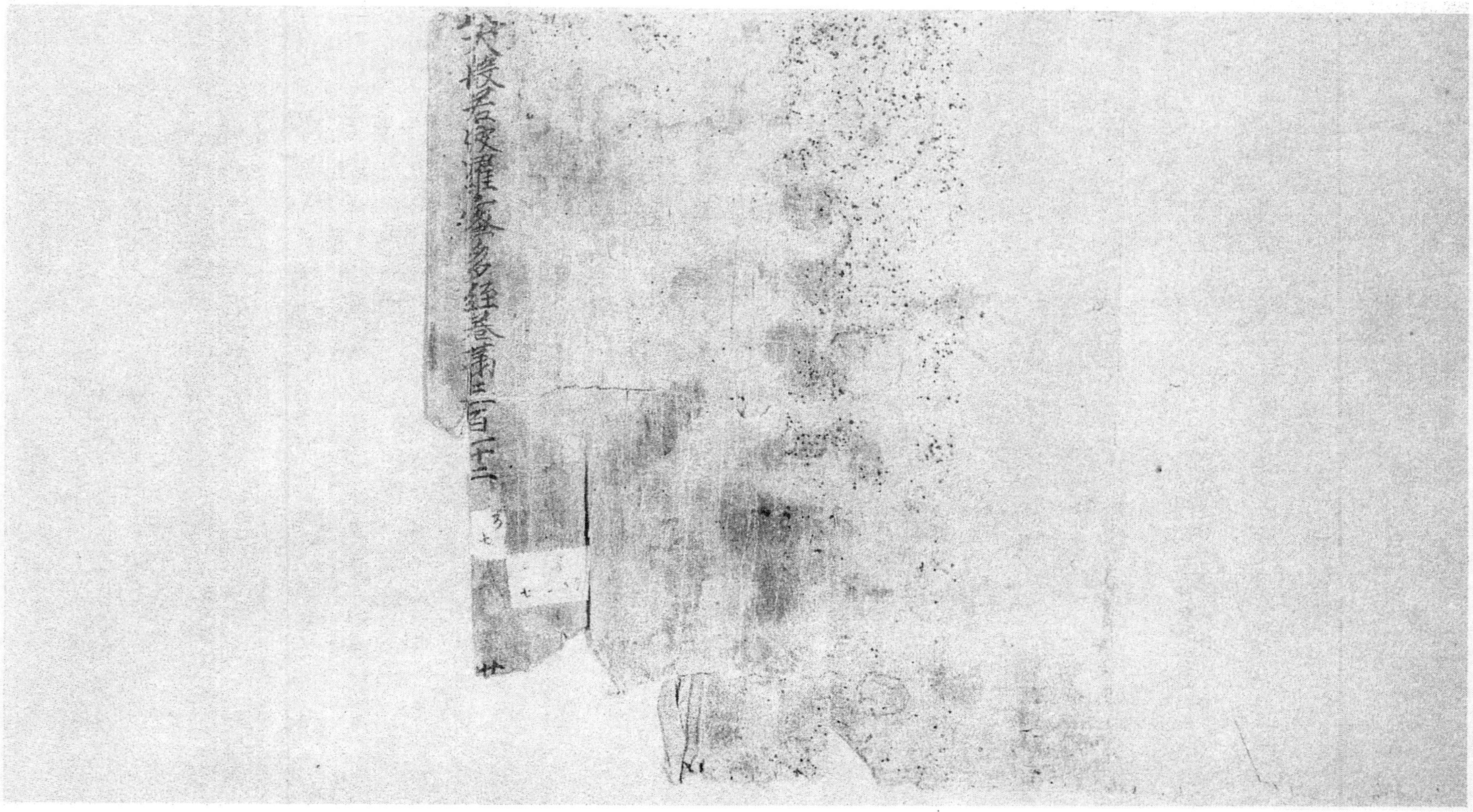

BD14161號背　護首　　　（1–1）

大般若波羅蜜多經卷第三百一十二

初分攝受品第卅四之三　　三藏法師玄奘奉　詔譯

復次善現住菩薩乘諸善男子善女人等若

不書寫受持讀誦思惟修習為他演說甚深

般若波羅蜜多若不以甚深般若波羅蜜多

BD14161號　大般若波羅蜜多經卷三一二　　　（24–1）

大般若波羅蜜多經卷第三百一十二
初分衆喻品第卌四之二　　三藏法師玄奘奉　詔譯
復次善現住菩薩乘諸善男子善女人等若
不書寫受持讀誦思惟脩習為他演說甚深
般若波羅蜜多若不以甚深般若波羅蜜多
攝他有情若不以靜慮精進安忍淨戒布施
波羅蜜多攝他有情若不以內空攝他有情
若不以外空內外空空空大空勝義空有為
空无為空畢竟空无際空散空无變異空本
性空自相空共相空一切法空不可得空无性
空自性空无性自性空攝他有情若不以
真如攝他有情若不以法界法性不虛妄性
不變異性平等性離生性法定法住實際虛
空界不思議界攝他有情若不以苦聖諦攝
他有情若不以集滅道聖諦攝他有情若不
以四靜慮攝他有情若不以四无量四无色
定攝他有情若不以八解脫攝他有情若不
以八勝處九次第定十遍處攝他有情若不
以四念住攝他有情若不以四正斷四神足
五根五力七等覺支八聖道支攝他有情若
不以空解脫門攝他有情若不以无相无願
解脫門攝他有情若不以菩薩十地攝他有
情若不以五眼攝他有情若不以六神通攝
他有情若不以佛十力攝他有情若不以四
无所畏四无礙解大慈大悲大喜大捨十八
佛不共法攝他有情若不以无忘失法攝他
有情若以恒住捨性攝他有情若不以一

BD14161號　大般若波羅蜜多經卷三一二　（24-2）

情若不以五眼攝他有情若不以六神通攝
他有情若不以佛十力攝他有情若不以四
无所畏四无礙解大慈大悲大喜大捨十八
佛不共法攝他有情若不以无忘失法攝他
有情若以恒住捨性攝他有情若不以一
切智攝他有情若不以道相智一切相智攝
他有情若不一切陁羅尼門攝他有情若
不以一切三摩地門攝他有情若不以預流
果法攝他有情若不以一來不還阿羅漢果
法攝他有情若不以獨覺菩提法攝他有情
若不以一切菩薩摩訶薩行攝他有情若不
以諸佛无上正等菩提攝他有情
善現住菩薩乘諸善男子善女人等若不隨
順脩行甚深般若波羅蜜多若不隨順脩行
靜慮精進安忍淨戒布施波羅蜜多若不隨
順脩行內空若不隨順脩行外空內外空空
空大空勝義空有為空无為空畢竟空无際
空散空无變異空本性空自相空共相空一
切法空不可得空无性空自性空无性自性
空若不隨順脩行真如若不隨順脩行法界
法性不虛妄性不變異性平等性離生性法
定法住實際虛空界不思議界若有隨順脩
行苦聖諦若不隨順脩行集滅道聖諦若不
隨順脩行四靜慮若不隨順脩行四无量四
无色定若不隨順脩行八解脫若不隨順脩
行八勝處九次第定十遍處若不隨順脩行
四念住若不隨順脩行四正斷四神足五根五
力七等覺支八聖道支若不隨順脩行空解

BD14161號　大般若波羅蜜多經卷三一二　（24-3）

无色定若不隨順脩行八解脫若不隨順脩
行八勝處九次第定十遍處若不隨順脩行
四念住若不隨順脩行四正斷四神足五根五
力七等覺支八聖道支若不隨順脩行空解
脫門若不隨順脩行无相无願解脫門若
不隨順脩行菩薩十地若不隨順行五眼
若不隨順脩行六神通若不隨順脩行佛十
力若不隨順脩行四无所畏四无礙解大慈
大悲大喜大捨十八佛不共法若不隨順脩
行无忘失法若不隨順脩恒住捨性若不隨順
脩行一切智若不隨順脩行道相智一切
相智若不隨順脩行一切陁羅尼門若不
隨順脩行一切三摩地門若不隨順脩行預
流果法若不隨順脩行一來不還阿羅漢果
法若不隨順脩行獨覺菩提法若不隨順脩
行一切菩薩摩訶薩行若不隨順脩行无
上正等菩提
善現當知如是住菩薩乘諸善男子善女人等
由此因緣或墮二處二地隨一謂聲聞地或
獨覺地所以者何是善男子善女人等不
能書寫受持讀誦思惟脩習甚深般若波羅
蜜多亦不能以甚深般若波羅蜜多攝他有
情復不能隨順脩行甚深般若波羅蜜多由
此因緣是善男子善女人等或墮二處二地
隨一謂聲門地或獨覺地
復次善現如泛大海所乘舡破其中諸人若不
取木不取器物不取浮囊不取板行不取
死屍為依附者定知溺死不至彼岸善現有

BD14161 號　大般若波羅蜜多經卷三一二　（24–4）

此因緣是善男子善女人等或墮二處二地
隨一謂聲門地或獨覺地
復次善現如泛大海所乘舡破其中諸人若不
取木不取器物不取浮囊不取板行不取
死屍為依附者定知溺死不至彼岸善現有
泛大海其舡雖破而中諸人若能取木器物
浮囊板片死屍以為依附當知是類終不沒
死得至安隱大海彼岸无損无害受諸妙樂
如是善現住菩薩乘諸善男子善女人等雖
於大乘成就少分信敬愛樂若不書寫受持
讀誦思惟脩習甚深般若波羅蜜多以為依附
若不書寫受持讀誦思惟脩習靜慮精進安
忍淨戒布施波羅蜜多以為依附若不書寫
受持讀誦思惟脩習內空以為依附若不書
寫受持讀誦思惟脩習外空內外空空空大
空勝義空有為空无為空畢竟空无際空散
空无變異空本性空自相空共相空一切法
空不可得空无性空自性空无性自性空以
為依附若不書寫受持讀誦思惟脩習真如
以為依附若不書寫受持讀誦思惟脩習法
界法性不虛妄性不變異性平等性離生性
法定法住實際虛空界不思議界以為依附
若不書寫受持讀誦思惟脩習苦聖諦以為
依附若不書寫受持讀誦思惟脩習集滅道
聖諦以為依附若不書寫受持讀誦思惟脩
習四靜慮以為依附若不書寫受持讀誦思
惟脩習四无量四无色定以為依附若不書

BD14161 號　大般若波羅蜜多經卷三一二　（24–5）

依附若不書寫受持讀誦思惟脩習集滅道
聖諦以為依附若不書寫受持讀誦思惟脩
習四静慮以為依附若不書寫受持讀誦思
惟脩習四无量四无色定以為依附若不書
寫受持讀誦思惟脩習八解脱以為依附若
不書寫受持讀誦思惟脩習八勝處九次苐
定十遍處以為依附若不書寫受持讀誦思
惟脩習四念住以為依附若不書寫受持讀
誦思惟脩習四正斷四神足五根五力七等
覺支八聖道支以為依附若不書寫受持讀
誦思惟脩習空解脱門以為依附若不書寫受
持讀誦思惟脩習无相无願解脱門以為依
附若不書寫受持讀誦思惟脩習菩薩十地
以為依附若不書寫受持讀誦思惟脩習五
眼以為依附若不書寫受持讀誦思惟脩習
六神通以為依附若不書寫受持讀誦思惟
脩習佛十力以為依附若不書寫受持讀誦
思惟脩習四无所畏四无礙解大慈大悲大
喜大捨十八佛不共法以為依附若不書寫
受持讀誦思惟脩習无忘失法以為依附若
不書寫受持讀誦思惟脩習恒住捨性以為
依附若不書寫受持讀誦思惟脩習一切智
以為依附若不書寫受持讀誦思惟脩習道
相智一切相智以為依附若不書寫受持讀
誦思惟脩習一切陁羅尼門以為依附若不
書寫受持讀誦思惟脩習一切三摩地門以

BD14161號　大般若波羅蜜多經卷三一二　（24–6）

相智一切相智以為依附若不書寫受持讀
誦思惟脩習一切陁羅尼門以為依附若不
書寫受持讀誦思惟脩習一切三摩地門以
為依附若不書寫受持讀誦思惟脩習一切
菩薩摩訶薩行以為依附若不書寫受持讀
誦思惟脩習諸佛无上正等菩提以為依附
善現當知如是住菩薩乘諸善男子善女人
等中道棄敗不證无上正等菩提退入聲聞
或獨覺地
善現住菩薩乘諸善男子善女人等有於大
乘成就圓滿信敬愛樂若能書寫受持讀誦
思惟脩習甚深般若波羅蜜多以為依附若
能書寫受持讀誦思惟脩習静慮精進安忍
淨戒布施波羅蜜多以為依附若能書寫受
持讀誦思惟脩習内空以為依附若能書寫
受持讀誦思惟脩習外空内外空空空大空
勝義空有為空无為空畢竟空无際空散空
无變異空本性空自相空共相空一切法空
不可得空无性空自性空无性自性空以為
依附若能書寫受持讀誦思惟脩習真如以
為依附若能書寫受持讀誦思惟脩習法界
法性不虚妄性不變異性平等性離生性法
定法住實際虚空界不思議界以為依附若
能書寫受持讀誦思惟脩習苦聖諦以為依
附若能書寫受持讀誦思惟脩習集滅道聖
諦以為依附若能書寫受持讀誦思惟脩習

BD14161號　大般若波羅蜜多經卷三一二　（24–7）

定法住實際虛空界不思議界以為依附若
能書寫受持讀誦思惟脩習苦聖諦以為依
附若能書寫受持讀誦思惟脩習集滅道聖
諦以為依附若能書寫受持讀誦思惟脩習
四靜慮以為依附若能書寫受持讀誦思惟
脩習四无量四无色定以為依附若能書寫
受持讀誦思惟脩習八解脫以為依附若能書
寫受持讀誦思惟脩習八勝處九次苐定十
遍處以為依附若能書寫受持讀誦思惟脩
習四念住以為依附若能書寫受持讀誦思
惟脩習四正斷四神足五根五力七等覺
支八聖道支以為依附若能書寫受持讀誦
思惟脩習空解脫門以為依附若能書寫受
持讀誦思惟脩習无相无願解脫門以為依
附若能書寫受持讀誦思惟脩習菩薩十地
以為依附若能書寫受持讀誦思惟脩習五
眼以為依附若能書寫受持讀誦思惟脩習
六神通以為依附若能書寫受持讀誦思惟
脩習佛十力以為依附若能書寫受持讀誦
思惟脩習四无所畏四无礙解大慈大悲大
喜大捨十八佛不共法以為依附若能書寫
受持讀誦思惟脩習无忘失法以為依附若
能書寫受持讀誦思惟脩習恒住捨性以為
依附若能書寫受持讀誦思惟脩習一切智
以為依附若能書寫受持讀誦思惟脩習道
相智一切相智以為依附若能書寫受持讀
誦思惟脩習一切陀羅尼門以為依附若

BD14161號　大般若波羅蜜多經卷三一二　（24–8）

能書寫受持讀誦思惟脩習恒住捨性以為
依附若能書寫受持讀誦思惟脩習一切智
以為依附若能書寫受持讀誦思惟脩習道
相智一切相智以為依附若能書寫受持讀
誦思惟脩習一切陀羅尼門以為依附若能
書寫受持讀誦思惟脩習一切三摩地門以
為依附若能書寫受持讀誦思惟脩習一切
菩薩摩訶薩行以為依附若能書寫受持讀
誦思惟脩習諸佛无上正等菩提以為依附
善現當知如是住菩薩乘諸善男子善女人
等終不中道退入聲聞或獨覺地定證无上
正等菩提
善現如人欲度險惡曠野若不攝受資糧器
具不能達到安樂國土於其中道遭苦失命
如是善現住菩薩乘諸善男子善女人等發
於無上正等菩提有信有忍有淨心有深心
有樂欲有勝解有捨有精進若不攝受甚深
般若波羅蜜多若不攝受靜慮精進安忍淨
戒布施波羅蜜多若不攝受內空若不攝受
外空內外空空空大空勝義空有為空無為
空畢竟空無際空散空無變異空本性空自
相空共相空一切法空不可得空無性空自
性空無性自性空若不攝受真如若不攝受
法界法性不虛妄性不變異性平等性離生
性法定法住實際虛空界不思議界若不攝
受苦聖諦若不攝受集滅道聖諦若不攝受
四靜慮若不攝受四無量四無色定若不攝

BD14161號　大般若波羅蜜多經卷三一二　（24–9）

性空無性自性空若不攝受真如若不攝受
法界法性不虛妄性不變異性平等性離生
性法定法住實際虛空界不思議界若不攝
受苦聖諦若不攝受集滅道聖諦若不攝受
四靜慮若不攝受四無量四無色定若不攝
受八解脫若不攝受八勝處九次第定十遍
處若不攝受四念住若不攝受四正斷四神
足五根五力七等覺支八聖道支若不攝受
空解脫門若不攝受無相無願解脫門若不
攝受菩薩十地若不攝受五眼若不攝受六
神通若不攝受佛十力若不攝受四無所畏
四無礙解大慈大悲大喜大捨十八佛不共
法若不攝受無忘失法若不攝受恒住捨性
若不攝受一切智若不攝受道相智一切相智
若不攝受一切陀羅尼門若不攝受一切三
摩地門若不攝受一切菩薩摩訶薩行若
不攝受諸佛無上正等菩提善現當知如是
住菩薩乘諸善男子善女人等中道衰敗不
證無上正等菩提退入聲聞或獨覺地
善現如人欲度險惡曠野若能攝受資糧器
具必當達到安樂國土終不中道遭苦捨命
如是善現住菩薩乘諸善男子善女人等若
於無上正等菩提有信有忍有淨心有樂心
有樂欲有勝解有捨有精進復能攝受甚深
般若波羅蜜多復能攝受靜慮精進安忍淨
戒布施波羅蜜多復能攝受內空復能攝受

BD14161 號　大般若波羅蜜多經卷三一二　（24–10）

於無上正等菩提有信有忍有淨心有樂心
有樂欲有勝解有捨有精進復能攝受甚深
般若波羅蜜多復能攝受靜慮精進安忍淨
戒布施波羅蜜多復能攝受內空復能攝受
外空內外空空空大空勝義空有為空無為空
畢竟空無際空散空無變異空本性空自相
空共相空一切法空不可得空無性空自性空
無性自性空復能攝受真如復能攝受法界法
性不虛妄性不變異性平等性離生性法
定法住實際虛空界不思議界復能攝受
苦聖諦復能攝受集滅道聖諦復能攝受
四靜慮復能攝受四無量四無色定復能攝
受八解脫復能攝受八勝處九次第定十遍
處復能攝受四念住復能攝受四正斷四神
足五根五力七等覺支八聖道支復攝受空
解脫門復能攝受無相無願解脫門復能攝
受菩薩十地復能攝受五眼復能攝受六神
通復能攝受佛十力復能攝受四無所畏四
無礙解大慈大悲大喜大捨十八佛不共法
復能攝受無忘失法復能攝受恒住捨性復
能攝受一切智復能攝受道相智一切相智
復能攝受一切陀羅尼門復能攝受一切三
摩地門復能攝受一切菩薩摩訶薩行復能
攝受諸佛無上正等菩提善現當知如是住
菩薩乘諸善男子善女人等終不中道衰耗
退敗超聲聞地及獨覺地成熟有情嚴淨
佛土證得無上正等菩提

BD14161 號　大般若波羅蜜多經卷三一二　（24–11）

摩地門復能攝受一切菩薩摩訶薩行復能
攝受諸佛無上正等菩提善現當知如是住
菩薩乘諸善男子善女人等終不中道衰耗
退敗起聲聞地及獨覺地成熟有情嚴 淨
佛土證得無上正等菩提
善現譬如男子或諸女人執持坏瓶詣河取水
若池若井若泉若渠當知此瓶不久爛壞何
以故是瓶未熟不堪盛水終歸地故 如是善
現有菩薩乘諸善男子善女人等設於無上
正等菩提有信有忍有淨心有樂
欲有勝解有捨有精進若不攝受甚深般若
波羅蜜多方便善巧若不攝受靜慮精進安
忍淨戒布施波羅蜜多若不攝受內空若不
攝受外空內外空空空大空勝義空有為空
無為空畢竟空無際空散空無變異空本性
空自相空共相空一切法空不可得空無性空
自性空無性自性空 若不攝受真如若不
攝受法界法性不虛妄性不變異性平等性
離生性法定法住實際虛空界不思議界若
不攝受苦聖諦若不攝受集滅道聖諦若不
攝受四靜慮若不攝受四無量四無色定若
不攝受八解脫若不攝受八勝處九次第定
十遍處若不攝受四念住若不攝受四正斷
四神足五根五力七等覺支八聖道支若不
攝受空解脫門若不攝受無相無願解脫門
若不攝受菩薩十地若不攝受五眼若不攝
受六神通若不攝受佛十力若不攝受四無

BD14161號　大般若波羅蜜多經卷三一二　（24–12）

四神足五根五力七等覺支八聖道支若不
攝受空解脫門若不攝受無相無願解脫門
若不攝受菩薩十地若不攝受五眼若不攝
受六神通若不攝受佛十力若不攝受四無
所畏四無礙解大慈大悲大喜大捨十八佛
不共法若不攝受無忘失法若不攝受恒住
捨性若不攝受一切智若不攝受道相智一
切相智若不攝受一切陀羅尼門若不攝受
一切三摩地門若不攝受一切菩薩摩訶薩
行若不攝受諸佛無上正等菩提善現當知
如是住菩薩乘諸善男子善女人等中道衰
敗不證無上正等菩提退入聲聞或獨覺地
善現譬如男子或諸女人持燒熟瓶詣河取
水若池若井若泉若渠當知此瓶終不爛壞
何以故是瓶善熟堪任盛水極堅牢故如是
善現有菩薩乘諸善男子善女人等若於
无上正等菩提有信有忍有淨心有樂
欲有勝解有捨有精進復能攝受甚深般若
波羅蜜多方便善巧復能攝受靜慮精進
安忍淨戒布施波羅蜜多復能攝受內空復
能攝受外空內外空空空大空勝義空有為
空无為空畢竟空无際空散空无變異空本
性空自相空共相空一切法空不可得空无性
空自性空无性自性空復能攝受真如復能
攝受法界法性不虛妄性不變異性平等性
離生性法定法住實際虛空界不思議界復
能攝受苦聖諦復能攝受集滅道聖諦復能

BD14161號　大般若波羅蜜多經卷三一二　（24–13）

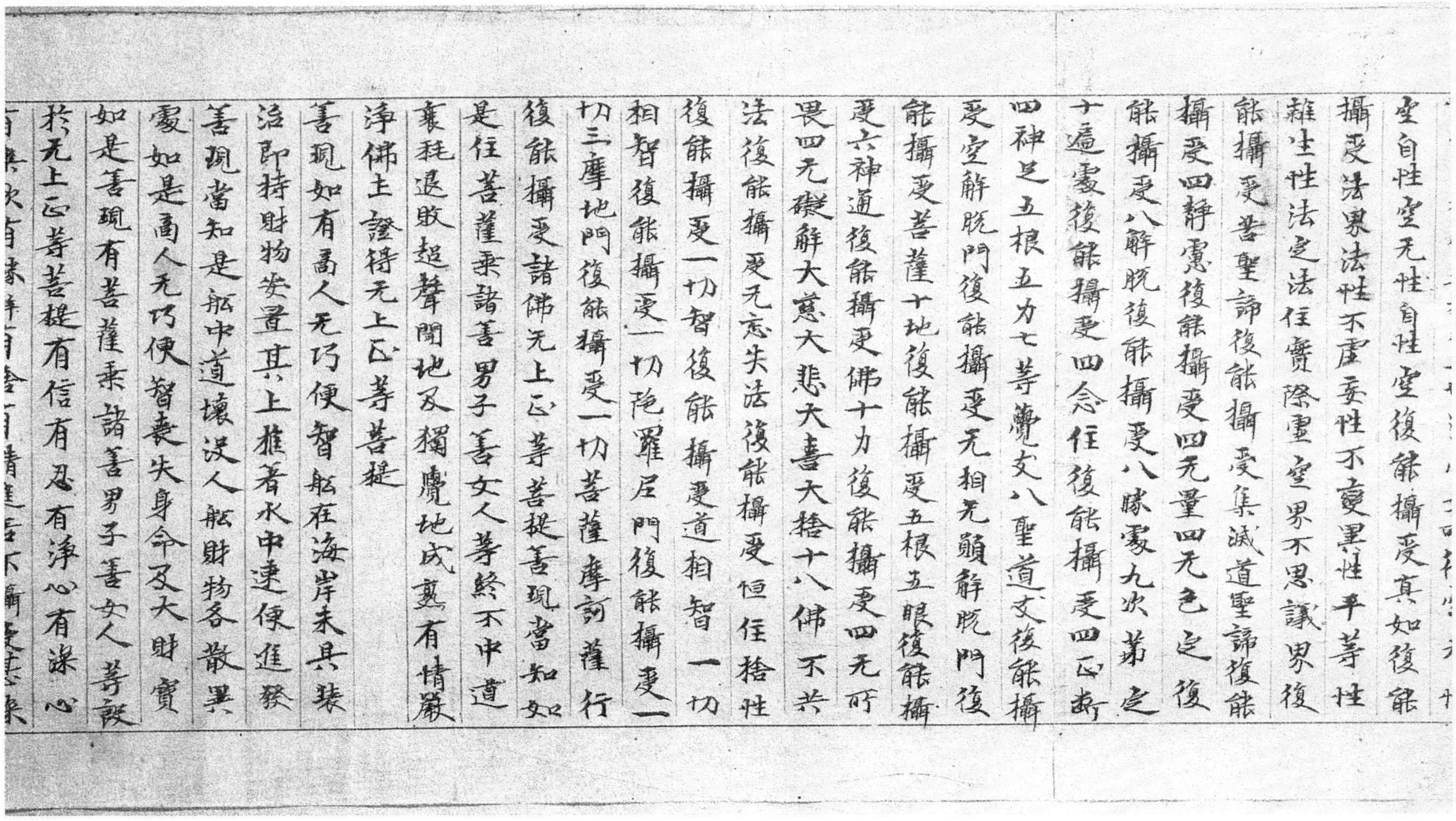
空自性空无性自性空復能攝受真如復能
攝受法界法性不虛妄性不變異性平等性
離生性法定法住實際虛空界不思議界復
能攝受苦聖諦復能攝受集滅道聖諦復能
攝受四靜慮復能攝受四无量四无色定復
能攝受八解脫復能攝受八勝處九次第定
十遍處復能攝受四念住復能攝受四正斷
四神足五根五力七等覺支八聖道支復能攝
受空解脫門復能攝受无相无願解脫門復
能攝受菩薩十地復能攝受五眼復能攝
受六神通復能攝受佛十力復能攝受四无所
畏四无礙解大慈大悲大喜大捨十八佛不共
法復能攝受无忘失法復能攝受恒住捨性
復能攝受一切智復能攝受道相智一切
相智復能攝受一切陁羅尼門復能攝受一
切三摩地門復能攝受一切菩薩摩訶薩行
復能攝受諸佛无上正等菩提善現當知如
是住菩薩乘諸善男子善女人等終不中道
衰耗退敗超聲聞地及獨覺地成熟有情嚴
淨佛土證得无上正等菩提
善現如有商人无巧便智船在海岸未具裝
治即持財物安置其上推著水中速便進發
善現當知是船中道壞沒人船財物各散異
處如是商人无巧便智喪失身命及大財寶
如是善現有菩薩乘諸善男子善女人等設
於无上正等菩提有信有忍有淨心有深心

BD14161號　大般若波羅蜜多經卷三一二　（24–14）

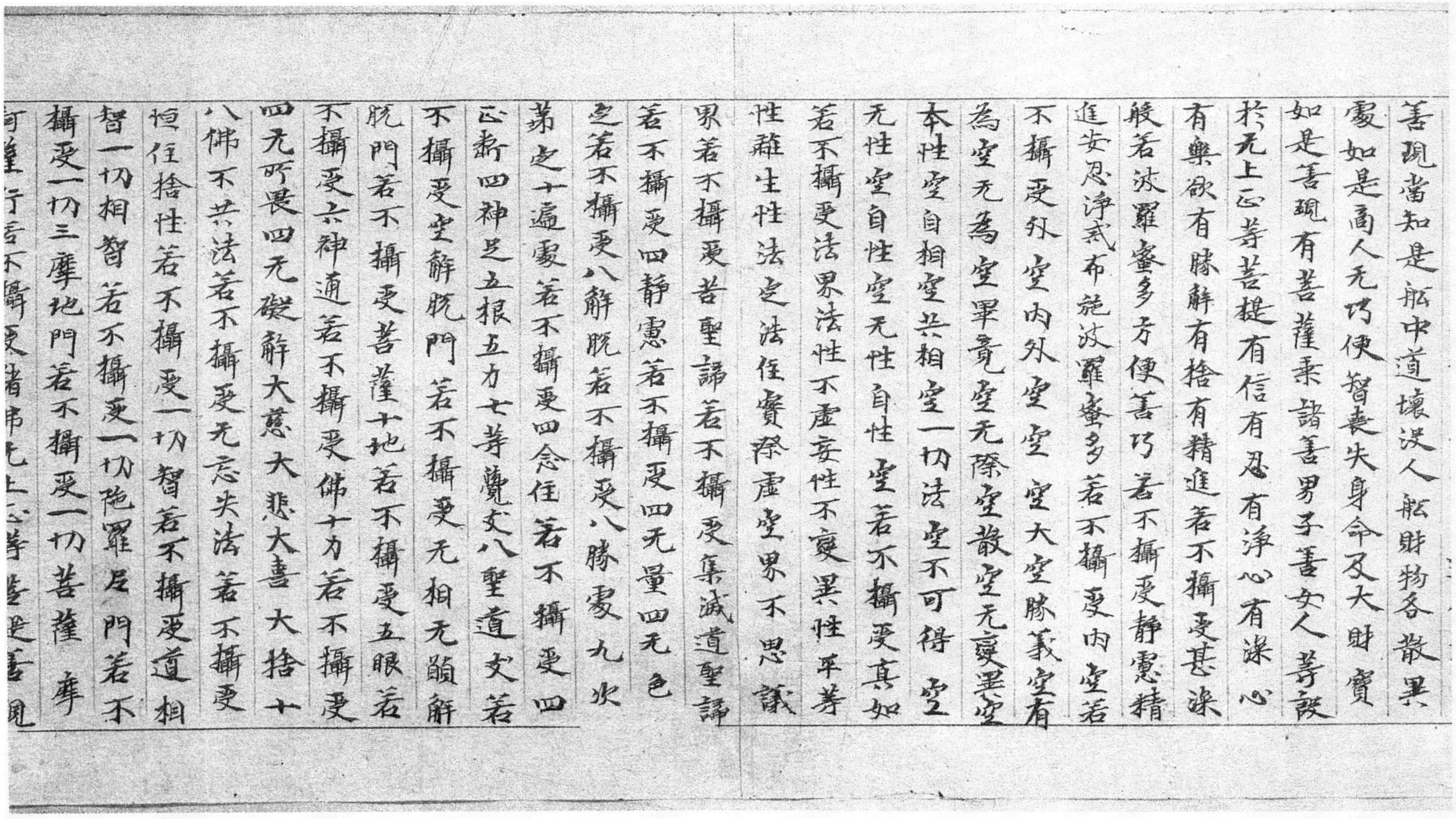
善現當知是船中道壞沒人船財物各散異
處如是商人无巧便智喪失身命及大財寶
如是善現有菩薩乘諸善男子善女人等設
於无上正等菩提有信有忍有淨心有深心
有樂欲有勝解有捨有精進若不攝受甚深
般若波羅蜜多方便善巧若不攝受靜慮精
進安忍淨戒布施波羅蜜多若不攝受內空若
不攝受外空內外空空空大空勝義空有
為空无為空畢竟空无際空散空无變異空
本性空自相空共相空一切法空不可得空
无性空自性空无性自性空若不攝受真如
若不攝受法界法性不虛妄性不變異性平等
性離生性法定法住實際虛空界不思議
界若不攝受苦聖諦若不攝受集滅道聖諦
若不攝受四靜慮若不攝受四无量四无色
定若不攝受八解脫若不攝受八勝處九次
第定十遍處若不攝受四念住若不攝受四
正斷四神足五根五力七等覺支八聖道支若
不攝受空解脫門若不攝受无相无願解
脫門若不攝受菩薩十地若不攝受五眼若
不攝受六神通若不攝受佛十力若不攝受
四无所畏四无礙解大慈大悲大喜大捨十
八佛不共法若不攝受无忘失法若不攝受
恒住捨性若不攝受一切智若不攝受道相
智一切相智若不攝受一切陁羅尼門若不
攝受一切三摩地門若不攝受一切菩薩摩

BD14161號　大般若波羅蜜多經卷三一二　（24–15）

恒住捨性若不攝受一切智若不攝受道相
智一切相智若不攝受一切陁羅尼門若不
攝受一切三摩地門若不攝受一切菩薩摩
訶薩行若不攝受諸佛无上正等菩提善現
當知如是住菩薩乘諸善男子善女人等中
道衰敗喪失身命及大財寶喪身命者謂墮
聲聞或獨覺地失財寶者謂失无上正等
菩提
善現譬如商人有巧便智先在海岸裝治船
已方牽入水知无穿穴後持財物置上而去
善現當知是船必不壞沒人物安隱達所至
處如是善現有菩薩乘諸善男子善女人等
若於无上正等菩提有信有忍有淨心有深
心有樂欲有勝解有捨有精進復能攝受甚
深般若波羅蜜多方便善巧復能攝受靜
慮精進安忍淨戒布施波羅蜜多復能攝受
內空復能攝受外空內外空空空大空勝義
空有為空无為空畢竟空无際空散空无變
異空本性空自相空共相空一切法空不可得
空无性空自性空无性自性空復能攝受真
如復能攝受法界法性不虛妄性不變異性平
等性離生性法定法住實際虛空界不思
議界復能攝受苦聖諦復能攝受集滅道聖
諦復能攝受四靜慮復能攝受四无量四无
色定復能攝受八解脫復能攝受八勝處九
次第定十遍處復能攝受四念住復能攝
[illegible]

識界復能攝受苦聖諦復能攝受集滅道聖
諦復能攝受四靜慮復能攝受四无量四无
色定復能攝受八解脫復能攝受八勝處九
次第定十遍處復能攝受四念住復能攝
受四正斷四神足五根五力七等覺支八聖道
支復能攝受空解脫門復能攝受无相无願
解脫門復能攝受菩薩十地復能攝受五眼
復能攝受六神通復能攝受佛十力復能攝受
四无所畏四无礙解大慈大悲大喜大捨十八
佛不共法復能攝受无忘失法復能攝
受恒住捨性復能攝受一切智復能攝受道
相智一切相智復能攝受一切陁羅尼門復
能攝受一切三摩地門復能攝受一切菩薩
摩訶薩行行有能攝受諸佛无上正等菩提
善現當知如是住菩薩乘諸善男子善女人
等終不中道衰耗退敗超聲聞地及獨覺地
成熟有情嚴淨佛土證得无上正等菩提
善現譬如有人年百二十老耄衰朽又加衆
病所謂風病熱病淡病或三雜病善現於意
云何是老病人頗從床座能自起不善現答
言不也世尊佛言善現是人設有扶令起立
亦無力行一俱盧舍二俱盧舍三俱盧舍所
以者何老病甚故如是善現有菩薩乘諸善
男子善女人等設於无上正等菩提有信有
忍有淨心有深心有樂欲有勝解有捨有精
進若不攝受甚深般若波羅蜜多方便善巧
若不攝受靜慮精進安忍淨戒布施波羅蜜

男子善女人等設於无上正等菩提有信有
忍有淨心有深心有樂欲有勝解有捨有精
進若不攝受甚深般若波羅蜜多方便善巧
若不攝受靜慮精進安忍淨戒布施波羅蜜
多若不攝受內空若不攝受外空內外空空
空大空勝義空有為空无為空畢竟空无
際空散空无變異空本性空自相空共相空
一切法空不可得空无性空自性空无性自性空
若不攝受真如若不攝受法界法性不虛妄
性不變異性平等性離生性法定法住實際
虛空界不思議界若不攝受苦聖諦若不攝
受集滅道聖諦若不攝受四靜慮若不攝受
四无量四无色定若不攝受八解脫若不攝受
八勝處九次第定十遍處若不攝受四念住
若不攝受四正斷四神足五根五力七等覺
支八聖道支若不攝受空解脫門若不攝
受无相无願解脫門若不攝受菩薩十地若
不攝受五眼若不攝受六神通若不攝受佛
十力若不攝受四无所畏四无礙解大慈大
悲大喜大捨十八佛不共法若不攝受无忘
失法若不攝受恒住捨性若不攝受一切智
若不攝受道相智一切相智若不攝受一切
陀羅尼門若不攝受一切三摩地門若不攝
受一切菩薩摩訶薩行若不攝受諸佛无上
正等菩提善現當知如是住菩薩乘諸善男
子善女人等中道衰敗不證无上正等菩提
退入聲聞或獨覺地何以故以不攝受甚深

受一切菩薩摩訶薩行若不攝受諸佛无上
正等菩提善現當知如是住菩薩乘諸善男
子善女人等中道衰敗不證无上正等菩提
退入聲聞或獨覺地何以故以不攝受甚深
般若波羅蜜多乃至諸佛无上正等菩提无
善巧方便故
善現譬如有人年百二十老耄衰朽又加衆
病所謂風病熱病淡病或三雜病是老病人
欲從床座起往他處而自不能有兩健人各
扶一腋徐策令起而告之言莫有所難隨意
欲往我等二人終不相棄必達所趣安隱无
損如是善現有菩薩乘諸善男子善女人等
若於无上正等菩提有信有忍有淨心有深
心有樂欲有勝解有捨有精進復能攝受甚
深般若波羅蜜多方便善巧復能攝受靜
慮精進安忍淨戒布施波羅蜜多復能攝受
內空復能攝受外空內外空空空大空勝義
空有為空无為空畢竟空无際空散空无變
異空本性空自相空共相空一切法空不可
得空无性空自性空无性自性空復能攝受
真如復能攝受法界法性不虛妄性不變異性
平等性離生性法定法住實際虛空界不思
議界復能攝受苦聖諦復能攝受集滅道聖
諦復能攝受四靜慮復能攝受四无量四无
色定復能攝受八解脫復能攝受八勝處九
次第定十遍處復能攝受四念住復能攝受
四正斷四神足五根五力七等覺支八聖道支

諦復能攝受四靜慮復能攝受四无量四无
色定復能攝受八解脫復能攝受八勝處九
次第定十遍處復能攝受四念住復能攝受
四正斷四神足五根五力七等覺支八聖道支
復能攝受空解脫門復能攝受無相无願
解脫門復能攝受菩薩十地復能攝受五眼
復能攝受六神通復能攝受佛十力復能攝
受四无所畏四无礙解大慈大悲大喜大捨十
八佛不共法復能攝受无忘失法復能攝受
恒住捨性復能攝受一切智復能攝受道
相智一切相智復能攝受一切陁羅尼門復能
攝受一切三摩地門復能攝受一切菩薩摩
訶薩行復能攝受諸佛无上正等菩提善現
當知如是住菩薩乘諸善男子善女人等終
不中道衰耗退敗起聲聞地及獨覺地成熟
有情嚴淨佛土證得无上正等菩提何以故
以能攝受甚深般若波羅蜜多乃至諸佛无
上正等菩提有善巧方便故
尒時具壽善現白佛言世尊云何住菩薩乘
諸善男子善女人等由不攝受甚深般若波羅
蜜多亦不攝受方便善巧故退墮聲聞及獨
覺地佛言善現善哉善哉汝為利樂住菩
薩乘諸善男子善女人等諸問如來如是要
事汝今諦聽當為汝說善現有菩薩乘善
男子善女人等從初發心住我我所執修行布
施波羅蜜多住我我所執修行淨戒波羅
蜜多住我我所執修行安忍波羅蜜多住我

BD14161 號　大般若波羅蜜多經卷三一二　（24–20）

事汝今諦聽當為汝說善現有菩薩乘善
男子善女人等從初發心住我我所執修行布
施波羅蜜多住我我所執修行淨戒波羅
蜜多住我我所執修行安忍波羅蜜多住我
我所執修行精進波羅蜜多住我我所執修
行靜慮波羅蜜多住我我所執修行般若波
羅蜜多善現此善男子善女人等修布施時
作如是念我能行布施彼受我所施我施如是
物修淨戒時作如是念我能持戒是我所
持我成就是戒修安忍時作如是念我能修
忍彼是我所忍我成就是忍修精進時作如
是念我能精進我為此精進我具是精進修
靜慮時作如是念我能修定我為此修定我
成就是定修般若時作如是念我能修慧我
為此修慧我成就是慧復次善現此菩薩乘
諸善男子善女人等修有施時執有布施
執由此布施執布施為我所修淨戒時執有
是淨戒執由此淨戒執淨戒為我所修安忍
時執有是安忍執由此安忍執安忍為我所
修精進時執有是精進執由此精進執精進
為我所修靜慮時執有是靜慮執由此靜慮
執靜慮為我所修般若時執有是般若執由
此般若執般若為我所所以者何布施波羅蜜
多中无如是分別何以故遠離此彼岸是布
施波羅蜜多相故淨戒波羅蜜多中无如
是分別何以故遠離此彼岸是淨戒波羅蜜
多相故安忍波羅蜜多中无如是分別何以

BD14161 號　大般若波羅蜜多經卷三一二　（24–21）

多中无如是分別何以故遠離此彼岸是布
施波羅蜜多相故淨戒波羅蜜多中无如
是分別何以故遠離此彼岸是淨戒波羅蜜
多相故安忍波羅蜜多中无如是分別何以
故遠離此彼岸是安忍波羅蜜多相故精進
波羅蜜多中无如是分別何以故遠離此彼
岸是精進波羅蜜多相故靜慮波羅蜜多中
无如是分別何以故遠離此彼岸是靜慮波
羅蜜多相故般若波羅蜜多中无如是分別
何以故遠離此彼岸是般若波羅蜜多相故
善現此菩薩乘諸善男子善女人等不知此
岸彼岸相故不能攝受布施波羅蜜多不能
攝受淨戒安忍精進靜慮般若波羅蜜多
不能攝受內空不能攝受外空內外空空空
大空勝義空有為空无為空畢竟空无際空
散空无變異空本性空自相空共相空一切
法空不可得空无性空自性空无性自性空不
能攝受真如不能攝受法界法性不虛妄性
不變異性平等性離生性法定法住實際虛
空界不思議界不能攝受苦聖諦不能攝受
集滅道聖諦不能攝受四靜慮不能攝受四
无量四无色定不能攝受八解脫不能攝受八
勝處九次第定十遍處不能攝受四念住不能
攝受四正斷四神足五根五力七等覺支
八聖道支不能攝受空解脫門不能攝受
无相无願解脫門不能攝受菩薩十地不能

无量四无色定不能攝受八解脫不能攝受八
勝處九次第定十遍處不能攝受四念住不能
攝受四正斷四神足五根五力七等覺支
八聖道支不能攝受空解脫門不能攝受
无相无願解脫門不能攝受菩薩十地不能
攝受五眼不能攝受六神通不能攝受佛十
力不能攝受四无所畏四无礙解大慈大悲
大喜大捨十八佛不共法不能攝受無忘失
法不能攝受恒住捨性不能攝受一切智不
能攝受道相智一切相智不能攝受一切陀
羅尼門不能攝受一切三摩地門不能攝受
一切菩薩摩訶薩行不能攝受諸佛无上
正等菩提善現因緣此菩薩乘諸善男子
善女人等隨聲聞地或獨覺地不能證无上正
等菩提

大般若波羅蜜多經卷第三百一十二

義泉第一校

龍藏第二校

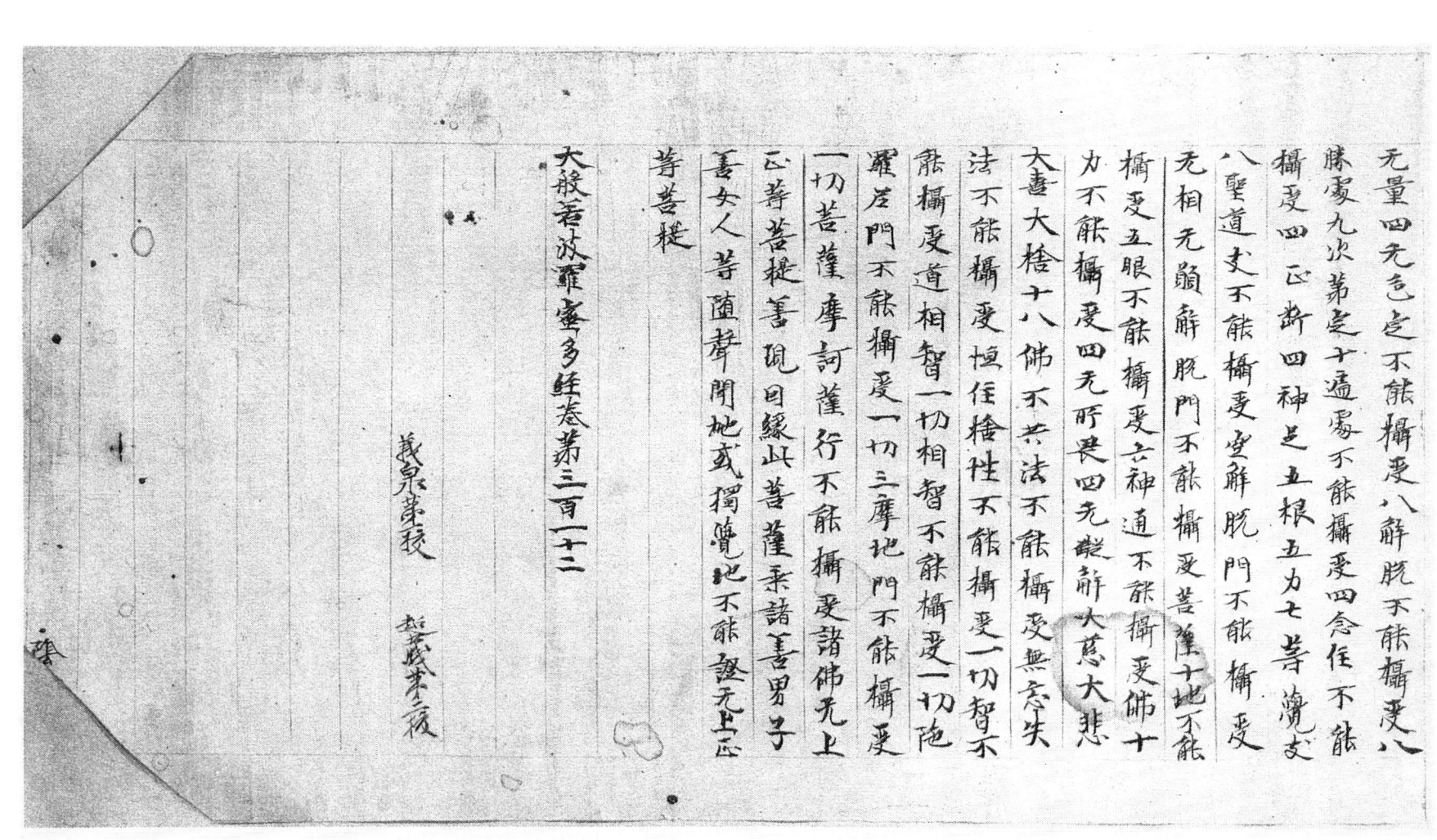

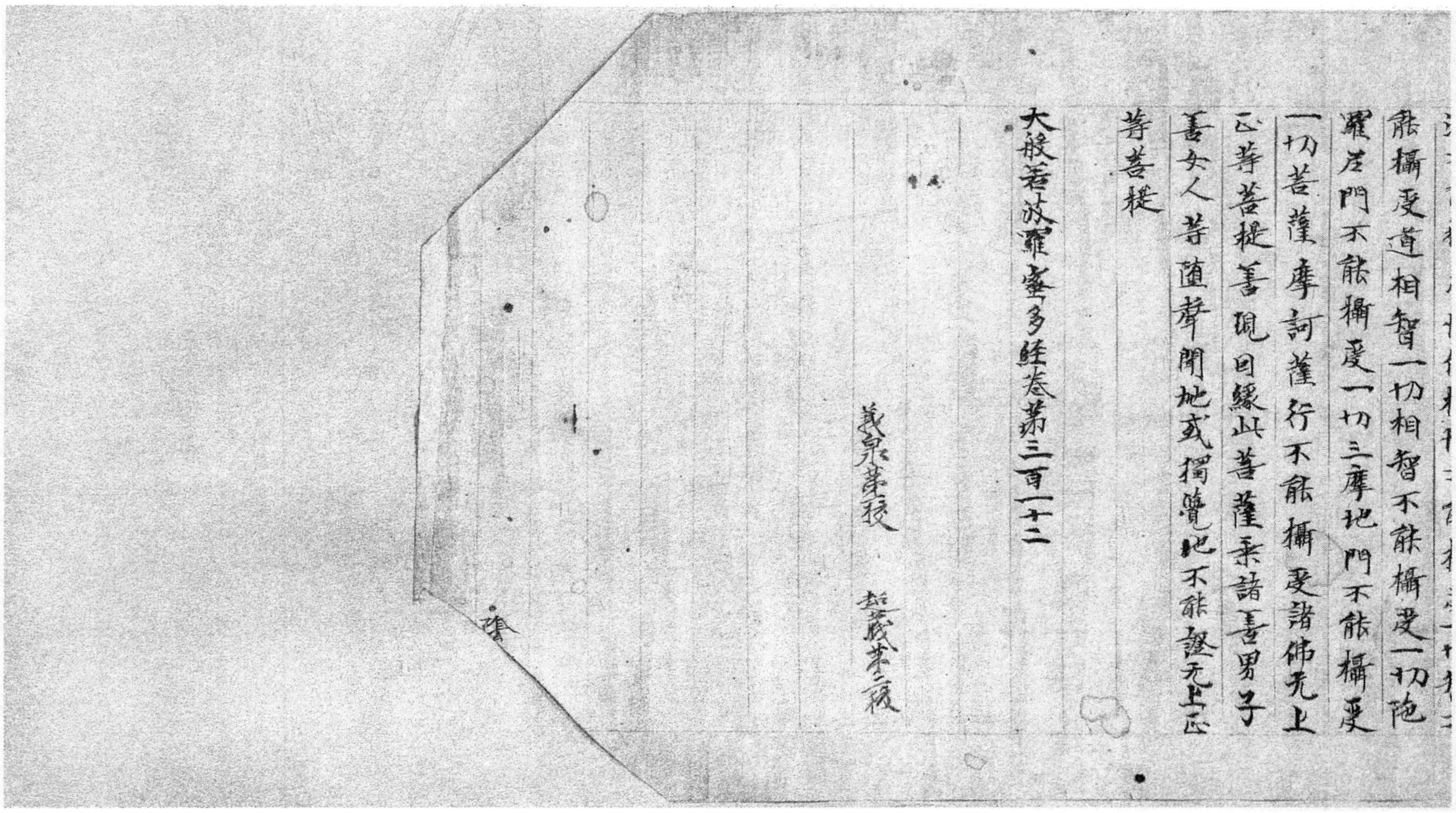

BD14161 號　大般若波羅蜜多經卷三一二　　（24–24）

BD14162 號背　護首、題記　　（1–1）

大般若波羅蜜多經卷第三百七十二
初分遍學道品第六十四之七　三藏法師玄奘奉　詔譯
善現由此因緣當知一切有二想者定无布
施波羅蜜多亦无淨戒波羅蜜多亦无安忍
波羅蜜多亦无精進波羅蜜多亦无靜慮波
羅蜜多亦无般若波羅蜜多无道无果亦无
現觀下至順忍欲尚非有况有色遍知况有

BD14162 號　大般若波羅蜜多經卷三七二　（22–1）

大般若波羅蜜多經卷第三百七十二
初分遍學道品第六十四之七　三藏法師玄奘奉　詔譯
善現由此因緣當知一切有二想者定无布
施波羅蜜多亦无淨戒波羅蜜多亦无安忍
波羅蜜多亦无精進波羅蜜多亦无靜慮波
羅蜜多亦无般若波羅蜜多无道无果亦无
現觀下至順忍欲尚非有况有色遍知况有
受想行識遍知况有眼處遍知况有耳鼻舌
身意處遍知况有色處遍知况有聲香味觸
法處遍知况有眼界遍知况有耳鼻舌身意
界遍知况有色界遍知况有聲香味觸法界
遍知况有眼識界遍知况有耳鼻舌身意識
界遍知况有眼觸遍知况有耳鼻舌身意觸
遍知况有眼觸為緣所生諸受遍知况有耳
鼻舌身意觸為緣所生諸受遍知况有地界
遍知况有水火風空識界遍知况有因緣遍知
况有等无間緣所緣緣增上緣遍知况有
无明遍知况有行識名色六處觸受愛取有
生老死愁歎苦憂惱遍知况有布施波羅蜜
多遍知况有淨戒安忍精進靜慮般若波羅蜜
多遍知况有內空遍知况有外空內外空
空空大空勝義空有為空无為空畢竟空无
際空散空无變異空本性空自相空共相空
一切法空不可得空无性空自性空无性自
性空遍知况有四念住遍知况有四正斷四
神足五根五力七等覺支八聖道支遍知况
有苦聖諦遍知况有集滅道聖諦遍知况

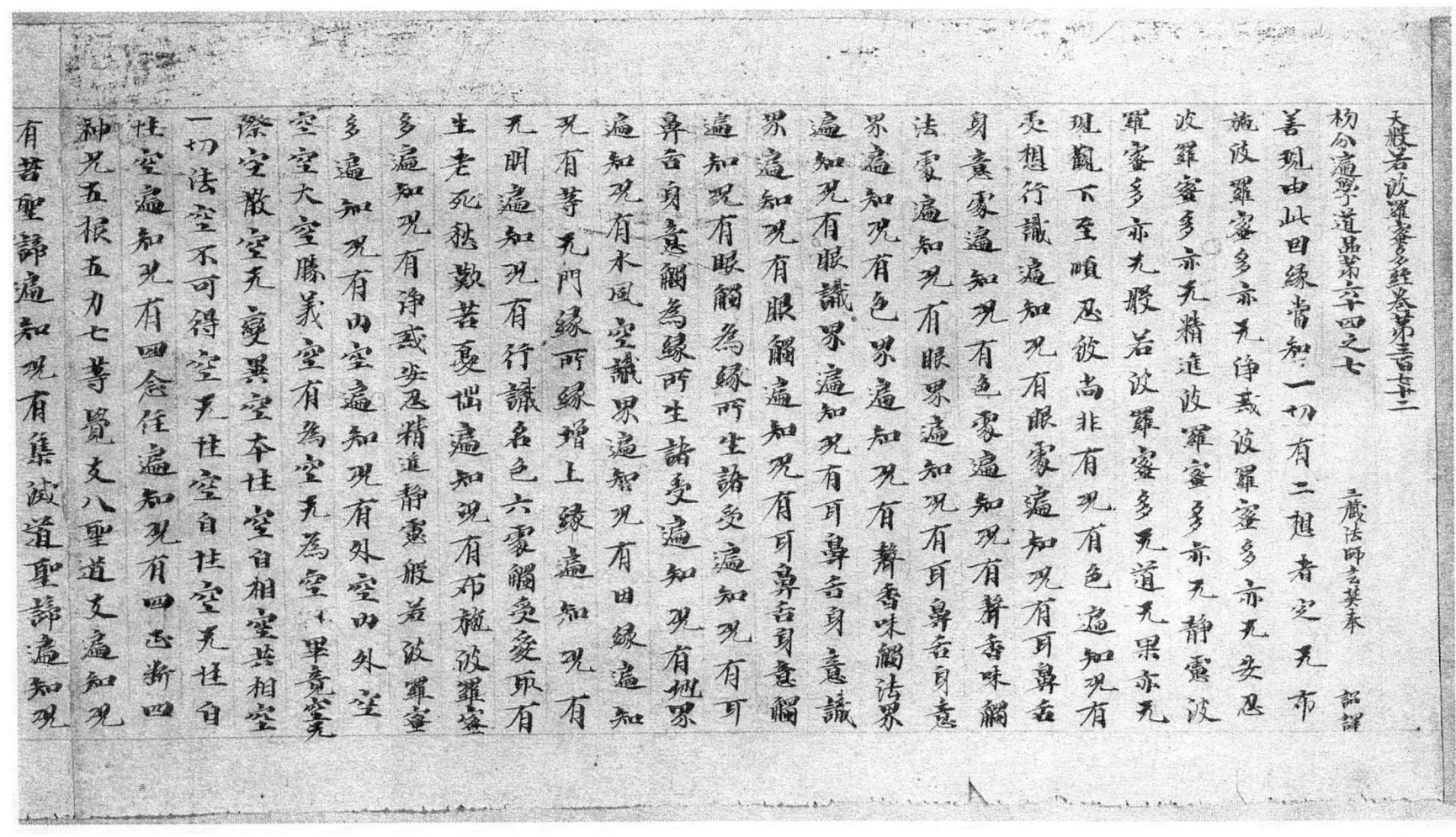

BD14162 號　大般若波羅蜜多經卷三七二　（22–2）

際空散空无變異空本性空自相空共相空
一切法空不可得空无性空自性空无性自
性空遍知見有四念住遍知見有四正斷四
神足五根五力七等覺支八聖道支遍知見
有苦聖諦遍知見有集滅道聖諦遍知見
有四靜慮遍知見有四无量四无色定遍知見
有八解脫遍知見有八勝處九次第定十遍
處遍知見有一切三摩地門遍知見有一切
陁羅尼門遍知見有空解脫門遍知見有无
相无願解脫門遍知見有極喜地遍知見有
離垢地發光地焰慧地極難勝地現前地遠
行地不動地善慧地法雲地遍知見有五眼
遍知見有六神通遍知見有佛十力遍知見
有四无所畏四无礙解十八佛不共法遍知
見有大慈大悲大喜大捨遍知見
有无忘失法遍知見有恒住捨性遍知見有
一切智遍知見有道相智一切相智遍知見
有預流果遍知見有一來不還阿羅漢果
獨覺菩提遍知見有一切菩薩摩訶薩行遍知
見有諸佛无上正等菩提遍知欲尚不能脩
諸聖道見得預流一來不還阿羅漢果獨
覺菩提見復能得一切智智及能永斷一切煩
惱習氣相續

初分三漸次品第六十五之一

尒時具壽善現白佛言世尊住有想者若无
順忍无道无果亦无現觀住无想者豈有順
忍若淨觀地若種性地若第八地若見地若
薄地若離欲地若已辨地若獨覺地若菩薩

初分三漸次品第六十五之一

尒時具壽善現白佛言世尊住有想者若无
順忍无道无果亦无現觀住无想者豈有順
忍若淨觀地若種性地若第八地若見地若
薄地若離欲地若已辨地若獨覺地若菩薩
地若如來地若脩聖道因脩聖道斷諸煩惱
或聲聞想應或獨覺想應由斯煩惱所覆障
故諸菩薩摩訶薩豈能入菩薩正性離生若
不能入菩薩正性離生豈能證得一切相智
若不能證得一切相智豈能永斷一切煩惱
習氣相續世尊若一切法都无所有无生无
滅无染无淨如是諸法既都不生豈能證得
一切智智佛言善現如是如是如汝所說住
无相者亦无順忍无淨觀地无種姓地无第
八地无見地无薄地无離欲地无已辨地无
獨覺地无菩薩地无如來地无脩聖道因脩
聖道斷諸煩惱或聲聞相應或獨覺相應由
斯煩惱所覆障故諸菩薩摩訶薩應不能入
菩薩正性離生若不能入菩薩正性離生應
不能證得一切相智若不能證得一切相智
應不能永斷一切煩惱習氣相續善現若一
切法都无所有无生无滅无染无淨如是諸
法既都不生何能證得一切智智
具壽善現白佛言世尊菩薩摩訶薩行深般
若波羅蜜多時為有有想為有无想不為有色
想有受想行識想不為有眼處想有耳鼻舌
身意處想不為有色處想有聲香味觸法處
想不為有眼界想有耳鼻舌身意界想不為

具壽善現白佛言世尊菩薩摩訶薩行深般
若波羅蜜多時為有有想有无想不為有色
想有受想行識想不為有眼處想有耳鼻舌
身意處想不為有色處想有聲香味觸法處
想不為有眼界想有耳鼻舌身意界想不為
有色界想有聲香味觸法界想不為有眼識
界想有耳鼻舌身意識界想不為有眼觸想
有耳鼻舌身意觸想不為有眼觸為緣所生
諸受想有耳鼻舌身意觸為緣所生諸受想
不為有地界想有水火風空識界想不為有
因緣想有等无間緣所緣緣增上緣想不為有
貪想有瞋癡想不為有无明想有行識名
色六處觸受愛取有生老死愁歎苦憂惱想
不為有布施波羅蜜多想有淨戒安忍精進
靜慮般若波羅蜜多想不為有內空想有外
空內外空空空大空勝義空有為空无為空
畢竟空无際空散空无變異空本性空自相
空共相空一切法空不可得空无性空自性
空无性自性空想不為有四念住想有四正
斷四神足五根五力七等覺支八聖道支想
不為有苦聖諦想有集滅道聖諦想不為
有四靜慮想有四无量四无色定想不為有八
解脫想有八勝處九次第定十遍處想不為
有三摩地門想有陁羅尼門想不為有空解
脫門想有无相无願解脫門想不為有極
喜地想有離垢地發光地焰慧地極難勝地現
前地遠行地不動地善慧地法雲地想不為
有五眼想有六神通想不為有佛十力想有

脫門想有无相无願解脫門想不為有極
喜地想有離垢地發光地焰慧地極難勝地現
前地遠行地不動地善慧地法雲地想不為
有五眼想有六神通想不為有佛十力想有
四无所畏四无礙解十八佛不共法想不為有
大慈想有大悲大喜大捨想不為有无忘失
法想有恒住捨性想不為有一切智想有
道相智一切相智想不為有預流果想不一
來不還阿羅漢果獨覺菩提想不為有菩薩
摩訶薩行想有諸佛无上正等菩提想不為
有一切智智想不為有永斷一切煩惱習氣相
續想不為有色想有色斷想不為有受想
行識想有受想行識斷想不為有眼處想有
眼處斷想不為有耳鼻舌身意處想有耳鼻
舌身意處斷想不為有色處想有色處斷
想不為有聲香味觸法處想有聲香味觸法
處斷想不為有眼界想有眼界斷想不為有耳
鼻舌身意界想有耳鼻舌身意界斷想不為
有色界想有色界斷斷想不為有聲香味觸法
界想有聲香味觸法界斷想不為有眼識界
想有眼識界斷想不為有耳鼻舌身意識界
想有耳鼻舌身意識界斷想不為有眼觸想
有眼觸斷想不為有耳鼻舌身意觸想有耳
鼻舌身意觸斷想不為有眼觸為緣所生諸
受想有眼觸為緣所生諸受斷想不為有耳
鼻舌身意觸為緣所生諸受想有耳鼻舌身
意觸為緣所生諸受想不為有地界想有

鼻舌身意觸斷想不為有眼觸為緣所生諸
受想有眼觸為緣所生諸受斷想不為有耳
鼻舌身意觸為緣所生諸受想有耳鼻舌身
意觸為緣所生諸受斷想不為有地界想有
地界斷想不為有水火風空識界想有水火
風空識界斷想不為有因緣有因緣斷想不
為有等无間緣所緣緣增上緣想有等无
間緣所緣緣增上緣斷想不為有貪想有貪
斷想不為有瞋癡想有瞋癡斷想不為有无
明想有无明斷想不為有行識名色六處觸
受愛取有生老死愁歎苦憂惱想有行乃至
老死愁歎苦憂惱斷想不為有布施波羅蜜
多想有布施波羅蜜多斷想不為有淨戒安
忍精進靜慮般若波羅蜜多想有淨戒乃至
般若波羅蜜多斷想不為有內空想有內空
斷想不為有外空內外空空空大空勝義空
有為空无為空畢竟空无際空散空无變異
空本性空自相空共相空一切法空不可得空
无性空自性空无性自性空想有外空乃
至无性自性空斷想不為有四念住想有四
念住斷想不為有四正斷四神足五根五力
七等覺支八聖道支想有四正斷乃至八聖
道支斷想不為有苦聖諦想有苦聖諦斷想
不為有集滅道聖諦想有集滅道聖諦斷想
不為有四靜慮想有四靜慮斷想不為有四
无量四无色定想有四无量四无色定斷想
不為有八解脫想有八解脫斷想不為有八勝

不為有集滅道聖諦想有集滅道聖諦斷想
不為有四靜慮想有四靜慮斷想不為有四
无量四无色定想有四无量四无色定斷想
不為有八解脫想有八解脫斷想不為有八勝
處九次第定十遍處想有八勝處九次第
定十遍處斷想不為有三摩地門想有三摩地
門斷想不為有陀羅尼門想有陀羅尼門斷
想不為有空解脫門想有空解脫門斷想
不為有无相无願解脫門想无相无願解脫
門斷想不為有極喜地想有極喜地斷想不
為有離垢地發光地焰慧地極難勝地現前
地遠行地不動地善慧地法雲地想有離垢
地乃至法雲地斷想不為有五眼想有五眼
斷想不為有六神通想有六神通斷想不為
有佛十力想有佛十力斷想不為有四无所畏
四无礙解十八佛不共法想有四无所畏四
无礙解十八佛不共法斷想不為有大慈
想有大慈斷想不為大悲大喜大捨想有
大悲大喜大捨斷想不為有无忘失法想有
无忘失法斷想不為有恒住捨性想有恒住
捨性斷想不為有一切智想有一切智斷想
不為有道相智一切相智想有道相智一切
相智斷想不為有預流果想有預流果斷想
不為有一來不還阿羅漢果獨覺菩提想有
一來不還阿羅漢果獨覺菩提斷想不為有
菩薩摩訶薩行想有菩薩摩訶薩行斷想
不為有諸佛无上正等菩提想有諸佛无上正

想智斷想不為有預流果想不[illegible]
不為有一来不還阿羅漢果獨覺菩提想有
一来不還阿羅漢果獨覺菩提斷想不為有
菩薩摩訶薩行想有菩薩摩訶薩行斷想
不為有諸佛无上正等菩提有諸佛无上正
等菩提斷想不為有一切智智想有一切智
智斷想不為有所斷一切煩惱習氣相續想
有所斷一切煩惱習氣相續斷想不佛言善
現菩薩摩訶薩行深般若波羅蜜多時於一
切法皆无有想亦无想善現若无有想亦
无无想當知即是菩薩順忍若无有相亦无
无想即是脩道若无有想亦无无想即是得
果善現當知无性即是菩薩摩訶薩道无性
即是菩薩摩訶薩現觀善現由此因緣應知
一切法皆以无性為其自性
具壽善現白佛言世尊若一切法皆以无性
為自性者云何如来於一切法无性為性現
等正覺現等覺已於一切法及諸境界皆得
自在佛言善現如是如是一切法皆以无性
為自性我本脩學菩薩道時无倒脩行布
施淨戒安忍精進靜慮般若波羅蜜多離欲惡
不善法有尋有伺離生喜樂入初靜慮具足
住尋伺寂靜內等淨心一趣性无尋无伺定
生喜樂入第二靜慮具足住離喜住捨正念
正知身受樂聖說應捨入第三靜慮具足
住斷樂斷苦先喜憂沒不苦不樂捨念清淨
入第四靜慮具足住我於尒時於諸靜慮及
靜慮支雖善取相而无所執於諸靜慮及靜

BD14162號　大般若波羅蜜多經卷三七二　（22–9）

正知身受樂聖說應捨入第三靜慮具足
住斷樂斷苦先喜憂沒不苦不樂捨念清淨
入第四靜慮具足住我於尒時於諸靜慮及
靜慮支雖善取相而无所執於諸靜慮及靜
慮支都无味著於諸靜慮及靜慮支都无所
得我於尒時於諸靜慮以清淨行相无所分
別具足安住我於尒時於諸靜慮及靜慮支
善修熟已令心發起神境智證通亦令心發
起天耳智證通亦令心發起他心智證通亦令
心發起宿住隨念智證通亦令心發起天眼
智證通我於尒時於所發起諸智證通雖善
取相而无所執於所發起諸智證通都无味著
善於所發起諸智證通都无所得我於尒時
於所發起諸智證通以如虛空見无所分別
具足安住善現我於尒時以一刹那相應妙
慧證得无上正等菩提謂現等覺是苦聖諦
是集聖諦是滅聖諦是道聖諦都无所有成
就十力四无所畏四无礙解大慈大悲大喜
大捨十八佛不共法等无邊功德安立三聚
有情差別隨其所應方便教導令獲殊勝利
益安樂
具壽善現白佛言世尊云何如来應正等覺
能起无性為自性四靜慮能發无性為自性
五神通能證无性為自性无上正等菩提能
立无性為自性有情作三聚已隨其所應方
便教導令獲殊勝利益安樂佛言善現若諸
欲惡不善法等有少自性或彼地性為自性
[illegible]

BD14162號　大般若波羅蜜多經卷三七二　（22–10）

立无性為自性有情作三聚已隨其所應方
便教導令獲殊勝利益安樂佛言善現若諸
欲惡不善法等有少自性或復他性為自性
者我本修行菩薩行時不應通達一切欲惡
不善法等皆以无性為自性已能入初靜慮
具足住能入第二第三第四靜慮具足住以
諸欲惡不善法等无自他性但以无性為自
性故我本修行菩薩行時通達欲惡不善法
等皆以无性為自性已能離欲惡不善法故
有尋有伺離生喜樂入初靜慮具足住尋伺
寂靜内等淨心一趣性无尋无伺定生喜樂
入第二靜慮具足住離喜住捨正念正知身受
樂聖說應捨入第三靜慮具足住斷樂斷苦
先喜憂沒不苦不樂捨念清淨入第四靜慮
具足住善現若諸神通有少自性或復他性
為自性者我本修行菩薩行時不應通達一
切神通皆以无性為自性已發起種種自在
神通以諸神通无自他性但以无性為自性
故我本修行菩薩行時通達神通皆以无性
為自性已能令心發起神境智證通亦令心
發起天耳他心宿住隨念天眼智證通於諸
境界自在无礙善現若佛无上正等菩提有
少自性或復他性為自性者我本修行菩薩
行時不應通達諸佛无上正等菩提皆以无
性為自性已證得无上正等菩提以佛无上
正等菩提无自他性但以无性為自性故我
本修行菩薩行時通達无上正等菩提皆以

行時不應通達諸佛无上正等菩提皆以无
性為自性已證得无上正等菩提以佛无上
正等菩提无自他性但以无性為自性故我
本修行菩薩行時通達无上正等菩提皆以
无性為自性已能用一念相應妙慧證得无上
正等菩提如實覺知苦集滅道聖諦都无
所有成就十力四无所畏四无礙解大慈大
悲大喜大捨十八佛不共法等无邊功德善
現若諸有情有少自性或復他性為自性者
我成佛已不應通達一切有情皆以无性為
自性已安立三聚有情差別以諸有情无自
他性但以无性為自性故我成佛已通達有
情皆以无性為自性已能立三聚有情差別
隨其所應方便教導令獲殊勝利益安樂
尒時具壽善現白佛言世尊若菩薩摩訶薩
依无性為自性法起四靜慮發五神通證得
无上正等菩提安立三聚有情差別隨其所
應方便教導令獲殊勝利樂事者云何菩薩
摩訶薩於无性為自性法中有漸次業漸次
學漸次行由此漸次業漸次學漸次行故證
得无上正等菩提佛言善現諸菩薩摩訶薩
最初從佛世尊所聞若從已多供養諸佛菩
薩摩訶薩所聞若從獨覺所聞若從阿羅漢
所聞若從不還一來預流所聞諸佛世尊以
无性為自性究竟證得以无性為自性法故
名佛世尊諸菩薩摩訶薩亦以无為　自性
漸次證得以无性為自性法故名菩薩摩

所聞若從不還一來預流所聞諸佛世尊以
无性為自性究竟證得以无性為自性法故
名佛世尊諸菩薩摩訶薩亦以无為自性
漸次證得以无性為自性法故名菩薩摩
訶薩一切獨覺亦以无性為自性漸次證得以
无性為自性法故名為獨覺諸阿羅漢亦以
无性為自性漸次證得以无性為自性法故
名阿羅漢一切不還一來預流亦以无性為自
性漸次證得以无性為自性法故名為不
還一來預流諸賢善士亦以无性為自性次
定信解以无性為自性法故名賢善士諸餘
有情一切行一切法皆以无性為自性乃至
无有如毛端量若行若法實有自性而可得
者是菩薩摩訶薩聞此事已作是思惟若一
切有情一切行一切法皆以无性為自性證得
信解以无性為自性法故名佛菩薩獨覺
聲聞賢善士者我於无上正等菩提若當證
得若不證得一切有情一切行一切法常以
无性為自性故我定應發起无上正等菩提
得菩提已若諸有情行有想者方便安立令
住无想善現是菩薩摩訶薩既思惟已發起
无上正等菩提為善救度諸有情故作漸次
業脩漸次學行漸次行如過去世諸菩薩摩
訶薩發趣无上正等菩提先脩漸次業學行
故證得无上正等菩提是菩薩摩訶薩亦復如
是先應脩行布施波羅蜜多次應脩行淨戒
波羅蜜多次應脩行安忍波羅蜜多次應脩

BD14162號　大般若波羅蜜多經卷三七二　（22–13）

故證得无上正等菩提是菩薩摩訶薩亦復如
是先應脩行布施波羅蜜多次應脩行淨戒
波羅蜜多次應脩行安忍波羅蜜多次應脩
行精進波羅蜜多次應脩行靜慮波羅蜜多
後應脩行般若波羅蜜多
善現是菩薩摩訶薩從初發心脩行布施波
羅蜜多時應自行布施波羅蜜多亦勸他行
布施波羅蜜多稱揚顯示布施波羅蜜多功
德歡喜讚歎行布施波羅蜜多者由此因緣
布施圓滿生天人中得大財位常行布施離
慳悋心隨諸有情須食施食須飲施飲須衣
施衣須乘施乘須香華施香華須瓔珞施瓔
珞須房舍施房舍須臥具施臥具須燈明施
燈明須財寶施財寶須童僕施童僕隨餘所
須種種資具皆悉施與是菩薩摩訶薩由布
施故受持戒蘊生天人中得大尊貴由施戒
故復得定蘊由施戒定故復得慧蘊由施戒
定慧故復得解脫蘊由施戒定慧解脫故復
得解脫智見蘊由施戒定慧解脫解脫智見
蘊圓滿故起施聲聞及獨覺地趣入菩薩正
性離生入菩薩正性離生已便能嚴淨佛
土成熟有情嚴淨佛土成熟有情得圓滿已
便能證得无上正等菩提證得无上正等菩
提已便能轉正法輪由轉正法輪故安立有
情於三乘法有情安住三乘法已解脫生死
證得涅槃善現是菩薩摩訶薩由布施故
雖能如是作漸次業脩漸次學行漸次行而

BD14162號　大般若波羅蜜多經卷三七二　（22–14）

便能證得无上正等菩
提已便能轉正法輪由轉正法輪故安立有
情於三乘法有情安住三乘法已解脫生死
證得涅槃善現是菩薩摩訶薩由布施故
雖能如是作漸次業脩漸次學行漸次行而
觀一切都不可得何以故以一切法自性无故
復次善現是菩薩摩訶薩從初發心脩行淨
戒波羅蜜多時應自行淨戒波羅蜜多亦勸
他行淨戒波羅蜜多稱揚讚歎行淨戒波羅蜜
多功德歡喜讚歎行淨戒波羅蜜多者是菩
薩摩訶薩由此因緣戒蘊清淨生天人中得
大尊貴施貧窮者種種財物既行施已安住
戒蘊定蘊慧蘊解脫蘊解脫智見蘊由戒定
慧解脫解脫智見蘊清淨故超諸聲聞及獨
覺地趣入菩薩正性離生入菩薩正性離
生住已便能嚴淨佛土成熟有情嚴淨佛土
成熟有情得圓滿已便能證得无上正等菩提
證得无上正等菩提已便能轉正法輪由轉正
法輪故安立有情於三乘法有情安住三乘
法已解脫生死證得涅槃善現是菩薩摩
訶薩由淨戒故雖能如是作漸次業脩漸次
學行漸次行而觀一切都不可得何以故以一
切法自性无故
復次善現是菩薩摩訶薩從初發心脩行安
忍波羅蜜多時應自行安忍波羅蜜多亦勸
他行安忍波羅蜜多稱揚讚歎行安忍波羅蜜多
功德歡喜讚歎行安忍波羅蜜多者是菩薩
摩訶薩行安忍時能以財物施諸有情皆

BD14162 號　大般若波羅蜜多經卷三七二　（22–15）

復次善現是菩薩摩訶薩從初發心脩行安
忍波羅蜜多時應自行安忍波羅蜜多亦勸
他行安忍波羅蜜多稱揚讚歎安忍波羅蜜多
功德歡喜讚歎行安忍波羅蜜多者是菩薩
摩訶薩行安忍時能以財物施諸有情皆
令滿足既行施已安住戒蘊安住安忍安住
定蘊慧蘊解脫蘊解脫智見蘊由戒定慧解
脫解脫智見蘊清淨故超諸聲聞及獨覺地
趣入菩薩正性離生住已便
能嚴淨佛土成熟有情嚴淨佛土成熟有
情得圓滿已便能證得无上正等菩提證得
无上正等菩提已便能轉正法輪由轉正法
輪故安立有情於三乘法有情安住三乘法
已解脫生死證得涅槃善現是菩薩摩訶薩
由安忍故雖能如是作漸次業脩漸次學行
漸次行而觀一切都不可得何以故以一切
法自性无故
復次善現是菩薩摩訶薩從初發心脩行精
進波羅蜜多時應自於諸善法發勤精進
波羅蜜多亦勸他於諸善法發勤精進波羅蜜
多稱揚讚歎於諸善法發勤精進波羅蜜多
功德歡喜讚歎於諸善法發勤精進波羅蜜
多者是菩薩摩訶薩行精進時能以財物施
諸有情皆令滿足既行施已安住戒蘊安住安
忍安住精進安住定蘊慧蘊解脫蘊解脫智
見蘊由戒定慧解脫解脫智見蘊清淨故
超諸聲聞及獨覺地趣入菩薩正性離生入
菩薩正性離生住已便能嚴淨佛土成熟有

BD14162 號　大般若波羅蜜多經卷三七二　（22–16）

忍安住精進安住定蘊慧蘊解脫蘊解脫智
見蘊由戒定慧解脫解脫智見蘊清淨故
超諸聲聞及獨覺地趣入菩薩正性離生入
菩薩正性離生位已便能嚴淨佛土成熟有
情嚴淨佛土成熟有情得圓滿已便能證得
无上正等菩提證得无上正等菩提已便能
轉正法輪由轉正法輪故安立有情於三乘
法有情安住三乘法已解脫生死證得涅槃
善現是菩薩摩訶薩由精進故雖能如是作
漸次業脩漸次學行漸次行而觀一切都不
可得何以故以一切法自性无故
復次善現是菩薩摩訶薩從初發心脩行靜
慮波羅蜜多時應自入四靜慮四无量四无色
定亦勸他入四靜慮四无量四无色定稱
揚顯示入四靜慮四无量四无色定功德歡
喜讚歎入四靜慮四无量四无色定者是菩
薩摩訶薩安住四靜慮四无量四无色定能
以財物施諸有情皆令滿足既行施已安住
戒蘊安住安忍安住精進安住定蘊慧蘊解
脫蘊解脫智見蘊由戒定慧解脫解脫智見
蘊清淨故超諸聲聞及獨覺地趣入菩薩正
性離生入菩薩正性離生位已便能嚴淨佛
土成熟有情嚴淨佛土成熟有情得圓滿已
便能證得无上正等菩提證得无上正等菩
提已便能轉正法輪由轉正法輪故安立有
情於三乘法有情安住三乘法已解脫生死證
得涅槃善現是菩薩摩訶薩由靜慮故雖

BD14162 號　大般若波羅蜜多經卷三七二　（22–17）

便能證得无上正等菩提證得无上正等菩
提已便能轉正法輪由轉正法輪故安立有
情於三乘法有情安住三乘法已解脫生死證
得涅槃善現是菩薩摩訶薩由靜慮故雖
能如是作漸次業脩漸次學行漸次行而觀
一切都不可得何以故以一切法自性无故復
次善現是菩薩摩訶薩從初發心脩行般若
波羅蜜多時施諸有情種種財物安住戒
蘊安住安忍安住精進安住定蘊慧蘊解脫
蘊解脫智見蘊自行布施淨戒安忍精進靜
慮般若波羅蜜多亦勸他行布施淨戒安忍
精進靜慮般若波羅蜜多稱揚顯示布施淨
戒安忍精進靜慮般若波羅蜜多功德歡喜
讚歎行布施淨戒安忍精進靜慮般若波羅
蜜多者是菩薩摩訶薩由布施淨戒安忍精
進靜慮般若波羅蜜多方便善巧力故超諸
聲聞及獨覺地趣入菩薩正性離生入菩薩
正性離生位已便能嚴淨佛土成熟有情嚴
淨佛土成熟有情得圓滿已便能證得无上
正等菩提證得无上正等菩提已便能轉正
法輪由轉正法輪故安立有情於三乘法有
情安住三乘法已解脫生死證得涅槃善現
是菩薩摩訶薩由般若故雖能如是作漸次
業脩漸次學行漸次行而觀一切都不可得
何以故以一切法自性无故善現是為菩薩
摩訶薩脩行六種波羅蜜多作漸次業脩漸
次學行漸次行

BD14162 號　大般若波羅蜜多經卷三七二　（22–18）

是菩薩摩[illegible]
業脩漸次學行漸次行而觀一切都不可得
何以故以一切法自性无故善現是為菩薩
摩訶薩脩行六種波羅蜜多作漸次業脩漸
次學行漸次行
復次善現菩薩摩訶薩作漸次業脩漸次學
行漸次行時從初發心以一切智智相應作意
信解諸法皆以无性為其自性无應脩佛隨
念次應脩法隨念次應脩僧隨念次應脩
戒隨念次應脩捨隨念後應脩天隨念善現
云何菩薩摩訶薩脩佛隨念善現是菩薩摩
訶薩脩行般若波羅蜜多時不應以色思惟如
來應正等覺不應以受想行識思惟如來
應正等覺何以故善現色无自性受想行識
无自性若法无自性則无所有若无所有則
不可念所以者何善現若无念无思惟是為
佛隨念復次善現菩薩摩訶薩不應以三十
二大士相思惟如來應正等覺不應以真金
色身思惟如來應正等覺不應以身有常
光面各一尋思惟如來應正等覺不應以八十隨
好思惟如來應正等覺何以故善現如是
相好金光色身都无自性若法无自性則无
所有若无所有則不可念所以者何善現若
无念无思惟是為佛隨念復次善現菩薩摩
訶薩不應以戒蘊思惟如來應正等覺不應
以定蘊慧蘊解脫蘊解脫智見蘊思惟如來
應正等覺何以故善現如是諸蘊皆无自性
若法无自性則无所有若无所有則不可念

BD14162 號　大般若波羅蜜多經卷三七二　（22–19）

无念无思惟是為佛隨念復次善現菩薩摩[illegible]
訶薩不應以戒蘊思惟如來應正等覺不應
以定蘊慧蘊解脫蘊解脫智見蘊思惟如來
應正等覺何以故善現如是諸蘊皆无自性
若法无自性則无所有若无所有則不可念
所以者何善現若无念无思惟是為佛隨念
復次善現菩薩摩訶薩不應以五眼六神通
思惟如來應正等覺不應以佛十力四无所
畏四无礙解十八佛不共法思惟如來應正
等覺不應以大慈大悲大喜大捨思惟如來
應正等覺不應以无忘失法恒住捨性思惟
如來應正等覺不應以一切智道相智一切
相智思惟如來應正等覺何以故善現如是
諸法皆无自性若法无自性則无所有若无
所有則不可念所以者何善現若无念无思
惟是為佛隨念復次善現菩薩摩訶薩不
應以緣起之法思惟如來應正等覺何以故善
現緣起之法都无自性若法无自性則无所有
若无所有則不可念所以者何善現若无念
无思惟是為佛隨念善現菩薩摩訶薩脩行
般若波羅蜜多時應如是脩佛隨念若如是
脩佛隨念是為菩薩摩訶薩作漸次業脩漸
次學行漸次行善現是菩薩摩訶薩如是作
漸次業脩漸次學行漸次行時則能圓滿四
念住亦能圓滿四正斷四神足五根五力七等
覺支八聖道支則能圓滿空解脫門亦能圓
滿无相无願解脫門則能圓滿初靜慮亦能
圓滿第二第三第四靜慮則能圓滿慈无量

BD14162 號　大般若波羅蜜多經卷三七二　（22–20）

次學行漸次行菩薩摩訶薩如是作
漸次業脩漸次學行漸次行時則能圓滿四
念住亦能圓滿四正斷四神足五根五力七等
覺支八聖道支則能圓滿空解脫門亦能圓
滿无相无願解脫門則能圓滿初靜慮亦能
圓滿第二第三第四靜慮則能圓滿慈无量
亦能圓滿悲喜捨无量則能圓滿空无邊處
定亦能圓滿識无邊處无所有處非想非非
想處定則能圓滿八解脫亦能圓滿八勝處
九次第定十遍處則能圓滿一切三摩地門
亦能圓滿一切陁羅尼門則能圓滿布施波
羅蜜多亦能圓滿淨戒安忍精進靜慮般若
波羅蜜多則能圓滿內空亦能圓滿外空內
外空空空大空勝義空有為空无為空畢
竟空无際空散空无變異空本性空自相空
共相空一切法空不可得空无性空自性空
无性自性空則能圓滿真如亦能圓滿法界
法性不虛妄性不變異性平等性離生性
法定法住實際虛空界不思議界則能圓滿
五眼亦能圓滿六神通則能圓滿佛十力亦能
圓滿四无所畏四无礙解十八佛不共法則能
圓滿大慈亦能圓滿大悲大喜大捨則能
圓滿无忘失法亦能圓滿恒住捨性則能圓
滿一切智亦能圓滿道相智一切相智由此證
得一切智智善現是菩薩摩訶薩以无
性為自性方便力故覺一切法皆无自性其中
无有想亦復无无想善現菩薩摩訶薩應
如是脩佛隨念謂於其中尚无少念况有念佛

BD14162 號　大般若波羅蜜多經卷三七二　（22–21）

共相[illegible]
无性自性空則能圓滿真如亦能圓滿法界
法性不虛妄性不變異性平等性離生性
法定法住實際虛空界不思議界則能圓滿
五眼亦能圓滿六神通則能圓滿佛十力亦能
圓滿四无所畏四无礙解十八佛不共法則能
圓滿大慈亦能圓滿大悲大喜大捨則能
圓滿无忘失法亦能圓滿恒住捨性則能圓
滿一切智亦能圓滿道相智一切相智由此證
得一切智智善現是菩薩摩訶薩以无
性為自性方便力故覺一切法皆无自性其中
无有想亦復无无想善現菩薩摩訶薩應
如是脩佛隨念謂於其中尚无少念况有念佛

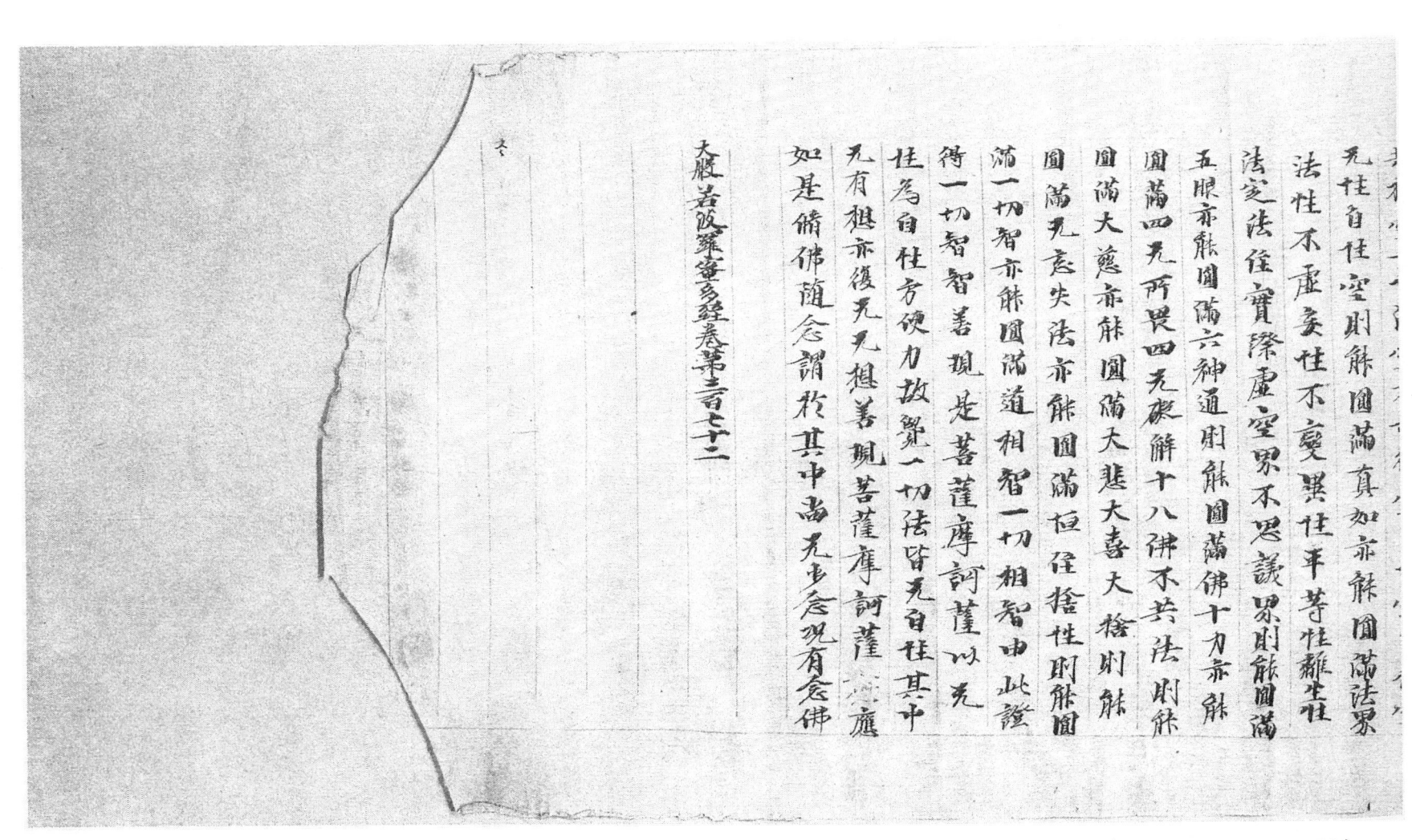

大般若波羅蜜多經卷第三百七十二

之

BD14162 號　大般若波羅蜜多經卷三七二　（22–22）

大般若波羅蜜多經卷第五百五十二
第四分善友品第廿二之二　三藏法師玄奘奉　詔譯
尒時具壽善現復白佛言世尊為即般若波羅
蜜多能行般若波羅蜜多不不尒善現世尊
為離般若波羅蜜多有法可得能行般若波
羅蜜多不不尒善現世尊為即般若波羅
蜜多空能行般若波羅蜜多不不尒善現世
尊為離般若波羅蜜多空有法可得能行般
若波羅蜜多不不尒善現世尊為即空能行
般若波羅蜜多不不尒善現世尊為離空有
法可得能行般若波羅蜜多不不尒善現世
尊為即空能行空不不尒善現世尊為離空
有法可得能行空不不尒善現世尊為即般
若波羅蜜多能行空不不尒善現世尊為離
般若波羅蜜多有法可得能行空不不尒善
現世尊為即色能行般若波羅蜜多不不尒
善現世尊為離色有法可得能行般若波羅
蜜多不不尒善現世尊為即受想行識能行
般若波羅蜜多不不尒善現世尊為離受想
行識有法可得能行般若波羅蜜多不不尒
善現世尊為即色空能行般若波羅蜜多不

BD14163 號　大般若波羅蜜多經卷五五二　（4–1）

現世尊為即色能行般若波羅蜜多不不尒
善現世尊為離色有法可得能行般若波羅
蜜多不不尒善現世尊為即受想行識能行
般若波羅蜜多不不尒善現世尊為離受想
行識有法可得能行般若波羅蜜多不不尒
善現世尊為即色空能行般若波羅蜜多不
不尒善現世尊為離色空有法可得能行般
若波羅蜜多不不尒善現世尊為即受想行
識空能行般若波羅蜜多不不尒善現世尊
為離受想行識空有法可得能行般若波羅
蜜多不不尒善現世尊為即色能行空不不
尒善現世尊為離色有法可得能行空不不
尒善現世尊為即受想行識能行空不不尒
善現世尊為離受想行識有法可得能行空
不不尒善現世尊為即色空能行空不不尒
善現世尊為離色空有法可得能行空不不
尒善現世尊為即受想行識空能行空不不
尒善現世尊為離受想行識空有法可得能
行空不不尒善現世尊為即一切法能行般
若波羅蜜多不不尒善現世尊為離一切法
有法可得能行般若波羅蜜多不不尒善現
世尊為即一切法空能行般若波羅蜜多不
不尒善現世尊為離一切法空有法可得能
行般若波羅蜜多不不尒善現世尊為即一
切法能行空不不尒善現世尊為離一切法
有法可得能行空不不尒善現世尊為即一
切法空能行空不不尒善現世尊為離一切
法空有法可得能行空不不尒善現尒時善

BD14163 號　大般若波羅蜜多經卷五五二　（4–2）

行般若波羅蜜多不不尒善現世尊為即一
切法能行空不不尒善現世尊為離一切法
有法可得能行空不不尒善現世尊為即一
切法空能行空不不尒善現世尊為離一切
法空有法可得能行空不不尒善現尒時善
現便白佛言若尒諸菩薩摩訶薩以何等法
能行般若波羅蜜多佛告善現於
意云何汝見有法能行般若波羅蜜多及能
行空不善現對曰不也世尊佛告善現於意云
何汝見有般若波羅蜜多及見有空是菩
薩摩訶薩所行處不善現對曰不也世尊佛
告善現於意云何汝所不見法是法可得不
善現對曰不也世尊佛告善現於意云何不
可得法有生滅不善現對曰不也世尊佛告
善現汝所不見所不得法所有實相即是菩
薩无生法忍若菩薩摩訶薩成就如是无生
法忍便於无上正等菩提堪得受記善現當
知是菩薩摩訶薩於佛十力四无所畏四无礙
解大慈大悲大喜大捨及十八佛不共法等无
量无邊殊勝功德名能精進如實行者若能
如是精進脩行不得无上正等覺智一切相
智大智妙智一切智智大商主智无有是
處具壽善現復白佛言諸菩薩摩訶薩為以
一切法无生法性於佛无上正等菩提得受
記不不尒善現世尊諸菩薩摩訶薩為以一
切法有生法性於佛无上正等菩提得受記
不不尒善現世尊諸菩薩摩訶薩為以一切
法有生无生法性於佛无上正等菩提得受

BD14163號　大般若波羅蜜多經卷五五二　（4–3）

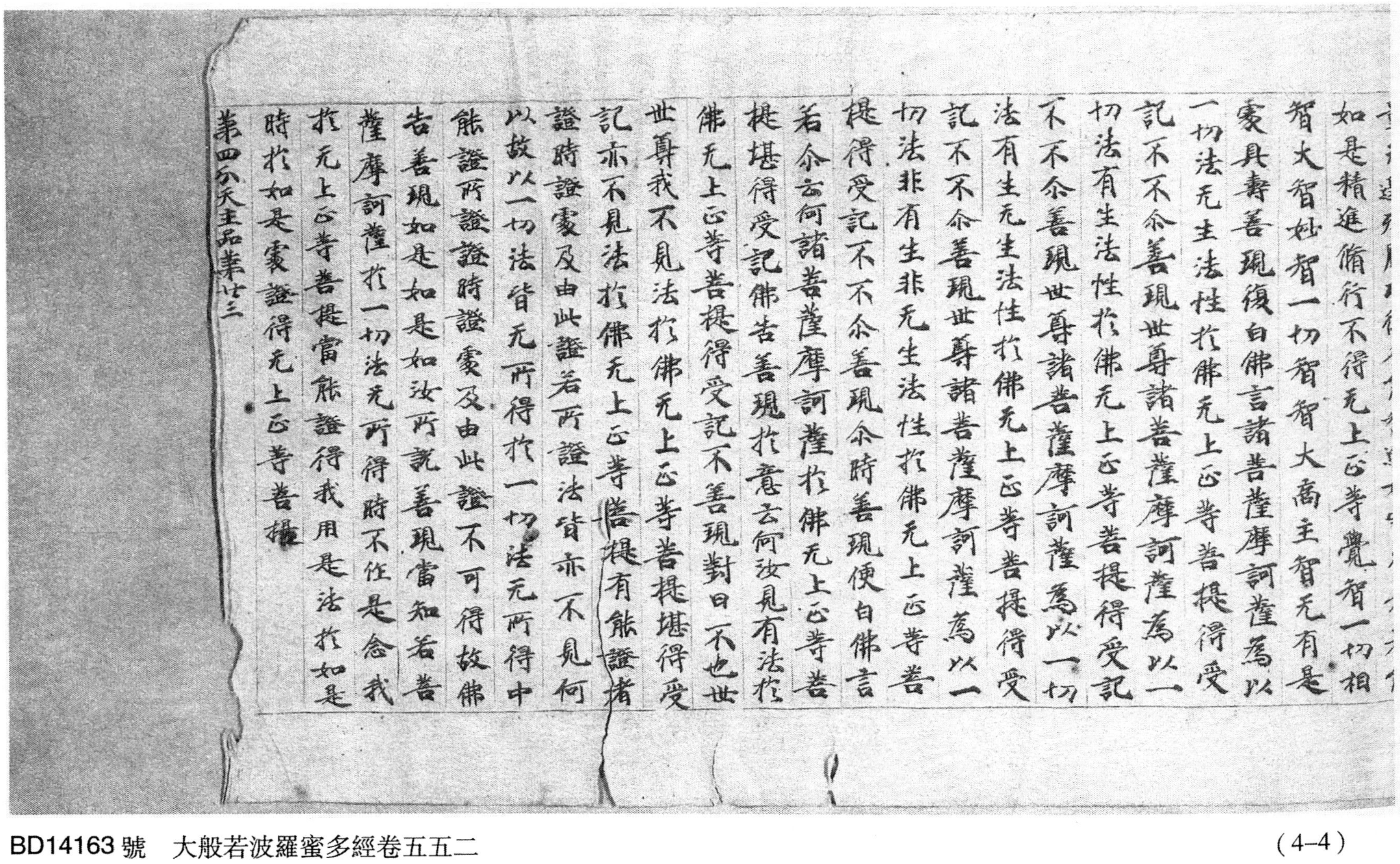

如是精進脩行不得无上正等覺智一切相
智大智妙智一切智智大商主智无有是
處具壽善現復白佛言諸菩薩摩訶薩為以
一切法无生法性於佛无上正等菩提得受
記不不尒善現世尊諸菩薩摩訶薩為以一
切法有生法性於佛无上正等菩提得受記
不不尒善現世尊諸菩薩摩訶薩為以一切
法有生无生法性於佛无上正等菩提得受
記不不尒善現世尊諸菩薩摩訶薩為以一
切法非有生非无生法性於佛无上正等菩
提得受記不不尒善現尒時善現便白佛言
若尒云何諸菩薩摩訶薩於佛无上正等菩
提堪得受記佛告善現於意云何汝見有法於
佛无上正等菩提得受記不善現對曰不也世
世尊我不見法於佛无上正等菩提堪得受
記亦不見法於佛无上正等菩提有能證者
證時證處及由此證若所證法皆亦不見何
以故以一切法皆无所得於一切法无所得中
能證所證證時證處及由此證不可得故佛
告善現如是如是如汝所說善現當知若菩
薩摩訶薩於一切法无所得時不作是念我
於无上正等菩提當能證得我用是法於如是
時於如是處證得无上正等菩提
第四分天主品第廿三

BD14163號　大般若波羅蜜多經卷五五二　（4–4）

善現一切智智清淨故五眼清淨五眼清淨
故七等覺支清淨何以故若一切智智清淨
若五眼清淨若七等覺支清淨無二無二分
無別無斷故一切智智清淨故六神通清淨
六神通清淨故七等覺支清淨何以故若一
切智智清淨若六神通清淨若七等覺支清
淨無二無二分無別無斷故善現一切智智
清淨故佛十力清淨佛十力清淨故七等覺
支清淨何以故若一切智智清淨若佛十力
清淨若七等覺支清淨無二無二分無別无
斷故一切智智清淨故四無所畏四無礙解
大慈大悲大喜大捨十八佛不共法清淨四
無所畏乃至十八佛不共法清淨故七等覺
支清淨何以故若一切智智清淨若四無所
畏乃至十八佛不共法清淨若七等覺支清
淨無二無二分無別無斷故善現一切智智
清淨故無忘失法清淨無忘失法清淨故七

BD14164號　大般若波羅蜜多經卷二七一　　（14–1）

無所畏乃至十八佛不共法清淨故七等覺
支清淨何以故若一切智智清淨若四無所
畏乃至十八佛不共法清淨若七等覺支清
淨無二無二分無別無斷故善現一切智智
清淨故無忘失法清淨無忘失法清淨故七
等覺支清淨何以故若一切智智清淨若无
忘失法清淨若七等覺支清淨無二無二分
無別無斷故一切智智清淨故恒住捨性清
淨恒住捨性清淨故七等覺支清淨何以故
若一切智智清淨若恒住捨性清淨若七等
覺支清淨無二無二分無別無斷故善現一
切智智清淨故一切智清淨一切智清淨故
七等覺支清淨何以故若一切智智清淨若
一切智清淨若七等覺支清淨無二無二分
無別無斷故一切智智清淨故道相智一切
相智清淨道相智一切相智清淨故七等覺
支清淨何以故若一切智智清淨若道相智
一切相智清淨若七等覺支清淨無二無二
分無別無斷故善現一切智智清淨故一切
陁羅尼門清淨一切陁羅尼門清淨故七等
覺支清淨何以故若一切智智清淨若一切
陁羅尼門清淨若七等覺支清淨無二無二
分無別無斷故一切智智清淨故一切三摩
地門清淨一切三摩地門清淨故七等覺支
清淨何以故若一切智智清淨若一切三摩
地門清淨若七等覺支清淨無二無二分無
別無斷故

BD14164號　大般若波羅蜜多經卷二七一　　（14–2）

地門清淨一切三摩地門清淨故七等覺支
清淨何以故若一切智智清淨若一切三摩
地門清淨若七等覺支清淨無二無二分無
別無斷故
善現一切智智清淨故預流果清淨預流果
清淨故七等覺支清淨何以故若一切智智
清淨若預流果清淨若七等覺支清淨無二
無二分無別無斷故一切智智清淨故一來
不還阿羅漢果清淨一來不還阿羅漢果清
淨故七等覺支清淨何以故若一切智智清
淨若一來不還阿羅漢果清淨若七等覺支
清淨無二無二分無別無斷故善現一切智
智清淨故獨覺菩提清淨獨覺菩提清淨
故七等覺支清淨何以故若一切智智清淨若
獨覺菩提清淨若七等覺支清淨無二無
二分無別無斷故善現一切智智清淨故一切
菩薩摩訶薩行清淨一切菩薩摩訶薩行
清淨故七等覺支清淨何以故若一切智智
清淨若一切菩薩摩訶薩行清淨若七等
覺支清淨無二無二分無別無斷故善現一切
智清淨故諸佛無上正等菩提清淨諸佛无
上正等菩提清淨故七等覺支清淨何以故
若一切智智清淨若諸佛無上正等菩提清
淨若七等覺支清淨無二無二分無別無斷
故
復次善現一切智智清淨故色清淨色清
淨故八聖道支清淨何以故若一切智智清淨

BD14164號　大般若波羅蜜多經卷二七一　（14–3）

上正等菩提清淨故七等覺支清淨何以故
若一切智智清淨若諸佛無上正等菩提清
淨若七等覺支清淨無二無二分無別無斷
故
復次善現一切智智清淨故色清淨色清
淨故八聖道支清淨何以故若一切智智清淨
若色清淨若八聖道支清淨無二無二分無
別無斷故一切智智清淨故受想行識清淨
受想行識清淨故八聖道支清淨何以故若
一切智智清淨若受想行識清淨若八聖道
支清淨無二無二分無別無斷故善現一切
智智清淨故眼處清淨眼處清淨故八聖
道支清淨何以故若一切智智清淨若眼處
清淨若八聖道支清淨無二無二分無別無斷
故一切智智清淨故耳鼻舌身意處清淨耳
鼻舌身意處清淨故八聖道支清淨何以故
若一切智智清淨若耳鼻舌身意處清淨若
八聖道支清淨無二無二分無別無斷故善
現一切智智清淨故色處清淨色處清淨
故八聖道支清淨何以故若一切智智清淨
若色處清淨若八聖道支清淨無二無二分無
別無斷故一切智智清淨故聲香味觸法處
清淨聲香味觸法處清淨故八聖道支清淨
何以故若一切智智清淨若聲香味觸法處
清淨若八聖道支清淨無二無二分無別無
斷故善現一切智智清淨故眼界清淨眼界
清淨故八聖道支清淨何以故若一切智智

BD14164號　大般若波羅蜜多經卷二七一　（14–4）

清淨聲香味觸法處清淨故八聖道支清淨
何以故若一切智智清淨若聲香味觸法處
清淨若八聖道支清淨無二無二分無別無
斷故善現一切智智清淨故眼界清淨眼界
清淨故八聖道支清淨何以故若一切智智
清淨若眼界清淨若八聖道支清淨無二無
二分無別無斷故一切智智清淨故色界眼
識界及眼觸眼觸為緣所生諸受清淨色界
乃至眼觸為緣所生諸受清淨故八聖道支
清淨何以故若一切智智清淨若色界乃至
眼觸為緣所生諸受清淨若八聖道支清淨
無二無二分無別無斷故善現一切智智清
淨故耳界清淨耳界清淨故八聖道支清淨
何以故若一切智智清淨若耳界清淨若八
聖道支清淨無二無二分無別無斷故一切
智智清淨故聲界耳識界及耳觸耳觸為緣
所生諸受清淨聲界乃至耳觸為緣所生諸
受清淨故八聖道支清淨何以故若一切智
智清淨若聲界乃至耳觸為緣所生諸受清
淨若八聖道支清淨無二無二分無別無斷
故
善現一切智智清淨故鼻界清淨鼻界清淨
故八聖道支清淨何以故若一切智智清淨
若鼻界清淨若八聖道支清淨無二無二
分無別無斷故一切智智清淨故香界鼻識
界及鼻觸鼻觸為緣所生諸受清淨香界
乃至鼻觸為緣所生諸受清淨故八聖道支

BD14164號　大般若波羅蜜多經卷二七一　（14–5）

故八聖道支清淨何以故若一切智智清淨
若鼻界清淨若八聖道支清淨無二無二
分無別無斷故一切智智清淨故香界鼻識
界及鼻觸鼻觸為緣所生諸受清淨香界
乃至鼻觸為緣所生諸受清淨故八聖道支
清淨何以故若一切智智清淨若香界乃至鼻
觸為緣所生諸受清淨若八聖道支清淨
無二無二分無別無斷故善現一切智智清淨
故舌界清淨舌界清淨故八聖道支清淨何以
故若一切智智清淨若舌界清淨若八聖道
支清淨無二無二分無別無斷故一切智智
清淨故味界舌識界及舌觸舌觸為緣所生
諸受清淨味界乃至舌觸為緣所生諸受清
淨故八聖道支清淨何以故若一切智智清
淨若味界乃至舌觸為緣所生諸受清淨若
八聖道支清淨無二無二分無別無斷故善
現一切智智清淨故身界清淨身界清淨故
八聖道支清淨何以故若一切智智清淨若
身界清淨若八聖道支清淨無二無二分無
別無斷故一切智智清淨故觸界身識界及
身觸身觸為緣所生諸受清淨觸界乃至身
觸為緣所生諸受清淨故八聖道支清淨何以
故若一切智智清淨若觸界乃至身觸為緣
所生諸受清淨若八聖道支清淨無二無二
分無別無斷故善現一切智智清淨故意
界清淨意界清淨故八聖道支清淨何以故

BD14164號　大般若波羅蜜多經卷二七一　（14–6）

觸為所生諸受清淨故八聖道支清淨何以
故若一切智智清淨若觸界乃至身觸為緣
所生諸受清淨若八聖道支清淨無二無二
分無別無斷故善現一切智智清淨故意
界清淨意界清淨故八聖道支清淨何以故
若一切智智清淨若意界清淨若八聖道支
清淨無二無二分無別無斷故一切智智清
淨故法界意識界及意觸意觸為緣所生諸
受清淨法界乃至意觸為緣所生諸受清淨
故八聖道支清淨何以故若一切智智清淨
若法界乃至意觸為緣所生諸受清淨若八
聖道支清淨無二無二分無別無斷故善現
一切智智清淨故地界清淨地界清淨故八
聖道支清淨何以故若一切智智清淨若地
界清淨若八聖道支清淨無二無二分無別
無斷故一切智智清淨故水火風空識界清
淨水火風空識界清淨故八聖道支清淨何
以故若一切智智清淨若水火風空識界清
淨若八聖道支清淨無二無二分無別無斷
故善現一切智智清淨故無明清淨無明清
淨故八聖道支清淨何以故若一切智智清
淨若無明清淨若八聖道支清淨無二無二
分無別無斷故一切智智清淨故行識名色
六處觸受愛取有生老死愁歎苦憂惱清
淨行乃至老死愁歎苦憂惱清淨故八聖道
支清淨何以故若一切智智清淨若行乃至老
死愁歎苦憂惱清淨若八聖道支清淨無二

BD14164 號　大般若波羅蜜多經卷二七一　（14–7）

分無別無斷故一切智智清淨故行識名色
六處觸受愛取有生老死愁歎苦憂惱清
淨行乃至老死愁歎苦憂惱清淨故八聖道
支清淨何以故若一切智智清淨若行乃至老
死愁歎苦憂惱清淨若八聖道支清淨無二
無二分無別無斷故
善現一切智智清淨故布施波羅蜜多清淨
布施波羅蜜多清淨故八聖道支清淨何以
故若一切智智清淨若布施波羅蜜多清淨
若八聖道支清淨無二無二分無別無斷故
一切智智清淨故淨戒安忍精進靜慮般若
波羅蜜多清淨淨戒乃至般若波羅蜜多清
淨故八聖道支清淨何以故若一切智智清
淨若淨戒乃至般若波羅蜜多清淨若八聖
道支清淨無二無二分無別無斷故善現一
切智智清淨故內空清淨內空清淨故八聖
道支清淨何以故若一切智智清淨若內空
清淨若八聖道支清淨無二無二分無別無
斷故一切智智清淨故外空內外空空空大
空勝義空有為空無為空畢竟空無際空
散空無變異空本性空自相空共相空一切法
空不可得空無性空自性空無性自性空清
淨外空乃至無性自性空清淨故八聖道支
清淨何以故若一切智智清淨若外空乃至
無性自性空清淨若八聖道支清淨無二無
二分無別無斷故善現一切智智清淨故真

BD14164 號　大般若波羅蜜多經卷二七一　（14–8）

淨外空乃至無性自性空清淨故八聖道支
清淨何以故若一切智智清淨若外空乃至
無性自性空清淨若八聖道支清淨無二無
二分無別無斷故善現一切智智清淨故真
如清淨真如清淨故八聖道支清淨何以故
若一切智智清淨若真如清淨若八聖道支
清淨無二無二分無別無斷故一切智智清
淨故法界法性不虛妄性不變異性平等性
離生性法定法住實際虛空界不思議界清
淨法界乃至不思議界清淨故八聖道支清
淨何以故若一切智智清淨若法界乃至不
思議界清淨若八聖道支清淨無二無二分
無別無斷故善現一切智智清淨故苦聖諦
清淨苦聖諦清淨故八聖道支清淨何以故
若一切智智清淨若苦聖諦清淨若八聖道
支清淨無二無二分無別無斷故一切智智
清淨故集滅道聖諦清淨集滅道聖諦清
淨故八聖道支清淨何以故若一切智智清淨
若集滅道聖諦清淨若八聖道支清淨無二
無二分無別無斷故善現一切智智清淨故
四靜慮清淨四靜慮清淨故八聖道支清淨
何以故若一切智智清淨若四靜慮清淨若
八聖道支清淨無二無二分無別無斷故一
切智智清淨故四無量四無色定清淨四無
量四無色定清淨故八聖道支清淨何以故
若一切智智清淨若四無量四無色定清淨

八聖道支清淨無二無二分無別無斷故一
切智智清淨故四無量四無色定清淨四無
量四無色定清淨故八聖道支清淨何以故
若一切智智清淨若四無量四無色定清淨
若八聖道支清淨無二無二分無別無斷故
善現一切智智清淨故八解脫清淨八解脫
清淨故八聖道支清淨何以故若一切智智
清淨若八解脫清淨若八聖道支清淨無
無二分無別無斷故一切智智清淨故八勝
處九次第定十遍處清淨八勝處九次第
定十遍處清淨故八聖道支清淨何以故若一
切智智清淨若八勝處九次第定十遍處清
淨若八聖道支清淨無二無二分無別無斷
故善現一切智智清淨故四念住清淨四念
住清淨故八聖道支清淨何以故若一切智
智清淨若四念住清淨若八聖道支清淨
無二無二分無別無斷故一切智智清淨故四
正斷四神足五根五力七等覺支清淨四正
斷乃至七等覺支清淨故八聖道支清淨何
以故若一切智智清淨若四正斷乃至七等
覺支清淨若八聖道支清淨無二無二分無
別無斷故善現一切智智清淨故空解脫門
清淨空解脫門清淨故八聖道支清淨何以
故若一切智智清淨若空解脫門清淨若八聖
道支清淨無二無二分無別無斷故一切智
智清淨故無相無願解脫門清淨無相無願

清淨空解脫門清淨故八聖道支清淨何以
故若一切智智清淨若空解脫門清淨若八聖
道支清淨無二無二分無別無斷故一切智
智清淨故無相無願解脫門清淨無相無願
解脫門清淨故八聖道支清淨何以故若一
切智智清淨若無相無願解脫門清淨若八
聖道支清淨無二無二分無別無斷故善現
一切智智清淨故菩薩十地清淨菩薩十地
清淨故八聖道支清淨何以故若一切智智
清淨若菩薩十地清淨若八聖道支清淨
無二無二分無別無斷故
善現一切智智清淨故五眼清淨五眼清淨
故八聖道支清淨何以故若一切智智清淨
若五眼清淨若八聖道支清淨無二無二分
無別無斷故一切智智清淨故六神通清淨
六神通清淨故八聖道支清淨何以故若一
切智智清淨若六神通清淨若八聖道支清
淨無二無二分無別無斷故善現一切智智
清淨故佛十力清淨佛十力清淨故八聖道
支清淨何以故若一切智智清淨若佛十力
清淨若八聖道支清淨無二無二分無別無
斷故一切智智清淨故四無所畏四無礙解
大慈大悲大喜大捨十八佛不共法清淨四
無所畏乃至十八佛不共法清淨故八聖道
支清淨何以故若一切智智清淨若四無所
畏乃至十八佛不共法清淨若八聖道支清

BD14164號　大般若波羅蜜多經卷二七一　（14–11）

斷故一切智智清淨故四無所畏四無礙解
大慈大悲大喜大捨十八佛不共法清淨四
無所畏乃至十八佛不共法清淨故八聖道
支清淨何以故若一切智智清淨若四無所
畏乃至十八佛不共法清淨若八聖道支清
淨無二無二分無別無斷故善現一切智智
清淨故無忘失法清淨無忘失法清淨故
八聖道支清淨何以故若一切智智清淨若无
忘失法清淨若八聖道支清淨無二無二分
無別無斷故一切智智清淨故恒住捨性清
淨恒住捨性清淨故八聖道支清淨何以故
若一切智智清淨若恒住捨性清淨若八聖
道支清淨無二無二分無別無斷故善現一
切智智清淨故一切智清淨一切智清淨故
八聖道支清淨何以故若一切智智清淨若
一切智清淨若八聖道支清淨無二無二分
無別無斷故一切智智清淨故道相智一切
相智清淨道相智一切相智清淨故八聖道
支清淨何以故若一切智智清淨若道相智
一切相智清淨若八聖道支清淨無二無二
分無別無斷故善現一切智智清淨故一切
陀羅尼門清淨一切陀羅尼門清淨故八聖
道支清淨何以故若一切智智清淨若一切
陀羅尼門清淨若八聖道支清淨無二無二
分無別無斷故一切智智清淨故一切三摩
地門清淨一切三摩地門清淨故八聖道支
清淨何以故若一切智智清淨若一切三摩

BD14164號　大般若波羅蜜多經卷二七一　（14–12）

陁羅尼門清淨若八聖道支清淨無二無二
分無別無斷故一切智智清淨故一切三摩
地門清淨一切三摩地門清淨故八聖道支
清淨何以故若一切智智清淨若一切三摩
地門清淨若八聖道支清淨無二無二分無
別無斷故善現一切智智清淨故預流果清
淨預流果清淨故八聖道支清淨何以故若一
切智智清淨若預流果清淨若八聖道支清
淨無二無二分無別無斷故一切智智清淨
故一來不還阿羅漢果清淨一來不還阿羅
漢果清淨故八聖道支清淨何以故若一切
智智清淨若一來不還阿羅漢果清淨若八
聖道支清淨無二無二分無別無斷故善現
一切智智清淨故獨覺菩提清淨獨覺菩提
清淨故八聖道支清淨何以故若一切智智
清淨若獨覺菩提清淨若八聖道支清淨
無二無二分無別無斷故善現一切智智清淨
故一切菩薩摩訶薩行清淨一切菩薩摩訶
薩行清淨故八聖道支清淨何以故若一切
智智清淨若一切菩薩摩訶薩行清淨若
聖道支清淨無二無二分無別無斷故善現
一切智智清淨故諸佛無上正等菩提清淨
諸佛無上正等菩提清淨故八聖道支清淨
何以故若一切智智清淨若諸佛無上正等
菩提清淨若八聖道支清淨無二無二分無
別無斷故

BD14164號　大般若波羅蜜多經卷二七一　（14–13）

故一切菩薩摩訶薩行清淨一切菩薩摩訶
薩行清淨故八聖道支清淨何以故若一切
智智清淨若一切菩薩摩訶薩行清淨若
聖道支清淨無二無二分無別無斷故善現
一切智智清淨故諸佛無上正等菩提清淨
諸佛無上正等菩提清淨故八聖道支清淨
何以故若一切智智清淨若諸佛無上正等
菩提清淨若八聖道支清淨無二無二分無
別無斷故
復次善現一切智智清淨故色清淨色清淨
故空解脫門清淨何以故若一切智智清淨
若色清淨若空解脫門清淨無二無二分無
別無斷故一切智智清淨故受想行識清淨
受想行識清淨故空解脫門清淨何以故若
一切智智清淨若受想行識清淨若空解脫
門清淨無二無二分無別無斷故善現一切
智智清淨故眼處清淨眼處清淨故空解脫
門清淨何以故若一切智智清淨若眼處清
淨若空解脫門清淨無二無二分無別無斷

BD14164號　大般若波羅蜜多經卷二七一　（14–14）

妙法蓮華經序品第一
如是我聞一時佛住王舍城耆闍崛山中與
大比丘衆萬二千人俱皆是阿羅漢諸漏已
盡无復煩惱逮得己利盡諸有結心得自在
其名曰阿若憍陳如摩訶迦葉優樓頻螺迦
葉伽耶迦葉那提迦葉舍利弗大目揵連摩
訶迦旃延阿㝹樓䭾劫賓那憍梵波提離波

BD14165 號　妙法蓮華經卷一　（25–1）

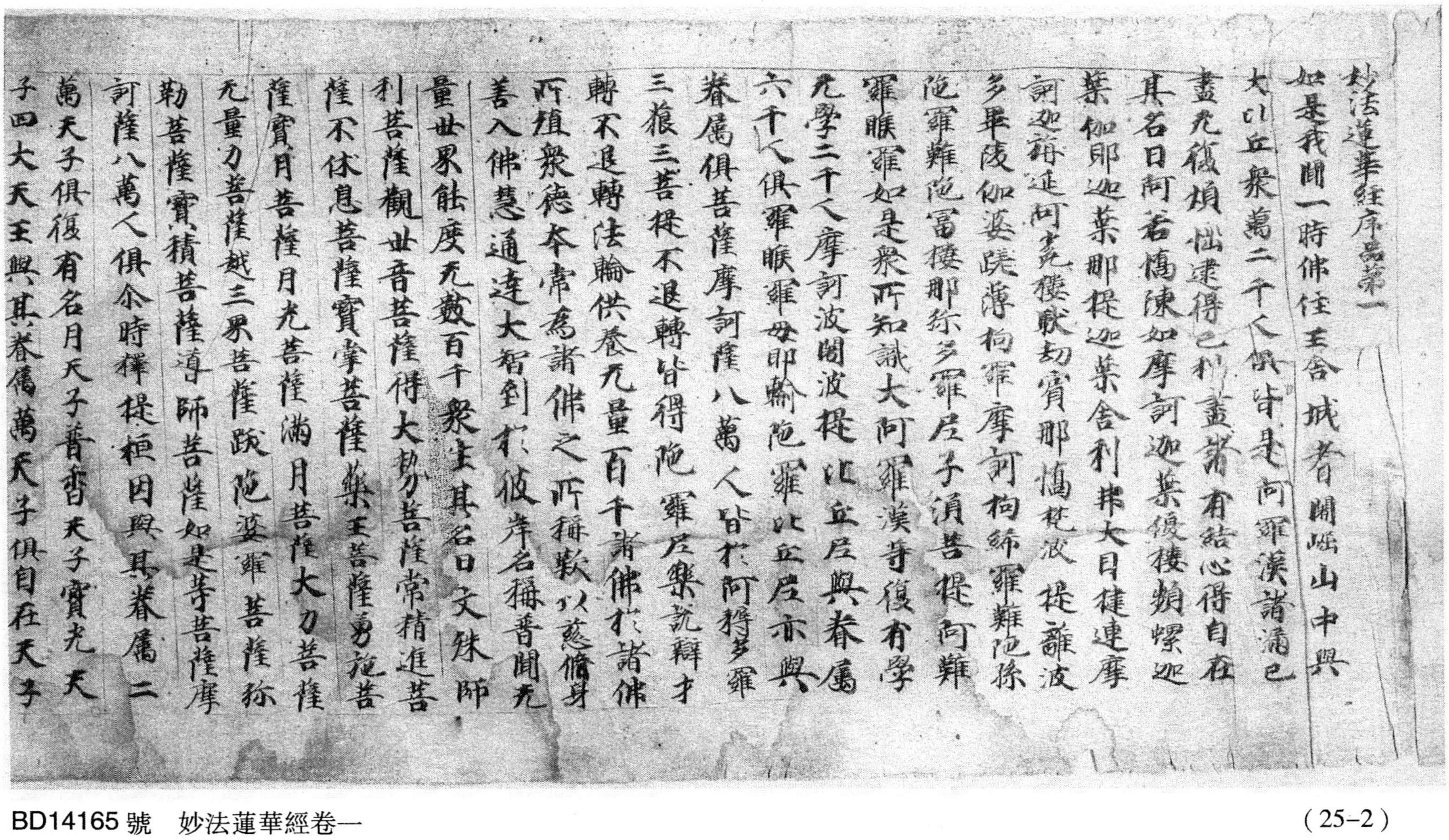

妙法蓮華經序品第一
如是我聞一時佛住王舍城耆闍崛山中與
大比丘衆萬二千人俱皆是阿羅漢諸漏已
盡无復煩惱逮得己利盡諸有結心得自在
其名曰阿若憍陳如摩訶迦葉優樓頻螺迦
葉伽耶迦葉那提迦葉舍利弗大目揵連摩
訶迦旃延阿㝹樓䭾劫賓那憍梵波提離波
多畢陵伽婆蹉薄拘羅摩訶拘絺羅難陀孫
陀羅難陀富樓那彌多羅尼子須菩提阿難
羅睺羅如是衆所知識大阿羅漢等復有學
无學二千人摩訶波闍波提比丘尼與眷屬
六千人俱羅睺羅母耶輸陀羅比丘尼亦與
眷屬俱菩薩摩訶薩八萬人皆於阿耨多羅
三藐三菩提不退轉皆得陀羅尼樂說辯才
轉不退轉法輪供養无量百千諸佛於諸佛
所殖衆德本常為諸佛之所稱歎以慈修身
善入佛慧通達大智到於彼岸名稱普聞无
量世界能度无數百千衆生其名曰文殊師
利菩薩觀世音菩薩得大勢菩薩常精進菩
薩不休息菩薩寶掌菩薩藥王菩薩勇施菩
薩寶月菩薩月光菩薩滿月菩薩大力菩薩
无量力菩薩越三界菩薩跋陀婆羅菩薩彌
勒菩薩寶積菩薩導師菩薩如是等菩薩摩
訶薩八萬人俱尒時釋提桓因與其眷屬二
萬天子俱復有名月天子普香天子寶光天
子四大天王與其眷屬萬天子俱自在天子

BD14165 號　妙法蓮華經卷一　（25–2）

无量[illegible]菩薩摩
勒菩薩寶積菩薩導師菩薩如是等菩薩摩
訶薩八萬人俱尒時釋提桓因與其眷屬二
萬天子俱復有名月天子普香天子寶光天
子四大天王與其眷屬萬天子俱自在天子
大自在天子與其眷屬三萬天子俱娑婆世
界主梵天王尸棄大梵光明大梵等與其眷
屬萬二千天子俱有八龍王難陁龍王跋難
陁龍王娑伽羅龍王和脩吉龍王德叉迦龍
王阿那婆達多龍王摩那斯龍王優鉢羅龍
王等各與若干百千眷屬俱有四緊那羅王
法緊那羅王妙法緊那羅王大法緊那羅王
持法緊那羅王各與若干百千眷屬俱有四
乾闥婆王樂乾闥婆王樂音乾闥婆王美乾
闥婆王美音乾闥婆王各與若干百千眷屬
俱有四阿脩羅王婆稚阿脩羅王佉羅騫大
阿脩羅王毗摩質多羅阿脩羅王羅睺阿脩
羅王各與若干百千眷屬俱有四迦樓羅王大
威德迦樓羅王大身迦樓羅王大滿迦樓
羅王如意迦樓羅王各與若干百千眷屬俱
韋提希子阿闍世王與若干百千眷屬俱各
礼佛足退坐一面
尒時世尊四衆圍繞供養恭敬尊重讚歎為
諸菩薩說大乘經名无量義教菩薩法佛所
護念佛說此經已結跏趺坐入於无量義處
三昧身心不動是時天雨曼陁羅華摩訶曼
陁羅華曼殊沙華摩訶曼殊沙華而散佛上

BD14165號　妙法蓮華經卷一　（25-3）

尒時世尊四衆圍繞供養恭敬尊重讚歎為
諸菩薩說大乘經名无量義教菩薩法佛所
護念佛說此經已結跏趺坐入於无量義處
三昧身心不動是時天雨曼陁羅華摩訶曼
陁羅華曼殊沙華摩訶曼殊沙華而散佛上
及諸大衆普佛世界六種震動尒時會中比
丘比丘尼優婆塞優婆夷天龍夜叉乾闥婆
阿脩羅迦樓羅緊那羅摩睺羅伽人非人及
諸小王轉輪聖王是諸大衆得未曾有歡喜
合掌一心觀佛尒時佛放眉間白毫相光照
東方萬八千世界靡不周遍下至阿鼻地獄
上至阿迦尼吒天於此世界盡見彼土六趣
衆生又見彼土現在諸佛及聞諸佛所說經
法并見彼諸比丘比丘尼優婆塞優婆夷諸
脩行得道者復見諸菩薩摩訶薩種種因緣
種種信解種種相貌行菩薩道復見諸佛般
涅槃者復見諸佛般涅槃後以佛舍利起七
寶塔尒時弥勒菩薩作是念今者世尊現神
變相以何因緣而有此瑞今佛世尊入于三
昧是不可思議現希有事當以問誰誰能荅
者復作此念是文殊師利法王之子已曾親
近供養過去无量諸佛必應見此希有之相
我今當問尒時比丘比丘尼優婆塞優婆夷
及諸天龍鬼神等咸作此念是佛光明神通
之相今當問誰尒時弥勒菩薩欲自決疑又
觀四衆比丘比丘尼優婆塞優婆夷及諸天
龍鬼神等衆會之心而問文殊師利言以何

BD14165號　妙法蓮華經卷一　（25-4）

我今當問　尒時比丘比丘尼優婆塞優婆夷
及諸天龍鬼神等咸作此念　是佛光明神通
之相今當問誰　尒時彌勒菩薩欲自決疑又
觀四衆比丘比丘尼優婆塞優婆夷及諸天
龍鬼神等衆會之心而問文殊師利言　以何
因緣而有此瑞神通之相　放大光明照于東
方萬八千土　悉見彼佛國界莊嚴　於是彌勒
菩薩欲重宣此義　以偈問曰
文殊師利　導師何故　眉間白毫　大光普照
雨曼陁羅　曼殊沙華　栴檀香風　悅可衆心
以是因緣　地皆嚴淨　而此世界　六種震動
時四部衆　咸皆歡喜　身意快然　得未曾有
眉間光明　照于東方　萬八千土　皆如金色
從阿鼻獄　上至有頂　諸世界中　六道衆生
生死所趣　善惡業緣　受報好醜　於此悉見
又覩諸佛　聖主師子　演說經典　微妙第一
其聲清淨　出柔軟音　教諸菩薩　无數億萬
梵音深妙　令人樂聞　各於世界　講說正法
種種因緣　以无量喻　照明佛法　開悟衆生
若人遭苦　厭老病死　為說涅槃　盡諸苦際
若人有福　曾供養佛　志求勝法　為說緣覺
若有佛子　脩種種行　求无上慧　為說淨道
文殊師利　我住於此　見聞若斯　及千億事
如是衆多　今當略說　我見彼土　恒沙菩薩
種種因緣　而求佛道　或有行施　金銀珊瑚
真珠摩尼　車𤦲馬瑙　金剛諸珍　奴婢車乘

BD14165號　妙法蓮華經卷一　　（25–5）

文殊師利　我住於此　見聞若斯　及千億事
如是衆多　今當略說　我見彼土　恒沙菩薩
種種因緣　而求佛道　或有行施　金銀珊瑚
真珠摩尼　車𤦲馬瑙　金剛諸珍　奴婢車乘
寶飾輦轝　歡喜布施　迴向佛道　願得是乘
三界第一　諸佛所歎　或有菩薩　駟馬寶車
欄楯華蓋　軒飾布施　復見菩薩　身肉手足
及妻子施　求无上道　又見菩薩　頭目身體
欣樂施與　求佛智慧　文殊師利　我見諸王
往詣佛所　問无上道　便捨樂土　宮殿臣妾
剃除鬚髮　而被法服　或見菩薩　而作比丘
獨處閑靜　樂誦經典　又見菩薩　勇猛精進
入於深山　思惟佛道　又見離欲　常處空閑
深脩禪定　得五神通　又見菩薩　安禪合掌
以千萬偈　讚諸法王　復見菩薩　智深志固
能問諸佛　聞悉受持　又見佛子　定慧具足
以无量喻　為衆講法　欣樂說法　化諸菩薩
破魔兵衆　而擊法鼓　又見菩薩　寂然宴默
天龍恭敬　不以為喜　又見菩薩　處林放光
濟地獄苦　令入佛道　又見佛子　未嘗睡眠
經行林中　懃求佛道　又見具戒　威儀无缺
淨如寶珠　以求佛道　又見佛子　住忍辱力
增上慢人　惡罵捶打　皆悉能忍　以求佛道
又見菩薩　離諸戲笑　及癡眷屬　親近智者
一心除亂　攝念山林　億千萬歲　以求佛道
或見菩薩　餚饍飲食　百種湯藥　施佛及僧
名衣上服　價直千萬　或无價衣　施佛及僧

BD14165號　妙法蓮華經卷一　　（25–6）

又見菩薩　離諸戲笑　及癡眷屬　親近智者
一心除亂　攝念山林　億千萬歲　以求佛道
或見菩薩　餚饍飲食　百種湯藥　施佛及僧
名衣上服　價直千萬　或无價衣　施佛及僧
千萬億種　栴檀寶舍　衆妙卧具　施佛及僧
清淨園林　華菓茂盛　流泉浴池　施佛及僧
如是等施　種種微妙　歡喜无猒　求无上道
或有菩薩　說寂滅法　種種教詔　无數衆生
或見菩薩　觀諸法性　无有二相　猶如虛空
又見佛子　心无所著　以此妙慧　求无上道
文殊師利　又見菩薩　佛滅度後　供養舍利
又見佛子　造諸塔廟　无數恒沙　嚴飾國界
寶塔高妙　五千由旬　縱廣正等　二千由旬
一一塔廟　各千幢幡　珠交露幔　寶鈴和鳴
諸天龍神　人及非人　香華伎樂　常以供養
文殊師利　諸佛子等　為供舍利　嚴飾塔廟
國界自然　殊特妙好　如天樹王　其華開敷
佛放一光　我及衆會　見此國界　種種殊妙
諸佛神力　智慧希有　放一淨光　照无量國
我等見此　得未曾有　佛子文殊　願決衆疑
四衆欣仰　瞻仁及我　世尊何故　放斯光明
佛子時荅　決疑令喜　何所饒益　演斯光明
佛坐道場　所得妙法　為欲說此　為當授記
示諸佛土　衆寶嚴淨　及見諸佛　此非小緣
文殊當知　四衆龍神　瞻察仁者　為說何等
尒時文殊師利語弥勒菩薩摩訶薩及諸大
士善男子等如我惟忖今佛世尊欲說大法

BD14165號　妙法蓮華經卷一　（25–7）

佛坐道場　所得妙法　為欲說此　為當授記
示諸佛土　衆寶嚴淨　及見諸佛　此非小緣
文殊當知　四衆龍神　瞻察仁者　為說何等
尒時文殊師利語弥勒菩薩摩訶薩及諸大
士善男子等如我惟忖今佛世尊欲說大法
雨大法雨吹大法螺擊大法鼓演大法義諸
善男子我於過去諸佛曾見此瑞放斯光已
即說大法是故當知今佛現光亦復如是欲
令衆生咸得聞知一切世間難信之法故現
斯瑞諸善男子如過去无量无邊不可思議
阿僧祇劫尒時有佛号日月燈明如來應供
正遍知明行足善逝世間解无上士調御丈
夫天人師佛世尊演說正法初善中善後善
其義深遠其語巧妙純一无雜具足清白梵
行之相為求聲聞者說應四諦法度生老病
死究竟涅槃為求辟支佛者說應十二因緣
法為諸菩薩說應六波羅蜜令得阿耨多羅
三藐三菩提成一切種智次復有佛亦名日
月燈明次復有佛亦名日月燈明如是二萬
佛皆同一字号日月燈明又同一姓姓頗羅
墮弥勒當知初佛後佛皆同一字名日月燈
明十号具足所可說法初中後善其最後佛
未出家時有八王子一名有意二名善意三
名无量意四名寶意五名增意六名除疑意
七名響意八名法意是八王子威德自在各
領四天下是諸王子聞父出家得阿耨多羅
三藐三菩提悉捨王位亦隨出家發大乘意

BD14165號　妙法蓮華經卷一　（25–8）

未出家時有八王[illegible]
名无量意四名寶意五名增意六名除疑意
七名響意八名法意是八王子威德自在各
領四天下是諸王子聞父出家得阿耨多羅
三藐三菩提悉捨王位亦隨出家發大乘意
常脩梵行皆為法師已於千萬佛所殖諸善
本是時日月燈明佛說大乘經名无量義教
菩薩法佛所護念說是經已即於大眾中結
跏趺坐入於无量義處三昧身心不動是時
天雨曼陁羅華摩訶曼陁羅華曼殊沙華
摩訶曼殊沙華而散佛上及諸大眾普佛世界
六種震動尒時會中比丘比丘尼優婆塞優
婆夷天龍夜叉乾闥婆阿脩羅迦樓羅緊那
羅摩睺羅伽人非人及諸小王轉輪聖王等
是諸大眾得未曾有歡喜合掌一心觀佛尒
時如來放眉間白豪相光照東方萬八千佛
土靡不周遍如今所見是諸佛土弥勒當知
尒時會中有二十億菩薩樂欲聽法是諸菩
薩見此光明普照佛土得未曾有欲知此光
所為因緣時有菩薩名曰妙光有八百弟子
是時日月燈明佛從三昧起因妙光菩薩說
大乘經名妙法蓮華教菩薩法佛所護念六
十小劫不起于座時會聽者亦坐一處六十
小劫身心不動聽佛所說謂如食頃是時眾
中无有一人若身若心而生懈惓日月燈明
佛於六十小劫說是經已即於梵魔沙門婆
羅門及天人阿脩羅眾中而宣此言如來於

BD14165 號　妙法蓮華經卷一　　（25–9）

小劫身心不動聽佛所說謂如食頃是時眾
中无有一人若身若心而生懈惓日月燈明
佛於六十小劫說是經已即於梵魔沙門婆
羅門及天人阿脩羅眾中而宣此言如來於
今日中夜當入无餘涅槃時有菩薩名曰德
藏日月燈明佛即授其記告諸比丘是德藏
菩薩次當作佛号曰淨身多陁阿伽度阿羅
訶三藐三佛陁佛授記已便於中夜入无餘
涅槃佛滅度後妙光菩薩持妙法蓮華經滿
八十小劫為人演說日月燈明佛八子皆師
妙光妙光教化令其堅固阿耨多羅三藐三
菩提是諸王子供養无量百千萬億佛已皆
成佛道其最後成佛者名曰然燈八百弟子
中有一人号曰求名貪著利養雖復讀誦眾
經而不通利多所忘失故号求名是人亦以
種諸善根因緣故得殖无量百千萬億諸佛
供養恭敬尊重讚歎弥勒當知尒時妙光菩
薩豈異人乎我身是也求名菩薩汝身是也
今見此瑞與本无異是故惟付今日如來當
說大乘經名妙法蓮華教菩薩法佛所護念
尒時文殊師利於大眾中欲宣此義而說偈
言
我念過去世　无量无數劫　有佛人中尊　号日月燈明
世尊演說法　度无量眾生　无數億菩薩　令入佛智慧
佛未出家時　所生八王子　見大聖出家　亦隨脩梵行
時佛說大乘　經名无量義　於諸大眾中　而為廣分別

BD14165 號　妙法蓮華經卷一　　（25–10）

我念過去世　无量无數劫　有佛人中尊　号日月燈明
世尊演說法　度无量衆生　无數億菩薩　令入佛智慧
佛未出家時　所生八王子　見大聖出家　亦隨修梵行
時佛說大乘　經名无量義　於諸大衆中　而為廣分別
佛說此經已　即於法座上　跏趺坐三昧　名无量義處
天雨曼陀華　天鼓自然鳴　諸天龍鬼神　供養人中尊
一切諸佛土　即時大震動　佛放眉間光　現諸希有事
此光照東方　萬八千佛土　示一切衆生　生死業報處
有見諸佛土　以衆寶莊嚴　瑠璃頗梨色　斯由佛光照
及見諸天人　龍神夜叉衆　乾闥緊那羅　各供養其佛
又見諸如來　自然成佛道　身色如金山　端嚴甚微妙
如淨瑠璃中　內現真金像　世尊在大衆　敷演深法義
一一諸佛土　聲聞衆无數　因佛光所照　悉見彼大衆
或有諸比丘　在於山林中　精進持淨戒　猶如護明珠
又見諸菩薩　行施忍辱等　其數如恒沙　斯由佛光照
又見諸菩薩　深入諸禪定　身心寂不動　以求无上道
又見諸菩薩　知法寂滅相　各於其國土　說法求佛道
尒時四部衆　見日月燈佛　現大神通力　其心皆歡喜
各各自相問　是事何因緣　天人所奉尊　適從三昧起
讚妙光菩薩　汝為世間眼　一切所歸信　能奉持法藏
如我所說法　唯汝能證知　世尊既讚歎　令妙光歡喜
說是法華經　滿六十小劫　不起於此座　所說上妙法
是妙光法師　悉皆能受持　佛說是法華　令衆歡喜已
尋即於是日　告於天人衆　諸法實相義　已為汝等說
我今於中夜　當入於涅槃　汝一心精進　當離於放逸
諸佛甚難值　億劫時一遇　世尊諸子等　聞佛入涅槃

說是法華經　滿六十小劫　不起於此座　所說上妙法
是妙光法師　悉皆能受持　佛說是法華　令衆歡喜已
尋即於是日　告於天人衆　諸法實相義　已為汝等說
我今於中夜　當入於涅槃　汝一心精進　當離於放逸
諸佛甚難值　億劫時一遇　世尊諸子等　聞佛入涅槃
各各懷悲惱　佛滅一何速　聖主法之王　安慰无量衆
我若滅度時　汝等勿憂怖　是德藏菩薩　於无漏實相
心已得通達　其次當作佛　号曰為淨身　亦度无量衆
佛此夜滅度　如薪盡火滅　分布諸舍利　而起无量塔
比丘比丘尼　其數如恒沙　倍復加精進　以求无上道
是妙光法師　奉持佛法藏　八十小劫中　廣宣法華經
是諸八王子　妙光所開化　堅固无上道　當見无數佛
供養諸佛已　隨順行大道　相繼得成佛　轉次而授記
最後天中天　号曰然燈佛　諸仙之導師　度脫无量衆
是妙光法師　時有一弟子　心常懷懈怠　貪著於名利
求名利无猒　多遊族姓家　棄捨所習誦　廢忘不通利
以是因緣故　号之為求名　亦行衆善業　得見无數佛
供養於諸佛　隨順行大道　具六波羅蜜　今見釋師子
其後當作佛　号名曰彌勒　廣度諸衆生　其數无有量
彼佛滅度後　懈怠者汝是　妙光法師者　今則我身是
我見燈明佛　本光瑞如此　以是知今佛　欲說法華經
今相如本瑞　是諸佛方便　今佛放光明　助發實相義
諸人今當知　合掌一心待　佛當雨法雨　充足求道者
諸求三乘人　若有疑悔者　佛當為除斷　令盡无有餘

妙法蓮華經方便品第二

尒時世尊從三昧安詳而起告舍利弗諸佛

諸人今當知　合掌一心待　佛當雨法雨　充足求道者
諸求三乘人　若有疑悔者　佛當為除斷　令盡无有餘

妙法蓮華經方便品第二

尒時世尊從三昧安詳而起告舍利弗諸佛
智慧甚深无量其智慧門難解難入一切聲
聞辟支佛所不能知所以者何佛曾親近百
千萬億无數諸佛盡行諸佛无量道法勇猛
精進名稱普聞成就甚深未曾有法隨宜所
說意趣難解舍利弗吾從成佛已來種種因
緣種種辟喻廣演言教无數方便引導衆生
令離諸著所以者何如來方便知見波羅蜜
皆已具足舍利弗如來知見廣大深遠无量
无礙力无所畏禪定解脫三昧深入无際成
就一切未曾有法舍利弗如來能種種分別
巧說諸法言辭柔耎悅可衆心舍利弗取要
言之无量无邊未曾有法佛悉成就止舍利
弗不須復說所以者何佛所成就第一希有
難解之法唯佛與佛乃能究盡諸法實相所
謂諸法如是相如是性如是體如是力如是
作如是因如是緣如是果如是報如是本末
究竟等尒時世尊欲重宣此義而說偈言

世雄不可量　諸天及世人　一切衆生類　无能知佛者
佛力无所畏　解脫諸三昧　及佛諸餘法　无能測量者
本從无數佛　具足行諸道　甚深微妙法　難見難可了
於无量億劫　行此諸道已　道場得成果　我已悉知見
如是大果報　種種性相義　我及十方佛　乃能知是事
是法不可示　言辭相寂滅　諸餘衆生類　无有能得解

本從无數佛　具足行諸道　甚深微妙法　難見難可了
於无量億劫　行此諸道已　道場得成果　我已悉知見
如是大果報　種種性相義　我及十方佛　乃能知是事
是法不可示　言辭相寂滅　諸餘衆生類　无有能得解
除諸菩薩衆　信力堅固者　諸佛弟子衆　曾供養諸佛
一切漏已盡　住是最後身　如是諸人等　其力所不堪
假使滿世間　皆如舍利弗　盡思共度量　不能測佛智
正使滿十方　皆如舍利弗　及餘諸弟子　亦滿十方刹
盡思共度量　亦復不能知　辟支佛利智　无漏最後身
亦滿十方界　其數如竹林　斯等共一心　於億无量劫
欲思佛實智　莫能知少分　新發意菩薩　供養无數佛
了達諸義趣　又能善說法　如稻麻竹葦　充滿十方刹
一心以妙智　於恒河沙劫　咸皆共思量　不能知佛智
不退諸菩薩　其數如恒沙　一心共思求　亦復不能知
又告舍利弗　无漏不思議　甚深微妙法　我今已具得
唯我知是相　十方佛亦然　舍利弗當知　諸佛語无異
於佛所說法　當生大信力　世尊法久後　要當說真實
告諸聲聞衆　及求緣覺乘　我今脫苦縛　逮得涅槃者
佛以方便力　示以三乘教　衆生處處著　引之令得出

尒時大衆中有諸聲聞漏盡阿羅漢阿若憍
陳如等千二百人及發聲聞辟支佛心比丘
比丘尼優婆塞優婆夷各作是念今者世尊
何故慇懃稱歎方便而作是言佛所得法甚
深難解有所言說意趣難知一切聲聞辟支
佛所不能及佛說一解脫義我等亦得此法
到於涅槃而今不知是義所趣尒時舍利弗

何故慇懃稱歎方便而作是言佛所得法甚
深難解有所言說意趣難知一切聲聞辟支
佛所不能及佛說一解脫義我等亦得此法
到於涅槃而今不知是義所趣尒時舍利弗
知四眾心疑自亦未了而白佛言世尊何因
何緣慇懃稱歎諸佛第一方便甚深微妙難
解之法我自昔來未曾從佛聞如是說今者
四眾咸皆有疑唯願世尊敷演斯事世尊何
故慇懃稱歎甚深微妙難解之法尒時舍利
弗欲重宣此義而說偈言
慧日大聖尊　久乃說是法　自說得如是　力无畏三昧
禪定解脫等　不可思議法　道場所得法　无能發問者
我意難可測　亦无能問者　无問而自說　稱歎所行道
智慧甚微妙　諸佛之所得　无漏諸羅漢　及求涅槃者
今皆墮疑網　佛何故說是　其求緣覺者　比丘比丘尼
諸天龍鬼神　及乾闥婆等　相視懷猶豫　瞻仰兩足尊
是事為云何　願佛為解說　於諸聲聞眾　佛說我第一
我今自於智　疑惑不能了　為是究竟法　為是所行道
佛口所生子　合掌瞻仰待　願出微妙音　時為如實說
諸天龍神等　其數如恒沙　求佛諸菩薩　大數有八萬
又諸萬億國　轉輪聖王至　合掌以敬心　欲聞具足道
尒時佛告舍利弗止止不須復說若說是事
一切世間諸天及人皆當驚疑舍利弗重白
佛言世尊唯願說之唯願說之所以者何是
會无數百千萬億阿僧祇眾生曾見諸佛諸
根猛利智慧明了聞佛所說則能敬信尒時

BD14165號　妙法蓮華經卷一　（25-15）

一切世間諸天及人皆當驚疑舍利弗重白
佛言世尊唯願說之唯願說之所以者何是
會无數百千萬億阿僧祇眾生曾見諸佛諸
根猛利智慧明了聞佛所說則能敬信尒時
舍利弗欲重宣此義而說偈言
法王无上尊　唯說願勿慮　是會无量眾　有能敬信者
佛復止舍利弗若說是事一切世間天人阿
修羅皆當驚疑增上慢比丘將墜於大坑尒
時世尊重說偈言
止止不須說　我法妙難思　諸增上慢者　聞必不敬信
尒時舍利弗重白佛言世尊唯願說之唯願
說之今此會中如我等比百千萬億世世已
曾從佛受化如此人等必能敬信長夜安隱
多所饒益尒時舍利弗欲重宣此義而說偈言
无上兩足尊　願說第一法　我為佛長子　唯垂分別說
是會无量眾　能敬信此法　佛已曾世世　教化如是等
皆一心合掌　欲聽受佛語　我等千二百　及餘求佛者
願為此眾故　唯垂分別說　是等聞此法　則生大歡喜
尒時世尊告舍利弗汝已慇懃三請豈得不
說汝今諦聽善思念之吾當為汝分別解說
說此語時會中有比丘比丘尼優婆塞優婆
夷五千人等即從座起禮佛而退所以者何
此輩罪根深重及增上慢未得謂得未證謂
證有如此失是以不住世尊默然而不制止
尒時佛告舍利弗我今此眾无復枝葉純有
貞實舍利弗如是增上慢人退亦佳矣汝今

BD14165號　妙法蓮華經卷一　（25-16）

證有如此失是以不住世尊默然而不制止
尒時佛告舍利弗我今此衆无復枝葉純有
貞實舍利弗如是增上慢人退亦佳矣汝今
善聽當為汝說舍利弗言唯然世尊願樂欲
聞佛告舍利弗如是妙法諸佛如來時乃說
之如優曇鉢華時一現耳舍利弗汝等當信
佛之所說言不虛妄舍利弗諸佛隨宜說法
意趣難解所以者何我以无數方便種種因
緣譬喻言辭演說諸法是法非思量分別之
所能解唯有諸佛乃能知之所以者何諸佛
世尊唯以一大事因緣故出現於世舍利弗
云何名諸佛世尊唯以一大事因緣故出現
於世諸佛世尊欲令衆生開佛知見使得清
淨故出現於世欲示衆生佛之知見故出現
於世欲令衆生悟佛知見故出現於世欲令
衆生入佛知見道故出現於世舍利弗是為
諸佛以一大事因緣故出現於世佛告舍利
弗諸佛如來但教化菩薩諸有所作常為一
事唯以佛之知見示悟衆生舍利弗如來但
以一佛乘故為衆生說法无有餘乘若二若
三舍利弗一切十方諸佛法亦如是舍利弗
過去諸佛以无量无數方便種種因緣譬喻
言辭而為衆生演說諸法是法皆為一佛乘
故是諸衆生從諸佛聞法究竟皆得一切種
智舍利弗未來諸佛當出於世亦以无量无
數方便種種因緣譬喻言辭而為衆生演說

過去諸佛以无量无數方便種種因緣譬喻
言辭而為衆生演說諸法是法皆為一佛乘
故是諸衆生從諸佛聞法究竟皆得一切種
智舍利弗未來諸佛當出於世亦以无量无
數方便種種因緣譬喻言辭而為衆生演說
諸法是法皆為一佛乘故是諸衆生從佛聞
法究竟皆得一切種智舍利弗現在十方无
量百千萬億佛土中諸佛世尊多所饒益安
樂衆生是諸佛亦以无量无數方便種種因
緣譬喻言辭而為衆生演說諸法是法皆為
一佛乘故是諸衆生從佛聞法究竟皆得一
切種智舍利弗是諸佛但教化菩薩欲以佛
之知見示衆生故欲以佛之知見悟衆生故
欲令衆生入佛之知見故舍利弗我今亦復
如是知諸衆生有種種欲深心所著隨其本
性以種種因緣譬喻言辭方便力故而為說
法舍利弗如此皆為得一佛乘一切種智故舍
利弗十方世界中尚无二乘何況有三舍
利弗諸佛出於五濁惡世所謂劫濁煩惱濁
衆生濁見濁命濁如是舍利弗劫濁亂時衆
生垢重慳貪嫉妬成就諸不善根故諸佛以
方便力於一佛乘分別說三舍利弗若我弟
子自謂阿羅漢辟支佛者不聞不知諸佛如
來但教化菩薩事此非佛弟子非阿羅漢非
辟支佛又舍利弗是諸比丘比丘尼自謂已
得阿羅漢是最後身究竟涅槃便不復志求

子自謂阿羅漢辟支佛者不聞不知諸佛如
來但教化菩薩事此非佛弟子非阿羅漢非
辟支佛又舍利弗是諸比丘比丘尼自謂已
得阿羅漢是最後身究竟涅槃便不復志求
阿耨多羅三藐三菩提當知此輩皆是增上
慢人所以者何若有比丘實得阿羅漢若不
信此法无有是處除佛滅度後現前无佛所
以者何佛滅度後如是等經受持讀誦解義
者是人難得若遇餘佛於此法中便得決了
舍利弗汝等當一心信解受持佛語諸佛如
來言无虛妄无有餘乘唯一佛乘尒時世尊
欲重宣此義而說偈言
比丘比丘尼　有懷增上慢　優婆塞我慢　優婆夷不信
如是四衆等　其數有五千　不自見其過　於戒有缺漏
護惜其瑕疵　是小智已出　衆中之糟糠　佛威德故去
斯人尠福德　不堪受是法　此衆无枝葉　唯有諸貞實
舍利弗善聽　諸佛所得法　无量方便力　而為衆生說
衆生心所念　種種所行道　若干諸欲性　先世善惡業
佛悉知是已　以諸緣譬喻　言辭方便力　令一切歡喜
或說脩多羅　伽陀及本事　本生未曾有　亦說於因緣
譬喻并祇夜　優波提舍經　鈍根樂小法　貪著於生死
於諸无量佛　不行深妙道　衆苦所惱亂　為是說涅槃
我設是方便　令得入佛慧　未曾說汝等　當得成佛道
所以未曾說　說時未至故　今正是其時　決定說大乘
我此九部法　隨順衆生說　入大乘為本　以故說是經
有佛子心淨　柔軟亦利根　无量諸佛所　而行深妙道

BD14165號　妙法蓮華經卷一

（25–19）

所以未曾說　說時未至故　今正是其時　決定說大乘
我此九部法　隨順衆生說　入大乘為本　以故說是經
有佛子心淨　柔軟亦利根　无量諸佛所　而行深妙道
為此諸佛子　說是大乘經　我記如是人　來世成佛道
以深心念佛　脩持淨戒故　此等聞得佛　大喜充遍身
佛知彼心行　故為說大乘　聲聞若菩薩　聞我所說法
乃至於一偈　皆成佛无疑　十方佛土中　唯有一乘法
无二亦无三　除佛方便說　但以假名字　引導於衆生
說佛智慧故　諸佛出於世　唯此一事實　餘二則非真
終不以小乘　濟度於衆生　佛自住大乘　如其所得法
定慧力莊嚴　以此度衆生　自證无上道　大乘平等法
若以小乘化　乃至於一人　我則墮慳貪　此事為不可
若人信歸佛　如來不欺誑　亦无貪嫉意　斷諸法中惡
故佛於十方　而獨无所畏　我以相嚴身　光明照世間
无量衆所尊　為說實相印　舍利弗當知　我本立誓願
欲令一切衆　如我等无異　如我昔所願　今者已滿足
化一切衆生　皆令入佛道　若我遇衆生　盡教以佛道
无智者錯亂　迷惑不受教　我知此衆生　未曾脩善本
堅著於五欲　癡愛故生惱　以諸欲因緣　墜墮三惡道
輪迴六趣中　備受諸苦毒　受胎之微形　世世常增長
薄德少福人　衆苦所逼迫　入邪見稠林　若有若无等
依止此諸見　具足六十二　深著虛妄法　堅受不可捨
我慢自矜高　諂曲心不實　於千萬億劫　不聞佛名字
亦不聞正法　如是人難度　是故舍利弗　我為設方便
說諸盡苦道　示之以涅槃　我雖說涅槃　是亦非真滅
諸法從本來　常自寂滅相　佛子行道已　來世得作佛

BD14165號　妙法蓮華經卷一

（25–20）

我慢自矜高　諂曲心不實　於千萬億劫　不聞佛名字
亦不聞正法　如是人難度　是故舍利弗　我為設方便
說諸盡苦道　示之以涅槃　我雖說涅槃　是亦非真滅
諸法從本來　常自寂滅相　佛子行道已　來世得作佛
我有方便力　開示三乘法　一切諸世尊　皆說一乘道
今此諸大眾　皆應除疑惑　諸佛語无異　唯一无二乘
過去无數劫　无量滅度佛　百千萬億種　其數不可量
如是諸世尊　種種緣譬喻　无數方便力　演說諸法相
是諸世尊等　皆說一乘法　化无量眾生　令入於佛道
又諸大聖主　知一切世間　天人群生類　深心之所欲
更以異方便　助顯第一義　若有眾生類　值諸過去佛
若聞法布施　或持戒忍辱　精進禪智等　種種脩福慧
如是諸人等　皆已成佛道　諸佛滅度已　若人善軟心
如是諸眾生　皆已成佛道　諸佛滅度已　供養舍利者
起萬億種塔　金銀及頗梨　車璩與馬瑙　玫瑰琉璃珠
清淨廣嚴飾　莊校於諸塔　或有起石廟　栴檀及沈水
木櫁并餘材　甎瓦泥土等　若於曠野中　積土成佛廟
乃至童子戲　聚沙為佛塔　如是諸人等　皆已成佛道
若人為佛故　建立諸形像　刻雕成眾相　皆已成佛道
或以七寶成　鍮石赤白銅　白鑞及鉛錫　鐵木及與泥
或以膠漆布　嚴飾作佛像　如是諸人等　皆已成佛道
綵畫作佛像　百福莊嚴相　自作若使人　皆已成佛道
乃至童子戲　若草木及筆　或以指爪甲　而畫作佛像
如是諸人等　漸漸積功德　具足大悲心　皆已成佛道
但化諸菩薩　度脫无量眾　若人於塔廟　寶像及畫像
以華香幡蓋　敬心而供養　若使人作樂　擊鼓吹角貝

BD14165號　妙法蓮華經卷一　（25–21）

乃至童子戲　若草木及筆　或以指爪甲　而畫作佛像
如是諸人等　漸漸積功德　具足大悲心　皆已成佛道
但化諸菩薩　度脫无量眾　若人於塔廟　寶像及畫像
以華香幡蓋　敬心而供養　若使人作樂　擊鼓吹角貝
簫笛琴箜篌　琵琶鐃銅鈸　如是眾妙音　盡持以供養
或以歡喜心　歌唄頌佛德　乃至一小音　皆以成佛道
若人散亂心　乃至以一華　供養於畫像　漸見无數佛
或有人禮拜　或復但合掌　乃至舉一手　或復小低頭
以此供養像　漸見无量佛　自成无上道　廣度无數眾
入无餘涅槃　如薪盡火滅　若人散亂心　入於塔廟中
一稱南无佛　皆已成佛道　於諸過去佛　在世或滅後
若有聞是法　皆已成佛道　未來諸世尊　其數无有量
是諸如來等　亦方便說法　一切諸如來　以无量方便
度脫諸眾生　入佛无漏智　若有聞法者　无一不成佛
諸佛本誓願　我所行佛道　普欲令眾生　亦同得此道
未來世諸佛　雖說百千億　无數諸法門　其實為一乘
諸佛兩足尊　知法常无性　佛種從緣起　是故說一乘
是法住法位　世間相常住　於道場知已　導師方便說
天人所供養　現在十方佛　其數如恒沙　出現於世間
安隱眾生故　亦說如是法　知第一寂滅　以方便力故
雖示種種道　其實為佛乘　知眾生諸行　深心之所念
過去所習業　欲性精進力　及諸根利鈍　以種種因緣
譬喻亦言辭　隨應方便說　今我亦如是　安隱眾生故
以種種法門　宣示於佛道　我以智慧力　知眾生性欲
方便說諸法　皆令得歡喜　舍利弗當知　我以佛眼觀
見六道眾生　貧窮无福慧　入生死險道　相續苦不斷

BD14165號　妙法蓮華經卷一　（25–22）

過去所習業　欲性精進力　及諸根利鈍　以種種因緣
譬喻亦言辭　隨應方便說　今我亦如是　安隱眾生故
以種種法門　宣示於佛道　我以智慧力　知眾生性欲
方便說諸法　皆令得歡喜　舍利弗當知　我以佛眼觀
見六道眾生　貧窮无福慧　入生死險道　相續苦不斷
深著於五欲　如犛牛愛尾　以貪愛自蔽　盲瞑无所見
不求大勢佛　及與斷苦法　深入諸邪見　以苦欲捨苦
為是眾生故　而起大悲心　我始坐道場　觀樹亦經行
於三七日中　思惟如是事　我所得智慧　微妙最第一
眾生諸根鈍　著樂癡所盲　如斯之等類　云何而可度
尒時諸梵王　及諸天帝釋　護世四天王　及大自在天
并餘諸天眾　眷屬百千萬　恭敬合掌礼　請我轉法輪
我即自思惟　若但讚佛乘　眾生沒在苦　不能信是法
破法不信故　墜於三惡道　我寧不說法　疾入於涅槃
尋念過去佛　所行方便力　我今所得道　亦應說三乘
作是思惟時　十方佛皆現　梵音慰喻我　善哉釋迦文
第一之導師　得是无上法　隨諸一切佛　而用方便力
我等亦皆得　最妙第一法　為諸眾生類　分別說三乘
少智樂小法　不自信作佛　是故以方便　分別說諸果
雖復說三乘　但為教菩薩　舍利弗當知　我聞聖師子
深淨微妙音　稱南无諸佛　復作如是念　我出濁惡世
如諸佛所說　我亦隨順行　思惟是事已　即趣波羅柰
諸法寂滅相　不可以言宣　以方便力故　為五比丘說
是名轉法輪　便有涅槃音　及以阿羅漢　法僧差別名
從久遠劫來　讃示涅槃法　生死苦永盡　我常如是說

BD14165號　妙法蓮華經卷一　（25–23）

深淨微妙音　稱南无諸佛　復作如是念　我出濁惡世
如諸佛所說　我亦隨順行　思惟是事已　即趣波羅柰
諸法寂滅相　不可以言宣　以方便力故　為五比丘說
是名轉法輪　便有涅槃音　及以阿羅漢　法僧差別名
從久遠劫來　讃示涅槃法　生死苦永盡　我常如是說
舍利弗當知　我見佛子等　志求佛道者　无量千萬億
咸以恭敬心　皆來至佛所　曾從諸佛聞　方便所說法
我即作是念　如來所以出　為說佛慧故　今正是其時
舍利弗當知　鈍根小智人　著相憍慢者　不能信是法
今我喜无畏　於諸菩薩中　正直捨方便　但說无上道
菩薩聞是法　疑網皆已除　千二百羅漢　悉亦當作佛
如三世諸佛　說法之儀式　我今亦如是　說无分別法
諸佛興出世　懸遠值遇難　正使出于世　說是法復難
无量无數劫　聞是法亦難　能聽是法者　斯人亦復難
譬如優曇華　一切皆愛樂　天人所希有　時時乃一出
聞法歡喜讚　乃至發一言　則為已供養　一切三世佛
是人甚希有　過於優曇華　汝等勿有疑　我為諸法王
普告諸大眾　但以一乘道　教化諸菩薩　无聲聞弟子
汝等舍利弗　聲聞及菩薩　當知是妙法　諸佛之祕要
以五濁惡世　但樂著諸欲　如是等眾生　終不求佛道
當來世惡人　聞佛說一乘　迷惑不信受　破法墮惡道
有慚愧清淨　志求佛道者　當為如是等　廣讚一乘道
舍利弗當知　諸佛法如是　以萬億方便　隨宜而說法
其不習學者　不能曉了此　汝等既已知　諸佛世之師
隨宜方便事　无復諸疑惑　心生大歡喜　自知當作佛

BD14165號　妙法蓮華經卷一　（25–24）

以五濁惡世　但樂著諸欲　如是等衆生　終不求佛道
當來世惡人　聞佛說一乘　迷惑不信受　破法墮惡道
有慚愧清淨　志求佛道者　當爲如是等　廣讚一乘道
舍利弗當知　諸佛法如是　以萬億方便　隨宜而說法
其不習學者　不能曉了此　汝等既已知　諸佛世之師
隨宜方便事　无復諸疑惑　心生大歡喜　自知當作佛
妙法蓮華經卷第一

BD14165 號　妙法蓮華經卷一　（25–25）

諸人々

BD14165 號背　雜寫　（1–1）

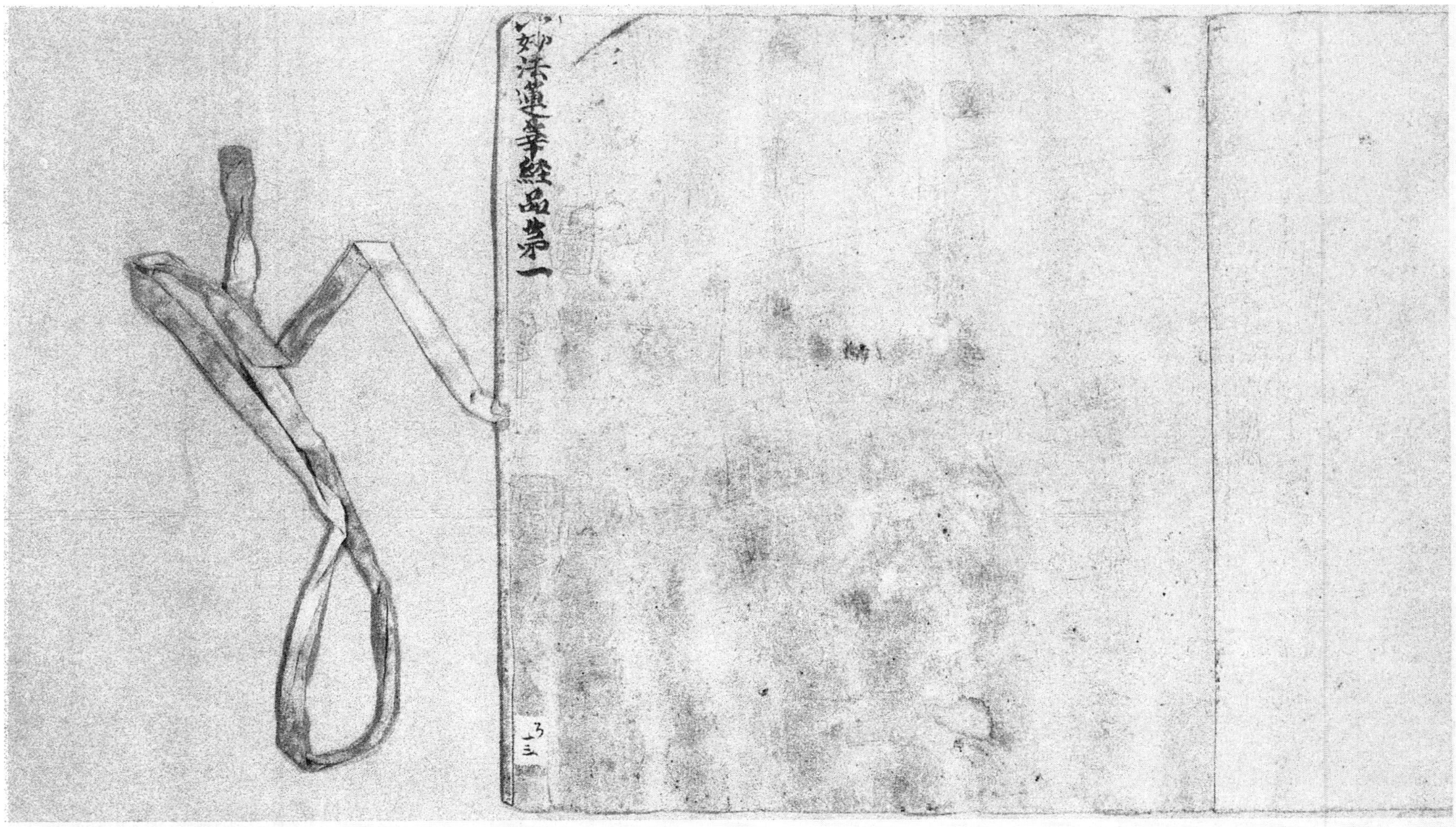

BD14166號背　護首　（1–1）

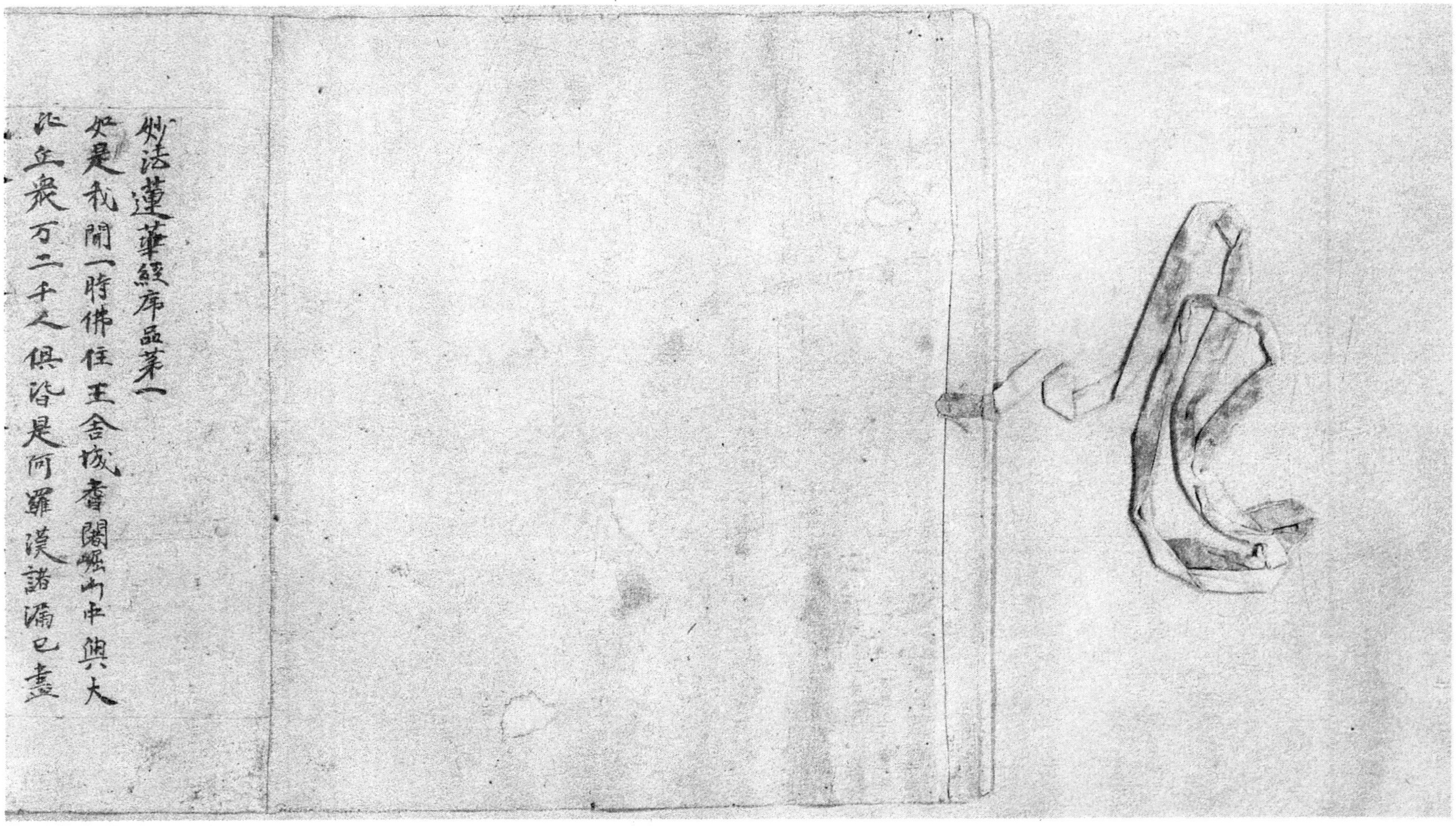

BD14166號　妙法蓮華經卷一　（25–1）

妙法蓮華經序品第一
如是我聞一時佛住王舍城耆闍崛山中與大
比丘衆万二千人俱皆是阿羅漢諸漏已盡
无復煩惱逮得己利盡諸有結心得自在其
名曰阿若憍陳如摩訶迦葉優樓頻螺迦葉
伽耶迦葉那提迦葉舍利弗大目揵連摩訶
迦旃延阿㝹樓馱劫賓那憍梵波提離波多
畢陵伽婆蹉薄拘羅摩訶拘絺羅難陁孫陁
羅難陁富樓那弥多羅尼子須菩提阿難羅
睺羅如是衆所知識大阿羅漢等復有學
无學二千人摩訶波闍波提比丘尼與眷屬
六千人俱羅睺羅母耶輸陁羅比丘尼亦與眷
屬俱菩薩摩訶薩八万人皆於阿耨多羅
三藐三菩提不退轉皆得陁尼樂說辯才
轉不退轉法輪供養无量百千諸佛於諸佛
所殖衆德本常為諸佛之所稱歎以慈脩身善
入佛慧通達大智到於彼岸名稱普聞无
量世界能度无數百千衆生其名曰文殊
師利菩薩觀世音菩薩得大勢菩薩常精
進菩薩不休息菩薩寶掌菩薩藥王菩薩勇
施菩薩寶月菩薩月光菩薩滿月菩薩大力
菩薩无量力菩薩越三界菩薩跋陁婆羅
菩薩弥勒菩薩寶積菩薩導師菩薩如是
等菩薩摩訶薩八万人俱尒時釋提桓因與
其眷屬二万天子俱復有名月天子普香天

菩薩无量力菩薩越三界菩薩跋陁婆羅
菩薩弥勒菩薩寶積菩薩導師菩薩如是
等菩薩摩訶薩八万人俱尒時釋提桓因與
其眷屬二万天子俱復有名月天子普香天
子寶光天子四大天王與其眷屬万天子俱自
在天子大自在天子與其眷屬三万天子俱娑
婆世界主梵天王尸棄大梵光明大梵等與其
眷屬万二千天子俱有八龍王難陁龍王跋難
陁龍王娑伽羅龍王和脩吉龍王德叉迦龍
王阿那婆達多龍王摩那斯龍王優鉢羅
龍王等各與若干百千眷屬俱有四緊那
羅王法緊那羅王妙法緊那羅王大法緊
那羅王持法緊那羅王各與若干百千眷
屬俱有四乾闥婆王樂乾闥婆王樂音乾闥婆
王美乾闥婆王美音乾闥婆王各與若干百
千眷屬俱有四阿脩羅王婆稚阿脩羅王佉
羅騫大阿脩羅王毗摩質多羅阿脩羅王羅
睺阿脩羅王各與若干百千眷屬俱有四迦
樓羅王大威德迦樓羅王大身迦樓羅王大
滿迦樓羅王如意迦樓羅王各與若干百千
眷屬俱韋提希子阿闍世王與若干百千眷
屬俱各禮佛足退坐一面
尒時世尊四衆圍繞供養恭敬尊重讚歎為
諸菩薩說大乘經名无量義教菩薩法佛
所護念佛說此經已結加趺坐入於无量義處
三昧身心不動是時天雨曼陁羅華摩訶曼

屬俱各禮佛足退坐一面
爾時世尊四衆圍繞供養恭敬尊重讚歎為
諸菩薩說大乘經名无量義教菩薩法佛
所護念佛說此經已結跏趺坐入於无量義處
三昧身心不動是時天雨曼陀羅華摩訶曼
陀羅華曼殊沙華摩訶曼殊沙華而散佛上及
諸大衆普佛世界六種震動爾時會中比丘比
丘尼優婆塞優婆夷天龍夜叉乾闥婆阿脩
羅迦樓羅緊那羅摩睺羅伽人非人等及諸
王轉輪聖王是諸大衆得未曾有歡喜合掌
一心觀佛爾時佛放眉間白毫相光照東方
万八千世界靡不周遍下至阿鼻地獄上至阿
迦尼吒天於此世界盡見彼土六趣衆生又見
彼土現在諸佛及聞諸佛所說經法并見彼諸比
丘比丘尼優婆塞優婆夷諸脩行得道者復見
諸菩薩摩訶薩種種因緣種種信解種種相
貌行菩薩復見諸佛般涅槃者復見諸佛般
涅槃後以佛舍利起七寶塔爾時彌勒菩薩
作是念今者世尊現神變相以何因緣而有此
瑞今佛世尊入于三昧是不可思議現希有
事當以問誰誰能答者復作此念是文殊
師利法王之子已曾親近供養過去无量諸
佛必應見此希有之相我今當問爾時比丘比
丘尼優婆塞優婆夷及諸天龍鬼神等咸作
此念是佛光明神通之相今當問誰爾時彌勒
菩薩欲自決疑又觀四衆比丘比丘尼優婆塞
優婆夷及諸天龍鬼神等衆會之心而問

BD14166號　妙法蓮華經卷一

丘尼優婆塞優婆夷及諸天龍鬼神等咸作
此念是佛光明神通之相今當問誰爾時彌勒
菩薩欲自決疑又觀四衆比丘比丘尼優婆塞
優婆夷及諸天龍鬼神等衆會之心而問
文殊師利言以何因緣而有此瑞神通之相放
大光明照于東方万八千土悉見彼佛國界莊
嚴於是彌勒菩薩欲重宣此義以偈問曰
文殊師利　導師何故　眉間白毫　大光普照
雨曼陀羅　曼殊沙華　栴檀香風　悅可衆心
以是因緣　地皆嚴淨　而此世界　六種震動
時四部衆　咸皆歡喜　身意快然　得未曾有
眉間光明　照于東方　万八千土　皆如金色
從阿鼻獄　上至有頂　諸世界中　六道衆生
生死所趣　善惡業緣　受報好醜　於此悉見
又覩諸佛　聖主師子　演說經典　微妙第一
其聲清淨　出柔軟音　教諸菩薩　无數億万
梵音深妙　令人樂聞　各於世界　講說正法
種種因緣　以无量喻　照明佛法　開悟衆生
若人遭苦　厭老病死　為說涅槃　盡諸苦際
若人有福　曾供養佛　志求勝法　為說緣覺
若有佛子　脩種種行　求无上慧　為說淨道
文殊師利　我住於此　見聞若斯　及千億事
如是衆多　今當略說　我見彼土　恒沙菩薩
種種因緣　而求佛道　或有行施　金銀珊瑚
真珠摩尼　車𤦲馬瑙　金剛諸珎　奴婢車乘
寶飾輦輿　歡喜布施　迴向佛道　願得是乘
三界第一　諸佛所歎　或有菩薩　駟馬寶車

BD14166號　妙法蓮華經卷一

種種因緣　而求佛道　或有行施　金銀珊瑚
真珠摩尼　車磲馬瑙　金剛諸珎　奴婢車乘
寶飾輦轝　歡喜布施　迴向佛道　願得是乘
三界第一　諸佛所歎　或有菩薩　駟馬寶車
欄楯華蓋　軒飾布施　復見菩薩　身肉手足
及妻子施　求无上道　又見菩薩　頭目身體
欣樂施與　求佛智慧　文殊師利　我見諸王
往詣佛所　問无上道　便捨樂土　宮殿臣妾
剃除鬚髮　而被法服　或見菩薩　而作比丘
獨處閑靜　樂誦經典　又見菩薩　勇猛精進
入於深山　思惟佛道　又見離欲　常處空閑
深修禪定　得五神通　又見菩薩　安禪合掌
以千万偈　讚諸法王　復見菩薩　智深志固
能問諸佛　聞悉受持　又見佛子　定慧具足
以无量喻　為眾講法　欣樂說法　化諸菩薩
破魔兵眾　而擊法鼓　又見菩薩　寂然宴默
天龍恭敬　不以為喜　又見菩薩　處林放光
濟地獄苦　令入佛道　又見佛子　未嘗睡眠
經行林中　懃求佛道　又見具戒　威儀无缺
淨如寶珠　以求佛道　又見佛子　住忍辱力
增上慢人　惡罵捶打　皆悉能忍　以求佛道
又見菩薩　離諸戲笑　及癡眷屬　親近智者
一心除亂　攝念山林　億千万歲　以求佛道
或見菩薩　餚饍飲食　百種湯藥　施佛及僧
名衣上服　價直千万　或无價衣　施佛及僧
千万億種　栴檀寶舍　眾妙臥具　施佛及僧
清淨園林　華菓茂盛　流泉浴池　施佛及僧

BD14166號　妙法蓮華經卷一　（25-6）

或見菩薩　餚饍飲食　百種湯藥　施佛及僧
名衣上服　價直千万　或无價衣　施佛及僧
千万億種　栴檀寶舍　眾妙臥具　施佛及僧
清淨園林　華菓茂盛　流泉浴池　施佛及僧
如是等施　種種微妙　歡喜无猒　求无上道
或有菩薩　說寂滅法　種種教詔　无數眾生
或見菩薩　觀諸法性　无有二相　猶如虛空
又見佛子　心无所著　以此妙慧　求无上道
文殊師利　又有菩薩　佛滅度後　供養舍利
又見佛子　造諸塔廟　无數恒沙　嚴飾國界
寶塔高妙　五千由旬　縱廣正等　二千由旬
一一塔廟　各千幢幡　珠交露幔　寶鈴和鳴
諸天龍神　人及非人　香華伎樂　常以供養
文殊師利　諸佛子等　為供舍利　嚴飾塔廟
國界自然　殊特妙好　如天樹王　其華開敷
佛放一光　我及眾會　見此國界　種種殊妙
諸佛神力　智慧希有　放一淨光　照无量國
我等見此　得未曾有　佛子文殊　願決眾疑
四眾欣仰　瞻仁及我　世尊何故　放斯光明
佛子時答　決疑令喜　何所饒益　演斯光明
佛坐道場　所得妙法　為欲說此　為當授記
示諸佛土　眾寶嚴淨　及見諸佛　此非小緣
文殊當知　四眾龍神　瞻察仁者　為說何等
尒時文殊師利語彌勒菩薩摩訶薩及諸
大士善男子等如我惟忖今佛世尊欲說大
法雨大法雨吹大法螺擊大法鼓演大法義

BD14166號　妙法蓮華經卷一　（25-7）

文殊當知　四衆龍神　瞻察仁者　為說何等
尒時文殊師利語弥勒菩薩摩訶薩及諸
大士善男子等如我惟忖今佛世尊欲說大
法雨大法雨吹大法螺擊大法鼓演大法義
諸善男子我於過去諸佛曾見此瑞放斯光
已即說大法是故當知今佛現光亦復如是
欲令衆生咸得聞知一切世間難信之法故
現斯瑞諸善男子如過去无量无邊不可
阿僧祇劫尒時有佛号日月燈明如來應供
正遍知明行足善逝世間解无上士調御丈夫
天人師佛世尊演說正法初善中善後善其
義深遠其語巧妙純一无雜具足清白梵
行之相為求聲聞者說應四諦法度生老病
死究竟涅槃為求辟支佛者說應十二因緣
法為諸菩薩說應六波羅蜜令得阿耨多
羅三藐三菩提成一切種智次復有佛亦名
日月燈明次復有佛亦名日月燈明如是二万佛
皆同一号日月燈明又同一姓姓頗羅墮弥勒
當知初佛後佛皆同一字名日月燈明十号
具足所可說法初中後善其最後佛未
出家時有八王子一名有意二名善意三名
无量意四名寶意五名增意六名除疑意
七名響意八名法意是八王子威德自在各
領四天下是諸王子聞父出家得阿耨多羅
三藐三菩提悉捨王位亦隨出家發大乘意
常脩梵行皆為法師已於千万佛所殖諸善

BD14166號　妙法蓮華經卷一　（25–8）

无量意四名寶意五名增意六名除疑意
七名響意八名法意是八王子威德自在各
領四天下是諸王子聞父出家得阿耨多羅
三藐三菩提悉捨王位亦隨出家發大乘意
常脩梵行皆為法師已於千万佛所殖諸善
本是時日月燈明佛說大乘經名无量義教
菩薩法佛所護念說是經已即於大衆中結
加趺坐入於无量義處三昧身心不動是時天
雨曼陁羅華摩訶曼陁羅華曼殊沙華摩
訶曼殊沙華而散佛上及諸大衆普佛世界
六種震動尒時會中比丘比丘尼優婆塞優
婆夷天龍夜叉乾闥婆阿脩羅迦樓羅緊那
羅摩睺羅伽人非人及諸小王轉輪聖王等
是諸大衆得未曾有歡喜合掌一心觀佛尒時
如來放眉間白豪相光照東方八千佛土靡
不周遍如今所見是諸佛土弥勒當知尒
時會中有二十億菩薩樂欲聽法是諸菩薩
見此光明普照佛土得未曾有欲知此光所
為因緣時有菩薩名曰妙光有八百弟子是
時日月燈明佛從三昧起因妙光菩薩說大
乘經名妙法蓮華教菩薩法佛所護念六
十小劫不起于座時會聽者亦坐一處六十
小劫身心不動聽佛所說謂如食頃是時衆
中无有一人若身若心而生懈惓日月燈明佛
於六十小劫說是經已即於梵魔沙門婆羅門
及天人阿脩羅衆中而宣此言如來於今日

BD14166號　妙法蓮華經卷一　（25–9）

中无有一人若身若心而生懈惓日月燈明佛
於六十小劫說是經已即於梵魔沙門婆羅門
及天人阿脩羅眾中而宣此言如來於今日
中夜當入无餘涅槃時有菩薩名曰德藏日
月燈明佛即授其記告諸比丘是德藏菩
薩次當作佛号曰淨身多陁阿伽度阿羅訶三
藐三佛陁佛授記已便於中夜入无餘涅槃佛
滅度後妙光菩薩持妙法蓮華經滿八十
小劫為人演說日月燈明佛八子皆師妙
光妙光教化令其堅固阿耨多羅三藐三菩
提是諸王子供養无量百千万億佛已皆成
佛道其最後成佛者名曰然燈八百弟子
中有一人号曰求名貪著利養雖復讀誦眾
經而不通利多所忘失故号求名是人亦以
種諸善根因緣故得值无量百千万億諸佛
供養恭敬尊重讚歎彌勒當知尒時妙光菩
薩豈異人乎我身是也求名菩薩汝身是也
今見此瑞與本无異是故惟忖今日如來當
說大乘經名妙法蓮華教菩薩法佛所護念
尒時文殊師利於大眾中欲重宣此義而說
偈言
我念過去世　无量无數劫　有佛人中尊　号日月燈明
世尊演說法　度无量眾生　无數億菩薩　令入佛智慧
佛未出家時　所生八王子　見大世出家　亦隨脩梵行
時佛說大乘　經名无量義　於諸大眾中　而為廣分別
佛說此經已　即於法座上　跏趺坐三昧　名无量義處
天雨曼陁華　天鼓自然鳴　諸天龍鬼神　供養人中尊

BD14166號　妙法蓮華經卷一　（25–10）

世尊演說法　度无量眾生　无數億菩薩　令入佛智慧
佛未出家時　所生八王子　見大世出家　亦隨脩梵行
時佛說大乘　經名无量義　於諸大眾中　而為廣分別
佛說此經已　即於法座上　跏趺坐三昧　名无量義處
天雨曼陁華　天鼓自然鳴　諸天龍鬼神　供養人中尊
一切諸佛土　即時大震動　佛放眉間光　現諸希有事
此光照東方　万八千佛土　示一切眾生　生死業報處
有見諸佛土　以眾寶莊嚴　琉璃頗梨色　斯由佛光照
及見諸天人　龍神夜叉眾　乾闥緊那羅　各供養其佛
又見諸如來　自然成佛道　身色如金山　端嚴甚微妙
如淨瑠璃中　內現真金像　世尊在大眾　敷演深法義
一一諸佛土　聲聞眾无數　因佛光所照　悉見彼大眾
或有諸菩薩　在於山林中　精進持淨戒　猶如護明珠
又見諸菩薩　行施忍辱等　其數如恒沙　斯由佛光照
又見諸菩薩　深入諸禪定　身心寂不動　以求无上道
又見諸菩薩　知法寂滅相　各於其國土　說法求佛道
尒時四部眾　見日月燈佛　現大神通力　其心皆歡喜
各各自相問　是事何因緣　天人所奉尊　適從三昧起
讚妙光菩薩　汝為世間眼　一切所歸信　能奉持法藏
如我所說法　唯汝能證知　世尊既讚歎　令妙光歡喜
說是法華經　滿六十小劫　不起於此座　所說上妙法
是妙光法師　悉皆能受持　佛說是法華　令眾歡喜已
尋即於是日　告於天人眾　諸法實相義　已為汝等說
我今於中夜　當入於涅槃　汝一心精進　當離於放逸
諸佛甚難值　億劫時一遇　世尊諸子等　聞佛入涅槃
各各懷悲惱　佛滅一何速　聖主法之王　安慰无量眾
我若滅度時　汝等勿憂怖　是德藏菩薩　於无漏實相

BD14166號　妙法蓮華經卷一　（25–11）

我今於中夜　當入於涅槃　汝一心精進　當離於放逸
諸佛甚難值　億劫時一遇　世尊諸子等　聞佛入涅槃
各各懷悲惱　佛滅一何速　聖主法之王　安慰无量衆
我若滅度時　汝等勿憂怖　是德藏菩薩　於无漏實相
心已得通達　其次當作佛　号曰為淨身　亦度无量衆
佛此夜滅度　如薪盡火滅　分布諸舍利　而起无量塔
比丘比丘尼　其數如恒沙　倍復加精進　以求无上道
是妙光法師　奉持佛法藏　八十小劫中　廣宣法華經
是諸八王子　妙光所開化　堅固无上道　當見无數佛
供養諸佛已　隨順行大道　相繼得成佛　轉次而授記
最後天中天　号曰然燈佛　諸仙之導師　度脫无量衆
是妙光法師　時有一弟子　心常懷懈怠　貪著於名利
求名利无厭　多遊族姓家　棄捨所習誦　廢忘不通利
以是因緣故　号之為求名　亦行衆善業　得見无數佛
供養於諸佛　隨順行大道　具六波羅蜜　今見釋師子
其後當作佛　号名曰彌勒　廣度諸衆生　其數无有量
彼佛滅度後　懈怠者汝是　妙光法師者　今則我身是
我見燈明佛　本光瑞如此　以是知今佛　欲說法華經
今相如本瑞　是諸佛方便　今佛放光明　助發實相義
諸人今當知　合掌一心待　佛當雨法雨　充足求道者
諸求三乘人　若有疑悔者　佛當為除斷　令盡无有餘

妙法蓮華經方便品第二

尒時世尊從三昧安詳而起告舍利弗諸佛
智慧甚深无量其智慧門難解難入一切聲
聞辟支佛所不能知所以者何佛曾親近百
千万億无數諸佛盡行諸佛无量道法勇
猛精進名稱普聞成就甚深未曾有法隨宜

尒時世尊從三昧安詳而起告舍利弗諸佛
智慧甚深无量其智慧門難解難入一切聲
聞辟支佛所不能知所以者何佛曾親近百
千万億无數諸佛盡行諸佛无量道法勇
猛精進名稱普聞成就甚深未曾有法隨宜
所說意趣難解舍利弗吾從成佛已來種
種因緣種種譬喻廣演言教无數方便引
導衆生令離諸著所以者何如來方便知
見波羅蜜皆已具足舍利弗如來知見廣大
深遠无量无礙力无所畏禪定解脫三昧深
入无際成就一切未曾有法舍利弗如來
能種種分別巧說諸法言辭柔軟悅
可衆心舍利弗取要言之无量无邊未曾
有法佛悉成就止舍利弗不須復說所以者
何佛所成就第一希有難解之法唯佛
與佛乃能究盡諸法實相所謂諸法如是
相如是性如是體如是力如是作如是因如
是緣如是果如是報如是本末究竟等
尒時世尊欲重宣此義而說偈言
世雄不可量　諸天及世人　一切衆生類　无能知佛者
佛力无所畏　解脫諸三昧　及佛諸餘法　无能測量者
本從无數佛　具足行諸道　甚深微妙法　難見難可了
於无量億劫　行此諸道已　道場得成果　我已悉知見
如是大果報　種種性相義　我及十方佛　乃能知是事
是法不可示　言辭相寂滅　諸餘衆生類　无有能得解
除諸菩薩衆　信力堅固者　諸佛弟子衆　曾供養諸佛
一切諸漏盡　住是最後身　如是諸人等　其力所不堪

於无量億劫 行此諸道已 道場得成果 我已悉知見
如是大果報 種種性相義 我及十方佛 乃能知是事
是法不可示 言辭相寂滅 諸餘衆生類 无有能得解
除諸菩薩衆 信力堅固者 諸佛弟子衆 曾供養諸佛
一切諸漏盡 住是最後身 如是諸人等 其力所不堪
假使滿世間 皆如舍利弗 盡思共度量 不能測佛智
正使滿十方 皆如舍利弗 及餘諸弟子 亦滿十方剎
盡思共度量 亦復不能知 辟支佛利智 无漏最後身
亦滿十方界 其數如竹林 斯等共一心 於億无量劫
欲思佛實智 莫能知少分 新發意菩薩 供養无數佛
了達諸義趣 又能善說法 如稻麻竹葦 充滿十方剎
一心以妙智 於恒河沙劫 咸皆共思量 不能知佛智
不退諸菩薩 其數如恒沙 一心共思求 亦復不能知
又告舍利弗 无漏不思議 甚深微妙法 我今已具得
唯我知是相 十方佛亦然 舍利弗當知 諸佛語无異
於佛所說法 當生大信力 世尊法久後 要當說真實
告諸聲聞衆 及求緣覺乘 我令脫苦縛 逮得涅槃者
佛以方便力 示以三乘教 衆生處處著 引之令得出
尒時大衆中有諸聲聞漏盡阿羅漢阿若憍
陳如等千二百人及發聲聞辟支佛心比丘比
丘尼優婆塞優婆夷各作是念今者世尊
何故慇懃稱歎方便而作是言佛所得法
甚深難解有所言說意趣難知一切聲聞
辟支佛所不能及佛說一解脫義我等亦得
此法到於涅槃而今不知是義所趣尒時舍利
弗知四衆心疑自亦未了而白佛言世尊何因
何緣慇懃稱歎諸佛第一方便甚深微妙難

BD14166號　妙法蓮華經卷一　(25–14)

辟支佛所不能及佛說一解脫義我等亦得
此法到於涅槃而今不知是義所趣尒時舍利
弗知四衆心疑自亦未了而白佛言世尊何因
何緣慇懃稱歎諸佛第一方便甚深微妙難
解之法我自昔來未曾從佛聞如是說今者
四衆咸皆有疑唯願世尊敷演斯事世尊
何故慇懃稱歎甚深微妙難解之法尒時
舍利弗欲重宣此義而說偈言
慧日大聖尊 久乃說是法 自說得如是 力无畏三昧
禪定解脫等 不可思議法 道場所得法 无能發問者
我意難可測 亦无能問者 无問而自說 稱歎所行道
智慧甚微妙 諸佛之所得 无漏諸羅漢 及求涅槃者
今皆墮疑網 佛何故說是 其求緣覺者 比丘比丘尼
諸天龍鬼神 及乾闥婆等 相視懷猶豫 瞻仰兩足尊
是事為云何 願佛為解說 於諸聲聞衆 佛說我第一
我今自於智 疑惑不能了 為是究竟法 為是所行道
佛口所生子 合掌瞻仰待 願出微妙音 時為如實說
諸天龍神等 其數如恒沙 求佛諸菩薩 大數有八万
又諸万億國 轉輪聖王至 合掌以敬心 欲聞具足道
尒時佛告舍利弗止止不須復說若說是事
一切世間諸天及人皆當驚疑舍利弗重白
佛言世尊唯願說之唯願說之所以者何
是會无數百千万億阿僧祇衆生曾見諸
根猛利智慧明了聞佛所說則能敬信尒時
舍利弗欲重宣此義而說偈言
法王无上尊 唯說願勿慮 是會无量衆 有能敬信者

BD14166號　妙法蓮華經卷一　(25–15)

是會无數百千万億阿僧祇衆生曾見諸
根猛利智慧明了聞佛所說則能敬信尒時
舍利弗欲重宣此義而說偈言
法王无上尊　唯說願勿慮　是會无量衆　有能敬信者
佛復止舍利弗若說是事一切世間天人阿脩羅
皆當驚疑增上慢比丘將墜於大坑尒時
世尊重說偈言
止止不須說　我法妙難思　諸增上慢者　聞必不敬信
尒時舍利弗重白佛言世尊唯願說之唯願
說之今此會中如我等比百千万億世世已
曾從佛受化如此人等必能敬信長夜安
隱多所饒益尒時舍利弗欲重宣此義而說
偈言
无上兩足尊　願說第一法　我為佛長子　唯垂分別說
是會无量衆　能敬信此法　佛已曾世世　教化如是等
皆一心合掌　欲聽受佛語　我等千二百　及餘求佛者
願為此衆故　唯垂分別說　是等聞此法　則生大歡喜
尒時世尊告舍利弗汝已慇勤三請豈得不
說汝今諦聽善思念之吾當為汝分別解說
說此語時會中有比丘比丘尼優婆塞優婆
夷五千人等即從座起礼佛而退所以者何
此輩罪根深重及增上慢未得謂得未證謂
證有如此失是以不住世尊嘿然而不制止尒
時佛告舍利弗我今此衆无復枝葉純有
貞實舍利弗如是增上慢人退亦佳矣汝今
善聽當為汝說舍利弗言唯然世尊願樂欲
聞佛告舍利弗如是妙法諸佛如來時乃說

BD14166號　妙法蓮華經卷一　（25–16）

時佛告舍利弗我今此衆无復枝葉純有
貞實舍利弗如是增上慢人退亦佳矣汝今
善聽當為汝說舍利弗言唯然世尊願樂欲
聞佛告舍利弗如是妙法諸佛如來時乃說
之如優曇鉢華時一現耳舍利弗汝等當信
佛之所說言不虛妄舍利弗諸佛隨宜說法
意趣難解所以者何我以无數方便種種因
緣譬喻言辭演說諸法是法非思量分別之
所能解唯有諸佛乃能知之所以者何諸佛世
尊唯以一大事因緣故出現於世舍利弗云
何名諸佛世尊唯以一大事因緣故出現於
世諸佛世尊欲令衆生開佛知見使得清淨
故出現於世欲示衆生佛知見故出現於世
欲令衆生悟佛知見故出現於世欲令衆生
入佛知見道故出現於世舍利弗是為諸佛
以一大事因緣故出現於世佛告舍利弗諸
佛如來但教化菩薩諸有所作常為一事唯
以佛之知見示悟衆生舍利弗如來但以一
佛乘故為衆生說法无有餘乘若二若三舍
利弗一切十方諸佛法亦如是舍利弗過去諸
佛以无量无數方便種種因緣譬喻言辭而
為衆生演說諸法是法皆為一佛乘故是
諸衆生從佛聞法究竟皆得一切種智舍利
弗未來諸佛當出於世亦以无量无數方
便種種因緣譬喻言辭而為衆生演說諸
法是法皆為一佛乘故是諸衆生從佛聞
法究竟皆得一切種智舍利弗現在十方

BD14166號　妙法蓮華經卷一　（25–17）

諸衆生從佛聞法究竟皆得一切種知舍利
弗未來諸佛當出於世亦以无量无數方
便種種因緣譬喻言辭而為衆生演說諸
法是法皆為一佛乘故是諸衆生從佛聞
法究竟皆得一切種智舍利弗現在十方
无量百千万億佛土中諸佛世尊多所饒益
安樂衆生是諸佛亦以无量无數方便種種
因緣譬喻言辭而為衆生演說諸法是法皆為
一佛乘故是諸衆生從佛聞法究竟皆得
一切種智舍利弗諸佛但教化菩薩欲以
佛之知見示衆生故欲以佛之知見悟衆
生故欲令衆生入佛之知見故舍利弗我
今亦復如是知諸衆生有種種欲深心所
著隨其本性以種種因緣譬喻言辭方便
力故而為說法舍利弗如此皆為得一佛
乘一切種智故舍利弗十方世界中尚无二
乘何況有三舍利弗諸佛出於五濁惡世
所謂劫濁煩惱濁衆生濁見濁命濁如是
舍利弗劫濁亂時衆生垢重慳貪嫉妬成
就諸不善根故諸佛以方便力於一佛乘分
別說三舍利弗若我弟子自謂阿羅漢
辟支佛者不聞不知諸佛如來但教化菩薩事
此非佛弟子非阿羅漢非辟支佛又舍利弗
是諸比丘比丘尼自謂已得阿羅漢是最後
身究竟涅槃便不復志求阿耨多羅三藐三
菩提當知此輩皆是增上慢人所以者何若

別說三舍利弗若我弟子自謂阿羅漢
辟支佛者不聞不知諸佛如來但教化菩薩事
此非佛弟子非阿羅漢非辟支佛又舍利弗
是諸比丘比丘尼自謂已得阿羅漢是最後
身究竟涅槃便不復志求阿耨多羅三藐三
菩提當知此輩皆是增上慢人所以者何若
有比丘實得阿羅漢若不信此法无有是處
除佛滅度後現前无佛所以者何佛滅度
後如是等經受持讀誦解義者是人難得
若遇餘佛於此法中便得決了舍利弗汝等
當一心信解受持佛語諸佛如來言无虛
妄无有餘乘唯一佛乘尒時世尊欲重宣
此義而說偈言
比丘比丘尼　有懷增上慢　優婆塞我慢　優婆夷不信
如是四衆等　其數有五千　不自見其過　於戒有缺漏
護惜其瑕疵　是小智已出　衆中之糟糠　佛威德故去
斯人尠福德　不堪受是法　此衆无枝葉　唯有諸貞實
舍利弗善聽　諸佛所得法　无量方便力　而為衆生說
衆生心所念　種種所行道　若干諸欲性　先世善惡業
佛悉知是已　以諸緣譬喻　言辭方便力　令一切歡喜
或說脩多羅　伽陁及本事　本生未曾有　亦說於因緣
譬喻并祇夜　優波提舍經　鈍根樂小法　貪著於生死
於諸无量佛　不行深妙道　衆苦所惱亂　為是說涅槃
我設是方便　令得入佛慧　未曾說汝等　當得成佛道
所以未曾說　說時未至故　今正是其時　決定說大乘
我此九部法　隨順衆生說　入大乘為本　以故說是經
有佛子心淨　柔軟亦利根　无量諸佛所　而行深妙道

於諸无量佛　不行深妙道　衆苦所惱亂　為是說涅槃
我設是方便　令得入佛慧　未曾說汝等　當得成佛道
所以未曾說　說時未至故　今正是其時　決定說大乘
我此九部法　隨順衆生說　入大乘為本　以故說是經
有佛子心淨　柔軟亦利根　无量諸佛所　而行深妙道
為此諸佛子　說是大乘經　我記如是人　來世成佛道
以深心念佛　脩持淨戒故　此等聞得佛　大喜充遍身
佛知彼心行　故為說大乘　聲聞若菩薩　聞我所說法
乃至於一偈　皆成佛无疑　十方佛土中　唯有一乘法
无二亦无三　除佛方便說　但以假名字　引導於衆生
說佛智慧故　諸佛出於世　唯此一事實　餘二則非真
終不以小乘　濟度於衆生　佛自住大乘　如其所得法
定慧力莊嚴　以此度衆生　自證无上道　大乘平等法
若以小乘化　乃至於一人　我則墮慳貪　此事為不可
若人信歸佛　如來不欺誑　亦无貪嫉意　斷諸法中惡
故佛於十方　而獨无所畏　我以相嚴身　光明照世間
无量衆所尊　為說實相印　舍利弗當知　我本立誓願
欲令一切衆　如我等无異　如我昔所願　今者已滿足
化一切衆生　皆令入佛道　若我遇衆生　盡教以佛道
无智者錯亂　迷惑不受教　我知此衆生　未曾脩善本
堅著於五欲　癡愛故生惱　以諸欲因緣　墜墮三惡道
輪迴六趣中　備受諸苦毒　受胎之微形　世世常增長
薄德少福人　衆苦所逼迫　入邪見稠林　若有若无等
依止此諸見　具足六十二　深著虛妄法　堅受不可捨
我慢自矜高　諂曲心不實　於千万億劫　不聞佛名字
亦不聞正法　如是人難度　是故舍利弗　我為設方便
[illegible]

BD14166號　妙法蓮華經卷一　（25–20）

[illegible]
依止此諸見　具足六十二　深著虛妄法　堅受不可捨
我慢自矜高　諂曲心不實　於千万億劫　不聞佛名字
亦不聞正法　如是人難度　是故舍利弗　我為設方便
說諸盡苦道　示之以涅槃　我雖說涅槃　是亦非真滅
諸法從本來　常自寂滅相　佛子行道已　來世得作佛
我有方便力　開示三乘法　一切諸世尊　皆說一乘道
今此諸大衆　皆應除疑惑　諸佛語无異　唯一无二乘
過去无數劫　无量滅度佛　百千万億種　其數不可量
如是諸世尊　種種緣譬喻　无數方便力　演說諸法相
是諸世尊等　皆說一乘法　化无量衆生　令入於佛道
又諸大聖主　知一切世間　天人群生類　深心之所欲
更以異方便　助顯第一義　若有衆生類　值諸過去佛
若聞法布施　或持戒忍辱　精進禪定等　種種脩福慧
如是諸人等　皆已成佛道　諸佛滅度已　若人善軟心
如是諸衆生　皆已成佛道　諸佛滅度已　供養舍利者
起万億種塔　金銀及頗梨　車璩與馬瑙　玫瑰瑠璃珠
清淨廣嚴飾　莊校於諸塔　或有起石廟　栴檀及沉水
木蜜并餘材　塼瓦泥土等　若於曠野中　積土成佛廟
乃至童子戲　聚沙為佛塔　如是諸人等　皆已成佛道
若人為佛故　建立諸形像　刻雕成衆相　皆已成佛道
或以七寶成　鍮石赤白銅　白鑞及鈆錫　鐵木及與泥
或以膠漆布　嚴飾作佛像　如是諸人等　皆已成佛道
綵畫作佛像　百福莊嚴相　自作若使人　皆已成佛道
乃至童子戲　若草木及筆　或以指爪甲　而畫作佛像
如是諸人等　漸漸積功德　具足大悲心　皆已成佛道
但化諸菩薩　度脫无量衆　若人於塔廟　寶像及畫像

BD14166號　妙法蓮華經卷一　（25–21）

彩畫作佛像　百福莊嚴相　自作若使人　皆已成佛道
乃至童子戲　若草木及筆　或以指爪甲　而畫作佛像
如是諸人等　漸漸積功德　具足大悲心　皆已成佛道
但化諸菩薩　度脫無量衆　若人於塔廟　寶像及畫像
以華香幡蓋　敬心而供養　若使人作樂　擊鼓吹角貝
簫笛琴箜篌　琵琶鐃銅鈸　如是衆妙音　盡持以供養
或以歡喜心　歌唄頌佛德　乃至一小音　皆已成佛道
若人散亂心　乃至以一華　供養於畫像　漸見無數佛
或有人禮拜　或復但合掌　乃至舉一手　或復小低頭
以此供養像　漸見無量佛　自成無上道　廣度無數衆
入無餘涅槃　如薪盡火滅　若人散亂心　入於塔廟中
一稱南無佛　皆已成佛道　於諸過去佛　在世或滅後
若有聞是法　皆已成佛道　未來諸世尊　其數無有量
是諸如來等　亦方便說法　一切諸如來　以無量方便
度脫諸衆生　入佛無漏智　若有聞法者　無一不成佛
諸佛本誓願　我所行佛道　普欲令衆生　亦同得此道
未來世諸佛　雖說百千億　無數諸法門　其實為一乘
諸佛兩足尊　知法常無性　佛種從緣起　是故說一乘
是法住法位　世間相常住　於道場知已　導師方便說
天人所供養　現在十方佛　其數如恒沙　出現於世間
安隱衆生故　亦說如是法　知第一寂滅　以方便力故
雖示種種道　其實為佛乘　知衆生諸行　深心之所念
過去所習業　欲性精進力　及諸根利鈍　以種種因緣
譬喻亦言辭　隨應方便說　今我亦如是　安隱衆生故
以種種法門　宣示於佛道　我以智慧力　知衆生性欲
方便說諸法　皆令得歡喜　舍利弗當知　我以佛眼觀
見六道衆生　貧窮無福慧　入生死嶮道　相續苦不斷

譬喻亦言辭　隨應方便說　今我亦如是　安隱衆生故
以種種法門　宣示於佛道　我以智慧力　知衆生性欲
方便說諸法　皆令得歡喜　舍利弗當知　我以佛眼觀
見六道衆生　貧窮無福慧　入生死嶮道　相續苦不斷
深著於五欲　如犛牛愛尾　以貪愛自蔽　盲瞑無所見
不求大勢佛　及與斷苦法　深入諸邪見　以苦欲捨苦
為是衆生故　而起大悲心　我始坐道場　觀樹亦經行
於三七日中　思惟如是事　我所得智慧　微妙最第一
衆生諸根鈍　著樂癡所盲　如斯之等類　云何而可度
尒時諸梵王　及諸天帝釋　護世四天王　及大自在天
并餘諸天衆　眷屬百千万　恭敬合掌禮　請我轉法輪
我即自思惟　若但讚佛乘　衆生沒在苦　不能信是法
破法不信故　墜於三惡道　我寧不說法　疾入於涅槃
尋念過去佛　所行方便力　我今所得道　亦應說三乘
作是思惟時　十方佛皆現　梵音慰喻我　善哉釋迦文
第一之導師　得是無上法　隨諸一切佛　而用方便力
我等亦皆得　最妙第一法　為諸衆生類　分別說三乘
少智樂小法　不自信作佛　是故以方便　分別說諸果
雖復說三乘　但為教菩薩　舍利弗當知　我聞聖師子
深淨微妙音　一稱南無佛　復作如是念　我出濁惡世
如諸佛所說　我亦隨順行　思惟是事已　即趣波羅㮈
諸法寂滅相　不可以言宣　以方便力故　為五比丘說
是名轉法輪　便有涅槃音　及以阿羅漢　法僧差別名
從久遠劫來　讚示涅槃法　生死苦永盡　我常如是說
舍利弗當知　我見佛子等　志求佛道者　無量千万億
咸以恭敬心　皆來至佛所　曾從諸佛聞　方便所說法

是名轉法輪　便有涅槃音　及以阿羅漢　法僧差別名
從久遠劫來　讚示涅槃法　生死苦永盡　我常如是說
舍利弗當知　我見佛子等　志求佛道者　无量千万億
咸以恭敬心　皆來至佛所　曾從諸佛聞　方便所說法
我即作是念　如來所以出　為說佛慧故　今正是其時
舍利弗當知　鈍根小智人　著相憍慢者　不能信是法
今我喜无畏　於諸菩薩中　正直捨方便　但說无上道
菩薩聞是法　疑網皆已除　千二百阿漢　悉亦當作佛
如三世諸佛　說法之儀式　我今亦如是　說无分別法
諸佛興出世　懸遠值遇難　正使出于世　說是法復難
无量无數劫　聞是法亦難　能聽是法者　斯人亦復難
譬如優曇華　一切皆愛樂　天人所希有　時時乃一出
聞法歡喜讚　乃至發一言　則為已供養　一切三世佛
是人甚希有　過於優曇華　汝等勿有疑　我為諸法王
普告諸大衆　但以一乘道　教化諸菩薩　无聲聞弟子
汝等舍利弗　聲聞及菩薩　當知是妙法　諸佛之祕要
以五濁惡世　但樂著諸欲　如是等衆生　終不求佛道
當來世惡人　聞佛說一乘　迷惑不信受　破法墮惡道
有慚愧清淨　志求佛道者　當為如是等　廣讚一乘道
舍利弗當知　諸佛法如是　以万億方便　隨宜而說法
其不習學者　不能曉了此　汝等既已知　諸佛世之師
隨宜方便事　无復諸疑惑　心生大歡喜　自知當作佛

妙法蓮華經卷第一

舍利弗當知　諸佛法如是　以万億方便　隨宜而說法
其不習學者　不能曉了此　汝等既已知　諸佛世之師
隨宜方便事　无復諸疑惑　心生大歡喜　自知當作佛

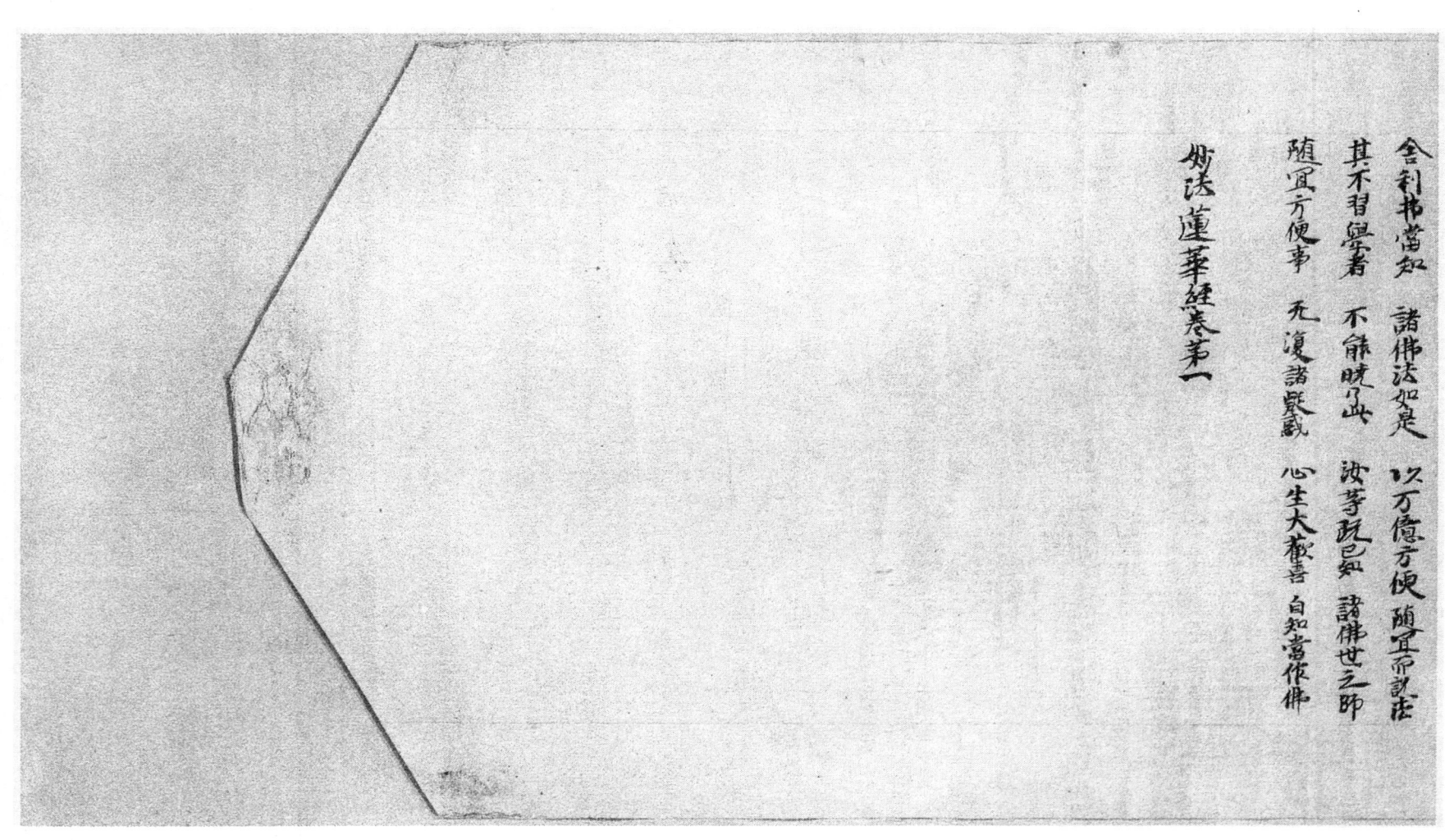

妙法蓮華經卷第一

衆生諸根利鈍精進懈怠隨其所堪而為說
法種種无量皆令歡喜快得善利是諸衆生
聞是法已現世安隱後生善處以道受樂亦
得聞法既聞法已離諸障礙於諸法中任力
所能漸得入道如彼大雲雨於一切卉木叢
林及諸藥草如其種性具足蒙潤各得生長
如來說法一相一味所謂解脫相離相滅相
究竟至於一切種智其有衆生聞如來法若
持讀誦如說修行所得功德不自覺知所以
者何唯有如來知此衆生種相體性念何事
思何事修何事云何念云何思云何修以何
法念以何法思以何法修以何法得何法衆
生住於種種之地唯有如來如實見之明了
无礙如彼卉木叢林諸藥草等而不自知上
中下性如來知是一相一味之法所謂解脫
相離相滅相究竟涅槃常寂滅相終歸於空
佛知是已觀衆生心欲而將護之是故不即
為說一切種智汝等迦葉甚為希有能知如
來隨宜說法能信能受所以者何諸佛世尊

BD14167 號　妙法蓮華經卷三　（24–1）

中下性如來知是一相一味之法所謂解脫
相離相滅相究竟涅槃常寂滅相終歸於空
佛知是已觀衆生心欲而將護之是故不即
為說一切種智汝等迦葉甚為希有能知如
來隨宜說法能信能受所以者何諸佛世尊
隨宜說法難解難知尒時世尊欲重宣此義
而說偈言
破有法王　出現世間　隨衆生欲　種種說法
如來尊重　智慧深遠　久默斯要　不務速說
有智若聞　則能信解　无智疑悔　則為永失
是故迦葉　隨力為說　以種種緣　令得正見
迦葉當知　譬如大雲　起於世間　遍覆一切
慧雲含潤　電光晃曜　雷聲遠震　令衆悅豫
日光掩蔽　地上清涼　靉靆垂布　如可承攬
其雨普等　四方俱下　流澍无量　率土充洽
山川嶮谷　幽邃所生　卉木藥草　大小諸樹
百穀苗稼　甘蔗蒲萄　雨之所潤　无不豐足
乾地普洽　藥木並茂　其雲所出　一味之水
草木叢林　隨分受潤　一切諸樹　上中下等
稱其大小　各得生長　根莖枝葉　華菓光色
一雨所及　皆得鮮澤　如其體相　性分大小
所潤是一　而各滋茂　佛亦如是　出現於世
譬如大雲　普覆一切　既出于世　為諸衆生
分別演說　諸法之實　大聖世尊　於諸天人
一切衆中　而宣是言　我為如來　兩足之尊
出于世間　猶如大雲　充潤一切　枯槁衆生
皆令離苦　得安隱樂　世間之樂　及涅槃樂

BD14167 號　妙法蓮華經卷三　（24–2）

分別演說　諸法之實　大聖世尊　於諸天人
一切衆中　而宣是言　我爲如來　兩足之尊
出于世間　猶如大雲　充潤一切　枯槁衆生
皆令離苦　得安隱樂　世間之樂　及涅槃樂
諸天人衆　一心善聽　皆應到此　覲无上尊
我爲世尊　无能及者　安隱衆生　故現於世
爲大衆說　甘露淨法　其法一味　解脫涅槃
以一妙音　演暢斯義　常爲大乘　而作因緣
我觀一切　普皆平等　无有彼此　愛憎之心
我无貪著　亦无限礙　恒爲一切　平等說法
如爲一人　衆多亦然　常演說法　曾无他事
去來坐立　終不疲猒　充足世間　如雨普潤
貴賤上下　持戒毀戒　威儀具足　及不具足
正見耶見　利根鈍根　等雨法雨　而无懈惓
一切衆生　聞我法者　隨力所受　住於諸地
或處人天　轉輪聖王　釋梵諸王　是小藥草
知无漏法　能得涅槃　起六神通　及得三明
獨處山林　常行禪定　得緣覺證　是中藥草
求世尊處　我當作佛　行精進定　是上藥草
又諸佛子　專心佛道　常行慈悲　自知作佛
決定无疑　是名小樹　安住神通　轉不退輪
度无量億　百千衆生　如是菩薩　名爲大樹
佛平等說　如一味雨　隨衆生性　所受不同
如彼草木　所稟各異　佛以此喻　方便開示
種種言辭　演說一法　於佛智慧　如海一渧
我雨法雨　充滿世間　一味之法　隨力脩行
如彼叢林　藥草諸樹　隨其大小　漸增茂好

如彼草木　所稟各異　佛以此喻　方便開示
種種言辭　演說一法　於佛智慧　如海一渧
我雨法雨　充滿世間　一味之法　隨力脩行
如彼叢林　藥草諸樹　隨其大小　漸增茂好
諸佛之法　常以一味　令諸世間　普得具足
漸次脩行　皆得道果　聲聞緣覺　處於山林
住冣後身　聞法得果　是名藥草　名得增長
若諸菩薩　智慧堅固　了達三界　求冣上乘
是名小樹　而得增長　復有住禪　得神通力
聞諸法空　心大歡喜　放无數光　度諸衆生
是名大樹　而得增長　如是迦葉　佛所說法
譬如大雲　以一味雨　潤於人華　各得成實
迦葉當知　以諸因緣　種種譬喻　開示佛道
是我方便　諸佛亦然　今爲汝等　說冣實事
諸聲聞衆　皆非滅度　汝等所行　是菩薩道
漸漸脩學　悉當成佛

妙法蓮華經授記品第六

尒時世尊說是偈已告諸大衆唱如是言我
此弟子摩訶迦葉於未來世當得奉覲三百
萬億諸佛世尊供養恭敬尊重讚歎廣宣諸
佛无量大法於冣後身得成爲佛名曰光明
如來應供正遍知明行足善逝世間解无上
士調御丈夫天人師佛世尊國名光德劫名
大莊嚴佛壽十二小劫正法住世二十小劫
像法亦住二十小劫國界嚴飾无諸穢惡凡
礫荊棘便利不淨其土平正无有高下坑坎
堆阜瑠璃爲地寶樹行列黃金爲繩以界道

像法亦住二十小劫國界嚴飾无諸穢惡凡
礫荆棘便利不淨其土平正无有高下坑坎
堆阜瑠璃為地寶樹行列黄金為繩以界道
側散諸寶華周遍清淨其國菩薩无量千億
諸聲聞衆亦復无數无有魔事雖有魔及魔
民皆護佛法尒時世尊欲重宣此義而說偈
言
告諸比丘　我以佛眼　見是迦葉　於未來世
過无數劫　當得作佛　而於來世　供養奉覲
三百萬億　諸佛世尊　為佛智慧　淨脩梵行
供養冣上　二足尊已　脩習一切　无上之慧
於冣後身　得成為佛　其土清淨　瑠璃為地
多諸寶樹　行列道側　金繩界道　見者歡喜
常出好香　散衆名華　種種奇妙　以為荘嚴
其地平正　无有丘坑　諸菩薩衆　不可稱計
其心調柔　逮大神通　奉持諸佛　大乘經典
諸聲聞衆　无漏後身　法王之子　亦不可計
乃以天眼　不能數知　其佛當壽　十二小劫
正法住世　二十小劫　像法亦住　二十小劫
光明世尊　其事如是
尒時大目揵連須菩提摩訶迦旃延等皆悉
悚慄一心合掌瞻仰尊顔目不暫捨即共同
聲而說偈言
大雄猛世尊　諸釋之法王　哀愍我等故　而賜佛音聲
若知我深心　見為授記者　如以甘露灑　除熱得清涼
如從飢國來　忽遇大王饍　心猶懷疑懼　未敢即便食
若復得王教　然後乃敢食　我等亦如是　每惟小乘過
不知當云何　得佛无上慧　雖聞佛音聲　言我等作佛

BD14167 號　妙法蓮華經卷三　（24–5）

大雄猛世尊　諸釋之法王　哀愍我等故　而賜佛音聲
若知我深心　見為授記者　如以甘露灑　除熱得清涼
如從飢國來　忽遇大王饍　心猶懷疑懼　未敢即便食
若復得王教　然後乃敢食　我等亦如是　每惟小乘過
不知當云何　得佛无上慧　雖聞佛音聲　言我等作佛
心尚懷憂懼　如未敢便食　若蒙佛授記　尒乃快安樂
大雄猛世尊　常欲安世間　願賜我等記　如飢須教食
尒時世尊知諸大弟子心之所念告諸比丘
是須菩提於當來世奉覲三百萬億那由他
佛供養恭敬尊重讚歎常脩梵行具菩薩道
於冣後身得成為佛号曰名相如來應供正
遍知明行足善逝世間解无上士調御丈夫
天人師佛世尊劫名有寶國名寶生其土平
正頗梨為地寶樹荘嚴无諸丘坑沙礫荆棘
便利之穢寶華覆地周遍清淨其土人民皆
處寶臺珎妙樓閣聲聞弟子无量无邊筭數
譬喻所不能知諸菩薩衆无數千萬億那由
他佛壽十二小劫正法住世二十小劫像法
亦住二十小劫其佛常處虚空為衆說法度
脱无量菩薩及聲聞衆尒時世尊欲重宣此
義而說偈言
諸比丘衆　今告汝等　皆當一心　聽我所說
我大弟子　須菩提者　當得作佛　号曰名相
當供无數　萬億諸佛　隨佛所行　漸具大道
冣後身得　三十二相　端正姝妙　猶如寶山
其佛國土　嚴淨第一　衆生見者　无不愛樂
佛於其中　度无量衆　其佛法中　多諸菩薩
皆悉利根　轉不退輪　彼國常以　菩薩荘嚴

BD14167 號　妙法蓮華經卷三　（24–6）

當供无數　萬億諸佛　隨佛所行　漸具大道
冣後身得　三十二相　端正姝妙　猶如寶山
其佛國土　嚴淨第一　衆生見者　无不愛樂
佛於其中　度无量衆　其佛法中　多諸菩薩
皆悉利根　轉不退輪　彼國常以　菩薩莊嚴
諸聲聞衆　不可稱數　皆得三明　具六神通
住八解脫　有大威德　其佛說法　現於无量
神通變化　不可思議　諸天人民　數如恒沙
皆共合掌　聽受佛語　其佛當壽　十二小劫
正法住世　二十小劫　像法亦住　二十小劫
尒時世尊復告諸比丘衆我今語汝是大迦
旃延於當來世以諸供具供養奉事八千億
佛恭敬尊重諸佛滅後各起塔廟高千由旬
縱廣正等五百由旬以金銀瑠璃車璖馬瑙
真珠玫瑰七寶合成衆華瓔珞塗香粖香燒
香繒蓋幢幡供養塔廟過是已後當復供養
二萬億佛亦復如是供養是諸佛已具菩薩
道當得作佛号曰閻浮那提金光如來應供
正遍知明行足善逝世間解无上士調御丈
夫天人師佛世尊其土平正頗梨為地寶樹
莊嚴黃金為繩以界道側妙華覆地周遍清
淨見者歡喜无四惡道地獄餓鬼畜生阿脩
羅道多有天人諸聲聞衆及諸菩薩无量萬
億莊嚴其國佛壽十二小劫正法住世二十
小劫像法亦住二十小劫尒時世尊欲重宣
此義而說偈言
諸比丘衆　皆一心聽　如我所說　真實无異
是迦旃延　當以種種　妙好供具　供養諸佛

BD14167號　妙法蓮華經卷三　（24–7）

億莊嚴其國佛壽十二小劫正法住世二十
小劫像法亦住二十小劫尒時世尊欲重宣
此義而說偈言
諸比丘衆　皆一心聽　如我所說　真實无異
是迦旃延　當以種種　妙好供具　供養諸佛
諸佛滅後　起七寶塔　亦以華香　供養舍利
其冣後身　得佛智慧　成等正覺　國土清淨
度脫无量　萬億衆生　皆為十方　之所供養
佛之光明　无能勝者　其佛号曰　閻浮金光
菩薩聲聞　斷一切有　无量无數　莊嚴其國
尒時世尊復告大衆我今語汝是大目揵連
當以種種供具供養八千諸佛恭敬尊重諸
佛滅後各起塔廟高千由旬縱廣正等五百
由旬以金銀瑠璃車璖馬瑙真珠玫瑰七寶
合成衆華瓔珞塗香粖香燒香繒蓋幢幡以
用供養過是已後當復供養二百萬億諸佛
亦復如是當得成佛号曰多摩羅跋旃檀香
如來應供正遍知明行足善逝世間解无上
士調御丈夫天人師佛世尊劫名喜滿國名
意樂其土平正頗梨為地寶樹莊嚴散真
珠華周遍清淨見者歡喜多諸天人菩薩聲
聞其數无量佛壽二十四小劫正法住世四
十小劫像法亦住四十小劫尒時世尊欲重
宣此義而說偈言
我此弟子　大目揵連　捨是身已　得見八千
二百萬億　諸佛世尊　為佛道故　供養恭敬
於諸佛所　常脩梵行　於无量劫　奉持佛法
諸佛滅後　起七寶塔　長表金剎　華香伎樂
[illegible]

BD14167號　妙法蓮華經卷三　（24–8）

宣此義而說偈言
我此弟子　大目揵連　捨是身已　得見八汁
二百萬億　諸佛世尊　為佛道故　供養恭敬
於諸佛所　常脩梵行　於无量劫　奉持佛法
諸佛滅後　起七寶塔　長表金刹　華香伎樂
而以供養　諸佛塔廟　漸漸具足　菩薩道已
於意樂國　而得作佛　号多摩羅　旃檀之香
其佛壽命　二十四劫　常為天人　演說佛道
聲聞无量　如恒河沙　三明六通　有大威德
菩薩无數　志固精進　於佛智慧　皆不退轉
佛滅度後　正法當住　四十小劫　像法亦介
我諸弟子　威德具足　其數五百　皆當授記
於未來世　咸得成佛
我及汝等　宿世因緣　吾今當說　汝等善聽

妙法蓮華經化城喻品第七

佛告諸比丘乃往過去无量无邊不可思議
阿僧祇劫介時有佛名大通智勝如來應供
正遍知明行足善逝世間解无上士調御丈
夫天人師佛世尊其國名好成劫名大相諸
比丘彼佛滅度已來甚大久遠譬如三千大
千世界所有地種假使有人磨以為墨過於
東方千國土乃下一點大如微塵又過千國
土復下一點如是展轉盡地種墨於汝等意
云何是諸國土若筭師若筭師弟子能得邊
際知其數不不也世尊諸比丘是人所經國
土若點不點盡末為塵一塵一劫彼佛滅度
已來復過是數无量无邊百千萬億阿僧祇
劫我以如來知見力故觀彼久遠猶若今日

云何是諸國土若筭師若筭師弟子能得邊
際知其數不不也世尊諸比丘是人所經國
土若點不點盡末為塵一塵一劫彼佛滅度
已來復過是數无量无邊百千萬億阿僧祇
劫我以如來知見力故觀彼久遠猶若今日
介時世尊欲重宣此義而說偈言
我念過去世　无量无邊劫　有佛兩足尊　名大通智勝
如人以力磨　三千大千土　盡此諸地種　皆悉以為墨
過於千國土　乃下一塵點　如是展轉點　盡此諸塵點
如是諸國土　點與不點等　復盡抹為塵　一塵為一劫
此諸微塵數　其劫復過是　彼佛滅度來　如是无量劫
如來无礙智　知彼佛滅度　及聲聞菩薩　如見今滅度
諸比丘當知　佛智淨微妙　无漏无所礙　通達无量劫
佛告諸比丘大通智勝佛壽五百四十萬億
那由他劫其佛本坐道場破魔軍已垂得阿
耨多羅三藐三菩提而諸佛法不現在前如
是一小劫乃至十小劫結跏趺坐身心不動
而諸佛法猶不在前介時忉利諸天先為彼
佛於菩提樹下敷師子座高一由旬佛於此
坐當得阿耨多羅三藐三菩提適坐此座時
諸梵天王雨衆天華面百由旬香風時來吹
去萎華更雨新者如是不絕滿十小劫供養
於佛乃至滅度常雨此華四王諸天為供養
佛常擊天鼓其餘諸天作天伎樂滿十小劫
至于滅度亦復如是諸比丘大通智勝佛過
十小劫諸佛之法乃現在前成阿耨多羅三
藐三菩提其佛未出家時有十六子其第一
者名曰智積諸子各有種種珎異玩好之具

至于滅度亦復如是諸比丘大通智勝佛過
十小劫諸佛之法乃現在前成阿耨多羅三
藐三菩提其佛未出家時有十六子其第一
者名曰智積諸子各有種種珎異玩好之具
聞父得成阿耨多羅三藐三菩提皆捨所珎
往詣佛所諸母涕泣而隨送之其祖轉輪聖
王與一百大臣及餘百千萬億人民皆共圍
繞隨至道場咸欲親近大通智勝如來供養
恭敬尊重讚歎到已頭面礼足繞佛畢已一
心合掌瞻仰世尊以偈頌曰
大威德世尊　為度衆生故　於无量億歲　尒乃得成佛
諸願已具足　善哉吉无上　世尊甚希有　一坐十小劫
身體及手足　靜然安不動　其心常惔怕　未曾有散亂
究竟永寂滅　安住无漏法　今者見世尊　安隱成佛道
我等得善利　稱慶大歡喜　衆生常苦惱　盲瞑无導師
不識苦盡道　不知求解脫　長夜增惡趣　減損諸天衆
從瞑入於瞑　永不聞佛名　今佛得最上　安隱无漏道
我等及天人　為得最大利　是故咸稽首　歸命无上尊
尒時十六王子偈讚佛已勸請世尊轉於法輪
咸作是言世尊說法多所安隱憐愍饒益諸
天人民重說偈言
世雄无等倫　百福自莊嚴　得无上智慧　願為世間說
度脫於我等　及諸衆生類　為分別顯示　令得是智慧
若我等得佛　衆生亦復然　世尊知衆生　深心之所念
亦知所行道　又知智慧力　欲樂及脩福　宿命所行業
世尊悉知已　當轉无上輪
佛告諸比丘大通智勝佛得阿耨多羅三藐
三菩提時十方各五百萬億諸佛世界六　種

若我等得佛　衆生亦復然　世尊知衆生　深心之所念
亦知所行道　又知智慧力　欲樂及脩福　宿命所行業
世尊悉知已　當轉无上輪
佛告諸比丘大通智勝佛得阿耨多羅三藐
三菩提時十方各五百萬億諸佛世界六　種
震動其國中間幽瞑之處日月威光所不能
照而皆大明其中衆生各得相見咸作是言
此中云何忽生衆生又其國界諸天宮殿乃
至梵宮六種震動大光普照遍滿世界勝諸
天光尒時東方五百萬億諸國土中梵天宮
殿光明照曜倍於常明諸梵天王各作是念
今者宮殿光明昔所未有以何因緣而現此
相是時諸梵天王即各相詣共議此事時彼
衆中有一大梵天王名救一切為諸梵衆而
說偈言
我等諸宮殿　光明昔未有　此是何因緣　宜各共求之
為大德天生　為佛出世間　而此大光明　遍照於十方
尒時五百萬億國土諸梵天王與宮殿俱各
以衣裓盛諸天華共詣西方推尋是相見大
通智勝如來處于道場菩提樹下坐師子座
諸天龍王乾闥婆緊那羅摩睺羅伽人非人
等恭敬圍繞及見十六王子請佛轉法輪即
時諸梵天王頭面礼佛繞百千帀即以天華
而散佛上其所散華如須弥山并以供養佛
菩提樹其菩提樹高十由旬華供養已各以
宮殿奉上彼佛而作是言唯見哀愍饒益我
等所獻宮殿願垂納處時諸梵天王即於佛

而散佛上其所散華如須弥山并以供養佛
菩提樹其菩提樹高十由旬華供養已各以
宮殿奉上彼佛而作是言唯見哀愍饒益我
等所獻宮殿願垂納處時諸梵天王即於佛
前一心同聲以偈頌曰
世尊甚希有　難可得值遇　具无量功德　能救護一切
天人之大師　哀愍於世間　十方諸衆生　普皆蒙饒益
我等所從來　五百萬億國　捨深禪定樂　為供養佛故
我等先世福　宮殿甚嚴飾　今以奉世尊　唯願哀納受
尒時諸梵天王偈讚佛已各作是言唯願世
尊轉於法輪度脫衆生開涅槃道時諸梵天
王一心同聲而說偈言
世雄兩足尊　唯願演說法　以大慈悲力　度苦惱衆生
尒時大通智勝如來默然許之又諸比丘東
南方五百萬億國土諸大梵王各自見宮殿
光明照曜昔所未有歡喜踊躍生希有心即
各相詣共議此事時彼衆中有一大梵天王
名曰大悲為諸梵衆而說偈言
是事何因緣　而現如此相　我等諸宮殿　光明昔未有
為大德天生　為佛出世間　未曾見此相　當共一心求
過千萬億土　尋光共推之　多是佛出世　度脫苦衆生
尒時五百萬億諸梵天王與宮殿俱各以衣
裓盛諸天華共詣西北方推尋是相見大通
智勝如來處于道場菩提樹下坐師子座諸
天龍王乾闥婆緊那羅摩睺羅伽人非人等
恭敬圍繞及見十六王子請佛轉法輪時諸
梵天王頭面礼佛繞百千帀即以天華而散
佛上所散之華如須弥山并以供養佛菩提

裓盛諸天華共詣西北方推尋是相見大通
智勝如來處于道場菩提樹下坐師子座諸
天龍王乾闥婆緊那羅摩睺羅伽人非人等
恭敬圍繞及見十六王子請佛轉法輪時諸
梵天王頭面礼佛繞百千帀即以天華而散
佛上所散之華如須弥山并以供養佛菩提
樹華供養已各以宮殿奉上彼佛而作是言
唯見哀愍饒益我等所獻宮殿願垂納受尒
時諸梵天王即於佛前一心同聲以偈頌曰
聖主天中王　迦陵頻伽聲　哀愍衆生者　我等今敬礼
世尊甚希有　久遠乃一現　一百八十劫　空過无有佛
三惡道充滿　諸天衆減少　今佛出於世　為衆生作眼
世間所歸趣　救護於一切　為衆生之父　哀愍饒益者
我等宿福慶　今得值世尊
尒時諸梵天王偈讚佛已各作是言唯願世
尊哀愍一切轉於法輪度脫衆生時諸梵天
王一心同聲而說偈言
大聖轉法輪　顯示諸法相　度苦惱衆生　令得大歡喜
衆生聞此法　得道若生天　諸惡道減少　忍善者增益
尒時大通智勝如來默然許之又諸比丘南
方五百萬億國土諸大梵王各自見宮殿光
明照曜昔所未有歡喜踊躍生希有心即各
相詣共議此事以何因緣我等宮殿有此光
曜而彼衆中有一大梵天王名曰妙法為諸
梵衆而說偈言
我等諸宮殿　光明甚威曜　此非无因緣　是相宜求之
過於百千劫　未曾見是相　為大德天生　為佛出世間
尒時五百萬億諸梵天王與宮殿俱各以衣
裓盛諸天華共詣北方推尋是相見大通智

梵衆而説偈言
我等諸宮殿　光明甚威曜　此非无因緣　是相宜求之
過於百千劫　未曾見是相　為大徳天生　為佛出世間
尒時五百萬億諸梵天王與宮殿俱各以衣
裓盛諸天華共詣北方推尋是相見大通智
勝如來處于道場菩提樹下坐師子座諸天
龍王乾闥婆緊那羅摩睺羅伽人非人等恭
敬圍繞及見十六王子請佛轉法輪時諸梵
天王頭面礼佛繞百千帀即以天華而散佛
上所散之華如須弥山并以供養佛菩提樹
華供養已各以宮殿奉上彼佛而作是言唯
見哀愍饒益我等所獻宮殿願垂納受尒時
諸梵天王即於佛前一心同聲以偈頌曰
世尊甚難見　破諸煩惱者　過百三十劫　今乃得一見
諸飢渴衆生　以法雨充滿　昔所未曾見　无量智慧者
如優曇鉢羅　今日乃值遇　我等諸宮殿　蒙光故嚴飾
世尊大慈愍　唯願垂納受
尒時諸梵天王偈讚佛已各作是言唯願世
尊轉於法輪令一切世間諸天魔梵沙門婆
羅門皆獲安隱而得度脫時諸梵天王一心
同聲以偈頌曰
唯願天人尊　轉无上法輪　擊于大法鼓　而吹大法螺
普雨大法雨　度无量衆生　我等咸歸請　當演深遠音
尒時大通智勝如來默然許之西南方乃至
下方亦復如是尒時上方五百萬億國土諸
大梵王皆悉自覩所止宮殿光明威曜昔所
未有歡喜踊躍生希有心即各相詣共議此
事以何因緣我等宮殿有斯光明時彼衆中

尒時大通智勝如來默然許之西南方乃至
下方亦復如是尒時上方五百萬億國土諸
大梵王皆悉自覩所止宮殿光明威曜昔所
未有歡喜踊躍生希有心即各相詣共議此
事以何因緣我等宮殿有斯光明時彼衆中
有一大梵天王名曰尸棄為諸梵衆而説偈
言
今以何因緣　我等諸宮殿　威徳光明曜　嚴飾未曾有
如是之妙相　昔所未聞見　為大徳天生　為佛出世間
尒時五百萬億諸梵天王與宮殿俱各以衣
裓盛諸天華共詣下方推尋是相見大通智
勝如來處于道場菩提樹下坐師子座諸天
龍王乾闥婆緊那羅摩睺羅伽人非人等恭
敬圍繞及見十六王子請佛轉法輪時諸梵
天王頭面礼佛繞百千帀即以天華而散佛
上所散之華如須弥山并以供養佛菩提樹
華供養已各以宮殿奉上彼佛而作是言唯
見哀愍饒益我等所獻宮殿願垂納處時諸
梵天王即於佛前一心同聲以偈頌曰
善哉見諸佛　救世之聖尊　能於三界獄　勉出諸衆生
普智天人尊　哀愍群萌類　能開甘露門　廣度於一切
於昔无量劫　空過无有佛　世尊未出時　十方常闇瞑
三惡道增長　阿脩羅亦盛　諸天衆轉減　死多墮惡道
不從佛聞法　常行不善事　色力及智慧　斯等皆減少
罪業因緣故　失樂及樂想　住於邪見法　不識善儀則
不蒙佛所化　常墮於惡道　佛為世間眼　久遠時乃出
哀愍諸衆生　故現於世間　超出成正覺　我等甚欣慶
及餘一切衆　喜歎未曾有　我等諸宮殿　蒙光故嚴飾

不從佛聞法　常行不善事　色力及智慧　斯等皆減少
罪業因緣故　失樂及樂想　住於邪見法　不識善儀則
不蒙佛所化　常墮於惡道　佛為世間眼　久遠時乃出
哀愍諸眾生　故現於世間　超出成正覺　我等甚欣慶
及餘一切眾　喜歎未曾有　我等諸宮殿　蒙光故嚴飾
今以奉世尊　唯垂哀納受　願以此功德　普及於一切
我等與眾生　皆共成佛道
尒時五百萬億諸梵天王偈讚佛已各白佛
言唯願世尊轉於法輪多所安隱多所度脫
時諸梵天王而說偈言
世尊轉法輪　擊甘露法鼓　度苦惱眾生　開示涅槃道
唯願受我請　以大微妙音　哀愍而敷演　无量劫習法
尒時大通智勝如來受十方諸梵天王及十
六王子請即時三轉十二行法輪若沙門婆
羅門若天魔梵及餘世間所不能轉謂是苦
是苦集是苦滅是苦滅道及廣說十二因緣
法无明緣行行緣識識緣名色名色緣六入六
入緣觸觸緣受受緣愛愛緣取取緣有有緣
生生緣老死憂悲苦惱无明滅則行滅行滅
則識滅識滅則名色滅名色滅則六入滅六
入滅則觸滅觸滅則受滅受滅則愛滅愛滅
則取滅取滅則有滅有滅則生滅生滅則老
死憂悲苦惱滅佛於天人大眾之中說是法
時六百萬億那由他人以不受一切法故而
於諸漏心得解脫皆得深妙禪定三明六通
具八解脫第二第三第四說法時千萬億恒
河沙那由他等眾生亦以不受一切法故而
於諸漏心得解脫從是已後諸聲聞眾无

時六百萬億那由他人以不受一切法故而
於諸漏心得解脫皆得深妙禪定三明六通
具八解脫第二第三第四說法時千萬億恒
河沙那由他等眾生亦以不受一切法故而
於諸漏心得解脫從是已後諸聲聞眾无
量无邊不可稱數尒時十六王子皆以童子
出家而為沙弥諸根通利智慧明了已曾供
養百千萬億諸佛淨脩梵行求阿耨多羅三
藐三菩提俱白佛言世尊是諸无量千萬億
大德聲聞皆已成就世尊亦當為我等說阿
耨多羅三藐三菩提法我等聞已皆共脩學
世尊我等志願如來知見深心所念佛自證
知尒時轉輪聖王所將眾中八萬億人見十
六王子出家亦求出家王即聽許尒時彼佛
受沙弥請過二萬劫已乃於四眾之中說是
大乘經名妙法蓮華教菩薩法佛所護念說
是經已十六沙弥為阿耨多羅三藐三菩提
故皆共受持諷誦通利說是經時十六菩薩
沙弥皆悉信受聲聞眾中亦有信解其餘眾
生千萬億種皆生疑惑佛說是經於八千劫
未曾休廢說此經已即入靜室住於禪定八
萬四千劫是時十六菩薩沙弥知佛入室寂
然禪定各昇法座亦於八萬四千劫為四部
眾廣說分別妙法華經一一皆度六百萬億
那由他恒河沙等眾生示教利喜令發阿耨
多羅三藐三菩提心大通智勝佛過八萬四
千劫已從三昧起往詣法座安詳而坐普告
大眾是十六菩薩沙弥甚為希有諸根通利

那由他恒河沙等衆生示教利喜令發阿耨
多羅三藐三菩提心大通智勝佛過八萬四
千劫已從三昧起往諳法座安詳而坐普告
大衆是十六菩薩沙弥甚爲希有諸根通利
智慧明了已曾供養无量千萬億數諸佛於
諸佛所常脩梵行受持佛智開示衆生令入
其中汝等皆當數數親近而供養之所以者
何若聲聞辟支佛及諸菩薩能信是十六菩
薩所說經法受持不毁者是人皆當得阿耨
多羅三藐三菩提如來之慧佛告諸比丘是
十六菩薩常樂說是妙法蓮華經一一菩薩
所化六百萬億那由他恒河沙等衆生世世
所生與菩薩俱從其聞法悉皆信解以此因
緣得值四萬億諸佛世尊于今不盡諸比丘
我今語汝彼佛弟子十六沙弥今皆得阿耨
多羅三藐三菩提於十方國土現在說法有
无量百千萬億菩薩聲聞以爲眷屬其二沙
弥東方作佛一名阿閦在歡喜國二名須弥
頂東南方二佛一名師子音二名師子相南
方二佛一名虛空住二名常滅西南方二佛
一名帝相二名梵相西方二佛一名阿弥陁
二名度一切世間苦惱西北方二佛一名多
摩羅跋栴檀香神通二名須弥相北方二佛
一名雲自在二名雲自在王東北方佛名壞
一切世間怖畏苐十六我釋迦牟尼佛於娑
婆國土成阿耨多羅三藐三菩提諸比丘我
等爲沙弥時各各教化无量百千萬億恒河
沙等衆生從我聞法爲阿耨多羅三藐三菩

一切世間怖畏苐十六我釋迦牟尼佛於娑
婆國土成阿耨多羅三藐三菩提諸比丘我
等爲沙弥時各各教化无量百千萬億恒河
沙等衆生從我聞法爲阿耨多羅三藐三菩
提此諸衆生于今有住聲聞地者我常教化
阿耨多羅三藐三菩提是諸人等應以是法
漸入佛道所以者何如來智慧難信難解尒
時所化无量恒河沙等衆生者汝等諸比丘
及我滅度後未來世中聲聞弟子是也我滅
度後復有弟子不聞是經不知不覺菩薩所
行自於所得功德生滅度想當入涅槃我於
餘國作佛更有異名是人雖生滅度之想
於涅槃而於彼土求佛智慧得聞是經唯以
佛乘而得滅度更无餘乘除諸如來方便說
法諸比丘若如來自知涅槃時到衆又清淨
信解堅固了達空法深入禪定便集諸菩薩
及聲聞衆爲說是經世間无有二乘而得滅
度唯一佛乘得滅度耳比丘當知如來方便
深入衆生之性知其志樂小法深著五欲爲
是等故說於涅槃是人若聞則便信受譬如
五百由旬險難惡道曠絶无人怖畏之處若
有多衆欲過此道至珎寶處有一導師聰慧
明達善知險道通塞之相將導衆人欲過此
難所將人衆中路懈退白導師言我等疲極
而復怖畏不能復進前路猶遠今欲退還導
師多諸方便而作是念此等可愍云何捨大
珎寶而欲退還作是念已以方便力於險道

難所將人衆中路懈退白導師言我等疲極
而復怖畏不能復進前路猶遠今欲退還導
師多諸方便而作是念此等可愍云何捨大
珎寶而欲退還作是念已以方便力於險道
中過三百由旬化作一城告衆人言汝等勿
怖莫得退還今此大城可於中止隨意所作
若入是城快得安隱若能前至寶所亦可得
去是時疲極之衆心大歡喜歎未曾有我等
今者免斯惡道快得安隱於是衆人前入化
城生已度想生安隱想尒時導師知此人衆
既得止息无復疲惓即滅化城語衆人言汝
等去來寶處在近向者大城我所化作為止
息耳諸比丘如來亦復如是今為汝等作大
導師知諸生死煩惱惡道險難長遠應去應
度若衆生但聞一佛乘者則不欲見佛不欲
親近便作是念佛道長遠久受勤苦乃可得
成佛知是心怯弱下劣以方便力而於中道
為止息故說二涅槃若衆生住於二地如來
尒時即便為說汝等所作未辦汝所住地近
於佛慧當觀察籌量所得涅槃非真實也但
是如來方便之力於一佛乘分別說三如彼
導師為止息故化作大城既知息已而告之
言寶處在近此城非實我化作耳尒時世尊
欲重宣此義而說偈言
大通智勝佛　十劫坐道場　佛法不現前　不得成佛道
諸天神龍王　阿脩羅衆等　常雨於天華　以供養彼佛
諸天擊天鼓　并作衆伎樂　香風吹萎華　更雨新好者
過十小劫已　乃得成佛道　諸天及世人　心皆懷踊躍

BD14167號　妙法蓮華經卷三　（24–21）

大通智勝佛　十劫坐道場　佛法不現前　不得成佛道
諸天神龍王　阿脩羅衆等　常雨於天華　以供養彼佛
諸天擊天鼓　并作衆伎樂　香風吹萎華　更雨新好者
過十小劫已　乃得成佛道　諸天及世人　心皆懷踊躍
彼佛十六子　皆與其眷屬　千萬億圍繞　俱行至佛所
頭面礼佛足　而請轉法輪　聖師子法雨　充我及一切
世尊甚難值　久遠時一現　為覺悟群生　震動於一切
東方諸世界　五百萬億國　梵宮殿光曜　昔所未曾有
諸梵見此相　尋來至佛所　散華以供養　并奉上宮殿
請佛轉法輪　以偈而讚歎　佛知時未至　受請默然坐
三方及四維　上下亦復尒　散華奉宮殿　請佛轉法輪
世尊甚難值　願以大慈悲　廣開甘露門　轉无上法輪
无量慧世尊　受彼衆人請　為宣種種法　四諦十二緣
无明至老死　皆從生緣有　如是衆過患　汝等應當知
宣暢是法時　六百萬億姟　得盡諸苦際　皆成阿羅漢
第二說法時　千萬恒沙衆　於諸法不受　亦得阿羅漢
從是後得道　其數无有量　萬億劫算數　不能得其邊
時十六王子　出家作沙彌　皆共請彼佛　演說大乘法
我等及營從　皆當成佛道　願得如世尊　慧眼第一淨
佛知童子心　宿世之所行　以无量因緣　種種諸譬喻
說六波羅蜜　及諸神通事　分別真實法　菩薩所行道
說是法華經　如恒河沙偈　彼佛說經已　靜室入禪定
一心一處坐　八萬四千劫　是諸沙彌等　知佛禪未出
為无量億衆　說佛无上慧　各各坐法座　說是大乘經
於佛宴寂後　宣揚助法化　一一沙彌等　所度諸衆生
有六百萬億　恒河沙等衆　彼佛滅度後　是諸聞法者
在在諸佛土　常與師俱生　是十六沙彌　具足行佛道
今現在十方　各得成正覺　尒時聞法者　各在諸佛所

BD14167號　妙法蓮華經卷三　（24–22）

於佛宴寂後　宣揚助法化　一一沙彌等　所度諸衆生
有六百萬億　恒河沙等衆　彼佛滅度後　是諸聞法者
在在諸佛土　常與師俱生　是十六沙彌　具足行佛道
今現在十方　各得成正覺　尒時聞法者　各在諸佛所
其有住聲聞　漸教以佛道　我在十六數　曾亦為汝說
是故以方便　引汝趣佛慧　以是本因緣　今說法華經
令汝入佛道　慎勿懷驚懼　譬如險惡道　迥絕多毒獸
又復无水草　人所怖畏處　无數千萬衆　欲過此險道
其路甚曠遠　經五百由旬　時有一導師　強識有智慧
明了心決定　在險濟衆難　衆人皆疲倦　而白導師言
我等今頓乏　於此欲退還　導師作是念　此輩甚可愍
如何欲退還　而失大珍寶　尋時思方便　當設神通力
化作大城郭　莊嚴諸舍宅　周帀有園林　渠流及浴池
重門高樓閣　男女皆充滿　即作是化已　慰衆言勿懼
汝等入此城　各可隨所樂　諸人既入城　心皆大歡喜
皆生安隱想　自謂已得度　導師知息已　集衆而告言
汝等當前進　此是化城耳　我見汝疲極　中路欲退還
故以方便力　權化作此城　汝今勤精進　當共至寶所
我亦復如是　為一切導師　見諸求道者　中路而懈廢
不能度生死　煩惱諸險道　故以方便力　為息說涅槃
言汝等苦滅　所作皆已辦　既知到涅槃　皆得阿羅漢
尒乃集大衆　為說真實法　諸佛方便力　分別說三乘
唯有一佛乘　息處故說二　今為汝說實　汝所得非滅
為佛一切智　當發大精進　汝證一切智　十力等佛法
具三十二相　乃是真實滅　諸佛之導師　為息說涅槃
既知是息已　引入於佛慧

妙法蓮華經卷第三

BD14167號　妙法蓮華經卷三　（24–23）

其路甚曠遠　經五百由旬　時有一導師　強識有智慧
明了心決定　在險濟衆難　衆人皆疲倦　而白導師言
我等今頓乏　於此欲退還　導師作是念　此輩甚可愍
如何欲退還　而失大珍寶　尋時思方便　當設神通力
化作大城郭　莊嚴諸舍宅　周帀有園林　渠流及浴池
重門高樓閣　男女皆充滿　即作是化已　慰衆言勿懼
汝等入此城　各可隨所樂　諸人既入城　心皆大歡喜
皆生安隱想　自謂已得度　導師知息已　集衆而告言
汝等當前進　此是化城耳　我見汝疲極　中路欲退還
故以方便力　權化作此城　汝今勤精進　當共至寶所
我亦復如是　為一切導師　見諸求道者　中路而懈廢
不能度生死　煩惱諸險道　故以方便力　為息說涅槃
言汝等苦滅　所作皆已辦　既知到涅槃　皆得阿羅漢
尒乃集大衆　為說真實法　諸佛方便力　分別說三乘
唯有一佛乘　息處故說二　今為汝說實　汝所得非滅
為佛一切智　當發大精進　汝證一切智　十力等佛法
具三十二相　乃是真實滅　諸佛之導師　為息說涅槃
既知是息已　引入於佛慧

妙法蓮華經卷第三

BD14167號　妙法蓮華經卷三　（24–24）

妙法蓮華經提婆達多品第十二　五
尒時佛告諸菩薩及天人四衆吾於過去无
量劫中求法華經无有懈惓於多劫中常作
國王發願求於无上菩提心不退轉為欲滿
足六波羅蜜勤行布施心无悋惜象馬七珎
國城妻子奴婢僕從頭目髓腦身肉手足不
惜軀命時世人民壽命无量為於法故捐捨
國位委政太子擊鼓宣令四方求法誰能為
我說大乘者吾當終身供給走使時有仙人
來白王言我有大乘名妙法華若不為我當
為宣說王聞仙人言歡喜踊躍即隨仙人供給
所須採菓汲水拾薪設食乃至以身而為牀
座身心无惓于時奉事經於千歲為於法故
精勤給侍令无所乏尒時世尊欲重宣此義

BD14168號　妙法蓮華經（八卷本）卷五　（25–1）

來白王言我有大乘名妙法華若不為我當
為宣說王聞仙人言歡喜踊躍即隨仙人供給
所須採菓汲水拾薪設食乃至以身而為牀
座身心无惓于時奉事經於千歲為於法故
精勤給侍令无所乏尒時世尊欲重宣此義
而說偈言
我念過去劫　為求大法故　雖作世國王　不貪五欲樂
搥鍾告四方　誰有大法者　若為我解說　身當為奴僕
時有阿私仙　來白大王言　我有微妙法　世間所希有
若能修行者　吾當為汝說　時王聞仙言　心生大喜悅
即便隨仙人　供給於所須　採薪及菓蓏　隨時恭敬與
情存妙法故　身心无懈惓　普為諸衆生　勤求於大法
亦不為己身　及以五欲樂　故為大國王　勤求獲此法
遂致得成佛　今故為汝說
佛告諸比丘尒時王者則我身是時仙人者
今提婆達多是由提婆達多善知識故令我
具足六波羅蜜慈悲喜捨三十二相八十種
好紫磨金色十力四无所畏四攝法十八不
共神通道力成等正覺廣度衆生皆因提
婆達多善知識故告諸四衆提婆達多却後
過无量劫當得成佛号曰天王如來應供正
遍知明行足善逝世間解无上士調御丈夫天
人師佛世尊世界名天道時天王佛住世二
十中劫廣為衆生說於妙法恒河沙衆生得
阿羅漢果无量衆生發緣覺心恒河沙衆生
發无上道心得无生忍至不退轉時天王佛
般涅槃後正法住世二十中劫全身舍利起

BD14168號　妙法蓮華經（八卷本）卷五　（25–2）

人師佛世尊世界名天道時天王佛住世二
十中劫廣為眾生說於妙法恒河沙眾生得
阿羅漢果无量眾生發緣覺心恒河沙眾生
發无上道心得无生忍至不退轉時天王佛
般涅槃後正法住世二十中劫全身舍利起
七寶塔高六十由旬縱廣四十由旬諸天人
民悉以雜華末香燒香塗香衣服瓔珞幢幡
寶蓋伎樂歌頌礼拜供養七寶妙塔无量
眾生得阿羅漢无量眾生悟辟支佛不可思
議眾生發菩提心至不退轉佛告諸比丘未
世中若有善男子善女人聞妙法華經提婆
達多品淨心信敬不生疑惑者不墮地獄餓
鬼畜生生十方佛前所生之處常聞此經若
生天人中受勝妙樂若在佛前蓮華化生於
時下方多寶世尊所從菩薩名曰智積白多
寶佛當本土釋迦牟尼佛告智積曰善男
子且待須臾此有菩薩名文殊師利可與相
見論說妙法可還本土尒時文殊師利坐千
葉蓮華大如車輪俱來菩薩亦坐寶蓮華從於
大海娑竭龍宮自然踊出住虛空中詣靈鷲
山從蓮華下至於佛所頭面敬礼二世尊足
脩敬已畢往智積所共相慰問却坐一面智
積菩薩問文殊師利仁往龍宮所化眾生其
數幾何文殊師利言其數无量不可稱計非
口所宣非心所測且待須臾自當有證所言
未竟无數菩薩坐寶蓮華從海踊出靈鷲
山住在虛空此諸菩薩皆是文殊師利之所

BD14168號　妙法蓮華經（八卷本）卷五　　（25-3）

數幾何文殊師利言其數无量不可稱計非
口所宣非心所測且待須臾自當有證所言
未竟无數菩薩坐寶蓮華從海踊出靈鷲
山住在虛空此諸菩薩皆是文殊師利之所
化度具菩薩行皆共論說六波羅蜜本聲聞
人在虛空中說聲聞行今皆脩行大乘空義
文殊師利謂智積曰於海教化其事如是尒
時智積菩薩以偈讚曰

大智德勇健　化度无量眾　今此諸大眾　及我皆已見
演暢實相義　開闡一乘法　廣度諸群生　令速成菩提

文殊師利言我於海中唯常宣說妙法華經
智積問文殊師利言此經甚深微妙諸經中
寶世所希有頗有眾生勤加精進脩行此經
速得佛不文殊師利言有娑竭羅龍王女年
始八歲智慧利根善眾生諸根行業得陁
羅尼諸佛所說甚深秘藏悉能受持深入禪
定了達諸法於剎那頃發菩提心得不退轉
辯才无礙慈念眾生猶如赤子功德具足心
念口演微妙廣大慈悲仁讓志意和雅能至
菩提智積菩薩言我見釋迦如來於无量劫
難行苦行積功累德求菩薩道未曾止息
觀三千大千世界乃至无有如芥子許非是
菩薩捨身命處為眾生故然後乃得成菩提
道不信此女於須臾頃便成正覺言論未訖
時龍王女忽現於前頭面礼敬却住一面以
偈讚曰

深達罪福相　遍照於十方　微妙淨法身　具相三十二

BD14168號　妙法蓮華經（八卷本）卷五　　（25-4）

道不信此女於須臾頃便成覺言論未訖
時龍王女忽現於前頭面礼敬却住一面以
偈讚曰
深達罪福相　遍照於十方　微妙淨法身　具相三十二
以八十種好　用莊嚴法身　天人所戴仰　龍神咸恭敬
一切衆生類　无不宗奉者　又聞成菩提　唯佛當證知
我闡大乘教　度脫苦衆生
時舍利弗語龍女言汝謂不久得无上道是
事難信所以者何女身垢穢非是法器云何
能得无上菩提佛道懸曠經无量劫勤苦積
行具脩諸度然後乃成又女人身猶有五鄣
一者不得作梵天王二者帝釋三者魔王四
者轉輪聖王五者佛身云何女身速得成佛
尒時龍女有一寶珠價直三千大千世界持
以上佛佛即受之龍女謂智積菩薩尊者舍
利弗言我獻寶珠世尊納受是事疾不荅
言甚疾女言以汝神力觀我成佛復速於此
當時衆會皆見龍女忽然之間變成男子具
菩薩行即往南方无垢世界坐寶蓮華成等
正覺三十二相八十種好普為十方一切衆生
演說妙法尒時娑婆世界菩薩聲聞天龍八
部人與非人皆遙見彼龍女成佛普為時會
人天說法心大歡喜悉遙敬礼无量衆生聞
法解悟得不退轉无量衆生得受道記无垢
世界六反震動娑婆世界三千衆生住不退
地三千衆生發菩提心而得受記智積菩薩

BD14168號　妙法蓮華經（八卷本）卷五　（25–5）

部人與非人皆遙見彼龍女成佛普為時會
人天說法心大歡喜悉遙敬礼无量衆生聞
法解悟得不退轉无量衆生得受道記无垢
世界六反震動娑婆世界三千衆生住不退
地三千衆生發菩提心而得受記智積菩薩
及舍利弗一切衆會嘿然信受

妙法蓮華經持品第十三

尒時藥王菩薩摩訶薩及大樂說菩薩摩訶
薩與二万菩薩眷屬俱皆於佛前作是誓言
唯願世尊不以為慮我等於佛滅後當奉持
讀誦說此經典後惡世衆生善根轉少多增
上慢貪利供養增不善根遠離解脫雖難可
教化我等當起大忍力讀誦此經持說書寫
種種供養不惜身命尒時衆中五百阿羅漢
得受記者白佛言世尊我等亦自誓願於異
國土廣說此經復有學无學八千人得受記
者從座而起合掌向佛作是誓言世尊我等
亦當於他國土廣說此經所以者何是娑婆
國中人多弊惡懷增上慢功德淺薄瞋濁諂
曲心不實故尒時佛姨母摩訶波闍波提比
丘尼與學无學比丘尼六千人俱從座而起
一心合掌瞻仰尊顏目不暫捨於時世尊告
憍曇弥何故憂色而視如來汝心將无謂我
不說汝名授阿耨多羅三藐三菩提記耶憍
曇弥我先摠說一切聲聞皆已授記今汝欲
知記者將來之世當於六万八千億諸佛法
中為大法師及六千學无學比丘尼俱為法

BD14168號　妙法蓮華經（八卷本）卷五　（25–6）

不說汝名授阿耨多羅三藐三菩提記耶憍
曇弥我先揔說一切聲聞皆已授記今汝欲
知記者將来之世當於六万八千億諸佛法
中為大法師及六千學无學比丘尼俱為法
師汝如是漸漸具菩薩道當得作佛号一切
衆生喜見如来應供正遍知明行足善逝世
間解无上士調御丈夫天人師佛世尊憍曇
弥是一切衆生憙見佛及六千菩薩轉次授
記得阿耨多羅三藐三菩提尒時羅睺羅母
耶輸陁羅比丘尼作是念世尊於授記中獨
不記我名佛告耶輸陁羅汝於来世百万億
諸佛法中脩菩薩行為大法師漸具佛道於
善國中當得作佛号具足千万光相如来應
供正遍知明行足善逝世間解无上士調御
丈夫天人師佛世尊佛壽无量阿僧祇劫尒
時摩訶波闍波提比丘尼及耶輸陁羅比丘
尼并其眷屬皆大歡喜得未曾有即於佛前
而說偈言
世尊導師　安隱天人　我等聞記　心安具足
諸比丘尼說是偈已白佛言世尊我等亦能
於他方國土廣宣此經尒時世尊視八十万
億那由他諸菩薩摩訶薩是諸菩薩皆是阿
惟越致轉不退法輪得諸陁羅尼即從座起
至於佛前一心合掌而作是念若世尊告勑
我等持說此經者當如佛教廣宣斯法復作
是念佛今嘿然不見告勑我當云何時諸菩
薩敬[illegible]

惟越致轉不退法輪得諸陁羅尼即從座起
至於佛前一心合掌而作是念若世尊告勑
我等持說此經者當如佛教廣宣斯法復作
是念佛今嘿然不見告勑我當云何時諸菩
薩敬順佛意并欲自滿本願便於佛前作師
子吼而發誓言世尊我等於如来滅後周旋
往反十方世界能令衆生書寫此經受持讀
誦解說其義如法脩行正憶念皆是佛之威
力唯願世尊在於他方遥見守護即時諸菩
薩俱同發聲而說偈言
唯願不為慮　於佛滅度後　恐怖惡世中　我等當廣說
有諸无智人　惡口罵詈等　及加刀杖者　我等皆當忍
惡世中比丘　邪知心諂曲　未得謂為得　我慢心充滿
或有阿練若　納衣在空閑　自謂行真道　輕賤人間者
貪著利養故　與白衣說法　為世所恭敬　如六通羅漢
是人懷惡心　常念世俗事　假名阿練若　好出我等過
而作如是言　此諸比丘等　為貪利養故　說外道論議
自作此經典　誑惑世間人　為求名聞故　分別於是經
常在大衆中　欲毀我等故　向國王大臣　婆羅門居士
及餘比丘衆　誹謗說我惡　謂是邪見人　說外道論議
我等敬佛故　悉忍是諸惡　為斯所輕言　汝等皆是佛
如此輕慢言　皆當忍受之　濁劫惡世中　多有諸恐怖
惡鬼入其身　罵詈毀辱我　我等敬信佛　當著忍辱鎧
為說是經故　忍此諸難事　我不愛身命　但惜无上道
我等於来世　護持佛所囑　世尊自當知　濁世惡比丘
不知佛方便　隨宜所說法　惡口而顰蹙　數數見擯出
遠離於塔寺　如是等衆惡　念佛告勑故　皆當忍是事

惡鬼入其身 罵詈毀辱我 我等敬信佛 當著忍辱鎧
為說是經故 忍此諸難事 我不愛身命 但惜无上道
我等於來世 護持佛所囑 世尊自當知 濁世惡比丘
不知佛方便 隨宜所說法 惡口而顰蹙 數數見擯出
遠離於塔寺 如是等眾惡 念佛告勅故 皆當忍是事
諸聚落城邑 其有求法者 我皆到其所 說佛所囑法
我是世尊使 處眾无所畏 我當善說法 願佛安隱住
我於世尊前 諸來十方佛 發如是誓願 佛自知我心

妙法蓮華經安樂行品第十四

尒時文殊師利法王子菩薩摩訶薩白佛言
世尊是諸菩薩甚為難有敬順佛故發大誓
願於後惡世護持讀誦說是法華經世尊菩
薩摩訶薩於後惡世云何能說是經佛告文殊
師利若菩薩摩訶薩於後惡世欲說是經當
安住四法一者安住菩薩行處親近處能為
眾生演說是經文殊師利云何名菩薩摩訶
薩行處若菩薩摩訶薩住忍辱地柔和善
順而不卒暴心亦不驚又復於法无所行而觀
諸法如實相亦不行不分別是名菩薩摩訶
薩行處云何名菩薩摩訶薩親近處菩薩摩
訶薩不親近國王王子大臣官長不親近諸
外道梵志尼揵子等及造世俗文筆讚詠外
書及路伽耶陁逆路伽耶陁者亦不親近諸
有凶戲相叉相撲及那羅等種種變現之戲
又不親近旃陁羅及畜猪羊雞狗田獵漁捕
諸惡律儀如是人等或時來者則為說法无
所悕望又不親近求聲聞比丘比丘尼優婆

BD14168號　妙法蓮華經（八卷本）卷五　（25–9）

有凶戲相叉相撲及那羅等種種變現之戲
又不親近旃陁羅及畜猪羊雞狗田獵漁捕
諸惡律儀如是人等或時來者則為說法无
所悕望又不親近求聲聞比丘比丘尼優婆
塞優婆夷亦不問訊若於房中若經行處若
在講堂中不共住止或時來者隨宜說法无
所悕求文殊師利又菩薩摩訶薩不應於女
人身取能生欲想相而為說法亦不樂見若
入他家不與小女處女寡女等共語亦復不
近五種不男之人以為親厚不獨入他家若
有因緣須獨入時但一心念佛若為女人說
法不露齒笑不現胷臆乃至為法猶不親厚
況復餘事不樂畜年少弟子沙弥小兒亦不
樂與同師常好坐禪在於閑處脩攝其心文
殊師利是名初親近處復次菩薩摩訶薩觀
一切法空如實相不顛倒不動不退不轉如
虛空无所有性一切語言道斷不生不出不
起无名无相實无所有无量无邊无礙无障
但以因緣有從顛倒生故說常樂觀如是法
相是名菩薩摩訶薩第二親近處尒時世尊
欲重宣此義而說偈言
若有菩薩 於後世惡 无怖畏心 欲說是經
應入行處 及親近處 常離國王 及國王子
大臣官長 凶險戲者 及旃陁羅 外道梵志
亦不親近 增上慢人 貪著小乘 三藏學者
破戒比丘 名字羅漢 及比丘尼 好戲笑者

BD14168號　妙法蓮華經（八卷本）卷五　（25–10）

若有菩薩　於後世惡　无怖畏心　欲説是經
應入行處　及親近處　常離國王　及國王子
大臣官長　凶險戲者　及旃陁羅　外道梵志
亦不親近　増上慢人　貪著小乘　三藏學者
破戒比丘　名字羅漢　及比丘尼　好戲咲者
深著五欲　求現滅度　諸優婆夷　皆勿親近
若是人等　以好心來　到菩薩所　為聞佛道
菩薩則以　无所畏心　不懐悕望　而為説法
寡女處女　及諸不男　皆勿親近　以為親厚
亦莫親近　屠兒魁膾　畋獵魚捕　為利煞害
販肉自活　衒賣女色　如是之人　皆勿親近
凶險相撲　種種嬉戲　諸婬女等　盡勿親近
莫獨屏處　為女説法　若説法時　无得戲咲
入里乞食　將一比丘　若无比丘　一心念佛
是則名為　行處近處　以此二處　能安樂説
又復不行　上中下法　有為无為　實不實法
亦不分別　是男是女　不得諸法　不知不見
是則名為　菩薩行處　一切諸法　空无所有
无有常住　亦无起滅　是名智者　所親近處
顛倒分別　諸法有无　是實非實　是生非生
在於閑處　脩攝其心　安住不動　如須弥山
觀一切法　皆无所有　猶如虚空　无有堅固
不生不出　不動不退　常住一相　是名近處
若有比丘　於我滅後　入是行處　及親近處
説斯經時　无有怯弱　菩薩有時　入於静室
以正憶念　隨義觀法　從禪定起　為諸國王
王子臣民　婆羅門等　開化演暢　説斯經典

BD14168號　妙法蓮華經（八卷本）卷五　（25–11）

不生不出　不動不退　常住一相　是名近處
若有比丘　於我滅後　入是行處　及親近處
説斯經時　无有怯弱　菩薩有時　入於静室
以正憶念　隨義觀法　從禪定起　為諸國王
王子臣民　婆羅門等　開化演暢　説斯經典
其心安隱　无有怯弱　文殊師利　是名菩薩
安住初法　能於後世　説法華經
又文殊師利如來滅後於末法中欲説是經
應住安樂行若口宣説若讀經時不樂説人
及經典過亦不輕慢諸餘法師不説他人好
惡長短於聲聞人亦不稱名説其過惡亦不
稱名讚歎其美又亦不生怨嫌之心善脩如
是安樂心故諸有聽者不逆其意有所難問
不以小乘法荅但以大乘而為解説令得一
切種智尒時世尊欲重宣此義而説偈言
菩薩常樂　安隱説法　於清淨地　而施床座
以油塗身　澡浴塵穢　著新淨衣　内外俱淨
安處法座　隨問為説　若有比丘　及比丘尼
諸優婆塞　及優婆夷　國王王子　群臣士民
以微妙義　和顏為説　若有難問　隨義而荅
因緣譬喻　敷演分別　以是方便　皆使發心
漸漸増長　入於佛道　除嬾惰意　及懈怠想
離諸憂惱　慈心説法　晝夜常説　无上道教
以諸因緣　无量譬喻　開示衆生　咸令歡喜
衣服臥具　飲食醫藥　而於其中　无所悕望
但一心念　説法因緣　願成佛道　令衆亦尒
是則大利　安樂供養　我滅度後　若有比丘

BD14168號　妙法蓮華經（八卷本）卷五　（25–12）

離諸憂惱 慈心說法 晝夜常說 无上道教
以諸因緣 无量譬喻 開示衆生 咸令歡喜
衣服卧具 飲食醫藥 而於其中 无所悕望
但一心念 說法因緣 願成佛道 令衆亦尒
是則大利 安樂供養 我滅度後 若有比丘
能演說斯 妙法華經 心无嫉恚 諸惱障礙
亦无憂愁 及罵詈者 又无怖畏 如刀杖等
亦无擯出 安住忍故 知者如是 善脩其心
能住安樂 如我上說 其人功德 千万億劫
筭數譬喻 說不能盡
又文殊師利菩薩摩訶薩於後末世法欲滅
時受持讀誦斯經典者无懷嫉妬諂誑之心
亦勿輕罵學佛道者求其長短若比丘比丘
尼優婆塞優婆夷求聲聞者求辟支佛者求
菩薩道者无得惱之令其疑悔語其人言汝
等去道甚遠終不能得一切種智所以者何
汝是放逸之人於道懈怠故又亦不應戲論
諸法有所諍競當於一切衆生起大悲想於
諸如來起慈父想於諸菩薩起大師想於十
方諸菩薩常應深心恭敬禮拜於一切衆
生平等說法以順法故不多不少乃至深愛
法者亦不為多說文殊師利是菩薩摩訶薩
於後末世法欲滅時有成就是第二安樂行
者說是法時无能惱亂得好學共讀誦是
經亦得大衆而來聽受聽已能持持已能誦
誦已能說說已能書若使人書供養經卷
恭敬尊重讚歎尒時世尊欲重宣此義而

於後末世法欲滅時有成就是第二安樂行
者說是法時无能惱亂得好學共讀誦是
經亦得大衆而來聽受聽已能持持已能誦
誦已能說說已能書若使人書供養經卷
恭敬尊重讚歎尒時世尊欲重宣此義而
說偈言
若欲說是經 當捨嫉恚慢 諂誑邪偽心 常脩質直行
不輕蔑於人 亦不戲論法 不令他疑悔 云汝不得佛
是佛子說法 常柔和能忍 慈悲於一切 不生懈怠心
十方大菩薩 愍衆故行道 應生恭敬心 是則我大師
於諸佛世尊 生无上父想 破於憍慢心 說法无障礙
第三法如是 智者應守護 一心安樂行 无量衆所敬
又文殊師利菩薩摩訶薩於後末世法欲滅
時有持法華經者於在家出家人中生大慈
心於非菩薩人中生大悲心應作是念如是
之人則為大失如來方便隨宜說法不聞不
知不覺不問不信不解其人雖不問不信不
解是經我得阿耨多羅三藐三菩提時隨在
何地以神通力智慧力引之令得住是法中
文殊師利是菩薩摩訶薩於如來滅後有成
就此第四法者說是法時无有過失常為比
丘比丘尼優婆塞優婆夷國王王子大臣人
民婆羅門居士等供養恭敬尊重讚歎虛空
諸天為聽法故亦常隨侍若在聚落城邑空
閑林中有人來欲難問者諸天晝夜常為法
故而衛護之能令聽者皆得歡喜所以者何
此經是一切過去未來現在諸佛神力所護

婆羅門居士等供養恭敬尊重讚歎虛空
諸天為聽法故亦常隨侍若在聚落城邑空
閑林中有人來欲難問者諸天晝夜常為法
故而衛護之能令聽者皆得歡喜所以者何
此經是一切過去未來現在諸佛神力所護
故文殊師利是法華經於无量國中乃至名
字不可得聞何況得見受持讀誦文殊師利
譬如強力轉輪聖王欲以威勢降伏諸國而
諸小王不順其命時轉輪王起種種兵而往
討伐王見兵戰有功者即大歡喜隨功賞賜
或與田宅聚落城邑或與衣服嚴身之具
或與種種珍寶金銀琉璃車𤦲馬碯珊瑚虎
珀象馬車乘奴婢人民唯髻中明珠不以與
之所以者何獨王頂上有此一珠若以與之
王諸眷屬必大驚怪文殊師利如來亦復如
是以禪定智慧力得法國土王於三界而諸
魔王不肯順伏如來賢聖諸將與之共戰其
有功者心亦歡喜於四眾中為說諸經令其
心悅賜以禪定解脫无漏根力諸法之財又
復賜與涅槃之城言得滅度引導其心令皆
歡喜而不為說是法華經文殊師利如轉輪
王見諸兵眾有大功者心甚歡喜以此難信
之珠久在髻中不妄與人而今與之如來亦
復如是於三界中為大法王以法教化一切
眾生見賢聖軍與五陰魔煩惱魔死魔戰
大大功勳滅三毒出三界破魔網尒時如來
亦大歡喜此法華經能令眾生一切知一

復如是於三界中為大法王以法教化一切
眾生見賢聖軍與五陰魔煩惱魔死魔戰
大大功勳滅三毒出三界破魔網尒時如來
亦大歡喜此法華經能令眾生一切知一
切世間多怨難信先所未說而今說之文殊
師利此法華經是諸如來第一之說於諸說
中最為甚深末後賜與如彼強力之王久護
明珠今乃與之文殊師利此法華經諸佛如
來祕密之藏於諸經中最在其上長夜守護
不妄宣說始於今日乃與汝等而敷演之尒
時世尊欲重宣此義而說偈言
常行忍辱　哀愍一切　乃能演說　佛所讚經
後末世時　持此經者　於家出家　及非菩薩
應生慈悲　斯等不聞　不信是經　則為大失
我得佛道　以諸方便　為說此法　令住其中
譬如強力　轉輪之王　兵戰有功　賞賜諸物
象馬車乘　嚴身之具　及諸田宅　聚落城邑
或與衣服　種種珍寶　奴婢財物　歡喜賜與
如有勇健　能為難事　王解髻中　明珠賜之
如來亦尒　為諸法王　忍辱大力　智慧寶藏
以大慈悲　如法化世　見一切人　受諸苦惱
欲求解脫　與諸魔戰　為是眾生　說種種法
以大方便　說此諸經　既知眾生　得其力已
末後乃為　說是法華　如王解髻　明珠與之
此經為尊　眾經中上　我常守護　不妄開示
今正是時　為汝等說　我滅度後　求佛道者
欲得安隱　演說斯經　應當親近　如是四法

末後乃為　說是法華　如王解髻　明珠與之
此經為尊　眾經中上　我常守護　不妄開示
今正是時　為汝等說　我滅度後　求佛道者
欲得安隱　演說斯經　應當親近　如是四法
讀是經者　常无憂惱　又无病痛　顏色鮮白
不生貧窮　卑賤醜陋　眾生樂見　如慕賢聖
天諸童子　以為給使　刀杖不加　毒不能害
若人惡罵　口則閉塞　遊行无畏　如師子王
智慧光明　如日之照　若於夢中　但見妙事
見諸如來　坐師子座　諸比丘眾　圍繞說法
又見龍神　阿修羅等　數如恒沙　恭敬合掌
自見其身　而為說法　又見諸佛　身相金色
放无量光　照於一切　以梵音聲　演說諸法
佛為四眾　說无上法　見身處中　合掌讚佛
聞法歡喜　而為供養　得陀羅尼　證不退智
佛知其心　深入佛道　即為授記　成最正覺
汝善男子　當於來世　得无量智　佛之大道
國土嚴淨　廣大无比　亦有四眾　合掌聽法
又見自身　在山林中　修習善法　證諸實相
深入禪定　見十方佛
諸佛身金色　百福相莊嚴　聞法為人說　常有是好夢
又夢作國王　捨宮殿眷屬　及上妙五欲　行詣於道場
在菩提樹下　而處師子座　求道過七日　得諸佛之智
成无上道已　起而轉法輪　為四眾說法　經千万億劫
說无漏妙法　度无量眾生　後當入涅槃　如煙盡燈滅
若後惡世中　說是第一法　是人得大利　如上諸功德

BD14168號　妙法蓮華經（八卷本）卷五　（25–17）

在菩提樹下　而處師子座　求道過七日　得諸佛之智
成无上道已　起而轉法輪　為四眾說法　經千万億劫
說无漏妙法　度无量眾生　後當入涅槃　如煙盡燈滅
若後惡世中　說是第一法　是人得大利　如上諸功德

妙法蓮華經從地踊出品第十五

尒時他方國土諸來菩薩摩訶薩過八恒河
沙數於大眾中起合掌作禮而白佛言世尊
若聽我等於佛滅後在此娑婆世界勤加精
進護持讀誦書寫供養是經典者當於此土
而廣說之尒時佛告諸菩薩摩訶薩眾止善
男子不須汝等護持此經所以者何我娑婆
世界自有六万恒河沙等菩薩摩訶薩一一
菩薩各有六万恒河沙眷屬是諸人等能於
我滅後護持讀誦廣說此經佛說是時娑婆
世界三千大千國土地皆震裂而於其中有无
量千万億菩薩摩訶薩同時踊出是諸菩
薩身皆金色三十二相无量光明先盡在此
娑婆世界之下此界虛空中住是諸菩薩聞
釋迦牟尼佛所說音聲從下發來一一菩薩
皆是大眾唱導之首各將六万恒河沙眷屬
況將五万四万三万二万一万恒河沙等眷
屬者況復乃至一恒河沙半恒河沙四分之
一乃至千万億那由他分之一況復千万億
那由他眷屬況復億万眷屬況復千万百億
乃至一万況復一千一百乃至一十況復將
五四三二一弟子者況復單己樂遠離行如
是等比无量无邊筭數譬喻所不能知是諸

BD14168號　妙法蓮華經（八卷本）卷五　（25–18）

一乃至千万億那由他分之一況復千万億
那由他眷屬況復億万眷屬況復千万百億
乃至一万況復一千一百乃至一十況復將
五四三二一弟子者況復單已樂遠離行如
是等比无量无邊筭數譬喻所不能知是諸
菩薩從地出已各詣虛空七寶妙塔多寶如
來釋迦牟尼佛所到已向二世尊頭面禮足
及至諸寶樹下師子座上佛所亦皆作禮右
繞三帀合掌恭敬以諸菩薩種種讚法而以
讚歎住在一面欣樂瞻仰於二世尊是諸菩
薩摩訶薩從初踊出以諸菩薩種種讚法而
讚於佛如是時間經五十小劫是時釋迦牟
尼佛黙然而坐及諸四衆亦皆黙然五十小
劫佛神力故令諸大衆謂如半日尒時四衆
亦以佛神力故見諸菩薩遍滿无量百千万
億國土虛空是菩薩衆中有四導師一名上
行二名无邊行三名淨行四名安立行是四
菩薩於其衆中最為上首唱導之師在大衆
前各共合掌觀釋迦牟尼佛而問訊言世尊
少病少惱安樂行不所應度者受教易不不
令世尊生疲勞耶尒時四大菩薩而說偈言
世尊安樂　小病小惱　教化衆生　得无疲惓
又諸衆生　受化易不　不令世尊　生疲勞耶
尒時世尊於菩薩大衆中而作是言如是如
是諸善男子如來安樂少病少惱諸衆生等
易可化度无有疲勞所以者何是諸衆生世
世已來常受我化亦於過去諸佛供養尊重

尒時世尊於菩薩大衆中而作是言如是如
是諸善男子如來安樂少病少惱諸衆生等
易可化度无有疲勞所以者何是諸衆生世
世已來常受我化亦於過去諸佛供養尊重
種諸善根此諸衆生始見我身聞我所說即
皆信受入如來慧除先修習學小乘者如是
之人我今亦令得聞是經入於佛慧尒時諸
大菩薩而說偈言
善哉善哉　大雄世尊　諸衆生等　易可化度
能問諸佛　甚深智慧　聞已信行　我等隨喜
於時世尊讚歎上首諸大菩薩善哉善哉善
男子汝等能於如來發隨喜心尒時弥勒菩
薩及八千恒河沙諸菩薩衆皆作是念我等
從昔已來不見不聞如是大菩薩摩訶薩衆
從地踊出住世尊前合掌供養問訊如來時
弥勒菩薩摩訶薩知八千恒河沙諸菩薩等
心之所念并欲自決所疑合掌向佛以偈問
曰
无量千万億　大衆諸菩薩　昔所未曾見　願兩足尊說
是從何所來　以何因緣集　巨身大神通　智慧叵思議
其志念堅固　有大忍辱力　衆生所樂見　為從何所來
一一諸菩薩　所將諸眷屬　其數无有量　如恒河沙等
或有大菩薩　將六万恒沙　如是諸大衆　一心求佛道
是諸大師等　六万恒河沙　俱來供養佛　及護持此經
將五万恒沙　其數過於是　四万及三万　二万至一万
一千一百等　乃至一恒沙　半及三四分　億万分之一
千万那由他　万億諸弟子　乃至於半億　其數復過上

或有大菩薩　將六万恒沙　如是諸大衆　一心求佛道
是諸大師等　六万恒河沙　俱來供養佛　及護持此經
將五万恒沙　其數過於是　四万及三万　二万至一万
一千一百等　乃至一恒沙　半及三四分　億万分之一
千万那由他　万億諸弟子　乃至於半億　其數復過上
百万至一万　一千及一百　五十與一十　乃至三二一
單己无眷屬　樂於獨處者　俱來至佛所　其數轉過上
如是諸大衆　若人行籌數　過於恒沙劫　猶不能盡知
是諸大威德　精進菩薩衆　誰爲其說法　教化而成就
從誰初發心　稱揚何佛法　受持行誰經　脩習何佛道
如是諸菩薩　神通大智力　四方地震裂　皆從中踊出
世尊我昔來　未曾見是事　願說其所從　國土之名号
我常遊諸國　未曾見是衆　我於此衆中　乃不識一人
忽然從地出　願說其因緣　今此之大會　无量百千億
是諸菩薩等　皆欲知此事　是諸菩薩衆　本末之因緣
无量德世尊　唯願決衆疑
尒時釋迦牟尼佛分身諸佛從无量千万億
他方國土來者在於八方諸寶樹下師子座上
結加趺坐其佛侍者各各見是菩薩大
衆於三千大千世界四方從地踊出住於虛空
各白其佛言世尊此諸无量无邊阿僧祇菩
薩大衆從何所來尒時諸佛各告侍者諸善
男子且待須臾有菩薩摩訶薩名弥勒釋迦
牟尼佛之所授記次後作佛已問斯事佛今
荅之汝等自當因是得聞尒時釋迦牟尼佛
告弥勒菩薩善哉善哉阿逸多乃能問佛如
是大事汝等當共一心被精進鎧發堅固意

男子且待須臾有菩薩摩訶薩名弥勒釋迦
牟尼佛之所授記次後作佛已問斯事佛今
荅之汝等自當因是得聞尒時釋迦牟尼佛
告弥勒菩薩善哉善哉阿逸多乃能問佛如
是大事汝等當共一心被精進鎧發堅固意
如來今欲顯發宣示諸佛智慧諸佛自在神
通之力諸佛師子奮迅之力諸佛威猛大勢
之力尒時世尊欲重宣此義而說偈言
當精進一心　我欲說此事　勿得有疑悔　佛智叵思議
汝今出信力　住於忍善中　昔所未聞法　今皆當得聞
我今安慰汝　勿得懷疑懼　佛无不實語　智慧不可量
所得第一法　甚深叵分別　如是今當說　汝等一心聽
尒時世尊說此偈已告弥勒菩薩我今於此
大衆宣告汝等阿逸多是諸大菩薩摩訶薩
无量无數阿僧祇從地踊出汝等昔所未見
者我於是娑婆世界得阿耨多羅三藐三菩
提已教化示導是諸菩薩調伏其心令發道
意此諸菩薩皆於是娑婆世界之下此界虛
空中住於諸經典讀誦通利思惟分別正憶
念阿逸多是諸善男子等不樂在衆多有所
說常樂靜處勤行精進未曾休息亦不依止
人天而住常樂深智无有障礙亦常樂於諸
佛之法一心精進求无上慧尒時世尊欲重
宣此義而說偈言
阿逸汝當知　是諸大菩薩　從无數劫來　脩習佛智慧
悉是我所化　令發大道心　此等是我子　依止是世界
常行頭陀事　志樂於靜處　捨大衆憒閙　不樂多所說

佛之法一心精進求无上慧尒時世尊欲重
宣此義而說偈言
阿逸汝當知 是諸大菩薩 從无數劫來 修習佛智慧
悉是我所化 令發大道心 此等是我子 依止是世界
常行頭陀事 志樂於靜處 捨大眾憒閙 不樂多所說
如是諸子等 學習我道法 晝夜常精進 為求佛道故
在娑婆世界 下方空中住 志念力堅固 常勤求智慧
說種種妙法 其心无所畏 我於伽耶城 菩提樹下坐
得成最正覺 轉无上法輪 尒乃教化之 令初發道心
今皆住不退 悉當得成佛 我今說實語 汝等一心信
我從久遠來 教化是等眾
尒時弥勒菩薩摩訶薩及无數諸菩薩等心
生疑惑怪未曾有而作是念云何世尊於少
時間教化如是无量无邊阿僧祇諸大菩薩
令住阿耨多羅三藐三菩提即白佛言世尊
如來為太子時出於釋宮去伽耶城不遠坐
於道場得成阿耨多羅三藐三菩提從是已
來始過四十餘年世尊云何於此少時大作
佛事以佛勢力以佛功德教化如是无量大
菩薩眾當成阿耨多羅三藐三菩提世尊此
大菩薩眾假使有人於千万億劫數不能盡
不得其邊斯等久遠已來於无量无邊諸佛
所殖諸善根成就菩薩道常脩梵行世尊如
此之事世所難信譬如有人色美髮黑年二
十五指百歲人言是我子其百歲人亦指年
少言是我父生育我等是事難信佛亦如是
得道已來其實未久而此大眾諸菩薩等已

BD14168號　妙法蓮華經（八卷本）卷五　（25–23）

所殖諸善根成就菩薩道常脩梵行世尊如
此之事世所難信譬如有人色美髮黑年二
十五指百歲人言是我子其百歲人亦指年
少言是我父生育我等是事難信佛亦如是
得道已來其實未久而此大眾諸菩薩等已
於无量千万億劫為佛道故勤行精進善入
出住无量百千万億三昧得大神通久脩梵
行善能次第習諸善法巧於問答人中之寶
一切世間甚為希有今日世尊方云得佛道
時初令發心教化示導令向阿耨多羅三藐
三菩提世尊得佛未久乃能作此大功德事
我等雖復信佛隨宜所說佛所出言未曾虛
妄佛所知者皆悉通達然諸新發意菩薩於
佛滅後若聞是語或不信受而起破法罪業
因緣唯然世尊願為解說除我等疑及未來
世諸善男子聞此事已亦不生疑尒時弥勒
菩薩欲重宣此義而說偈言
佛昔從釋種 出家近伽耶 坐於菩提樹 尒來尚未久
此諸佛子等 其數不可量 久已行佛道 住神通智力
善學菩薩道 不染世間法 如蓮華在水 從地而踊出
皆起恭敬心 住於世尊前 是事難思議 云何而可信
佛得道甚近 所成就甚多 願為除眾疑 如實分別說
譬如少壯人 年始二十五 示人百歲子 髮白而面皺
是等我所生 子亦說是父 父少而子老 舉世所不信
世尊亦如是 得道來甚近 是諸菩薩等 志固无怯弱
從无量劫來 而行菩薩道 巧於難問答 其心无所畏
忍辱心決定 端正有威德 十方佛所讚 善能分別說

BD14168號　妙法蓮華經（八卷本）卷五　（25–24）

因緣唯然世尊願為解說除我等疑及未来
世尊善男子聞此事已亦不生疑尒時弥勒
菩薩欲重宣此義而說偈言
佛昔從釋種　出家近伽耶　坐於菩提樹　尒来尚未久
此諸佛子等　其數不可量　久已行佛道　住神通智力
善學菩薩道　不染世間法　如蓮華在水　從地而踊出
皆起恭敬心　住於世尊前　是事難思議　云何而可信
佛得道甚近　所成就甚多　願為除衆疑　如實分別說
譬如少壯人　年始二十五　示人百歲子　髮白而面皺
是等我所生　子亦說是父　父少而子老　舉世所不信
世尊亦如是　得道来甚近　是諸菩薩等　志固无怯弱
從无量劫来　而行菩薩道　巧於難問答　其心无所畏
忍辱心決定　端正有威德　十方佛所讚　善能分別說
不樂在人衆　常好在禪定　為求佛道故　於下空中住
我等從佛聞　於此事无疑　願佛為未来　演說令開解
若有於此經　生疑不信者　即當墮惡道　願今為解說
是无量菩薩　云何於少時　教化令發心

BD14168 號　妙法蓮華經（八卷本）卷五　（25–25）

BD14168 號背　寫經勘記（擬）　（1–1）

如是故獲斯記阿難面於佛前自聞授記及
國土莊嚴所願具足心大歡喜得未曾有即
時憶念過去无量千万億諸佛法藏通達无
礙如今所聞亦識本願尒時阿難而説偈言
世尊甚希有　令我念過去　无量諸佛法　如今日所聞
我今无復疑　安住於佛道　方便爲侍者　護持諸佛法
尒時佛告羅睺羅汝於來世當得作佛号蹈
七寶華如來應供正遍知明行足善逝世間
解无上士調御丈夫天人師佛世尊當供養
十世界微塵等數諸佛如來常爲諸佛而作
長子猶如今也是蹈七寶華佛國土莊嚴壽
命劫數所化弟子正法像法亦如山海慧自
在通王如來无異亦爲此佛而作長子過是
已後當得阿耨多羅三藐三菩提尒時世
尊欲重宣此義而説偈言
我爲太子時　羅睺爲長子　我今成佛道　受法爲法子
於未來世中　見无量億佛　皆爲其長子　一心求佛道
羅睺羅密行　唯我能知之　現爲我長子　以示諸衆生
无量億千万　功德不可數　安住於佛法　以求无上道
尒時世尊見學无學二千人其意柔軟寂然

BD14169 號　妙法蓮華經卷四　（2–1）

我爲太子時　羅睺爲長子　我今成佛道　受法爲法子
於未來世中　見无量億佛　皆爲其長子　一心求佛道
羅睺羅密行　唯我能知之　現爲我長子　以示諸衆生
无量億千万　功德不可數　安住於佛法　以求无上道
尒時世尊見學无學二千人其意柔軟寂然
清淨一心觀佛佛告阿難汝見是學无學二
千人不唯然已見阿難是諸人等當供養五
十世界微塵數諸佛如來恭敬尊重護持法
藏末後同時於十方國各得成佛皆同一号
名曰寶相如來應供正遍知明行足善逝世
間解无上士調御丈夫天人師佛世尊壽命
一劫國土莊嚴聲聞菩薩正法像法皆悉同
等尒時世尊欲重宣此義而説偈言
是二千聲聞　今於我前住　悉皆與授記　未來當成佛
所供養諸佛　如上説塵數　護持其法藏　後當成正覺
各於十方國　悉同一名号　俱時坐道場　以證无上慧
皆名爲寶相　國土及弟子　正法與像法　悉等无有異
咸以諸神通　度十方衆生　名聞普周遍　漸入於涅槃
尒時學无學　二千人聞佛　授記歡喜踊躍而
説偈言
世尊慧燈明　我聞授記音　心歡喜充滿　如甘露見灌
妙法蓮華經法師品第十

BD14169 號　妙法蓮華經卷四　（2–2）

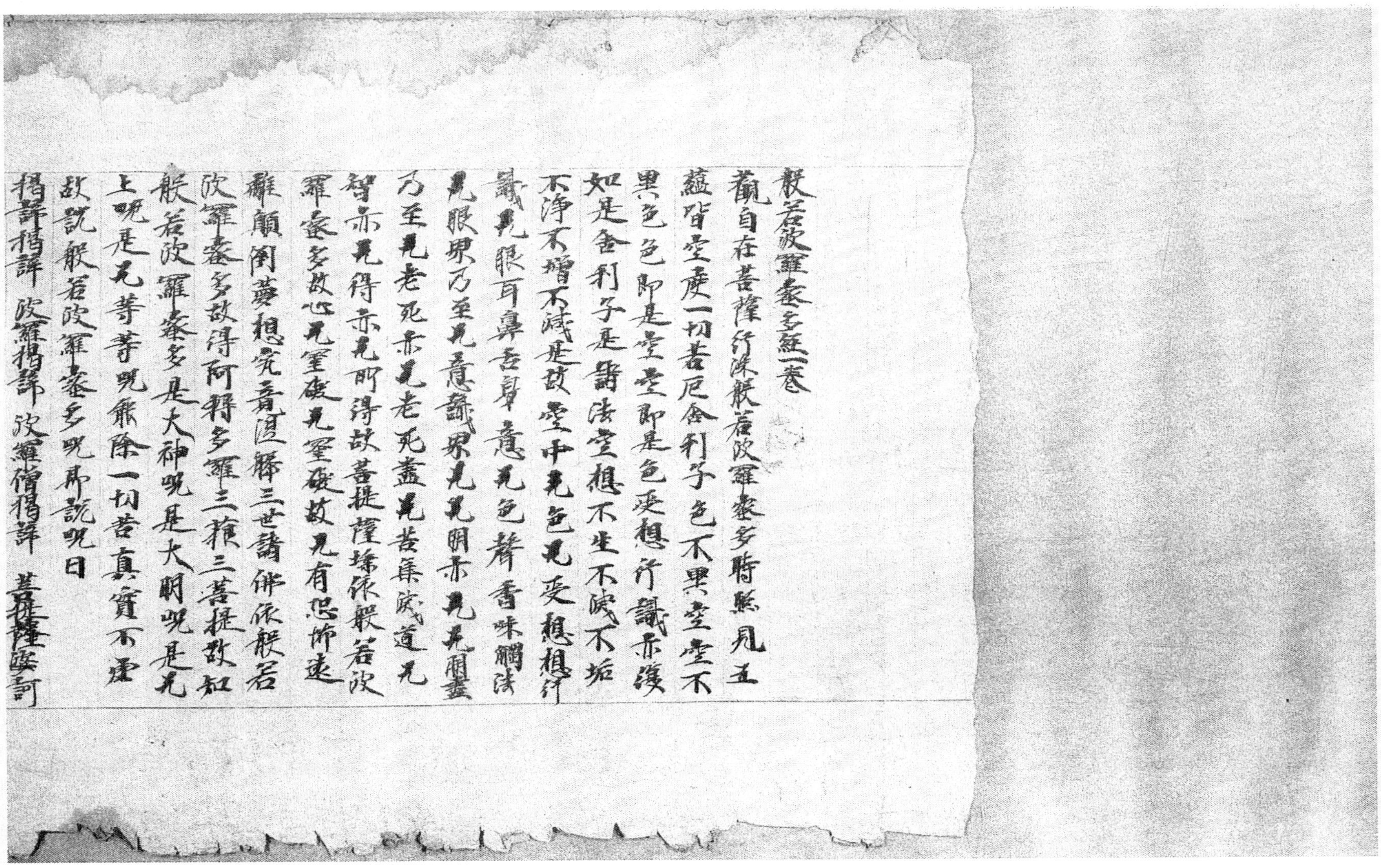

般若波羅蜜多經一卷
觀自在菩薩行深般若波羅蜜多時照見五
蘊皆空度一切苦厄舍利子色不異空空不
異色色即是空空即是色受想行識亦復
如是舍利子是諸法空相不生不滅不垢
不淨不增不減是故空中无色无受想行
識无眼耳鼻舌身意无色聲香味觸法
无眼界乃至无意識界无无明亦无无明盡
乃至无老死亦无老死盡无苦集滅道无
智亦无得亦无所得故菩提薩埵依般若波
羅蜜多故心无罣礙无罣礙故无有恐怖遠
離顛倒夢想究竟涅槃三世諸佛依般若
波羅蜜多故得阿耨多羅三藐三菩提故知
般若波羅蜜多是大神呪是大明呪是无
上呪是无等等呪能除一切苦真實不虛
故說般若波羅蜜多呪即說呪曰
揭諦揭諦 波羅揭諦 波羅僧揭諦 菩提薩婆訶

BD14170 號　般若波羅蜜多心經　（2–1）

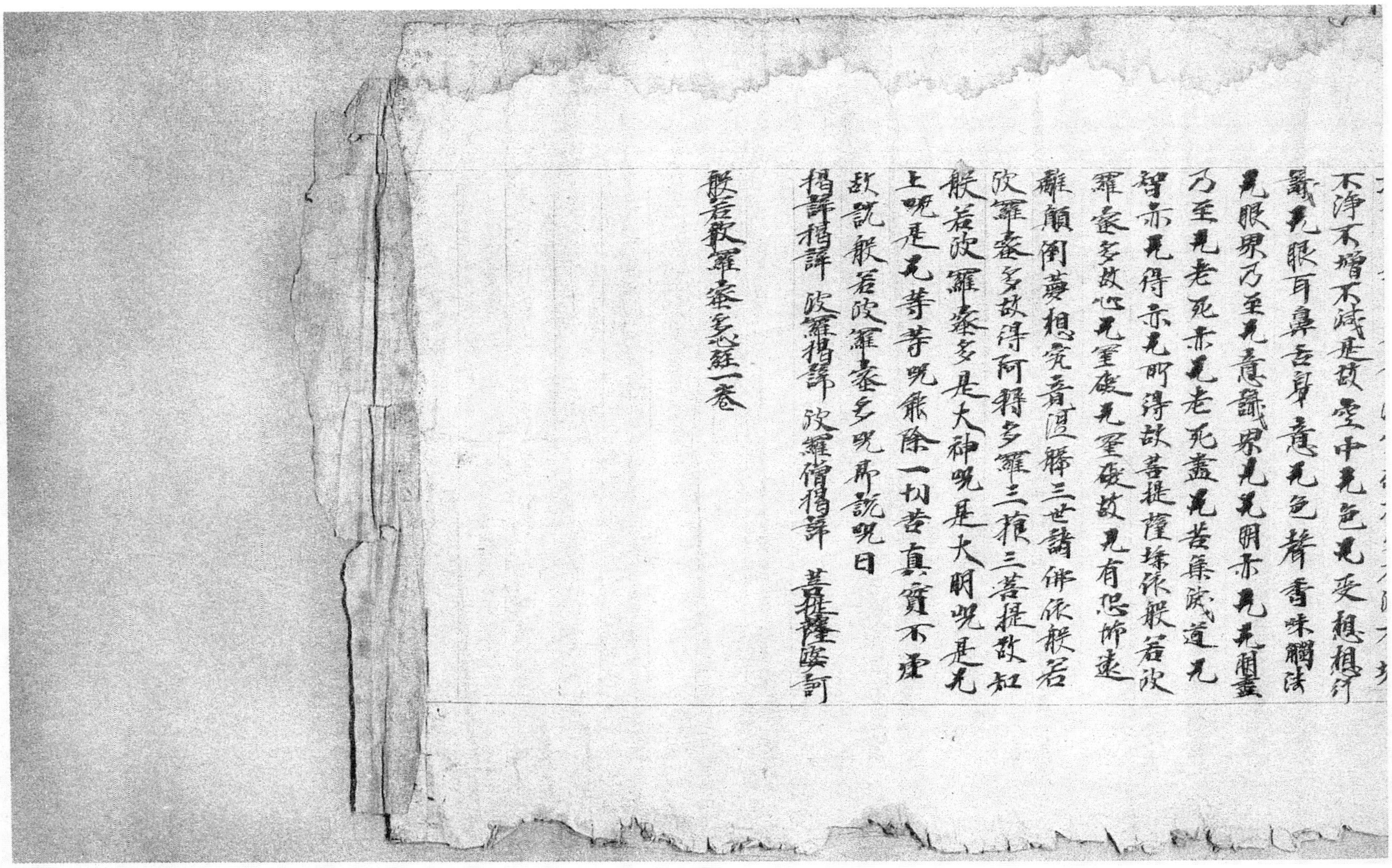

不淨不增不減是故空中无色无受想行
識无眼耳鼻舌身意无色聲香味觸法
无眼界乃至无意識界无无明亦无无明盡
乃至无老死亦无老死盡无苦集滅道无
智亦无得亦无所得故菩提薩埵依般若波
羅蜜多故心无罣礙无罣礙故无有恐怖遠
離顛倒夢想究竟涅槃三世諸佛依般若
波羅蜜多故得阿耨多羅三藐三菩提故知
般若波羅蜜多是大神呪是大明呪是无
上呪是无等等呪能除一切苦真實不虛
故說般若波羅蜜多呪即說呪曰
揭諦揭諦 波羅揭諦 波羅僧揭諦 菩提薩婆訶
般若波羅蜜多心經一卷

BD14170 號　般若波羅蜜多心經　（2–2）

BD14171 號背　護首　　（1–1）

BD14171 號　解百生怨家陀羅尼經　　（3–1）

佛說解百生怨家陁羅尼經

唵啊啊㗚嚫

聞如是一時佛在毗耶離城音樂樹下有八

千比丘衆俱

時有一菩薩名曰普光菩薩摩訶薩衆所知

識說往昔因緣未來世中末法衆生多造罪

普結怨讎已世世皆須相遇若有善男子善

女人聞是陁羅尼七日七夜結淨齋貳日日

清朝念此普光菩薩摩訶薩名号及念此陁

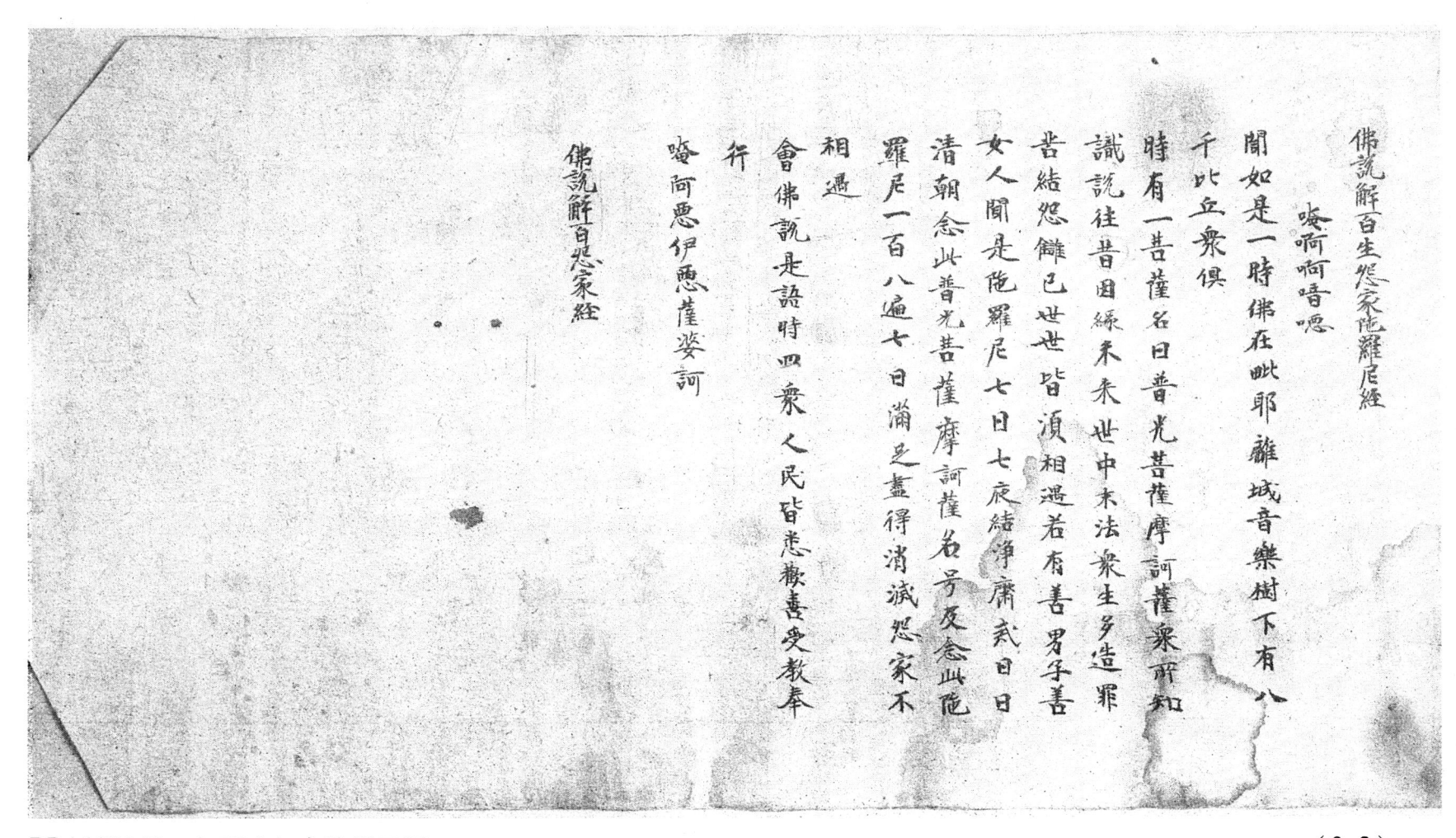

羅尼一百八遍七日滿足盡得消滅怨家不

相遇

會佛說是語時四衆人民皆悉歡喜受教奉

行

唵呵悪伊悪薩婆訶

佛說解百怨家經

BD14171號　解百生怨家陀羅尼經　（3–2）

清朝念此普光菩薩摩訶薩名号及念此陁

羅尼一百八遍七日滿足盡得消滅怨家不

相遇

會佛說是語時四衆人民皆悉歡喜受教奉

行

唵呵悪伊悪薩婆訶

佛說解百怨家經

BD14171號　解百生怨家陀羅尼經　（3–3）

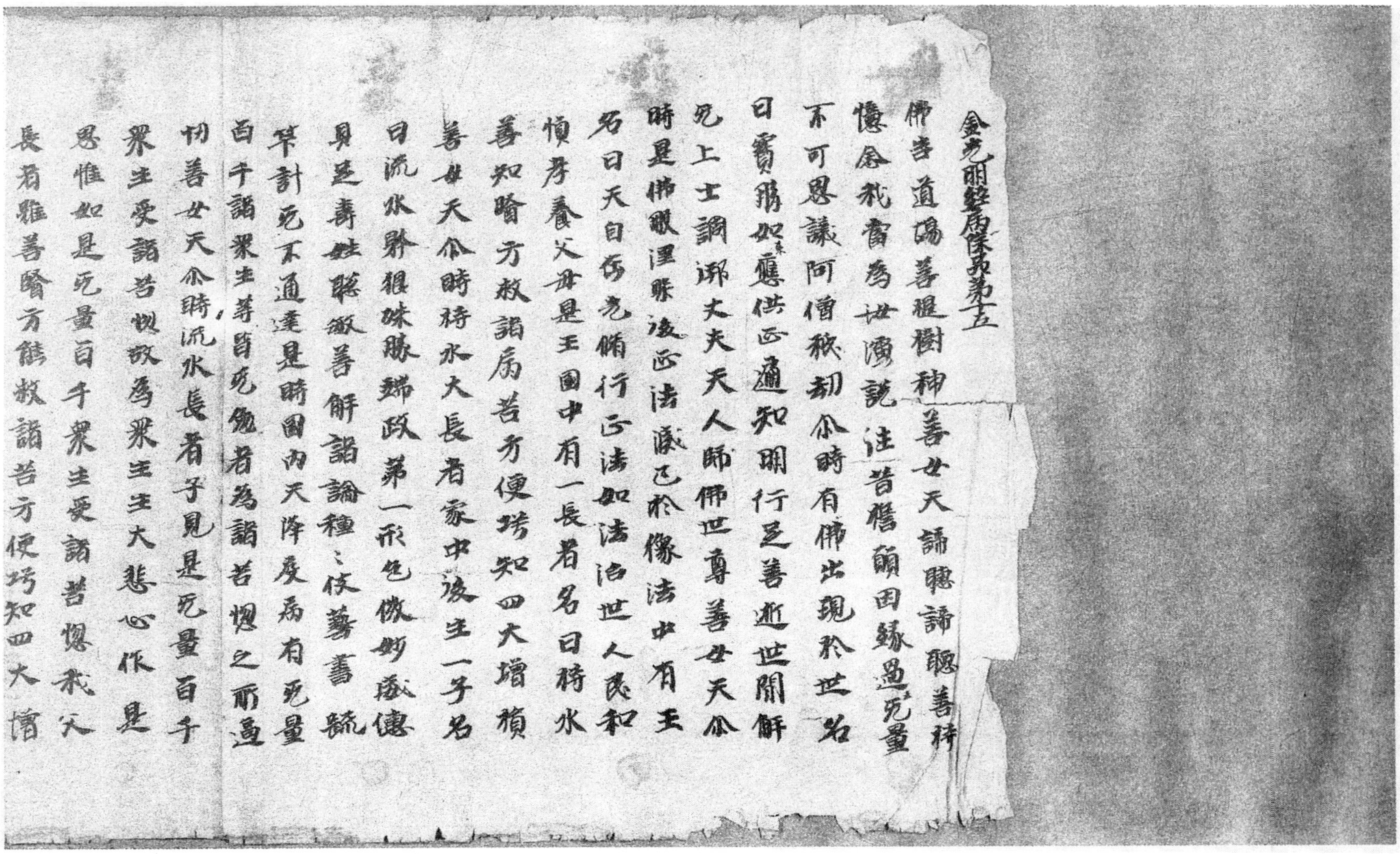

金光明經除病品第十五
佛告道場菩提樹神善女天諦聽諦聽善持
憶念我當為汝演說往昔誓願因緣過去无量
不可思議阿僧祇劫尒時有佛出現於世名
曰寶勝如來應供正遍知明行足善逝世間解
无上士調御丈夫天人師佛世尊善女天尒
時是佛般涅槃後正法滅已於像法中有王
名曰天自在光脩行正法如法治世人民和
順孝養父母是王國中有一長者名曰持水
善知醫方救諸病苦方便巧知四大增損
善女天尒時持水大長者家中後生一子名
曰流水身體端嚴第一形色微妙威德
具足壽性聰叡善解諸論種〻伎藝書疏
筭計无不通達是時國內天降疫病有无量
百千諸眾生等皆遇疫者為諸苦惱之所逼
切善女天尒時流水長者子見是无量百千
眾生受諸苦惱故為眾生生大悲心作是
思惟如是无量百千眾生受諸苦惱我父
長者雖善醫方能救諸苦方便巧知四大增

BD14172號　金光明經卷三　（3-1）

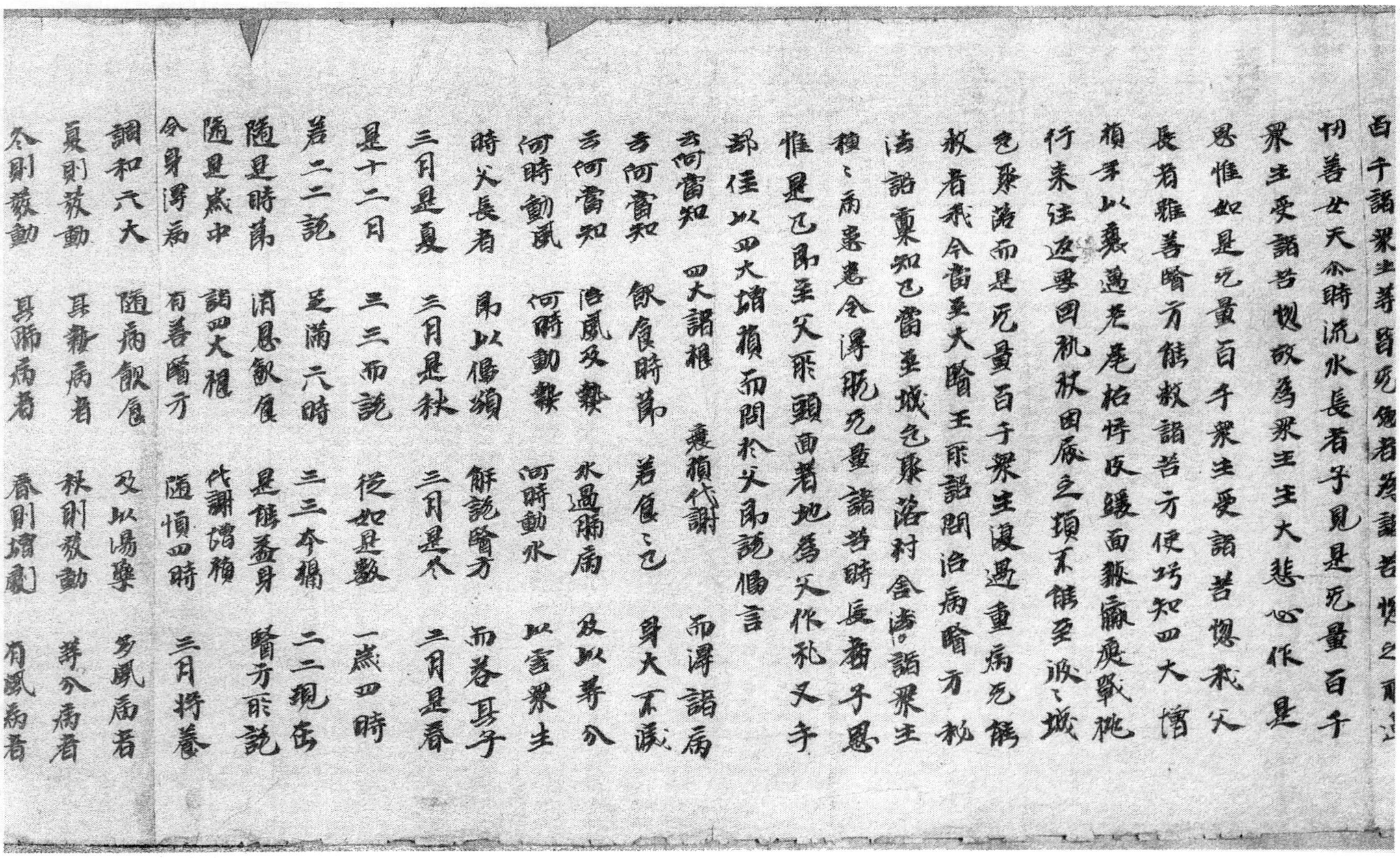

百千諸眾生等皆遇疫者為諸苦惱之所逼
切善女天尒時流水長者子見是无量百千
眾生受諸苦惱故為眾生生大悲心作是
思惟如是无量百千眾生受諸苦惱我父
長者雖善醫方能救諸苦方便巧知四大增
損年以衰邁老耄枯悴皮緩面皺羸瘦戰掉
行來往返要因机杖困疲之頃不能至彼〻城
邑聚落而是无量百千眾生復遇重病无能
救者我今當至大醫王所諮問治病醫方秘
法諮稟知已當至城邑聚落村舍治諸眾生
種〻病患悉令得脫无量諸苦時長者子思
惟是已即至父所頭面著地為父作禮叉手
卻住以四大增損而問於父即說偈言
云何當知　四大諸根　衰損代謝　而得諸病
云何當知　飲食時節　若食食已　身火不滅
云何當知　治風及熱　水過肺病　及以等分
何時動風　何時動熱　何時動水　以害眾生
時父長者　即以偈頌　解說醫方　而答其子
三月是夏　三月是秋　三月是冬　三月是春
是十二月　三三而說　從如是數　一歲四時
若二二說　足滿六時　三三本攝　二二現在
隨是時節　消息飲食　是能益身　醫方所說
隨是歲中　諸四大根　代謝增損
令身得病　有善醫方　隨順四時　三月將養
調和六大　隨病飲食　及以湯藥　多風病者
夏則發動　其熱病者　秋則發動　等分病者
冬則發動　其肺病者　春則增劇　有風病者

BD14172號　金光明經卷三　（3-2）

隨是歲中　諸四大損　代謝增損
令身得病　有善醫方　隨順四時　三月將養
調和六大　隨病飲食　及以湯藥　多風病者
夏則發動　其熱病者　秋則發動　等分病者
冬則發動　其肺病者　春則增劇　有風病者
夏則應服　肥膩醎酢　及以熱食　有熱病者
秋服冷甜　等分冬服　甜酢肥膩　肺病春服
肥膩辛熱　飽食然後　則發肺病　於食消時
則發熱病　食消已後　則發風病　如是四大
隨三時發　風病羸損　補以酥膩　熱病下藥
服呵梨勒　等分應服　三種妙藥　所謂甜辛
及以酥膩　肺病應服　隨能吐藥　若風熱病
肺病等分　違時而發　應當任師　籌量隨病
善女天尒時流水長者子問其父醫四大增
損因是得了一切醫方長時者子知醫方已
遍至國內城邑聚落在在處處隨有眾生病
苦者所濡言慰喻作如是言我是醫師我是
醫師善知方藥今當為汝療治救濟悉令除
愈善女天尒時眾生聞長者子濡言慰喻許
為治病心生歡喜踊躍无量有百千无量眾
生遇極重病直聞是言心大歡喜故種種所患
即得除差平服如本氣力充實善女天復有
无量百千眾生病苦深重難除差者即共來
至長者子所時長者子即以妙藥授之令服
服以除差悉得平服善女天是長者子於是
國內治諸眾生所有病苦悉得除差

BD14172 號　金光明經卷三　（3–3）

須菩提扵意云何須陀洹能作是念我得須
陀洹果不須菩提言不也世尊何以故須陀
洹名為入流而无所入不入色聲香味觸法
是名須陀洹須菩提扵意云何斯陀含能作
是念我得斯陀含果不須菩提言不也世尊
何以故斯陀含名一往來而實无往來是名
斯陀含須菩提扵意云何阿那含能作是念
我得阿那含果不須菩提言不也世尊何以故
阿那含名為不來而實无來是故名阿那含
須菩提扵意云何阿羅漢能作是念我得
阿羅漢道不須菩提言不也世尊何以故實无
有法名阿羅漢世尊若阿羅漢作是念我得
阿羅漢道即為著我人眾生壽者世尊佛說
我得无諍三昧人中最為第一是第一離欲
阿羅漢我不作是念我是離欲阿羅漢世
尊若作是念我得阿羅漢道世尊則不說

BD14173 號　金剛般若波羅蜜經　（12–1）

有法名阿羅漢世尊名阿羅漢作是念我得
阿羅漢道即為著我人衆生壽者世尊佛說
我得无諍三昧人中最為第一是第一離欲
阿羅漢我不作是念我是離欲阿羅漢世
尊若作是念我得阿羅漢道世尊則不說
須菩提樂阿蘭那行者以須菩提實无所行
而名須菩提是樂阿蘭那行
佛告須菩提於意云何如來昔在然燈佛所
於法有所得不世尊如來在然燈佛所於法
實无所得須菩提於意云何菩薩莊嚴佛
土不不也世尊何以故莊嚴佛土者則非莊嚴
是名莊嚴是故須菩提諸菩薩摩訶薩應如
是生清淨心不應住色生心不應住聲香味
觸法生心應无所住而生其心須菩提譬如
有人身如須弥山王於意云何是身為大不須
菩提言甚大世尊何以故佛說非身是名大身
須菩提如恒河中所有沙數如是沙等恒河
於意云何是諸恒河沙寧為多不須菩提言
甚多世尊但諸恒河尚多數何況其沙須
菩提我今實言告汝若有善男子善女人以
七寶滿尒所恒河沙數三千大千世界以用
布施得福多不須菩提言甚多世尊佛告須
菩提若善男子善女人於此經中乃至受持
四句偈等為他人說而此福德勝前福德復
次須菩提隨說是經乃至四句偈等當知此
處一切世間天人阿脩羅皆應供養如佛塔
廟何況有人盡能受持讀誦須菩提當知
是人成就最上第一希有之法若是經典所

BD14173號　金剛般若波羅蜜經　（12–2）

四句偈等為他人說而此福德勝前福德復
次須菩提隨說是經乃至四句偈等當知此
處一切世間天人阿脩羅皆應供養如佛塔
廟何況有人盡能受持讀誦須菩提當知
是人成就最上第一希有之法若是經典所
在之處則為有佛若尊重弟子
尒時須菩提白佛言世尊當何名此經我等
云何奉持佛告須菩提是經名為金剛般若
波羅蜜以是名字汝當奉持所以者何須菩
提佛說般若波羅蜜則非般若波羅蜜須菩
提於意云何如來有所說法不須菩提白佛
言世尊如來无所說須菩提於意云何三千
大千世界所有微塵是為多不須菩提言甚
多世尊須菩提是諸微塵如來說非微塵是
名微塵如來說世界非世界是名世界須菩
提於意云何可以卅二相見如來不不也世尊
不可以卅二相得見如來何以故如來說卅
二相即是非相是名卅二相須菩提若有
善男子善女人以恒河沙等身命布施若
有人於此經中乃至受持四句偈等為他
人說其福甚多
尒時須菩提聞說是經深解義趣涕淚悲泣
而白佛言希有世尊佛說如是甚深經典我
從昔來所得慧眼未曾得聞如是之經世尊
若復有人得聞是經信心清淨則生實相當
知是人成就第一希有功德世尊是實相者
則是非相是故如來說名實相世尊我今得
聞如是經典信解受持不足為難若當來世

BD14173號　金剛般若波羅蜜經　（12–3）

尒時須菩提聞説是經深解義趣涕淚悲泣
而白佛言希有世尊佛説如是甚深經典我
從昔來所得慧眼未曾得聞如是之經世尊
若復有人得聞是經信心清淨則生實相當
知是人成就第一希有功德世尊是實相者
則是非相是故如來説名實相世尊我今得
聞如是經典信解受持不足為難若當來世
後五百歲其有衆生得聞是經信解受持
是人則為第一希有何以故此人无我相人相
衆生相壽者相所以者何我相即是非相人
相衆生相壽者相即是非相何以故離一切
諸相則名為佛
佛告須菩提如是如是若復有人得聞是經
不驚不怖不畏當知是人甚為希有何以故
須菩提如來説第一波羅蜜非第一波羅蜜
是名第一波羅蜜須菩提忍辱波羅蜜如來
説非忍辱波羅蜜何以故須菩提如我昔為
歌利王割截身體我於尒時无我相无人相
无衆生相无壽者相何以故我於往昔節節
支解時若有我相人相衆生相壽者相應生
瞋恨須菩提又念過去於五百世作忍辱仙
人於尒所世无我相无人相无衆生相无壽
者相是故須菩提菩薩應離一切相發阿耨
多羅三藐三菩提心不應住色生心不應住
聲香味觸法生心應生无所住心若心有住
則為非住是故佛説菩薩心不應住色布施
須菩提菩薩為利益一切衆生應如是布施
如來説一切諸相即是非相又説一切衆生則

BD14173號　金剛般若波羅蜜經　（12–4）

多羅三藐三菩提心不應住色生心不應住
聲香味觸法生心應生无所住心若心有住
則為非住是故佛説菩薩心不應住色布施
須菩提菩薩為利益一切衆生應如是布施
如來説一切諸相即是非相又説一切衆生則
非衆生須菩提如來是真語者實語者
如語者不誑語者不異語者須菩提如來所
得法此法无實无虛須菩提若菩薩心住於法
而行布施如人入闇則无所見若菩薩心不
住法而行布施如人有目日光明照見種種
色須菩提當來之世若有善男子善女人能
於此經受持讀誦則為如來以佛智慧悉知
是人悉見是人皆得成就无量无邊功德
須菩提若有善男子善女人初日分以恒河
沙等身布施中日分復以恒河沙等身布施
後日分亦以恒河沙等身布施如是无量百
千万億劫以身布施若復有人聞此經典信
心不逆其福勝彼何况書寫受持讀誦為
人解説須菩提以要言之是經有不可思議
不可稱量无邊功德如來為發大乘者説為發
最上乘者説若有人能受持讀誦廣為人説
如來悉知是人悉見是人皆成就不可量不
可稱无有邊不可思議功德如是人等則為
荷擔如來阿耨多羅三藐三菩提何以故須
菩提若樂小法者著我見人見衆生見壽者
見則於此經不能聽受讀誦為人解説須菩
提在在處處若有此經一切世間天人阿脩
羅所應供養當知此處則為是塔皆應恭敬

BD14173號　金剛般若波羅蜜經　（12–5）

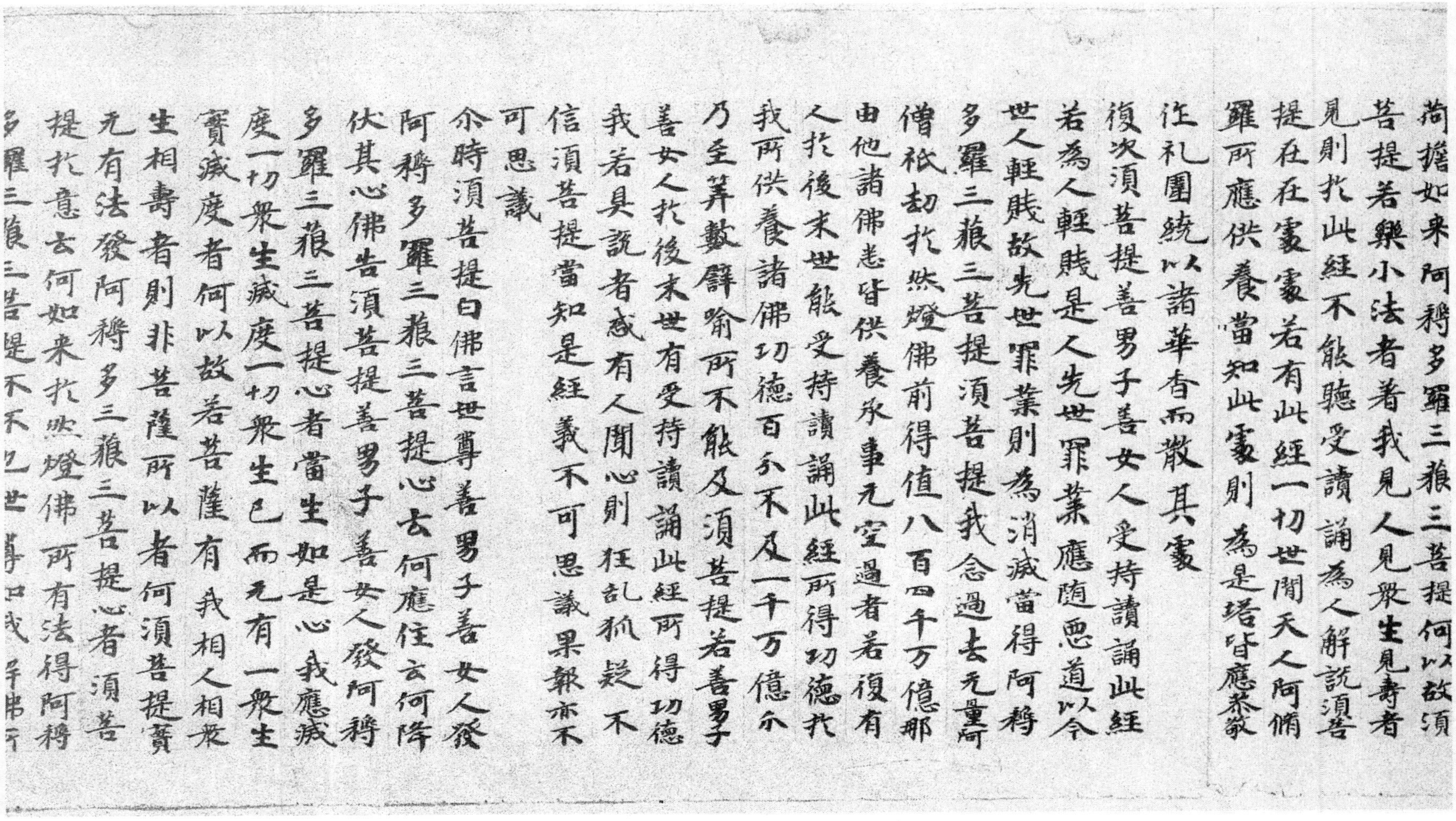

荷擔如来阿耨多羅三藐三菩提何以故須
菩提若樂小法者著我見人見衆生見壽者
見則於此經不能聽受讀誦為人解説須菩
提在在處處若有此經一切世間天人阿脩
羅所應供養當知此處則為是塔皆應恭敬
作礼圍繞以諸華香而散其處
復次須菩提善男子善女人受持讀誦此經
若為人輕賤是人先世罪業應墮惡道以今
世人輕賤故先世罪業則為消滅當得阿耨
多羅三藐三菩提須菩提我念過去无量阿
僧祇劫於然燈佛前得值八百四千万億那
由他諸佛悉皆供養承事无空過者若復有
人於後末世能受持讀誦此經所得功德於
我所供養諸佛功德百分不及一千万億分
乃至筭數譬喻所不能及須菩提若善男子
善女人於後末世有受持讀誦此經所得功德
我若具説者或有人聞心則狂亂狐疑不
信須菩提當知是經義不可思議果報亦不
可思議
尒時須菩提白佛言世尊善男子善女人發
阿耨多羅三藐三菩提心云何應住云何降
伏其心佛告須菩提善男子善女人發阿耨
多羅三藐三菩提心者當生如是心我應滅
度一切衆生滅度一切衆生已而无有一衆生
實滅度者何以故若菩薩有我相人相衆
生相壽者相則非菩薩所以者何須菩提實
无有法發阿耨多羅三藐三菩提心者須菩
提於意云何如来於然燈佛所有法得阿耨
多羅三藐三菩提不不也世尊如我解佛所

BD14173 號　金剛般若波羅蜜經　（12–6）

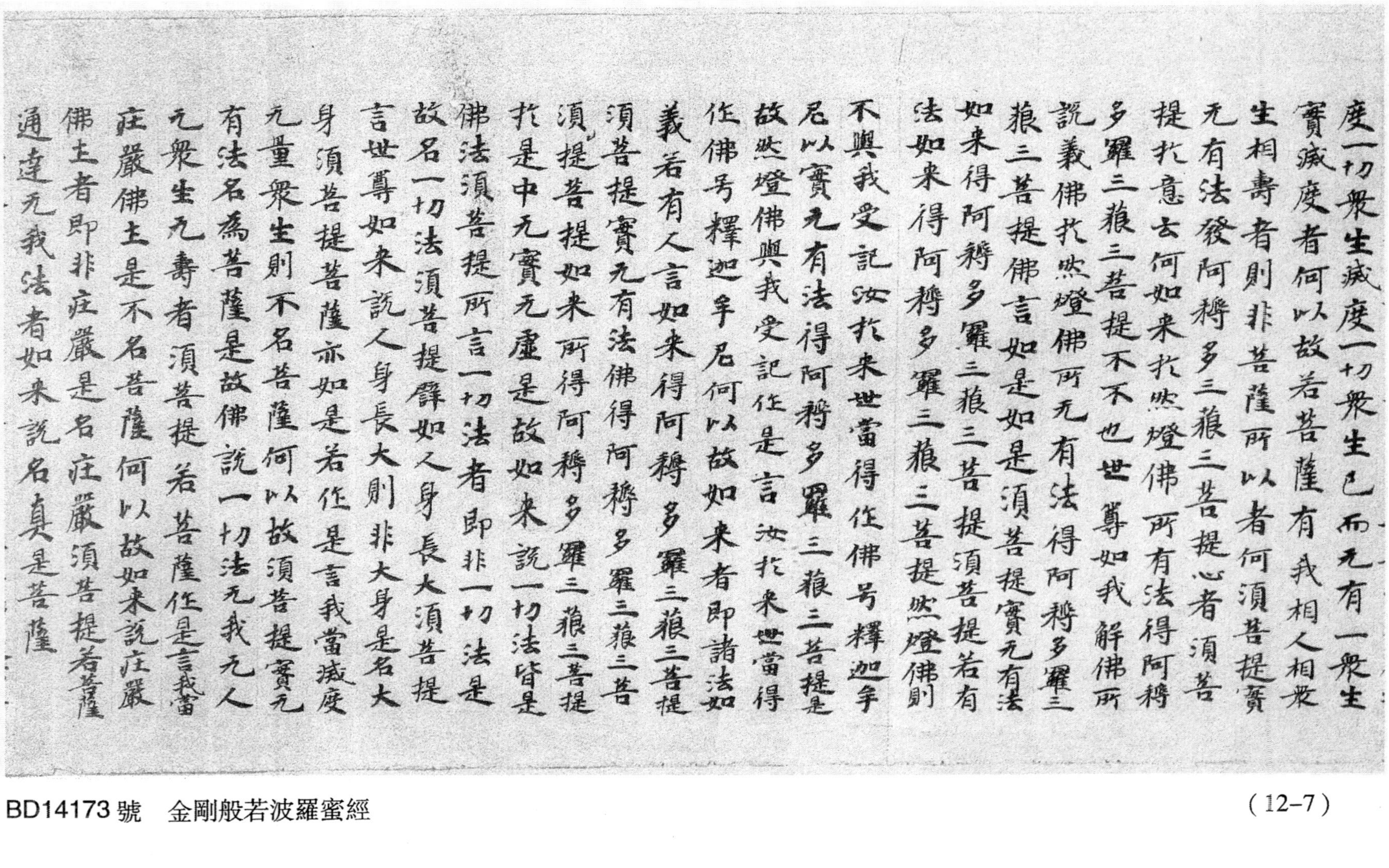

度一切衆生滅度一切衆生已而无有一衆生
實滅度者何以故若菩薩有我相人相衆
生相壽者相則非菩薩所以者何須菩提實
无有法發阿耨多羅三藐三菩提心者須菩
提於意云何如来於然燈佛所有法得阿耨
多羅三藐三菩提不不也世尊如我解佛所
説義佛於然燈佛所无有法得阿耨多羅三
藐三菩提佛言如是如是須菩提實无有法
如来得阿耨多羅三藐三菩提須菩提若有
法如来得阿耨多羅三藐三菩提然燈佛則
不與我受記汝於来世當得作佛号釋迦牟
尼以實无有法得阿耨多羅三藐三菩提是
故然燈佛與我受記作是言汝於来世當得
作佛号釋迦牟尼何以故如来者即諸法如
義若有人言如来得阿耨多羅三藐三菩提
須菩提實无有法佛得阿耨多羅三藐三菩
須提菩提如来所得阿耨多羅三藐三菩提
於是中无實无虛是故如来説一切法皆是
佛法須菩提所言一切法者即非一切法是
故名一切法須菩提譬如人身長大須菩提
言世尊如来説人身長大則非大身是名大
身須菩提菩薩亦如是若作是言我當滅度
无量衆生則不名菩薩何以故須菩提實无
有法名為菩薩是故佛説一切法无我无人
无衆生无壽者須菩提若菩薩作是言我當
庄嚴佛土是不名菩薩何以故如来説庄嚴
佛土者即非庄嚴是名庄嚴須菩提若菩薩
通達无我法者如来説名真是菩薩

BD14173 號　金剛般若波羅蜜經　（12–7）

無衆生無壽者須菩提若菩薩作是言我當
莊嚴佛土是不名菩薩何以故如來說莊嚴
佛土者即非莊嚴是名莊嚴須菩提若菩薩
通達無我法者如來說名真是菩薩
須菩提於意云何如來有肉眼不如是世尊
如來有肉眼須菩提於意云何如來有天眼
不如是世尊如來有天眼須菩提於意云何
如來有慧眼不如是世尊如來有慧眼須菩
提於意云何如來有法眼不如是世尊如來
有法眼須菩提於意云何如來有佛眼不如
是世尊如來有佛眼須菩提於意云何恒河
中所有沙佛說是沙不如是世尊如來說是
沙須菩提於意云何如一恒河中所有沙有
如是等恒河是諸恒河所有沙數佛世界如
是寧為多不甚多世尊佛告須菩提尒所國
土中所有衆生若干種心如來悉知何以故
如來說諸心皆為非心是名為心所以者何
須菩提過去心不可得現在心不可得未來
心不可得須菩提於意云何若有人滿三千
大千世界七寶以用布施是人以是因緣得
福多不如是世尊此人以是因緣得福甚多
須菩提若福德有實如來不說得福德多
以福德無故如來說得福德多
須菩提於意云何佛可以具足色身見不不也
世尊如來不應以色身見何以故如來說具
足色身即非具足色身是名具足色身須
菩提於意云何如來可以具足諸相見不不也
世尊如來不應以具足諸相見何以故如來

BD14173號　金剛般若波羅蜜經　(12–8)

須菩提於意云何佛可以具足色身見不不也
世尊如來不應以色身見何以故如來說具
足色身即非具足色身是名具足色身須
菩提於意云何如來可以具足諸相見不不也
世尊如來不應以具足諸相見何以故如來
說諸相具足即非具足是名諸相具足須菩
提汝勿謂如來作是念我當有所說法莫
作是念何以故若人言如來有所說法即為
謗佛不能解我所說故須菩提說法者無法
可說是名說法須菩提白佛言世尊佛得阿
耨多羅三藐三菩提為無所得耶如是如是
須菩提我於阿耨多羅三藐三菩提乃至無
有法可得是名阿耨多羅三藐三菩提復
次須菩提是法平等無有高下是名阿耨多
羅三藐三菩提以無我無人無衆生無壽者
脩一切善法則得阿耨多羅三藐三菩提須
菩提所言善法者如來說非善法是名善法
須菩提若三千大千世界中所有諸須弥山
王如是等七寶聚有人持用布施若人以此
般若波羅蜜經乃至四句偈等受持為他人
說於前福德百分不及一百千万億分乃
至筭數譬喻所不能及
須菩提於意云何汝等勿謂如來作念我
當度衆生須菩提莫作是念何以故實無
有衆生如來度者若有衆生如來度者如來
則有我人衆生壽者須菩提如來說有我者則
非有我而凡夫之人以為有我須菩提凡夫
者如來說則非凡夫須菩提於意云何可以

BD14173號　金剛般若波羅蜜經　(12–9)

須菩提於意云何汝等勿謂如来作念我
當度衆生須菩提莫作是念何以故實无
有衆生如来度者若有衆生如来度者如来
則有我人衆生壽者須菩提如来說有我者則
非有我而凡夫之人以為有我須菩提凡夫
者如来說則非凡夫須菩提於意云何可以
卅二相觀如来不須菩提言如是如是不以
卅二相觀如来佛言須菩提若以卅二相觀
如来者轉輪聖王則是如来須菩提白佛言
世尊如我解佛所說義不應以卅二相觀如
来尒時世尊而說偈言
若以色見我　以音聲求我　是人行邪道　不能見如来
須菩提汝若作是念如来不以具足相故得
阿耨多羅三藐三菩提須菩提莫作是念如
来不以具足相故得阿耨多羅三藐三菩提
須菩提汝若作是念發阿耨多羅三藐三
菩提心者說諸法断滅相莫作是念何以故發
阿耨多羅三藐三菩提心者於法不說断滅
相須菩提若菩薩以滿恒河沙等世界七寶
布施若復有人知一切法无我得成於忍此
菩薩勝前菩薩所得功德須菩提以諸菩
薩不受福德故須菩提白佛言世尊云何菩
薩不受福德須菩提菩薩所作福德不應貪
著是故說不受福德須菩提若有人言如来
若来若去若坐若卧是人不解我所說義何
故如来者无所從来亦无所去故名如来
碎為微塵於意云何是微塵衆寧為多不甚
多世尊何以故若是微塵衆實有者佛則不
說是微塵衆所以者何佛說微塵衆則非微

BD14173號　金剛般若波羅蜜經　（12–10）

著是故說不受福德須菩提若有人言如来
若来若去若坐若卧是人不解我所說義何
故如来者无所從来亦无所去故名如来
碎為微塵於意云何是微塵衆寧為多不甚
多世尊何以故若是微塵衆實有者佛則不
說是微塵衆所以者何佛說微塵衆則非微
塵衆是名微塵衆世尊如来所說三千大千
世界則非世界是名世界何以故若世界實
有者則是一合相如来說一合相則非一合相
是名一合相須菩提一合相者則是不可
說但凡夫之人貪著其事須菩提若人言佛
說我見人見衆生見壽者見須菩提於意云
何是人解我所說義不世尊是人不解如来
所說義何以故世尊說我見人見衆生見壽
者見即非我見人見衆生見壽者見是名我
見人見衆生見壽者見須菩提發阿耨多
羅三藐三菩提心者於一切法應如是知如是
見如是信解不生法相須菩提所言法相如
来說即非法相是名法相須菩提若有人以
滿无量阿僧祇世界七寶持用布施若有善
男子善女人發菩薩心者持於此經乃至四
句偈等受持讀誦為人演說其福勝彼云何
為人演說不取於相如如不動何以故
一切有為法　如夢幻泡影　如露亦如電　應作如是觀
佛說是經已長老須菩提及諸比丘比丘尼優
婆塞優婆夷一切世間天人阿脩羅聞佛所
說皆大歡喜信受奉行
金剛般若波羅蜜經

BD14173號　金剛般若波羅蜜經　（12–11）

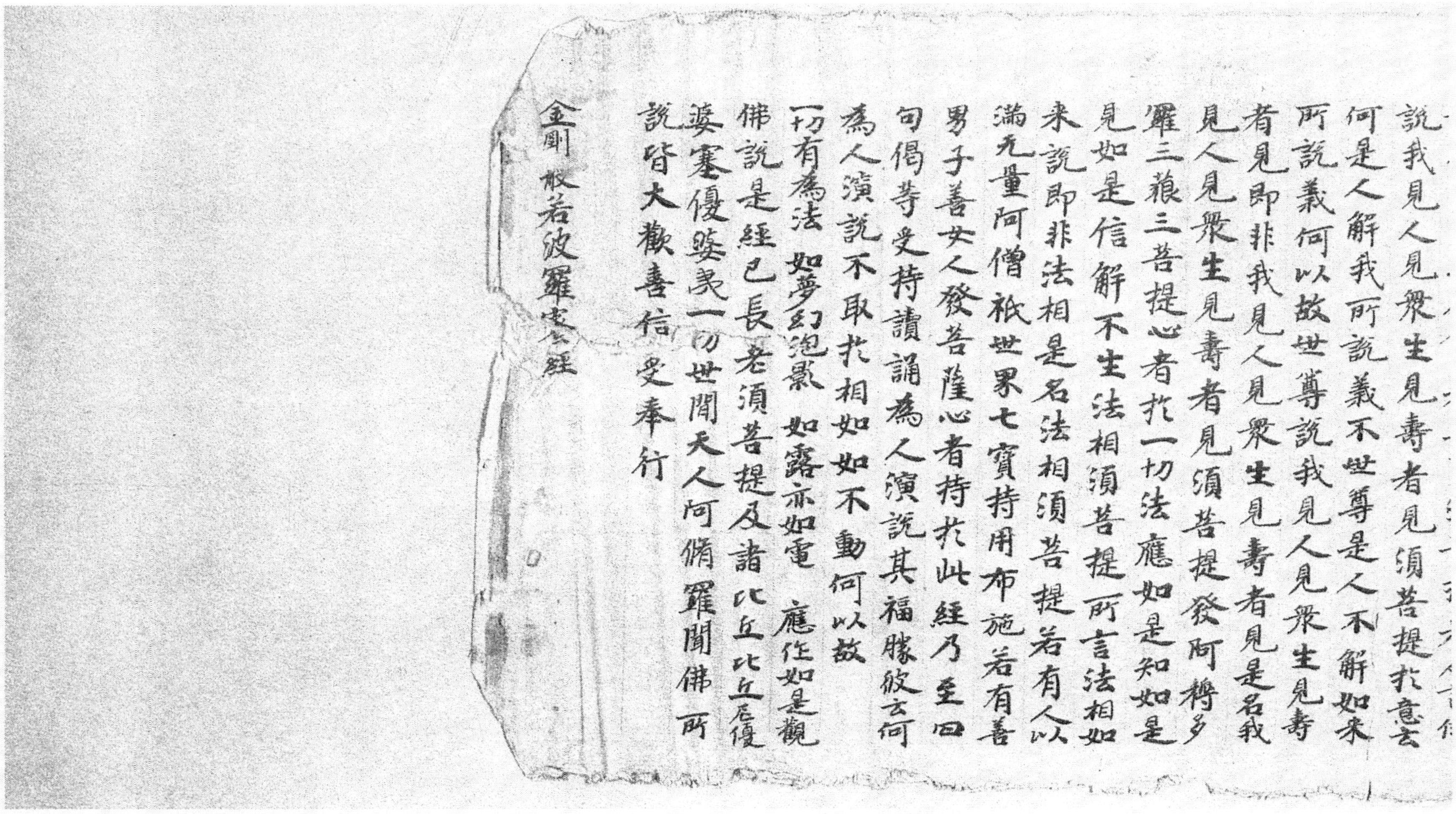
說我見人見衆生見壽者見須菩提於意云
何是人解我所說義不世尊是人不解如來
所說義何以故世尊說我見人見衆生見壽
者見即非我見人見衆生見壽者見是名我
見人見衆生見壽者見須菩提發阿耨多
羅三藐三菩提心者於一切法應如是知如是
見如是信解不生法相須菩提所言法相如
來說即非法相是名法相須菩提若有人以
滿无量阿僧祇世界七寶持用布施若有善
男子善女人發菩薩心者持於此經乃至四
句偈等受持讀誦為人演說其福勝彼云何
為人演說不取於相如如不動何以故
一切有為法 如夢幻泡影 如露亦如電 應作如是觀
佛說是經已長老須菩提及諸比丘比丘尼優
婆塞優婆夷一切世間天人阿脩羅聞佛所
說皆大歡喜信受奉行
金剛般若波羅蜜經

BD14173號　金剛般若波羅蜜經　（12–12）

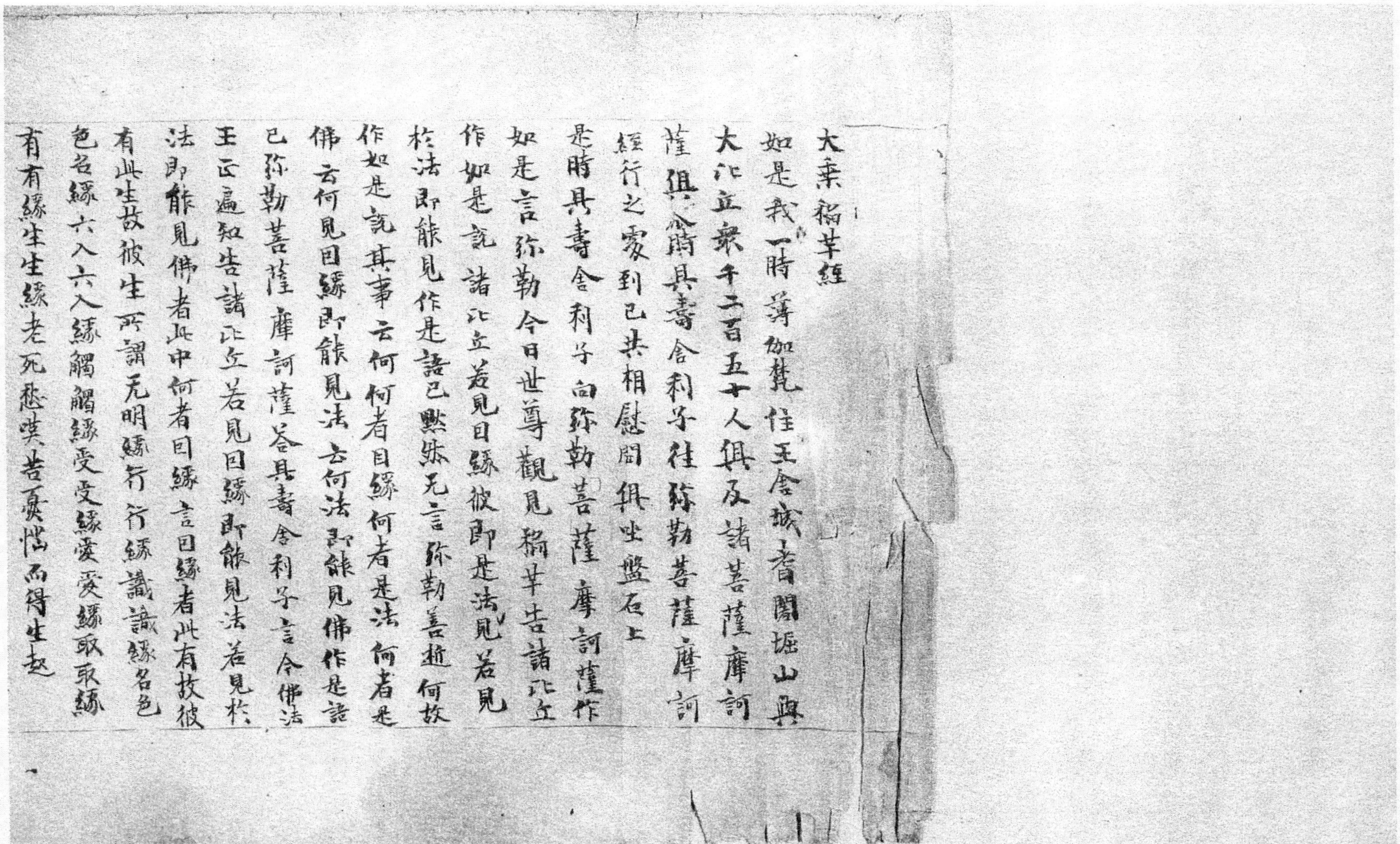
大乘稻芉經
如是我聞一時薄伽梵住王舍城耆闍崛山與
大比丘衆千二百五十人俱及諸菩薩摩訶
薩俱。爾時具壽舍利子往弥勒菩薩摩訶
經行之處到已共相慰問俱坐盤石上
是時具壽舍利子向弥勒菩薩摩訶薩作
如是言弥勒今日世尊觀見稻芉告諸比丘
作如是說 諸比丘若見因緣彼即是法見若見
於法即能見作是語已默然无言弥勒善逝何故
作如是說其事云何何者因緣何者是法何者是
佛云何見因緣即能見法云何法即能見佛作是語
已弥勒菩薩摩訶薩荅具壽舍利子言今佛法
王正遍知告諸比丘若見因緣即能見法若見於
法即能見佛者此中何者因緣言因緣者此有故彼
有此生故彼生所謂无明緣行行緣識識緣名色
色名緣六入六入緣觸觸緣受受緣愛愛緣取取緣
有有緣生生緣老死愁嘆苦憂惱而得生起

BD14174號　大乘稻芉經　（9–1）

已彌勒菩薩摩訶薩荅具壽舍利子言今佛法
王正遍知告諸比丘若見因緣即能見法若見於
法即能見佛者此中何者因緣言因緣者此有故彼
有此生故彼生所謂无明緣行行緣識識緣名色
名色緣六入六入緣觸觸緣受受緣愛愛緣取取緣
有有緣生生緣老死悲嘆苦憂惱而得生起
如是唯生純極大苦之聚此中无明滅故行滅行
滅識滅識滅名色滅名色滅故六入滅六入滅故觸
滅觸滅故受滅受滅故愛滅愛滅故取滅取滅故有
滅有滅故生滅生滅故老死悲嘆苦憂惱得滅
如是唯滅純極大苦之聚此是世尊所說因緣之法者
是法所謂八聖道正見正思惟正語正業正命正精進
正念正定此是八聖道支及涅槃世尊所說名之
為法
何者是佛所謂知一切法者名之為佛以
彼慧眼及法身能見作菩提學无學法
故云何見因緣如佛所說若能見因緣之法
常无壽離壽如實性无錯謬性无生无起
无作无為无障㝵无境界寂靜无畏无侵奪
不寂靜相者是若能如是於法亦見常无壽
離壽如實性无生无起无作无為无障㝵无
境界寂靜无畏无根奪不寂靜相者得正智
故能悟勝法以无上法身而見於佛
問曰何故名因緣荅曰有因有緣名為因緣非无因
无緣故是故名為因緣之法世尊略說因緣之相彼
緣生果如來出現若不出現法性常住乃至法性
法住性法定性與因緣相應性真如性无錯謬性无
變異性真實性實際性不虛妄性不顛倒性等

BD14174號　大乘稻芉經　（9–2）

故能悟勝法以无上法身而見於佛
問曰何故名因緣荅曰有因有緣名為因緣非无因
无緣故是故名為因緣之法世尊略說因緣之相彼
緣生果如來出現若不出現法性常住乃至法性
法住性法定性與因緣相應性真如性无錯謬性无
變異性真實性實際性不虛妄性不顛倒性等
作如是
此因緣法以其二種而得生起云何為二所為因相
應緣相應彼復有二謂內及外此中何者是外因
緣法因相應所謂從種生芽從芽生葉從葉生
莖從莖生節從節生穗從穗生花從花生實若
无有種芽即不生乃至若无有花實亦不生有種
芽生如是有花實亦得生彼種亦不作是念我
能生芽芽亦不作是念我從種乃至花亦不
作是念我能生實實亦不作是念我從花
生雖然有種故而芽生得如是有花故實即
而能成就應如是觀外因緣法因相應義
應云何觀外因緣法緣相應義謂六界和合故以何
六界和合所謂地水火風空時等和合外因緣法
而得生起應如是觀內因緣法緣相應事
應云何觀內因緣法地界之相為此身中作堅硬
者名為地界為令此身而聚集者名為水界
能消身所食飲嚼噉者名為火界為此身中作
內外出入息者名為風界為此身中作虛通者名
為空界五識身相應及有漏意識猶如束蘆
能成就此身名色芽者名為識界若无此眾
身則不生若內地界无不具足如是乃至水火
空識界等无不具足一切和合身即得生
彼地界亦不作是念我能為作身中堅硬之事水界

BD14174號　大乘稻芉經　（9–3）

為空界五識身相應及有漏意識猶如束蘆
能成就此身名色芽者名為識界若无此眾
身則不生若內地界无不具足如是乃至水火
空識界等无不具足一切和合身即得生
彼地界亦不作是念我能而作身中堅硬之事水界
亦不作是念我能為身而作聚集火界亦不作
是念我能消身所食飲嚼啖之事風界亦不作
是念我能作內外出入息空界亦不作是念我
能而作身中虛通之事識亦不作是念我能成
就此身名色之芽亦不作是念我從眾緣生而雖
然有此眾緣之時身能得生彼地界非是我非是眾
非命者非生者非儒童非作者非男非女非黃門
非自性非我所亦非餘等如是乃至水界火界風
界空界識界亦非是我非是眾生非命者非生者
非儒童非作者非男非女非黃門非自在非我所非
非餘等
何者是无明於此六界起於一相一合相常相堅牢相
不壞相安樂相眾生命者生者養育士夫人儒作
者我我所相等及餘種種无知此是无明故於諸境界
起貪瞋癡於諸境界起貪瞋癡者此是无明緣行
而於諸事能了別者名之為識與識俱生四取蘊者
此是名色依名色諸根名為六入三法和合名之為觸
覺受觸者名之為受於受貪著名之為愛增長
愛者名之為取從取而生能生業者名之為有而取
彼因所生之蘊名之為生生已蘊成熟者名之為老
老已蘊滅壞者名之死臨命終之時內具貪著及熱
惱者名之為愁從愁而生諸言辭者名之為嘆五
識身受苦者名之苦作意意識受諸苦者名之為

BD14174號　大乘稻芊經　（9–4）

彼因所生之蘊名之為生生已蘊成熟者名之為老
老已蘊滅壞者名之死臨命終之時內具貪著及熱
惱者名之為愁從愁而生諸言辭者名之為嘆五
識身受苦者名之苦作意意識受諸苦者名之為
憂具如是等及隨煩惱者名之為惱大黑闇故故
名為无明造作故名諸行了別故名相故名名色為
生門故名六入觸故名觸受故名受愛
取故名取生後有故名有生蘊故名生蘊熟
故名老蘊壞名死愁故名愁嘆故名嘆惱身
故名惱心故名憂煩惱故名惱復次了真性
顛倒无知名為无明如是有无明故能成三行
所謂福行罪行不動行從於福行而生福行
識者此是无明緣行從於罪行而生罪行識者
此則名為行緣識從於不動而生不動識者
此則名為識緣名色名色增長故從六入門中能
成事者此是名色緣六入從於六入而生六聚觸者
此是六入緣觸從於所觸而生彼受者此則名為觸
緣受了別受已而生樂著染著此則名為受緣愛
知已而生樂著染故不欲遠離好色及於安樂
而生願者此是愛緣取生願樂已從身口意造
後有業者此是取緣有從於彼業所生蘊者
此是有緣生生已諸蘊成熟及滅壞者此則名為
生緣老死是故彼因緣十二支法芽相為因芽相
為緣非常非无常非有為非无為非无因非无緣
非有受非盡法非壞法非滅法從无始已來如
瀑流水而无斷絕雖然此因緣十二支法芽相
為因芽相為緣非常非无常非有為非无為
非无因非无緣非有受非盡法非壞法非滅法
[illegible]

BD14174號　大乘稻芊經　（9–5）

非有受非盡法非壞法非滅法從无始已來如
暴流水而无斷絕雖然此因緣十二支法苐相
爲因苐相爲緣非常非无常非有爲非无爲
非无因非无緣非有受非盡法非壞法非滅法
從无始已來如暴流水而无斷絕有其四支能
攝十二因緣之法云何爲四所謂无明及愛以煩
惱爲因此中業及煩惱能生種子之識業則能作
種子識因愛則能潤種子之識无明能殖種子
之識若无此无衆緣種子之識而无能成
彼業亦不作是念我今能作種子識因愛亦
不作是我能潤於種子之識无明亦不作是念
我能殖種子之識彼種子識亦不作是念我今從
此衆緣而生雖然種子之識依彼業田及愛所
潤无明糞壤所生之處入於母胎能生名色芽之彼
名色芽亦非自作亦非他作非自他俱作非自
在化亦非時變非自性生非假作者亦非无因
而生雖然父母和合時及餘緣和合之時无我之
法无我我所猶如虛空彼諸幻法因及衆緣
无不具足之故依彼生處入於母胎則能成就執受
種子之識名色之芽
復次眼識生時若具五緣而則得生云何爲五所謂
五所謂依眼識色明空依作意故眼識得生此中眼
則能作識所依色則能作眼識之境明則能爲顯
現之事空則能爲不障之作意能爲思相之事
若无此衆緣眼識不生若内入眼无不具足如是乃
至色明空作意无不具足之一切和合之時眼識得生
彼眼亦不作是念我今能爲眼識所依色亦不是我

BD14174號　大乘稻芉經　（9–6）

現之事空則能爲不障之作意能爲思相之事
若无此衆緣眼識不生若内入眼无不具足如是乃
至色明空作意无不具足之一切和合之時眼識得生
彼眼亦不作是念我今能爲眼識所依色亦不是我
今能作眼識之境无明亦不作是念我今能作顯之事
作意亦不作是念我能爲眼識所思彼眼亦不作是念
我是從此衆緣而有雖然有此衆緣眼識得生乃至
諸餘根等應如是知
復次无有少法而從此世移至他世雖然因及衆緣无不
具足業果亦現譬如明鏡之中現其面像雖彼面像
不移鏡中因及衆緣无不具足故面像亦現如是无有
少許從於此滅生其餘處因及衆緣无不具足故業
果亦現譬如月轉從四万二千由旬而行彼月轉形像現
其有水器中者彼月轉亦不從彼移至於有水之器雖
然因及衆緣无不具足故轉月亦現如无有少許從於
此滅而生餘處因及衆緣无不具足故業果亦現譬
如其火因及衆緣若不具足而不能然因及衆緣具
足之時乃可得然如是无之法无我我所猶如虛空依
彼幻法因及衆无不具足故所生處入於母胎則成就
種子之識業及煩惱所生名之芽是故應如是觀
内因緣法緣相應事
應以五種觀内因緣法云何爲五不常不斷不從移於
小因而生大果與彼相似云何不所謂彼後滅蘊與彼
生分亦得現故是故不常云何不斷非依後滅蘊滅
壞時生分得有亦非不滅後滅蘊亦當尒時之生分
之蘊如秤高下而得生故是故不斷云何不移爲諸
有情從非衆同分處能生衆同分處故是故不移
[illegible]

BD14174號　大乘稻芉經　（9–7）

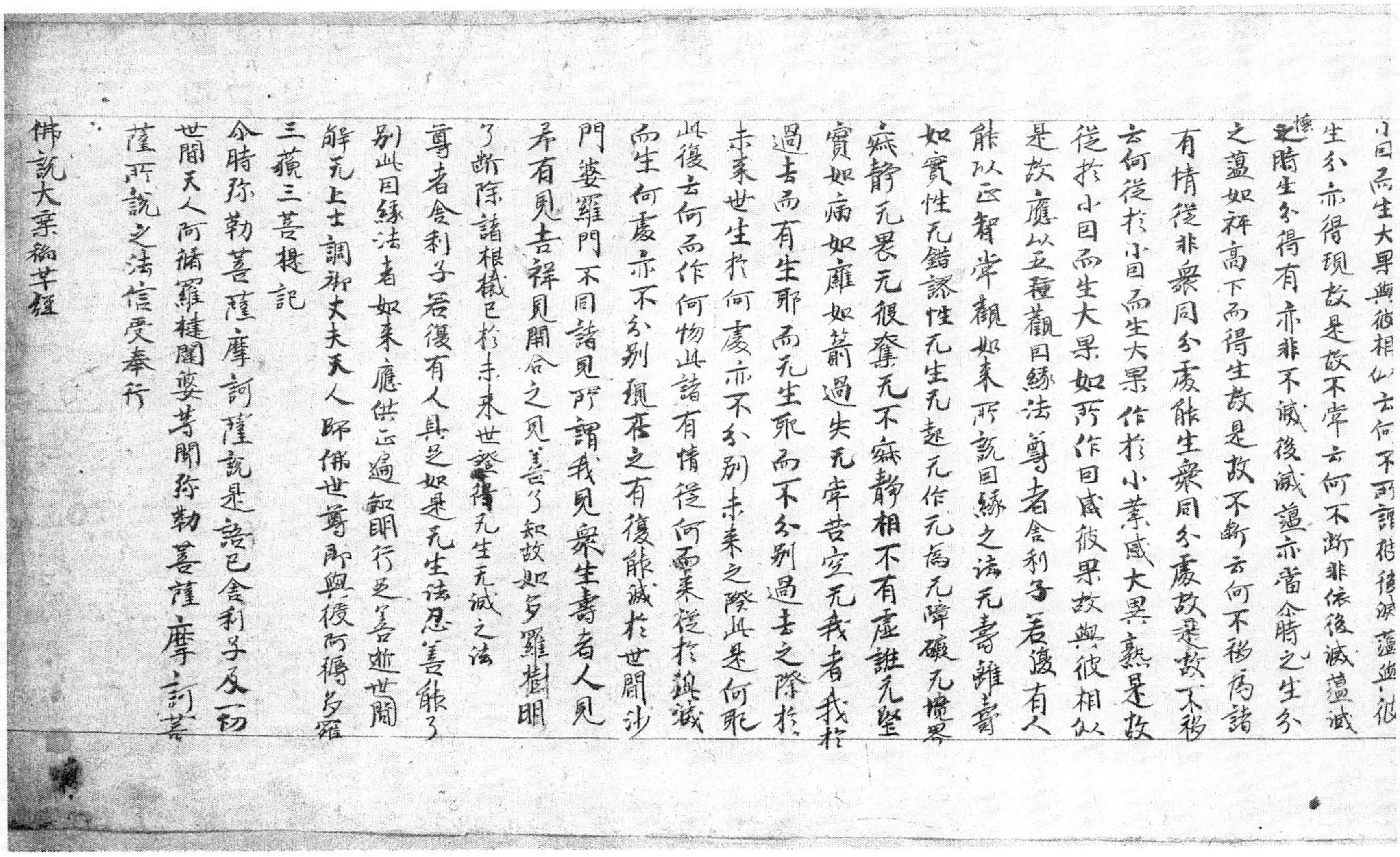
小因而生大果與彼相似云何不可謂彼後滅蘊與彼
生分亦得現故是故不常云何不斷非依後滅蘊滅
之時生分得有亦非不滅後滅蘊亦當尒時之生分
之蘊如秤高下而得生故是故不斷云何不移為諸
有情從非衆同分處能生衆同分處故是故不移
云何從於小因而生大果作於小業感大異熟是故
從於小因而生大果如所作因感彼果故與彼相似
是故應以五種觀因緣法尊者舍利子若復有人
能以正智常觀如來所說因緣之法无壽離壽
如實性无錯謬性无生无起无作无為无障礙无境界
寂靜无畏无侵奪无不寂靜相不有虛誑无堅
實如病如癰如箭過失无常苦空无我者我於
過去而有生耶而无生耶而不分別過去之際於
未來世生於何處亦不分別未來之際此是何耶
此復云何而作何物此諸有情從何而來從於此滅
而生何處亦不分別現在之有復能滅於世間沙
門婆羅門不同諸見所謂我見衆生壽者人見
希有見吉祥見開合之見善了知故如多羅樹明
了斷除諸根栽已於未來世證得无生无滅之法
尊者舍利子若復有人具足如是无生法忍善能了
別此因緣法者如來應供正遍知明行足善逝世間
解无上士調御丈夫天人師佛世尊即與授阿耨多羅
三藐三菩提記
尒時弥勒菩薩摩訶薩說是語已舍利子及一切
世間天人阿脩羅揵闥婆等聞弥勒菩薩摩訶菩
薩所說之法信受奉行
佛說大乘稻芉經

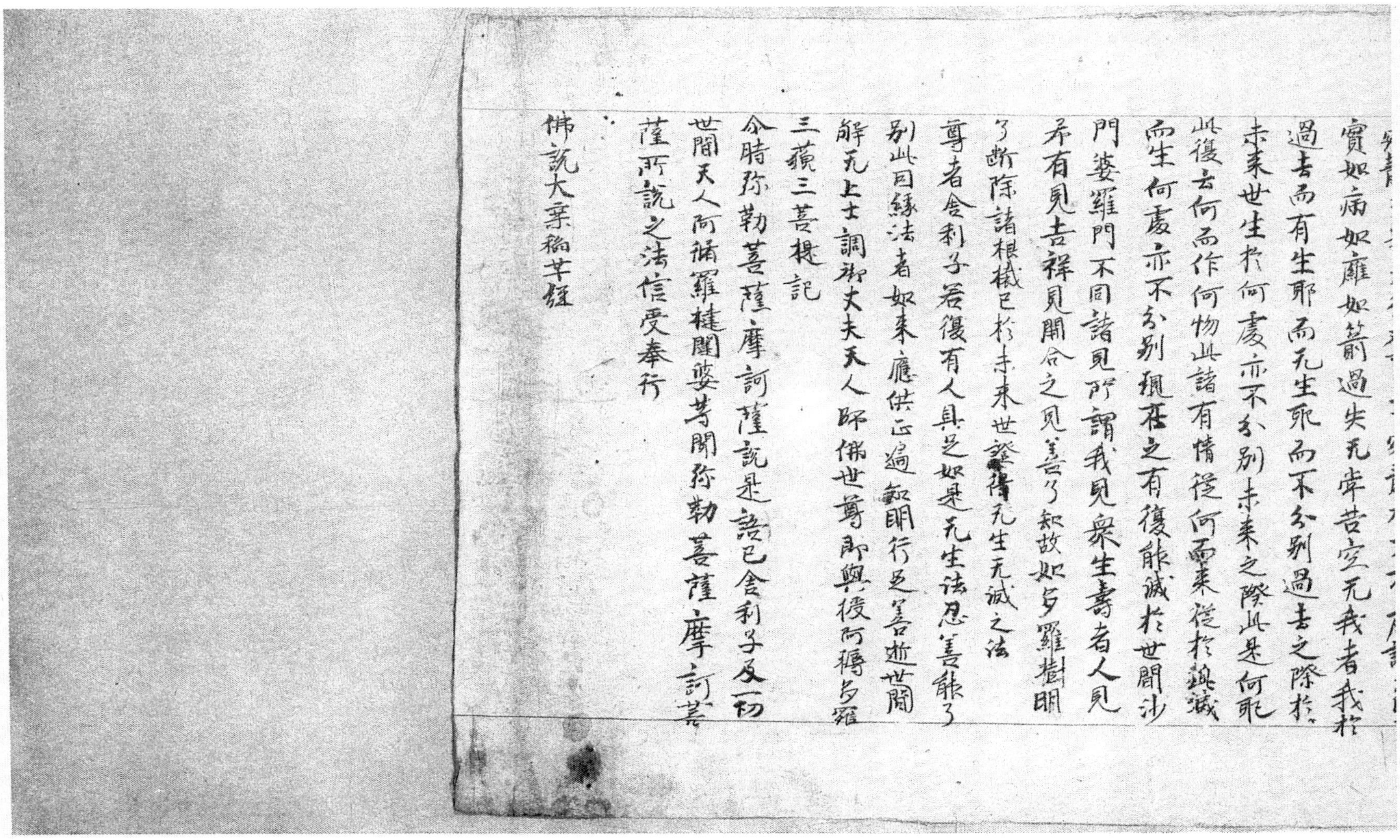
實如病如癰如箭過失无常苦空无我者我於
過去而有生耶而无生耶而不分別過去之際於
未來世生於何處亦不分別未來之際此是何耶
此復云何而作何物此諸有情從何而來從於此滅
而生何處亦不分別現在之有復能滅於世間沙
門婆羅門不同諸見所謂我見衆生壽者人見
希有見吉祥見開合之見善了知故如多羅樹明
了斷除諸根栽已於未來世證得无生无滅之法
尊者舍利子若復有人具足如是无生法忍善能了
別此因緣法者如來應供正遍知明行足善逝世間
解无上士調御丈夫天人師佛世尊即與授阿耨多羅
三藐三菩提記
尒時弥勒菩薩摩訶薩說是語已舍利子及一切
世間天人阿脩羅揵闥婆等聞弥勒菩薩摩訶菩
薩所說之法信受奉行
佛說大乘稻芉經

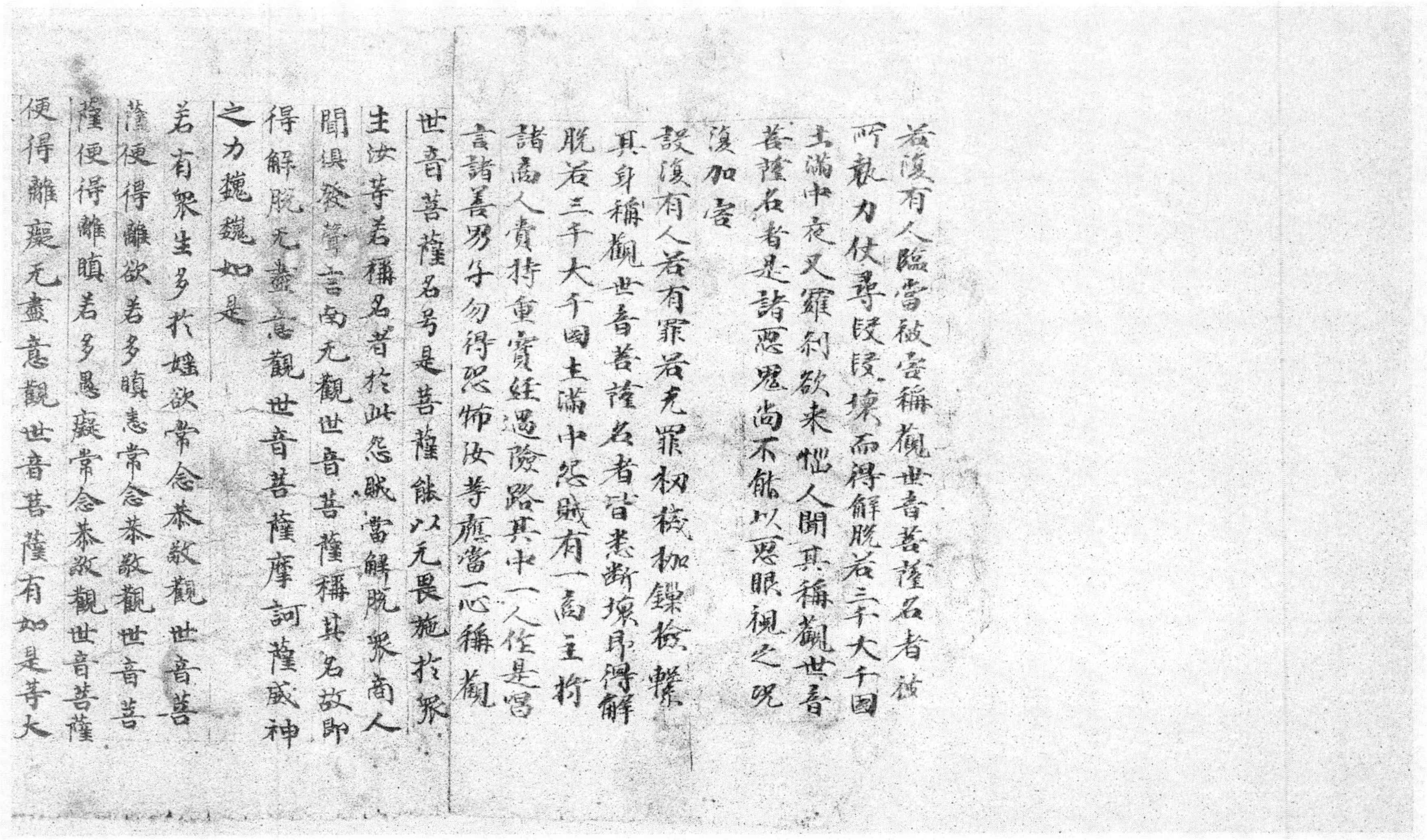

若復有人臨當被害稱觀世音菩薩名者彼
所執刀杖尋段段壞而得解脫若三千大千國
土滿中夜叉羅剎欲來惱人聞其稱觀世音
菩薩名者是諸惡鬼尚不能以惡眼視之況
復加害
設復有人若有罪若无罪杻械枷鎖檢繫
其身稱觀世音菩薩名者皆悉斷壞即得解
脫若三千大千國土滿中怨賊有一商主將
諸商人賫持重寶經過險路其中一人作是唱
言諸善男子勿得恐怖汝等應當一心稱觀
世音菩薩名号是菩薩能以无畏施於衆
生汝等若稱名者於此怨賊當得解脫衆商人
聞俱發聲言南无觀世音菩薩稱其名故即
得解脫无盡意觀世音菩薩摩訶薩威神
之力巍巍如是
若有衆生多於婬欲常念恭敬觀世音菩
薩便得離欲若多瞋恚常念恭敬觀世音菩
薩便得離瞋若多愚癡常念恭敬觀世音菩薩
便得離癡无盡意觀世音菩薩有如是等大

BD14175號　觀世音經　（6–1）

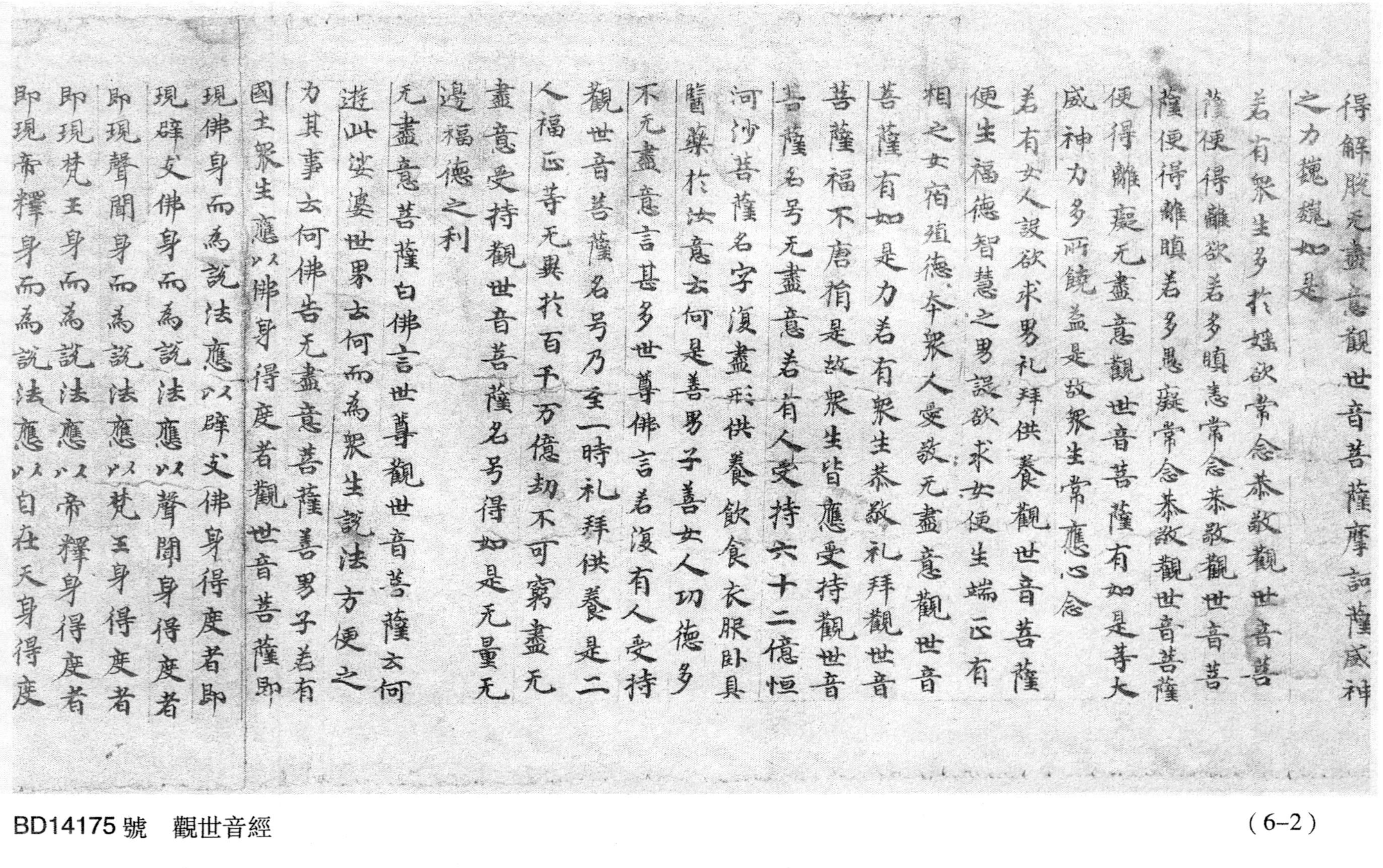

得解脫无盡意觀世音菩薩摩訶薩威神
之力巍巍如是
若有衆生多於婬欲常念恭敬觀世音菩
薩便得離欲若多瞋恚常念恭敬觀世音菩
薩便得離瞋若多愚癡常念恭敬觀世音菩薩
便得離癡无盡意觀世音菩薩有如是等大
威神力多所饒益是故衆生常應心念
若有女人設欲求男礼拜供養觀世音菩薩
便生福德智慧之男設欲求女便生端正有
相之女宿殖德本衆人愛敬无盡意觀世音
菩薩有如是力若有衆生恭敬礼拜觀世音
菩薩福不唐捐是故衆生皆應受持觀世音
菩薩名号无盡意若有人受持六十二億恒
河沙菩薩名字復盡形供養飲食衣服臥具
醫藥於汝意云何是善男子善女人功德多
不无盡意言甚多世尊佛言若復有人受持
觀世音菩薩名号乃至一時礼拜供養是二
人福正等无異於百千万億劫不可窮盡无
盡意受持觀世音菩薩名号得如是无量无
邊福德之利
无盡意菩薩白佛言世尊觀世音菩薩云何
遊此娑婆世界云何而為衆生說法方便之
力其事云何佛告无盡意菩薩善男子若有
國土衆生應以佛身得度者觀世音菩薩即
現佛身而為說法應以辟支佛身得度者即
現辟支佛身而為說法應以聲聞身得度者
即現聲聞身而為說法應以梵王身得度者
即現梵王身而為說法應以帝釋身得度者
即現帝釋身而為說法應以自在天身得度

BD14175號　觀世音經　（6–2）

國土衆生應以佛身得度者觀世音菩薩即
現佛身而為說法應以辟支佛身得度者即
現辟支佛身而為說法應以聲聞身得度者
即現聲聞身而為說法應以梵王身得度者
即現梵王身而為說法應以帝釋身得度者
即現帝釋身而為說法應以自在天身得度
者即現自在天身而為說法應以大自在天身
得度者即現大自在天身而為說法應以天大
將軍身得度者即現天大將軍身而為說法
應以毗沙門身得度者即現毗沙門身而為
說法應以小王身得度者即現小王而為說
法應以長者身得度者即現長者身而
為說法應以居士身得度者即現居士身
而為說法應以宰官身得度者即現宰官身
而為說法應以婆羅門身得度者即現婆羅
門身而為說法應以比丘比丘尼優婆塞優
婆夷身而為說法應以長者居士宰官婆羅
門婦女身得度者即現婦女身而為說法應以
童男童女身得度者即現童男童女身而為
說法應以天龍夜叉乾闥婆阿脩羅迦樓羅
緊那羅摩睺羅伽人非人等身得度者即皆
現之而為說法應以執金剛神得度者即現
執金剛神而為說法无盡意是觀世音菩薩
成就如是功德以種種形遊諸國土度脫衆
生是故汝等應當一心供養觀世音菩薩
是觀世音菩薩摩訶薩於怖畏急難之中能
施无畏是故此娑婆世界皆号之為施无畏者
尒時无盡意菩薩白佛言世尊我今當供養

執金剛神而為說法无盡意是觀世音菩
成就如是功德以種種形遊諸國土度脫衆
生是故汝等應當一心供養觀世音菩薩
是觀世音菩薩摩訶薩於怖畏急難之中能
施无畏是故此娑婆世界皆号之為施无畏者
尒時无盡意菩薩白佛言世尊我今當供養
觀世音菩薩即解頸衆寶珠瓔珞價直千
兩金而以與之作是言仁者受此法施珎寶
瓔珞時觀世音菩薩不肯受之无盡意復
白觀世音菩薩言仁者愍我等故受此瓔
珞尒時佛告觀世音菩薩當愍此无盡意
菩薩及諸四衆天龍夜叉乾闥婆阿脩羅
迦樓羅緊那羅摩睺羅伽人非人等故受
是瓔珞即時觀世音菩薩愍諸四衆及於
天龍人非人等受其瓔珞分作二分一分奉
釋迦牟尼佛一分奉多寶佛塔无盡意觀世
音菩薩有如是自在神力遊於娑婆世界
尒時无盡意菩薩以偈問曰
世尊妙相具　我今重問彼　佛子何因緣　名為觀世音
具足妙相尊　偈荅无盡意　汝聽觀音行　善聽觀音行
弘誓深如海　歷劫不思議　侍多千億佛　發大清淨願
我為汝略說　聞名及見身　心念不空過　能滅諸有苦
假使興害意　推落大火坑　念彼觀音力　火坑變成池
或漂流巨海　龍魚諸鬼難　念彼觀音力　波浪不能沒
或在須彌峰　為人所推墮　念彼觀音力　如日虛空住
或被惡人逐　墮落金剛山　念彼觀音力　不能損一毛
或值怨賊遶　各執刀加害　念彼觀音力　咸即起慈心

假使興害意　推落大火坑　念彼觀音力　火坑變成池
或漂流巨海　龍魚諸鬼難　念彼觀音力　波浪不能沒
或在須彌峰　為人所推墮　念彼觀音力　如日虛空住
或被惡人逐　墮落金剛山　念彼觀音力　不能損一毛
或值怨賊遶　各執刀加害　念彼觀音力　咸即起慈心
或遭王難苦　臨刑欲壽終　念彼觀音力　刀尋段段壞
或囚禁枷鎖　手足被杻械　念彼觀音力　釋然得解脫
呪咀諸毒藥　所欲害身者　念彼觀音力　還著於本人
或遇惡羅剎　毒龍諸鬼等　念彼觀音力　時悉不敢害
若惡獸圍遶　利牙爪可怖　念彼觀音力　疾走无邊方
蚖蛇及蝮蝎　氣毒煙火燃　念彼觀音力　尋聲自迴去
雲雷鼓掣電　降雹澍大雨　念彼觀音力　應時得消散
眾生被困厄　无量苦逼身　觀音妙智力　能救世間苦
具足神通力　廣修智方便　十方諸國土　无剎不現身
種種諸惡趣　地獄鬼畜生　生老病死苦　以漸悉令滅
真觀清淨觀　廣大智慧觀　悲觀及慈觀　常願常瞻仰
无垢清淨光　慧日破諸闇　能伏災風火　普明照世間
悲體戒雷震　慈意妙大雲　澍甘露法雨　滅除煩惱焰
諍訟經官處　怖畏軍陣中　念彼觀音力　眾怨悉退散
妙音觀世音　梵音海潮音　勝彼世間音　是故須常念
念念勿生疑　觀世音淨聖　於苦惱死厄　能為作依怙
具一切功德　慈眼視眾生　福聚海无量　是故應頂禮
尒時持地菩薩即從坐起前白佛言世尊若
有眾生聞是觀世音菩薩品自在之業普門
示現神通力者當知是人功德不少佛說是普
門品時眾中八万四千眾生皆發无等等阿
耨多羅三藐三菩提心

BD14175號　觀世音經　（6–5）

真觀清淨觀　廣大智慧觀　悲觀及慈觀　常願常瞻仰
无垢清淨光　慧日破諸闇　能伏災風火　普明照世間
悲體戒雷震　慈意妙大雲　澍甘露法雨　滅除煩惱焰
諍訟經官處　怖畏軍陣中　念彼觀音力　眾怨悉退散
妙音觀世音　梵音海潮音　勝彼世間音　是故須常念
念念勿生疑　觀世音淨聖　於苦惱死厄　能為作依怙
具一切功德　慈眼視眾生　福聚海无量　是故應頂禮
尒時持地菩薩即從坐起前白佛言世尊若
有眾生聞是觀世音菩薩品自在之業普門
示現神通力者當知是人功德不少佛說是普
門品時眾中八万四千眾生皆發无等等阿
耨多羅三藐三菩提心

佛說觀世音經

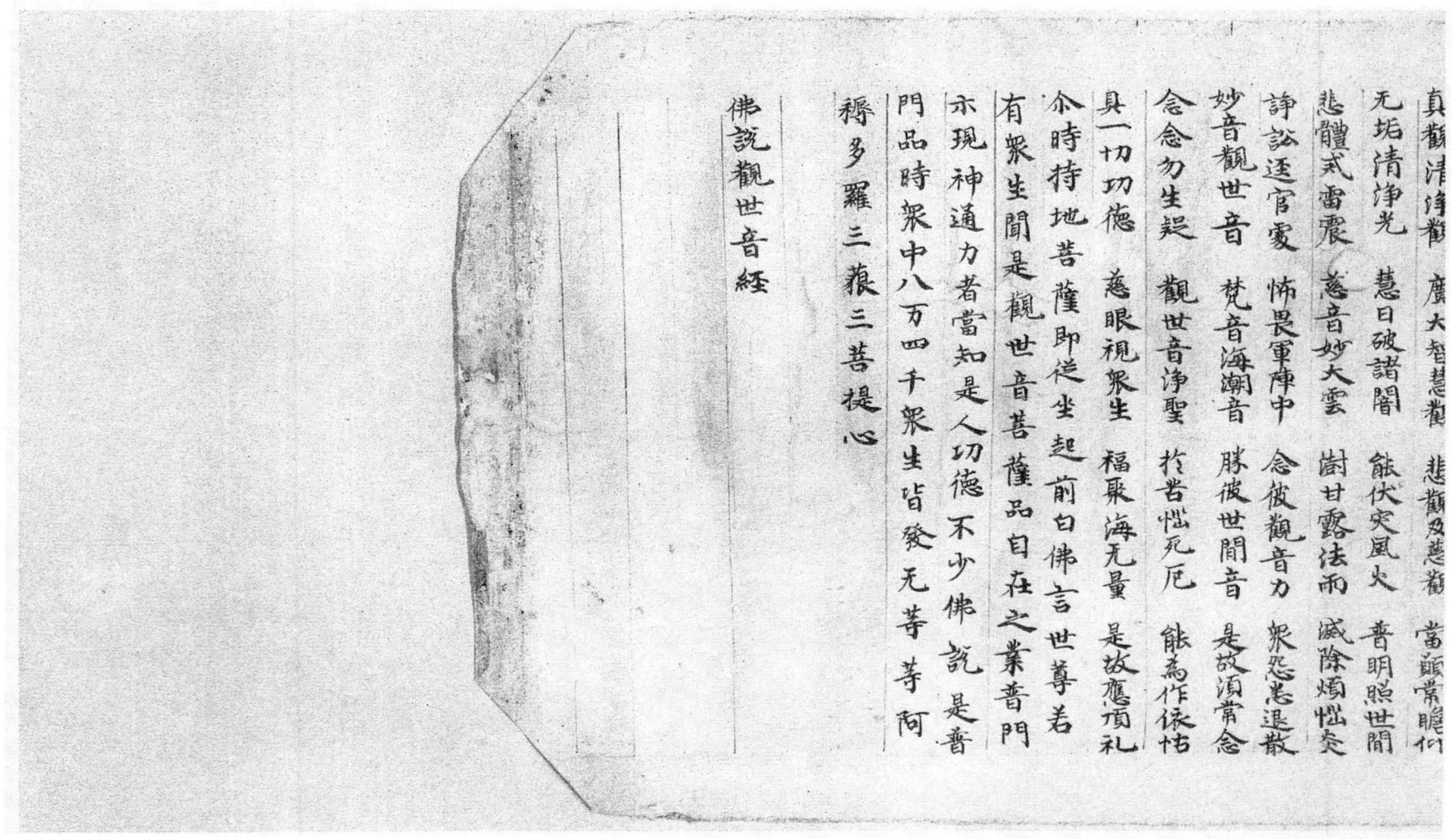

BD14175號　觀世音經　（6–6）

大乘无量壽經
如是我聞一時薄伽梵在舍衛國祇樹給孤獨園與大苾蒭僧千二百五十人大菩薩摩
訶薩衆俱同會坐尒時世尊告曼殊室利童子曼殊上方有世界名无量功德聚
彼土有佛号无量壽智決定王如來向稱多羅三藐三菩提現為衆生開示說法曼
殊諦聽南閻浮提人皆短壽大限百年於中夭枉橫死者衆曼殊如是无量壽如來功
德名稱法要若有衆生得聞名号若自書或使人書能為經卷受持讀誦者於舍宅所
住之處以種種花鬘瓔珞塗香末香而為供養如其命盡復得延年滿足百歲如是
曼殊若有衆生得聞是无量壽智決定王如來一百八名号者益其長壽若有衆生大命將
盡憶念是如來名号更得增壽如是曼殊若有善男子善女人欲求長壽於是无量壽
如來一百八名号有得聞者或自書若使人書受持讀誦得如是等果報福德具足陁羅尼曰
南謨薄伽勃底一阿波唎蜜哆二阿喻紇硯娜三須毗你悉指陁四囉佐耶五怛他羯他耶六怛姪
他唵七薩婆桒悉迦囉八鉢唎輸底九達磨底十伽迦娜十一莎訶某持迦底十二薩婆婆
毗輸底十三摩訶娜耶十四波唎婆唎莎訶十五
世尊復告曼殊室利如是如來一百八名号若有自書或使人書為經卷受持讀誦壽
命盡復滿百年壽終此身後得往生无量福智世界无量壽淨土陁羅尼曰
南謨薄伽勃底一阿波唎蜜哆二阿喻紇硯娜三須毗你悉指陁四囉佐耶五怛他羯他耶
怛姪他唵七薩婆桒悉迦囉八鉢唎輸底九達磨底十伽迦娜十一莎訶某持迦底十二
薩婆婆毗輸底十三摩訶娜耶十四波唎婆唎莎訶十五
尒時復有九十九姟佛等一時同聲說是无量壽宗要經陁羅尼曰
南謨薄伽勃底一阿波唎蜜哆二阿喻紇硯娜三須毗你悉指陁四囉佐耶五怛他羯他耶六怛姪

BD14176 號　無量壽宗要經　（6–1）

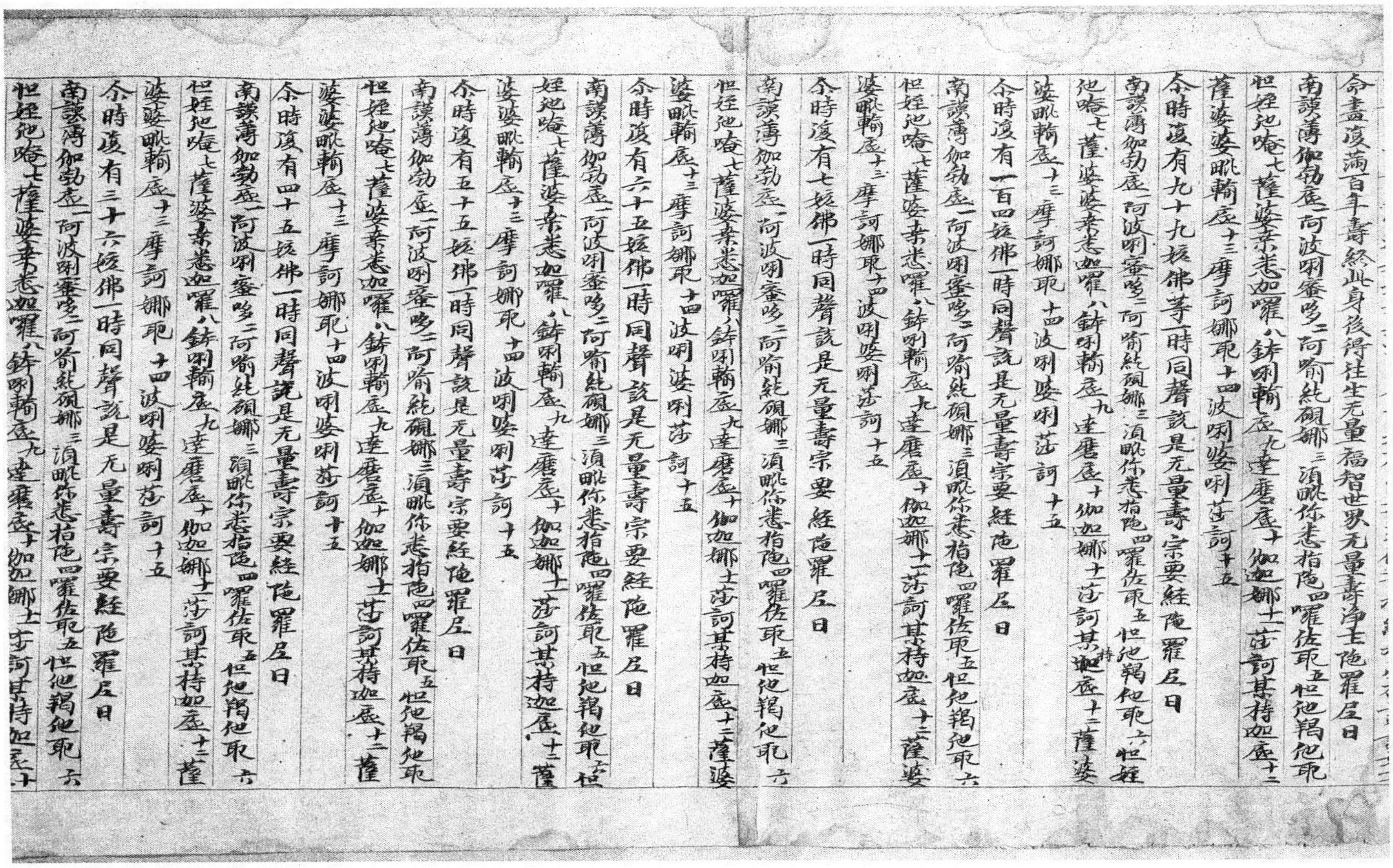

命盡復滿百年壽終此身後得往生无量福智世界无量壽淨土陁羅尼曰
南謨薄伽勃底一阿波唎蜜哆二阿喻紇硯娜三須毗你悉指陁四囉佐耶五怛他羯他耶
怛姪他唵七薩婆桒悉迦囉八鉢唎輸底九達磨底十伽迦娜十一莎訶某持迦底十二
薩婆婆毗輸底十三摩訶娜耶十四波唎婆唎莎訶十五
尒時復有九十九姟佛等一時同聲說是无量壽宗要經陁羅尼曰
南謨薄伽勃底一阿波唎蜜哆二阿喻紇硯娜三須毗你悉指陁四囉佐耶五怛他羯他耶六怛姪
他唵七薩婆婆桒悉迦囉八鉢唎輸底九達磨底十伽迦娜十一莎訶某持迦底十二薩婆
婆毗輸底十三摩訶娜耶十四波唎婆唎莎訶十五
尒時復有一百四姟佛一時同聲說是无量壽宗要經陁羅尼曰
南謨薄伽勃底一阿波唎蜜哆二阿喻紇硯娜三須毗你悉指陁四囉佐耶五怛他羯他耶六
怛姪他唵七薩婆桒悉迦囉八鉢唎輸底九達磨底十伽迦娜十一莎訶某持迦底十二薩婆
婆毗輸底十三摩訶娜耶十四波唎婆唎莎訶十五
尒時復有七姟佛一時同聲說是无量壽宗要經陁羅尼曰
南謨薄伽勃底一阿波唎蜜哆二阿喻紇硯娜三須毗你悉指陁四囉佐耶五怛他羯他耶六
怛姪他唵七薩婆桒悉迦囉八鉢唎輸底九達磨底十伽迦娜十一莎訶某持迦底十二薩婆
婆毗輸底十三摩訶娜耶十四波唎婆唎莎訶十五
尒時復有六十五姟佛一時同聲說是无量壽宗要經陁羅尼曰
南謨薄伽勃底一阿波唎蜜哆二阿喻紇硯娜三須毗你悉指陁四囉佐耶五怛他羯他耶六怛
姪他唵七薩婆桒悉迦囉八鉢唎輸底九達磨底十伽迦娜十一莎訶某持迦底十二薩
婆婆毗輸底十三摩訶娜耶十四波唎婆唎莎訶十五
尒時復有五十五姟佛一時同聲說是无量壽宗要經陁羅尼曰
南謨薄伽勃底一阿波唎蜜哆二阿喻紇硯娜三須毗你悉指陁四囉佐耶五怛他羯他耶
怛姪他唵七薩婆桒悉迦囉八鉢唎輸底九達磨底十伽迦娜十一莎訶某持迦底十二薩
婆婆毗輸底十三摩訶娜耶十四波唎婆唎莎訶十五
尒時復有四十五姟佛一時同聲說是无量壽宗要經陁羅尼曰
南謨薄伽勃底一阿波唎蜜哆二阿喻紇硯娜三須毗你悉指陁四囉佐耶五怛他羯他耶六
怛姪他唵七薩婆桒悉迦囉八鉢唎輸底九達磨底十伽迦娜十一莎訶某持迦底十二薩
婆婆毗輸底十三摩訶娜耶十四波唎婆唎莎訶十五
尒時復有三十六姟佛一時同聲說是无量壽宗要經陁羅尼曰
南謨薄伽勃底一阿波唎蜜哆二阿喻紇硯娜三須毗你悉指陁四囉佐耶五怛他羯他耶六
怛姪他唵七薩婆桒悉迦囉八鉢唎輸底九達磨底十伽迦娜十一莎訶某持迦底十

BD14176 號　無量壽宗要經　（6–2）

……阿波唎蜜哆二阿喻紇硯娜三須毗你悉指陁四囉佐耶五怛他羯他耶六
怛姪他唵七薩婆桑悉迦羅八鉢唎輸底九達磨底十伽迦娜十一莎訶其持迦底十二薩
婆婆毗輸底十三摩訶娜耶十四波唎婆唎莎訶十五
尒時復有三十六姟佛一時同聲説是无量壽宗要經陁羅尼日
南謨薄伽勃底一阿波唎蜜哆二阿喻紇硯娜三須毗你悉指陁四囉佐耶五怛他羯他耶六
怛姪他唵七薩婆桑悉迦羅八鉢唎輸底九達磨底十伽迦娜十一莎訶其持迦底十二
薩婆婆毗輸底十三摩訶娜耶十四波唎婆唎莎訶十五
尒時復有二十五姟佛一時同聲説是无量壽宗要經陁羅尼日
南謨薄伽勃底一阿波唎蜜哆二阿喻紇硯娜三須毗你悉指陁四囉佐耶五怛他羯他
耶六怛姪他唵七薩婆桑悉迦囉八鉢唎輸底九達磨底十伽迦娜十一莎訶其持迦底十二
薩婆婆毗輸底十三摩訶娜耶十四波唎婆唎莎訶十五
尒時復有恒河沙姟佛一時同聲説是无量壽宗要經陁羅尼日
南謨薄伽勃底一阿波唎蜜哆二阿喻紇硯娜三須毗你悉指陁四囉佐耶五怛他羯他耶
怛姪他唵七薩婆桑悉迦羅八鉢唎輸底九達磨底十伽迦娜十一莎訶其持迦底十二
薩婆婆毗輸底十三摩訶娜耶十四波唎婆唎莎訶十五
善男子若有自書寫教人書寫是无量壽宗要經知其命盡復得長壽滿年陁羅尼日
南謨薄伽勃底一阿波唎蜜哆二阿喻紇硯娜三須毗你悉指陁四囉佐耶五怛他羯他耶六
怛姪他唵七薩婆桑悉迦囉八鉢唎輸底九達磨底十伽迦娜十一莎訶其持迦底十二
薩婆婆毗輸底十三摩訶娜耶十四波唎婆唎莎訶十五
若有自書寫教人書寫是无量壽宗要經讀誦受持畢竟不墮地獄在在所生得宿命智陁羅尼日
南謨薄伽勃底一阿波唎蜜哆二阿喻紇硯娜三須毗你悉指陁四囉佐耶五怛他羯他耶六怛
姪他唵七薩婆桑悉迦囉八鉢唎輸底九達磨底十伽迦娜十一莎訶其持迦底十二薩婆
婆毗輸底十三摩訶娜耶十四波唎婆唎莎訶十五
若有自書寫教人書寫是无量壽宗要經受持讀誦如同書寫八万四千一切經典陁羅尼日
南謨薄伽勃底一阿波唎蜜哆二阿喻紇硯娜三須毗你悉指陁四囉佐耶五怛他羯他耶
怛姪他唵七薩婆桑悉迦羅八鉢唎輸底九達磨底十伽迦娜十一莎訶其持迦底十二薩
婆婆毗輸底十三摩訶娜耶十四波唎婆唎莎訶十五
若有自書寫教人書寫是无量壽宗要經即是書寫八万四千部建塔廟陁羅尼日
南謨薄伽勃底一阿波唎蜜哆二阿喻紇硯娜三須毗你悉指陁四囉佐耶五怛他羯他耶六
怛姪他唵七薩婆桑悉迦羅八鉢唎輸底九達磨底十伽迦娜十一莎訶其持迦底十二薩
婆婆毗輸底十三摩訶娜耶十四波唎婆唎莎訶十五
若有自書寫教人書寫是无量壽宗要經能消五无間等一切重罪陁羅尼日

BD14176 號　無量壽宗要經　（6–3）

若有自書寫教人書寫是无量壽宗要經即是書寫八万四千部建塔廟陁羅尼日
南謨薄伽勃底一阿波唎蜜哆二阿喻紇硯娜三須毗你悉指陁四囉佐耶五怛他羯他耶六
怛姪他唵七薩婆桑悉迦羅八鉢唎輸底九達磨底十伽迦娜十一莎訶其持迦底十二薩
婆婆毗輸底十三摩訶娜耶十四波唎婆唎莎訶十五
若有自書寫教人書寫是无量壽宗要經能消五无間等一切重罪陁羅尼日
南謨薄伽勃底一阿波唎蜜哆二阿喻紇硯娜三須毗你悉指陁四囉佐耶五怛他羯他耶六怛姪他唵
薩婆桑悉迦羅八鉢唎輸底九達磨底十伽迦娜十一莎訶其持迦底十二薩婆婆毗輸
底十三摩訶娜耶十四波唎婆唎莎訶十五
若有自書寫教人書寫是无量壽宗要經受持讀誦設有重罪猶如須弥盡能除滅陁羅尼日
南謨薄伽勃底一阿波唎蜜哆二阿喻紇硯娜三須毗你悉指陁四囉佐耶五怛他羯他耶六怛姪他
唵七薩婆桑悉迦羅八鉢唎輸底九達磨底十伽迦娜十一莎訶其持迦底十二薩婆婆
毗輸底十三摩訶娜耶十四波唎婆唎莎訶十五
若有自書寫教人書寫是无量壽宗要經受持讀誦若魔魔之眷屬
夜叉羅刹不得其便終无枉死陁羅尼日
南謨薄伽勃底一阿波唎蜜哆二阿喻紇硯娜三須毗你悉指陁四囉佐耶五怛他羯他耶六
怛姪他唵七薩婆桑悉迦羅八鉢唎輸底九達磨底十伽迦娜十一莎訶其持迦底十二
薩婆婆毗輸底十三摩訶娜耶十四波唎婆唎莎訶十五
若有自書寫教人書寫是无量壽宗要經受持讀誦當命終時有九十九
佛現其人前蒙千佛授手能遊一切佛刹莫於此經生於疑惑陁羅尼日
南謨薄伽勃底一阿波唎蜜哆二阿喻紇硯娜三須毗你悉指陁四囉佐耶五怛他羯他耶六
怛姪他唵七薩婆桑悉迦羅八鉢唎輸底九達磨底十伽迦娜十一莎訶其持迦底十二
薩婆婆毗輸底十三摩訶娜耶十四波唎婆唎莎訶十五
若有自書寫教人書寫是无量壽宗要經受持讀誦常得四天大王隨其衛護陁羅尼日
南謨薄伽勃底一阿波唎蜜哆二阿喻紇硯娜三須毗你悉指陁四囉佐耶五怛他羯他耶六
怛姪他唵七薩婆桑悉迦羅八鉢唎輸底九達磨底十伽迦娜十一莎訶其持迦底十二薩
婆婆毗輸底十三摩訶娜耶十四波唎婆唎莎訶十五
若有自書寫教人書寫是无量壽宗要經受持讀誦當得往生西方極樂世界阿弥陁淨土陁羅尼日
南謨薄伽勃底一阿波唎蜜哆二阿喻紇硯娜三須毗你悉指陁四囉佐耶五怛他羯他耶六怛姪
他唵七薩婆桑悉迦羅八鉢唎輸底九達磨底十伽迦娜十一莎訶其持迦底十二薩婆
婆毗輸底十三摩訶娜耶十四波唎婆唎莎訶十五
若有方所自書寫使人書寫是无量壽經典之處則為是塔皆應恭敬作礼

BD14176 號　無量壽宗要經　（6–4）

南謨薄伽勃底一阿波唎蜜哆二阿喻紇硯娜三須毗你悉指陁四囉佐耶五怛他羯他耶六怛姪
他唵七薩婆桒悉迦囉八鉢唎輸底九達磨底十伽迦娜十一莎訶某持迦底十二薩婆
婆毗輸底十三摩訶娜耶十四波唎婆唎莎訶十五
若有方所自書寫使人書寫是无量壽經典之處則為是塔皆應恭作礼
若是畜生飛鳥獸得聞是經如是等類皆當不久得成一切種智陁羅尼曰
南謨薄伽勃底一阿波唎蜜哆二阿喻紇硯娜三須毗你悉指陁四囉佐耶五怛他羯他耶六
怛姪他唵七薩婆桒悉迦囉八鉢唎輸底九達磨底十伽迦娜十一莎訶某持迦底十二
薩婆婆毗輸底十三摩訶娜耶十四波唎婆唎莎訶十五
若有於是无量壽經自書寫若使人書畢竟不受女人之身陁羅尼曰
南謨薄伽勃底一阿波唎蜜哆二阿喻紇硯娜三須毗你悉指陁四囉佐耶五怛他羯他耶六
怛姪他唵七薩婆桒悉迦囉八鉢唎輸底九達磨底十伽迦娜十一莎訶某持迦底十二薩
婆婆毗輸底十三摩訶娜耶十四波唎婆唎莎訶十五
若有能於是經少分能惠施者等於三千大千世界滿中七寶布施陁羅尼曰
南謨薄伽勃底一阿波唎蜜哆二阿喻紇硯娜三須毗你悉指陁四囉佐耶五怛他羯他耶六
怛姪他唵七薩婆桒悉迦囉八鉢唎輸底九達磨底十伽迦娜十一莎訶某持迦底十二
薩婆婆毗輸底十三摩訶娜耶十四波唎婆唎莎訶十五
若有能供養是經者則是供養一切諸經等无有異陁羅尼曰
南謨薄伽勃底一阿波唎蜜哆二阿喻紇硯娜三須毗你悉指陁四囉佐耶五怛他羯他耶六
怛姪他唵七薩婆桒悉迦囉八鉢唎輸底九達磨底十伽迦娜十一莎訶某持迦底十二薩婆
婆毗輸底十三摩訶娜耶十四波唎婆唎莎訶十五
如是毗婆尸佛　尸棄佛　毗舍浮佛　俱留孫佛　俱那含牟尼佛　迦葉佛　釋迦牟尼佛
若有人以七寶供養如是七佛其福有限書寫受持是无量壽經所有功德不可限量陁羅尼曰
南謨薄伽勃底一阿波唎蜜哆二阿喻紇硯娜三須毗你悉指陁四囉佐耶五怛他羯他耶六
怛姪他唵七薩婆桒悉迦囉八鉢唎輸底九達磨底十伽迦娜十一莎訶某持迦底十二
薩婆婆毗輸底十三摩訶娜耶十四波唎婆唎莎訶十五
若有七寶等於須弥山用布施其福上能知其限量是无量壽經其福不可數量陁羅尼曰
南謨薄伽勃底一阿波唎蜜哆二阿喻紇硯娜三須毗你悉指陁四囉佐耶五怛他羯他耶六
怛姪他唵七薩婆桒悉迦囉八鉢唎輸底九達磨底十伽迦娜十一莎訶某持迦底十二薩
婆婆毗輸底十三摩訶娜耶十四波唎婆唎莎訶十五
如是四大海水可知渧數是无量壽經典所生果報不可數量陁羅尼曰
南謨薄伽勃底一阿波唎蜜哆二阿喻紇硯娜三須毗你悉指陁四囉佐耶五怛他羯他耶六

BD14176號　無量壽宗要經　（6–5）

南謨薄伽勃底一阿波唎蜜哆二阿喻紇硯娜三須毗你悉指陁四囉佐耶五怛他羯他耶六
怛姪他唵七薩婆桒悉迦囉八鉢唎輸底九達磨底十伽迦娜十一莎訶某持迦底十二薩
婆婆毗輸底十三摩訶娜耶十四波唎婆唎莎訶十五
如是四大海水可知渧數是无量壽經典所生果報不可數量陁羅尼曰
南謨薄伽勃底一阿波唎蜜哆二阿喻紇硯娜三須毗你悉指陁四囉佐耶五怛他羯他耶六
怛姪他唵七薩婆桒悉迦囉八鉢唎輸底九達磨底十伽迦娜十一莎訶某持迦底
薩婆婆毗輸底十三摩訶娜耶十四波唎婆唎莎訶十五
若有自書寫使人書寫是无量壽經典又能護持供養如即恭敬供養
一切十方佛土如来无有別異陁羅尼曰
南謨薄伽勃底一阿波唎蜜哆二阿喻紇硯娜三須毗你悉指陁四囉佐耶五怛他羯他耶
怛姪他唵七薩婆桒悉迦囉八鉢唎輸底九達磨底十伽迦娜十一莎訶某持迦底十二
薩婆婆毗輸底十三摩訶娜耶十四波唎婆唎莎訶十五
布施力能成正覺　悟布施力人師子　布施力能聲普聞　慈悲階漸最能入
持戒力能成正覺　悟持戒力人師子　持戒力能聲普聞　慈悲階漸最能入
忍辱力能成正覺　悟忍辱力人師子　忍辱力能聲普聞　慈悲階漸最能入
精進力能成正覺　悟精進力人師子　精進力能聲普聞　慈悲階漸最能入
禪定力能成正覺　悟禪定力人師子　禪定力能聲普聞　慈悲階漸最能入
智慧力能成正覺　悟智慧力人師子　智慧力能聲普聞　慈悲階漸最能入
尒時如来說是經已一切世間天人阿脩羅揵闥婆等聞佛所
說皆大歡喜信受奉行

佛說无量壽宗要經

田廣談

BD14176號　無量壽宗要經　（6–6）

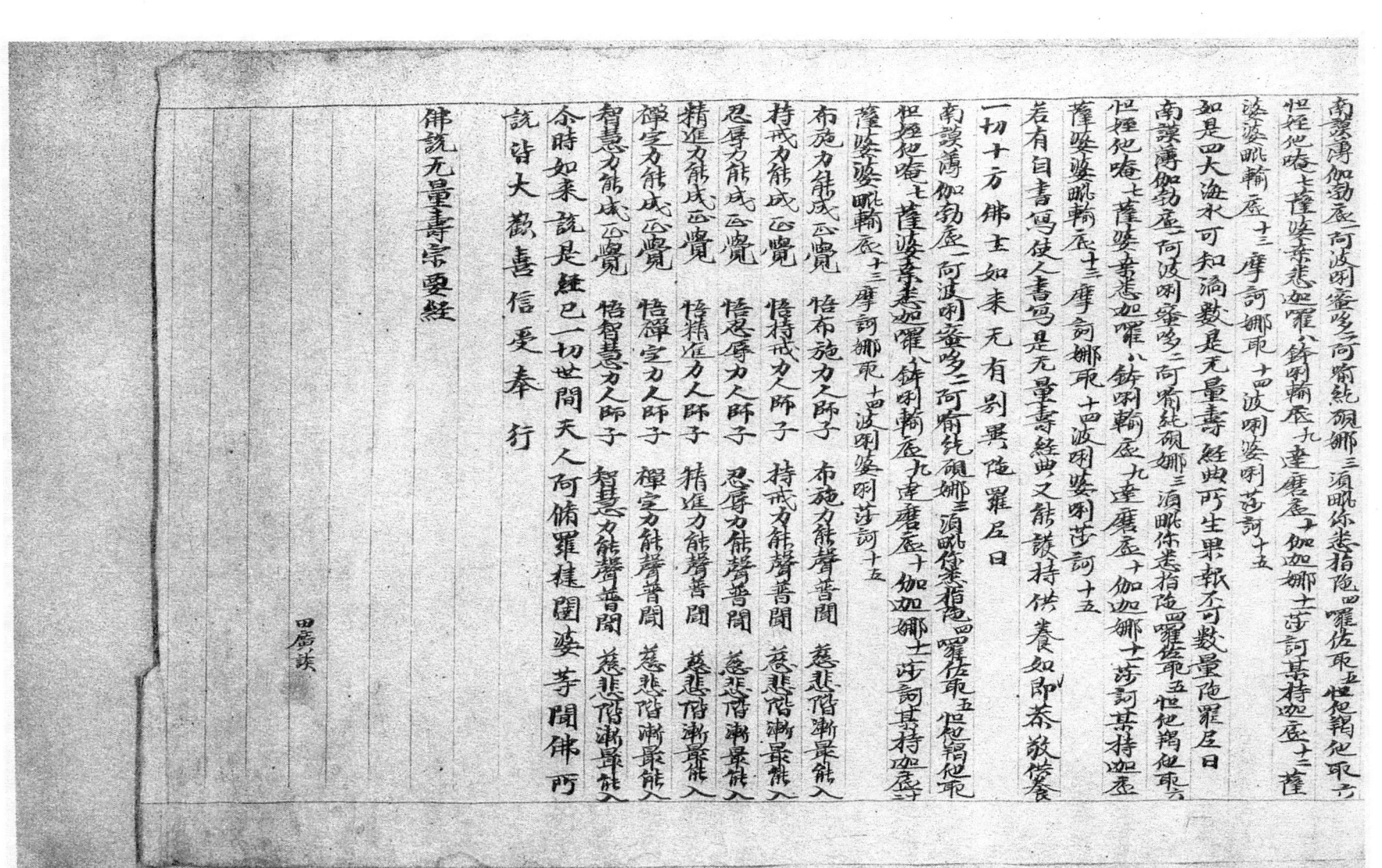

[illegible]觀世音菩薩普門品[illegible]
[illegible]无盡意菩薩即從座起[illegible]右肩[illegible]
向佛而作是言世尊觀世音菩薩以何因緣
名觀世音佛告无盡意菩薩善男子若有无
量百千万億衆生受諸苦惱聞是觀世音菩
薩一心稱名觀世音菩薩即時觀其音聲皆
得解脫若有持是觀世音菩薩名者設入大
火火不能燒由是菩薩威神力故若為大水
所漂稱其名号即得淺處若有百千万億衆
生為求金銀琉璃車𤦲馬瑙珊瑚虎珀真珠
等寶入於大海假使黑風吹其船舫漂墮羅
剎鬼國其中若有乃至一人稱觀世音菩薩
名者是諸人等皆得解脫羅剎之難以是因
緣名觀世音若復有人臨當被害稱觀世音
菩薩名者彼所執刀杖尋段段壞而得解脫
若三千大千國土滿中夜叉羅剎欲來惱人
聞其稱觀世音菩薩名者是諸惡鬼尚不能

BD14177 號 1　妙法蓮華經（八卷本）卷八　（10–1）

名者是諸人等皆得解脫羅剎之難以是因
緣名觀世音若復有人臨當被害稱觀世音
菩薩名者彼所執刀杖尋段段壞而得解脫
若三千大千國土滿中夜叉羅剎欲來惱人
聞其稱觀世音菩薩名者是諸惡鬼尚不能
以惡眼視之況復加害設復有人若有罪若
无罪杻械枷鎖檢繫其身稱觀世音菩薩名
者皆悉斷壞即得解脫若三千大千國土滿
中怨賊有一商主將諸商人賫持重寶經過
嶮路其中一人作是唱言諸善男子勿得恐
怖汝等應當一心稱觀世音菩薩名号是菩
薩能以无畏施於衆生汝等若稱名者於此
怨賊當得解脫衆商人聞俱發聲言南无觀
世音菩薩稱其名故即得解脫无盡意觀世
音菩薩摩訶薩威神之力巍巍如是若有衆
生多於婬欲常念恭敬觀世音菩薩便得離
欲若多瞋恚常念恭敬觀世音菩薩便得離
瞋若多愚癡常念恭敬觀世音菩薩便得離
癡无盡意觀世音菩薩有如是等大威神力
多所饒益是故衆生常應心念若有女人設
欲求男礼拜供養觀世音菩薩便生福德智
慧之男設欲求女便生端正有相之女宿殖
德本衆人愛敬无盡意觀世音菩薩有如是
力若有衆生恭敬礼拜觀世音菩薩福不唐
捐是故衆生皆應受持觀世音菩薩名号无
盡意若有人受持六十二億恒河沙菩薩名

BD14177 號 1　妙法蓮華經（八卷本）卷八　（10–2）

慧之男設欲求女便生端正有相之女宿殖
德本衆人愛敬无盡意觀世音菩薩有如是
力若有衆生恭敬礼拜觀世音菩薩福不唐
捐是故衆生皆應受持觀世音菩薩名号无
盡意若有人受持六十二億恒河沙菩薩名
字復盡形供養飲食衣服卧具醫藥於汝意
云何是善男子善女人功德多不无盡意言
甚多世尊佛言若復有人受持觀世音菩薩
名号乃至一時礼拜供養是二人福正等无
異於百千万億劫不可窮盡无盡意受持觀
世音菩薩名号得如是无量无邊福德之利
无盡意菩薩白佛言世尊觀世音菩薩云
何遊此娑婆世界云何而為衆生説法方便之
力其事云何佛告无盡意菩薩善男子若有
國土衆生應以佛身得度者觀世音菩薩即
現佛身而為説法應以辟支佛身得度者即
現辟支佛身而為説法應以聲聞身得度者
即現聲聞身而為説法應以梵王身得度者
即現梵王身而為説法應以帝釋身得度者
即現帝釋身而為説法應以自在天身得度
者即現自在天身而為説法應以大自在天
身得度者即現大自在天身而為説法應以
天大將軍身得度者即現天大將軍身而為
説法應以毗沙門身得度者即現毗沙門身
而為説法應以小王身得度者即現小王身
而為説法應以長者身得度者即現長者身

BD14177 號 1　妙法蓮華經（八卷本）卷八　（10–3）

天大將軍身得度者即現天大將軍身而為
説法應以毗沙門身得度者即現毗沙門身
而為説法應以小王身得度者即現小王身
而為説法應以長者身得度者即現長者身
而為説法應以居士身得度者即現居士身
而為説法應以宰官身得度者即現宰官身
而為説法應以婆羅門身得度者即現婆羅
門身而為説法應以比丘比丘尼優婆塞優
婆夷身得度者即現比丘比丘尼優婆塞優
婆夷身而為説法應以長者居士宰官婆羅
門婦女身得度者即現婦女身而為説法應
以童男童女身得度者即現童男童女身而
為説法應以天龍夜叉乾闥婆阿脩羅迦樓
羅緊那羅摩睺羅伽人非人等身得度者即
皆現之而為説法應以執金剛神得度者即
現金剛神而為説法无盡意是觀世音菩薩
成就如是功德以種種形遊諸國土度脱衆
生是故汝等應當一心供養觀世音菩薩是
觀世音菩薩摩訶薩於怖畏急難之中能
施无畏是故此娑婆世界皆号之為施无畏者
无盡意菩薩白佛言世尊我今當供養觀世
音菩薩即解頸衆寶珠瓔珞價直百千兩金
而以與之作是言仁者受此法施珎寶瓔珞
時觀世音菩薩不肯受之无盡意復白觀世
音菩薩言仁者愍我等故受此瓔珞尒時佛
告觀世音菩薩當愍此无盡意菩薩及四衆

BD14177 號 1　妙法蓮華經（八卷本）卷八　（10–4）

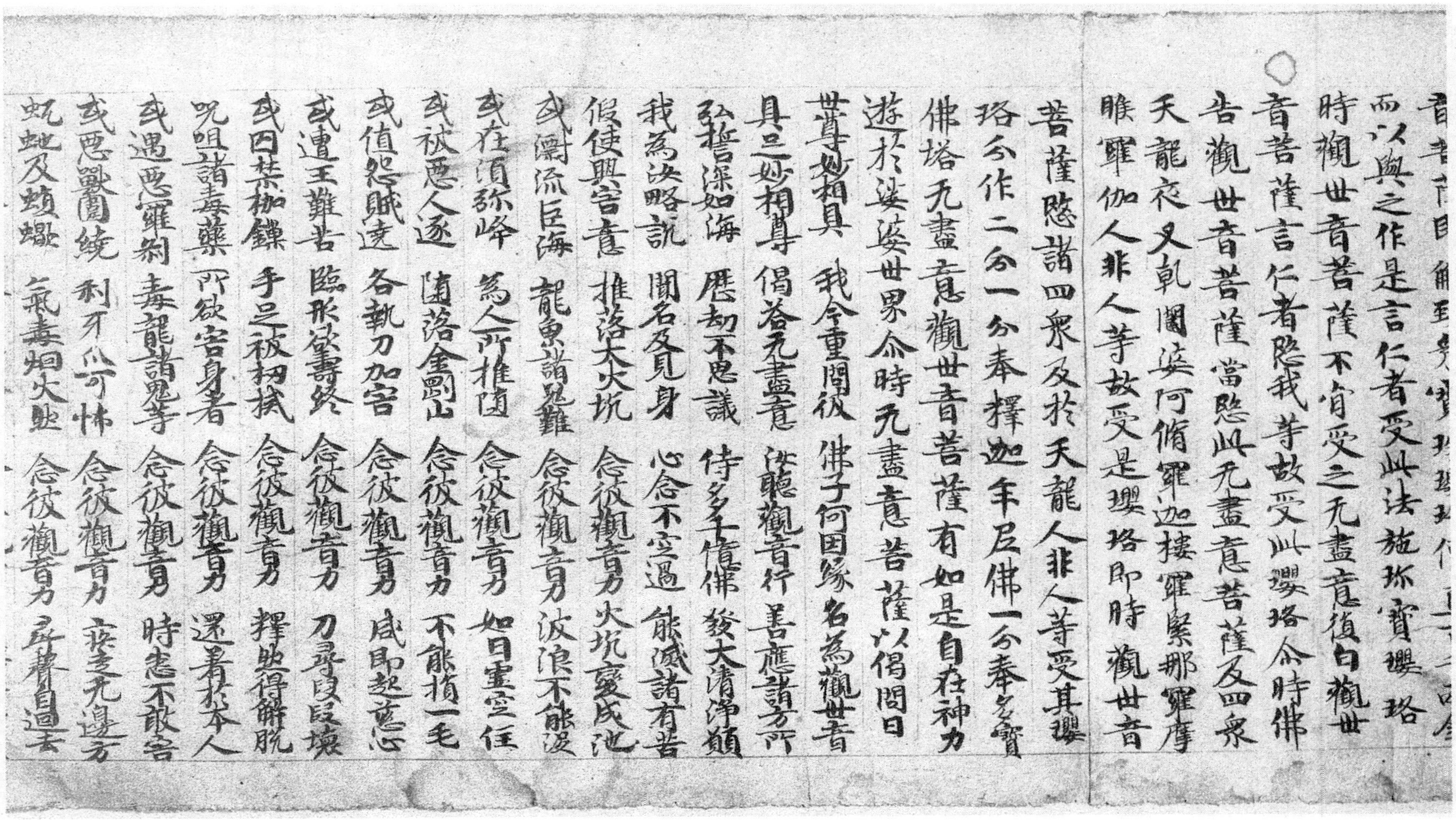
音菩薩即解頸衆寶珠瓔珞價直百千兩金
而以與之作是言仁者受此法施珎寶瓔珞
時觀世音菩薩不肯受之无盡意復白觀世
音菩薩言仁者愍我等故受此瓔珞尒時佛
告觀世音菩薩當愍此无盡意菩薩及四衆
天龍夜叉乾闥婆阿脩羅迦樓羅緊那羅摩
睺羅伽人非人等故受是瓔珞即時觀世音
菩薩愍諸四衆及於天龍人非人等受其瓔
珞分作二分一分奉釋迦牟尼佛一分奉多寶
佛塔无盡意觀世音菩薩有如是自在神力
遊於娑婆世界尒時无盡意菩薩以偈問曰
世尊妙相具　我今重問彼　佛子何因緣　名為觀世音
具足妙相尊　偈答无盡意　汝聽觀音行　善應諸方所
弘誓深如海　歷劫不思議　侍多千億佛　發大清淨願
我為汝略說　聞名及見身　心念不空過　能滅諸有苦
假使興害意　推落大火坑　念彼觀音力　火坑變成池
或漂流巨海　龍魚諸鬼難　念彼觀音力　波浪不能沒
或在須彌峯　為人所推墮　念彼觀音力　如日虛空住
或被惡人逐　墮落金剛山　念彼觀音力　不能損一毛
或值怨賊繞　各執刀加害　念彼觀音力　咸即起慈心
或遭王難苦　臨刑欲壽終　念彼觀音力　刀尋段段壞
或囚禁枷鎖　手足被杻械　念彼觀音力　釋然得解脫
呪咀諸毒藥　所欲害身者　念彼觀音力　還著於本人
或遇惡羅剎　毒龍諸鬼等　念彼觀音力　時悉不敢害
或惡獸圍繞　利牙爪可怖　念彼觀音力　疾走无邊方
蚖蛇及蝮蠍　氣毒煙火然　念彼觀音力　尋聲自迴去

BD14177 號 1　妙法蓮華經（八卷本）卷八　（10–5）

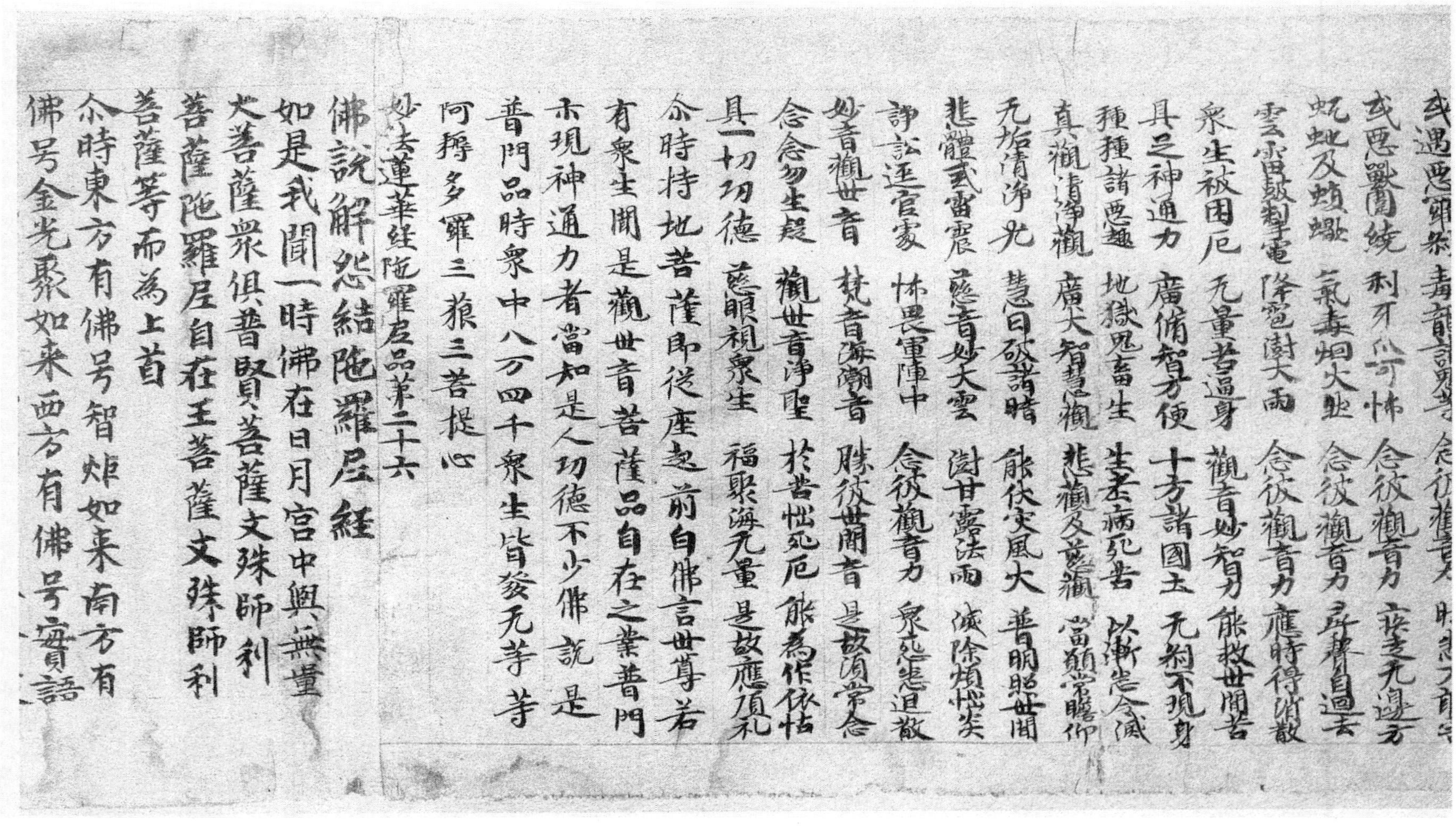
或遇惡羅剎　毒龍諸鬼等　念彼觀音力　時悉不敢害
或惡獸圍繞　利牙爪可怖　念彼觀音力　疾走无邊方
蚖蛇及蝮蠍　氣毒煙火然　念彼觀音力　尋聲自迴去
雲雷鼓掣電　降雹澍大雨　念彼觀音力　應時得消散
衆生被困厄　无量苦逼身　觀音妙智力　能救世間苦
具足神通力　廣修智方便　十方諸國土　无剎不現身
種種諸惡趣　地獄鬼畜生　生老病死苦　以漸悉令滅
真觀清淨觀　廣大智慧觀　悲觀及慈觀　常願常瞻仰
无垢清淨光　慧日破諸闇　能伏災風火　普明照世間
悲體戒雷震　慈意妙大雲　澍甘露法雨　滅除煩惱焰
諍訟經官處　怖畏軍陣中　念彼觀音力　衆怨悉退散
妙音觀世音　梵音海潮音　勝彼世間音　是故須常念
念念勿生疑　觀世音淨聖　於苦惱死厄　能為作依怙
具一切功德　慈眼視衆生　福聚海无量　是故應頂礼
尒時持地菩薩即從座起前白佛言世尊若
有衆生聞是觀世音菩薩品自在之業普門
示現神通力者當知是人功德不少佛說是
普門品時衆中八万四千衆生皆發无等等
阿耨多羅三藐三菩提心
妙法蓮華經陀羅尼品第二十六
佛說解怨結陀羅尼經
如是我聞一時佛在日月宮中與無量
大菩薩衆俱普賢菩薩文殊師利
菩薩陀羅尼自在王菩薩文殊師利
菩薩等而為上首
尒時東方有佛号智炬如來南方有
佛号金光聚如來西方有佛号寶語

BD14177 號 1　妙法蓮華經（八卷本）卷八　（10–6）
BD14177 號 2　智炬陀羅尼經（異本）

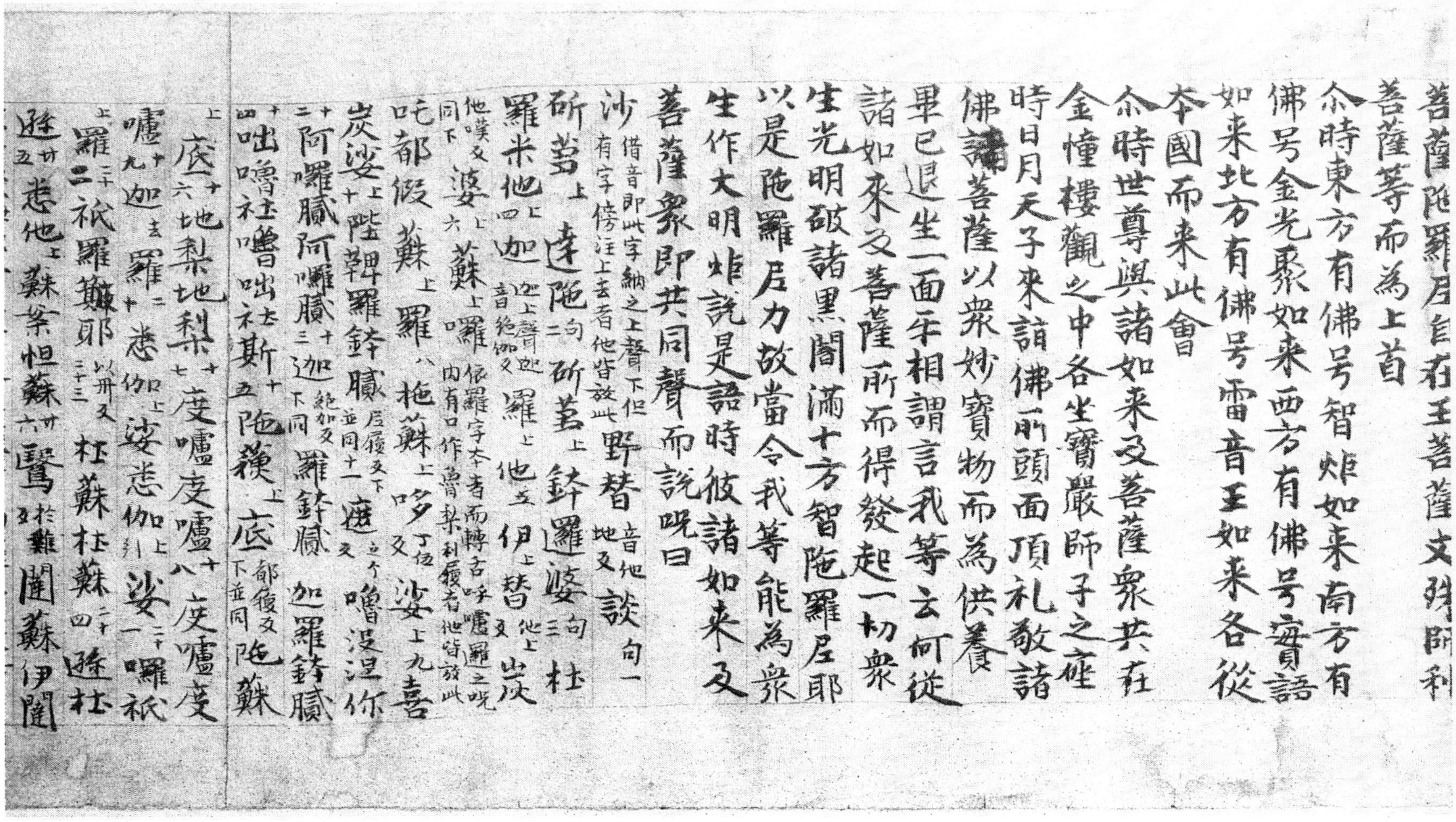

菩薩陀羅尼自在王菩薩文殊師利
菩薩等而為上首
尒時東方有佛号智炬如来南方有
佛号金光聚如来西方有佛号寶語
如来北方有佛号雷音王如来各從
本國而来此會
尒時世尊與諸如来及菩薩衆共在
金幢樓觀之中各坐寶嚴師子之座
時日月天子来詣佛所頭面頂礼敬諸
佛諸菩薩以衆妙寶物而為供養
畢已退坐一面平相謂言我等云何從
諸如来及菩薩所而得發起一切衆
生光明破諸黒闇滿十方智陁羅尼耶
以是陁羅尼力故當令我等能為衆
生作大明炬說是語時彼諸如来及
菩薩衆即共同聲而說呪曰
沙（借音即此字納之上聲下但有字傍注上去者他皆放此）野替（音他地反）談（句一）
跢（上）達陁（二句）跢（上）鉢邏婆（三句）杜
羅米他（四）迦（上）（迦上聲迦音絶伽反）羅（上）他（五）伊（上）替（他上反）㞘
（他嘆反同下）婆（上六）蘇（上）囉（上）（依羅字本音而轉舌呼之嚧邏之呪內有口作嚕梨利履者他皆放此）
吒都徦蘇（上）羅（八）柂蘇（上）哆（丁伍反）婆（上九）喜
炭婆（上十）陛鞞羅鉢臓（居履反下並同十一）邇（立个反）嚕漫涅你
（十二）阿囉臓阿囉臓（十三）迦（絶加反下同）羅鉢臓迦羅鉢臓
（十四）咄嚕社嚕咄社斯（十五）陁𧂐（上）底（都履反下並同）陁蘇
底（上十六）地梨地梨（十七）度嚧度嚧（十八）度嚧度
嚧（十九）迦（去）羅（二十）悉伽（上）婆悉伽（引）婆（二十一）囉祇
羅（上二十二）祇羅薙耶（以冊反二十三）杜蘇杜蘇（二十四）遜杜
遜（二十五）悉他（上）蘇棻恒蘇（二十六）鬐（於雞反）闉蘇伊闉

BD14177號2　智炬陀羅尼經（異本）　（10–7）

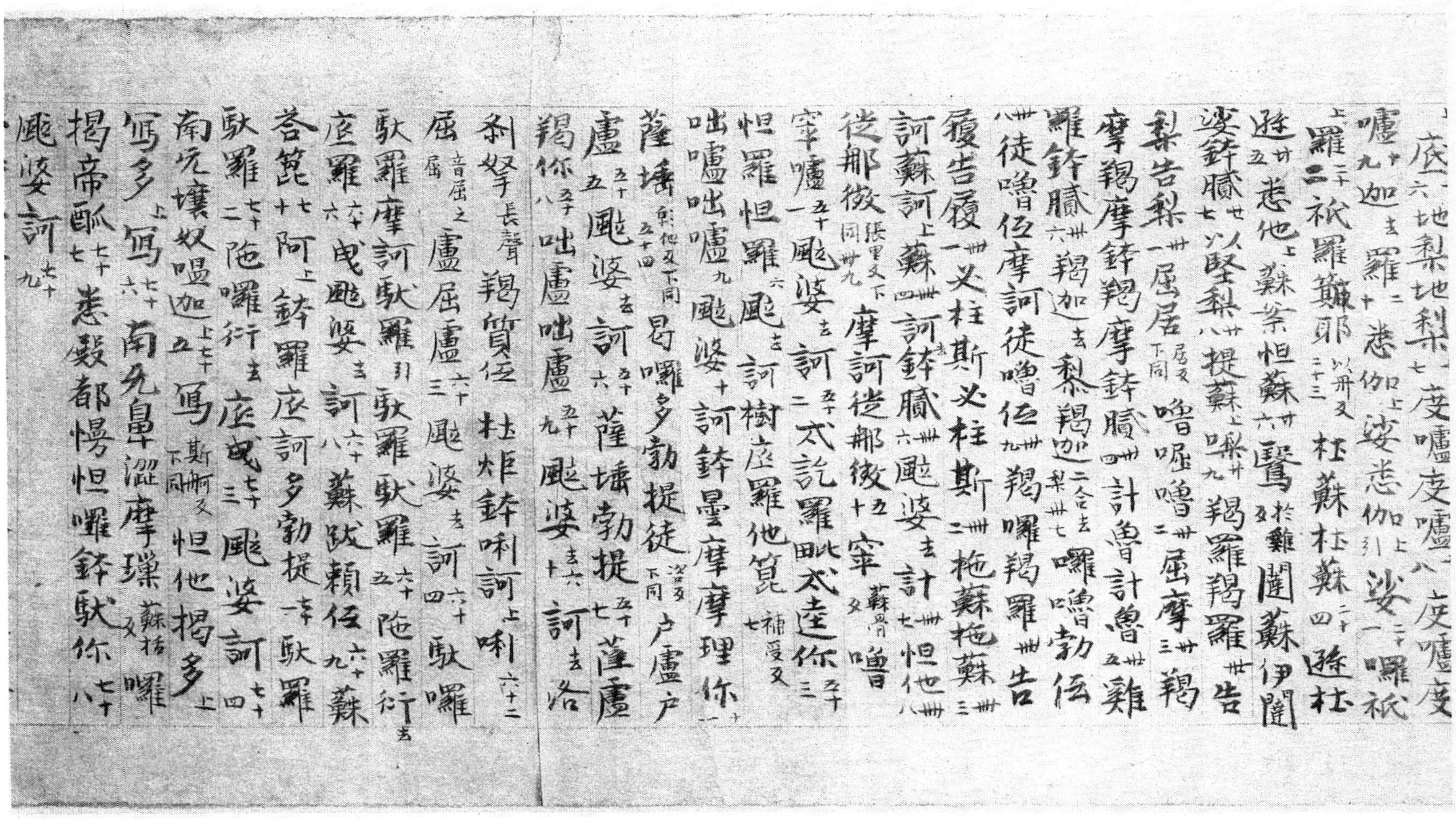

底（上十六）地梨地梨（十七）度嚧度嚧（十八）度嚧度
嚧（十九）迦（去）羅（二十）悉伽（上）婆悉伽（引）婆（二十一）囉祇
羅（上二十二）祇羅薙耶（以冊反二十三）杜蘇杜蘇（二十四）遜杜
遜（二十五）悉他（上）蘇棻恒蘇（二十六）鬐（於雞反）闉蘇伊闉
婆鉢臓（廿七）以堅梨（廿八）提蘇（上）喉（廿九）鶡羅鶡羅（卅）告
梨告梨（卅一）屈居（居反下同）嚕啞嚕（卅二）屈摩（卅三）鶡
摩鶡摩鉢鶡摩鉢臓（卅四）計魯計魯（卅五）雞
羅鉢臓（卅六）鶡迦（去）梨鶡迦（二合去）梨（卅七）囉嚕勃伍
（卅八）徒嚕伍摩訶徒嚕伍（卅九）鶡囉鶡羅（卌）告
𩕳告𩕳（卌一）必柱斯必柱斯（卌二）柂蘇柂蘇（卌三）
訶蘇訶（上）蘇（卌四）訶鉢臓（卌六）颰婆（去）計（卌七）恒他（卌八）
徙鄉徼（張里反下同卌九）摩訶徙鄉徼（五十）窣（蘇骨反）嚕
窣嚧（五十一）颰婆（去）訶（五十二）忒訖羅毗忒達你（五十三）
恒羅恒羅（六）颰（去）訶樹庢羅他筧（補𡘗反七）
咄嚧咄嚧（九）颰婆（十）訶鉢曇摩摩理你（十一）
薩𡎺（奴他反下同五十四）曷囉多勃提徒（沒多反下同）户盧户
盧（五十五）颰婆（去）訶（五十六）薩𡎺勃提（五十七）薩盧
鶡你（五十八）咄盧咄盧（五十九）颰婆（去六十）訶（去）洛
剎拏（長聲）鶡質伍杜炬鉢唎訶（上）唎（六十二）
屈（音屈之屈）盧屈盧（六十三）颰婆（去）訶（六十四）馱囉
馱羅摩訶馱羅（引）馱羅馱羅（六十五）陁羅衍（去）
庢羅（六十六）毘颰婆（去）訶（六十八）蘇𨁈賴伍（六十九）蘇
荅筧（七十）阿（上）鉢羅庢訶多勃提（七十一）馱羅
馱羅（七十二）陁囉衍（去）庢毗（七十三）颰婆訶（七十四）
南宄壤奴嗢迦（上七十五）寫（斯啊反下同）恒他揭多（上）
寫多（上七十六）南宄皐澀摩璪（蘇栝反）囉
揭帝䣛（七十七）悉穀都愓恒囉鉢馱你（七十八）
颰婆訶（七十九）

BD14177號2　智炬陀羅尼經（異本）　（10–8）

駄蒙二陀喝利座因三風娑訶四
南无壞奴嗢迦七十五上寫斯訶反下同怛他揭多上
寫多上寫七十六南无阜濕摩璨蘇括反囉
揭帝甌七十七恙穀都惕怛囉鉢馱你七十八
颰娑訶七十九
尒時普賢菩薩告日月天子言諸天子
此陀羅尼八十八億諸佛如來為欲利益
諸衆生故之所演說諸天子優曇鉢花
猶可易現　此陀羅尼出現甚難諸
天子諸佛出世猶不值遇此陀羅尼得值
甚難　此陀羅尼猶可易得誦持之者
斯復轉難諸天子若欲救拔造五逆罪謗正法
人當受阿鼻地獄苦者可於閑處淨塗其地隨
其所辦種種香花而為供養於三七中晝
夜六時讀誦此陀羅尼呪以是陀羅尼威神力
故令阿鼻地獄應時破地壞散為百千分是
中衆生即得解脫何况在於人間而得聞
者當知是人則為諸佛及我等菩薩之所
護念諸天子於此所說勿生疑惑佛說此
經已日月天衆等皆大歡喜信受奉行
佛說解怨結經一卷

BD14177 號 2　智炬陀羅尼經（異本）　（10–9）

天子諸佛出世猶不值遇此陀羅尼得值
甚難　此陀羅尼猶可易得誦持之者
斯復轉難諸天子若欲救拔造五逆罪謗正法
人當受阿鼻地獄苦者可於閑處淨塗其地隨
其所辦種種香花而為供養於三七中晝
夜六時讀誦此陀羅尼呪以是陀羅尼威神力
故令阿鼻地獄應時破地壞散為百千分是
中衆生即得解脫何况在於人間而得聞
者當知是人則為諸佛及我等菩薩之所
護念諸天子於此所說勿生疑惑佛說此
經已日月天衆等皆大歡喜信受奉行
佛說解怨結經一卷

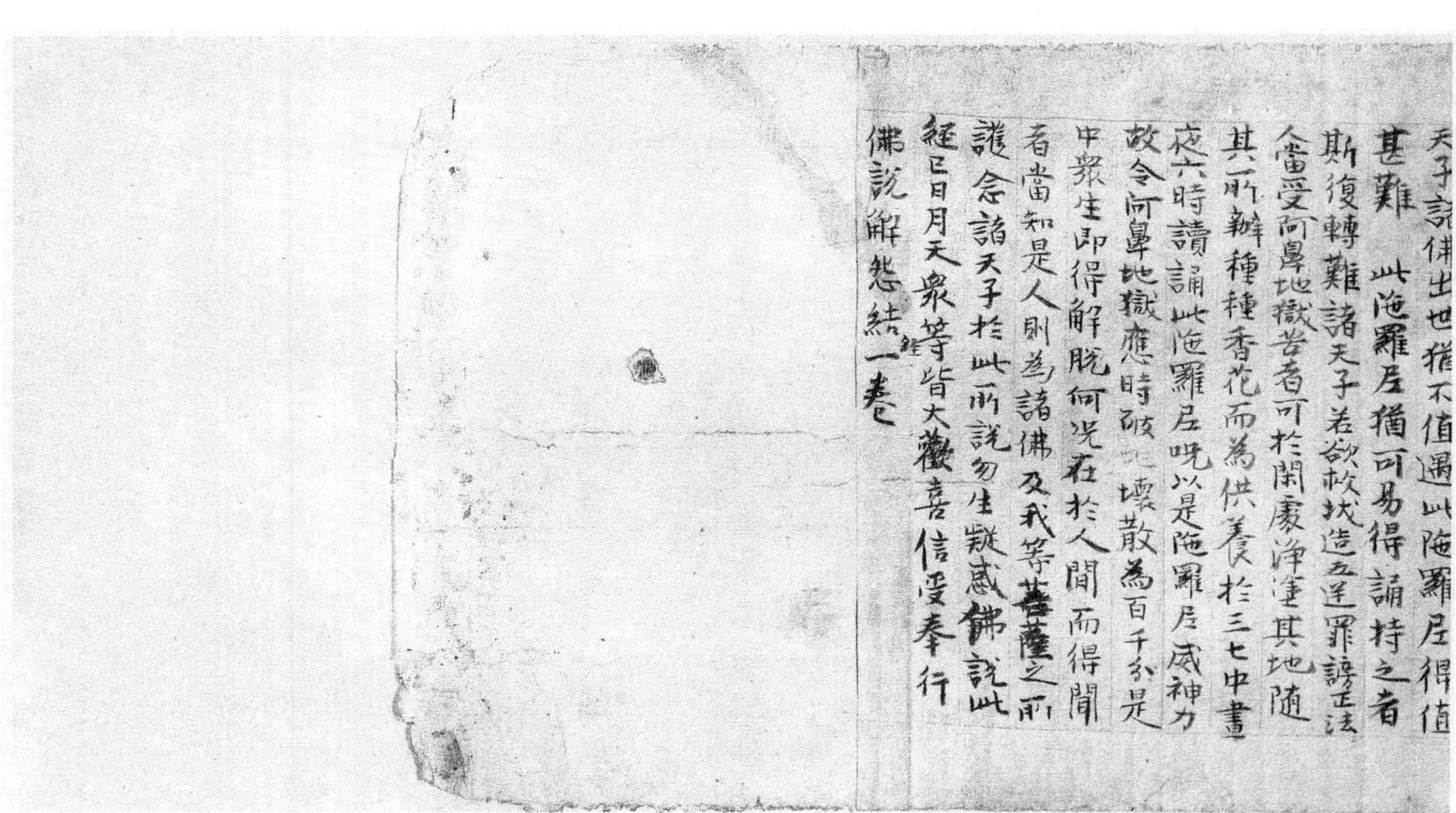

BD14177 號 2　智炬陀羅尼經（異本）　（10–10）

又舍利弗極樂國土眾生生者皆是阿鞞跋
致其中多有一生補處其數甚多非是筭數
所能知之但可以无量无邊阿僧祇劫說舍
利弗眾生聞者應當發願願生彼國所以者
何得與如是諸上善人俱會一處舍利弗不
可以少善根福德因緣得生彼國舍利弗若
有善男子善女人聞說阿弥陁佛執持名号
若一日若二日若三日若四日若五日若六
日若七日一心不亂其人臨命終時阿弥
陁佛與諸聖眾現在其前是人終時心不顛
倒即得往生阿弥陁佛極樂國土舍利弗我
見是利故說此言若有眾生聞是說者應當
發願生彼國土
舍利弗如我今者讚嘆阿弥陁佛不可思議
功德東方亦有阿閦鞞佛須弥相佛大須弥
佛須弥光佛妙音佛如是等恒河沙數諸佛
各於其國出廣長舌相遍覆三千大千世界
說誠實言汝等眾生當信是稱讚不可思議

BD14178號1　阿彌陀經　（4–1）

發願生彼國土
舍利弗如我今者讚嘆阿弥陁佛不可思議
功德東方亦有阿閦鞞佛須弥相佛大須弥
佛須弥光佛妙音佛如是等恒河沙數諸佛
各於其國出廣長舌相遍覆三千大千世界
說誠實言汝等眾生當信是稱讚不可思議
功德一切諸佛所護念經
舍利弗南方世界有日月燈佛名聞光佛大
焰肩佛須弥燈佛无量精進佛如是等恒河
沙數諸佛各於其國出廣長舌相遍覆三千
大千世界說誠實言汝等眾生當信是稱讚
不可思議功德一切諸佛所護念經
舍利弗西方世界有无量壽佛无量相佛
无量幢佛大光佛大明佛寶相佛淨光佛如
是等恒河沙數諸佛各於其國出廣長舌相
遍覆三千大千世界說誠實言汝等眾生當
是稱讚不可思議功德一切諸佛所護念經
舍利弗北方世界有焰肩佛最勝音佛難沮
佛日生佛網明佛如是等恒河沙數諸佛各
於其國出廣長舌相遍覆三千大千世界說
誠實言汝等眾生當信是稱讚不可思議功
德一切諸佛所護念經
舍利弗下方世界有師子佛名聞佛名光佛
達摩佛法幢佛持法佛如是等恒河沙數諸
佛各於其國出廣長舌相遍覆三千大千世
界說誠實言汝等眾生當信是稱讚不可思
議功德一切諸佛所護念經
舍利弗上方世界有梵音佛宿王佛香上佛

BD14178號1　阿彌陀經　（4–2）

佛各於其國出廣長舌相遍覆三千大千世
界說誠實言汝等衆生當信是稱讚不可思
議功德一切諸佛所護念經
舍利弗上方世界有梵音佛宿王佛香上佛
香光佛大焰肩佛雜色寶華嚴身佛娑羅
樹王佛寶華德佛見一切義佛如須彌山佛
如是等恒河沙數諸佛各於其國出廣長舌
相遍覆三千大千世界說誠實言汝等衆生
當信是稱讚不可思議功德一切諸佛所護
念經
舍利弗於汝意云何何故名一切諸佛所護
念經舍利弗若有善男子善女人聞是諸佛
所說名及經名者是諸善男子善女人皆為一
切諸佛共所護念皆得不退轉於阿耨多羅
三藐三菩提是故舍利弗汝等皆當信受我
語及諸佛所說舍利弗若有人已發願今發
願當發願欲生阿弥陀佛國者是諸人等皆
得不退轉於阿耨多羅三藐三菩提於彼
國土若已生若今生若當生是故舍利弗諸
善男子善女人若有信者應當發願生彼國土
舍利弗如我今者稱讚諸佛不可思議功德
彼諸佛等亦稱說我不可思議功德而作是
言釋迦牟尼佛能為甚難希有之事能於娑
婆國土五濁惡世劫濁見濁煩惱濁衆生濁
命濁中得阿耨多羅三藐三菩提為諸衆生
說是一切世間難信之法舍利弗當知我於
五濁惡世行此難事得阿耨多羅三藐三菩

BD14178 號 1　阿彌陀經　（4–3）

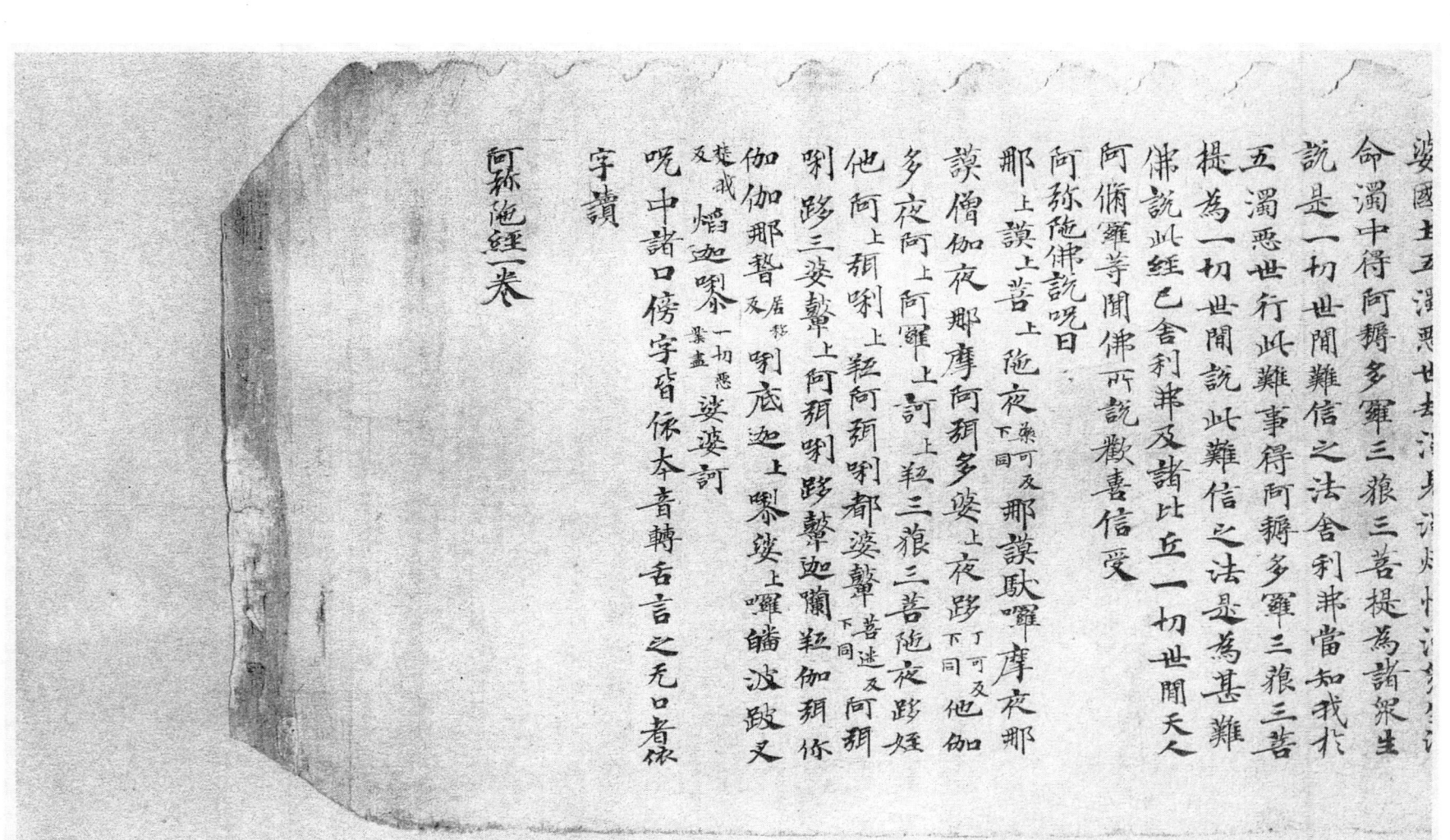

婆國土五濁惡世劫濁見濁煩惱濁衆生濁
命濁中得阿耨多羅三藐三菩提為諸衆生
說是一切世間難信之法舍利弗當知我於
五濁惡世行此難事得阿耨多羅三藐三菩
提為一切世間說此難信之法是為甚難
佛說此經已舍利弗及諸比丘一切世間天人
阿脩羅等聞佛所說歡喜信受
阿弥陀佛說呪曰
那上謨上菩上陁夜藥可反下同那謨馱囉摩夜那
謨僧伽夜那摩阿弭多婆上夜跢丁可反下同他伽
多夜阿上囉上訶上羝三藐三菩陁夜跢姪
他阿上弭唎上羝阿弭唎都婆鞞菩迷反下同阿弭
唎跢三婆鞞上阿弭唎跢鞞迦蘭羝伽弭你
伽伽那砮居祢反唎底迦上𠻬婆上囉餔波跛叉
楚我反焰迦𠻬一切惡業盡娑婆訶
呪中諸口傍字皆依本音轉舌言之无口者依
字讀

阿弥陀經一卷

BD14178 號 1　阿彌陀經　（4–4）
BD14178 號 2　阿彌陀佛說咒

衆僧是一切衆生種二福田所謂人天涅槃解
脫妙果因之得成佛說此經時无量百千衆
生人及非人或得初果乃至四果或發向耨多
羅三藐三菩提心或發聲聞辟支佛心各各
合掌礼佛右遶歡喜而去
復次波羅柰國有一輔相婆羅門其家大富多
饒財寶金銀琉璃珊瑚虎珀象馬牛羊田業
僮僕在所充足年過八十生一男兒妙色端
正人相具足父母歡喜召諸相師占相吉凶
為其立字号曰均提年始七歲父母愛念放
令出家往詣刹提羅山至如來所尒
時如來四衆圍遶為諸天龍鬼神大衆廣說
世論及出世間之法時婆羅門白佛言世尊垂
老之年生育此兒世尊大慈普覆一切今
以此兒為佛弟子佛言善來比丘鬚髮自落
袈裟著身佛為諸法亦教利喜即得道果三
明六通具八解脫尒時阿難觀察衆心咸皆有
疑即從坐起整理衣服偏袒右肩叉手合掌
白佛言世尊均提沙弥過去世時作何功德脩
何行業值遇世尊獲得道果何以速疾佛

BD14179號　大方便佛報恩經卷三　（4–1）

以此兒為佛弟子佛言善來比丘鬚髮自落
袈裟著身佛為諸法亦教利喜即得道果三
明六通具八解脫尒時阿難觀察衆心咸皆有
疑即從坐起整理衣服偏袒右肩叉手合掌
白佛言世尊均提沙弥過去世時作何功德脩
何行業值遇世尊獲得道果何以速疾佛
告阿難均提沙弥非適今世過去世時供養
父母衆僧脩妙功德遇善知識今得道果阿
難白佛言願佛說之佛告阿難善聽乃往過
去无量千歲有佛出世号毗婆尸在世教化
利益天人化緣已周遷神涅槃滅度之後於
正法中有一年少比丘道達三藏所謂阿毗
曇藏毗尼藏脩多羅藏面首端正人相具足
辯才說法有妙音聲多人所識刹利婆羅門
之所供養時有一比丘形體麁醜人相不具
加復音聲鈍重常好讚歎三寶尒時三藏
年少比丘見其聲惡即便毀罵而作是言如
是音聲不如狗吠時老比丘言汝何以見毀
罵也汝不識我耶三藏年少言我識汝汝是
毗婆尸佛正法中摩訶羅老比丘何以不識
摩訶羅言我所作已辦梵行已立不受後有
三藏比丘聞是語已心驚毛竪尒時摩訶羅
即舉右手放大光明普照十方尒時三藏即前
頭面接足作礼求哀懺悔而我愚癡不識賢聖
作是惡業令我未世得近善友值遇聖師漏
盡結解亦如大德佛告阿難尒時三藏比丘

BD14179號　大方便佛報恩經卷三　（4–2）

摩訶[illegible]
三藏比丘聞是語已心驚毛竪尒時摩訶羅
即舉右手放大光明普照十方尒時三藏即前
頭面接足作礼求哀懺悔而我愚癡不識賢聖
作是惡業今我來世得近善友值遇聖師漏
盡結解亦如大德佛告阿難尒時三藏比丘
以一惡言訶罵上坐五百身中常作狗身一
切大衆聞佛說法皆驚戰悚俱發聲言怪哉
苦哉世間毒禍莫先於口尒時无量百千人皆
立誓願而說偈言
假使熱鐵輪　在我頂上旋　終不為此苦　而發於惡言
假使熱鐵輪　在我頂上旋　終不為此苦　毀聖及善人
佛告阿難舍利弗者於諸衆生為善知識晝
夜六時常以道眼觀五道衆生所應度者尋
往度之
尒時摩端提二國中間有五百賈客經過險
路時估客主將一白狗尒時伴主初夜責肉
作食於後夜時狗偷食之明日伴主欲早飲
食求之不得飢渴所逼瞋恚內發手自持刀
斷狗四足投身坑中捨之而去其狗宛轉受大
苦惱時舍利弗於初夜時道眼遙見過夜
至旦著衣持鉢入城乞食已往詣險路至彼
狗所持食與之因為說法亦教利喜狗聞法
已慙愧不樂却後一七罪畢得出生於人中佛
告阿難尒時白狗者今均提沙弥是由過去
世毀罵賢聖墮在惡道由尋能改慙愧懺
悔發誓願故得遇善友遇善友故罪畢得出

BD14179號　大方便佛報恩經卷三　　（4–3）

苦惱時舍利弗於初夜時道眼遙見過夜
至旦著衣持鉢入城乞食已往詣險路至彼
狗所持食與之因為說法亦教利喜狗聞法
已慙愧不樂却後一七罪畢得出生於人中佛
告阿難尒時白狗者今均提沙弥是由過去
世毀罵賢聖墮在惡道由尋能改慙愧懺
悔發誓願故得遇善友遇善友故罪畢得出
生於人中遇佛世尊即得漏盡佛告阿難當
念父母及善知識恩是故知恩常當報恩善
知識者是大因緣佛說此經時无量百千衆
生發阿耨多羅三藐三菩提心乃至聲聞辟
支佛心一切大衆聞佛說法歡喜踊躍作
礼而去

報恩經卷第三

BD14179號　大方便佛報恩經卷三　　（4–4）

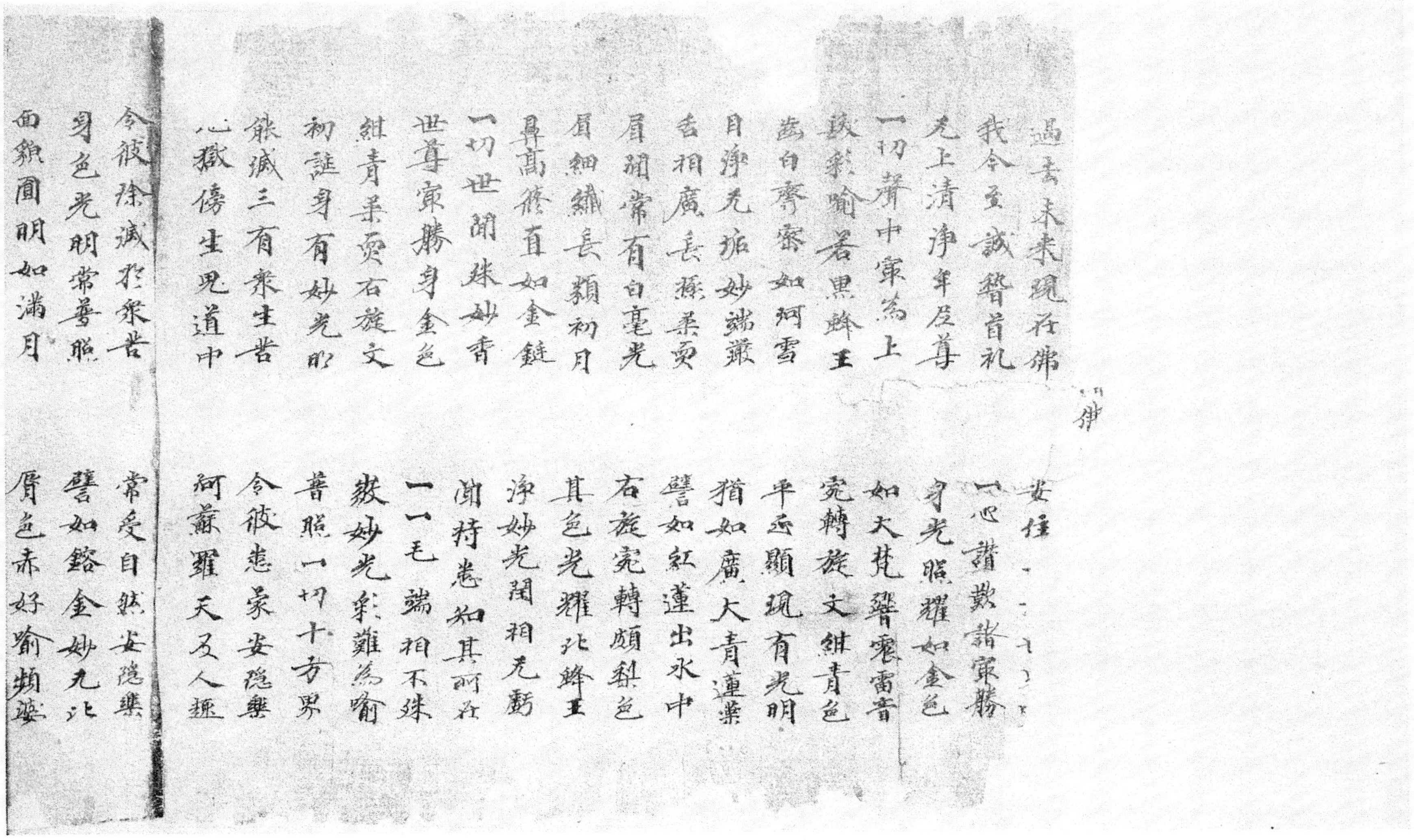
過去未來現在佛　安住……
我今至誠稽首礼　一心讚歎諸最勝
无上清淨牟尼尊　身光照耀如金色
一切聲中最為上　如大梵聲震雷音
髮彩喻若黑蜂王　宛轉旋文紺青色
齒白齊密如珂雪　平正顯現有光明
目淨无垢妙端嚴　猶如廣大青蓮葉
舌相廣長極柔耎　譬如紅蓮出水中
眉間常有白毫光　右旋宛轉頗梨色
眉細纖長類初月　其色光耀比蜂王
鼻高脩直如金鋌　淨妙光潤相无虧
一切世間殊妙香　聞時悉知其所在
世尊最勝身金色　一一毛端相不殊
紺青柔耎右旋文　微妙光彩難為喻
初誕身有妙光明　普照一切十方界
能滅三有眾生苦　令彼悉蒙安隱樂
地獄傍生餓鬼道　阿蘇羅天及人趣
令彼除滅於眾苦　常受自然安隱樂
身色光明常普照　譬如鎔金妙无比
面貌圓明如滿月　脣色赤好喻頻婆

BD14180號　金光明最勝王經卷五　（18–1）

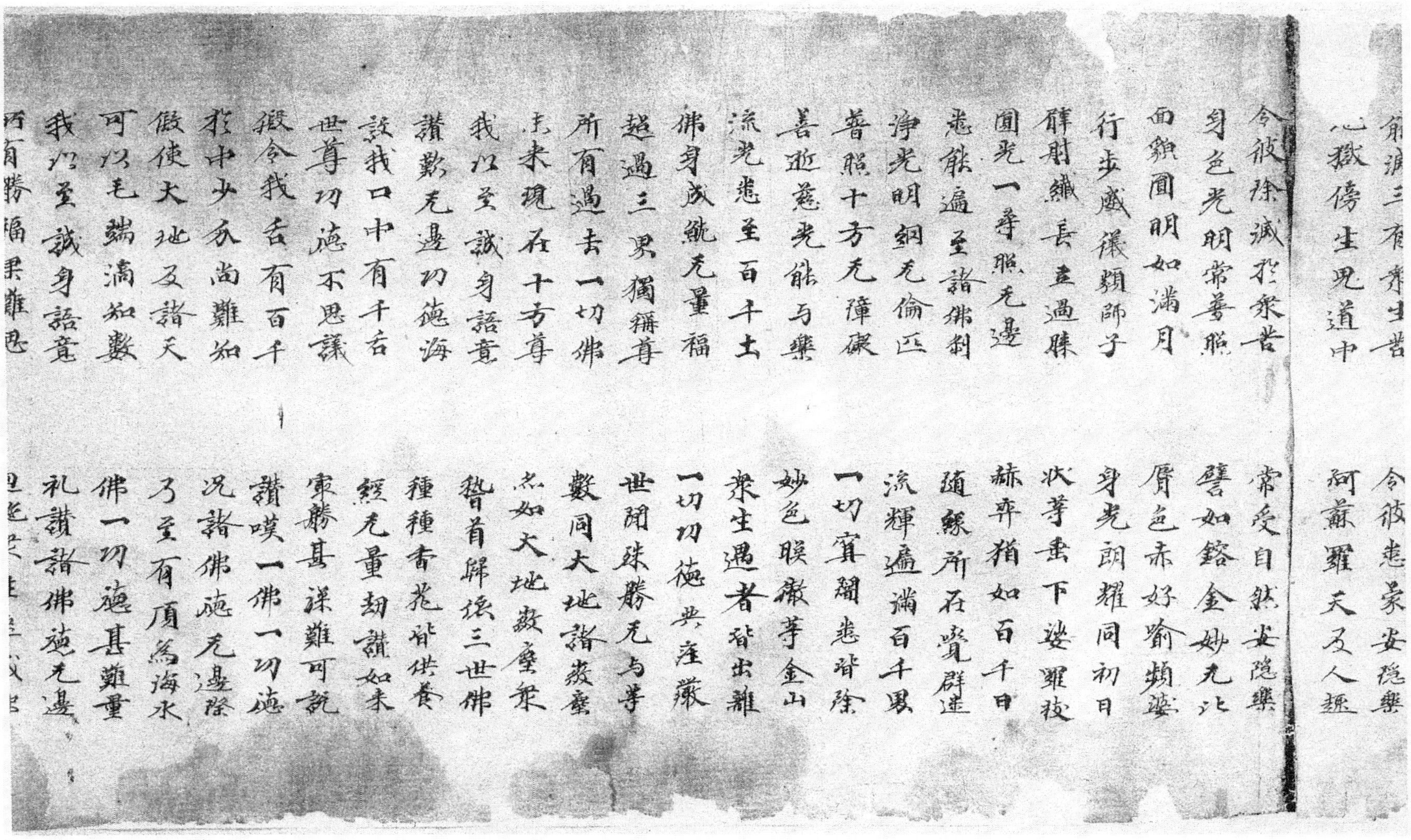
能滅三有眾生苦　令彼悉蒙安隱樂
地獄傍生餓鬼道　阿蘇羅天及人趣
令彼除滅於眾苦　常受自然安隱樂
身色光明常普照　譬如鎔金妙无比
面貌圓明如滿月　脣色赤好喻頻婆
行步威儀類師子　身光朗耀同初日
臂肘纖長立過膝　狀等垂下娑羅枝
圓光一尋照无邊　赫奕猶如百千日
悉能遍至諸佛剎　隨緣所在覺群迷
淨光明網无倫匹　流輝遍滿百千界
普照十方无障礙　一切冥闇悉皆除
善逝慈光能與樂　妙色照耀等金山
流光悉至百千土　眾生遇者皆出離
佛身成就无量福　一切功德共莊嚴
超過三界獨稱尊　世間殊勝无與等
所有過去一切佛　數同大地諸微塵
未來現在十方尊　亦如大地微塵眾
我以至誠身語意　稽首歸依三世佛
讚歎无邊功德海　種種香花皆供養
設我口中有千舌　經无量劫讚如來
世尊功德不思議　最勝甚深難可說
假令我舌有百千　讚歎一佛一功德
於中少分尚難知　況諸佛德无邊際
假使大地及諸天　乃至有頂為海水
可以毛端滴知數　佛一功德甚難量
我以至誠身語意　禮讚諸佛德无邊
所有勝福果難思　迴施眾生速成佛

BD14180號　金光明最勝王經卷五　（18–2）

假使大地及諸天　乃至有頂為海水
可以毛端滴知數　佛一切德甚難量
我以至誠身語意　禮讚諸佛德无邊
所有勝福果難思　迴施眾生速成佛
彼王讚嘆如來已　倍復深心發弘願
願我當於未來世　生在无量无數劫
夢中常見大金鼓　得聞顯說懺悔音
讚佛功德喻蓮花　願證无生成正覺
諸佛出世時一現　於百千劫甚難逢
夜夢常聞妙鼓音　晝則隨應而懺悔
我當圓滿修六度　拔濟眾生出苦海
然後得成无上覺　佛土清淨不思議
以妙金鼓奉如來　并讚諸佛實功德
因斯當見釋迦佛　記我當紹人中尊
金龍金光是我子　過去曾為善知識
世世願生於我家　共受无上菩提記
若有眾生无救護　長夜輪迴受眾苦
我於來世作歸依　令彼常得安隱樂
三有眾苦願除滅　悉得隨心安樂處
於未來世修菩提　皆如過去成佛者
願此金光懺悔福　永竭苦海罪消除
業障煩惱悉皆亡　令我速招清淨果
福智大海量无邊　清淨離垢深无底
願我獲斯功德海　速成无上大菩提
以此金光懺悔力　當獲福德淨光明
既得清淨妙光明　常以智光照一切

BD14180號　金光明最勝王經卷五

（18–3）

業障煩惱悉皆亡　令我速招清淨果
福智大海量无邊　清淨離垢深无底
願我獲斯功德海　速成无上大菩提
以此金光懺悔力　當獲福德淨光明
既得清淨妙光明　常以智光照一切
願我身光等諸佛　福德智慧亦復然
一切世界獨稱尊　威力自在无倫疋
有漏苦海願超越　无為樂海願常遊
現在福海願恒盈　當來智海願圓滿
願我剎土超三界　殊勝功德量无邊
諸有緣者悲同生　皆得速成清淨智
妙幢汝當知　國王金龍主　曾發如是願　彼即是汝身
往時有二子　金龍及金光　即銀相銀光　當受我所記
大眾聞是說　皆發菩提心　願現在未來　常依此懺悔
金光明最勝王經金勝陀羅尼品第八
尒時世尊復於眾中告善住菩薩摩訶薩善
男子有陀羅尼名曰金勝若有善男子善女
人欲求親見過去未來現在諸佛恭敬供養
者應當受持此陀羅尼何以故此陀羅尼乃
是過現未來諸佛之母是故當知持此陀羅
尼者具大福德已於過去无量佛所殖諸善
本今得受持於戒清淨不毀不缺无有障礙
決定能入甚深法門世尊即為說持呪法先
稱諸佛及菩薩名至心礼敬然後誦呪
南謨十方一切諸佛　南謨諸大菩薩摩訶薩
南謨聲聞緣覺一切賢聖
南謨釋迦牟尼佛　南謨東方不動佛

BD14180號　金光明最勝王經卷五

（18–4）

稱諸佛及菩薩名至心礼敬然後誦呪
南謨十方一切諸佛　南謨諸大菩薩摩訶薩
南謨聲聞緣覺一切賢聖
南謨釋迦牟尼佛　南謨東方不動佛
南謨南方寶幢佛　南謨西方阿弥陁佛
南謨北方天鼓音王佛　南謨上方廣衆德佛
南謨下方明德佛　南謨寶藏佛
南謨普光佛　南謨普明佛
南謨香積王佛　南謨蓮花勝佛
南謨平等見佛　南謨寶髻佛
南謨寶上佛　南謨寶光佛
南謨无垢光明佛　南謨辯才莊嚴思惟佛
南謨淨月光稱相王佛　南謨花嚴光佛
南謨光明王佛　南謨善光无垢稱王佛
南謨觀察无畏自在佛　南謨无畏名稱佛
南謨最勝王佛
南謨觀自在菩薩摩訶薩　南謨地藏菩薩摩訶薩
南謨虛空藏菩薩摩訶薩　南謨妙吉祥菩薩摩訶薩
南謨金剛手菩薩摩訶薩　南謨普賢菩薩摩訶薩
南謨无盡意菩薩摩訶薩　南謨大勢至菩薩摩訶薩
南謨慈氏菩薩摩訶薩　南謨善惠菩薩摩訶薩
陁羅尼曰
南謨曷喇怛娜怛喇夜也　怛姪他
君睇君睇　短折羅短折羅
壹窒哩蜜窒哩　莎訶
佛告善住菩薩此陁羅尼是三世佛母若有
善男子善女人持此呪者能生无量无邊

君睇君睇　短折羅短折羅
壹窒哩蜜窒哩　莎訶
佛告善住菩薩此陁羅尼是三世佛母若有
善男子善女人持此呪者能生无量无邊
福德之聚即是供養恭敬尊重讚歎无量諸
佛如是諸佛皆与此人授阿耨多羅三藐三菩
提記善住若有人能持此呪者隨其所欲衣
食財寶多聞聰慧无病長壽獲福甚多隨
所願求无不遂意善住持是呪者乃至未證
无上菩提常与金城山菩薩慈氏菩薩大海菩
薩觀自在菩薩妙吉祥菩薩大氷伽羅菩薩
等而共居止為諸菩薩之所攝護善住當知
持此呪時作如是法先應誦持滿一万八遍
為前方便次於闇室莊嚴道場黑月一日清
淨洗浴著鮮潔衣燒香散花種種供養并諸
飲食入道場中先當稱礼如前所說諸佛菩
薩至心慇重悔先罪已右膝著地可誦前呪
滿一千八遍端坐思惟念其所願日未出時
於道場中食淨黑食日唯一食至十五日方
出道場能令此人福德威力不可思議隨所
願求无不圓滿若不遂意重入道場既稱心
已常持莫妄

金光明最勝王經顯空性品第九

尒時世尊說此呪已為欲利益菩薩摩訶薩
人天大衆令得悟解甚深真實第一義故重
明空性而說頌曰
我已於餘甚深經　廣說真空微妙法
今復於此經王內　略說空法不思議

尒時世尊說此呪已為欲利益菩薩摩訶薩
人天大衆令得悟解甚深真實第一義故重
明空性而說頌曰

我已於餘甚深經　廣說真空微妙法
今復於此經王內　略說空法不思議
於諸廣大甚深法　有情无智不能解
故我於斯重敷演　令於空法得開悟
大悲慜念有情故　以善方便勝因緣
我今於此大衆中　演說令彼明空義
當知此身如空聚　六賊依止不相知
六塵諸賊別依根　各不相知亦如是
眼根常觀於色處　耳根聽聲不斷絕
鼻根恒嗅於香境　舌根鎮嘗於美味
身根受於輕耎觸　意根了法不知厭
此等六根隨事起　各於自境生分別
識如幻化非真實　依止根處妄貪求
如人奔走空聚中　六識依根亦如是
心遍馳求隨處轉　託根緣境了諸事
常愛色聲香味觸　於法尋思无暫停
隨緣遍行於六根　如鳥飛空无障礙
藉此諸根作依處　方能了別於外境
此身无知无作者　體不堅固託緣成
皆從虛妄分別生　譬如機關由業轉
地水火風共成身　隨彼因緣招異果
同在一處相違害　如四毒蛇居一篋
此四大蛇性各異　雖居一處有昇沈
或上或下遍於身　斯等終歸於滅法
於此四種毒蛇中　地水二蛇多沈下

BD14180號　金光明最勝王經卷五　（18–7）

地水火風共成身　隨彼因緣招異果
同在一處相違害　如四毒蛇居一篋
此四大蛇性各異　雖居一處有昇沈
或上或下遍於身　斯等終歸於滅法
於此四種毒蛇中　地水二蛇多沈下
風火二蛇性輕舉　由此乖違衆病生
心識依止於此身　造作種種善惡業
當往人天三惡趣　隨其業力受身形
遭諸疾病身死後　大小便利悉盈流
膿爛蟲蛆不可樂　棄在屍林如朽木
汝等當觀法如是　云何執有我衆生
一切諸法盡无常　悉從无明緣力起
彼諸大種咸虛妄　本非實有體无生
故說大種性皆空　知此浮虛非實有
无明自性本是无　藉衆緣力和合有
於一切時失正慧　故我說彼為无明
行識為緣有名色　六處及觸受隨生
愛取有緣生老死　憂悲苦惱恒隨逐
衆苦惡業常纏迫　生死輪迴无息時
本來非有體是空　由不如理生分別
我斷一切諸煩惱　常以正智現前行
了五蘊宅悉皆空　求證菩提真實處
我開甘露大城門　示現甘露微妙器
既得甘露真實味　常以甘露施群生
我擊最勝大法鼓　我吹最勝大法螺
我然最勝大明燈　我降最勝大法雨
降伏煩惱諸怨結　建立无上大法幢
於生死海濟群迷　我當關閉三惡趣

BD14180號　金光明最勝王經卷五　（18–8）

既得甘露真實味　常以甘露施群生
我擊㝡勝大法鼓　我吹㝡勝大法螺
我然㝡勝大明燈　我降㝡勝大法雨
降伏煩惱諸怨結　建立无上大法幢
於生死海濟群迷　我當閉絕三惡趣
煩惱熾火燒衆生　无有救護无依怙
清涼甘露充足彼　身心熱惱並皆除
由是我於无量劫　恭敬供養諸如來
堅持禁戒趣菩提　求證法身安樂處
施他眼耳及手足　妻子僮僕心无悋
財寶七珎莊嚴具　隨來求者咸供給
忍等諸度皆遍修　十地圓滿成正覺
故我得稱一切智　无有衆生度量者
假使三千大千界　盡此土地生長物
所有叢林諸樹木　稻麻竹葦及枝條
此等諸物皆伐取　並悉細末作微塵
隨處積集量難知　乃至充滿虛空界
一切十方諸剎土　所有三千大千界
地土皆悉末為塵　此微塵量不可數
假使一切衆生智　以此智慧与一人
如是智者量无邊　容可知彼微塵數
牟尼世尊一念智　令彼智人共度量
於多俱胝劫數中　不能筭知其少分

時諸大衆聞佛說此甚深空性有无量衆生悉能了達四大五蘊體性俱空六根六境妄生繫縛願捨輪迴正修出離深心慶喜如說奉持

時諸大衆聞佛說此甚深空性有无量衆生悉能了達四大五蘊體性俱空六根六境妄生繫縛願捨輪迴正修出離深心慶喜如說奉持

金光明㝡勝王經依空滿願品第十

尒時如意寶光耀天女於大衆中聞說深法歡喜踊躍從座而起偏袒右肩右膝著地合掌恭敬白佛言世尊唯願為說於甚深理修行之法而說頌言

我問照世界　兩足㝡勝尊　菩薩正行法　唯願慈聽許

佛言善女天　若有疑惑者　隨汝意所問　吾當分別說

是時天女請世尊曰

云何諸菩薩　行菩提正行　離生死涅槃　饒益自他故

佛告善女天依於法界行菩提法修平等行云何依於法界行菩提法修平等行謂於五蘊能現法界法界即是五蘊五蘊不可說非五蘊亦不可說何以故若法界是五蘊即是斷見若離五蘊即是常見離於二相不著二邊不可見過所見无名无相是則名為說於法界善女天云何五蘊能現法界如是五蘊不從因緣生何以故若從因緣生者為已生故生為未生故生若已生生者何用因緣若未生生者不可得生何以故未生諸法即是非有无名无相非度量譬喻之所能及非是因緣之所生故善女天譬如鼓聲依木依皮及桴手等故得出聲如是鼓聲過去亦空未來亦空現在亦空何以故是鼓音聲不從木生不從皮生及桴手生不於三世生是則不

因緣之所生故善女天譬如鼓聲依木依皮
及桴手等故得出聲如是鼓聲過去亦空未
來亦空現在亦空何以故是鼓音聲不從木
生不從皮生及桴手生不於三世生是則不
生若不可生則不可滅若不可滅无所從來
若无所從來亦无所去若无所去則非常非
斷若非常非斷則不一不異何以故此若是
一則不異法界若如是者凡夫之人應見真
諦得於无上安樂涅槃既不如是故知不一
若言異者一切諸佛菩薩行相即是執著未
得解脫煩惱繫縛即不證阿耨多羅三藐三
菩提何以故一切聖人於行非行同真實性
是故不異故知五蘊非有非无不從因緣生
非无因緣生是聖所知非餘境故亦非言說
之所能及无名无相无因无緣亦无譬喻始
終寂靜本來自空是故五蘊能現法界善女
天若善男子善女人欲求阿耨多羅三藐三
菩提異真異俗難可思量於凡聖境體非一
異不捨於俗不離於真依於法界行菩提行
尒時世尊作是語已時善女天踊躍歡喜即
從座起偏袒右肩右膝著地合掌恭敬一心
頂礼而白佛言世尊如上所說菩提正行我
今當學是時索訶世界主大梵天王於大衆
中問如意寶光耀善女天曰此菩提行難可
脩行汝今云何於菩提行而得自在尒時善
女天答梵王曰大梵王如佛所說實是甚深
一切異生不解其義是聖境界微妙難知若
使我今依於此法得安樂住是實語者願令

BD14180 號　金光明最勝王經卷五　（18–11）

中間如意寶光耀善女天曰此菩提行難可
脩行汝今云何於菩提行而得自在尒時善
女天答梵王曰大梵王如佛所說實是甚深
一切異生不解其義是聖境界微妙難知若
使我今依於此法得安樂住是實語者願令
一切五濁惡世无量无數无邊衆生皆得金
色卅二相非男非女坐寶蓮花受无量樂雨
天妙花諸天音樂不鼓自鳴一切供養皆悉
具足時善女天說是語已一切五濁惡世所
有衆生皆悉金色具大人相非男非女坐寶
蓮花受无量樂猶如他化自在天宮无諸惡
道寶樹行列七寶蓮花遍滿世界又雨七寶
上妙天花作天伎樂如意寶光耀善女天即
轉女身作梵天身時大梵王問如意寶光耀
菩薩言仁者如何行菩提行答言梵王若水
中月行菩提行我亦行菩提行若夢中行菩
提行我亦行菩提行若陽炎行菩提行我亦
行菩提行若谷響行菩提行我亦行菩提行
時大梵王聞此說已白菩薩言仁依何義而
說此語答言梵王无有一法是實相者但由
因緣而得成故梵王言若如是者諸凡夫人
皆悉應得阿耨多羅三藐三菩提答言仁以
何意而作是說愚癡人異智慧人異菩提異
非菩提異解脫異非解脫異梵王如是諸法
平等无異於此法界真如不異无有中間而
可執著无增无減梵王譬如幻師及幻弟子
善解幻術於四衢道取諸沙土草木葉等聚
在一處作諸幻術使人觀見象衆馬衆車兵

BD14180 號　金光明最勝王經卷五　（18–12）

非菩提異解脫異非解脫異梵王如是諸法
平等无異於此法界真如不異无有中間而
可執著无增无減梵王譬如幻師及幻弟子
善解幻術於四衢道取諸沙土草木葉等聚
在一處作諸幻術使人覩見象衆馬衆車兵
等衆七寶之聚種種倉庫若有衆生愚癡无
智不能思惟不知幻本若見若聞作是思惟
我所見聞象馬等衆此是實有餘皆虛妄於
後更不審察思惟有智之人則不如是了於
幻本若見若聞作如是念如我所見象馬等
衆非是真實唯有幻事惑人眼目妄謂象等
及諸倉庫有名无實如我見聞不執爲實後
時思惟知其虛妄是故智者了一切法皆无
實體但隨世俗如見如聞表宣其事思惟諦
理則不如是復由假說顯實義故梵王愚癡
異生未得出世聖慧之眼未知一切諸法真
如不可說故是諸凡愚若見若聞行非行法
如是思惟便生執著謂以爲實於第一義不
能了知諸法真如是不可說是諸聖人若見
若聞行非行法隨其力能不生執著以爲實
有了知一切无實行法无實非行法但妄思
量行非行相唯有名字无有實體是諸聖人
隨世俗說爲欲令他知真實義如是梵王是
諸聖人以聖智見了法真如不可說故行非
行法亦復如是令他證知故說種種世俗名
言時大梵王問如意寶光耀菩薩言有几衆
生能解如是甚深正法答言梵王有衆幻人
心心數法能解如是甚深正法梵王曰此幻

BD14180號　金光明最勝王經卷五　（18–13）

行法亦復如是令他證知故說種種世俗名
言時大梵王問如意寶光耀菩薩言有几衆
生能解如是甚深正法答言梵王有衆幻人
心心數法能解如是甚深正法梵王曰此幻
化人體是非有此之心數從何而生答曰若
知法界不有不无如是衆生能解深義
尒時梵王白佛言世尊是如意寶光耀菩薩
不可思議通達如是甚深之義佛言如是如
是梵王如汝所言此如意寶光耀已教汝等
發心修學无生忍法是時大梵天王与諸梵
衆從座而起偏袒右肩合掌恭敬頂礼如意
寶光耀菩薩足作如是言希有希有我等今
日幸遇大士得聞正法
尒時世尊告梵王言是如意寶光耀於未來
世當得作佛号寶焰吉祥藏如來應正遍知
明行圓滿善逝世間解无上士調御丈夫天
人師佛世尊說是品時有三千億菩薩於阿
耨多羅三藐三菩提得不退轉八千億天子
无量无數國王臣民遠塵離垢得法眼淨
尒時會中有五十億苾芻行菩薩行欲退菩
提心聞如意寶光耀菩薩說是法時皆得堅
固不可思議滿足上願更復發起菩提之心
各自脫衣供養菩薩重發无上勝進之心作
如是願願令我等功德善根悉皆不退迴向
阿耨多羅三藐三菩提梵王是諸苾芻依此
功德如說修行過九十大劫當得解悟出離
生死尒時世尊即爲授記汝諸苾芻過卅阿

BD14180號　金光明最勝王經卷五　（18–14）

各自脫衣供養菩薩重發无上勝進之心作
如是願願令我等功德善根悉皆不退迴向
阿耨多羅三藐三菩提梵王是諸菩薩衆此
功德如說修行過九十大劫當得解悟出離
生死尒時世尊即為授記汝諸菩薩過卅阿
僧祇劫當得作佛劫名難勝光王國名无垢
光同時皆得阿耨多羅三藐三菩提皆同一
号名願莊嚴間飾王十号具足梵王是金光
明微妙經典若正聞持有大威力假使有人
於百千大劫行六波羅蜜无有方便若有善
男子善女人書寫如是金光明經半月半月
專心讀誦是功德聚於前功德百分不及一
乃至筭數譬喻所不能及梵王是故我今令
汝修學憶念受持為他廣說何以故我於往
昔行菩薩道時猶如勇士入於戰陣不惜身
命流通如是微妙經王受持讀誦為他解說
梵王譬如轉輪聖王若王在世七寶不滅王
若命終所有七寶自然滅盡梵王是金光明
微妙經王若現在世无上法寶悉皆不滅若
无是經隨處隱沒是故應當於此經王專心
聽聞受持讀誦為他解說勸令書寫行精進
波羅蜜不惜身命不憚疲勞功德中勝我諸
弟子應當如是精勤修學
尒時大梵天王與无量梵衆帝釋四王及諸
藥叉俱從座起偏袒右肩右膝著地合掌恭
敬而白佛言世尊我等皆願守護流通是金
光明微妙經典及說法師若有諸難我當除
遣令具衆善色力充足辯才无礙身意泰然
時會聽者皆受安樂所在國土若有飢饉惡

[illegible]帝釋四王及諸
藥叉俱從座起偏袒右肩右膝著地合掌恭
敬而白佛言世尊我等皆願守護流通是金
光明微妙經典及說法師若有諸難我當除
遣令具衆善色力充足辯才无礙身意泰然
時會聽者皆受安樂所在國土若有飢饉惡
賊非人為惱害者我等天衆皆為擁護使
其人民安隱豐樂无諸枉橫皆是我等天衆
之力若有供養是經典者我等亦當恭敬供
養如佛不異
尒時佛告大梵天王及諸梵衆乃至四王諸
藥叉等善哉善哉汝等得聞甚深妙法復
能於此微妙經王發心擁護及持經者當獲
无邊殊勝之福速成无上正等菩提時梵
王等聞佛語已歡喜頂受
金光明最勝王經四天王觀察人天品第一
尒時多聞天王持國天王增長天王廣目天
王俱從座起偏袒右肩右膝著地合掌向佛
禮佛足已白言世尊是金光明最勝王經一
切諸佛常念觀察一切菩薩之所恭敬一切
天龍常所供養及諸天衆常生歡喜一切護
世稱揚讚嘆聲聞獨覺皆共受持悉能明照
諸天宮殿能與一切衆生殊勝安樂止息地
獄餓鬼傍生諸趣苦惱一切怖畏悉能除殄
所有怨敵尋即退散饑饉惡時能令豐稔疾
疫病苦皆令蠲愈一切災變百千苦惱咸悉
消滅世尊是金光明最勝王經能為如是安
隱利樂饒益我等唯願世尊於大衆中廣為
宣說我等四王并諸眷屬聞此甘露无上法

疾病苦皆令蠲愈一切災變百千苦惱咸悉
消滅世尊是金光明最勝王經能爲如是安
隱利樂饒益我等唯願世尊於大衆中廣爲
宣說我等四王并諸眷屬聞此甘露无上法
味氣力充實增益威光精進勇猛神通倍勝
世尊我等四王修行正法常說正法以法化
世我等令彼天龍藥叉健闥婆阿蘇羅揭路
荼緊那羅莫呼羅伽及諸人王常以
正法而化於世遮去諸惡所有鬼神吸人精
氣无慈悲者悉令遠去世尊我等四王与二
十八部藥叉大將并与无量百千藥叉以淨
天眼過於世人觀察擁護此贍部洲世尊以
此因緣我等諸王名護世者又復於此洲中
若有國王被他怨賊常來侵擾及多飢饉疾
疫流行无量百千災厄之事世尊我等四王
於此金光明最勝王經恭敬供養若有苾芻
法師受持讀誦我等四王共往覺悟勸請其
人時彼法師由我神通覺悟力故往彼國界
廣宣流布是金光明微妙經典由經力故令
彼无量百千衰惱災厄之事悉皆除遣世尊
若諸人王於其國內有持是經苾芻法師至
彼國時當知此經亦至其國世尊時彼國王
應往法師處聽其所說聞已歡喜於彼法師
恭敬供養深心擁護令无憂惱演說此經利
益一切世尊以是緣故我等四王皆共一心
護是人王及國人民令離災患常得安隱世
尊若有苾芻苾芻尼鄔波索迦鄔波斯迦持
是經者時彼人王隨其所須供給供養令无

BD14180號　金光明最勝王經卷五　（18–17）

若有國王被他怨賊常來侵擾及多飢饉疾
疫流行无量百千災厄之事世尊我等四王
於此金光明最勝王經恭敬供養若有苾芻
法師受持讀誦我等四王共往覺悟勸請其
人時彼法師由我神通覺悟力故往彼國界
廣宣流布是金光明微妙經典由經力故令
彼无量百千衰惱災厄之事悉皆除遣世尊
若諸人王於其國內有持是經苾芻法師至
彼國時當知此經亦至其國世尊時彼國王
應往法師處聽其所說聞已歡喜於彼法師
恭敬供養深心擁護令无憂惱演說此經利
益一切世尊以是緣故我等四王皆共一心
護是人王及國人民令離災患常得安隱世
尊若有苾芻苾芻尼鄔波索迦鄔波斯迦持
是經者時彼人王隨其所須供給供養令无
乏少我等四王令彼國主及以國人悉皆安
隱遠離災患世尊若有受持讀誦是經典者
人王於此供養恭敬尊重讚嘆我等當令彼
王於諸王中恭敬尊重最爲第一諸餘國王
共所稱嘆大衆聞已歡喜受持

BD14180號　金光明最勝王經卷五　（18–18）

BD14180 號背　勘記　（1–1）

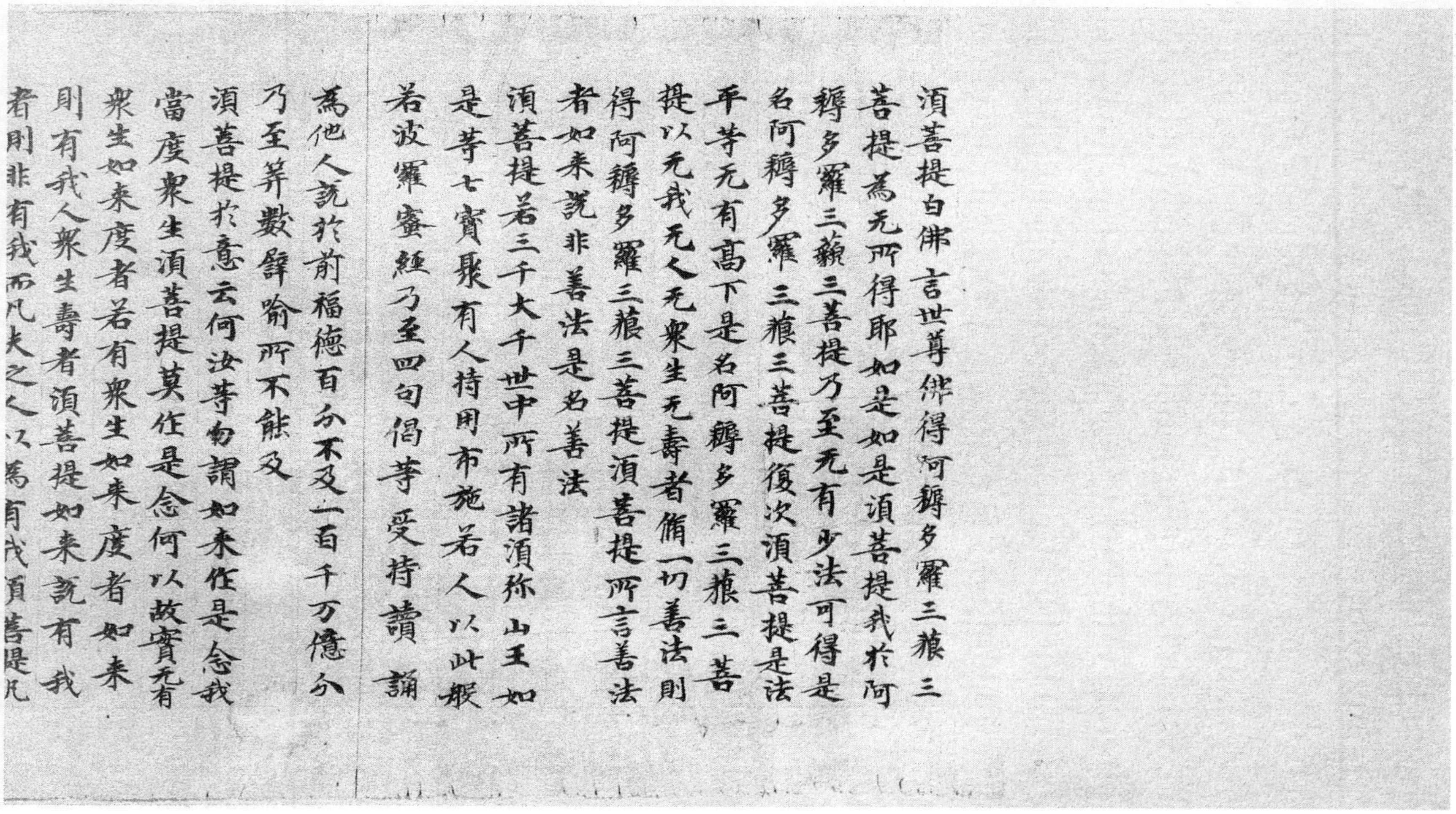

須菩提白佛言世尊佛得阿耨多羅三藐三
菩提爲无所得耶如是如是須菩提我於阿
耨多羅三藐三菩提乃至无有少法可得是
名阿耨多羅三藐三菩提復次須菩提是法
平等无有高下是名阿耨多羅三藐三菩
提以无我无人无衆生无壽者脩一切善法則
得阿耨多羅三藐三菩提須菩提所言善法
者如来說非善法是名善法
須菩提若三千大千世中所有諸須弥山王如
是等七寶聚有人持用布施若人以此般
若波羅蜜經乃至四句偈等受持讀誦
爲他人說於前福德百分不及一百千万億分
乃至筭數譬喻所不能及
須菩提於意云何汝等勿謂如来作是念我
當度衆生須菩提莫作是念何以故實无有
衆生如来度者若有衆生如来度者如来
則有我人衆生壽者須菩提如来說有我
者則非有我而凡夫之人以爲有我須菩提凡

BD14181 號　金剛般若波羅蜜經　（4–1）

乃至筭數譬喻所不能及
須菩提於意云何汝等勿謂如來作是念我
當度衆生須菩提莫作是念何以故實无有
衆生如來度者若有衆生如來度者如來
則有我人衆生壽者須菩提如來說有我
者則非有我而凡夫之人以為有我須菩提凡
夫者如來說則非凡夫
須菩提於意云何可以卅二相觀如來不須
菩提言如是如是以卅二相觀如來佛言須
菩提若以卅二相觀如來者轉輪聖王則是如
來須菩提白佛言世尊如我解佛所說義
不應以卅二相觀如來尒時世尊而說偈言
若以色見我　以音聲求我　是人行邪道　不能見如來
須菩提汝若作是念如來不以具足相故得
阿耨多羅三藐三菩提須菩提莫作是念如
來不具足相故得阿耨多羅三藐三菩提須
菩提汝若作是念發阿耨多羅三藐三菩
提者說諸法斷滅莫作是念何以故發
阿耨多羅三藐三菩提者於法不說斷滅相
須菩提若菩薩以滿恒河沙等世界七寶布施
若復有人知一切法无我得成於忍此菩薩勝
前菩薩所得功德須菩提以諸菩薩不受福德
故須菩提白佛言世尊云何菩薩不受福德須
菩提菩薩所作福德不應貪著是故說不受福
德須菩提若有人言如來若來若去若坐若卧
是人不解我所說義何以故如來者无所從
來亦无所去故名如來
須菩提若善男子善女人以三千大千世界碎

BD14181號　金剛般若波羅蜜經　（4–2）

故須菩提白佛言世尊云何菩薩不受福德須
菩提菩薩所作福德不應貪著是故說不受福
德須菩提若有人言如來若來若去若坐若卧
是人不解我所說義何以故如來者无所從
來亦无所去故名如來
須菩提若善男子善女人以三千大千世界碎
為微塵於意云何是微塵衆寧為多不甚
多世尊何以故若是微塵衆實有者佛則不
說是微塵衆所以者何佛說微塵衆則非微
塵衆是名微塵衆世尊如來所說三千大
千世界則非世界是名世界何以故若世界實
有者則是一合相如來說一合相則非一合相
是名一合相須菩提一合相者則是不可說
但凡夫之人貪著其事須菩提若人言佛說
我見人見衆生見壽者見須菩提於意云何
是人解我所說義不世尊是人不解如來所
說義何以故世尊說我見人見衆生見壽者
見即非我見人見衆生見壽者見是名我見
人見衆生見壽者見須菩提發阿耨多羅三
藐三菩提心者於一切法應如是知如是見
如是信解不生法相須菩提所言法相者如
來說即非法相是名法相須菩提若有人以
滿无量阿僧祇世界七寶持用布施若有善
男子善女人發菩薩心者持於此經乃至四
句偈等受持讀誦為人演說其福勝彼云何
為人演說不取於相如如不動何以故
一切有為法　如夢幻泡影　如露亦如電　應作如是觀
佛說是經已長老須菩提及諸比丘比丘尼優婆塞優

BD14181號　金剛般若波羅蜜經　（4–3）

但凡夫之人貪著其事須菩提若人言佛說
我見人見衆生見壽者見須菩提於意云何
是人解我所說義不世尊是人不解如來所
說義何以故世尊說我見人見衆生見壽者
見即非我見人見衆生見壽者見是名我見
人見衆生見壽者見須菩提發阿耨多羅三
藐三菩提心者於一切法應如是知如是見
如是信解不生法相須菩提所言法相者如
來說即非法相是名法相須菩提若有人以
滿无量阿僧祇世界七寶持用布施若有善
男子善女人發菩薩心者持於此經乃至四
句偈等受持讀誦為人演說其福勝彼云何
為人演說不取於相如如不動何以故
一切有為法　如夢幻泡影　如露亦如電　應作如是觀
佛說是經已長老須菩提及諸比丘比丘尼優婆塞優
婆夷一切世間天人阿脩羅聞佛所說皆大歡喜信受
奉行

金剛般若波羅蜜經

BD14181 號　金剛般若波羅蜜經　（4–4）

天人師佛世尊為无量无邊菩薩大衆恭
敬圍繞而為說法釋迦牟尼佛白毫光明遍
照其國尒時一切淨光莊嚴國中有一菩薩
名曰妙音久已殖衆德本供養親近无量百
千萬億諸佛而悉成就甚深智慧得妙幢相
三昧法華三昧淨德三昧宿王戲三昧无緣
三昧智印三昧解一切衆生語言三昧集一
切功德三昧清淨三昧神通遊戲三昧慧炬
三昧莊嚴王三昧淨光明三昧淨藏三昧不
共三昧日旋三昧得如是百千萬億恒河沙
等諸大三昧釋迦牟尼佛光照其身即白淨
華宿王智佛言世尊我當往詣娑婆世界禮
拜親近供養釋迦牟尼佛及見文殊師利法
王子菩薩藥王菩薩勇施菩薩宿王華菩薩
上行意菩薩莊嚴王菩薩藥上菩薩尒時淨
華宿王智佛告妙音菩薩汝莫輕彼國生下
劣想善男子彼娑婆世界高下不平土石諸
山穢惡充滿佛身卑小諸菩薩衆其形亦小
而汝身四萬二千由旬我身六百八十万由旬
[illegible]

BD14182 號　妙法蓮華經卷七　（6–1）

華宿王智佛告妙音菩薩汝莫輕彼國生下
劣想善男子彼娑婆世界高下不平土石諸
山穢惡充滿佛身卑小諸菩薩衆其形亦小
而汝身四萬二千由旬我身六百八十万由旬
汝身第一端正百千万福光明殊妙是故汝
往莫輕彼國若佛菩薩及國土生下劣想妙
音菩薩白其佛言世尊我今詣娑婆世界皆
是如來之力如來神通遊戲如來功德智慧
莊嚴於是妙音菩薩不起于座身不動揺而
入三昧以三昧力於耆闍崛山去法座不遠化
作八万四千衆寶蓮華閻浮檀金為莖白銀
為葉金剛為鬚甄叔迦寶以為其臺尒時文
殊師利法王子見是蓮華而白佛言世尊是何
因緣先現此瑞有若干千萬蓮華閻浮檀
金為莖白銀為葉金剛為鬚甄叔迦寶以為
其臺尒時釋迦牟尼佛告文殊師利是妙音
菩薩摩訶薩欲從淨華宿王智佛國與八
万四千菩薩圍繞而來至此娑婆世界供
養親近礼拜於我亦欲供養聽法華經文殊
師利白佛言世尊是菩薩種何善本脩何功
德而能有是大神通力行何三昧願為我等
說是三昧名字我等亦欲勤脩行之行此三
昧乃能見是菩薩色相大小威儀進止唯願世
尊以神通力彼菩薩來令我得見尒時釋迦
牟尼佛告文殊師利此久滅度多寶如來當
為汝等而現其相時多寶

BD14182 號　妙法蓮華經卷七　（6–2）

說是三昧名字我等亦欲勤脩行之行此三
昧乃能見是菩薩色相大小威儀進止唯願世
尊以神通力彼菩薩來令我得見尒時釋迦
牟尼佛告文殊師利此久滅度多寶如來當
為汝等而現其相時多寶佛告彼菩薩善
男子來文殊師利法王子欲見汝身于時妙
音菩薩於彼國沒與八万四千菩薩俱共發
來所經諸國六種震動皆悉雨於七寶蓮華
百千天樂不鼓自鳴是菩薩目如廣大青蓮
華葉正使和合百千万月其面貌端正復過
於此身真金色无量百千功德莊嚴威德熾
盛光明照曜諸相具足如那羅延堅固之身
入七寶臺上昇虛空去地七多羅樹諸菩薩
衆恭敬圍繞而來詣此娑婆世界耆闍崛山
到已下七寶臺以價直百千瓔珞持至釋迦
牟尼佛所頭面礼足奉上瓔珞而白佛言世
尊淨華宿王智佛問訊世尊少病少惱起居
輕利安樂行不四大調和不世事可忍不衆
生易度不无多貪欲瞋恚愚癡嫉妬慳慢不
无不孝父母不敬沙門耶見不善心不攝五
情不世尊衆生能降伏諸魔怨不久滅度多
寶如來在七寶塔中來聽法不又問訊多寶
如來安隱少惱堪忍久住不世尊我今欲見
多寶佛身唯願世尊示我令見尒時釋迦牟
尼佛語多寶佛是妙音菩薩欲得相見時多
寶佛告妙音言善哉善哉汝能為供養釋迦

BD14182 號　妙法蓮華經卷七　（6–3）

寶如来在七寶塔中来聽法不又問訊多寶
如来安隱少惱堪忍久住不世尊我今欲見
多寶佛身唯願世尊示我令見尒時釋迦牟
尼佛語多寶佛是妙音菩薩欲得相見時多
寶佛告妙音言善哉善哉汝能為供養釋迦
牟尼佛及聽法華經并見文殊師利等故来
至此尒時華徳菩薩白佛言世尊是妙音菩
薩種何善根脩何功徳有是神力佛告華徳
菩薩過去有佛名雲雷音王多陁阿伽度阿
羅呵三藐三佛陁國名現一切世間劫名喜
見妙音菩薩於万二千歲以十万種伎樂供
養雲雷音王佛并奉上八万四千七寶鉢以
是因緣果報今生淨華宿王智佛國有是神
力華徳於汝意云何尒時雲雷音王佛所妙
音菩薩伎樂供養奉上寶器者豈異人乎今
此妙音菩薩摩訶薩是華徳是妙音菩薩
已曾供養親近无量諸佛久殖徳本又值恒
河沙等百千万億那由他佛華徳汝但見妙音
菩薩其身在此而是菩薩現種種身處處為
諸衆生說是經典或現梵王身或現帝釋身
或現自在天身或現大自在天身或現天大將軍
身或現毗沙門天王身或現轉輪聖王身或
現諸小王身或現長者身或現居士身或現
宰官身或現婆羅門身或現比丘比丘尼優
婆塞優婆夷身或現長者居士婦女身或現
宰官婦女身或現婆羅門婦女身或現童男

BD14182號　妙法蓮華經卷七　（6–4）

諸衆生說是經典或現梵王身或現帝釋身
或現自在天身或現大自在天身或現天大將軍
身或現毗沙門天王身或現轉輪聖王身或
現諸小王身或現長者身或現居士身或現
宰官身或現婆羅門身或現比丘比丘尼優
婆塞優婆夷身或現長者居士婦女身或現
宰官婦女身或現婆羅門婦女身或現童男
童女身或現天龍夜叉乾闥婆阿脩羅迦樓
羅緊那羅摩睺羅伽人非人等身而說是經
諸有地獄餓鬼畜生及衆難處皆能救濟乃
至於王後宮變為女身而說是經華徳是妙
音菩薩能救護娑婆世界諸衆生者是妙音
菩薩如是種種變化現身在此娑婆國土為
諸衆生說是經典於神通變化智慧无所損
減是菩薩以若干智慧明照娑婆世界令一
切衆生各得所知於十方恒河沙世界中亦
復如是若應以聲聞形得度者現聲聞形而
為說法應以辟支佛形得度者現辟支佛形
而為說法應以菩薩形得度者現菩薩形而
為說法應以佛形得度者即現佛形而為說
法如是種種隨所應度而為現形乃至應以
滅度而得度者示現滅度華徳妙音菩薩摩
訶薩成就大神通智慧之力其事如是尒時
華徳菩薩白佛言世尊是妙音菩薩深種善
根世尊是菩薩住何三昧而能如是在所變
現度脫衆生佛告華徳菩薩善男子其三昧

BD14182號　妙法蓮華經卷七　（6–5）

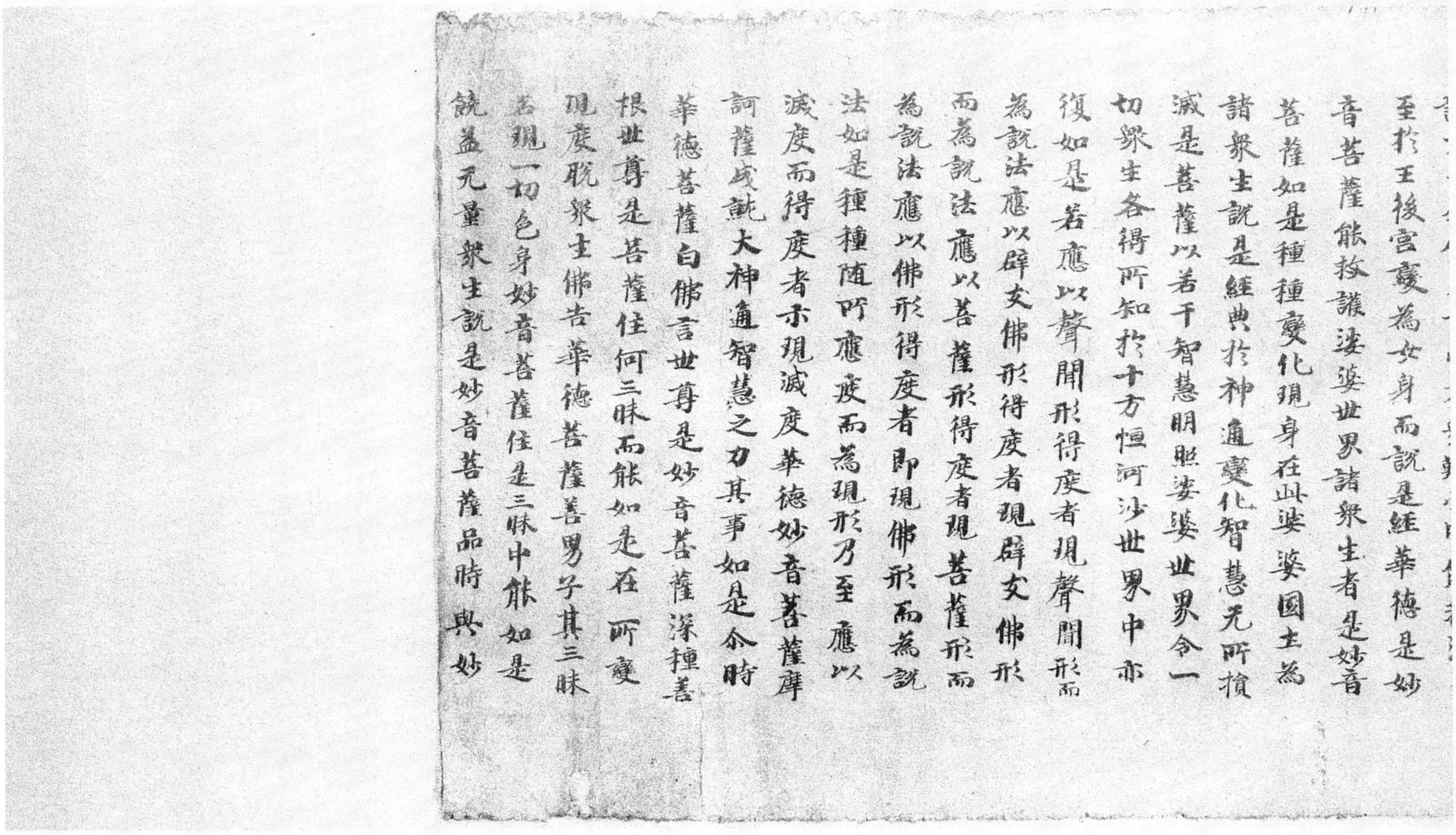

至於王後宮變為女身而說是經華德是妙
音菩薩能救護娑婆世界諸衆生者是妙音
菩薩如是種種變化現身在此娑婆國土為
諸衆生說是經典於神通變化智慧无所損
滅是菩薩以若干智慧明照娑婆世界令一
切衆生各得所知於十方恒河沙世界中亦
復如是若應以聲聞形得度者現聲聞形而
為說法應以辟支佛形得度者現辟支佛形
而為說法應以菩薩形得度者現菩薩形而
為說法應以佛形得度者即現佛形而為說
法如是種種隨所應度而為現形乃至應以
滅度而得度者示現滅度華德妙音菩薩摩
訶薩成就大神通智慧之力其事如是尒時
華德菩薩白佛言世尊是妙音菩薩深種善
根世尊是菩薩住何三昧而能如是在所變
現度脫衆生佛告華德菩薩善男子其三昧
名現一切色身妙音菩薩住是三昧中能如是
饒益无量衆生說是妙音菩薩品時與妙

BD14182號　妙法蓮華經卷七　（6–6）

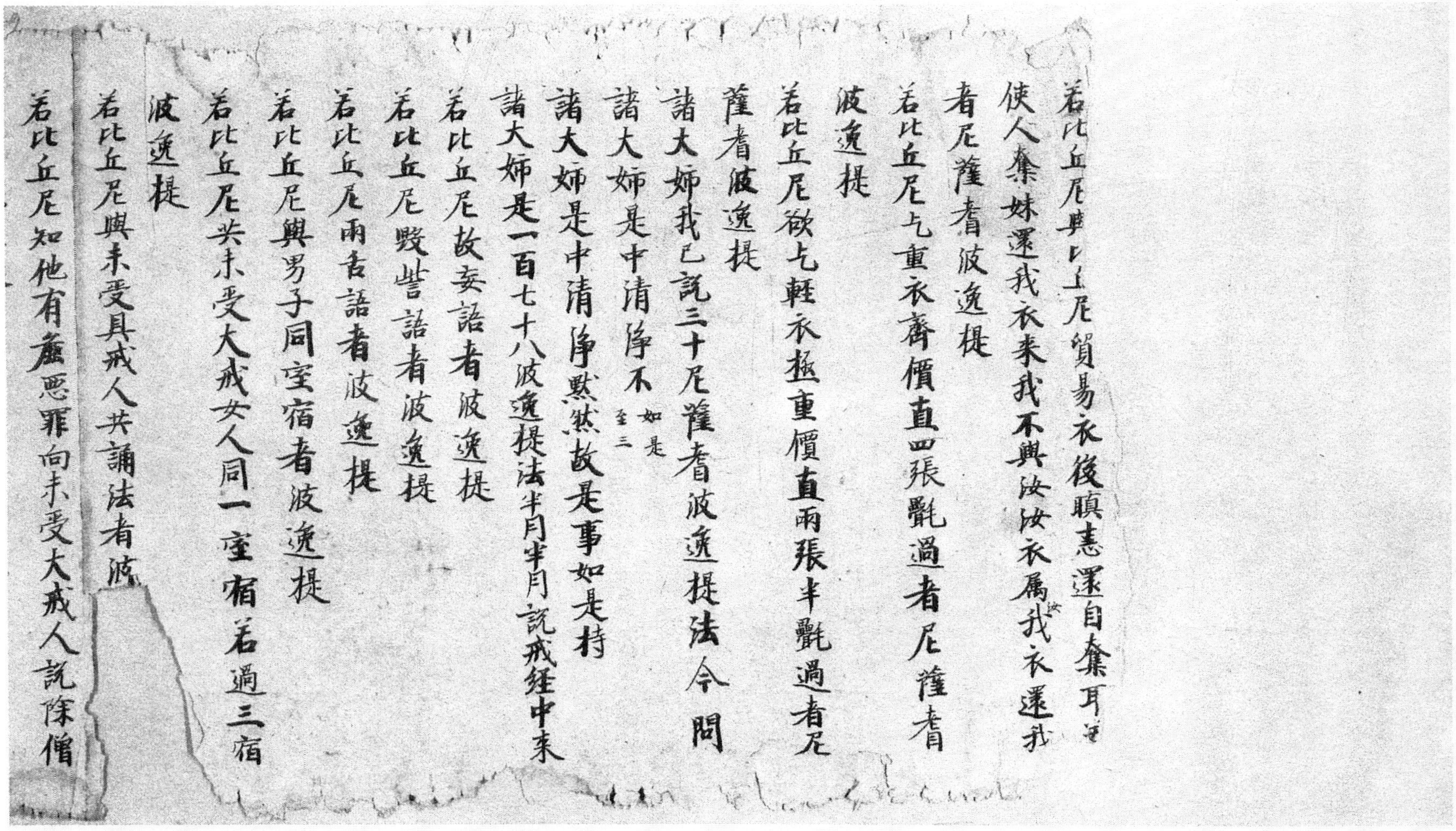

若比丘尼與比丘尼貿易衣後瞋恚還自奪取若
使人奪妹還我衣来我不與汝汝衣屬汝我衣還我
者尼薩耆波逸提
若比丘尼乞重衣齊價直四張㲲過者尼薩耆
波逸提
若比丘尼欲乞輕衣極重價直兩張半㲲過者尼
薩耆波逸提
諸大姉我已說三十尼薩耆波逸提法今問
諸大姉是中清淨不 如是 至三
諸大姉是中清淨默然故是事如是持
諸大姉是一百七十八波逸提法半月半月說戒経中来
若比丘尼故妄語者波逸提
若比丘尼毀呰語者波逸提
若比丘尼兩舌語者波逸提
若比丘尼與男子同室宿者波逸提
若比丘尼共未受大戒女人同一室宿若過三宿
波逸提
若比丘尼與未受具戒人共誦法者波
若比丘尼知他有麁惡罪向未受大戒人說除僧

BD14183號　四分比丘尼戒本　（4–1）

若比丘尼兩舌語者波逸提
若比丘尼與男子同室宿者波逸提
若比丘尼共未受大戒女人同一室宿若過三宿
波逸提
若比丘尼與未受具戒人共誦法者波
若比丘尼知他有麁惡罪向未受大戒人說除僧
羯磨波逸提
若比丘尼向未受大戒人說過人法言我知是
我見是實者波逸提
若比丘尼與男子說法過五六語除有知女人波
逸提
若比丘尼自掘地若教人掘波逸提 一十
若比丘尼壞鬼神村波逸提
若比丘尼妄作異語惱他者波逸提
若比丘尼嫌罵他者波逸提
若比丘尼取僧繩床若木牀若卧具坐褥露地自
敷若教人敷捨去不自舉不教人舉波逸提
若比丘尼於僧房中取僧卧具自敷若教人敷在
中若坐若卧從彼處捨去不自舉不教人舉者
波逸提
若比丘尼知比丘尼先住處後來於中間敷卧具
上宿念言彼若嫌迮者自當避我去作如是因
緣非餘非威儀波逸提
若比丘尼瞋他比丘尼不喜眾僧房中自牽出若
教人牽出者波逸提
若比丘尼若在重閣上脫脚繩牀若木牀若坐若

BD14183號　四分比丘尼戒本　（4–2）

上宿念言彼若嫌迮者自當避我去作如是因
緣非餘非威儀波逸提
若比丘尼瞋他比丘尼不喜眾僧房中自牽出若
教人牽出者波逸提
若比丘尼若在重閣上脫脚繩牀若木牀若坐若
卧波逸提
若比丘尼知水有虫自用澆泥若草若教人澆者
波逸提
若比丘尼作大房戶扉窻牖及餘莊飾具指授
覆苫齊二三節若過者波逸提 二十
若比丘尼施一食處無病比丘尼應一食若過受
者波逸提
若比丘尼別眾食除餘時波逸提餘時者病時
作衣時施衣時道行時船上時大會時沙門施
食時此是時
若比丘尼至檀越家殷勤請與餅麨飯比丘尼欲
須者當二三鉢應受持至寺內分與餘比丘尼食
若比丘尼無病過三鉢受持至寺中不分與餘比丘
尼食者波逸提
若比丘尼非時噉食者波逸提
若比丘尼殘宿食噉者波逸提
若比丘尼不受食及藥著口中除水楊枝波逸提
若比丘尼先受請已若前食後食行詣餘家不
囑餘比丘尼除餘時波逸提餘時者病時作衣
時施衣時此是時
若比丘尼食家中有寶強安坐者波逸提

BD14183號　四分比丘尼戒本　（4–3）

若比丘尼別衆食除餘時波逸提餘時者病時
作衣時施衣時道行時船上時大會時沙門施
食時此是時
若比丘尼至檀越家殷勤請與餅麨飯比丘尼欲
須者當二三鉢應受持至寺內分與餘比丘尼食
若比丘尼無病過三鉢受持至寺中不分與餘比丘
尼食者波逸提
若比丘尼非時噉食者波逸提
若比丘尼殘宿食噉者波逸提
若比丘尼不受食及藥著口中除水楊枝波逸提
若比丘尼先受請已若前食後食行詣餘家不
囑餘比丘尼除餘時波逸提餘時者病時作衣
時施衣時此是時
若比丘尼食家中有寶强安坐者波逸提
若比丘尼食家中有寶在屏處坐者波逸提
若比丘尼獨與男子露　三十

BD14183號　四分比丘尼戒本　（4–4）

端嚴　猶如
柔耎　譬如
毫光　右旋宛轉
初月　其色光耀比瑠
鼻高脩直如金鋌　淨妙光潤相充蔚
一切世間殊妙香　聞時悉知其所在
世尊最勝身金色　一一毛端相不殊
紺青柔耎右旋文　微妙光彩難為喻
初誕身有妙光明　普照一切十方界
能滅三有衆生苦　令彼悉蒙安隱樂
地獄傍生鬼道中　阿蘇羅天及人趣
令彼除滅於衆苦　常受自然安隱樂
身色光明常普照　譬如鎔金妙无比
面貌圓明如滿月　脣色赤好喻頻婆
行步威儀類師子　身光朗耀同初日
臂肘纖長立過膝　狀等垂下娑羅枝
圓光一尋照無邊　赫奕猶如百千日
悉能遍至諸佛刹　隨緣所在覺群迷

BD14184號　金光明最勝王經卷五　（19–1）

行步威儀類師子　身光朗耀同初日
髀肘纖長立過膝　狀等垂下娑羅枝
圓光一尋照無邊　赫弈猶如百千日
悉能遍至諸佛剎　隨緣所在覺群迷
淨光明網无倫比　流輝遍滿百千界
普照十方無障礙　一切冥闇悉皆除
善逝慈光能與樂　妙色暎徹等金山
流光悉至百千土　眾生遇者皆出離
佛身成就无量福　一切功德共莊嚴
超過三界獨稱尊　世間殊勝无與等
所有過去一切佛　數同大地諸微塵
未來現在十方尊　亦如大地微塵眾
我以至誠身語意　稽首歸依三世佛
讚歎无邊功德海　種種香花皆供養
設我口中有千舌　經无量劫讚如來
世尊功德不思議　最勝甚深難可說
假令我舌有百千　讚歎一佛一功德
於中少分尚難知　況諸佛德无邊際
假使大地及諸天　乃至有頂為海水
可以毛端滴知數　佛一功德甚難量
我以至誠身語意　禮讚諸佛德无邊
所有勝福果難思　迴施眾生速成佛
彼王讚歎如來已　倍復深心發弘願
願我當於未來世　生在无量无數劫
夢中常見大金鼓　得聞顯說懺悔音
讚佛功德喻蓮花　願證无生成正覺

所有勝福果難思　迴施眾生速成佛
彼王讚歎如來已　倍復深心發弘願
願我當於未來世　生在无量无數劫
夢中常見大金鼓　得聞顯說懺悔音
讚佛功德喻蓮花　願證无生成正覺
諸佛出世時一現　於百千劫甚難逢
夜夢常聞妙鼓音　晝則隨應而懺悔
我當圓滿於六度　拔濟眾生出苦海
然後得成无上覺　佛土清淨不思議
以妙金鼓奉如來　并讚諸佛實功德
因斯當見釋迦佛　記我當紹人中尊
金龍金光是我子　過去曾為善知識
世世願生於我家　共受无上菩提記
若有眾生无救護　長夜輪迴受眾苦
我於來世作歸依　令彼當得安隱樂
三有眾苦願除滅　悉得隨心安樂處
於未來世修菩提　皆如過去成佛者
願此金光懺悔福　永竭苦海罪消除
業障煩惱悉皆亡　令我速招清淨果
福智大海量无邊　清淨離垢深无底
願我獲斯功德海　速成无上大菩提
以此金光懺悔力　當獲福德淨光明
既得清淨妙光明　常以智光照一切
願我身光等諸佛　福德智慧亦復然
一切世界獨稱尊　威力自在无倫匹
有漏苦海願超越　無為樂海願常遊
現在福海願恒盈　當來智海願圓滿

願我身光等諸佛　福德智慧亦復然
一切世界獨稱尊　威力自在无倫匹
有漏苦海願超越　無為樂海願常遊
現在福海願恒盈　當來智海願圓滿
願我剎土超三界　殊勝功德量无邊
諸有緣者悉同生　皆得速成清淨智
妙幢汝當知　國王金龍主　曾發如是願　彼即是汝身
往時有二子　金龍及金光　即銀相銀光　當受我所記
大眾聞是說　皆發菩提心　願現在未來　常依此懺悔
金光明最勝王經金勝陀羅尼品第八
尒時世尊復於眾中告善住菩薩摩訶薩善
男子有陀羅尼名曰金勝若有善男子善女
人欲求親見過去未來現在諸佛恭敬供養者
應當受持此陀羅尼何以故此陀羅尼乃是
過現未來諸佛之母是故當知持此陀羅
尼者具大福德已於過去无量佛所殖諸善
本今得受持於戒清淨不毀不缺无有障礙
決定能入甚深法門世尊即為說持呪法先
稱諸佛及菩薩名至心礼敬然後誦呪
南謨十方一切諸佛　南謨諸大菩薩摩訶薩
南謨聲聞緣覺一切賢聖
南謨釋迦牟尼佛　南謨東方不動佛
南謨南方寶幢佛　南謨西方阿彌陀佛
南謨北方天鼓音王佛　南謨上方廣眾德佛
南謨下方明德佛　南謨寶藏佛
南謨普光佛　南謨普明佛
南謨香積王佛　南謨蓮花勝佛

BD14184號　金光明最勝王經卷五　（19–4）

南謨南方寶幢佛　南謨西方阿彌陀佛
南謨北方天鼓音王佛　南謨上方廣眾德佛
南謨下方明德佛　南謨寶藏佛
南謨普光佛　南謨普明佛
南謨香積王佛　南謨蓮花勝佛
南謨平等見佛　南謨寶髻佛
南謨寶上佛　南謨寶光佛
南謨無垢光明佛　南謨辯才莊嚴思惟佛
南謨淨月光稱相王佛　南謨花嚴光佛
南謨光明王佛　南謨善光無垢稱王佛
南謨觀察無畏自在佛　南謨無畏名稱佛
南謨最勝王佛
南謨觀自在菩薩摩訶薩　南謨地藏菩薩摩訶薩
南謨虛空藏菩薩摩訶薩　南謨妙吉祥菩薩摩訶薩
南謨金剛手菩薩摩訶薩　南謨普賢菩薩摩訶薩
南謨無盡意菩薩摩訶薩　南謨大勢至菩薩摩訶薩
南謨慈氏菩薩摩訶薩　南謨善慧菩薩摩訶薩
陀羅尼曰
南謨曷喇怛娜怛喇夜也　怛姪他
君睇　君睇　矩折囇　矩折囇
壹窒哩　蜜窒哩　莎訶
佛告善住菩薩此陀羅尼是三世佛母若有
善男子善女人持此呪者能生無量無邊福
德之聚即是供養恭敬尊重讚歎無數諸
佛如是諸佛皆與此人授阿耨多羅三藐三菩
提記善住若有人能持此呪者隨其所欲衣
食財寶多聞聰慧無病長壽獲福甚多隨所

BD14184號　金光明最勝王經卷五　（19–5）

德之聚即是供養恭敬尊重讚歎無數諸
佛如是諸佛皆與此人授阿耨多羅三藐三菩
提記善住若有人能持此呪者隨其所欲衣
食財寶多聞聰慧無病長壽獲福甚多隨所
願求無不遂意善住持是呪者乃至未證無
上菩提常與金城山菩薩慈氏菩薩大海菩
薩觀自在菩薩妙吉祥菩薩大氷伽羅菩薩
等而共居止為諸菩薩之所攝護善住當知
持此呪時作如是法先應誦持滿一万八遍
為前方便次於闇室莊嚴道場黑月一日清
淨洗浴著鮮潔衣燒香散花種種供養并諸
飲食入道場中先當稱礼如前所說諸佛菩
薩至心慇重悔先罪已右膝著地可誦前呪
滿一千八遍端坐思惟念其所願日未出時於
道場中食淨黑食日唯一食至十五日方
出道場能令此人福德威力不可思議隨所
願求無不圓滿若不遂意重入道場既稱心
已常持莫忘

金光明最勝王經顯空性品第九

尒時世尊說此呪已為欲利益菩薩摩訶薩
人天大眾令得悟解甚深真實第一義故重
明空性而說頌曰

我已於餘甚深經　廣說真空微妙法
今復於此經王內　略說空法不思議
於諸廣大甚深法　有情無智不能解
故我於斯重敷演　令於空法得開悟

我已於餘甚深經　廣說真空微妙法
今復於此經王內　略說空法不思議
於諸廣大甚深法　有情無智不能解
故我於斯重敷演　令於空法得開悟
大悲哀愍有情故　以善方便勝因緣
我今於此大眾中　演說令彼明空義
當知此身如空聚　六賊依止不相知
六塵諸賊別依根　各不相知亦如是
眼根常觀於色處　耳根聽聲不斷絕
鼻根恒齅於香境　舌根鎮嘗於美味
身根受於輕耎觸　意根了法不知厭
此等六根隨事起　各於自境生分別
識如幻化非真實　依止根處妄貪求
如人奔走空聚中　六識依根亦如是
心遍馳求隨處轉　託根緣境了諸事
常受色聲香味觸　於法尋思無暫停
隨緣遍行於六根　如鳥飛空無障礙
藉此諸根作依處　方能了別於外境
此身無知無作者　體不堅固託緣成
皆從虛妄分別生　譬如機關由業轉
地水火風共成身　隨彼因緣招異果
同在一處相違害　如四毒蛇居一篋
此四大蛇性各異　雖居一處有昇沉
或上或下遍於身　斯等終歸於滅法
於此四種毒蛇中　地水二蛇多沉下
風火二蛇性輕舉　由此乖違眾病生
心識依止於此身　造作種種善惡業

此四大虵性各異　雖居一處有昇沉
或上或下遍於身　斯等終歸於滅法
於此四種毒虵中　地水二虵多沉下
風火二虵性輕舉　由此乖違衆病生
心識依止於此身　造作種種善惡業
當往人天三惡趣　隨其業力受身形
遭諸疾病身死後　大小便利悉盈流
膿爛蟲蛆不可樂　棄在屍林如朽木
汝等當觀法如是　云何執有我衆生
一切諸法盡無常　悉從無明緣力起
彼諸大種咸虛妄　本非實有體無生
故說大種性皆空　知此浮虛非實有
無明自性本是無　藉衆緣力和合有
於一切時失正慧　故我說彼為無明
行識為緣有名色　六處及觸受隨生
愛取有緣生老死　憂悲苦惱恒隨逐
衆苦惡業常纏迫　生死輪迴無息時
本來非有體是空　由不如理生分別
我斷一切諸煩惱　常以正智現前行
了五蘊宅悉皆空　求證菩提真實處
我開甘露大城門　示現甘露微妙器
既得甘露真實味　常以甘露施群生
我擊最勝大法鼓　我吹最勝大法螺
我然最勝大明燈　我降最勝大法雨
降伏煩惱諸怨結　建立無上大法幢
於生死海濟群迷　我當關閉三惡趣

BD14184號　金光明最勝王經卷五　（19–8）

我擊最勝大法鼓　我吹最勝大法螺
我然最勝大明燈　我降最勝大法雨
降伏煩惱諸怨結　建立無上大法幢
於生死海濟群迷　我當關閉三惡趣
煩惱熾火燒衆生　無有救護無依止
清涼甘露充足彼　身心熱惱並皆除
由是我於無量劫　恭敬供養諸如來
堅持禁戒趣菩提　求證法身安樂處
施他眼耳及手足　妻子僮僕心無悋
財寶七珍莊嚴具　隨來求者咸供給
忍等諸度皆遍修　十地圓滿成正覺
故我得稱一切智　無有衆生度量者
假使三千大千界　盡此土地生長物
所有叢林諸樹木　稻麻竹葦及枝條
此等諸物皆伐取　並悉細末作微塵
隨處積集量難知　乃至充滿虛空界
一切十方諸剎土　所有三千大千界
地土皆悉末為塵　此微塵量不可數
假使一切衆生智　以此智慧與一人
如是智者量無邊　容可知彼微塵數
牟尼世尊一念智　令彼智人共度量
於多俱胝劫數中　不能筭知其少分
時諸大衆聞佛說此甚深空性有無量衆
生悉能了達四大五蘊體性俱空六根六境
妄生繫縛願捨輪迴正修出離深心慶喜
如說奉持
金光明最勝王經依空滿願品第十

BD14184號　金光明最勝王經卷五　（19–9）

生悉能了達四大五蘊體性俱空六根六境
妄生繫縛願捨輪迴正修出離深心慶喜
如說奉持
金光明最勝王經依空滿願品第十
尒時如意寶光耀天女於大衆中聞說深法
歡喜踊躍從座而起偏袒右肩右膝著地合
掌恭敬白佛言世尊唯願爲說於甚深理修
行之法而說頌言
我問照世界　兩足最勝尊　菩薩正行法　唯願慈聽許
佛言善女天　若有疑惑者　隨汝意所問　吾當分別說
是時天女請世尊曰
云何諸菩薩　行菩提正行　離生死涅槃　饒益自他故
佛告善女天依於法界行菩提法修平等行
云何依於法界行菩提法修平等行謂於五
蘊能現法界法界即是五蘊五蘊不可說非
五蘊亦不可說何以故若法界是五蘊即是
斷見若離五蘊即是常見離於二相不著二
邊不可見過所見無名無相是則名爲說於
法界善女天云何五蘊能現法界如是五蘊
不從因緣生何以故若從因緣生者爲已生
故生爲未生故生若已生生者何用因緣若
未生生者不可得生何以故未生諸法即是
非有無名無相非校量譬喻之所能及非是
因緣之所生故善女天譬如鼓聲依木依皮
及桴手等故得出聲如是鼓聲過去亦空未
來亦空現在亦空何以故是聲音聲不從木
生不從皮生及桴手生不於三世生是則不

BD14184號　金光明最勝王經卷五　（19–10）

非有無名無相非校量譬喻之所能及非是
因緣之所生故善女天譬如鼓聲依木依皮
及桴手等故得出聲如是鼓聲過去亦空未
來亦空現在亦空何以故是聲音聲不從木
生不從皮生及桴手生不於三世生是則不
生若不可生則不可滅若不可滅無所從來
若無所從來亦無所去若無所去則非常非
斷若非常非斷則不一不異何以故此若是
一則不異法界若如是者凡夫之人應見真
諦得於無上安樂涅槃既不如是故知不一
若言異者一切諸佛菩薩行相即執著未
得解脫煩惱繫縛即不證阿耨多羅三藐三
菩提何以故一切聖人於行非行同真實性
是故不異故知五蘊非有非無不從因緣生
非無因緣生是聖所知非餘境故亦非言說之
所能及無名無相無因緣無緣亦無譬喻始
終寂靜本來自空是故五蘊能現法界善女
天若善男子善女人欲求阿耨多羅三藐三
菩提異真異俗難可思量於凡聖境體非一
異不捨於俗不離於真依於法界行菩提行
尒時世尊作是語已時善女天踊躍歡喜即
從座起偏袒右肩右膝著地合掌恭敬一心
頂礼而白佛言世尊如上所說菩提正行我
今當學是時索訶世界主大梵天王於大衆
中問如意寶光耀善女天曰此菩提行難可
修行汝今云何於菩提行而得自在尒時善
女天答梵王曰大梵王如佛所說實是甚深

BD14184號　金光明最勝王經卷五　（19–11）

令當學是時索訶世界主大梵天王於大衆
中問如意寶光耀善女天曰此菩提行難可
修行汝今云何於菩提行而得自在尒時善
女天答梵王曰大梵王如佛所說實是甚深
一切異生不解其義是聖境界微妙難知若
使我今依於此法得安樂住是實語者願令
一切五濁惡世無量無數無邊衆生皆得金
色卅二相非男非女坐寶蓮花受無量樂雨
天妙花諸天音樂不鼓自鳴一切供養皆悉
具足時善女天說是語已一切五濁惡世所
有衆生皆悉金色具大人相非男非女坐寶
蓮花受無量樂猶如他化自在天宮無諸惡
道寶樹行列七寶蓮花遍滿世界又雨七寶
上妙天花作天伎樂如意寶光耀善女天即
轉女身作梵天身時大梵王問如意寶光耀
菩薩言仁者如何行菩提行答言梵王若水
中月行菩提行我亦行菩提行若夢中行菩
提行我亦行菩提行若陽𦦨行菩提行我亦
行菩提行若谷響行菩提行我亦行菩提行
時大梵王聞此說已白菩薩言仁依何義而
說此語答言梵王無有一法是實相者但由
因緣而得成故梵王言若如是者諸凡夫人
皆悉應得阿耨多羅三藐三菩提答言仁以
何意而作是說愚癡人異智慧人異菩提異
非菩提異解脫異非解脫異梵王如是諸法
平等無異於此法界真如不異無有中間而

BD14184號　金光明最勝王經卷五　（19–12）

皆悉應得阿耨多羅三藐三菩提答言仁以
何意而作是說愚癡人異智慧人異菩提異
非菩提異解脫異非解脫異梵王如是諸法
平等無異於此法界真如不異無有中間而
可執著無增無減梵王譬如幻師及幻弟子
善解幻術於四衢道取諸沙土草木葉等聚
在一處作諸幻術使人覩見象衆馬衆車兵
等衆七寶之聚種種倉庫若有衆生愚癡無
智不能思惟不知幻本若見若聞作是思惟
我所見聞象馬等衆此是實有餘皆虛妄
於後更不審察思惟有智之人則不如是了於
幻本若見若聞作如是念如我所見象馬等衆
非是真實唯有幻事惑人眼目妄謂象等
及諸倉庫有名無實如我見聞不執為實後
時思惟知其虛妄是故智者了一切法皆無
實體但隨世俗如見如聞表宣其事思惟諦
理則不如是復由假說顯實義故梵王愚癡
異生未得出世聖慧之眼未知一切諸法真
如不可說故是諸凡愚若見若聞行非行法
如是思惟便生執著謂以為實於第一義不
能了知諸法真如是不可說是諸聖人若見
若聞行非行法隨其力能不生執著以為實
有了知一切無實行法無實非行法但妄思
量行非行相唯有名字無有實體是諸聖人
隨世俗說為欲令他知真實義如是梵王是
諸聖人以聖智見了法真如不可說故行非

BD14184號　金光明最勝王經卷五　（19–13）

有了知一切無實行法無實非行法但妄思
量行非行相唯有名字無有實體是諸聖人
隨世俗說為欲令他知真實義如是梵王是
諸聖人以聖智見了法真如不可說故行非
行法亦復如是令他證知故說種種世俗名
言時大梵王問如意寶光耀菩薩言有幾衆
生能解如是甚深正法答言梵王有衆幻人
心心數法能解如是甚深正法梵王曰此幻
化人體是非有此之心數從何而生答曰若
知法界不有不無如是衆生能解深義
尒時梵王白佛言世尊是如意寶光耀菩薩
不可思議通達如是甚深之義佛言如是如
是梵王如汝所言此如意寶光耀已教汝等
發心修學無生忍法是時大梵天王與諸梵
衆從座而起偏袒右肩合掌恭敬頂礼如意
寶光耀菩薩足作如是言希有希有我等今
日幸遇大士得聞正法
尒時世尊告梵王言是如意寶光耀於未來
世當得作佛号寶燄吉祥藏如來應正遍知
明行圓滿善逝世間解無上士調御丈夫天
人師佛世尊說是品時有三千億菩薩於阿
耨多羅三藐三菩提得不退轉八千億天子
無量無數國王臣民遠塵離垢得法眼淨
尒時會中有五十億苾芻行菩薩行欲退菩
提心聞如意寶光耀菩薩說是法時皆得堅
固不可思議滿足上願更復發起菩提之心各
自脫衣共養菩薩重發無上勝進之心作如

無量無數國王臣民遠塵離垢得法眼淨
尒時會中有五十億苾芻行菩薩行欲退菩
提心聞如意寶光耀菩薩說是法時皆得堅
固不可思議滿足上願更復發起菩提之心各
自脫衣供養菩薩重發無上勝進之心作如
是願願令我等功德善根悉皆不退迴向
阿耨多羅三藐三菩提梵王是諸苾芻依此
功德如說修行過九十大劫當得解悟出離
生死尒時世尊即為授記汝諸苾芻過卅阿
僧祇劫當得作佛劫名難勝光王國名無垢
光同時皆得阿耨多羅三藐三菩提皆同一
号名願莊嚴間飾王十号具足梵王是金光
明微妙經典若正聞持有大威力假使有人
於百千大劫行六波羅蜜無有方便若有善
男子善女人書寫如是金光明經半月半月
專心讀誦是功德聚於前功德百分不及一
乃至筭數譬喻所不能及梵王是故我令
汝修學憶念受持為他廣說何以故我於往
昔行菩薩道時猶如勇士入於戰陣不惜身
命流通如是微妙經王受持讀誦為他解說
梵王譬如轉輪聖王若王在世七寶不滅王
若命終所有七寶自然滅盡梵王是金光明
微妙經王若現在世無上法寶悉皆不滅若
無是經隨處隱沒是故應當於此經王專心聽
聞受持讀誦為他解說勸令書寫行精進波
羅蜜不惜身命不憚疲勞功德中勝我諸弟
子應當如是精勤修學

無是經隨處隱沒是故應當於此經王專心聽
聞受持讀誦爲他解說勸令書寫行精進波
羅蜜不惜身命不憚疲勞功德中勝我諸弟
子應當如是精勤修學
尒時大梵天王與無量梵衆帝釋四王及諸
藥叉俱從座起偏袒右肩右膝著地合掌恭
敬而白佛言世尊我等皆願守護流通是金
光明微妙經典及說法師若有諸難我當除
遣令具衆善色力充足辯才無礙身意泰然
時會聽者皆受安樂所在國土若有飢饉惡
賊非人爲惱害者我等天衆皆爲擁護使其
人民安隱豐樂無諸枉橫皆是我等天衆
之力若有供養是經典者我等亦當恭敬供
養如佛不異
尒時佛告大梵天王及諸梵衆乃至四王諸
藥叉等善哉善哉汝等得聞甚深妙法復能
於此微妙經王發心擁護及持經者當獲無
邊殊勝之福速成無上正等菩提時梵王等
聞佛語已歡喜頂受
金光明最勝王經四天王觀察人天品第十一
尒時多聞天王持國天王增長天王廣目天王
俱從座起偏袒右肩右膝著地合掌向佛禮
佛足已白言世尊是金光明最勝王經一切
諸佛常念觀察一切菩薩之所恭敬一切天
龍常所供養及諸天衆常生歡喜一切護
世稱揚讚歎聲聞獨覺皆共受持悉能明照

BD14184號　金光明最勝王經卷五　（19–16）

佛足已白言世尊是金光明最勝王經一切
諸佛常念觀察一切菩薩之所恭敬一切天
龍常所供養及諸天衆常生歡喜一切護
世稱揚讚歎聲聞獨覺皆共受持悉能明照
諸天宮殿能與一切衆生殊勝安樂止息地
獄餓鬼傍生諸趣苦惱一切怖畏悉能除殄
所有怨敵尋即退散飢饉惡時皆令豐稔疾
疫病苦皆令蠲愈一切災變百千苦惱咸悉
消滅世尊是金光明最勝王經能爲如是安
隱利樂饒益我等唯願世尊於大衆中廣爲
宣說我等四王并諸眷屬聞此甘露無上法
味氣力充實增益威光精進勇猛神通倍勝
世尊我等四王修行正法常說正法以法化世
我等令彼天龍藥叉揵闥婆阿蘇羅揭路荼
俱槃荼緊那羅莫呼羅伽及諸人王常以正
法而化於世遮去諸惡所有鬼神吸人精氣
無慈悲者悉令遠去世尊我等四王與二
十八部藥叉大將并與無量百千藥叉以淨
天眼過於世人觀察擁護此贍部洲世尊以
此因緣我等諸王名護世者又復於此洲中
若有國王被他怨賊常來侵擾及多飢饉疾
疫流行無量百千災厄之事世尊我等四王
於此金光明最勝王經恭敬供養若有苾芻
法師受持讀誦我等四王共往覺悟勸請其
人時彼法師由我神通覺悟力故往彼國界
廣宣流布是金光明微妙經典由經力故令

BD14184號　金光明最勝王經卷五　（19–17）

疾流行無量百千災厄之事世尊我等四王
於此金光明最勝王經恭敬供養若有苾芻
法師受持讀誦我等四王共往覺悟勸請其
人時彼法師由我神通覺悟力故往彼國界
廣宣流布是金光明微妙經典由經力故令
彼無量百千衰惱災厄之事悉皆除遣世尊
若諸人王於其國內有持是經苾芻法師至
彼國時當知此經亦至其國世尊時彼國王
應往法師處聽其所說聞已歡喜於彼法師
恭敬供養深心擁護令無憂惱演說此經利
益一切世尊以是緣故我等四王皆共一心護
是人王及國人民令離災患常得安隱世尊
若有苾芻苾芻尼鄔波索迦鄔波斯迦持
是經者時彼人王隨其所須供給供養令無
乏少我等四王令彼國主及以國人悉皆安
隱遠離災患世尊若有受持讀誦是經典者
人王於此供養恭敬尊重讚歎我等當令彼
王於諸王中恭敬尊重最為第一諸餘國王
共所稱歎大衆聞已歡喜受持

金光明最勝王經卷第五

弃盈益䶆許救㝁丁結稔基任

比丘道斌寫并勘

BD14184號　金光明最勝王經卷五　（19–18）

王於諸王中恭敬尊重最為第一諸餘國王
共所稱歎大衆聞已歡喜受持

金光明最勝王經卷第五

弃盈益䶆許救㝁丁結稔基任

比丘道斌寫并勘

BD14184號　金光明最勝王經卷五　（19–19）

告善現諸有發趣菩薩乘者於一切法應如
是如應如是見應如是信解如不住法想何
以故善現法想法想者如來說為非想是故
如來說名法想法想
復次善現若菩薩摩訶薩以無量無數世界
盛滿七寶奉施如來應正等覺若善男子或
善女人於此般若波羅蜜多經中乃至四句
伽陀受持讀誦究竟通利如理作意及廣為
他宣說開示由此因緣所生福聚甚多於前
無量無數云何為他宣說開示如不為他宣
說開示故名為他宣說開示爾時世尊而說
頌曰
諸和合所為　如星翳燈幻　露泡夢電雲　應作如是觀
時薄伽梵說是經已尊者善現及諸苾芻苾
芻尼鄔波索迦鄔波斯迦并諸世間天人阿
素洛健達縛等聞薄伽梵所說經已皆大
歡喜信受奉行
大般若波羅蜜多經卷第五百七十七

BD14185 號　大般若波羅蜜多經卷五七七　（2–1）

時薄伽梵說是經已尊者善現及諸苾芻苾
芻尼鄔波索迦鄔波斯迦并諸世間天人阿
素洛健達縛等聞薄伽梵所說經已皆大
歡喜信受奉行
大般若波羅蜜多經卷第五百七十七

索福吾羲致[illegible]

BD14185 號　大般若波羅蜜多經卷五七七　（2–2）

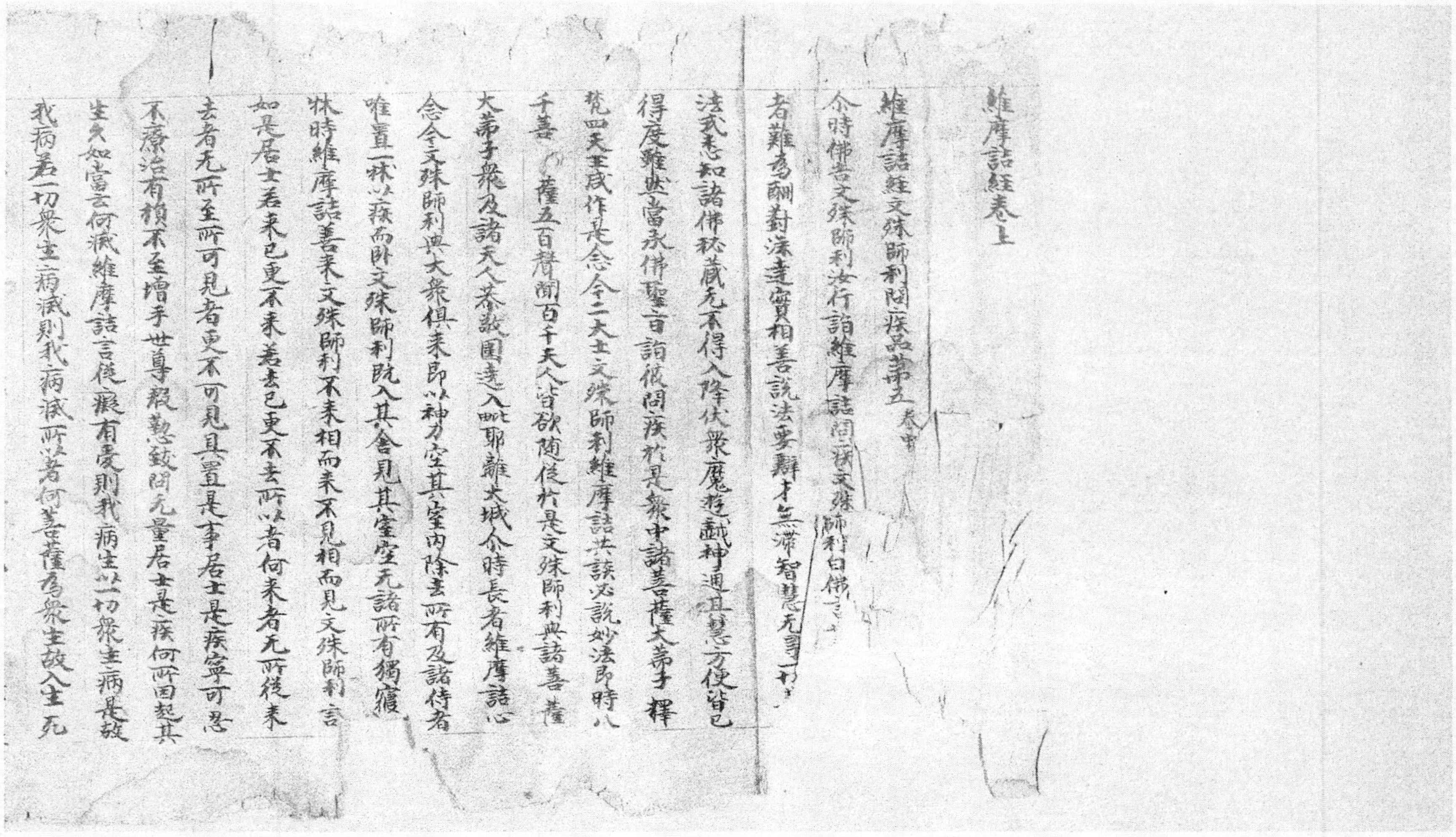

維摩詰經卷上
維摩詰經文殊師利問疾品第五 卷中
尒時佛告文殊師利汝行詣維摩詰問疾文殊師利白佛言世
者難為酬對深達實相善說法要辯才無滯智慧无导一切菩
法式悉知諸佛秘藏无不得入降伏衆魔遊戲神通其慧方便皆已
得度雖然當承佛聖旨詣彼問疾於是衆中諸菩薩大弟子釋
梵四天王咸作是念今二大士文殊師利維摩詰共談必說妙法即時八
千菩薩五百聲聞百千天人皆欲隨從於是文殊師利與諸菩薩
大弟子衆及諸天人恭敬圍遶入毗耶離大城尒時長者維摩詰心
念今文殊師利與大衆俱來即以神力空其室內除去所有及諸侍者
唯置一床以疾而卧文殊師利既入其舍見其室空无諸所有獨寢
一床時維摩詰言善來文殊師利不來相而來不見相而見文殊師利言
如是居士若來已更不來若去已更不去所以者何來者无所從來
去者无所至所可見者更不可見且置是事居士是疾寧可忍
不療治有損不至增乎世尊慇懃致問无量居士是疾何所因起其
生久如當云何滅維摩詰言從癡有愛則我病生以一切衆生病是故
我病若一切衆生病滅則我病滅所以者何菩薩為衆生故入生死

BD14186 號 1　維摩詰所說經卷上　（31–1）
BD14186 號 2　維摩詰所說經卷中

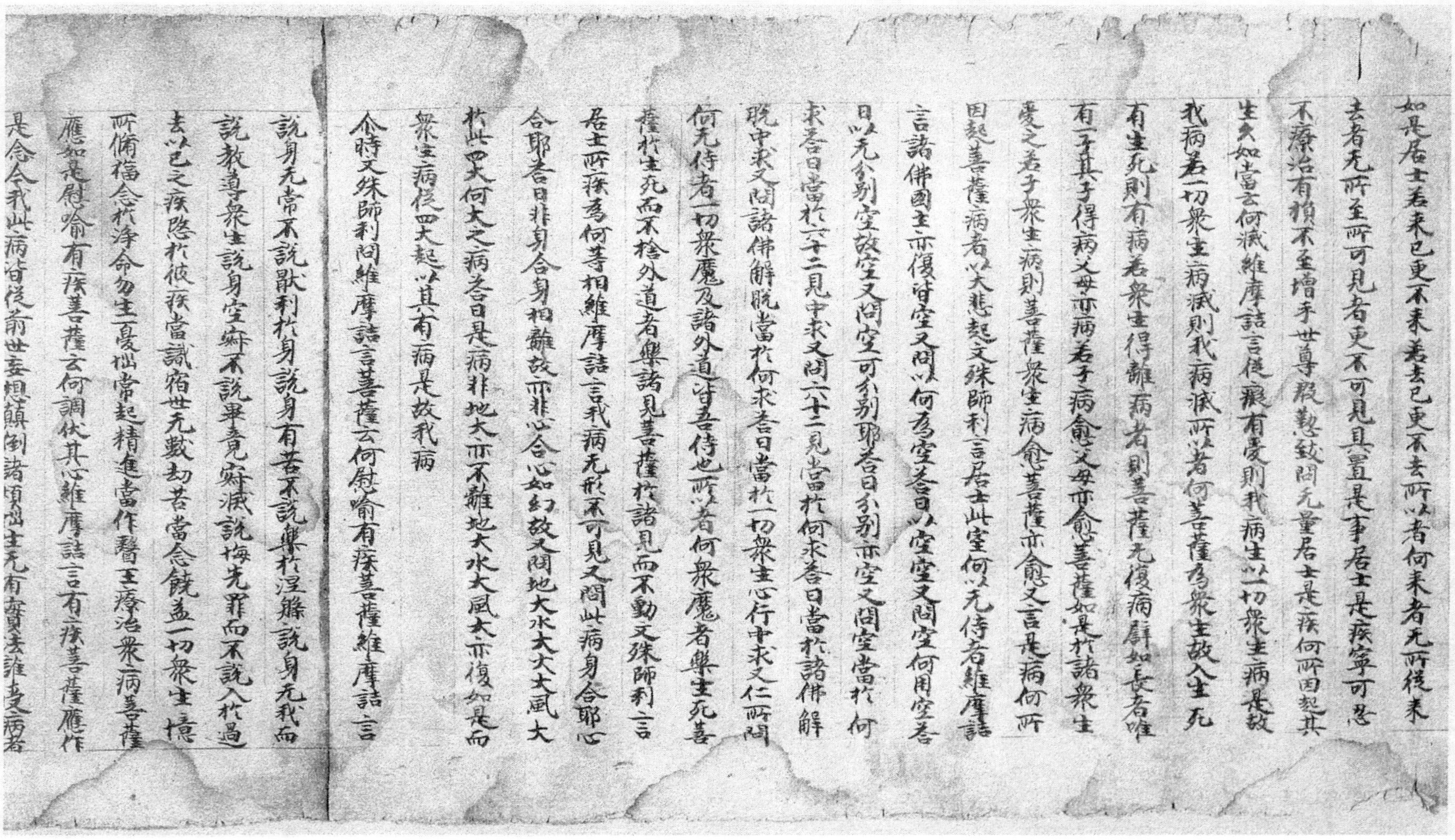

如是居士若來已更不來若去已更不去所以者何來者无所從來
去者无所至所可見者更不可見且置是事居士是疾寧可忍
不療治有損不至增乎世尊慇懃致問无量居士是疾何所因起其
生久如當云何滅維摩詰言從癡有愛則我病生以一切衆生病是故
我病若一切衆生病滅則我病滅所以者何菩薩為衆生故入生死
有生死則有病若衆生得離病者則菩薩无復病譬如長者唯
有一子其子得病父母亦病若子病愈父母亦愈菩薩如是於諸衆生
愛之若子衆生病則菩薩病衆生病愈菩薩亦愈又言是病何所
因起菩薩病者以大悲起文殊師利言居士此室何以无侍者維摩詰
言諸佛國土亦復皆空又問以何為空答曰以空空又問空何用空答
曰以无分別空故空又問空可分別耶答曰分別亦空又問空當於何
求答曰當於六十二見中求又問六十二見當於何求答曰當於諸佛解
脫中求又問諸佛解脫當於何求答曰當於一切衆生心行中求又仁所問
何无侍者一切衆魔及諸外道皆吾侍也所以者何衆魔者樂生死菩
薩於生死而不捨外道者樂諸見菩薩於諸見而不動文殊師利言
居士所疾為何等相維摩詰言我病无形不可見又問此病身合耶心
合耶答曰非身合身相離故亦非心合心如幻故又問地大水大火大風大
於此四大何大之病答曰是病非地大亦不離地大水火風大亦復如是而
衆生病從四大起以其有病是故我病
尒時文殊師利問維摩詰言菩薩云何慰喻有疾菩薩維摩詰言
說身无常不說猒離於身說身有苦不說樂於涅槃說身无我而
說教導衆生說身空寂不說畢竟寂滅說悔先罪而不說入於過
去以己之疾愍於彼疾當識宿世无數劫苦當念饒益一切衆生憶
所脩福念於淨命勿生憂惱常起精進當作醫王療治衆病菩薩
應如是慰喻有疾菩薩云何調伏其心維摩詰言有疾菩薩應作
是念今我此病皆從前世妄想顛倒諸煩惱生无有實法誰受病者

BD14186 號 2　維摩詰所說經卷中　（31–2）

說教導衆生說身空寂不說畢竟寂滅說悔先罪而不說入於過
去以己之疾愍於彼疾當識宿世无數劫苦當念饒益一切衆生憶
所脩福念於淨命勿生憂惱常起精進當作醫王療治衆病菩薩
應如是慰喻有疾菩薩云何調伏其心維摩詰言有疾菩薩應作
是念今我此病皆從前世妄想顛倒諸煩惱生无有實法誰受病者
所以者何四大合故假名為身四大无主身亦无我又此病起皆由著我
是故於我不應生著既知病本即除我想及衆生想當起法想應
作是念但以衆法合成此身起唯法起滅唯法滅又此法者各不相
知起時不言我起滅時不言我滅彼有疾菩薩為滅法想當作是
念此法想者亦是顛倒顛倒者是即大患我應離之云何為離離
我我所云何離我我所謂離二法云何離二法謂不念內外諸法行於
平等云何平等謂我等涅槃等所以者何我及涅槃此二皆空以
何為空但以名字故空如此二法无決定性得是平等无有餘病
唯有空病空病亦空是有疾菩薩以无所受而受諸受未具佛
法亦不滅受而取證也設身有苦念惡趣衆生起大悲心我既調伏
亦當調伏一切衆生但除其病而不除法為斷病本而教導之何謂
病本謂有攀緣從有攀緣則有病本何所攀緣謂之三界云何
斷攀緣以无所得若无所得則无攀緣何謂无所得謂離二見何謂二
見謂內見外見是无所得文殊師利是名有疾菩薩調伏其心為
斷老病死苦是名菩薩菩提若不如是已所脩治為无慧利譬如
勝怨乃可為勇如是兼除老病死者菩薩之謂也彼有疾菩薩
應復作是念如我此病非真非有衆生病亦非真非有作是觀
時於諸衆生若起愛見大悲即應捨離所以者何菩薩斷除客
塵煩惱而起大悲愛見悲者則於生死有疲厭心若能離此无有
疲厭在在所生不為愛見之所覆也所生无縛能為衆生說法解縛
如佛所說若自有縛能解彼縛无有是處若自无縛能解彼縛斯

BD14186 號 2　維摩詰所說經卷中　（31–3）

時於諸衆生若起愛見大悲即應捨離所以者何菩薩斷除客
塵煩惱而起大悲愛見悲者則於生死有疲厭心若能離此无有
疲厭在在所生不為愛見之所覆也所生无縛能為衆生說法解縛
如佛所說若自有縛能解彼縛无有是處若自无縛能解彼縛斯
有是處是故菩薩不應起縛何謂縛何謂解貪著禪味是菩
薩縛以方便生是菩薩解又无方便慧縛有方便慧解无慧方
便縛有慧方便解何謂无方便慧縛謂菩薩以愛見心莊嚴佛
土成就衆生於空无相无作法中而自調伏是名无方便慧縛何謂有
方便慧解謂不以愛見心莊嚴佛土成就衆生於空无相无作法中
以自調伏而不疲厭是名有方便慧解何謂无慧方便縛謂菩薩住
貪欲瞋恚邪見等諸煩惱而殖衆德本是名无慧方便縛何謂
有慧方便解謂離諸貪欲瞋恚邪見等諸煩惱而殖衆德本
迴向阿耨多羅三藐三菩提是名有慧方便解文殊師利彼有疾
菩薩應如是觀諸法又復觀身无常苦空非我是名為慧雖身
有疾常在生死饒益一切而不厭倦是名方便又復觀身身不離
病病不離身是病是身非新非故是名為慧設身有疾而不永
滅是名方便文殊師利有疾菩薩應如是調伏其心不住其中亦復
不住不調伏心所以者何若住不調伏心是愚人法若住調伏心是聲聞法
是故菩薩不當住於調伏不調伏心離此二法是菩薩行在於生死不
為汙行住於涅槃不永滅度是菩薩行非凡夫行非賢聖行是菩薩
行非垢行非淨行是菩薩行雖過魔行而現降衆魔是菩薩行
求一切智无非時求是菩薩行雖觀諸法不生而不入正位是菩薩行雖
觀十二緣起而入諸邪見是菩薩行雖攝一切衆生而不愛著是菩
薩行雖樂遠離而不依身心盡是菩薩行雖行三界而不壞法性是
菩薩行雖行於空而殖衆德本是菩薩行雖行无相而度衆生
是菩薩行雖行无作而現受身是菩薩行雖行无起而起一切善

BD14186 號 2　維摩詰所說經卷中　（31–4）

觀十二緣起而入諸邪見是菩薩行雖攝一切衆生而不愛著是菩
薩行雖樂遠離而不依身心盡是菩薩行雖行三界而不壞法性是
菩薩行雖行於空而殖衆德本是菩薩行雖行无相而度衆生
是菩薩行雖行无作而現受身是菩薩行雖行无起而起一切善
行是菩薩行雖行六波羅蜜而遍知衆生心心數法是菩薩行雖
行六通而不盡漏是菩薩行雖行四无量心而不貪著生於梵世是
菩薩行雖行禪定解脫三昧而不隨禪生是菩薩行雖行四念處而
不永離身受心法是菩薩行雖行四正勤而不捨身心精進是
菩薩行雖行四如意足而得自在神通是菩薩行雖行五根而分
別衆生諸根利鈍是菩薩行雖行五力而樂求佛十力是菩薩行
雖行七覺分而分別佛之智慧是菩薩行雖行八聖道而樂行无
量佛道是菩薩行雖行止觀助道之法而不畢竟墮於寂滅是
菩薩行雖行諸法不生不滅而以相好莊嚴其身是菩薩行雖行
現聲聞辟支佛威儀而不捨佛法是菩薩行雖諸法究竟淨相而
隨所應爲現其身是菩薩行雖觀諸佛國土永寂如空而現種種
清淨佛土是菩薩行雖得佛道轉于法輪入於涅槃而不捨於菩薩
之道是菩薩行說是法時文殊師利所將大衆其中八千天子皆發阿
耨多羅三藐三菩提心

維摩詰經不思議品第六

尒時舍利弗見此室中无有牀座作是念斯諸菩薩大弟子衆當於何坐長
者維摩詰知其意語舍利弗言我爲法來非爲牀座維摩詰言唯舍
利弗夫求法者不貪軀命何况牀座夫求法者非有色受想行識之求
非有界入之求非有欲色无色之求唯舍利弗夫求法者不著佛求不著
法求不著衆求夫求法者无見苦求无斷集求无造盡證修道之求
所以者何法无戲論若言我當見苦斷集滅證修道是則戲論非求法
法也唯舍利弗法名寂滅若行生滅是求生滅非求法也法名无染若染

BD14186 號 2　維摩詰所說經卷中　（31–5）

者維摩詰知其意語舍利弗言我爲法來非爲牀座維摩詰言唯舍
利弗夫求法者不貪軀命何况牀座夫求法者非有色受想行識之求
非有界入之求非有欲色无色之求唯舍利弗夫求法者不著佛求不著
法求不著衆求夫求法者无見苦求无斷集求无造盡證修道之求
所以者何法无戲論若言我當見苦斷集滅證修道是則戲論非求法
法也唯舍利弗法名寂滅若行生滅是求生滅非求法也法名无染若染
於法乃至涅槃是則染著非求法也法无行處若行於法是則行處非
求法也法无取捨若取捨法是則取捨非求法也法无處所若著處所
是則著處非求法也法名无相若隨相識是則求相非求法也法不可住
若住於法是則住法非求法也法不可見聞覺知若行見聞覺知
是則見聞覺知非求法也法名无爲若行有爲是求有爲非求法
也是故舍利弗夫求法者於一切法應无所求說是語時五百天子於
諸法中得法眼淨

尒時長者維摩詰問文殊師利仁者游於无量千万億阿僧祇國何等
佛土有好上妙功德成就師子之座文殊師利言居士東方度三十六
恒河沙國有世界名須弥相其佛号須弥燈王今現在彼佛身長八万四
千由旬其師子座高八万四千由旬嚴飾第一於是長者維摩詰現神
通力即時彼佛遣三万二千師子之座高廣嚴淨來入維摩詰室
諸菩薩大弟子釋梵四天王等昔所未見其室廣博悉苞容三万
二千師子之座无所妨㝵於毗耶離城及閻浮提四天下亦不迫迮悉見
如故尒時維摩詰語文殊師利就師子座與諸菩薩上人俱坐當自
立身如彼座像其得神通菩薩即自變形爲四万二千由旬師子座
諸新發意菩薩及大弟子皆不能昇尒時維摩詰語舍利弗就
師子座舍利弗言居士此座高廣吾不能昇維摩詰言唯舍利
弗爲須弥燈王如來作礼乃可得坐於是新發意菩薩及大弟子
即爲須弥燈王如來作礼便得坐師子座

BD14186 號 2　維摩詰所說經卷中　（31–6）

諸新發意菩薩及大弟子皆不能昇尒時維摩詰語舍利弗就
師子座舍利弗言居士此座高廣吾不能昇維摩詰言唯舍利
弗為須弥燈王如來作礼乃可得坐於是新發意菩薩及大弟子
即為須弥燈王如來作礼便得坐師子座
舍利弗言居士未曾有也如是小室乃能容受此高廣之座於毗耶
離城无所妨礙又於閻浮提聚落城邑及四天下諸天龍王鬼神宮
殿亦不迫迮維摩詰言唯舍利弗諸佛菩薩有解脫名不可思議
若菩薩住是解脫者以須弥之高廣內芥子中无所增減須弥山
王本相如故而四天王忉利諸天不覺不知己之所入唯應度者乃見須
弥入芥子中是名不可思議解脫法門又以四大海水入一毛孔不嬈魚
鼈黿鼉水性之屬而彼大海本相如故諸龍鬼神阿脩羅等不覺
不知己之所入於此眾生亦无所嬈又舍利弗住不可思議解脫菩薩斷
取三千大千世界如陶家輪著右掌中擲過恒河沙世界之外其中眾
生不覺不知己之所往又復還置本處都不使人有往來想而此世界
本相如故又舍利弗或有眾生樂久住世而可度者菩薩即演七日以
為一劫令彼眾生謂之一劫或有眾生不樂久住而可度者菩薩即促
以為七日令彼眾生謂之七日又舍利弗住不可思議解脫菩薩以一切
佛土嚴飾之事集在一國示於眾生又菩薩以一切佛土眾生置之右
掌飛到十方遍示一切而不動本處又舍利弗十方眾生供養諸佛之
具菩薩於一毛孔皆令得見十方國土所有日月星宿於一毛孔普使
見之又舍利弗十方世界所有諸風菩薩悉能吸著口中而身无損外
諸樹木亦不摧折又十方世界劫盡燒時以一切火內於腹中火事如故而
不為害又於下方過恒河沙等諸佛世界取一佛土舉著上方過恒
河沙无數世界如持鍼鋒舉一棗葉而无所嬈又舍利弗住不可思
議解脫菩薩能以神通現作佛身或現辟支佛身或現聲聞身
或現帝釋身或現梵王身或現世主身或現轉輪王身又十方世界

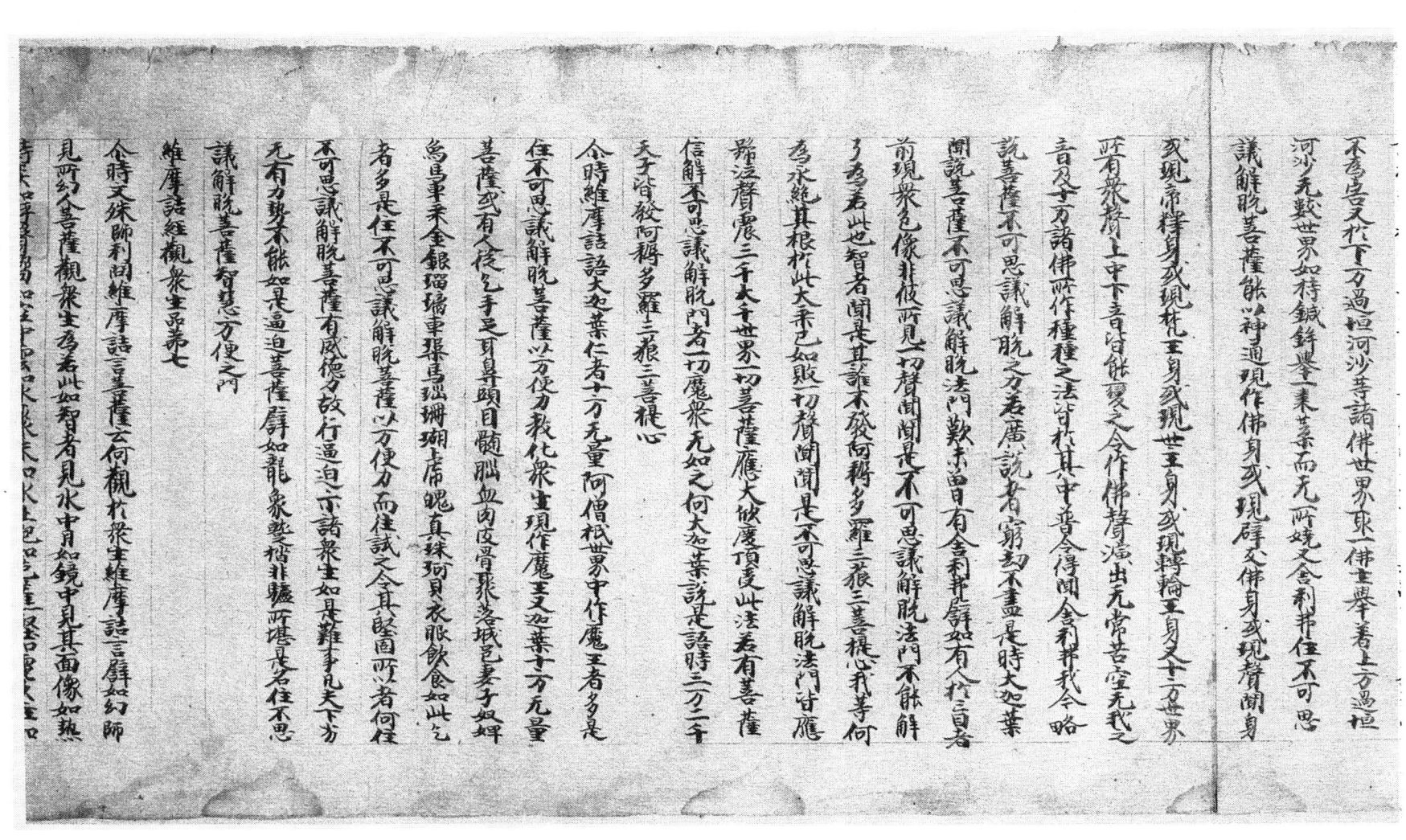

BD14186 號 2　維摩詰所說經卷中　（31–7）

不為害又於下方過恒河沙等諸佛世界取一佛土舉著上方過恒
河沙无數世界如持鍼鋒舉一棗葉而无所嬈又舍利弗住不可思
議解脫菩薩能以神通現作佛身或現辟支佛身或現聲聞身
或現帝釋身或現梵王身或現世主身或現轉輪王身又十方世界
所有眾聲上中下音皆能變之令作佛聲演出无常苦空无我之
音及十方諸佛所說種種之法皆於其中普令得聞舍利弗我今略
說菩薩不可思議解脫之力若廣說者窮劫不盡是時大迦葉
聞說菩薩不可思議解脫法門歎未曾有謂舍利弗譬如有人於盲者
前現眾色像非彼所見一切聲聞聞是不可思議解脫法門不能解
了為若此也智者聞是其誰不發阿耨多羅三藐三菩提心我等何
為永絕其根於此大乘已如敗種一切聲聞聞是不可思議解脫法門皆應
號泣聲震三千大千世界一切菩薩應大欣慶頂受此法若有菩薩
信解不可思議解脫法門者一切魔眾无如之何大迦葉說是語時三万二千
天子皆發阿耨多羅三藐三菩提心
尒時維摩詰語大迦葉仁者十方无量阿僧祇世界中作魔王者多是
住不可思議解脫菩薩以方便力教化眾生現作魔王又迦葉十方无量
菩薩或有人從乞手足耳鼻頭目髓腦血肉皮骨聚落城邑妻子奴婢
象馬車乘金銀瑠璃車𤦲馬瑙珊瑚虎珀真珠珂貝衣服飲食如此乞
者多是住不可思議解脫菩薩以方便力而往試之令其堅固所以者何住
不可思議解脫菩薩有威德力故行逼迫示諸眾生如是難事凡夫下劣
无有力勢不能如是逼迫菩薩譬如龍象蹴踏非驢所堪是名住不思
議解脫菩薩智慧方便之門
維摩詰經觀眾生品第七
尒時文殊師利問維摩詰言菩薩云何觀於眾生維摩詰言譬如幻師
見所幻人菩薩觀眾生為若此如智者見水中月如鏡中見其面像如熱
時炎如呼聲響如空中雲如水聚沫如水上泡如芭蕉堅如電久住

BD14186 號 2　維摩詰所說經卷中　（31–8）

維摩詰經觀衆生品第七
尒時文殊師利問維摩詰言菩薩云何觀於衆生維摩詰言譬如幻師
見所幻人菩薩觀衆生為若此如智者見水中月如鏡中見其面像如熱
時炎如呼聲響如空中雲如水聚沫如水上泡如芭蕉堅如電久住如
弟五大如弟六陰如弟七情如十三入如十九界菩薩觀衆生為若此如
无色界色如燋穀牙如須陀洹身見如阿那含入胎如阿羅漢三毒如
得忍菩薩貪恚毀禁如佛煩惱習如盲者見色如入滅盡定出入
息如空中鳥跡如石女兒如化人煩惱如夢所見已寤如滅度者受身
如无烟之火菩薩觀衆生為若此
文殊師利言若菩薩作是觀者云何行慈維摩詰言菩薩作是觀
已自念我當為衆生說如斯法是即真實慈也行寂滅慈无所生故行
不熱慈无煩惱故行等之慈等三世故行无諍慈无所起故行不二慈
內外不合故行不壞慈畢竟盡故行堅固慈心无毀故行清淨慈
諸法性淨故行无邊慈如虛空故行阿羅漢慈破結賊故行菩薩慈
安衆生故行如來慈得如相故行佛之慈覺衆生故行自然慈无因得
故行菩提慈等一味故行无等慈斷諸愛故行大悲慈導以大乘故行
无厭慈觀空无我故行法施慈无遺惜故行持戒慈化毀禁故行忍
辱慈護彼我故行精進慈荷負衆生故行禪定慈不受味故行智
慧慈无不知時故行方便慈一切示現故行无隱慈直心清淨故行深心
慈无雜染故行无誑慈不虛假故行安樂慈令得佛樂故菩薩之慈
為若此也文殊師利又問何謂為悲答曰菩薩所作功德皆與一切衆生共
何謂為喜答曰有所饒益歡喜无悔何謂為捨答曰所作福祐无所悕望
文殊師利又問生死有畏菩薩當何所依維摩詰言菩薩於生死
畏中當依如來功德之力文殊師利又問菩薩欲依如來功德之力當
於何住答曰菩薩欲依如來功德力者當住度脫一切衆生又問欲度

BD14186 號 2　維摩詰所說經卷中　　（31–9）

何謂為喜答曰有所饒益歡喜无悔何謂為捨答曰所作福祐无所悕望
文殊師利又問生死有畏菩薩當何所依維摩詰言菩薩於生死
畏中當依如來功德之力文殊師利又問菩薩欲依如來功德之力當
於何住答曰菩薩欲依如來功德力者當住度脫一切衆生又問欲度
衆生當何所除答曰欲度衆生除其煩惱又問欲除煩惱當何所行
答曰當行正念又問何行於正念答曰當行不生不滅又問何法不生
何法不滅答曰不善不生善法不滅又問善不善孰為本答曰身為
本又問身孰為本答曰欲貪為本又曰欲貪孰為本答曰虛妄分
別為本又問虛妄分別孰為本答曰顛倒想為本又問顛倒想孰為
本答曰无住為本又問无住孰為本答曰无住則无本文殊師利從无
住本立一切法　　時維摩詰室有一天女見諸大人聞所說法便
現其身即以天華散諸菩薩大弟子上華至諸菩薩即皆墮落至
大弟子便著不墮一切弟子神力去華不能令去尒時天問舍利弗何故
去華答曰此華不如法是以去之天曰勿謂此華為不如法所以者何是華
无所分別仁者自生分別想耳若於佛法出家有所分別為不如法若无
分別是則如法觀諸菩薩華不著者已斷一切分別想故譬如人畏時非
人得其便如是弟子畏生死故色聲香味觸得其便也已離畏者一切五
欲无能為也結習未盡華著身耳結習盡者華不著也舍利弗言天止
此室其已久如答曰我止此室如耆年解脫舍利弗言止此久耶天曰耆年
解脫亦何如久舍利弗嘿然不答天曰如何耆舊大智而嘿答曰解脫者无
所言說故吾於是不知所云天曰言說文字皆解脫相所以者何解脫者不
內不外不在兩閒文字亦不內不外不在兩閒是故舍利弗无離文字說解
脫也所以者何一切諸法是解脫相舍利弗言不復以離婬怒癡為解脫乎
天曰佛為增上慢人說離婬怒癡為解脫耳若无增上慢者佛說婬怒癡
性即是解脫舍利弗言善哉善哉天女汝何所得以何為證辯乃如是
天曰我无得无證故辯如是所以者何若有得有證者則於佛法為增上慢

BD14186 號 2　維摩詰所說經卷中　　（31–10）

脫也所以者何一切諸法是解脫相舍利弗言不復以離婬怒癡為解脫乎
天曰佛為增上慢人說離婬怒癡為解脫耳若無增上慢者佛說婬怒癡
性即是解脫舍利弗言善哉善哉天女汝何所得以何為證辯乃如是
天曰我無得無證故辯如是所以者何若有得有證者則於佛法為增
上慢
舍利弗問天汝於三乘為何志求天曰以聲聞法化眾生
故我為聲聞以因緣法化眾生故我為辟支佛以大悲法化眾生故我為
大乘舍利弗如人入瞻蔔林唯嗅瞻蔔不嗅餘香如是若入此室但聞佛
功德之香不樂聞聲聞辟支佛功德香也舍利弗其有釋梵四天王諸
天龍鬼神等入此室者聞斯上人講說正法皆樂佛功德之香發心而出
舍利弗吾止此室十有二年初不聞說聲聞辟支佛法但聞菩薩大慈大悲
不可思議諸佛之法舍利弗此室常現八未曾有難得之法何等為八
此室常以金色光照晝夜無異不以日月所照為明是為一未曾有難得
之法此室入者不為諸垢之所惱也是為二未曾有難得之法此室常有釋
梵四天王他方菩薩來會不絕是為三未曾有難得之法此室常說六
波羅蜜不退轉法是為四未曾有難得之法此室常作天人第一之樂絃
出無量法化之聲是為五未曾有難得之法此室有四大藏眾寶積滿
周窮濟乏求得無盡是為六未曾有難得之法此室釋迦牟尼佛
阿彌陀佛阿閦佛寶德寶炎寶月寶嚴難勝師子響一切利
成如是等十方無量諸佛是上人念時即皆為來廣說諸佛秘要法
藏說已還去是為七未曾有難得之法此室一切諸天嚴飾宮殿諸
佛淨土皆於中現是為八未曾有難得之法舍利弗此室常現八未曾
有難得之法誰有見斯不思議事而復樂於聲聞法乎舍利弗言
汝何以不轉女身天曰我從十二年來求女人相了不可得當何所轉譬如
幻師化作幻女若有人問何以不轉女身是人為正問不舍利弗言不也
幻無定相當何所轉天曰一切諸法亦復如是無有定相云何乃問不轉女

BD14186 號 2　維摩詰所說經卷中　（31–11）

汝何以不轉女身天曰我從十二年來求女人相了不可得當何所轉譬如
幻師化作幻女若有人問何以不轉女身是人為正問不舍利弗言不也
幻無定相當何所轉天曰一切諸法亦復如是無有定相云何乃問不轉女
身即時天女以神通力變舍利弗令如天女天自化身如舍利弗而
問言何以不轉女身舍利弗以天女像而答言我今不知何轉而變為
女身天曰舍利弗若能轉此女身則一切女人亦當能轉如舍利弗非女
而現女身一切女人亦復如是雖現女身而非女也是故佛說一切諸法非
男非女即時天女還攝神力舍利弗身還復如故天問舍利弗女身
色相今何所在舍利弗言女身色相無在無不在天曰一切諸法亦復如是
無在無不在夫無在無不在者佛所說也舍利弗問天汝於此沒當生何所
天曰佛化所生吾如彼生曰佛化所生非沒生也天曰眾生猶然無沒生也舍利
弗問天汝久如當得阿耨多羅三藐三菩提天曰如舍利弗還為凡夫我
乃當成阿耨多羅三藐三菩提舍利弗言我作凡夫無有是處天曰
我得阿耨多羅三藐三菩提亦無是處所以者何菩提無住處是故
無有得者舍利弗言今諸佛得阿耨多羅三藐三菩提已得當得
得如恒河沙皆謂何乎天曰皆以世俗文字數故說有三世非謂菩提有
去來今天曰舍利弗汝得阿羅漢道耶曰無所得故而得天曰諸佛菩
薩亦復如是無所得故而得爾時維摩詰語舍利弗是天女曾已供
養九十二億佛已能遊戲菩薩神通所願具足得無生忍住不退轉
以本願故隨意能現教化眾生

維摩詰經佛道品第八

爾時文殊師利問維摩詰言菩薩云何通達佛道維摩詰言若菩薩
行於非道是為通達佛道又問云何菩薩行於非道答曰若菩薩
行五無間而無惱恚至于地獄無諸罪垢至于畜生無有無明憍慢等
過至于餓鬼而具足功德行色無色界道不以為勝示行貪欲離
諸染著示行瞋恚於諸眾生無有恚閡示行愚癡而以智慧調伏其

BD14186 號 2　維摩詰所說經卷中　（31–12）

行五无間而无惱恚至于地獄无諸罪垢至于畜生无有无明憍慢等
過至于餓鬼而具足功德行色无色界道不以為勝示行貪欲離
諸染著示行瞋恚於諸衆生无有恚㝵示行愚癡而以智慧調伏其
心示行慳貪而捨内外所有不惜身命示行毀禁而住淨戒乃至小
罪猶懷大懼示行瞋恚而常慈忍示行懈怠而懃修功德示行乱
意而常念定示行愚癡而通達世間出世間慧示行諂偽而善方便
隨諸經義示行憍慢而於衆生猶如橋梁示行諸煩惱而心常清淨
示入於魔而順佛智慧不隨他教示入聲聞而為衆生說未聞法示入
辟支佛而成就大悲教化衆生示入貧窮而有寶手功德无盡示入
形殘而具諸相好以自莊嚴示入下賤而生佛種姓中具諸功德示入羸
劣醜陋而得那羅延身一切衆生之所樂見示入老病而永斷病根
超越死畏示有資生而恒觀无常實无所貪示有妻妾婇女而常
遠離五欲淤泥現於訥鈍而成就辯才揔持无失示入邪濟而以正
濟度諸衆生現遍入諸道而斷其因緣現於涅槃而不斷生死文殊
師利菩薩能如是行於非道是為通達佛道
於是維摩詰問文殊師利何等為如來種文殊師利言有身為種无明有
愛為種貪恚癡為種四顛倒為種五蓋為種六入為種七識處為種八
邪法為種九惱處為種十不善道為種以要言之六十二見及一切煩惱皆
是佛種曰何謂也荅曰若見无為入正位者不能復發阿耨多羅三藐三
菩提心譬如高原陸地不生蓮華卑濕淤泥乃生此華如是見无為法
入正位者終不復能生於佛法煩惱泥中乃有衆生起佛法耳又如殖種
於空終不得生糞壤之地乃能滋茂如是入无為正位者不生佛法起我
見心如須弥山猶能發于阿耨多羅三藐三菩提心生佛法矣是故當
知一切煩惱為如來種譬如不入巨海不能得无價寶珠如是不入煩惱大
海則不能得一切智寶尒時大迦葉歎言善哉善哉文殊師利快說
此語誠如所言塵勞之疇為如來種我等今者不復堪任發阿耨多羅三

BD14186號2　維摩詰所說經卷中

（31-13）

見心如須弥山猶能發于阿耨多羅三藐三菩提心生佛法矣是故當
知一切煩惱為如來種譬如不入巨海不能得无價寶珠如是不入煩惱大
海則不能得一切智寶尒時大迦葉歎言善哉善哉文殊師利快說
此語誠如所言塵勞之疇為如來種我等今者不復堪任發阿耨多羅三
藐三菩提心乃至五无間罪猶能發意生於佛法而今我等永不能發
譬如根敗之士其於五欲不能復利如是聲聞諸結斷者於佛法中无所復
益永不志願是故文殊師利凡夫於佛法有反復而聲聞无也所以者何凡夫
聞佛法能起无上道心不斷三寶正使聲聞終身聞佛法力无畏等永不
能發无上道意尒時會中有菩薩名普現色身問維摩詰言居士父
母妻子親戚眷屬吏民知識悉為是誰奴婢僮僕象馬車乘皆何所在
於是維摩詰以偈荅曰

智度菩薩母　方便以為父　一切衆導師　无不由是生　法喜以為妻
慈悲心為女　善心誠實男　畢竟空寂舍　弟子衆塵勞　隨意之所轉
道品善知識　由是成正覺　諸度法等侶　四攝為伎女　歌詠誦法言
以此為音樂　揔持之園苑　无漏法林樹　覺意淨妙華　解脫智慧菓
八解之浴池　定水湛然滿　布以七淨華　浴此无垢人　象馬五通馳
大乘以為車　調御以一心　遊於八正路　相好以嚴容　衆好飾其姿
慚愧之上服　深心為華鬘　富有七財寶　教授以滋息　如所說修行
迴向為大利　四禪為牀座　從於淨命生　多聞增智慧　以為自覺音
甘露法之食　解脫味為漿　淨心以澡浴　戒品為塗香　摧滅煩惱賊
勇健无能踰　降伏四種魔　勝幡建道場　雖知无起滅　示彼故有生
悉現諸國土　如日无不見　供養於十方　无量億如來　諸佛及己身
无有分別想　雖知諸佛國　及與衆生空　而常修淨土　教化於群生
諸有衆生類　形聲及威儀　无畏力菩薩　一時能盡現　覺知衆魔事
而示隨其行　以善方便智　隨意皆能現　或示老病死　成就諸群生
了知如幻化　通達无有㝵　或現劫盡燒　天地皆洞然　衆人有常想

BD14186號2　維摩詰所說經卷中

（31-14）

无有分別想　雖知諸佛國　及與衆生空　而常脩淨土　教化於群生
諸有衆生類　形聲及威儀　无畏力菩薩　一時能盡現　覺知衆魔事
而示隨其行　以善方便智　隨意皆能現　或示老病死　成就諸群生
了知如幻化　通達无有㝵　或現劫盡燒　天地皆洞然　衆人有常想
照令知无常　无數億衆生　俱來請菩薩　一時到其舍　化令向佛道
經書禁呪術　工巧諸伎藝　盡現行此事　饒益諸群生　世間衆道法
悉於中出家　因以解人惑　而不墮邪見　或作日月天　梵王世界主
或時作地水　或復作風火　劫中有疾疫　現作諸藥草　若有服之者
除病消衆毒　劫中有飢饉　現身作飲食　先救彼飢渴　却以法語人
劫中有刀兵　為之起慈悲　化彼諸衆生　令住无諍地　若有大戰陣
立之以等力　菩薩現威勢　降伏使安和　一切國土中　諸有地獄處
輙往到于彼　勉濟其苦惱　一切國土中　畜生相食噉　皆現生於彼
為之作利益　示受於五欲　亦復現行禪　令魔心憒亂　不能得其便
火中生蓮華　是可謂希有　在欲而行禪　希有亦如是　或現作婬女
引諸好色者　先以欲鉤牽　後令入佛智　或為邑中主　或作商人導
國師及大臣　以祐利衆生　諸有貧窮者　現作无盡藏　因以勸導之
令發菩提心　我心憍慢者　為現大力士　消伏諸貢高　令住佛上道
其有恐懼衆　居前而安慰　先施以无畏　後令發道心　或現離婬欲
為五通仙人　開導諸群生　令住戒忍慈　見須供事者　現為作僮僕
既悅可其意　乃發以道心　隨彼之所須　得入於佛道　以善方便力
皆能給足之　如是道无量　所行无有崖　智慧无邊際　度脫无數衆
假令一切佛　於无數億劫　讚歎其功德　猶尚不能盡　誰聞如是法
不發菩提心　除彼不肖人　癡冥无智者
維摩詰經入不二法門品第九
尒時維摩詰謂衆菩薩言諸仁者云何菩薩入不二法門各隨所樂

BD14186 號 2　維摩詰所說經卷中　（31–15）

假令一切佛　於无數億劫　讚歎其功德　猶尚不能盡　誰聞如是法
不發菩提心　除彼不肖人　癡冥无智者
維摩詰經入不二法門品第九
尒時維摩詰謂衆菩薩言諸仁者云何菩薩入不二法門各隨所樂
說之會中有菩薩名法自在說言諸仁者生滅為二法本不生今則无滅
得此无生法忍者是為入不二法門
德守菩薩曰我我所為二因有我故便有我所若无有我則无我所是為
入不二法門
不眴菩薩曰受不受為二若法不受則不可得以不可得故无取无捨无
作无行是為入不二法門
德頂菩薩曰垢淨為二見垢實性則无淨相順於滅相是為入不二法門
善宿菩薩曰是動是念為二不動則无念无念即无分別通達此者是
為入不二法門
善眼菩薩曰一相无相為二若知一相即是无相亦不取无相入於平等
是為入不二法門
妙臂菩薩曰菩薩心聲聞心為二觀心相空如幻化者无菩薩心无
聲聞心是為入不二法門
弗沙菩薩曰善不善為二若不起善不善入无相際而通達者是
為入不二法門
師子菩薩曰罪福為二若達罪性則與福无異以金剛慧決了此相无縛
无解者是為入不二法門
師子意菩薩曰有漏无漏為二若得諸法等則不起漏不漏想不著
於相亦不住无相是為入不二法門
淨解菩薩曰有為无為為二若離一切數則心如虛空以清淨慧无所
㝵者是為入不二法門
那羅延菩薩曰世間出世間為二世間性空即是出世間於其中不入

BD14186 號 2　維摩詰所說經卷中　（31–16）

於相亦不住无相是為入不二法門
淨解菩薩曰有為无為為二若離一切數則心如虛空以清淨慧无所
㝵者是為入不二法門
那羅延菩薩曰世間出世間為二世間性空即是出世間於其中不入
不出不溢不散是為入不二法門
善意菩薩曰生死涅槃為二若見生死性則无生死无縛无解不
然不滅如是解者是為入不二法門
現見菩薩曰盡不盡為二法若究竟盡若不盡皆是无盡相无
盡相即是空空則无有盡不盡相如是入者是為入不二法門
普守菩薩曰我无我為二我尚不可得非我何可得見我實性者不
復起二是為入不二法門
電天菩薩曰明无明為二无明實性即是明明亦不可取離一切數於
其中平等无二者是為入不二法門
喜見菩薩曰色色空為二色即是空非色滅空色性自空如是受
想行識識空為二識即是空非識滅空識性自空於其中而通達
者是為入不二法門
明相菩薩曰四種異空種異為二四種性即是空種性如前際後際空
故中際亦空若能如是知種性者是為入不二法門
妙意菩薩曰眼色為二若知眼性於色不貪不恚不癡是名寂滅如
是耳聲鼻香舌味身觸意法為二若知意性於法不貪不恚不癡
是名寂滅安住其中是為入不二法門
无盡意菩薩曰布施迴向一切智為二布施性即是迴向一切智如是持戒
忍辱精進禪定智慧迴向一切智為二智慧性即是迴向一切智性於
其中入一相者是為入不二法門
深慧菩薩曰是空是无相是无作為二空即是无相无相即是无作
若空无相无作則无心意識於一解脫門即是三解脫門者是為入不

无盡意菩薩曰布施迴向一切智為二布施性即是迴向一切智如是持戒
忍辱精進禪定智慧迴向一切智為二智慧性即是迴向一切智性於
其中入一相者是為入不二法門
深慧菩薩曰是空是无相是无作為二空即是无相无相即是无作
若空无相无作則无心意識於一解脫門即是三解脫門者是為入不
二法門
寂根菩薩曰佛法眾為二佛即是法法即是眾是三寶皆无為相
與虛空等一切法亦尒能隨此行者是為入不二法門
心无㝵菩薩曰身身滅為二身即是身滅所以者何見身實相者不起
見身及滅身身與滅身无二无分別於其中不驚不懼者是為入不二
法門
上善菩薩曰身口意善為二是三業皆无作相身无作相即口
无作相口无作相即意无作相是三業无作相即是一切法无作相能如是
隨无作慧者是為入不二法門
福田菩薩曰福行罪行不動行為二三行實性即是空空則无福行
无罪行无不動行於此三行而不起者是為入不二法門
華嚴菩薩曰從我起二為二見我實相者不起二法若不住二法則无有
識无所識者是為入不二法門
德藏菩薩曰有所得相為二若无所得則无取捨无取捨者是為入不二法
門
月上菩薩曰闇與明為二无闇无明則无有二所以者何如入滅
受想定无闇无明一切法相亦復如是於其中平等入者是為入不二法門
寶印手菩薩曰樂涅槃不樂世間為二若不樂涅槃不猒世間則无有
二所以者何若有縛則有解若本无縛其誰求解无縛无解則无樂猒
是為入不二法門
珠頂菩薩曰正道邪道為二住正道者則不分別是邪是正離此二
者是為入不二法門
樂實菩薩曰實不實為二實見者尚不見實何況非實所以

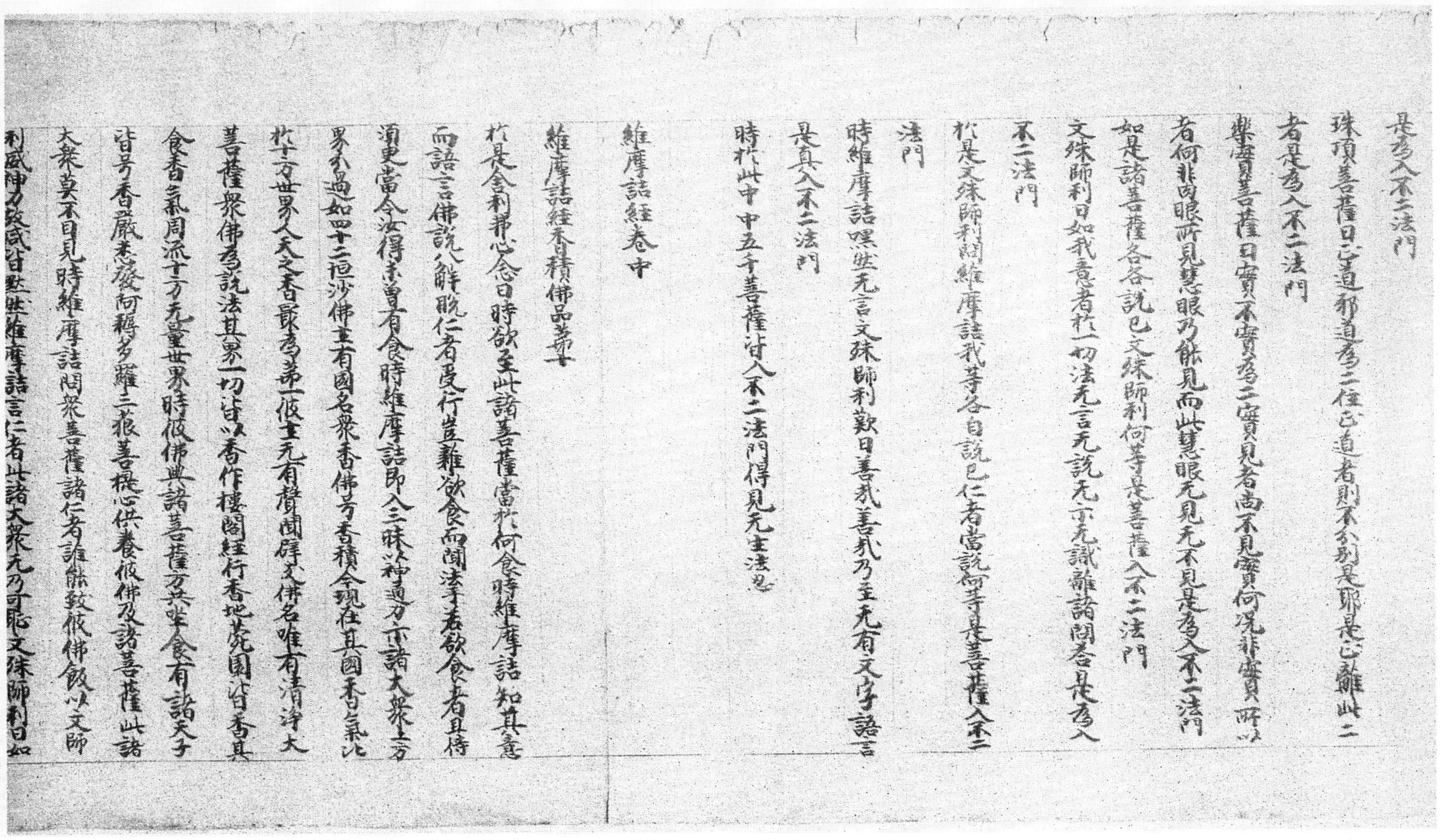
是為入不二法門
珠頂菩薩曰正道邪道為二住正道者則不分別是邪是正離此二
者是為入不二法門
樂實菩薩曰實不實為二實見者尚不見實何況非實所以
者何非肉眼所見慧眼乃能見而此慧眼无見无不見是為入不二法門
如是諸菩薩各各說已文殊師利何等是菩薩入不二法門
文殊師利曰如我意者於一切法无言无說无示无識離諸問荅是為入
不二法門
於是文殊師利問維摩詰我等各自說已仁者當說何等是菩薩入不二
法門
時維摩詰嘿然无言文殊師利歎曰善哉善哉乃至无有文字語言
是真入不二法門
時於此中中五千菩薩皆入不二法門得見无生法忍
維摩詰經卷中
維摩詰經香積佛品第十
於是舍利弗心念日時欲至此諸菩薩當於何食時維摩詰知其意
而語言佛說八解脫仁者受行豈雜欲食而聞法乎若欲食者且待
須臾當令汝得未曾有食時維摩詰即入三昧以神通力示諸大眾上方
界分過如四十二恒沙佛土有國名眾香佛号香積今現在其國香氣比
於十方世界人天之香最為第一彼土无有聲聞辟支佛名唯有清淨大
菩薩眾佛為說法其界一切皆以香作樓閣經行香地苑園皆香其
食香氣周流十方无量世界時彼佛與諸菩薩方共坐食有諸天子
皆号香嚴悉發阿耨多羅三藐三菩提心供養彼佛及諸菩薩此諸
大眾莫不目見時維摩詰問眾菩薩諸仁者誰能致彼佛飯以文師
利威神力故咸皆默然維摩詰言仁者此諸大眾无乃可恥文殊師利曰如

BD14186 號 2　維摩詰所說經卷中

BD14186 號 3　維摩詰所說經卷下

(31–19)

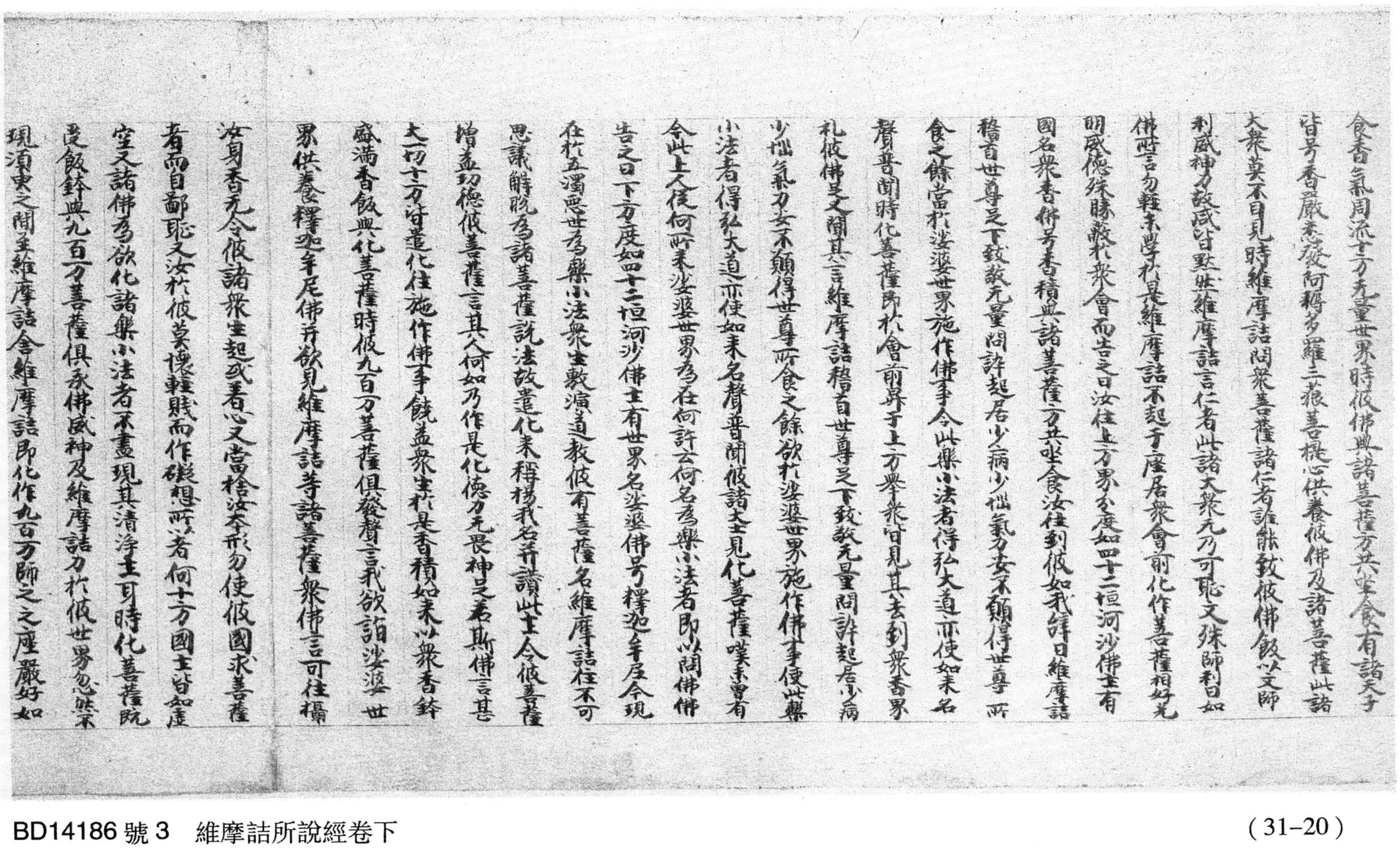
食香氣周流十方无量世界時彼佛與諸菩薩方共坐食有諸天子
皆号香嚴悉發阿耨多羅三藐三菩提心供養彼佛及諸菩薩此諸
大眾莫不目見時維摩詰問眾菩薩諸仁者誰能致彼佛飯以文師
利威神力故咸皆默然維摩詰言仁者此諸大眾无乃可恥文殊師利曰如
佛所言勿輕未學於是維摩詰不起于座居眾會前化作菩薩相好光
明威德殊勝蔽於眾會而告之曰汝往上方界分度如四十二恒河沙佛土有
國名眾香佛号香積與諸菩薩方共坐食汝往到彼如我辭曰維摩詰
稽首世尊足下致敬无量問訊起居少病少惱氣力安不願得世尊所
食之餘當於娑婆世界施作佛事令此樂小法者得弘大道亦使如來名
聲普聞時化菩薩即於會前昇于上方舉眾皆見其去到眾香界
禮彼佛足又聞其言維摩詰稽首世尊足下致敬无量問訊起居少病
少惱氣力安不願得世尊所食之餘欲於娑婆世界施作佛事使此樂
小法者得弘大道亦使如來名聲普聞彼諸大士見化菩薩歎未曾有
今此上人從何所來娑婆世界為在何許云何名為樂小法者即以問佛佛
告之曰下方度如四十二恒河沙佛土有世界名娑婆佛号釋迦牟尼今現
在於五濁惡世為樂小法眾生敷演道教彼有菩薩名維摩詰住不可
思議解脫為諸菩薩說法故遣化來稱揚我名并讚此土令彼菩薩
增益功德彼菩薩言其人何如乃作是化德力无畏神足若斯佛言甚
大一切十方皆遣化往施作佛事饒益眾生於是香積如來以眾香鉢
盛滿香飯與化菩薩時彼九百万菩薩俱發聲言我欲詣娑婆世
界供養釋迦牟尼佛并欲見維摩詰等諸菩薩眾佛言可往攝
汝身香无令彼諸眾生起惑著心又當捨汝本形勿使彼國求菩薩
者而自鄙恥又汝於彼莫懷輕賤而作礙想所以者何十方國土皆如虛
空又諸佛為欲化諸樂小法者不盡現其清淨土耳時化菩薩既
受飯鉢與九百万菩薩俱承佛威神及維摩詰力於彼世界忽然不
現須臾之間至維摩詰舍維摩詰即化作九百万師子之座嚴好如

BD14186 號 3　維摩詰所說經卷下

(31–20)

汝身香，无令彼諸衆生起惑著心。又當捨汝本形，勿使彼國求菩薩
者而自鄙恥。又汝於彼莫懷輕賤而作礙想。所以者何？十方國土皆如虛
空。又諸佛為欲化諸樂小法者，不盡現其清淨土耳。時化菩薩既
受鉢飯，與九百万菩薩俱，承佛威神及維摩詰力，於彼世界忽然不
現，須臾之間至維摩詰舍。時維摩詰即化作九百万師子之座，嚴好如
前，諸菩薩皆坐其上。化菩薩以滿鉢香飯與維摩詰，飯香普熏
毗耶離城及三千大千世界。時毗耶離婆羅門居士等聞是香氣，身
意快然，歎未曾有。於是長者主月蓋從八万四千人來入維摩詰舍，
見其室中菩薩甚多，諸師子座高廣嚴好，皆大歡喜，礼衆菩
薩及大弟子，却住一面。諸地神、虛空神及欲界諸天聞此香氣，亦皆來入
維摩詰舍。時維摩詰語舍利弗等諸大聲聞：仁者可食如來甘露
味飯，大悲所熏，无以限意食之，使不消也。有異聲聞念：是飯少，而此
大衆人人當食？化菩薩曰：勿以聲聞小德小智稱量如來无量福慧。
四海有竭，此飯无盡。使一切人食，揣若須弥，乃至一劫，猶不能盡。所以者何？
无盡戒定智慧解脫解脫知見功德具足者所食之餘，終不可盡。於
是鉢飯悉飽衆會，猶故不賜。其諸菩薩聲聞天人食此飯者，身安
快樂，譬如一切樂莊嚴國諸菩薩也。又諸毛孔皆出妙香，亦如衆香國
土諸樹之香。今時維摩詰問衆香菩薩：香積如來以何說法？彼菩
薩曰：我土如來无文字說，但以衆香令諸天人得入律行。菩薩各各坐香
樹下，聞斯妙香，即獲一切德藏三昧。得是三昧者，菩薩所有功德皆悉
具足。彼諸菩薩問維摩詰：今世尊釋迦牟尼以何說法？維摩詰言：此土
衆生剛強難化，故佛為說剛強之語以調伏之。言是地獄，是畜生，是餓
鬼，是諸難處，是愚人生處；是身邪行，是身邪行報；是口邪行，是
口邪行報；是意邪行，是意邪行報；是殺生，是殺生報；是不與取，
是不與取報；是邪婬，是邪婬報；是妄語，是妄語報；是兩舌，是兩
舌報；是惡口，是惡口報；是无義語，是无義語報；是貪嫉，是貪嫉報；

鬼，是諸難處，是愚人生處；是身邪行，是身邪行報；是口邪行，是
口邪行報；是意邪行，是意邪行報；是殺生，是殺生報；是不與取，
是不與取報；是邪婬，是邪婬報；是妄語，是妄語報；是兩舌，是兩
舌報；是惡口，是惡口報；是无義語，是无義語報；是貪嫉，是貪嫉報；
是瞋惱，是瞋惱報；是邪見，是邪見報；是懈怠，是懈怠報；是亂意，
是亂意報；是愚癡，是愚癡報；是結戒，是持戒，是犯戒；是應作，
是不應作；是障礙，是不障礙；是得罪，是離罪；是淨，是垢；是有
漏，是无漏；是邪道，是正道；是有為，是无為；是世間，是涅槃。以難化
之人心如猨猴，故以若干種法制御其心，乃可調伏。譬如象馬[忄龍]悷不
調，加諸楚毒，乃至徹骨，然後調伏。如是剛強難化衆生，故以一切苦切
之言，乃可入律。彼諸菩薩聞說是已，皆曰：未曾有也！如世尊釋迦
牟尼佛，隱其无量自在之力，乃以貧所樂法度脫衆生；斯諸菩薩
亦能勞謙，以无量大悲生是佛土。維摩詰言：此土菩薩於諸衆生大悲
堅固，誠如所言。然其一世饒益衆生，多於彼國百千劫行。所以者何？此娑婆
世界有十事善法，諸餘淨土之所无有。何等為十？以布施攝貧窮，以
淨戒攝毀禁，以忍辱攝瞋恚，以精進攝懈怠，以禪定攝亂意，以智慧
攝愚癡，說除難法度八難者，以大乘法度樂小乘者，以諸善根濟
无德者，常以四攝成就衆生，是為十。彼菩薩曰：菩薩成就幾法，於此
世界行无瘡疣，生于淨土？維摩詰言：菩薩成就八法，於此世界行无瘡
疣，生于淨土。何等為八？饒益衆生而不望報，代一切衆生受諸苦惱，所
作功德盡以施之；等心衆生，謙下无礙；於諸菩薩視之如佛；所未聞經，聞
之不疑；不與聲聞而相違背；不嫉彼供，不高己利，而於其中調伏其心；常省
己過，不訟彼短；恒以一心求諸功德。是為八。維摩詰、文殊師利於大衆中說
是法時，百千天人皆發阿耨多羅三藐三菩提心，十千菩薩得无生法
忍。

菩薩行品第十一

是時佛說法於菴羅樹園，其地忽然廣博嚴事，一切衆會皆作金色。阿

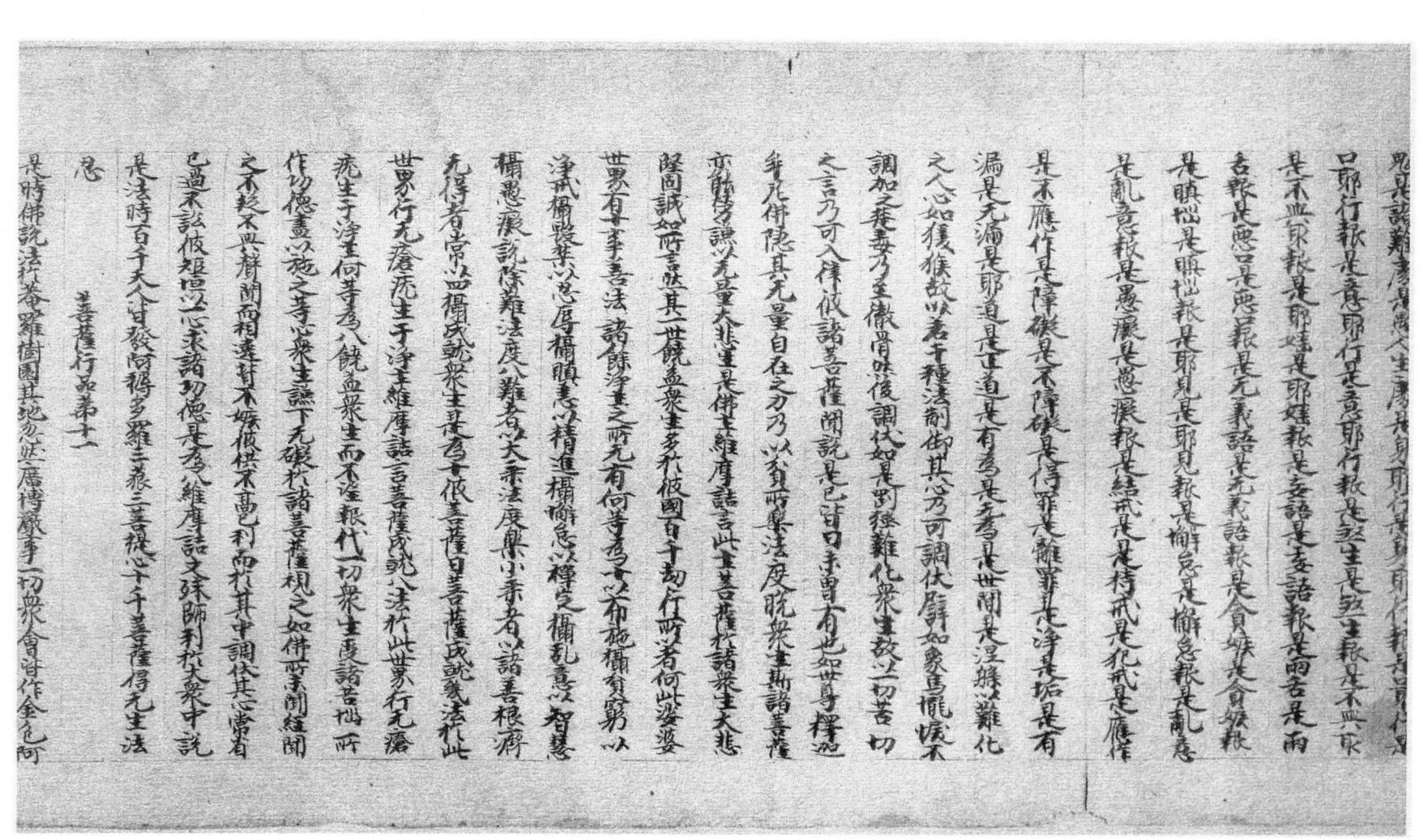

已過不誑彼娑婆以一心求諸功德是為八維摩詰文殊師利於大衆中說
是法時百千天人皆發阿耨多羅三藐三菩提心十千菩薩得无生法
忍

菩薩行品第十一

是時佛說法於菴羅樹園其地忽然廣博嚴事一切衆會皆作金色阿
難白佛言世尊以何因緣有此瑞應是處忽然廣博嚴事一切衆會
皆作金色佛告阿難是維摩詰文殊師利與諸大衆恭敬圍遶發意欲
來故先為此瑞應於是維摩詰語文殊師利可共見佛與諸菩薩禮事
供養文殊師利言善哉行矣今正是時維摩詰即以神力持諸大衆并
師子座置於右掌往詣佛所到已著地稽首佛足右遶七匝一心合掌
在一面立其諸菩薩即皆避座稽首佛足亦遶七匝於一面立諸大弟
子釋梵四天王等亦皆避座稽首佛足在一面立於是世尊如法慰問諸
菩薩已各令復座即皆受教衆坐已定佛語舍利弗汝見菩薩大士
自在神力之所為乎唯然已見汝意云何世尊我覩其為不可思議非
意所圖非度所測爾時阿難白佛言世尊今所聞香自昔未有是為何
香佛告阿難是彼菩薩毛孔之香於是舍利弗語阿難言我等毛孔亦
出是香阿難言此所從來曰是長者維摩詰從衆香國取佛餘飯
於舍食者一切毛孔皆香若此阿難問維摩詰是香氣住當久如
摩詰言至此飯消曰此飯久如當消此飯勢力至于七日然後乃消又阿
難若聲聞人未入正位食此飯者得入正位然後乃消已入正位食此
飯者得心解脫然後乃消若未發大乘意食此飯者至發意乃消
已發意食此飯者得无生法忍然後乃消已得无生忍食此飯者至一
生補處然後乃消譬如有藥名曰上味其有服者身諸毒滅然後乃
消此飯如是滅除一切諸煩惱毒然後乃消阿難白佛言未曾有也世尊
如此香飯能作佛事佛言如是如是阿難或有佛土以佛光明而作佛事
有以諸菩薩而作佛事有以佛所化人而作佛事有以菩提樹而作佛

消此飯如是滅除一切諸煩惱毒然後乃消阿難白佛言未曾有也世尊
如此香飯能作佛事佛言如是如是阿難或有佛土以佛光明而作佛事
有以諸菩薩而作佛事有以佛所化人而作佛事有以菩提樹而作佛
事有以佛衣服臥具而作佛事有以飯食而作佛事有以園林臺觀
而作佛事有以三十二相八十隨形好而作佛事有以佛身而作佛事有以
虛空而作佛事衆生應以此緣得入律行有以夢幻影響鏡中像
水中月熱時焰如是等喻而作佛事有以音聲語言文字而作佛事
或有清淨佛土寂漠无言无說无示无識无作无為而作佛事如是
阿難諸佛威儀進止諸所施為无非佛事阿難有此四魔八万四千諸
煩惱門而諸衆生為之疲勞諸佛即以此法而作佛事是名入一切諸佛
法門菩薩入此門者若見一切淨好佛土不以為喜不貪不高若見一切不
淨佛土不以為憂不礙不沒但於諸佛生淨清心歡喜恭敬未曾有也
諸佛如來功德平等為教化衆生故而現佛土不同阿難汝見諸佛國土
地有若干而虛空无若干也如是見諸佛色身有若干耳其无礙慧无若
干也阿難諸佛色身威德種姓戒定智慧解脫解脫知見力无所畏不
共之法大慈大悲威儀所行及其壽命說法教化成就衆生淨佛國土
具諸佛法悉皆同等是故名為三藐三佛陀名為多陀阿伽度名為
佛陀阿難若我廣說此三句義汝以劫壽不能盡受正使三千大千世
界滿中衆生皆如阿難多聞第一得念總持此諸人等以劫之壽亦不
受如是阿難諸佛阿耨多羅三藐三菩提无有限量智慧辯才不可
思議阿難白佛言我從今已往不敢自謂以為多聞佛告阿難勿起退
意所以者何我說汝於聲聞中為最多聞非謂菩薩且止阿難其有
智者不應限度諸菩薩也一切海淵尚可測量菩薩禪定智慧總
持辯才一切功德不可量也阿難汝等捨置菩薩所行是維摩詰一時
所現神通之力一切聲聞辟支佛於百千劫盡力變化所不能作

智者不應限度諸菩薩也一切海渕尚可測量菩薩禪定智慧揔
持辯才一切功德不可量也阿難汝等捨置菩薩所行是維摩詰一時
所現神通之力一切聲聞辟支佛於百千劫盡力變化所不能作
尒時衆香世界菩薩來者合掌白佛言世尊我等初見此土生下劣
想今自悔責捨離是心所以者何諸佛方便不可思議為度衆生故隨其
所應現佛國異唯然世尊願賜少法還於彼土當念如來佛告諸菩
薩有盡无盡解脫法門汝等當學何謂為盡謂有為法何謂无
盡謂无為法如菩薩者不盡有為不住无為何謂不盡有為謂不離
大慈不捨大悲深發一切智心而不忽忘教化衆生終不猒倦於四
攝法常念順行護持正法不惜軀命種諸善根无有疲猒志常安
住方便迴向求法不懈說法无悋勤供諸佛故入生死而无所畏於諸榮辱
心无憂喜不輕未學敬學如佛墮煩惱者令發正念於遠離樂不
以為貴不著己樂慶於彼樂在於禪定如地獄想於生死中如園觀想見
來求者為善師想捨諸所有具一切智想見毀戒人起救護想諸波羅蜜
為父母想道品之法為眷屬想發行善根无有齊限以諸淨國嚴飾之
事成己佛土行无限施具足相好除一切惡淨身口意生死无數劫意而有
勇聞佛无量德志而不倦以智慧劒破煩惱賊出陰界入荷負衆生永
使解脫以大精進摧伏魔軍常求无念實相智慧行少欲知足而不捨
世間法不壞威儀而能隨俗起神通慧引導衆生得念揔持所聞不忘善
別諸根斷衆生疑以樂說辯演法无礙淨十善道受天人福脩四无量開梵
天道勸請說法隨喜讚善得佛音聲身口意善得佛威儀深脩善法
所行轉勝以大乘教成菩薩僧心无放逸不失衆善行如此法是名菩薩不
以空為證脩學无相无作不以无相无作為證脩學无起不以无起為證
觀於无常而不猒善本觀世間苦而不惡生死觀於无我而誨人不倦觀於
寂滅而不永滅觀於遠離而身心脩善觀无所歸而歸趣善法觀於无生

BD14186 號 3　維摩詰所說經卷下　　(31–25)

以空為證脩學无相无作不以无相无作為證脩學无起不以无起為證
觀於无常而不猒善本觀世間苦而不惡生死觀於无我而誨人不倦觀於
寂滅而不永滅觀於遠離而身心脩善觀无所歸而歸趣善法觀於无生
而以生法荷負一切觀於无漏而不斷諸漏觀无所行而以行法教化衆生觀
於空无而不捨大悲觀正法位而不隨小乘觀諸法虛妄无牢无人无主无相
本願未滿而不虛福德禪定智慧脩如此法是名菩薩不住无為又具福德
故不住无為具智慧故不盡有為大慈悲故不住无為滿本願故不盡有
為集法藥故不住无為隨授藥故不盡有為知衆生病故不住无為
滅衆生病故不盡有為諸正士菩薩脩此法不盡有為不住无為是名
盡无盡解脫法門汝等當學尒時彼諸菩薩聞說是法皆大歡喜以
衆妙華若干種色若干種香遍散三千大千世界供養於佛及此經法并
諸菩薩已稽首佛足歎未曾有釋迦牟尼佛乃能於此善行方便言已
忽然不現還到彼國

見阿閦佛品第十二

尒時世尊問維摩詰汝欲見如來為以何等觀如來乎維摩詰言如自觀
身實相觀佛亦然我觀如來前際不來後際不去今則不住不觀色不觀色
如不觀色性不觀受想行識不觀識如不觀識性非四大起同於虛空六
入无積眼耳鼻舌身心已過不在三界三垢已離順三脫門三明與无明等
不一相不異相不自相不他相非无相非取相不此岸不彼岸不中流而化衆
生觀於寂滅亦不永滅不此不彼不以此不以彼不可以智知不可以識識无
晦无明无名无相无強无弱非淨非穢不在方不離方非有為非无為
无示无說不施不慳不戒不犯不忍不恚不進不怠不定不亂不智不愚
不誠不欺不來不去不出不入一切言語道斷非福田非不福田非應供養
非不應供養非取非捨非有相非无相同真際等法性不可稱不可量過
諸稱量非大非小非見非聞非覺非知離諸結縛等諸智同衆生於諸法
无分別一切无失无濁无惱无作无起无生无滅无畏无憂无喜无猒无著无

BD14186 號 3　維摩詰所說經卷下　　(31–26)

非不應供養非取非捨非有相非无相同真際等法性不可稱不可量過
諸稱量非大非小非見非聞非覺非知離諸結縛等諸智同衆生於諸法
无分別一切无失无濁无惱无作无起无生无滅无畏无憂无喜无厭无著无
有无當有无今有不可以一切言說分別顯示世尊如來身為若此作如是
觀以斯觀者名為正觀若他觀者名為邪觀
尒時舍利弗問維摩詰汝於何沒而來生此維摩詰言汝所得法有沒生
乎舍利弗言无沒生也若諸法无沒生相云何問言汝於何沒而來生
此於意云何譬如幻師幻作男女寧沒生耶舍利弗言无沒生也汝豈
不聞佛說諸法如幻相乎答曰如是若一切法如幻相者云何問言汝於何沒
而來生此舍利弗沒者為虛誑法敗壞之相生者為虛誑法相續之
相菩薩雖沒不盡善本雖生不長諸惡是時佛告舍利弗有國
名妙喜佛号无動是維摩詰於彼國沒而來生此舍利弗言未曾有也
世尊是人乃能捨清淨土而來樂此多怒害處維摩詰語舍利弗於
意云何日光出時與冥合乎答曰不也日光出時則无衆冥維摩詰
言夫日何故行閻浮提答曰欲以明照為之除冥維摩詰言菩薩如是雖
生不淨佛土為化衆生不與愚闇而共合也但滅衆生煩惱闇耳是時大
衆渴仰欲見妙喜世界无動如來及其菩薩聲聞之衆佛知一切衆生
所念告維摩詰言善男子為此衆會現妙喜國无動如來及諸菩
薩聲聞之衆衆皆欲見於是維摩詰心念吾當不起于座接妙喜
國鐵圍山川溪谷江河大海泉源須弥諸山及日月星辰天龍鬼神梵天宮
等并諸菩薩聲聞之衆城邑聚落男女大小乃至无動如來及菩提樹
諸妙蓮華能於十方作佛事者三道寶階從閻浮提至忉利天以此寶
階諸天來下悉為礼敬无動如來聽受經法閻浮提人亦登其階上昇
忉利見彼諸天妙喜世界成就如是无量功德上至阿迦膩吒天下至水
際以右手斷取如陶家輪入此世界由持華鬘示一切衆作是念已入於三昧
現神通力以其右手斷取妙喜世界置於此土彼得神通菩薩及聲

BD14186 號 3　維摩詰所說經卷下

(31–27)

階諸天來下悉為礼敬无動如來聽受經法閻浮提人亦登其階上昇
忉利見彼諸天妙喜世界成就如是无量功德上至阿迦膩吒天下至水
際以右手斷取如陶家輪入此世界由持華鬘示一切衆作是念已入於三昧
現神通力以其右手斷取妙喜世界置於此土彼得神通菩薩及聲
聞衆并餘天人俱發聲言唯然世尊誰取我去願見救護无動佛言
非我所為是維摩詰神力所作其餘未得神通者不覺不知己之所
往妙喜世界雖入此土而不增減於是世界亦不迫隘如本无異尒時釋
迦牟尼佛告諸大衆汝等且觀妙喜世界无動如來其國嚴飾菩薩
行淨弟子清白皆曰唯然已見佛言若菩薩欲得如是清淨佛土當
學无動如來所行之道現此妙喜國時娑婆世界十四那由他人發阿耨
多羅三藐三菩提心皆願生於妙喜佛土釋迦牟尼佛即記之曰當生
彼國時妙喜世界於此國土所應饒益其事訖已還復本處舉衆皆見
佛告舍利弗汝見此妙喜世界及无動佛不唯然已見世尊願使一切衆生
得清淨土如无動佛獲神通力如維摩詰世尊我等快得善利得見是人
親近供養其諸衆生若今現在若佛滅後聞此經者亦得善利況復
聞已信解受持讀誦解說如法脩行若有手得是經典者便為已得法
寶之藏若有讀誦解說其義如說脩行則為諸佛之所護念其
有供養如是人者當知則為供養於佛其有書持此經卷者當知其
室則有如來若聞是經能隨喜者斯人則為趣一切智若能信解此
經乃至一四句偈為他說者當知此人即是受阿耨多羅三藐三菩提記
法供養品第十三
尒時釋提桓因於大衆中白佛言世尊我雖
從佛及文殊師利聞百千經未曾聞此不可思議自在神通決定實相經
典如我解佛所說義趣若有衆生聞是經法信解受持讀誦之者必
得是法不疑何況如說脩行斯人則為閉衆惡趣開諸善門常為諸
佛之所護念降伏外學摧滅魔怨脩治菩提安處道場履踐如來所
行之跡世尊若有受持讀誦如說脩行者我當與諸眷屬供養給事

BD14186 號 3　維摩詰所說經卷下

(31–28)

典如我解佛所說義趣若有眾生聞是經法信解受持讀誦之者必
得是法不疑何況如說修行斯人則為閉眾惡趣開諸善門常為諸
佛之所護念降伏外學摧滅魔怨修治菩提安處道場履踐如來所
行之跡世尊若有受持讀誦如說修行者我當與諸眷屬供養給事
所在聚落城邑山林曠野有是經處我亦與諸眷屬聽受法故共到其
所其未信者當令生信其已信者當為作護佛言善哉善哉天帝
如汝所說吾助爾喜此經廣說過去未來現在諸佛不可思議阿耨多
羅三藐三菩提是故天帝若善男子善女人受持讀誦供養是經
者則為供養去來今佛天帝正使三千大千世界如來滿中譬如甘蔗竹葦
稻麻叢林若有善男子善女人或一劫或減一劫恭敬尊重讚歎供養奉
諸所安至諸佛滅後以一一全身舍利起七寶塔縱廣一四天下高至梵天
表剎莊嚴以一切華香瓔珞幢幡伎樂微妙第一若一劫若減一劫而供
養之於天帝意云何其人殖福寧為多不釋提桓因言多矣世尊彼之
福德若以百千億劫說不能盡佛告天帝當知是善男子善女人聞是不
可思議解脫經典信解受持讀誦修行福多於彼所以者何諸佛菩提皆從
是生菩提之相不可限量以是因緣福不可量佛告天帝過去無量阿僧祇
劫時世有佛号曰藥王如來應供正遍知明行足善逝世間解无上士調御丈
夫天人師佛世尊世界曰大莊嚴劫曰莊嚴佛壽二十小劫其聲聞僧三十
六億那由他菩薩僧有十二億天帝是時有轉輪聖王名曰寶蓋七寶
具足王四天下王有千子端正勇健能伏怨敵爾時寶蓋與其眷屬供養
最後如來号曰樓至月蓋比丘則我身是也如是天帝當知此要以法供養
於諸供養為上為最第一无比是故天帝當以法之供養供養於佛

囑累品第十四

於是佛告彌勒菩薩言彌勒我今以是无量
億阿僧祇劫所集阿耨多羅三藐三菩提付囑於汝如是輩經於佛滅後末
世之中汝等當以神力廣宣流布於閻浮提無令斷絕所以者何未來世中當
有善男子善女人及天龍鬼神乾闥婆羅剎等發阿耨多羅三藐三菩

BD14186 號 3　維摩詰所說經卷下　（31–29）

囑累品第十四　於是佛告彌勒菩薩言彌勒我今以是无量
億阿僧祇劫所集阿耨多羅三藐三菩提付囑於汝如是輩經於佛滅後末
世之中汝等當以神力廣宣流布於閻浮提無令斷絕所以者何未來世中當
有善男子善女人及天龍鬼神乾闥婆羅剎等發阿耨多羅三藐三菩
提心樂于大法若使不聞如是等經則失善利如此輩人聞是等經必多
信樂發希有心當以頂受隨諸眾生所應得利而為廣說彌勒當知
菩薩有二相何謂為二一者好於雜句文飾之事二者不畏深義如實能
入若好雜句文飾事者當知是為新學菩薩若於如是無染無著甚深
經典无有恐畏能入其中聞已心淨受持讀誦如說修行當知是為久修
道行彌勒復有二法名新學者不能決定於甚深法何等為二一者所
未聞深經聞之驚怖生疑不能隨順毀謗不信而作是言我初不聞從何
所來二者若有護持解說如是深經者不肯親近供養恭敬或時於中
說其過惡有此二法當知是新學菩薩為自毀傷不能於深法中調伏
其心彌勒復有二法菩薩雖信解深法猶自毀傷而不能得无生法忍何
等為二一者輕慢新學菩薩而不教誨二者雖解深法而取相分別是為
二法彌勒菩薩聞說是已白佛言世尊未曾有也如佛所說我當遠離如斯
之惡奉持如來无數阿僧祇劫所集阿耨多羅三藐三菩提法若未來世善
男子善女人求大乘者當令手得如是等經與其念力使受持讀誦為他
廣說世尊若後末世有能受持讀誦為他說者當知是彌勒神力之所
建立佛言善哉善哉彌勒如汝所說佛助尒喜於是一切菩薩合掌白佛我
等亦於如來滅後十方國土廣宣流布阿耨多羅三藐三菩提復當開導
諸說法者令得是經尒時四天王白佛言世尊在在處處城邑聚落山林曠野
有是經卷讀誦解說者我當率諸官屬為聽法故往詣其所擁護其人
面百由旬令无伺求得其便者是時佛告阿難受持是經廣宣流布阿難
言唯我已受持要者世尊當何名斯經佛言阿難是經名維摩詰所說亦
名不可思議解脫法門如是受持佛說是經已長者維摩詰文殊師利舍利

BD14186 號 3　維摩詰所說經卷下　（31–30）

……依於法不依人隨順法相
无所入无所歸无明畢竟滅故諸行亦畢竟滅乃至生畢竟滅故老死亦畢
竟滅作如是觀十二因緣无有盡相不復起見是名最上法之供養佛告天
帝王子月盖從藥王佛聞如是法得柔順忍即解寶衣嚴身之具以供
養佛白佛言世尊如来滅後我當行法供養守護正法願以威神加哀建
立令我得降魔怨脩菩薩行佛知其深心所念而記之曰汝於末後守護法
城天帝時王子月盖見法清淨聞佛授記以信出家脩集善法精進不久
得五神通逮菩薩道得陀羅尼无斷辯才於佛滅後以其所得神通揔持辯
才之力滿十小劫藥王如来所轉法輪隨而分布月盖比丘以守護法勤行精進
即於此身化百万億人於阿耨多羅三藐三菩提立不退轉十四那由他人深
發聲聞辟支佛心无量衆生得生天上天帝時王寶盖豈異人乎今現得
佛号寶焰如来其王千子即賢劫中千佛是也從迦羅鳩孙馱為始得佛
并阿難等及諸天人阿脩羅一切大衆聞佛所說皆大歡喜

維摩詰經卷下

BD14186 號 3　維摩詰所說經卷下　（31–31）

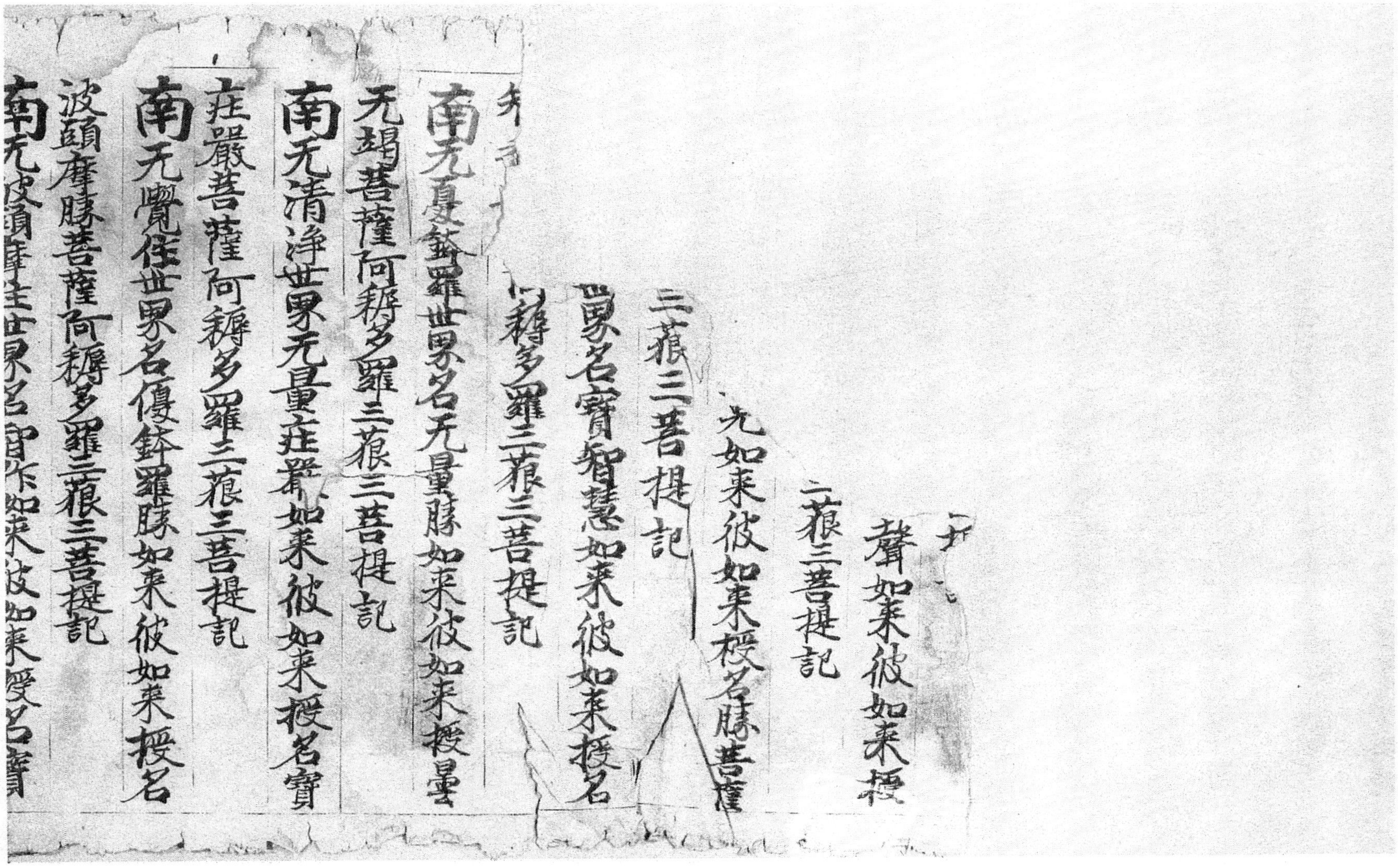

聲如来彼如来授
三藐三菩提記
无如来彼如来授名勝菩薩
三藐三菩提記
界名寶智慧如来彼如来授名
阿耨多羅三藐三菩提記
南无優鉢羅世界名无量勝如来彼如来授曇
无竭菩薩阿耨多羅三藐三菩提記
南无清淨世界无量莊嚴如来彼如来授名寶
莊嚴菩薩阿耨多羅三藐三菩提記
南无覺住世界名優鉢羅勝如来彼如来授名
波頭摩勝菩薩阿耨多羅三藐三菩提記
南无波頭摩生世界名寶作如来彼如来授名寶

BD14187 號　佛名經（十六卷本）卷三　（39–1）

[illegible]
莊嚴菩薩阿耨多羅三藐三菩提記
南无覺住世界名優鉢羅勝如来彼如来授名
波頭摩勝菩薩阿耨多羅三藐三菩提記
南无波頭摩住世界名智作如来彼如来授名寶
滿足菩薩阿耨多羅三藐三菩提記
南无智力世界名釋迦牟尼如来彼如来授名
寶手足菩薩阿耨多羅三藐三菩提記
南无十方稱世界名智稱如来彼如来授名无邊
精進菩薩阿耨多羅三藐三菩提記
南无善世界名堅自在王如来彼如来授名寶
堅菩薩阿耨多羅三藐三菩提記
南无月世界名寶莎羅如来彼如来授名普
菩薩阿耨多羅三藐三菩提記
南无娑婆世界名大勝如来彼如来授名大勝
天王菩薩阿耨多羅三藐三菩提記
南无一盖世界名寶輪如来彼如来授名星
宿鷄菩薩阿耨多羅三藐三菩提記
南无過一切憂障閡世界名不空說如来彼如

BD14187號　佛名經（十六卷本）卷三　（39–2）

南无一盖世界名寶輪如来彼如来授[illegible]
宿鷄菩薩阿耨多羅三藐三菩提記
南无過一切憂障閡世界名不空說如来彼如
来授名不空說菩薩阿耨多羅三藐三菩提記
南无遠離憂惱世界名功德成就如来彼如来授
名无邊勝威德菩薩阿耨多羅三藐三菩提記
南无寂靜世界名稱王如来彼如来授名勇德
菩薩阿耨多羅三藐三菩提記
南无不空見世界名不空奮迅如来彼如来授
名不空發行菩薩阿耨多羅三藐三菩提記
南无香世界名香光明如来彼如来授名寶藏菩
薩阿耨多羅三藐三菩提記
南无无量吼聲世界名无障閡聲如来彼如来授
名无分別發行菩薩阿耨多羅三藐三菩提記
南无月輪光明世界名稱力王如来彼如来授名智稱菩
薩阿耨多羅三藐三菩提記
南无寶輪世界名寶上勝如来彼如来授名導師
菩薩阿耨多羅三藐三菩提記
南无寶輪世界名善眼如来彼如来授名藥行菩

BD14187號　佛名經（十六卷本）卷三　（39–3）

南无寶輪世界名寶上勝如来彼如来授名導師
菩薩阿耨多羅三藐三菩提記
南无寶輪世界名善眼如来彼如来授名藥行菩
薩阿耨多羅三藐三菩提記
南无法世界名波頭摩勝如来彼如来授名大法菩
薩阿耨多羅三藐三菩提記
南无名須彌頂上王如来彼如来授名智力菩薩
阿耨多羅三藐三菩提記
南无名波頭摩勝如来彼如来授名勝得菩薩
阿耨多羅三藐三菩提記
南无陁羅尼輪世界名香光明如来彼如来授名
陁羅尼自在王菩薩阿耨多羅三藐三菩提記
南无金光明世界名十方稱發如来彼如来授名
智發行菩薩阿耨多羅三藐三菩提記
南无智起世界普清淨增上雲王聲如来彼如来
授名星宿王菩薩阿耨多羅三藐三菩提記
南无常光明世界名无量光明如来彼如来授名
大光明菩薩阿耨多羅三藐三菩提記

BD14187號　佛名經（十六卷本）卷三　（39–4）

授名星宿王菩薩阿耨多羅三藐三菩提記
南无常光明世界名无量光明如来彼如来授名
大光明菩薩阿耨多羅三藐三菩提記
南无然燈世界名无量智成如来彼如来授名
功德王光明菩薩阿耨多羅三藐三菩提記
南无然燈世界名无量種奮迅彼如来授名无障
閡菩薩阿耨多羅三藐三菩提記
南无種種幢世界名上首如来彼如来授名那羅
延菩薩阿耨多羅三藐三菩提記
南无十方稱世界名佛化成就如来彼如来授名
无畏奮迅菩薩阿耨多羅三藐三菩提記
南无金剛住世界名佛花增上王如来彼如来授
名寶火菩薩阿耨多羅三藐三菩提記
南无栴檀窟世界名寶作如来彼如来授名觀
世音菩薩阿耨多羅三藐三菩提記
從此以上一千八百佛十二部經一切賢聖
南无藥王世界名不空說如来彼如来授名不
空發行菩薩阿耨多羅三藐三菩提記

BD14187號　佛名經（十六卷本）卷三　（39–5）

南无藥王世界名不空說如来彼如来授名不
空發行菩薩阿耨多羅三藐三菩提記
南无藥王勝上世界名无邊功德精進發如来
彼如来授名不受稱菩薩阿耨多羅三藐三菩提記
南无普莊嚴世界名發生心莊嚴一切衆生心如来
彼如来授名佛華手菩薩阿耨多羅三藐三菩提記
南无普蓋世界名蓋勝如来彼如来授名寶行
菩薩阿耨多羅三藐三菩提記
南无華上光明如来世界名輪威德王如来彼如来
授名蓋住菩薩阿耨多羅三藐三菩提記
南无善莊嚴世界名衆生光明如来彼如来授名
寶面菩薩阿耨多羅三藐三菩提記
南无賢世界名无畏如来彼如来授名不驚怖菩
薩阿耨多羅三藐三菩提記
南无波頭摩世界名波頭摩勝光明如来彼如来
授名智為菩薩阿耨多羅三藐三菩提記
南无優鉢羅世界名智優鉢勝如来彼如来授名
无境界行菩薩阿耨多羅三藐三菩提記

BD14187號　佛名經（十六卷本）卷三　（39–6）

授名智為菩薩阿耨多羅三藐三菩提記
南无優鉢羅世界名智優鉢勝如来彼如来授名
无境界行菩薩阿耨多羅三藐三菩提記
南无寶上世界名寶作如来彼如来授名法作菩
薩阿耨多羅三藐三菩提記
南无月世界名无量願如来彼如来授名殿花菩薩
阿耨多羅三藐三菩提記
南无善住世界名寶聚如来彼如来授名藥王
菩薩阿耨多羅三藐三菩提記
南无香光明世界名莎羅自在王如来彼如来
授名勝慧菩薩阿耨多羅三藐三菩提記
南无花手世界名寶光明如来彼如来授名日
菩薩阿耨多羅三藐三菩提記
南无普山世界名寶山如来彼如来授名火得
菩薩阿耨多羅三藐三菩提記
南无憂蓋入世界上首如来彼如来授名上
莊嚴菩薩阿耨多羅三藐三菩提記
南无无憂世界名發无邊功德如来彼如来授名不發

BD14187號　佛名經（十六卷本）卷三　（39–7）

莊嚴菩薩阿耨多羅三藐三菩提記
南无无憂世界名發无邊功德如来（彼如来）授名不發
觀菩薩阿耨多羅三藐三菩提記
南无一切功德住世界名善上首如来彼如来授
名普至菩薩阿耨多羅三藐三菩提記
南无寶光明世界名須弥光明如来彼如来授
名善住菩薩阿耨多羅三藐三菩提
南无一切得住世界名无量境界如来彼如来授
名善（義生）薩阿耨多羅三藐三菩提記
南无莊嚴菩薩世界名高妙法如来彼如来授
名恩益勝慧菩薩阿耨多羅三藐三菩提記
南无无垢世界名寶花成就功德如来彼如来授名
得勝慧菩薩阿耨多羅三藐三菩提記
南无雲世界名奮迅如来彼如来授名自在觀
菩薩阿耨多羅三藐三菩提記
南无花網霞世界名一切發衆生信發心如来彼如
来授名勝慧菩薩阿耨多羅三藐三菩提記
南无星宿行世界名樂星宿𦍑如来彼如来授名

南无花網霞世界名一切發衆生信發心如来彼如
来授名勝慧菩薩阿耨多羅三藐三菩提記
南无星宿行世界名樂星宿𦍑如来彼如来授名
无憂菩薩阿耨多羅三藐三菩提記
南无寶花世界名勝衆如来彼如来授名妙勝
菩薩阿耨多羅三藐三菩提記
南无无量聖世界名无量花如来彼如来授名
香象菩薩阿耨多羅三藐三菩提記
南无花世界名寶勝如来彼如来授名遠離諸
有菩薩阿耨多羅三藐三菩提記
南无種種幢世界名月功德如来彼如来授名斷
一切諸難菩薩阿耨多羅三藐三菩提記
南无可樂世界名已發心輪法輪如来彼如来授名
不退轉輪菩薩阿耨多羅三藐三菩提記
南无无畏世界名十方稱名如来彼如来授名智
稱菩薩阿耨多羅三藐三菩提記
南无自在世界迦陵伽佛
南无安樂世界日輪燈明佛

稱菩薩阿耨多羅三藐三菩提記
南无自在世界迦陵伽佛
南无安樂世界日輪燈明佛
南无无畏世界寶勝佛
南无智成就世界智起佛
南无純樂世界功德王莊佛
南无蓋行花世界无障身眼佛
南无金剛輪世界无畏佛
南无發起世界智積佛
南无善清淨世界无觀相發行佛
南无善光明世界光明輪威德王勝佛
南无高幢世界因慧佛
南无得世界那羅延佛
南无无垢世界无垢幢佛
南无遠離一切憂障世界安隱佛
南无賢上世界遠離諸煩惱佛
南无一切安樂世界清淨慧佛
南无无量功德具足世界善思惟發佛

BD14187號　佛名經（十六卷本）卷三　（39–10）

南无賢上世界遠……
南无一切安樂世界清淨慧佛
南无无量功德具足世界善思惟發佛
南无平等世界降伏諸怨佛
南无无畏世界憂波羅勝佛
南无十方光明世界勝力王佛
南无常光明世界无量光明雲香彌留佛
南无常莊嚴世界降伏男女佛
南无沈水香世界種種花佛
南无香蓋世界无邊智佛
南无栴檀香世界寶上王佛
南无香世界彌留佛
南无善喜世界知見一切衆生信佛
南无不可量世界无邊聲佛
南无佛花莊嚴世界智功德勝佛
南无善住世界不動步佛
南无花世界无障身吼聲佛
南无月世界普寶藏佛
南无堅住世界迦葉佛

BD14187號　佛名經（十六卷本）卷三　（39–11）

南无花世界无障㝵吼聲佛
南无月世界普寶藏佛
南无堅住世界迦葉佛
南无普波頭摩世界觀一切境界鏡佛
南无栴檀世界上首佛
南无寶世界成就義佛
南无有月世界成就勝佛
南无无障閡世界名稱佛
南无安樂世界斷一切疑佛
南无王世界智勝佛
南无普畏世界月佛
南无種種成就世界功德徹佛
南无種種花世界星宿王佛
南无廣世界无量幢佛
南无羅網世界羅網光明佛
南无无驚怖世界淨聲佛
南无可樂世界現寶勝佛
南无離觀世界一切法无所發佛

南无可樂世界現寶勝佛
南无離觀世界一切法无所發佛
南无常稱世界不斷一切衆生發行佛
南无常歡喜世界无量奮迅佛
南无普鏡世界達一切法佛
南无普照世界普見一切佛
南无一切功德成就世界成就无邊勝功德佛
南无无垢世界智起光佛
南无怖優鉢羅世界波頭摩勝王佛
南无波頭摩怖世界十方勝佛
南无天世界堅固衆生佛
南无光明世界智光明佛
南无安樂調世界脩智佛
南无安樂世界遠離胎佛
南无无染世界明王佛
南无雲世界斷一切煩惱佛
南无普色世界无邊智稱佛
從此以上一千九百佛十二部尊經一切賢聖

南无雲世界斷一切煩惱佛
南无普色世界无邊智稱佛
從此以上一千九百佛十二部尊經一切賢聖
南无堅固攝世界幢星勝佛
南无无比功德世界茂䀫无勝花佛
次礼十二部尊經大藏法輪
南无道神足經
南无轉輪本起經
南无瑞應本起經
南无法没經
南无阿阜曇薩經
南无日光三昧經
南无作形像經
南无轉女身經
南无威儀經
南无比羅三昧經
南无施食五種福經
南无梵經
南无龍樹因緣經
南无龍樹所問經
南无阿難四事經
南无七婦經
南无灌佛經
南无五福德子經
南无五濁世經
南无滅十方冥經
南无時食經
南无大頭陀經
南无多妙經
南无問妙分别經

BD14187號　佛名經（十六卷本）卷三　（39–14）

南无五濁世經
南无滅十方冥經
南无時食經
南无大頭陀經
南无多妙經
南无問妙分别經
南无四帝經
南无尼宅迴王經
南无菩提經
南无稱揚佛經
次礼十方諸大菩薩摩訶薩
南无堅勝菩薩
南无斷諸惡道菩薩
南无不疲倦菩薩
南无須弥山菩薩
南无心勇猛菩薩
南无師子奮迅行菩薩
南无不可思議菩薩
南无善勝菩薩
南无善意菩薩
南无寶諂菩薩
南无愛見菩薩
南无无障导菩薩
南无斷諸疑菩薩
南无寶作菩薩
南无廣德菩薩
南无護賢劫菩薩
南无寶月菩薩
南无浮陁婆香菩薩
南无樂作菩薩
南无无垢稱菩薩
南无思益菩薩
南无普華菩薩
南无大須弥山菩薩
南无月勝菩薩
南无月山菩薩
南无智山菩薩
南无吉鳩羅菩薩

BD14187號　佛名經（十六卷本）卷三　（39–15）

南无樂作菩薩　南无无垢稱菩薩
南无愚蓋菩薩　南无普華菩薩
南无大須弥山菩薩
南无月勝菩薩　南无月山菩薩
南无智山菩薩　南无若鳩羅菩薩
南无遠鳩羅菩薩　南无遠伽羅菩薩
南无鳩陁羅菩薩　南无日陳菩薩
歸命如是等十方无量无邊菩薩
復次應稱辟支佛
南无善伏辟支佛　南无逮陁辟支佛
南无吉妙辟支佛　南无夏波吉妙辟支佛
南无斷有辟支佛　南无夏波支羅辟支佛
南无斷愛辟支佛　南无施婆羅辟支佛
南无轉覺辟支佛　南无去垢辟支佛
南无高去辟支佛　南无阿悲多辟支佛
歸命如是等无量无邊辟支佛
礼三已次復懺悔
弟子今以惣相懺悔一切諸業今當次第更復一
一別相懺悔若惣若別若麁若細若輕若重若說
不說品類相從願皆消滅別相懺悔者先懺身三次

弟子今以惣相懺悔一切諸業今當次第更復一
一別相懺悔若惣若別若麁若細若輕若重若說
不說品類相從願皆消滅別相懺悔者先懺身三次
懺口四其餘諸障次第稽顙身三業者弟一煞害如經
所明恕已可爲喻勿煞勿行杖雖復禽獸之殊保命
畏死其事是一若尋此衆生无始以來或是我父母
兄弟六親眷屬以業因緣輪迴六道出生入死改形
易報不復相識而今興害食噉其肉傷慈之甚是
故佛言設得餘食當如飢世食子肉想何況食噉此
魚肉耶又言爲利煞衆生以錢網衆生肉二俱是惡
業死墮呼叫地獄故知煞害及以食噉罪深河海過重
丘岳然弟子等无始以來不遇善友皆爲此業是故
經言煞害之罪能令衆生墮於地獄餓鬼受苦若
在畜生則受虎豹豺狼鷹鷂等身或受毒蛇
蝮蝎等身常懷惡心或受麞鹿熊羆等身常怬怖
若生人中得二種果報一者多病二者斷命煞肉食
噉既有如是无量種種諸惡果報是故弟子至到
稽顙歸命

噉既有如是无量種種諸惡果報是故弟子至到
稽顙歸命
東方滅諸怖畏佛　南方日月燈明佛
西方覺華光佛　北方發功德佛
東南方除衆感冥佛　西南方无生自在佛
西北方大神通王佛　東北方空離垢心佛
下方同像空无佛　上方琉璃藏勝佛
如是十方盡虛空界一切三寶
弟子自從无始以來至於今日有此心識常懷殘毒
无慈愍心或因貪起煞因瞋因癡及以慢煞或興惡
心方便措煞願煞及以呪煞或破決湖池焚燒山野田
獵魰捕或因風放火飛鷹放犬惱害一切如是等罪今
悉懺悔或以檻擬挨撥弓弩彈射飛鳥走獸之
類或以罾網罩鈎撈漉水性魚鱉黿鼉蝦蟇螺蚌
濕居之屬使水陸之與空行藏竄天地或畜養雞猪
牛羊犬豕鵝鴨之屬自供庖廚或賃他宰煞使其
哀聲未盡毛羽脫落鱗甲傷毀身首分離骨肉銷碎
剝裂屠割炮燒煮炙楚毒酸切橫加无辜但取一時之快

牛羊犬豕鵝鴨之屬自供庖廚或賃他宰煞使其
哀聲未盡毛羽脫落鱗甲傷毀身首分離骨肉銷碎
剝裂屠割炮燒煮炙楚毒酸切橫加无辜但取一時之快
口不知嬰苦之者痛得味甚寡不過三寸舌根而已然
其罪報殃累永劫如是等罪今日至誠皆悉懺悔
又復无始以來至於今日或復興師相伐壃埸交諍兩
陣相向更相煞害或自煞教煞聞煞歡喜或習屠膾儈
為刑琴亨宰他命行於不忍或恣忿怒揮戈舞刃
或斬或刺或推著坑壍或以水沉溺或塞穴壞巢土
石磓壓或以車馬雷轢踐蹋一切衆生如是等罪无
量无邊今以發露悉皆懺悔
又復无始以來或墮胎破卵毒藥蠱道傷煞衆生墾
土掘地種植田園養蠶煮繭傷煞滋甚或打撲蚊
蚋掐嚙蚤虱或燒除糞掃開決溝渠枉害一切或噉
菓實或用穀米或水或菜橫煞衆生或燃樵薪或露
燈燭燒諸虫類或食醬酢不看搖動或寫湯水澆
煞虫蟻如是乃至行住坐卧四威儀中恒常傷煞飛空
著地細微衆生弟子以凡夫識暗不覺不知今以發露皆

殺虫蟻如是乃至行住坐卧四威儀中恒常傷殺飛空
著地細微衆生弟子以凡夫識闇不覺不知今以發露皆
悉懺悔
又復弟子无始以來至于今日或以鞭杖枷鎖桁械壓
立拷掠打擲手脚蹴蹹繫縛籠繫斷絶水穀如是種
種諸惡方便苦惱衆生今日至誠向十方佛尊法聖
衆皆悉懺悔
願弟子等承是懺悔殺害等罪所生功德生生世世
得金剛身壽命无窮永離怨憎无殺害想於諸衆
生得一子地若見危難急厄之者不惜身命方便救
解令得解脱然後爲説微妙正法使諸衆生覩形見
影皆蒙安樂聞名聽聲恐怖悉除 作礼一拜
南无寶世界善住力王佛
南无十方上首世界趣月光佛
南无龍王世界上首佛
南无善住世界善高聚佛
南无无怖畏世界作稱佛
南无受香世界斷諸難佛
南无成就一切功德善住世界稱觀佛

BD14187 號　佛名經（十六卷本）卷三　（39–20）

南无无怖畏世界作稱佛
南无受香世界斷諸難佛
南无成就一切功德善住世界稱觀佛
南无憂慧世界遠離諸憂佛
南无成就一切勢善住世界稱堅固佛
南无稱世界起波頭摩功德王佛
南无花俱蘇摩住世界善嚴花幢佛
南无十方名稱世界放光明普至佛
南无十方上首世界名稱眼佛
南无炎慧世界放炎佛
從此以上二千佛十二部經一切賢聖
南无吼世界十方稱名佛
南无光明世界自在彌留佛
南无寶光明世界大光明佛
南无常歡喜世界炎熾佛
南无有世界三界自在奮迅佛
南无无畏世界放光明輪佛
南无常懸世界衆寄勝佛
南无波頭摩王世界无盡勝佛

BD14187 號　佛名經（十六卷本）卷三　（39–21）

南无无畏世界放光明輪佛
南无常懸世界衆嵛勝佛
南无波頭摩王世界无盡勝佛
南无普吼世界妙鼓聲佛
南无无畏世界普勝佛
南无十方名稱世界智勝佛
南无地世界山王佛
南无地功德世界波頭摩勝王佛
南无然燈輪世界善住佛
南无善莊嚴世界大莊嚴佛
南无倚世界作一切功德佛
南无歡喜世界畢竟成就佛
南无星宿行世界智上勝佛
南无蓋行莊嚴世界智起光明威德王勝佛
南无波頭摩世界波頭摩生王佛
南无法境自在佛 胡本中自此以下皆有世界略不明矣
南无月中光明佛 南无香像佛
南无阿弥陁光明佛 南无波頭山佛
南无波頭摩生勝佛 南无旃檀勝佛

BD14187號　佛名經（十六卷本）卷三　（39-22）

南无法境自在佛 有世界略不明矣
南无月中光明佛 南无香像佛
南无阿弥陁光明佛 南无波頭山佛
南无波頭摩生勝佛 南无旃檀勝佛
南无寶積佛 南无智慧佛
南无无畏作王佛 南无功德成就勝佛
南无光明幢佛 南无无量功德作佛
南无功德成就勝佛 南无一切功德成就勝佛
南无波頭摩成就勝佛 南无炬住持佛
南无寶上勝佛 南无金色花佛
南无上王佛 南无星宿王佛
南无无量弥留佛 南无虛空輪清淨王佛
南无无量聲佛 南无寶山佛
南无種種寶俱蘓摩花佛 南无勝衆佛
南无塵離塵佛 南无不宿發修行佛
南无金色花佛 南无寶舍佛
南无種種花成就佛 南无放光明佛
南无俱蘓摩成佛 南无放蓋佛
南无稱力王佛 南无淨聲佛

BD14187號　佛名經（十六卷本）卷三　（39-23）

南无種種花茂就佛　南无放光明佛
南无俱蘇摩茂佛　南无放盖佛
南无稱力王佛　南无浄聲佛
南无浄勝佛　南无无量衆佛
南无上首佛　南无无障导眼佛
南无破散一切起諸佛　南无断一切疑佛
南无无相聲佛　南无畢竟得无邊功德佛
南无寶茂就勝佛　南无波頭摩上勝佛
南无寶上佛　南无无障导發脩佛
南无无邊佛　南无寶弥留佛
南无日燃燈上勝佛　南无智茂就勝佛
南无憂鉢羅燃燈佛　南无十方燃燈佛
南无賢勝佛　南无娑羅自在王佛
南无師子佛　南无大寶弥留佛
南无毗婆尸佛　南无妙勝光明佛
南无功德王光明佛　南无花王佛
南无无量明佛　南无功德一味佛
南无十方燃燈佛　南无賢勝佛

BD14187號　佛名經（十六卷本）卷三　（39–24）

南无功德王光明佛　南无花王佛
南无无量明佛　南无功德一味佛
南无十方燃燈佛　南无賢勝佛
南无娑羅自在王佛　南无師子王佛
南无寶弥留堅佛　南无毗婆尸羅佛
南无明王佛　南无上首佛
南无月上王佛　南无大龍佛
南无香上勝佛　南无香勝幢佛
南无旃檀屋佛　南无香幢佛
南无旃檀香佛　南无无邊精進佛
從此以上三千百佛十二部經一切賢聖
南无十方光明佛　南无波頭摩上佛
南无驚怖波頭摩花茂就上王佛
南无寶網佛　南无善住王佛
南无香象王佛　南无與一切樂佛
南无示一切念佛　南无不空說佛
南无能滅一切怖畏佛　南无不住王佛
南无寶光明佛　南无與一切衆生安隱佛
南无觀无邊境界佛　南无盡空莊嚴勝佛

BD14187號　佛名經（十六卷本）卷三　（39–25）

南无能滅一切怖畏佛　南无不住王佛
南无寶光明佛　南无與一切衆生安隱佛
南无觀无邊境界佛　南无虛空莊嚴勝佛
南无无憂莊嚴佛　南无脩行幢佛
南无成就驚怖勝花佛　南无賢勝佛
南无清淨眼佛　南无大將軍佛
南无上勝高佛　南无不可勝幢佛
南无可依佛　南无无量无邊佛
南无香弥留佛　南无月輪闍王佛
南无妙弥留寶成就勝佛　南无聞弥留善勝佛
南无清淨勝佛　南无无障㝵眼佛
南无无邊功德作佛　南无威德王佛
南无願善思惟成就佛　南无清淨輪王佛
南无智上佛　南无精進山佛
南无智山佛　南无方作佛
南无大會上首佛　南无寂上首佛
南无智讃佛　南无上勝佛
南无不成境界佛　南无現示衆生境界鄣㝵佛
南无見示衆生境界无障㝵佛

BD14187號　佛名經（十六卷本）卷三　（39–26）

南无智讃佛　南无上勝佛
南无不成境界佛　南无現示衆生境界鄣㝵佛
南无見示衆生境界无障㝵佛
南无无障㝵光明佛　南无發光明无㝵佛
南无佛波頭摩上勝成就勝佛
南无觀一切佛境界現形佛
南无就堅佛　南无化聲佛
南无波頭摩勝佛　南无寶成就勝佛
南无海弥留佛　南无无垢慧佛
南无智花成就佛　南无不可思議功德成就勝佛
南无積勝上威德寂靜佛　南无現成就勝佛
南无无畏去佛　南无離貪境界佛
南无離一切取佛　南无香風佛
南无无菩香光佛　南无雲妙鼓聲佛
南无功德成就勝佛　南无无量春過境界弥留聚佛
南无香勝弥留佛　南无无量弥留佛
南无无量光明佛　南无普見佛
南无无畏佛　南无得无畏佛

BD14187號　佛名經（十六卷本）卷三　（39–27）

南无香勝須留佛　南无无量須留佛
南无无量光明佛　南无普見佛
南无无畏佛　南无得无畏佛
南无月然燈佛　南无大然燈佛
南无勝脩佛　南无勝衆佛
南无金剛茂佛　南无智自在王佛
南无智力稱佛　南无无畏勝佛
南无功德王光明佛　南无善眼佛
南无堅自在王佛　南无須留王佛
南无虛空須留寶勝佛　南无賢上勝佛
南无梵吼聲佛　南无寶花佛
南无波頭摩茂䟽勝佛　南无栴檀香佛
南无須彌劫佛　南无勝莊嚴佛
南无寶蓋佛　南无香鳥佛
南无无邊勝佛　南无不空說名佛
南无不可思議佛功德王光明佛
南无无畏王佛　南无波頭摩上勝佛
從此以上二千二百佛十二部經一切賢聖
南无常得精進佛　南无藥王佛

南无无畏王佛　南无波頭摩上勝佛
從此以上二千二百佛十二部經一切賢聖
南无常得精進佛　南无藥王佛
南无安隱佛　南无无邊意行佛
南无无邊境界佛　南无无邊光明佛
南无无邊眼佛　南无无邊虛空境界佛
南无金色境界佛　南无星宿王佛
南无香上勝佛　南无虛空勝佛
南无妙勝佛　南无方作佛
南无妙須留佛　南无无障导眼佛
南无金剛堅佛　南无然燈炬佛
歸命如是等无量无邊諸佛
南无大幢佛　南无賢光炬威德光佛
南无智積佛　南无積力王佛
南无功德王光明佛　南无見智佛
南无波頭摩妙勝佛　南无茂䟽勝佛
南无寶光佛　南无寶蓮華勝佛
南无速離疑茂䟽佛　南无衆上首佛
南无拘留孫佛　南无幢王佛

南无寶光佛　南无寶蓮華勝佛
南无速離疑成就佛　南无衆上首佛
南无拘留孫佛　南无幢王佛
南无波頭摩功德佛　南无放光明佛
南无弥勒佛　南无光明波頭摩光明佛
南无勝王佛　南无法幢佛
南无无量奮迅佛　南无海須弥佛
南无妙佛　南无釋迦牟尼佛
南无不空見佛　南无无障礙吼聲佛
南无无量功德名勝光明佛
南无无分別脩行佛　南无无邊光明佛
南无善眼佛　南无南方普寶藏佛
南无无垢速離垢解脫佛
歸命如是等无量无邊諸佛
南无西方无量華佛　南无无量照佛
南无无量光明佛　南无无量明佛
南无无量境界佛　南无无量自在佛
南无无量奮迅佛　南无普蓋佛
南无…行佛　南无寶…佛

BD14187號　佛名經（十六卷本）卷三　（39-30）

南无无量境界佛　南无无量自在佛
南无无量奮迅佛　南无普蓋佛
南无蓋行佛　南无寶蓋佛
南无星宿王佛　南无善星宿佛
南无光明輪佛　南无光明王佛
南无光明上勝佛　南无无邊見佛
南无勝佛　南无无邊境界奮迅佛
南无无障礙吼聲佛　南无大雲光明佛
南无羅網王佛　南无善得平等光明佛
南无波頭摩勝華佛　南无山王佛
南无月衆增上佛　南无高光明佛
南无合聚佛　南无不空光明佛
南无頂勝王佛　南无北方不空然燈佛
南无不空奮迅佛　南无不空境界佛
南无不空光明佛　南无无邊精進佛
南无娑羅自在王佛　南无寶娑羅王佛
南无普蓋佛　南无蓋莊嚴佛
南无寶積佛　南无栴檀屋佛
南无栴檀香佛　南无无量光明佛

BD14187號　佛名經（十六卷本）卷三　（39-31）

南无普盖佛　南无盖庄嚴佛
南无寶精佛　南无掎橦屋佛
南无掎橦香佛　南无无量光明佛
南无光明輪庄嚴孫留佛
南无无障㝵明佛　南无无量眼佛
南无寶成就佛　南无一切功德佛
南无佛華成就功德佛
南无善住慧佛　南无无量步佛
南无不空勝佛　南无寶步佛
南无无邊脩行佛　南无无邊庄嚴勝佛
南无虛輪光明佛　南无无量聲佛
南无藥王佛　南无无畏佛
次礼十二部經大藏法輪
南无枯樹經　南无當來變經
南无放牛經　南无七真羅經
南无相清經　南无灌食經
從此以上二千四百佛十二部經一切賢聖
南无本丈夫經　南无目蓮問經

BD14187號　佛名經（十六卷本）卷三　（39–32）

南无相清經　南无灌食經
從此以上二千四百佛十二部經一切賢聖
南无本丈夫經　南无目蓮問經
南无持成而經　南无太子恩沐經
南无忍辱經　南无微密經
南无離池經　南无菩薩經
南无孔雀王經況　南无迦羅子經
南无重生太子慕䰟經　南无弥勒成就經
南无唯意長者子經　南无龍女經
南无梵綱長者子經　南无燎滿經
南无浞梨經　南无沙弥五冊子經
南无月光童子經　南无太子須達拏經
南无勝鬘經　南无賓頭盧經
次礼十方諸大菩薩摩訶薩
南无勝山菩薩　南无光山菩薩
南无賢首菩薩　南无功德山菩薩
南无勝讓菩薩　南无那羅延菩薩
南无龍德菩薩　南无龍勝菩薩
南无住持色菩薩　南无摩留大菩薩

BD14187號　佛名經（十六卷本）卷三　（39–33）

南无勝讓菩薩　南无那羅延菩薩
南无龍德菩薩　南无龍勝菩薩
南无住持色菩薩　南无摩留大菩薩
南无入功德菩薩　南无然燈首菩薩
南无常舉手菩薩　南无光明常王菩薩
南无寶手菩薩　南无普光菩薩
南无星宿王菩薩　南无金剛步菩薩
南无不動花步菩薩　南无步三界菩薩
南无无邊步舊延菩薩　南无海慧菩薩
南无善光无垢住持威德菩薩
南无智山菩薩　南无常觀菩薩
南无高精進菩薩　南无達多羅菩薩
南无无邊陁羅菩薩　南无因陁羅菩薩
南无勇力菩薩　南无量明菩薩
南无寶藏菩薩
歸命如是等十方世界无量无邊菩薩
復次應稱辟支佛名
南无漏辟支佛　南无憍慢辟支佛

復次應稱辟支佛名
南无漏辟支佛　南无憍慢辟支佛
南无盡憍慢辟支佛　南无親辟支佛
南无得脫辟支佛　南无无垢辟支佛
南无獨辟支佛　南无離盡辟支佛
南无能作憍慢辟支佛　南无退辟支佛
南无不退去辟支佛　南无尋辟支佛
歸命如是等无量无邊辟支佛
礼三寶已次復懺悔
次懺劫盜之業經中說言若物屬他他所守護於此
物中一草一葉不與不取何況盜竊但自衆生唯見
現在利故以種種方便不與而取致使未來受此殃果是
故經言劫盜之罪能令衆生墮於地獄餓鬼受苦
若在畜生則受牛馬驢騾駱駝等形以其所有身
力血肉償他宿債若生人中為他奴婢衣不蔽形食
不充命貧寒困苦人理殆盡劫盜既有如是苦報
是故弟子今日至到稽首歸依佛
東方蔽諸煩惱佛　南方妙音自在佛

不免命貧寒困苦人理殆盡劫盜既有如是苦報
是故弟子今日至到稽首歸依佛
東方淨諸煩惱佛　南方妙音自在佛
西方大雲光佛　北方雲自在佛
東南方无緣莊嚴佛　西南方過諸魔界佛
西北方見无怨懼佛　東北方一切德嚴佛
上方蓮華藏光佛　南无下方妙善住王佛
如是十方盡虛空界一切三寶
弟子自從无始以來至于今日或盜他財寶興刃
强奪或自怙恃身逼迫而取或恃公王或假他勢力
高桁大械枉壓良善吞納姦貨拷直為曲為此
因緣身羅憲網或任耶治領他財物侵公益私損彼
利此損此利彼割他自饒口與心恡或竊沒租估偷
度關稅匿公課輸藏隱使役如是等罪今悉懺悔
或是佛法僧物不與而取或經像物或治塔寺物或供
養常住僧物或擬招提僧物或盜取悞用恃勢不
還或自借或借貸人或復換貸漏忘或三寶物混亂雜用或以衆物
穀米蕂薪薑豉醬酢菜茹菓實錢帛竹木繒綵
幡蓋香花油燭隨情逐意或自用或與人或摘佛花

還或自借或借貸人或復換貸漏忘或三寶物混亂雜用或以衆物
穀米蕂薪薑豉醬酢菜茹菓實錢帛竹木繒綵
幡蓋香花油燭隨情逐意或自用或與人或摘佛花
菓用僧鬘物因三寶財私自利己如是等罪无量无
邊今日慚愧皆悉懺悔
又復无始以來至於今日或作周旋朋友師僧同學父
母兄弟六親眷屬共住同止百一所須更相欺罔或於鄉
隣比近移蘺拓墻侵他占宅改標易相虜略田園因
公託私奪人邸店及以乇野如是等罪今悉懺悔
又復无始以來或攻城破邑燒村壞柵偷賣良民誘
他奴婢或復枉壓无罪之人使其形殂血刃身被徒鎖家業
破散骨肉生離分張異域生死隔絕如是等罪无量
无邊今日至到皆悉懺悔
又復无始以來至於今日或商佔博貨邸店市易輕秤
小斗減割尺寸盜竊分銖欺罔圭合以麤易好以短換
長巧欺百端希望毫利如是等罪今悉懺悔
又復无始以來至于今日穿踰墻壁斷道抄掠債主負
情違要面欺心口或道陵奪集鬼神禽獸四生之物或

長巧欺百端希望豪利如是等罪今悉懺悔
又復无始以來至于今日穿窬墻壁斷道抄掠抵捍債主負
情違要面欺心口或道陵奪鬼神禽獸四生之物或
假託卜相取人財寶如是等求以利惡求多求无
猒无足如是等罪无量无邊不可說盡今日至
到向十方佛尊法聖衆皆悉懺悔
願弟子等承是懺悔劫盜等罪所生功德生生
世世得如是寶常雨七珎上妙衣服百味甘露種種
湯藥隨意所須應念即至一切衆生无偷奪想
一切皆能少欲知足不躭不染常樂惠施行急濟
道頭目髓腦捨身如棄涕唾迴向滿足檀波羅蜜佐丸一拜

佛名經卷第三

BD14187號　佛名經（十六卷本）卷三　（39–38）

願弟子等承是懺悔劫盜等罪所生功德生生
世世得如是寶常雨七珎上妙衣服百味甘露種種
湯藥隨意所須應念即至一切衆生无偷奪想
一切皆能少欲知足不躭不染常樂惠施行急濟
道頭目髓腦捨身如棄涕唾迴向滿足檀波羅蜜佐丸一拜

佛名經卷第三

BD14187號　佛名經（十六卷本）卷三　（39–39）

思益梵天問經卷第三
於是網明菩薩白佛言世尊若有菩薩希望
功德利而發菩提心者不名發大乘也所以者
何一切法无功德利以无對處故世尊菩薩
摩訶薩不應為功德利故發菩提心但為
大悲心故滅衆生苦故不自憂苦生諸善法
故解脫諸邪見故滅除　病故捨我所貪著

BD14188 號　思益梵天所問經（異卷）卷三　（26–1）

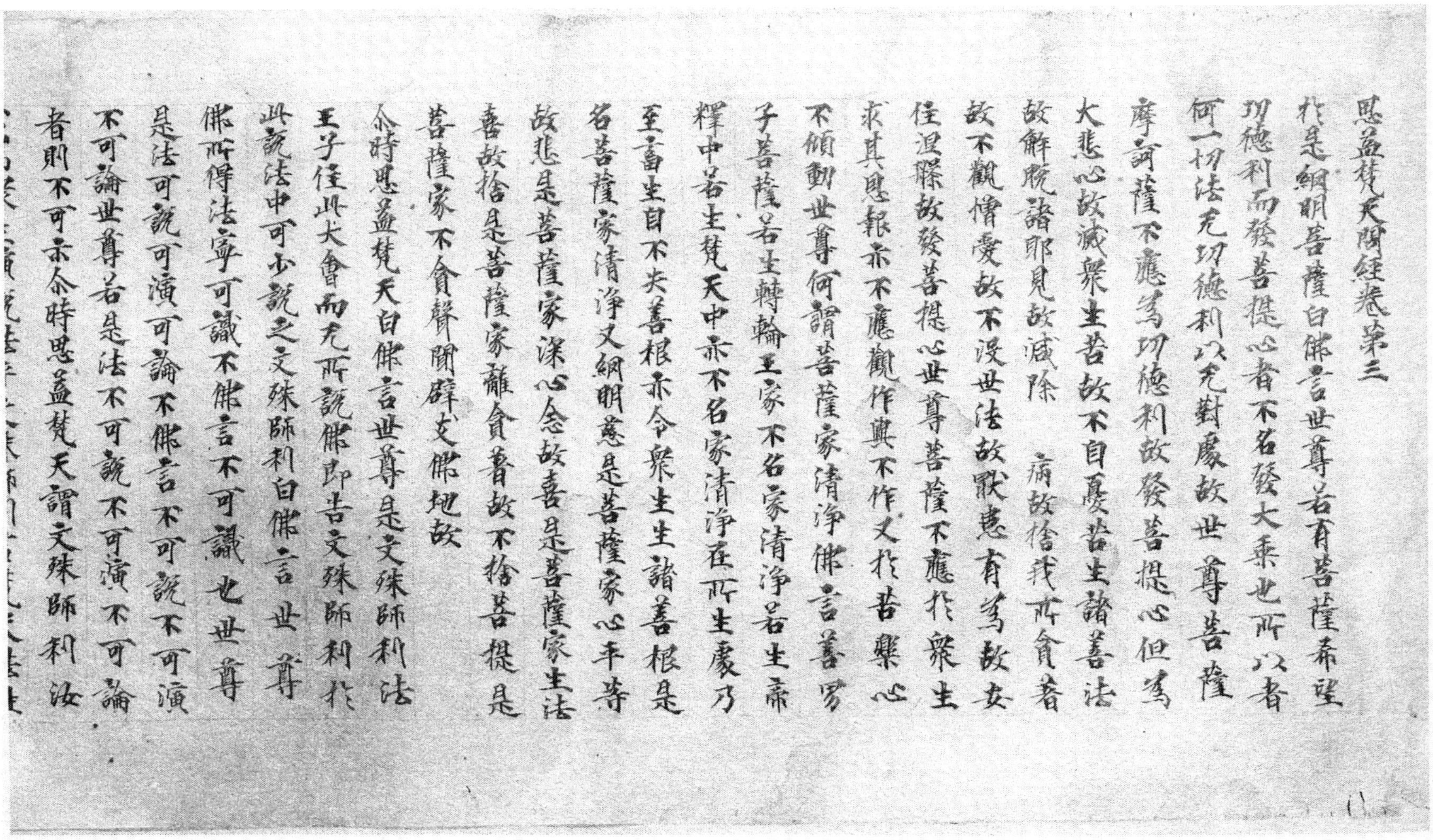

思益梵天問經卷第三
於是網明菩薩白佛言世尊若有菩薩希望
功德利而發菩提心者不名發大乘也所以者
何一切法无功德利以无對處故世尊菩薩
摩訶薩不應為功德利故發菩提心但為
大悲心故滅衆生苦故不自憂苦生諸善法
故解脫諸邪見故滅除　病故捨我所貪著
故不觀憎愛故不没世法故猒患有為故安
住涅槃故發菩提心世尊菩薩不應於衆生
求其恩報亦不應觀作與不作又於苦樂心
不傾動世尊何謂菩薩家清淨佛言菩薩
子菩薩若生轉輪王家不名家清淨若生帝
釋中若生梵天中亦不名家清淨在所生處乃
至畜生自不失善根亦令衆生生諸善根是
名菩薩家清淨又網明慈是菩薩家心平等
故悲是菩薩家深心念故喜是菩薩家生法
喜故捨是菩薩家離貪著故不捨菩提是
菩薩家不貪聲聞辟支佛地故
尒時思益梵天白佛言世尊是文殊師利法
王子住此大會而无所說佛即告文殊師利於
此說法中可少說之文殊師利白佛言世尊
佛所得法寧可識不佛言不可識也世尊
是法可說可演可論不佛言不可說不可演
不可論世尊若是法不可說不可演不可論
者則不可示尒時思益梵天謂文殊師利汝

BD14188 號　思益梵天所問經（異卷）卷三　（26–2）

佛所得法寧可識不佛言不可識也世尊
是法可說可演可論不佛言不可說不可演
不可論世尊若是法不可說不可演不可論
者則不可示尒時思益梵天謂文殊師利汝
不為衆生演說法乎文殊師利言梵天法性
中有二相也梵天言无也文殊師利言一切
法不入法性耶梵天言然文殊師利言若法
性是不二相一切法入法性中云何當為衆
生說法梵天言頗有說法亦无二耶文殊師
利言若決定得說者聽者可以說法亦无有
二文殊師利如來不說法耶文殊師利言佛
雖說法不以二相何以故如來性无二故雖
有所說而无二也梵天言若一切法无其誰
為二文殊師利言凡夫貪著我故分別二耳
不二者終不為二雖種種分別為二然其實
際无有二相梵天言云何識无二法文殊師
利言若无二可識則非无二所以者何无二
相者不可識也梵天二即是識業不可識
法佛所說也是法不尒如所說何以故是法无
文字故文殊師利佛所說法終何所至文殊
師利言如來說法至无所至梵天言佛所說
法不至涅槃耶文殊師利言涅槃可得至耶
梵天言涅槃无來處无至處文殊師利言如
是佛所說法至无所至梵天言是法誰聽答
言如所說梵天言云何如所說答言如不識
不聞梵天言誰能聽如來如是法

BD14188號　思益梵天所問經（異卷）卷三　（26–3）

法不至涅槃耶文殊師利言涅槃可得至耶
梵天言涅槃无來處无至處文殊師利言如
是佛所說法至无所至梵天言是法誰聽答
言如所說梵天言云何如所說答言如不識
不聞梵天言誰能聽如來如是法
答言不滿六塵者梵天言誰能知是法答言
无識无分別无諍訟者梵天言云何比丘名
多諍訟答言是好是惡此名諍訟是理是非
理此名諍訟是垢是淨此名諍訟是善是不
善此名諍訟是戒是毀戒此名諍訟是應作
是不應作此名諍訟以是法得道以是法得
果此名諍訟梵天若於法中有高下心貪著
取愛皆是諍訟佛所說法无有諍訟梵天樂
戲論者无不諍訟樂諍訟者无沙門法樂沙
門法者无有妄相貪著
梵天言云何比丘隨佛語隨佛教答言若比
丘稱讚毀辱其心不動是名隨佛教若比丘
不隨文字語言是名隨佛語又比丘滅一切
諸相是名隨佛教不違於義是名隨佛語若
比丘守護於法是名隨佛教不逆佛語是名
隨佛語梵天言云何比丘能守護法答言若
比丘不逆平等不壞法性是名能守護法梵
天言云何比丘親近於佛答言若比丘於諸
法中不見有法若近若遠是名親近佛梵
天言云何比丘給侍於佛答言若比丘身口
意无所作是名給侍於佛梵天言誰能供

BD14188號　思益梵天所問經（異卷）卷三　（26–4）

天言云何比丘親近於佛答言若比丘於諸
法中不見有法若近若遠是名親近佛梵
天言云何比丘給侍於佛答言若比丘身口
意无所作是名給侍於佛梵天言誰能供
養佛答言不起福業不起无動業者梵天言
誰能見佛答言若不著肉眼不著天眼不著
慧眼是能見佛
梵天言誰能見法答言不逆諸因緣法者梵
天言誰能順見諸因緣法答言不起平等不
見平等所生相者梵天言誰得真智答言不
生不滅諸漏者梵天言誰能隨學如來答言
不起不受不取不捨諸法者梵天言誰名正
行佛言不墮三界者梵天言誰為善人答言
不受後身者梵天言誰為樂人答言无我无我
所者梵天言誰為得脫答言不壞縛者梵天
言誰為得度答言不住生死不住涅槃者梵
天言漏盡比丘盡何事也答言若有所盡不
名漏盡諸漏空相隨如是知名為漏盡梵天
言誰為實語答言離諸言論道者梵天言誰
為入道答言凡夫有入道聖行者知一切有為
法无所從來无所去則无入道
梵天言誰能見聖諦答言无有見聖諦者所
以者何隨所有見皆為虛妄无所見者乃名
見諦梵天言不見何法名為見諦答言不見
一切諸見名為見諦梵天言是諦當於何求

BD14188號　思益梵天所問經（異卷）卷三　（26–5）

以者何隨所有見皆為虛妄无所見者乃名
見諦梵天言不見何法名為見諦答言不見
一切諸見名為見諦梵天言是諦當於何求
答言當於四顛倒中求梵天言何故作是說
答言求四顛倒不得淨不得常不得樂不得
我若不得淨是即不淨若不得常是即无常
若不得樂是即為苦若不得我是即无我梵
天一切法空无我是為聖諦若能如是求諦
是人不見苦不斷集不證滅不脩道
梵天言云何脩道答言若不分別是法是非
法離於二相名為脩道以是道求一切法 不
得是名為道是道不令人離生死至涅槃所
以者何不離不至乃名聖道尒時有摩訶羅
梵天子名日等行問文殊師利何謂憂婆塞
歸依佛歸依法歸依僧答言憂婆塞不起二
見不起我見不起彼見不起我見不起佛見
不起我見不起法見不起我見不起僧見是
名歸依佛歸依法歸依僧又憂婆塞不以色
見佛不以受想行識見佛是名歸依佛憂婆
塞於法无所分別亦不行非法是名歸依法
憂婆塞不離有為法見无為法不離无為法
見有為法是名歸依僧又憂婆塞不得佛不
得法不得僧是名歸依佛歸依法歸依僧
尒時等行菩薩問文殊師利言是諸菩薩發
菩提心者為趣何所答言趣於虛空所以者

BD14188號　思益梵天所問經（異卷）卷三　（26–6）

得法不得僧是名歸依佛歸依法歸依僧
尒時等行菩薩問文殊師利言是諸菩薩發
菩提心者為趣何所荅言趣於虛空所以者
何阿耨多羅三藐三菩提同虛空故等行言
云何菩薩名發阿耨多羅三藐三菩提心荅
言若菩薩知一切發非發一切法非法一切衆
生非衆生是名菩薩發阿耨多羅三藐三
菩提心尒時等行菩薩白佛言世尊所言菩
薩菩薩者為何謂也佛言善男子若菩薩於
耶定衆生發大悲心於正定衆生不見殊異
故言菩薩所以者何菩薩不為正定衆生不
為不定衆生故發心但為度耶定衆生故而
起大悲發阿耨多羅三藐三菩提心故言菩
薩尒時菩提菩薩白佛言世尊我亦樂說所以
為菩薩佛言便說菩提菩薩言譬如男子女
人受一日戒无毀无缺若菩薩如是從初發
心乃至成佛於其中間常脩淨行是名菩薩
堅意菩薩言若菩薩成就深固意心是名菩
薩度衆生菩薩言譬如橋船度人不惓无有
分別若心如是是名菩薩斷惡道菩薩言若
菩薩於諸佛國投足之處即時一切惡道皆
滅是名菩薩觀世音菩薩言若菩薩衆生見
者即時畢定於阿耨多羅三藐三菩提又稱
其名得免衆苦是名菩薩得大勢菩薩言
若菩薩所投之處震動三千大千世界及魔宮
殿是名菩薩无疲倦菩薩言若恒河沙等劫

BD14188號　思益梵天所問經（異卷）卷三　（26-7）

滅是名菩薩觀世音菩薩言若菩薩衆生見
者即時畢定於阿耨多羅三藐三菩提又稱
其名得免衆苦是名菩薩得大勢菩薩言
若菩薩所投之處震動三千大千世界及魔宮
殿是名菩薩无疲倦菩薩言若恒河沙等劫
為一日一夜以是卅日為月十二月為歲以是
歲數若過百千万億劫得值一佛如是於恒
河沙等佛所行諸梵行脩集功德然後受阿
耨多羅三藐三菩提記心不休息无有疲倦
是名菩薩導師菩薩言若菩薩於墮耶道衆
生生大悲心令入正道不求恩報是名菩薩
須弥山菩薩言若菩薩於一切法无所分別
如須弥山一於衆色是名菩薩那羅延菩薩
言若菩薩不為一切煩惱所壞是名菩薩心
力菩薩言若菩薩以心思惟一切諸法无有
錯謬是名菩薩師子遊步自在王菩薩言若
菩薩於諸論中不怖不畏得深法忍能使一
切外道怖畏是名菩薩不可思議菩薩言若
菩薩知心不可思議无所思惟分別是名菩
薩善寂天子言若菩薩能於一切天宮中生而
无所染亦不得是无染之法是名菩薩實語
菩薩言若菩薩有所發言常以真實乃至夢
中亦无妄語是名菩薩喜見菩薩言若菩薩
能見一切色皆是佛色是名菩薩常慘菩薩
言若菩薩見隨生死衆生其心不樂世間諸

BD14188號　思益梵天所問經（異卷）卷三　（26-8）

菩薩言若菩薩有所發言常以真實乃至夢
中亦无妄語是名菩薩喜見菩薩言若菩薩
能見一切色皆是佛色是名菩薩常慘菩薩
言若菩薩見墮生死衆生其心不樂世間諸
樂欲以自度亦度衆生是名菩薩心无㝵菩
薩言若菩薩於一切煩惱衆魔而不瞋㝵是
名菩薩常喜根菩薩言若菩薩常以善根自
滿其願亦滿他願所作皆辦是名菩薩斷疑
女菩薩言若菩薩於一切法中不生疑悔是
名菩薩師子童菩薩言若菩薩无男法无女
法而現種種色身為成就衆生故是名菩薩
寶女菩薩言若菩薩於諸寶中不生愛樂
但樂三寶是名菩薩毗舍佉達多憂婆夷言
若菩薩有所得者則无菩提若不得一切法
不生一切法不滅一切法是名菩薩跋陀婆
羅居士言若菩薩衆生聞其名者畢定於阿
耨多羅三藐三菩提是名菩薩寶月童子言
若菩薩常脩童子梵行乃至不以心念五欲
何況身受是名菩薩切利天子曼陀羅華香
菩薩言若菩薩持戒勤心常流諸善法香无
有餘香是名菩薩作喜菩薩言若菩薩喜樂
三法謂供養佛演說於法教化衆生是名菩薩
思益梵天言若菩薩所見之法皆是佛法是
名菩薩弥勒菩薩言若菩薩衆生見者即得
慈心三昧是名菩薩文殊師利法王子言若
菩薩雖說諸法而不起法相不起非法相是

BD14188號　思益梵天所問經（異卷）卷三　　（26-9）

名菩薩弥勒菩薩言若菩薩衆生見者即得
慈心三昧是名菩薩文殊師利法王子言若
菩薩雖說諸法而不起法相不起非法相是
名菩薩網明菩薩言若菩薩光明能滅一切
衆生煩惱是名菩薩普華菩薩言若菩薩見
諸如來滿十方世界如林華敷是名菩薩　如
是諸菩薩各各隨所樂說已尒時佛告等行
菩薩若菩薩能代一切衆生受諸苦惱亦復
能捨一切福事與諸衆生是名菩薩
尒時思益梵天問等行菩薩言善男子汝今
以何為行荅言我以隨一切有為法衆生行
為行又問隨一切有為法衆生以何為行荅
言諸佛所行是隨一切有為法衆生行也
又問諸佛以何為行荅言諸佛以第一義空
為行又問凡夫所行諸佛亦以是行凡聖有何
差別等行言汝欲令空中有差別耶荅言不也等
行言如來不說一切法空也荅言然是故梵
天一切法无有差別是諸行相亦復如是所
以者何如來不說諸法有差別也
尒時思益梵天問文殊師利言所言行者為
何謂也荅言於諸行中有四梵行是名行處
行若人離四梵行不名行處行能行四梵行
是名行處行梵天言若人成就四梵行雖於
空閑曠野中行是名行處行若不成就四梵行
雖於樓殿堂閣金銀牀榻妙好被褥中行不名行

BD14188號　思益梵天所問經（異卷）卷三　　（26-10）

行若人身口意行不名行處行能行四梵行
是名行處行梵天言若人成就四梵行雖於
空閑曠野中行是名行處行若不成就四梵行
雖於樓殿堂閣金銀牀榻妙好被褥中行不名行
處行亦復不能善知行相又問菩薩以何行
知見清淨荅言於諸行中能淨我見又問若
得我實性即得實知見也荅言然若見我實
性即是實知見譬如國王典金藏人因已出用
知餘在者如是因知我實性故得實知見又
問云何得我實性荅言若得无我法所以者
何我畢竟无根本无決定故若能如是知者
是名得我實性又問如我解文殊師利所說
義以見我故即是見佛所以者何我性即是
佛性文殊師利誰能見佛荅言不壞我見者
所以者何我見即是法見以法見能見佛又
問頗有无所行名為正行荅言有若不行一
切有為法是名正行又問云何行名為正行
荅言若不為見故行不為斷不為證不為脩
故行是名正行
又問慧眼為見何法荅言若有所見不名慧
眼慧眼不見有為法不見无為法所以者何
有為法皆虛妄分別无虛妄分別是名慧眼
无為法空无所有過諸眼道是故慧眼亦不
見无為法又問頗有因緣正行比丘不得道果
荅言有正行中无道无果无行无得无有得
果差別梵行天无所得故乃名為得若有所得

无為法空无所有過諸眼道是故慧眼亦不
見无為法又問頗有因緣正行比丘不得道果
荅言有正行中无道无果无行无得无有得
果差別梵行天无所得故乃名為得若有所得
當知為增上慢人正行者无增上慢无增上慢
則无行无得又問文殊師利得何法故名為得道
文殊師利言若法不自生不彼生亦不衆緣
生從本已來常无有生得是法故說名得道
又問若法不生為何所得荅言若知法不生
即名為得是故佛說若見諸有為法不生相
即入正位又問云何名正位荅言我及涅槃等
不作二是名正位又行平等故名正位以平
等出諸煩惱故名正位入了義中故名正
位除一切憶念故名正位尒時世尊讚文殊
師利言善哉善哉快說此言誠如所說說是
法時七千比丘不受諸法漏盡心得解脫三
万二千諸天遠塵離垢得法眼淨十千人離
欲得定二百人發阿耨多羅三藐三菩提心
五百菩薩得无生法忍
尒時思益梵天白佛言世尊是文殊師利法
王子能作佛事大饒益衆生文殊師利言佛
出於世不為益法故出不為損法故出梵天
言佛豈不滅度无量衆生仁亦不利益无量
衆生也文殊師利言汝欲於无衆生中得衆
生也荅言不也梵天汝欲得衆生決定相也
荅言不也梵天汝欲得諸佛有出生相生於

言佛豈不滅度无量衆生仁亦不利益无量
衆生也文殊師利言汝欲於无衆生中得衆
生也答言不也梵天汝欲得衆生決定相也
答言不也梵天汝欲得諸佛有出生相生於
世間也答言不也梵天何等是衆生為佛所
滅度者梵天言如仁所說義无生死无涅槃
文殊師利言如是諸佛世尊不得生死不得
涅槃
佛諸弟子得解脫者亦不得生死不得涅槃
所以者何是涅槃是生死但假名字有言說
耳實无生死往來滅盡涅槃又問誰能信是
法也答言於諸法中无貪著者又問若貪著
者於何貪著答言貪著虛妄梵天若貪著
是實者終无憎上慢以貪著虛妄故行者知之
而不貪著若不貪著則无有流若无有流則
无往來生死若无往來生死是則滅度又問
何故說言滅度答言滅度者名為衆緣不和
合若无明不和合諸行因緣則不起諸行若
不起諸行是名為滅不起相是畢竟滅得是
道故則无生處如是名為四聖諦
尒時等行菩薩謂文殊師利如汝所說皆為
真實答言一切言說皆為真實又問虛妄言
說亦真實也答言如是所以者何是諸言說
皆為虛妄无處无方若法皆虛妄无處无方
是故一切言說皆是真實善男子提婆達語
如來語无異无別所以者何一切言說皆是

BD14188號　思益梵天所問經（異卷）卷三　（26–13）

說亦真實也答言如是所以者何是諸言說
皆為虛妄无處无方若法皆虛妄无處无方
是故一切言說皆是真實善男子提婆達語
如來語无異无別所以者何一切言說皆是
如來言說不出如故一切言說有所說事皆
以无所說故得有所說是以一切言說皆等文
字同故文字无念故文字空故等行言如
來不說凡夫語言賢聖語言耶文殊師利言
說以文字說凡夫語言亦以文字說賢聖語
言亦如是善男子諸文字有分別是凡夫語
言是賢聖語也等行言不也文殊師利言如
諸文字无分別一切賢聖亦无分別是故賢
聖无有語言所以者何賢聖不以文字相不
以衆生相不以法相有所說也譬如鍾鼓衆
緣和合而有音聲是諸鍾鼓亦无分別如是
諸賢聖善知衆因緣故於諸言說无貪无导
等行言如佛所說汝等集會當行三事若說
法若聖默然何謂說法何謂聖嘿然答言若
說法不違佛不違法不違僧是名說法若如
法即是佛離相即是法无為即是僧是名聖
嘿然又善男子因四念處有所說名為說法
於一切法无所憶念名聖嘿然因四正勤有所
說名為說法以諸法等不作等不作非等
名聖嘿然因四如意有所說名為說法若不
起身心名聖嘿然因
五根五力有所說名為說法若不隨他語有

BD14188號　思益梵天所問經（異卷）卷三　（26–14）

所說名為說法以諸法等不作等不作非等
名聖嘿然因四如意有所說名為說法若不
起身心名聖嘿然因
五根五力有所說名為說法若不隨他語有
所信為不取不捨故分別諸法一心安住无念
念中解一切法常定性斷一切戲論慧名
聖嘿然因七菩提分有所說名為說法若
常行捨心无所分別无增无減名聖嘿然因
八聖道分有所說名為說法若知諸法相如
栰喻不依法不依非法名聖嘿然善男子於
是卅七助道法若能開解演說名為說法若
身證是法亦不離身見法亦不離法見身於
是觀中不見二相不見不二相如是現前知
見而亦不見名聖嘿然又善男子若不憶想
著我不妄想著彼不妄想著法有所說名為
說法若至不可說相離一切言說音聲得不
動處入離相心名聖嘿然又善男子若知一
切眾生諸根利鈍而教誨之名為說法常入
於定心不散亂名聖嘿然等行言如我解文
殊師利所說義一切聲聞辟支佛无有說法
亦无聖嘿然所以者何不能了知一切眾生諸
根利鈍亦復不能常在於定文殊師利荅言
真實聞言何等是世間說法者何等是世間聖
嘿然者則當為說諸佛是世所以者何諸佛善
能分別一切眾生諸根利鈍亦常在定佛

BD14188號　思益梵天所問經（異卷）卷三　（26–15）

嘿然者則當為說諸佛是世所以者何諸佛善
能分別一切眾生諸根利鈍亦常在定佛
告文殊師利如是如是如等行所說唯諸如
來有此二法
尒時須菩提白佛言世尊我親從佛聞汝等
集會當行二事若說法若聖嘿然世尊若聲
聞不能行者云何如來勅諸比丘行此二事
佛告須菩提於汝意云何若聲聞不從他聞
能說法能聖嘿然不須菩提言不也須菩提
是故當知一切聲聞辟支佛无有說法无聖嘿
然尒時文殊師利謂須菩提如來了知眾生
八万四千行汝於此中有智慧能隨其所應
為說法不荅言不也令須菩提能入觀一切
眾生心三昧住是三昧已通達一切眾生心
心所行自心他心无所妨㝵不荅言不也文
殊師利言須菩提如來於眾生八万四千
行隨其所應為說法藥又常住定平等相
中心不動搖而通達一切眾生心心所行須
菩提是故當知一切聲聞辟支佛不及此事
須菩提或有眾生多婬欲者以觀淨得解脫
不以不淨唯佛能知或有眾生多瞋恚者以
觀過得解脫不以慈心唯佛能知或有眾生
多愚癡者以不共語得解脫不以說法唯佛
能知或有眾生等分行者不以觀淨不以不
淨不以觀過不以慈心不以不共語不以說
法得解脫者隨其根性以諸法平等而為說

BD14188號　思益梵天所問經（異卷）卷三　（26–16）

能知或有衆生等亦行者不以觀淨不以不
淨不以觀過不以慈心不以不共語不以說
法得解脫者隨其根性以諸法平等而爲說
法使得解脫唯佛能知是故如來於諸說法
人中爲最第一禪定人中亦最第一尒時須
菩提問文殊師利若聲聞辟支佛不能如是
說法不能如是聖嘿然者諸菩薩有成就如
是功德能說法能聖嘿然不答言唯佛當知
於是佛告須菩提有三昧名入一切語言心
不散亂若菩薩成就此三昧皆得是功德尒
時文殊師利謂等行菩薩善男子爲衆生八
万四千行故說八万四千法藏名爲說法常
在一切滅受想定行中名聖嘿然善男子我若
一劫若減一劫演說是義說是法相是聖嘿
然相不能令盡
於是佛告等行善男子乃往過去无量无邊
不可思議阿僧祇劫時世有佛号普光明劫
曰名聞國名喜見彼嚴淨豊樂安隱天人熾
盛其地皆以衆寶莊嚴柔濡細滑生寶蓮華
一切香樹充滿其中常出妙香善男子喜見
國土有四百億四天下一一天下縱廣八万四
千由旬其中諸城縱廣一由旬皆以衆寶
校飾一一城者有二万五千聚落村邑而圍
遶之一一聚落村邑无量百千人衆充滿其
中所見色像心皆喜悅无可憎惡亦悉皆得
念佛三昧是以國土名曰喜見若他方世界

BD14188號　思益梵天所問經（異卷）卷三　（26–17）

校飾一一城者有二万五千聚落村邑而圍
遶之一一聚落村邑无量百千人衆充滿其
中所見色像心皆喜悅无可憎惡亦悉皆得
念佛三昧是以國土名曰喜見若他方世界
諸來菩薩皆得快樂餘國不尒善男子其普
光佛以三乘法爲弟子說亦多樂說如是法言
汝等比丘當行二事若說法若聖嘿然善男
子尒時上方醫王佛土有二菩薩一名无盡
意二名益意來詣普光佛所頭面礼佛足右
遶三匝恭敬合掌却住一面
時普光佛爲二菩薩廣說淨明三昧所以名
曰淨明三昧者若菩薩入是三昧即得解脫
一切諸相及煩惱著亦於一切佛法得淨光
明是故名爲淨明三昧又前際一切法淨後
際一切法淨現在一切法淨是三世畢竟淨
无能令不淨性常淨故是以說一切諸法性
常清淨何謂諸法性淨謂一切法空相離有
所得故一切法无相相離憶想分別故一切
法无作相不取不捨无求无願畢竟離自性故
是名性常清淨以是常淨相知生死性即是涅
槃涅槃性即是一切法是故說心相常明淨
善男子辟如虛空若受垢汙无有是處心相
亦如是若有垢汙无有是處又如虛空雖有
烟塵雲霧覆翳不淨不明而不能染汙虛空
之性設染汙者不可復淨以虛空實不染汙
故還見清淨凡夫心亦如是雖耶憶念起諸
煩惱然其心相不可[illegible]

BD14188號　思益梵天所問經（異卷）卷三　（26–18）

烟塵雲霧覆翳不淨不明而不能染汙虛空
之性設染汙者不可復淨以虛空實不染汙
故還見清淨凡夫心亦如是雖邪憶念起諸
煩惱然其心相不可垢汙設垢汙者不可復
淨以心相實不垢汙性常明淨是故心得解
脫善男子是名入淨明三昧門彼二菩薩聞
是三昧於諸法中得不可思議法光明尒時
无盡意菩薩白普光佛言世尊我等已聞入
淨明三昧當以何行行此法門
佛告无盡意善男子汝等當行二行若說法
若聖嘿然時二菩薩從佛受教頭面礼佛足
右遶三匝而出趣一園林自以神力化作寶
樓於中脩行時有梵天名曰妙光與七万二
千梵俱來至其所頭面礼足聞二菩薩善男
子普光如來說言汝等比丘集會當行二事
若說法若聖嘿然善男子何謂說法何謂聖嘿
然二菩薩言汝今善聽我當少說有如來乃
通達耳於是二菩薩以二句義為諸梵衆廣
分別說時七万二千梵皆得无生法忍妙光
梵天得普明三昧是二菩薩於七万六千歲
以无导辯才答其所問不懈不息分別二句
互相問答而不窮盡於是普光如來在虛空
中作如是言善男子勿於文字言說而起諍
訟凡諸言說皆空如響汝所問答亦如是汝
等二人皆得无导辯才及无盡陁羅尼若一
劫若百劫說此二句辯不可盡善男子佛法

中作如是言善男子勿於文字言說而起諍
訟凡諸言說皆空如響汝所問答亦如是汝
等二人皆得无导辯才及无盡陁羅尼若一
劫若百劫說此二句辯不可盡善男子佛法
是寂滅相苐一之義此中无有文字不可得
說諸所言說皆无義利是故汝等當隨此義
勿隨文字是二菩薩聞佛教已嘿然而止佛
告等行以是當知菩薩若以辯才說法於百
千万劫若過百千万劫不可窮盡又告等行
於意云何彼二菩薩豈異人乎勿造斯觀无
盡意者今文殊師利是益意菩薩者今汝身
是妙光梵天者今思益梵天是
尒時等行菩薩白佛言未曾有也世尊諸佛
菩薩為大饒益如所說行精進衆生世尊其
懈怠不能如說行者雖值百千万佛无能為
也當知從勤精進得出菩提
尒時文殊師利謂等行菩薩善男子汝知菩
薩云何行名勤精進答言若菩薩能得聖道
為勤精進又問云何行能得聖道答言若於
諸法无所分別如是行者能得聖道又問云
何名得聖道已答言若行者於平等中見諸
法等是名得聖道已又問平等可得見耶答
言不也所以者何若平等可見則非平等思
益梵天謂文殊師利若行者於平等中不見
諸法是名得聖道已文殊師利言何故不見
思益言離二相故不見不見即是正見又問
誰能正見世間答言不壞世間相者又問云

益梵天謂文殊師利若行者於平等中不見
諸法是名得聖道已文殊師利言何故不見
思益言雖二相故不見不見即是正見又問
誰能正見世間答言不壞世間相者又問云
何為不壞世間相答言色如无別无異受
想行識如无別无異若行者見五陰平等如
相是名正見世間
又問何等是世間相答言滅盡是世間相又
問滅盡相可復盡也答言滅相者不可盡也
又問何故說言世間是盡相答言世間畢竟
盡相是相不可盡所以者何已盡者不可復盡
也又問佛不說一切有為法是盡相也答言
世間是盡相終不可盡是故佛說一切有
為法是盡相又問何故復名有為法答曰以
盡相故名有為法又問有為法者為住何所
答言无為性中住又問有為法无為法有何
差別答言有為无為法文字言說有差別
耳所以者何以文字言說言是有為是无為答
求有為无為實相則无差別以實相无差別故
又問何等是諸法實相義答言一切法平等
无有差別是諸法實相義又問何等為義答
言以文字說令人得解故名為義所以者何實
相義者不如文字所說諸佛雖以文字有所
言說而於實法无所增減文殊師利一切言
說皆非言說是故佛語名不可說諸佛不
可以相言說故又問云何得說佛相答言諸
佛如來不可以色身說相不可以卅二相說相

言說而於實法无所增減文殊師利一切言
說皆非言說是故佛語名不可說諸佛不
可以相言說故又問云何得說佛相答言諸
佛如來不可以色身說相不可以卅二相說相
不可以諸功德法說相又問諸佛可離色身
卅二相諸功德法而說相也答言不也所以
者何色身如卅二相如諸功德法如諸佛不
即是如亦不離是如如是可說佛相不夫
如故又問諸佛世尊得何等故号名為佛答
言諸佛世尊通達諸法性相如故說名如來
正遍知者於時等行菩薩白佛言何謂菩薩
行於大乘尒時世尊以偈答言
菩薩不壞色　發行菩提心　知色即菩提　是名行菩提
如色菩提然　等又於如相　不壞諸法性　是名行菩提
不壞諸法性　則為菩提義　是菩提義中　亦无有菩提
正行第一義　是名行菩提
愚於陰界中　而欲求菩提　陰界入即是　離是无菩提
若有諸菩薩　於上中下法　不取亦不捨　是名行菩提
若法及非法　不分別為二　亦不得不二　是名行菩提
若二則有為　非二則无為　離是二邊者　是名行菩提
是人過凡夫　亦不入法位　未得果而聖　是世間福田
行於世間法　處中若蓮蓮　遵循求上道　是名行菩提
世間所行處　悉行是中行　世間所貪著　於中得解脫
菩薩无所畏　不沒生死渕　无憂无疲惓　而行菩提道
斯人善能知　法性真實相　是故不分別　是法是非法
行於佛道時　无法可捨離　亦无法可受　是名行菩提

世間所行處 悲於是中行 世間所貪著 於中得解脫
菩薩无所畏 不沒生死淵 无疲无惓 而行菩提道
斯人善能知 法住是實相 是故不分別 是法是非法
行於佛道時 无法可捨離 亦无法可受 是名行菩提
一切法无相 猶若如虛空 終不作是念 是相是非相
善知世所行 通知方便力 能充滿一切 衆生之所願
常住於平等 護持佛正法 一切无所念 是則如來法
若有能无佛 是法常住世 能通達此相 是名護持法
諸法之實相 了達知其義 安住於此中 而為人演說
行於甚深法 魔所不能測 是人於諸法 无所貪著故
願求諸佛慧 亦不著願求 是慧於十方 求之不可得
諸佛慧无等 不著法非法 若能不著此 究竟得佛道
其諸樂善人 布施轉高尊 捨一切所有 而心不傾動
諸法不可捨 亦復不可取 一切世間法 根本不可得
能知一切法 非施非捨相 是名大施主 於法无所見
是等諸菩薩 不計我我所 是故行施時 不生貪惜心
諸所有布施 皆迴向佛道 亦施及菩提 不住是二相
无作无起滅 常住於此中 亦不作念言 我住是持戒
智者知戒相 不生亦不住 是故戒清淨 猶若如虛空
觀身如鏡像 言說如嚮聲 心則如幻化 不以戒自高
其心常柔濡 安住寂滅性 悉滅一切惡 通達於善法
持戒及毀禁 不得此二相 如是見法性 則持无漏戒
已度忍辱岸 能忍一切惡 於諸衆生類 其心常平等
諸法念念滅 其性常不住 於中无罵辱 亦无有恭敬
若節節解身 其心衆不動 知心不在內 亦復不在外
身忍及刀杖 皆從四大起 於地水火風 未曾有損傷
通達於此事 常行忍辱法 菩薩行如是 衆生不能動

BD14188號　思益梵天所問經（異卷）卷三　（26–23）

已度忍辱岸 能忍一切惡 於諸衆生類 其心常平等
諸法念念滅 其性常不住 於中无罵辱 亦无有恭敬
若節節解身 其心衆不動 知心不在內 亦復不在外
身忍及刀杖 皆從四大起 於地水火風 未曾有損傷
通達於此事 常行忍辱法 菩薩行如是 衆生不能動
勇猛勤精進 堅住於大乘 是人於身心 而无所依止
雖知生死本 其際不可得 為諸衆生故 莊嚴大誓願
法无決定主 何許有滅相 本際不可得 為顛倒故說
法性不可議 常住於世間 若能知如是 不生亦不滅
菩薩念衆生 不解是法相 為之勤精進 令得離顛倒
諸佛常不得 衆生決定相 而發如大願 常觀精進力
思惟一切法 知皆如幻化 不得堅牢固 觀之如虛空
從虛妄分別 貪著生塵 為斯聞法門 令得入涅槃
為彼行精進 而不壞於法 離法非法故 常行真精進
是等行遠離 了達无諍定 獨處无憒閙 常畏於生死
樂住於閑居 猶如犀一角 遊戲諸禪定 明達諸神通
心常住平等 等定聞聚落 威儀无變異 恒樂於禪定
信解常定法 及寂滅无漏 其心得解脫 故說常定者
自住平等法 以此導衆生 不違平等行 故說常定者
志念常堅固 不忘菩提心 亦能化衆生 故說常定者
常念於諸佛 真實法性身 遠離色身相 故說常定者
常脩念於法 如諸法實相 亦无有憶念 故說常定者
常脩念於僧 僧即是无為 離數及非數 常入如是定
悉見十方國 一切群生類 而於眼色中 終不生二相
諸佛所說法 一切能聽受 而於耳聲中 亦不生二相
能於一心中 知諸衆生心 自心及他心 此二不分別

BD14188號　思益梵天所問經（異卷）卷三　（26–24）

常修念於僧　僧即是无為　離數及非數　常入如是定
悉見十方國　一切羣生類　而於眼色中　終不生二相
諸佛所說法　一切能聽受　而於耳聲中　亦不生二相
能於一心中　知諸衆生心　自心及他心　此二不分別
憶念過去世　如恒河沙劫　是先及是後　亦復不分別
能至无量土　現諸神通力　而於身心中　无有疲倦想
分別知諸法　樂說辯无盡　於无殃數劫　開示法性相
智慧度彼岸　善解陰界入　常為衆生說　无取无戲論
善知因緣法　遠離二邊相　知是煩惱因　亦知是淨因
信解因緣法　則无諸邪見　法皆屬因緣　无有定根本
我見與佛見　空見生死見　涅槃之見等　皆无是諸見
无量智慧光　知諸法實相　无闇无鄣导　是行菩提道
是乘名大乘　不可思議乘　悉容諸衆生　猶不盡其量
一切諸乘中　是乘為第一　如此大乘者　能出生餘乘
餘乘有限量　不能受一切　唯此无上乘　能悉受衆生
若行此无量　虛空之大乘　於一切衆生　无有慳恡心
虛空无有量　亦无有形色　大乘亦如是　无量无鄣导
若一切衆生　乘於此大乘　當觀是乘相　實博多所容
无量无數劫　說大乘功德　及乘此乘者　不可得窮盡
若人聞是經　乃至持一偈　求脫於諸難　得到安隱處
敬念此經者　捨是身已後　終不墮惡道　常生天人中
於後惡世時　若得聞是經　我皆與受記　究竟成佛道
若信此經者　佛法在是人　是人在佛法　亦能轉法輪
若人持是經　能轉无量劫　生死諸往來　得近於佛道
若能持是經　精進大智慧　是名極勇猛　能破魔軍衆
我於燃燈佛　值忍得受記　若有集是經　我受記亦然
若人於佛後　能解說是經　佛雖不在世　為能作佛事

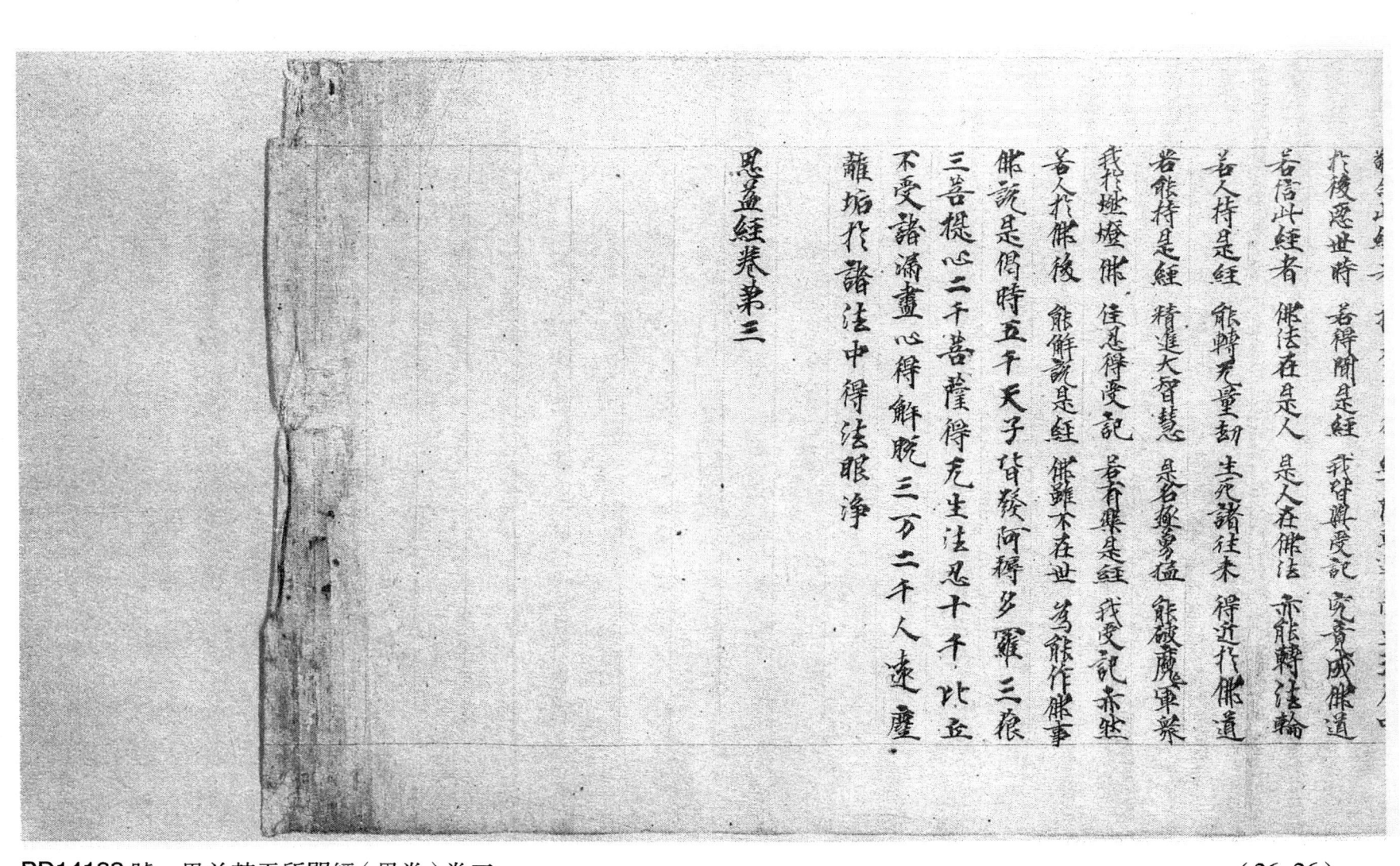

BD14188號　思益梵天所問經（異卷）卷三　（26–25）

於後惡世時　若得聞是經　我皆與受記　究竟成佛道
若信此經者　佛法在是人　是人在佛法　亦能轉法輪
若人持是經　能轉无量劫　生死諸往來　得近於佛道
若能持是經　精進大智慧　是名極勇猛　能破魔軍衆
我於燃燈佛　值忍得受記　若有集是經　我受記亦然
若人於佛後　能解說是經　佛雖不在世　為能作佛事
佛說是偈時五千天子皆發阿耨多羅三藐
三菩提心二千菩薩得无生法忍十千比丘
不受諸漏盡心得解脫三万二千人遠塵
離垢於諸法中得法眼淨

思益經卷第三

BD14188號　思益梵天所問經（異卷）卷三　（26–26）

[illegible]日明照見[illegible]須菩提
世若有善男子善女人能於此經受持讀誦
則為如來以佛智慧悉知是人悉見是人皆
得成就无量无邊功德
須菩提若有善男子善女人初日分以恒河
沙等身布施中日分復以恒河沙等身布施
後日分亦以恒河沙等身布施如是无量百
千万億劫以身布施若復有人聞此經典信
心不逆其福勝彼何況書寫受持讀誦為人
解說須菩提以要言之是經有不可思議不
可稱量无邊功德如來為發大乘者說為發
最上乘者說若有人能受持讀誦廣為人說
如來悉知是人悉見是人皆得成就不可量不
可稱无有邊不可思議功德如是人等則為荷
擔如來阿耨多羅三藐三菩提何以故須菩
提若樂小法者著我見人見衆生見壽者見
則於此經不能聽受讀誦為人解說須菩
提在在處處若有此經一切世間天人阿脩羅
所應供養當知此處則為是塔皆應恭敬
作礼圍繞以諸華香而散其處

提若樂小法者著我見人見衆生見壽者見
則於此經不能聽受讀誦為人解說須菩
提在在處處若有此經一切世間天人阿脩羅
所應供養當知此處則為是塔皆應恭敬
作礼圍繞以諸華香而散其處
復次須菩提善男子善女人受持讀誦此經
若為人輕賤是人先世罪業應墮惡道以今
世人輕賤故先世罪業則為消滅當得阿耨
多羅三藐三菩提須菩提我念過去无量阿
僧祇劫於然燈佛前得值八百四千万億那
由他諸佛悉皆供養承事无空過者若復有
人於後末世能受持讀誦此經所得功德於
我所供養諸佛功德百分不及一千万億分
乃至筭數譬喻所不能及須菩提若善男子
善女人於後末世有受持讀誦此經所得功
德我若具說者或有人聞心則狂亂狐疑不
信須菩提當知是經義不可思議果報亦不
可思議
尒時須菩提白佛言世尊善男子善女人發
阿耨多羅三藐三菩提心云何應住云何降
伏其心佛告須菩提善男子善女人發阿耨
多羅三藐三菩提者當生如是心我應滅度
一切衆生滅度一切衆生已而无有一衆生
實滅度者何以故若菩薩有我相人相衆生
相壽者相則非菩薩所以者何須菩提實无
有法發阿耨多羅三藐三菩提者須菩提於
意云何如來於然燈佛所有法得阿耨多羅

一切衆生滅度一切衆生已而无有一衆生
實滅度者何以故若菩薩有我相人相衆生
相壽者相則非菩薩所以者何須菩提實无
有法發阿耨多羅三藐三菩提者須菩提於
意云何如來於然燈佛所有法得阿耨多羅
三藐三菩提不不也世尊如我解佛所說義佛
於然燈佛所无有法得阿耨多羅三藐三菩
提佛言如是如是須菩提實无有法如來
得阿耨多羅三藐三菩提須菩提若有法如
來得阿耨多羅三藐三菩提者然燈佛則不
與我受記汝於來世當得作佛号釋迦牟尼
以實无有法得阿耨多羅三藐三菩提是故
然燈佛與我受記作是言汝於來世當得作
佛号釋迦牟尼何以故如來者即諸法如義
若有人言如來得阿耨多羅三藐三菩提須
菩提實无有法佛得阿耨多羅三藐三菩提
須菩提如來所得阿耨多羅三藐三菩提於
是中无實无虛是故如來說一切法皆是佛
法須菩提所言一切法者即非一切法是故
名一切法須菩提譬如人身長大須菩提言
世尊如來說人身長大則為非大身是名大
身須菩提菩薩亦如是若作是言我當滅度
无量衆生則不名菩薩何以故須菩提實无
有法名為菩薩是故佛說一切法无我无人
无衆生无壽者須菩提若菩薩作是言我
當莊嚴佛土是不名菩薩何以故如來說莊嚴
佛土者即非莊嚴是名莊嚴須菩提若菩薩

身須菩提菩薩亦如是若作是言我當滅度
无量衆生則不名菩薩何以故須菩提實无
有法名為菩薩是故佛說一切法无我无人
无衆生无壽者須菩提若菩薩作是言我
當莊嚴佛土是不名菩薩何以故如來說莊嚴
佛土者即非莊嚴是名莊嚴須菩提若菩薩
通達无我法者如來說名真是菩薩
須菩提於意云何如來有肉眼不如是世尊
如來有肉眼須菩提於意云何如來有天眼
不如是世尊如來有天眼須菩提於意云何
如來有慧眼不如是世尊如來有慧眼須菩
提於意云何如來有法眼不如是世尊如來
有法眼須菩提於意云何如來有佛眼不如
是世尊如來有佛眼須菩提於意云何恒河
中所有沙佛說是沙不如是世尊如來說是
沙須菩提於意云何如一恒河中所有沙有
如是等恒河是諸恒河所有沙數佛世界如
是寧為多不甚多世尊佛告須菩提尒所國
土中所有衆生若干種心如來悉知何以故如
來說諸心皆為非心是名為心所以者何須
菩提過去心不可得現在心不可得未來心
不可得須菩提於意云何若有人滿三千大
千世界七寶以用布施是人以是因緣得福
多不如是世尊此人以是因緣得福甚多須
菩提若福德有實如來不說得福德多以
福德无故如來說得福德多
須菩提於意云何佛可以具足色身見不

千世界七寶以用布施是人以是因緣得福
多不如是世尊此人以是因緣得福甚多須
菩提若福德有實如來不說得福德多以
福德无故如來說得福德多
須菩提於意云何佛可以具足色身見不不
也世尊如來不應以色身見何以故如來說
具足色身即非具足色身是名具足色身須
菩提於意云何如來可以具足諸相見不不
也世尊如來不應以具足諸相見何以故如
來說諸相具足即非具足是名諸相具足須
菩提汝勿謂如來作是念我當有所說法莫
作是念何以故若人言如來有所說法即為
謗佛不能解我所說故須菩提說法者无法
可說是名說法須菩提白佛言世尊佛得阿
耨多羅三藐三菩提為无所得耶如是如是
須菩提我於阿耨多羅三藐三菩提乃至无
有少法可得是名阿耨多羅三藐三菩提復
次須菩提是法平等无有高下是名阿耨多
羅三藐三菩提以无我无人无眾生无壽者
脩一切善法則得阿耨多羅三藐三菩提須
菩提所言善法者如來說非善法是名善法
須菩提若三千大千世界中所有諸須弥山
王如是等七寶聚有人持用布施若人以此
般若波羅蜜經乃至四句偈等受持為他人
說於前福德百分不及一百千万億分乃至
算數譬喻所不能及

須菩提若三千大千世界中所有諸須弥山
王如是等七寶聚有人持用布施若人以此
般若波羅蜜經乃至四句偈等受持為他人
說於前福德百分不及一百千万億分乃至
算數譬喻所不能及
須菩提於意云何汝等勿謂如來作是念我
當度眾生須菩提莫作是念何以故實无有
眾生如來度者若有眾生如來度者如來則
有我人眾生壽者須菩提如來說有我者則
非有我而凡夫之人以為有我須菩提凡夫
者如來說則非凡夫須菩提於意云何可以
三十二相觀如來不須菩提言如是如是以
三十二相觀如來佛言須菩提若以三十二
相觀如來者轉輪聖王則是如來須菩提白
佛言世尊如我解佛所說義不應以三十二
相觀如來尒時世尊而說偈言
若以色見我　以音聲求我　是人行耶道　不能見如來
須菩提汝若作是念如來不以具足相故得阿
耨多羅三藐三菩提須菩提莫作是念如
來不以具足相故得阿耨多羅三藐三菩提
須菩提汝若作是念發阿耨多羅三藐三菩
提者說諸法斷滅相莫作是念何以故發阿
耨多羅三藐三菩提者於法不說斷滅相須
菩提若菩薩以滿恒河沙等世界七寶布施
若復有人知一切法无我得成於忍此菩薩
勝前菩薩所得功德須菩提以諸菩薩不受
福德故須菩提白佛言世尊云何菩薩不受

菩提若菩薩以滿恒河沙等世界七寶布施
若復有人知一切法无我得成於忍此菩薩
勝前菩薩所得功德須菩提以諸菩薩不受
福德故須菩提白佛言世尊云何菩薩不受
福德須菩提菩薩所作福德不應貪著是故
說不受福德須菩提若有人言如來若來若
去若坐若卧是不解我所說義何以故如
來者无所從來亦无所去故名如來
須菩提若善男子善女人以三千大千世界
碎為微塵於意云何是微塵衆寧為多不
甚多世尊何以故若是微塵衆實有者佛
則不說是微塵衆所以者何佛說微塵衆則非
微塵衆是名微塵衆世尊如來所說三千大千
世界則非世界是名世界何以故若世界實有
者則是一合相如來說一合相則非一合相
是名一合相須菩提一合相者則是不可說
但凡夫之人貪著其事須菩提若人言佛
說我見人見衆生見壽者見須菩提於意云
何是人解我所說義不世尊是人不解如來所
說義何以故世尊說我見人見衆生見壽者
見即非我見人見衆生見壽者見是名我見
人見衆生見壽者見須菩提發阿耨多羅
三藐三菩提心者於一切法應如是知如是
見如是信解不生法相須菩提所言法相者
如來說即非法相是名法相須菩提若有人
以滿无量阿僧祇世界七寶持用布施若有
善男子善女人發菩薩心者持於此經乃至

BD14189號　金剛般若波羅蜜經　（8–7）

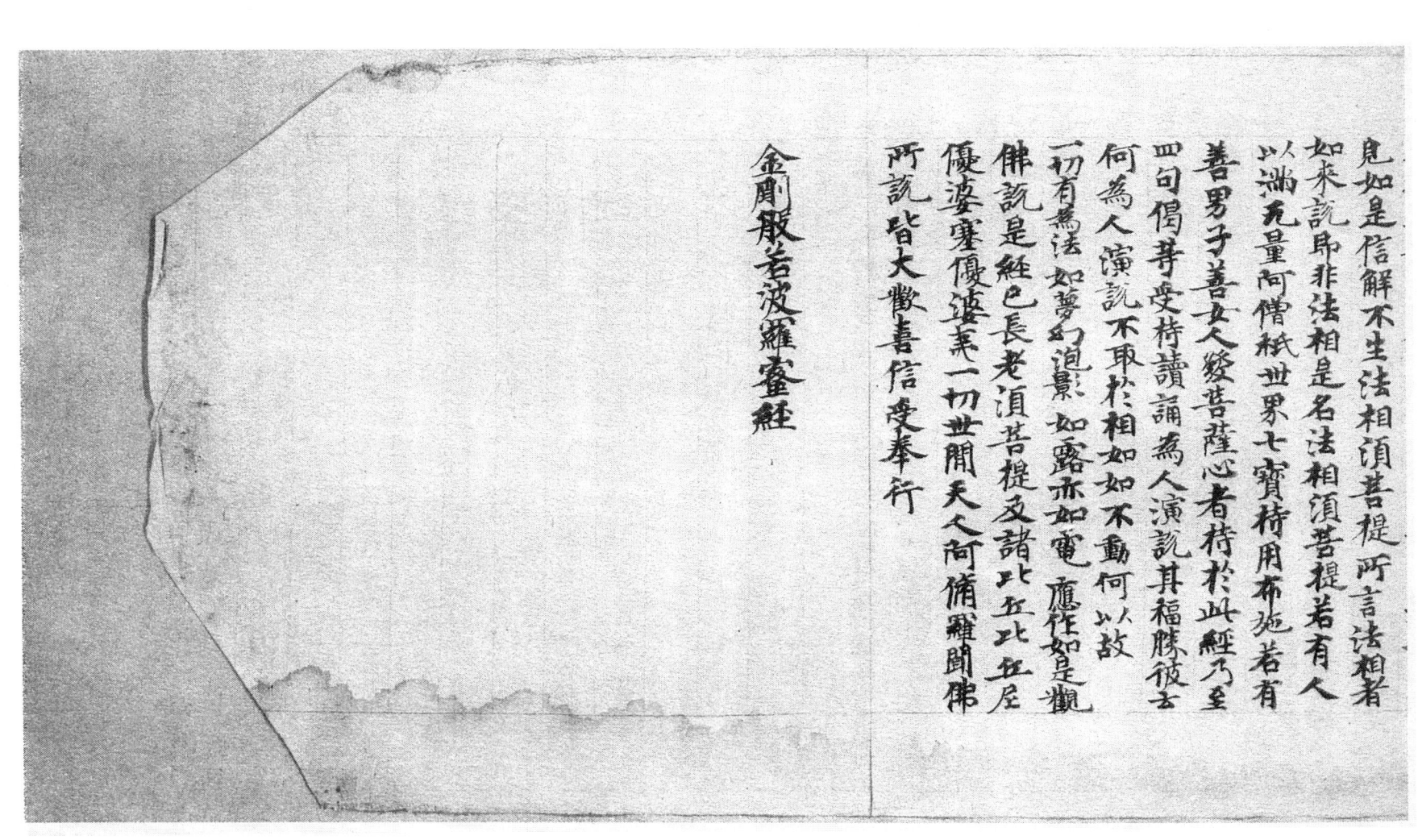

見如是信解不生法相須菩提所言法相者
如來說即非法相是名法相須菩提若有人
以滿无量阿僧祇世界七寶持用布施若有
善男子善女人發菩薩心者持於此經乃至
四句偈等受持讀誦為人演說其福勝彼云
何為人演說不取於相如如不動何以故
一切有為法　如夢幻泡影　如露亦如電　應作如是觀
佛說是經已長老須菩提及諸比丘比丘尼
優婆塞優婆夷一切世間天人阿脩羅聞佛
所說皆大歡喜信受奉行

金剛般若波羅蜜經

BD14189號　金剛般若波羅蜜經　（8–8）

過於東方五百
一塵如是東行盡是微塵
是諸世界可得思惟校計
等俱白佛言世　是諸世
亦非心力所一切聲聞辟支佛
其限數我等住阿惟越致地於是事中亦所不達世
尊如是諸世界无量无邊尒時佛告大菩薩
衆諸善男子今當分明宣語汝等是諸世界
若著微塵及不著者盡以為塵一塵一劫我
成佛已來復過於此百千万億那由他阿僧
祇劫自從是來我常在此娑婆世界說法教
化亦於餘處百千万億那由他阿僧祇國導利
衆生諸善男子於是中間我說燃燈佛等又
復言其入於涅槃如是皆以方便分別諸善
男子若有衆生來至我所我以佛眼觀其
信等諸根利鈍隨所應度處處自說名字不
同年紀大小亦復現言當入涅槃又以種種
方便說微妙法能令衆生發歡喜心諸善男
子如來見諸衆生樂於小法德薄垢重者為
是人說我少出家得阿耨多羅三藐三菩提

BD14190 號　妙法蓮華經卷五　　（12–1）

信等諸根利鈍隨所應度處處自說名字不
同年紀大小亦復現言當入涅槃又以種種
方便說微妙法能令衆生發歡喜心諸善男
子如來見諸衆生樂於小法德薄垢重者為
是人說我少出家得阿耨多羅三藐三菩提
然我實成佛已來久遠若斯但以方便教化
衆生令入佛道作如是說諸善男子如來所
演經典皆為度脫衆生或說己身或說他身
或示己身或示他身或示己事或示他事諸
所言說皆實不虛所以者何如來如實知見
三界之相无有生死若退若出亦无在世及
滅度者非實非虛非如非異不如三界見於三
界如斯之事如來明見无有錯謬以諸衆生
有種種性種種欲種種行種種憶想分別故
欲令生諸善根以若干因緣譬喻言辭種種
說法所作佛事未曾暫廢如是我成佛已
來其大久遠壽命无量阿僧祇劫常住不滅
諸善男子我本行菩薩道所成壽命今猶未
盡復倍上數然今非實滅度而便唱言當取
滅度如來以是方便教化衆生所以者何若
佛久住於世薄德之人不種善根貧窮下賤
貪著五欲入於憶想妄見網中若見如來常
在不滅便起憍恣而懷猒怠不能生難遭之
想恭敬之心是故如來以方便說比丘當知
諸佛出世難可值遇所以者何諸薄德人過无
量百千万億劫或有見佛或不見者以此事

BD14190 號　妙法蓮華經卷五　　（12–2）

在不滅便起憍恣而懷猒怠不能生難遭之
想恭敬之心是故如来以方便說比丘當知
諸佛出世難可值遇所以者何諸薄德人過无
量百千万億劫或有見佛或不見者以此事
故我作是言諸比丘如来難可得見斯衆生
等聞如是語必當生於難遭之想心懷戀慕
渴仰於佛便種善根是故如来雖不實滅而
言滅度又善男子諸佛如来法皆如是為度
衆生皆實不虛譬如良醫智慧聰達明練方
藥善治衆病其人多諸子息若十二十乃至
百數以有事緣遠至餘國諸子於後飲他毒
藥藥發悶亂宛轉于地是時其父還來歸家
諸子飲毒或失本心或不失者遥見其父皆
大歡喜拜跪問訊善安隱歸我等愚癡誤
服毒藥願見救療更賜壽命父見子等苦惱
如是依諸經方求好藥草色香美味皆悉具
足擣篩和合與子令服而作是言此大良藥色
香美味皆悉具足汝等可服速除苦惱无復
衆患其諸子中不失心者見此良藥色香
俱好即便服之病盡除愈餘失心者見其父來
雖亦歡喜問訊求索治病然與其藥而不肯
服所以者何毒氣深入失本心故於此好色
香藥而謂不美父作是念此子可愍為毒所中
心皆顛倒雖見我喜求索救療如是好藥而不
肯服我今當設方便令服此藥即作是言
汝等當知我今衰老死時已至是好良藥
今留在此汝可取服勿憂不差作是教已復

BD14190 號　妙法蓮華經卷五　（12–3）

心皆顛倒雖見我喜求索救療如是好藥而不
肯服我今當設方便令服此藥即作是言
汝等當知我今衰老死時已至是好良藥
今留在此汝可取服勿憂不差作是教已復
至他國遣使還告汝父已死是時諸子聞父
背喪心大憂惱而作是念若父在者慈愍我
等能見救護今者捨我遠喪他國自惟孤露
无復恃怙常懷悲感心遂醒悟乃知此藥色味
香美即取服之毒病皆愈其父聞子悉已得
差尋便來歸咸使見之諸善男子於意云何
頗有人能說此良醫虛妄罪不不也世尊佛
言我亦如是成佛已來无量无邊百千万億那
由他阿僧祇劫為衆生故以方便力言當滅度
亦无有能如法說我虛妄過者尔時世尊欲重
宣此義而說偈言
自我得佛來　所經諸劫數　无量百千万　億載阿僧祇
常說法教化　无數億衆生　令入於佛道　尔來无量劫
為度衆生故　方便現涅槃　而實不滅度　常住此說法
我常住於此　以諸神通力　令顛倒衆生　雖近而不見
衆見我滅度　廣供養舍利　咸皆懷戀慕　而生渴仰心
衆生既信伏　質直意柔軟　一心欲見佛　不自惜身命
時我及衆僧　俱出靈鷲山　我時語衆生　常在此不滅
以方便力故　現有滅不滅　餘國有衆生　恭敬信樂者
我復於彼中　為說无上法　汝等不聞此　但謂我滅度
我見諸衆生　沒在於苦惱　故不為現身　令其生渴仰
因其心戀慕　乃出為說法　神通力如是　於阿僧祇劫
常在靈鷲山　及餘諸住處　衆生見劫盡　大火所燒時

BD14190 號　妙法蓮華經卷五　（12–4）

以方便力故　現有滅不滅　餘國有衆生　恭敬信樂者
我復於彼中　為說无上法　汝等不聞此　但謂我滅度
我見諸衆生　沒在於苦惱　故不為現身　令其生渴仰
因其心戀慕　乃出為說法　神通力如是　於阿僧祇劫
常在靈鷲山　及餘諸住處　衆生見劫盡　大火所燒時
我此土安隱　天人常充滿　園林諸堂閣　種種寶莊嚴
寶樹多華菓　衆生所遊樂　諸天擊天鼓　常作衆伎樂
雨曼陁羅華　散佛及大衆　我淨土不毀　而衆見燒盡
憂怖諸苦惱　如是悉充滿　是諸罪衆生　以惡業因緣
過阿僧祇劫　不聞三寶名　諸有脩功德　柔和質直者
則皆見我身　在此而說法　或時為此衆　說佛壽无量
久乃見佛者　為說佛難值　我智力如是　慧光照无量
壽命无數劫　久脩業所得　汝等有智者　勿於此生疑
當斷令永盡　佛語實不虛　如醫善方便　為治狂子故
實在而言死　无能說虛妄　我亦為世父　救諸苦患者
為凡夫顛倒　實在而言滅　以常見我故　而生憍恣心
放逸著五欲　墮於惡道中　我常知衆生　行道不行道
隨應所可度　為說種種法　每自作是意　以何令衆生
得入无上道　速成就佛身

妙法蓮華經分別功德品第十七

尒時大會聞佛說壽命劫數長遠如是无量无
邊阿僧祇衆生得大饒益於時世尊告弥勒
菩薩摩訶薩阿逸多我說是如來壽命長遠
時六百八十万億那由他恒河沙衆生得无
生法忍復千倍菩薩摩訶薩得聞持陁羅
尼門復有一世界微塵數菩薩摩訶薩得樂

BD14190號　妙法蓮華經卷五　（12–5）

菩薩摩訶薩阿逸多我說是如來壽命長遠
時六百八十万億那由他恒河沙衆生得无
生法忍復千倍菩薩摩訶薩得聞持陁羅
尼門復有一世界微塵數菩薩摩訶薩得樂
說无礙辯才復有一世界微塵數菩薩摩訶
薩得百万億无量旋陁羅尼復有三千大千
世界微塵數菩薩摩訶薩能轉不退法輪復
有二千中國土微塵數菩薩摩訶薩能轉清
淨法輪復有小千國土微塵數菩薩摩訶薩
八生當復阿耨多羅三藐三菩提復有四四
天下微塵數菩薩摩訶薩四生當得阿耨多
羅三藐三菩提復有三四天下微塵數菩薩
摩訶薩三生當得阿耨多羅三藐三菩提復
有二四天下微塵數菩薩摩訶薩二生當得
阿耨多羅三藐三菩提復有一四天下微塵
數菩薩摩訶薩一生當得阿耨多羅三藐三
菩提復有八世界微塵數衆生皆發阿耨多
羅三藐三菩提心佛說是諸菩薩摩訶薩得
大法利時於虛空中雨曼陁羅華摩訶曼陁
羅華以散无量百千万億寶樹下師子座上
諸佛幷散七寶塔中師子座上釋迦牟尼佛
及久滅度多寶如來亦散一切諸大菩薩及四
部衆又雨細末栴檀沉水香等於虛空中天
鼓自鳴妙聲深遠又雨千種天衣垂諸瓔珞
真珠瓔珞摩尼珠瓔珞如意珠瓔珞遍於九方
衆寶香爐燒无價香自然周至供養大會

BD14190號　妙法蓮華經卷五　（12–6）

及久滅度多寶如來亦嚴一切諸大菩薩及四
部衆又雨細末栴檀沉水香等於虛空中天
鼓自鳴妙聲深遠又雨千種天衣垂諸瓔珞
真珠瓔珞摩尼珠瓔珞如意珠瓔珞遍於九方
衆寶香爐燒无價香自然周至供養大會
一一佛上有諸菩薩執持幡蓋次第而上至
于梵天是諸菩薩以妙音聲歌无量頌讚
歎諸佛尒時彌勒菩薩從座而起偏袒右肩
合掌向佛而說偈言
佛說希有法 昔所未曾聞 世尊有大力 壽命不可量
无數諸佛子 聞世尊分別 說得法利者 歡喜充遍身
或住不退地 或得陀羅尼 或无礙樂說 万億旋總持
或有大千界 微塵數菩薩 各各皆能轉 不退之法輪
或有中千界 微塵數菩薩 各各皆能轉 清淨之法輪
復有小千界 微塵數菩薩 餘各八生在 當得成佛道
復有四三二 如是四天下 微塵諸菩薩 隨數生成佛
或一四天下 微塵數菩薩 餘有一生在 當成一切智
如是等衆生 聞佛壽長遠 得无量无漏 清淨之果報
復有八世界 微塵數衆生 聞佛說壽命 皆發无上心
世尊說无量 不可思議法 多有所饒益 如虛空无邊
雨天曼陀羅 摩訶曼陀羅 釋梵如恒沙 无數佛土來
雨栴檀沉水 繽紛而亂墜 如鳥飛空下 供散於諸佛
天鼓虛空中 自然出妙聲 天衣千万種 旋轉而來下
衆寶妙香爐 燒无價之香 自然悉周遍 供養諸世尊
其大菩薩衆 執七寶幡蓋 高妙万億種 次第至梵天
一一諸佛前 寶幢懸勝幡 亦以千万偈 歌詠諸如來
如是種種事 昔所未曾有 聞佛壽无量 一切皆歡喜

BD14190號　妙法蓮華經卷五　（12–7）

雨栴檀沉水 繽紛而亂墜 如鳥飛空下 供散於諸佛
天鼓虛空中 自然出妙聲 天衣千万種 旋轉而來下
衆寶妙香爐 燒无價之香 自然悉周遍 供養諸世尊
其大菩薩衆 執七寶幡蓋 高妙万億種 次第至梵天
一一諸佛前 寶幢懸勝幡 亦以千万偈 歌詠諸如來
如是種種事 昔所未曾有 聞佛壽无量 一切皆歡喜
佛名聞十方 廣饒益衆生 一切具善根 以助无上心
尒時佛告彌勒菩薩摩訶薩阿逸多其有衆
生聞佛壽命長遠如是乃至能生一念信解
所得功德无有限量若有善男子善女人為
阿耨多羅三藐三菩提於八十万億那由他
劫行五波羅蜜檀波羅蜜尸羅波羅蜜羼提
波羅蜜毗梨耶波羅蜜禪波羅蜜除般若波
羅蜜以是功德比前功德百分千分百千万億
分不及其一乃至筭數譬喻所不能知若善
男子有如是功德於阿耨多羅三藐三菩提
退者无有是處尒時世尊欲重宣此義而說
偈言
若人求佛慧 於八十万億 那由他劫數 行五波羅蜜
於是諸劫中 布施供養佛 及緣覺弟子 并諸菩薩衆
珍異之飲食 上服與臥具 栴檀立精舍 以園林莊嚴
如是等布施 種種皆微妙 盡此諸劫數 以迴向佛道
若復持禁戒 清淨无缺漏 求於无上道 諸佛之所歎
若復行忍辱 住於調柔地 設衆惡來加 其心不傾動
諸有得法者 懷於增上慢 為此所輕惱 如是亦能忍
若復勤精進 志念常堅固 於无量億劫 一心不懈息
又於无數劫 住於空閑處 若坐若經行 除睡常攝心

BD14190號　妙法蓮華經卷五　（12–8）

若復持禁戒 清淨无缺漏 求於无上道 諸佛之所歎
若復行忍辱 住於調柔地 設衆惡來加 其心不傾動
諸有得法者 懷於增上慢 為此所輕惱 如是亦能忍
若復勤精進 志念常堅固 於无量億劫 一心不懈息
又於无數劫 住於空閑處 若坐若經行 除睡常攝心
以是因緣故 能生諸禪定 八十億万劫 安住心不亂
持此一心福 願求无上道 我得一切智 盡諸禪定際
是人於百千 万億劫數中 行此諸功德 如上之所說
有善男女等 聞我說壽命 乃至一念信 其福過於彼
若人悉无有 一切諸疑悔 深心須臾信 其福為如此
其有諸菩薩 无量劫行道 聞我說壽命 是則能信受
如是諸人等 頂受此經典 願我於未來 長壽度衆生
如今日世尊 諸釋中之王 道場師子吼 說法无所畏
我等未來世 一切所尊敬 坐於道場時 說壽亦如是
若有深心者 清淨而質直 多聞能總持 隨義解佛語
如是諸人等 於此无有疑
又阿逸多若有聞佛壽命長遠解其言趣是
人所得功德无有限量能起如來无上之慧何
況廣聞是經若教人聞若自持若教人持
若自書若教人書若以華香瓔珞幢幡繒蓋
香油蘇燈供養經卷是人功德无量无邊能生
一切種智阿逸多若善男子善女人聞我說
壽命長遠深心信解則為見佛常在耆闍崛
山共大菩薩諸聲聞衆圍繞說法又見此娑
婆世界其地瑠璃坦然平正閻浮檀金以界八
道寶樹行列諸臺樓觀皆悉寶成其菩薩衆

BD14190號　妙法蓮華經卷五　（12–9）

山共大菩薩諸聲聞衆圍繞說法又見此娑
婆世界其地瑠璃坦然平正閻浮檀金以界八
道寶樹行列諸臺樓觀皆悉寶成其菩薩衆
咸處其中若有能如是觀者當知是為深
信解相又復如來滅後若聞是經而不毀呰
起隨喜心當知已為深信解相何況讀誦
受持之者斯人則為頂戴如來阿逸多是善
男子善女人不須為我復起塔寺及作僧坊
以四事供養衆僧所以者何是善男子善女
人受持讀誦是經典者為已起塔造立僧坊
供養衆僧則為以佛舍利起七寶塔高廣漸
小至于梵天懸諸幡蓋及衆寶鈴華香瓔珞
末香塗香燒香衆鼓伎樂簫笛箜篌種種儛
戲以妙音聲歌唄讚頌則為於无量千万億
劫作是供養已阿逸多若我滅後聞是經典
有能受持若自書若教人書則為起立僧
坊以赤栴檀作諸殿堂三十有二高八多羅樹
高廣嚴好百千比丘於其中止園林浴池經
行禪窟衣服飲食床褥湯藥一切樂具充滿
其中如是僧坊堂閣若干百千万億其數无
量以此現前供養於我及比丘僧是故我說
如來滅後若有受持讀誦為他人說若自書
若教人書供養經卷不須復起塔寺及造僧
坊供養衆僧況復有人能持是經兼行布施
持戒忍辱精進一心智慧其德最勝无量无邊

BD14190號　妙法蓮華經卷五　（12–10）

若教人書供養經卷不須復起塔寺及造僧
坊供養衆僧況復有人能持是經兼行布施
持戒忍辱精進一心智慧其德冣勝无量无邊
是人功德亦復如是无量无邊疾至一切種智
若人讀誦受持是經為他人說若自書若教
人書復能起塔及造僧坊供養讚歎聲聞衆
僧亦以百千万億讚歎之法讚歎菩薩功
德又為他人種種因緣隨義解說此法華經
復能清淨持戒與柔和者而共同心忍辱无
瞋志念堅固常貴坐禪得諸深定精進勇猛
攝諸善根利根智慧善答問難阿逸多若我
滅後諸善男子善女人受持讀誦是經典者
復有如是諸善功德當知是人已趣道場近
阿耨多羅三藐三菩提坐道樹下阿逸多是
善男子若坐若立若行處此中便應起塔一
切天人皆應供養如佛之塔尒時世尊欲重
宣此義而說偈言

若我滅度後　能奉持此經　斯人福无量　如上之所說
是則為具足　一切諸供養　以舍利起塔　七寶而莊嚴
表剎甚高廣　漸小至梵天　寶鈴千万億　風動出妙音
又於无量劫　而供養此塔　華香諸瓔珞　天衣衆伎樂
然香油蘇燈　周帀常照明　惡世法末時　能持是經者
則為已如上　具足諸供養　若能持此經　則如佛現在
以牛頭栴檀　起僧坊供養　堂有三十二　高八多羅樹
上饌妙衣服　床臥皆具足　百千衆住處　園林諸流池
經行及禪窟　種種皆嚴好　若有信解心　受持讀誦書

BD14190號　妙法蓮華經卷五　（12–11）

又於无量劫　而供養此塔　華香諸瓔珞　天衣衆伎樂
然香油蘇燈　周帀常照明　惡世法末時　能持是經者
則為已如上　具足諸供養　若能持此經　則如佛現在
以牛頭栴檀　起僧坊供養　堂有三十二　高八多羅樹
上饌妙衣服　床臥皆具足　百千衆住處　園林諸流池
經行及禪窟　種種皆嚴好　若有信解心　受持讀誦書
若復教人書　及供養經卷　散華香末香　以須曼瞻蔔
阿提目多伽　薰油常然之　如是供養者　得无量功德
如虛空无邊　其福亦如是　況復持此經　兼布施持戒
忍辱樂禪定　不瞋不惡口　恭敬於塔廟　謙下諸比丘
遠離自高心　常思惟智慧　有問難不瞋　隨順為解說
若能行是行　功德不可量　若見此法師　成就如是德
應以天華散　天衣覆其身　頭面接足禮　生心如佛想
是念　不久詣道樹　得无漏无為　廣利諸人天
經行若坐臥　乃至說一偈　是中應起塔
供養　佛子住此地　則是佛受用

BD14190號　妙法蓮華經卷五　（12–12）

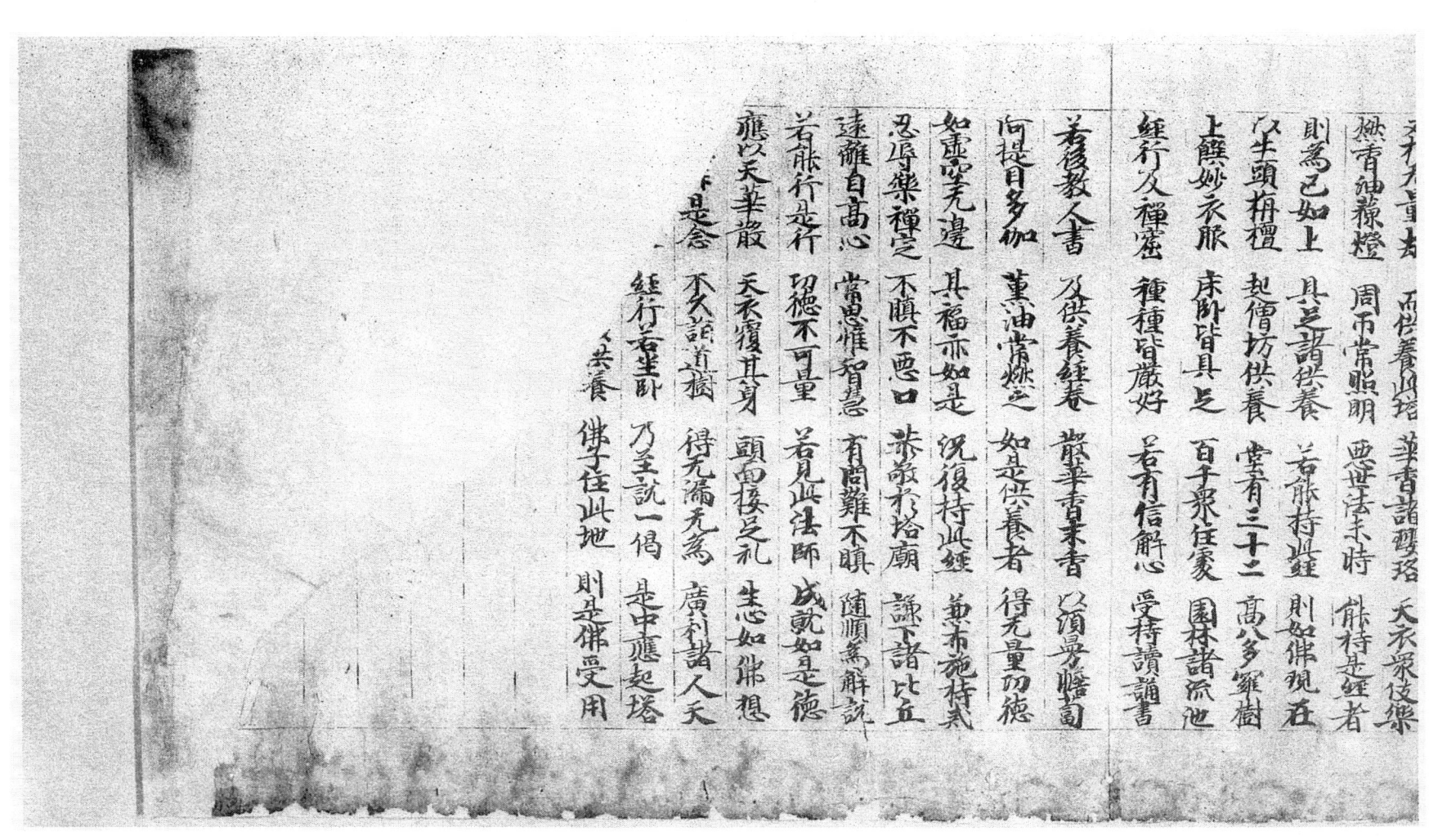

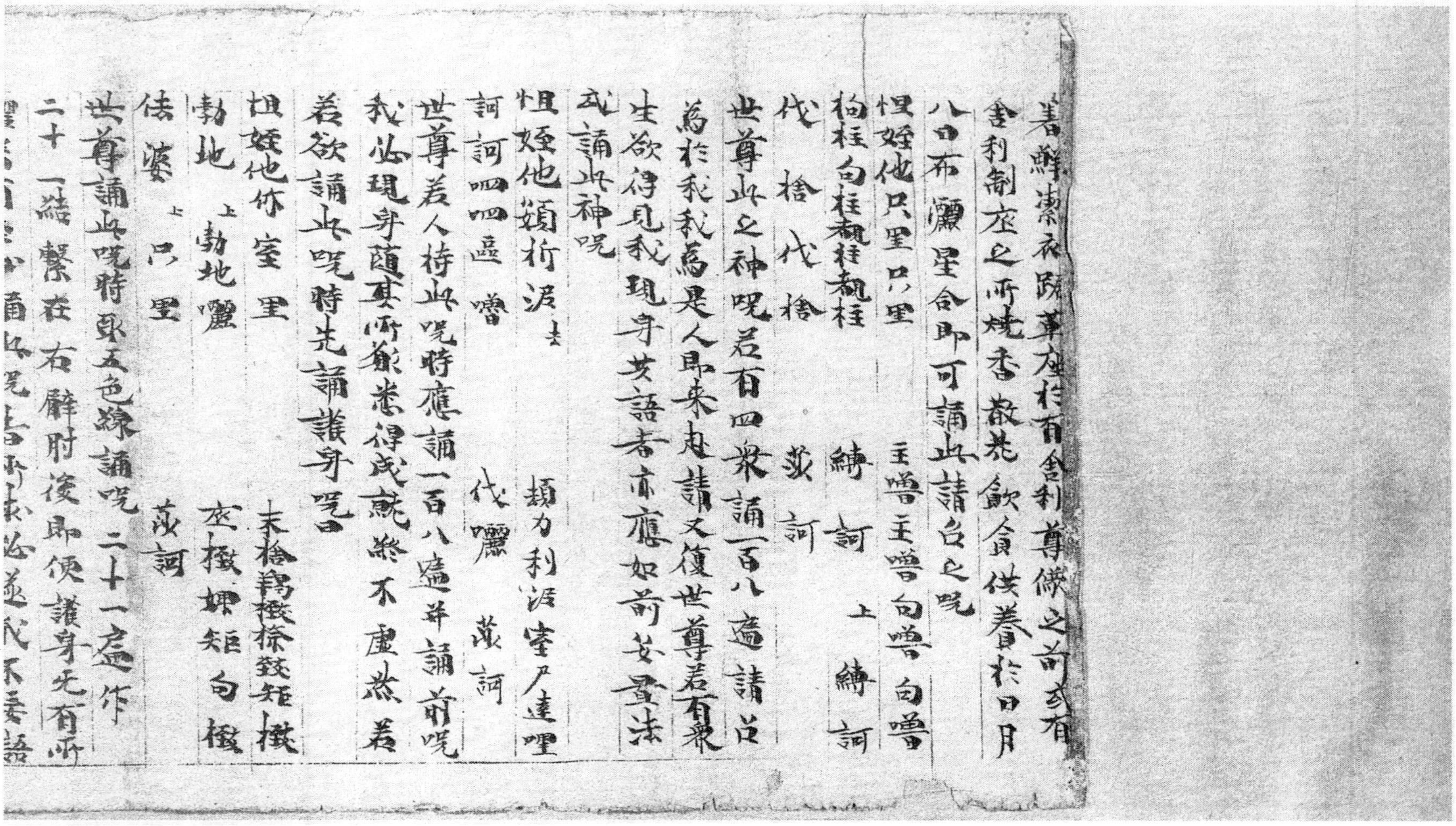

著鮮潔衣踞草座於有舍利尊像之前或有
舍利制底之所燒香散花飲食供養於白月
八日布灑星合即可誦此請召之咒
怛姪他 只里只里 主嚕主嚕 句嚕句嚕
拘柱拘柱 覩柱覩柱 縛訶 上縛訶
伐捨 伐捨 莎訶
世尊此之神咒若有四衆誦一百八遍請召
爲於我我爲是人即來赴請又復世尊若有衆
生欲得見我現身共語者亦應如前安置法
式誦此神咒
怛姪他 頞祈泥去 頞力利泥 室尸達哩
訶訶呬呬 謳嚕 伐嚕 莎訶
世尊若人持此咒時應誦一百八遍并誦前咒
我必現身隨其所願悉得成就終不虛然若
若欲誦此咒時先誦護身咒曰
怛姪他 你室里 末捺羯撥捺致矩撥
勃地 上勃地囇 窣撥娌矩句撥
佉婆 上只里 莎訶
世尊誦此咒時取五色線誦咒二十一遍作
二十一結繫在右髀肘後即便護身無有所

BD14191 號　金光明最勝王經卷八　（9–1）

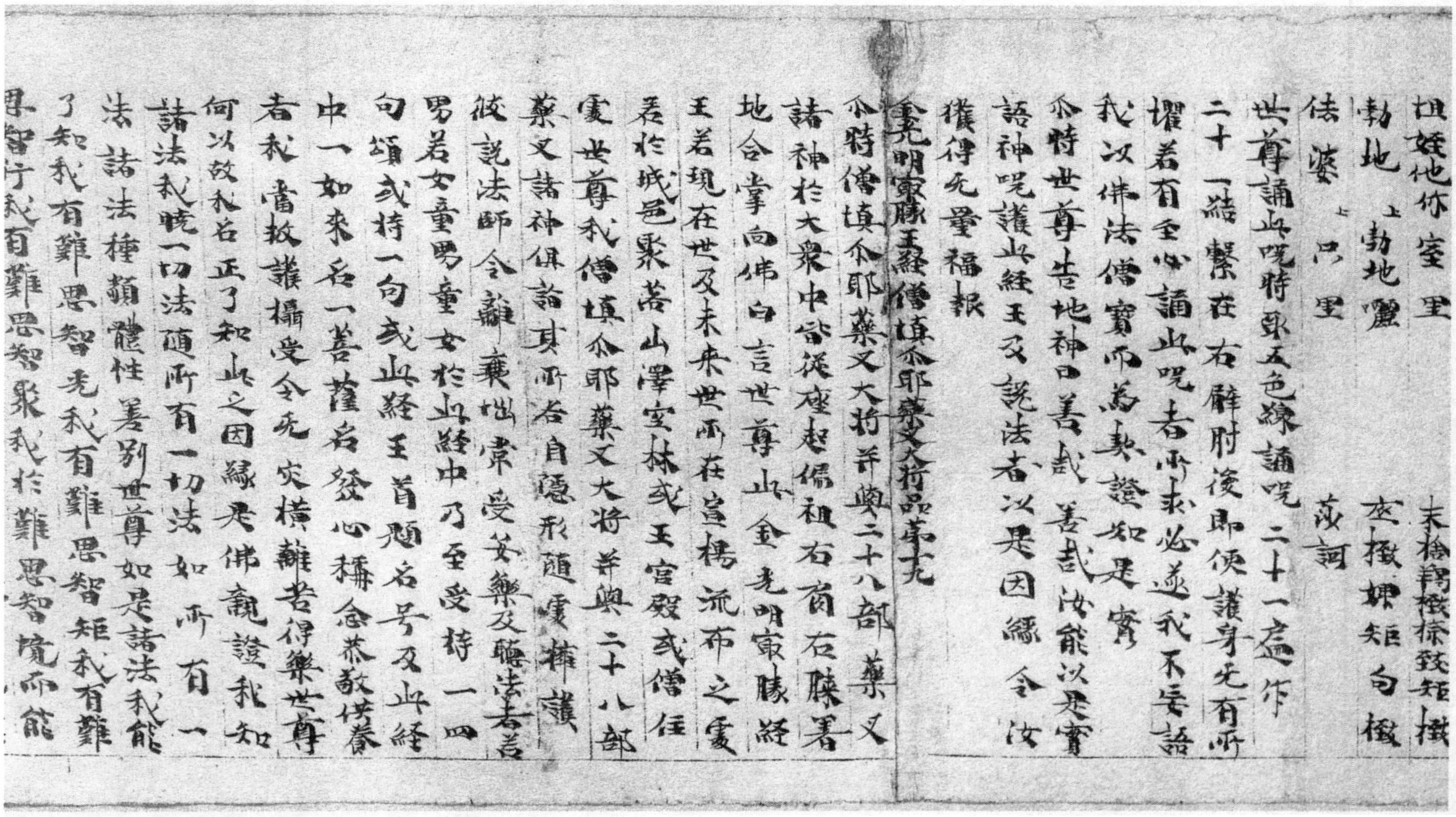

怛姪他 你室里 末捺羯撥捺致矩撥
勃地 上勃地囇 窣撥娌矩句撥
佉婆 上只里 莎訶
世尊誦此咒時取五色線誦咒二十一遍作
二十一結繫在右髀肘後即便護身無有所
畏若有至心誦此咒者所求必遂我不妄語
我以佛法僧寶而為要誓證知是實
尒時世尊告地神曰善哉善哉汝能以是實
語神咒護此經王及說法者以是因緣令汝
獲得無量福報
金光明最勝王經僧慎尒耶藥叉大將品第十九
尒時僧慎尒耶藥叉大將并與二十八部藥叉
諸神於大衆中皆從座起偏袒右肩右膝著
地合掌向佛白言世尊此金光明最勝經
王若現在世及未來世所在宣揚流布之處
若於城邑聚落山澤空林或王宮殿或僧住
處世尊我僧慎尒耶藥叉大將并與二十八部
藥叉諸神俱詣其所各自隱形隨處擁護
彼說法師令離衰惱常受安樂及聽法者若
男若女童男童女於此經中乃至受持一四
句頌或持一句或此經王首題名号及此經
中一如來名一菩薩名發心稱念恭敬供養
者我當救護攝受令無災橫離苦得樂世尊
何以故我名正了知此之因緣是佛親證我知
諸法我曉一切法隨所有一切法如所有一
法諸法種類體性差別世尊如是諸法我能
了知我有難思智光我有難思智炬我有難
思智行我有難思智聚我於難思智境而能

BD14191 號　金光明最勝王經卷八　（9–2）

諸法我曉一切法隨所有一切法如所有一
法諸法種類體性差別世尊如是諸法我能
了知我有難思智光我有難思智矩我有難
思智行我有難思智聚我於難思智境而能
通達世尊如我於一切法正知正曉正覺能
正觀察世尊以是因緣我藥叉大將名正了
知以是語故我能令彼說法之師言詞辯了
具足莊嚴亦令精氣從毛孔入身力充足威
光勇健思智光皆得成就得正憶念无有
退屈增益彼身令无衰減諸根安樂常生
歡喜以是因緣為彼有情已於百千佛所殖
諸根修福業者於贍部洲廣宣流布不速隱
沒彼諸有情聞是已經得不可思議大智光
明及以无量福智之聚於未來世當受无量
俱胝那庾多劫不可思議量人天勝樂常與
諸佛俱相值遇速證无上正等菩提閻羅之界
三塗極苦不復經過
尒時正了知藥叉大將白佛言世尊我有陁
羅尼今對佛前親自陳說為欲饒益憐愍
諸有情故即說呪曰
南謨佛陁引也　南謨達摩也
南謨僧伽引也　南謨跋囉甜火金摩也
南謨因達囉也　南謨折咄喃
莫訶囉闍喃　怛姪他呬哩呬哩
弭里弭里瞿里里　莫訶瞿里健陁里
莫訶健陁里　達羅弭雉
莫訶達囉弭雉　單荼典勸遮聞弟去
訶訶訶訶訶　呬呬呬呬呬

BD14191 號　金光明最勝王經卷八　（9–3）

弭里弭里瞿里里　莫訶瞿里健陁里
莫訶健陁里　達羅弭雉
莫訶達囉弭雉　單荼典勸遮聞弟去
訶訶訶訶訶　呬呬呬呬呬
呼呼呼呼呼　漢盧盧謎瞿盧謎
者者者者　只只只只主主主主
𤄫荼攞波之鉢攞　尼栲囉上尸栲囉
嗢座瑟侘呬　薄伽梵僧慎尒耶
莎訶
若復有人於此明呪能受持者我當給與資
生樂具飲食衣服花果珎異或求男女童男
童女金銀珎寶諸瓔樂具我皆供給隨所願
求令无闕乏此之明呪有大威力若誦呪時
我當速至其所令无障礙隨意成就若持此
呪時應知其法先畫一鋪僧慎尒耶藥叉形
像高四五尺手執鉾鑹於此像前作四方壇
安四滿瓶蜜水或沙糖水塗香秣香燒香及
諸花鬘又於壇前作地火爐中安炭火以蘇
摩芥子燒於爐中口誦前呪一百八遍一遍一
燒乃至我藥叉大將自來現身問呪人曰尒
何所須意所求者即以事答我即隨言於
所求事皆令滿足或須金銀及諸伏藏或欲
神仙乘空而去或求天眼通或知天心事於一
切有情隨意自在令斷煩惱速得解脫皆得
成就
尒時世尊告正了知藥叉大將曰善哉善哉
汝能如是利益一切衆生說此神呪擁護正

BD14191 號　金光明最勝王經卷八　（9–4）

成就
爾時世尊告正了知藥叉大將曰：善哉善哉，
汝能如是利益一切眾生，說此神呪擁護正
法，福利無邊。
金光明最勝王經王法正論品第廿
爾時此大地神女名曰堅牢，於大眾中從座
而起，頂禮佛足，合掌恭敬白佛言：世尊，於諸
國中為人王者，若無正法，不能治國，安養眾
生及以自身長居勝位。唯願世尊慈悲哀
愍，當為我說王法正論治國之要，令諸人王得
聞法已，如說修行，正化於世，能令勝位永保
安寧，國內居人咸蒙利益。
爾時世尊於大眾中告堅牢地神曰：汝當諦
聽。過去有王名力尊幢，其王有子名曰妙幢，
受灌頂位未久之頃，爾時父王告妙幢言：有
王法正論名天主教法，我於昔時受灌頂位
而為國王，我之父王名智力尊幢，為我說是
王法正論，我於此論於三万歲善法國土，我
不曾憶起一念心行非法。汝於今日亦應如
是，勿以非法而治於國。云何名為王法正論？
汝今善聽，當為汝說。爾時力尊幢王即為其
子以妙伽他說正論曰：
我說王法論　利安諸有情　為斷世間疑　滅除眾過失
一切諸天眾　及以人中王　當生歡喜心　合掌聽我說
往昔諸天眾　集在金剛山　四王從座起　請問於大梵
梵王最勝尊　天中大自在　願哀愍我等　為斷諸疑惑
云何處人世　而得名為天　復以何因緣　號名曰天子
云何生人間　獨得為人主　云何在天上　復復作天王

BD14191 號　金光明最勝王經卷八　（9–5）

往昔諸天眾　集在金剛山　四王從座起　請問於大梵
梵王最勝尊　天中大自在　願哀愍我等　為斷諸疑惑
云何處人世　而得名為天　復以何因緣　號名曰天子
云何生人間　獨得為人主　云何在天上　復復作天王
如是諸世間　問彼梵王已　爾時梵天主　即便為彼說
護世汝當知　為利有情故　問我治國法　我說應善聽
由先善業故　生天得作王　若在於人中　統領為人主
諸天共加護　然後入母胎　既至母胎中　諸天復守護
雖生在人世　尊勝故名天　由諸天護持　亦得名天子
三十三天主　分力助人王　及一切諸天　亦資自在力
除滅諸非法　惡業令不生　教有情修善　使得生天上
人及蘇羅眾　并揵闥婆等　羅刹旃荼羅　悉皆資半力
父母資半力　令捨惡修善　諸天共護持　示其善惡報
若作善惡業　令於現世中　諸天共護持　示其善惡報
國人造惡業　王捨不禁制　斯非順正理　治擯當如法
若見惡不遮　非法便滋長　遂令王國內　姦詐日增多
王見國中人　造惡不遮止　三十三天眾　咸生忿怒心
因此損國政　諂偽行世間　被他怨敵侵　破壞其國土
居家及資具　積財皆散失　種種諂誑生　更互相侵奪
由正法得王　而不行其法　國土皆破散　如象蹋蓮池
惡風起無恒　暴雨非時下　妖星多變怪　日月蝕無光
五穀眾花果　果實皆不成　國土遭飢饉　由王捨正法
若王捨正法　以惡法化人　諸天處本宮　見已生憂惱
彼諸天王眾　共作如是言　此王作非法　惡黨相親附
王位不久安　諸天皆忿恨　由彼懷忿故　其國當敗亡
以非法教人　流行於國內　鬪諍多姦偽　疾疫生眾苦
天主不護念　餘天咸捨棄　國土當滅亡　王身受苦厄
父母及妻子　兄弟并姊妹　俱遭愛別離　乃至身亡沒

BD14191 號　金光明最勝王經卷八　（9–6）

[illegible]
王位不久安 諸天皆忿恨 由彼懷忿故 其國當敗亡
以非法教人 流行於國內 鬪諍多姦偽 疾疫生衆苦
天主不護念 餘天咸捨棄 國土當滅亡 王身受苦厄
父母及妻子 兄弟并姊妹 俱遭愛別離 乃至身亡沒
變怪流星墮 二日俱時出 他方怨賊來 國人遭喪亂
國所重大臣 枉橫而身死 所愛象馬等 亦復皆散失
處處有兵戈 人多非法死 惡鬼來入國 疾疫遍流行
國中最大臣 及以諸輔相 其心懷諂佞 並悉行非法
見行非法者 而生於愛敬 於善行法人 苦楚而治罰
由愛敬惡人 治罰善人故 星宿及風雨 皆不以時行
有三種過生 正法當隱沒 衆生无光色 地肥皆下沉
由敬惡輕善 復有三種過 非時降霜雹 飢疫苦流行
穀稼諸果實 滋味皆損減 於其國土中 衆生多疾疫
國中諸樹林 先生甘美果 由斯皆損減 苦澁无滋味
先有妙園林 可愛遊戲處 忽然皆枯悴 見者生憂惱
稻麥諸果實 美味漸消亡 食時心不喜 何能長諸大
衆生皆色減 勢力盡衰微 食噉雖復多 不能令飽足
於其國土中 所有衆生類 少力无勇勢 所作不堪能
國人多疾患 衆苦逼其身 鬼魅遍流行 隨處生羅剎
若王作非法 親近於惡人 令三種世間 因斯受衰損
如是无邊過 出在於國人 皆由見惡人 棄捨不治擯
由諸天加護 得作於國王 而不以正法 守護於國界
若人修善行 當得生天上 若造惡業者 死必墮三塗
若王見國人 縱其造過失 三十三天衆 衆生熱惱心
不順諸天教 及以父母言 此是非法人 非王非孝子
若於自國中 見行非法者 如法當治罰 不應生捨棄
是故諸天衆 皆護持此王 以滅諸惡法 能修善根故
王於此世中 必招於現報 由於善惡業 行捨勸衆生

BD14191 號　金光明最勝王經卷八　（9–7）

若人修善行 當得生天上 若造惡業者 死必墮三塗
若王見國人 縱其造過失 三十三天衆 衆生熱惱心
不順諸天教 及以父母言 此是非法人 非王非孝子
若於自國中 見行非法者 如法當治罰 不應生捨棄
是故諸天衆 皆護持此王 以滅諸惡法 能修善根故
王於此世中 必招於現報 由於善惡業 行捨勸衆生
為示善惡報 故得作人王 諸天共護持 一切咸隨喜
由自利利他 治國以正法 見有諂佞者 應當如法治
假使失王位 及以害命緣 終不行惡法 見惡而捨棄
害中極重者 无過失國位 皆因諂佞人 為此當治罰
若有諂誑人 當失於國位 由斯損王政 如象入花園
天主皆瞋恨 阿蘇羅亦然 以彼為人王 不以法治國
是故應如法 治罰於惡人 以善化衆生 不順於非法
寧捨於身命 不隨非法友 於親及非親 平等觀一切
若為正法王 國內无偏黨 法王有名稱 普聞三界中
三十三天衆 歡喜作是言 贍部洲法王 彼即是我子
以善化衆生 正法治於國 勸行於正法 當令生我宮
天及諸天子 及以蘇羅衆 因王正法化 常得心歡喜
天衆皆歡喜 共護於人王 衆星依位行 日月无乖度
和風常應節 甘雨順時行 苗實皆善成 人无饑饉者
一切諸天衆 充滿於自宮 是故汝人王 忘身弘正法
應尊重法寶 由斯衆安樂 常當親正法 功德自莊嚴
眷屬常歡喜 能遠離諸惡 以法化衆生 恒令得安樂
令彼一切人 修行於十善 率土常安樂 國土得安寧
王以法化人 善調於惡行 當得好名稱 安樂諸衆生
爾時大地一切人王及諸大衆聞佛說世古昔
人王治國要法得未曾有皆大歡喜信受奉行

BD14191 號　金光明最勝王經卷八　（9–8）

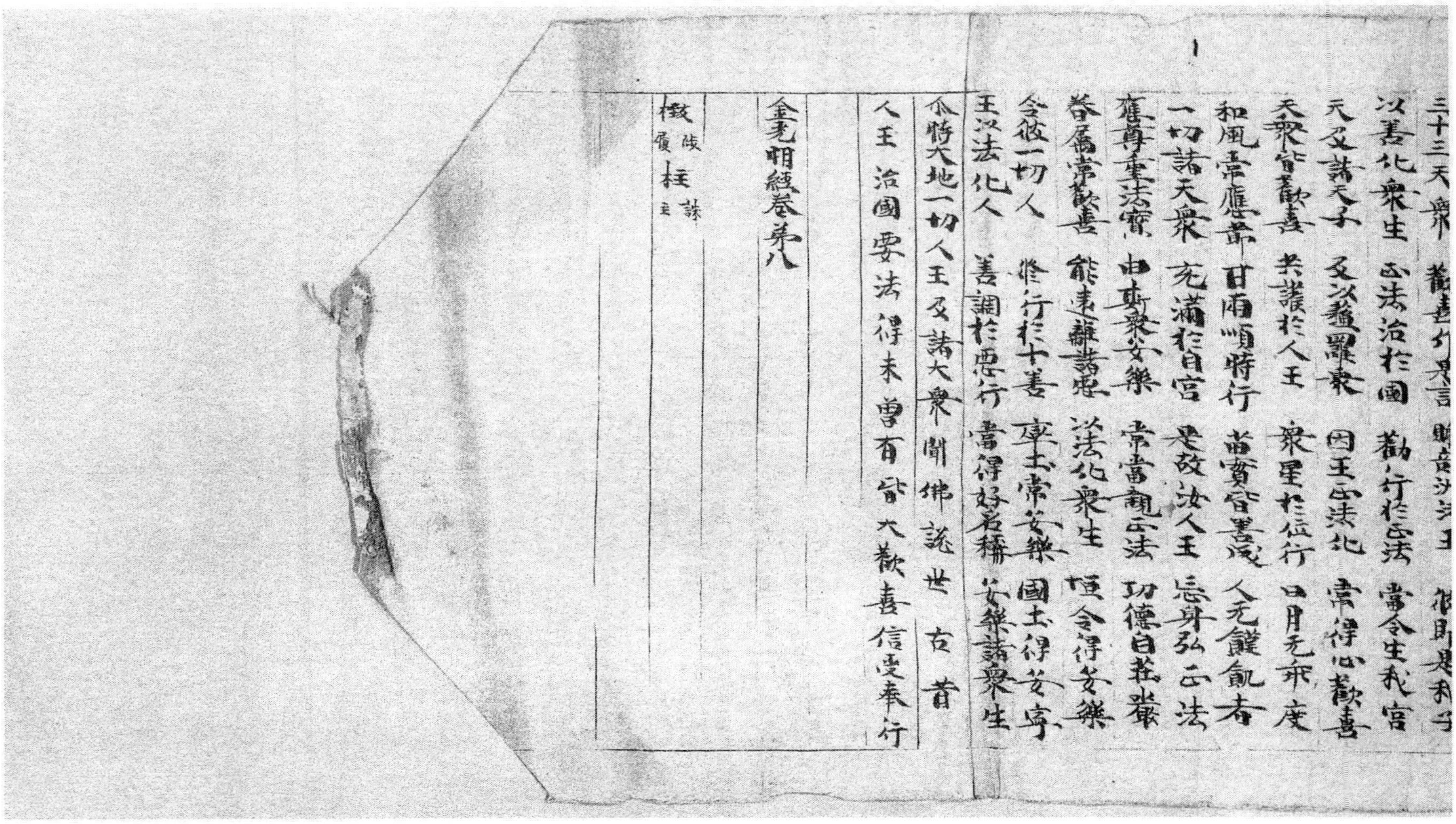

三十三天衆　歡喜作是言　贍部洲王　彼即是我子
以善化衆生　正法治於國　勸行於正法　常令生我宮
天及諸天子　及以蘇羅衆　因王正法化　常得心歡喜
天衆皆歡喜　共護於人王　衆星依位行　日月無乖度
和風常應節　甘雨順時行　苗實皆善成　人無饑饉者
一切諸天衆　充滿於自宮　是故汝人王　忘身弘正法
應尊重法寶　由斯衆安樂　常當親正法　功德自莊嚴
眷屬常歡喜　能遠離諸惡　以法化衆生　恒令得安樂
令彼一切人　修行於十善　率土常安樂　國土得安寧
王以法化人　善調於惡行　當得好名稱　安樂諸衆生
爾時大地一切人王及諸大衆聞佛說此古昔
人王治國要法得未曾有皆大歡喜信受奉行
金光明經卷第八
懺履　破　柱主　詠

BD14191 號　金光明最勝王經卷八　（9–9）

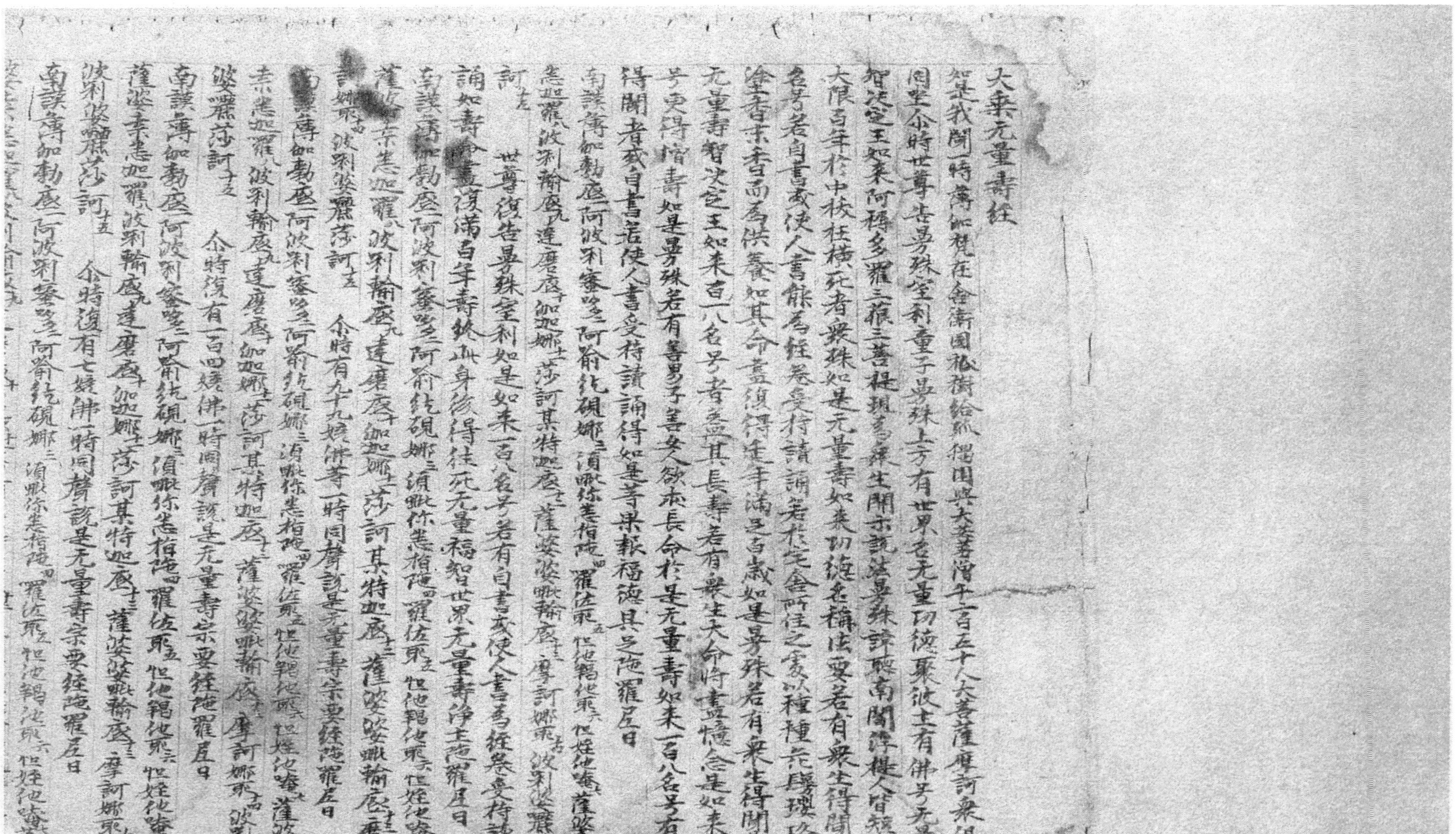

大乘無量壽經
如是我聞一時薄伽梵在舍衛國祇樹給孤獨園與大苾芻僧千二百五十人大菩薩摩訶衆俱
爾時世尊告曼殊室利童子曼殊上方有世界名無量功德聚彼土有佛號無量
智決定王如來阿耨多羅三藐三菩提現為衆生開示說法曼殊室利南閻浮提人皆短壽
大限百年於中枉橫死者衆殊如是無量壽如來功德名稱法要若有衆生得聞
名號若自書或使人書能為經卷受持讀誦若於舍所住之處以種種花鬘瓔珞
塗香末香而為供養如其命盡復得延年滿足百歲如是曼殊若有衆生得聞是
無量壽智決定王如來一百八名號者益其長壽若有衆生大命將盡憶念是如來名
號更得增壽如是曼殊若有善男子善女人欲求長命於是無量壽如來一百八名號有
得聞者或自書若使人書受持讀誦得如是等果報福德具足陀羅尼曰
南謨薄伽勃底一阿波利蜜哆二阿喻紇硯娜三須毗你失指陀四羅佐耶五怛他羯他耶六怛姪他唵七薩婆桑
悉迦羅八波利輸底九達磨底十伽迦娜十一莎訶其特迦底十二薩婆婆毗輸底十三摩訶娜耶十四波利婆羅莎
訶十五
世尊復告曼殊室利如是如來一百八名號若有自書或使人書為經卷受持讀
誦如壽命盡復滿百年壽終此身後得往無量福智世界無量壽淨土陀羅尼曰
南謨薄伽勃底一阿波利蜜哆二阿喻紇硯娜三須毗你失指陀四羅佐耶五怛他羯他耶六怛姪他唵七
薩婆桑悉迦羅八波利輸底九達磨底十伽迦娜十一莎訶其特迦底十二薩婆婆毗輸底十三摩
訶娜耶十四波利婆羅莎訶十五
爾時有九十九姟佛等一時同聲說是無量壽宗要經陀羅尼曰
南謨薄伽勃底一阿波利蜜哆二阿喻紇硯娜三須毗你失指陀四羅佐耶五怛他羯他耶六怛姪他唵七薩婆
桑悉迦羅八波利輸底九達磨底十伽迦娜十一莎訶其特迦底十二薩婆婆毗輸底十三摩訶娜耶十四波利
婆羅莎訶十五
爾時復有一百四姟佛一時同聲說是無量壽宗要經陀羅尼曰
南謨薄伽勃底一阿波利蜜哆二阿喻紇硯娜三須毗你失指陀四羅佐耶五怛他羯他耶六怛姪他唵七
薩婆桑悉迦羅八波利輸底九達磨底十伽迦娜十一莎訶其特迦底十二薩婆婆毗輸底十三摩訶娜耶十四
波利婆羅莎訶十五
爾時復有七姟佛一時同聲說是無量壽宗要經陀羅尼曰
南謨薄伽勃底一阿波利蜜哆二阿喻紇硯娜三須毗你失指陀四羅佐耶五怛他羯他耶六怛姪他唵七薩

BD14192 號　無量壽宗要經　（4–1）

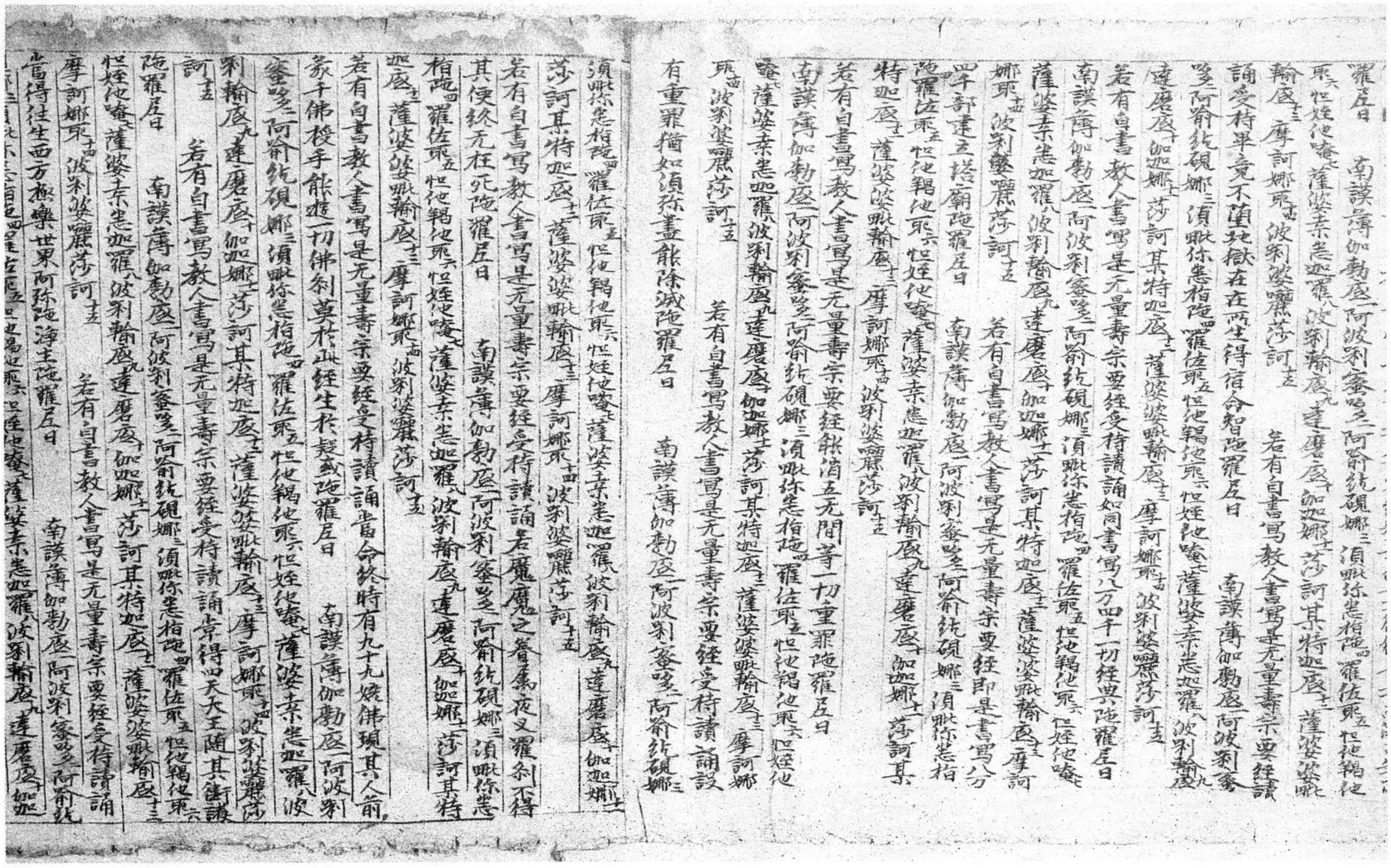

BD14192 號　無量壽宗要經　（4–2）

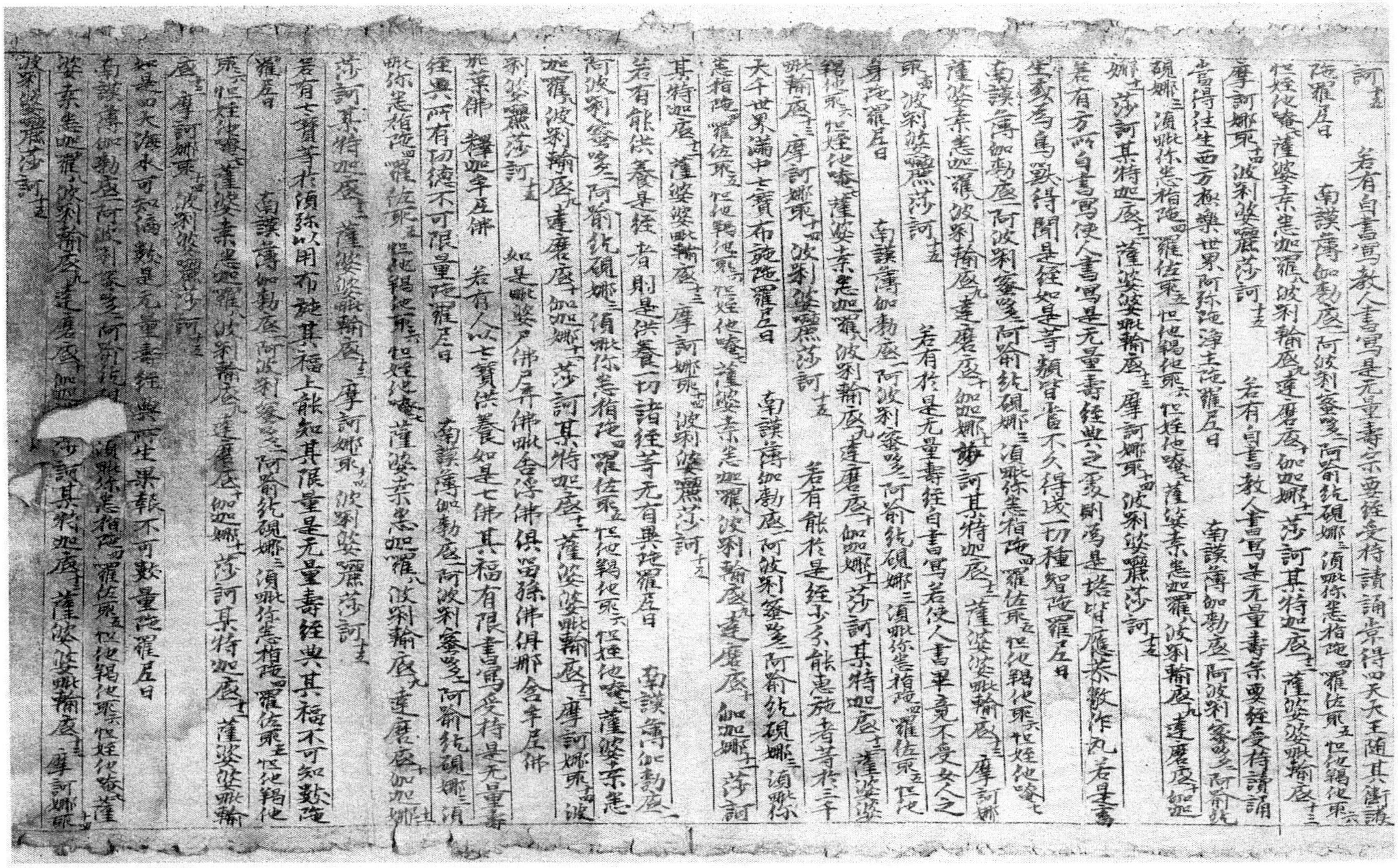

BD14192 號　無量壽宗要經　（4–3）

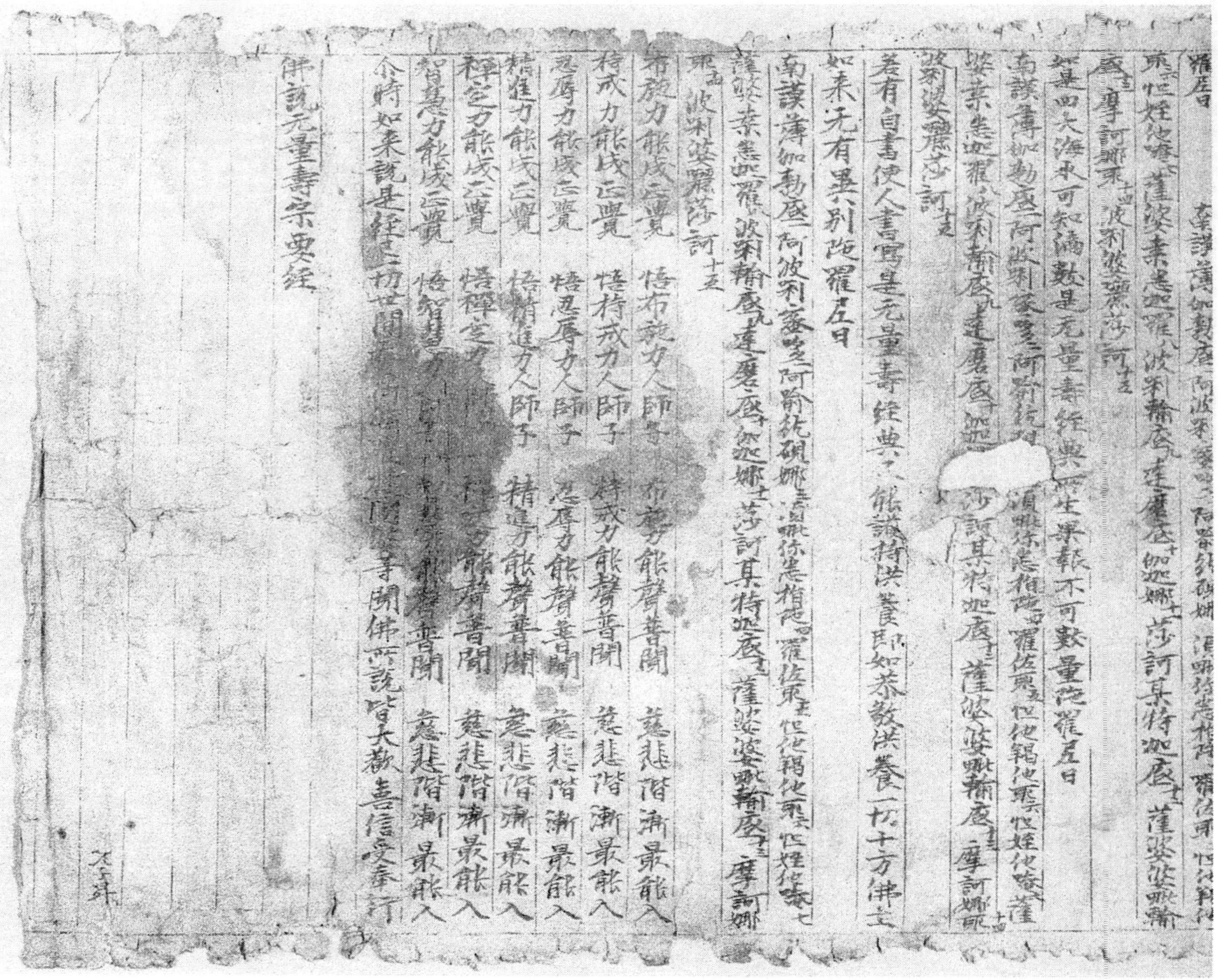

BD14192 號　無量壽宗要經　（4–4）

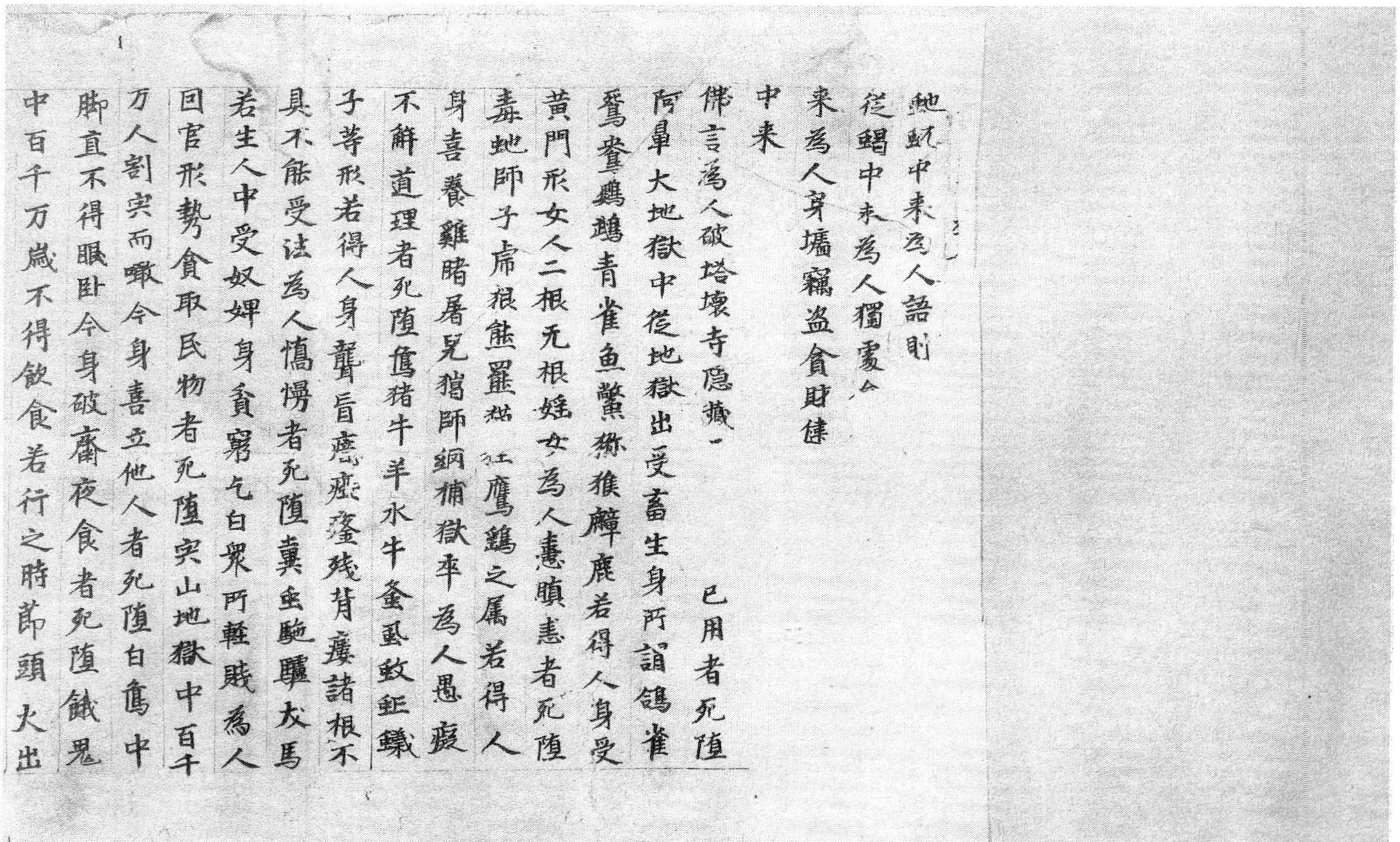

BD14193 號　善惡因果經　（6–1）

囙官形勢貪取民物者死墮宍山地獄中百千
万人割宍而噉今身喜立他人者死墮白鳥中
脚直不得眠卧今身破齋夜食者死墮餓鬼
中百千万歲不得飲食若行之時節頭火出
今身喜露形坐者死作寒鷄虫今身懷俠齋
殘飲食者死墮熱鐵地獄中又生人間著咽
塞病短命而死今身礼佛頭不至地者死墮倒
懸地獄又生人間多為欺誑今身礼佛不合掌
者死墮邊地多用功力无所收獲今身聞鍾聲
不起者死墮蟒虵中其身長大為諸小虫之所
唼食今身栱手礼佛者死墮反縛地獄又生
人中横遭惡事今身合掌五體投地至心礼佛
者常處尊貴恒受快樂今身健瞋懊食者從
巔狂中來今身眼目矋睞者從耶看他婦女
中來今身讒中今身加水著酒中沽與人者
死作水中虫又生人間水墮斷氣而死
佛告阿難如向所說種種衆苦皆由十惡之業
上者地獄囙緣中者畜生囙緣下者餓鬼囙緣
於中煞生之罪能令衆生墮於地獄畜生餓鬼
若生人中得二種果報一者短命二者多病劫
盗之罪亦令衆生墮於地獄畜生餓鬼若生人
中得二種果報一者貧窮二者共財不得自在耶
婬之罪亦令衆生墮於地獄畜生餓鬼若生人
中得二種果報一者婦不貞良二者二妻相諍
不墮巳心妄語之罪亦令衆生墮於地獄畜生
餓鬼若生人中得二種果報一者多被誹謗二
者恒為多人所誑兩舌之罪亦令衆生墮於地

BD14193號　善惡因果經　（6–2）

婬之罪亦令衆生墮於地獄畜生餓鬼若生人
中得二種果報一者婦不貞良二者二妻相諍
不墮巳心妄語之罪亦令衆生墮於地獄畜生
餓鬼若生人中得二種果報一者多被誹謗二
者恒為多人所誑兩舌之罪亦令衆生墮於地
獄畜生餓鬼若生人中得二種果報一者多被
誹二者恒為多人所誑兩舌之罪亦令衆生墮於
地獄畜生餓鬼若生人中得二種果報一者得
破壞眷屬二者得弊惡眷屬惡口之罪亦令衆
生墮於地獄畜生餓鬼若生人間得二種果報一
者常聞惡聲二者所有言說恒有諍訟綺語
之罪亦令衆生墮於地獄畜生餓鬼若生人間有
二種果報一者說人不信受二者所有言說不能
了貪慾之罪亦令衆生墮於地獄畜生餓鬼若
生人中得二種果報一者貪財无有猒足二者多
求恒无從意瞋恚之罪亦令衆生墮於地獄畜
生餓鬼若生人中得二種果報一者常為他人求
其長短二者常為他所惱害耶見之罪亦令衆生
墮於地獄畜生餓鬼若生人間得二種果報一者常
生耶見家二者心恒諂曲諸佛子是十惡業道
皆是衆僧若大聚囙緣
尒時大衆之中有作十惡業者聞佛說斯地獄
苦報皆大號哭而白佛言世尊弟子作何善行
得免斯苦佛言當復教化一切衆生共同福業
云何脩福若有衆生今身作大化生造立浮圖
寺舍者來來必作國王統領万民无往不伏今
身作邑主中正維那輪王者未來必作王臣輔

BD14193號　善惡因果經　（6–3）

[illegible]
得免斯苦佛言當復教化一切衆生共同福業
云何脩福若有衆生今身作大化生造立浮啚
寺舍者未來必作國王統領万民无往不伏今
身作邑主中正維那輪王者未來必作王臣輔
相州郡令長衣馬具足所須自恣今身辜化諸
人作諸功德者未來世中必作豪富長者衆
人敬仰四道開通所向僅偶今身好喜燃燈續
明者生在日月天中光明自照今身喜布施慈心
養命者生處大富衣食自然今身好喜施人飲
食者所生之處天廚自至色力具足聡慧辯才
壽命長遠若施畜生得百倍報施一闡提得千
倍報施持戒比丘得万倍報若施法師流通大乘
講宣如來秘密之藏令使大衆開其心眼者得
无量報若施菩薩諸佛受報无窮又復施三種
人果報无盡一者諸佛二者父母三者病人一食
之施尚獲无量之報況能常施何可窮盡今身
洗浴衆僧者所生之處面目端正自然衣裳衆人
敬仰今身喜讃嘆讀誦經法者所生之處音聲
雅妙聞者懽欣今身喜持戒者所生端政人中
最勝今身好喜造作義井漿貧在道種樹蔭
蓋諸人者所生之處常作人王百味飲食隨念即
至今身喜抄寫經法施人讀者所生之處口辯多
才所學之法一聞領悟諸佛菩薩常加擁護人
中最勝恒為上首今身喜造橋船濟渡人者所
生之處七寶具足衆人敬歎莫不瞻仰行來入
出為人扶接佛告阿難如我處處經中所說因果
勸諸衆生讀誦脩行得度苦若聞是經生誹謗

BD14193 號　善惡因果經　（6–4）

才所學之法一聞領悟諸佛菩薩常加擁護人
中最勝恒為上首今身喜造橋船濟渡人者所
生之處七寶具足衆人敬歎莫不瞻仰行來入
出為人扶接佛告阿難如我處處經中所說因果
勸諸衆生讀誦脩行得度苦若聞是經生誹謗
者其人現世舌則墮落
尒時阿難白佛言世尊當何名斯經以何勸教
之佛告阿難此經名為善惡因果亦名菩薩發願
脩行經如此受持佛說是時衆中八万天人發阿
耨多羅三藐三菩提心百千女人現轉女身得
成男子千二百惡人捨其毒意自知宿命无量善
人得无生忍恒受快樂无量巨者生淨土共諸佛
菩薩以為等侶一切大衆歸家作福歡喜奉行

佛說因果經

BD14193 號　善惡因果經　（6–5）

之佛告阿難此経名為善悪因果之名菩薩發願
脩行経如此受持佛說是時衆中八万天人發阿
耨多羅三藐三菩提心百千女人現轉女身得
成男子千二百悪人捨其毒意自知宿命无量善
人得无生忍恒受快樂无量巨者生淨土共諸佛
菩薩以為等侶一切大衆歸家作福歡喜奉行

佛說因果経

BD14193 號　善惡因果經　（6–6）

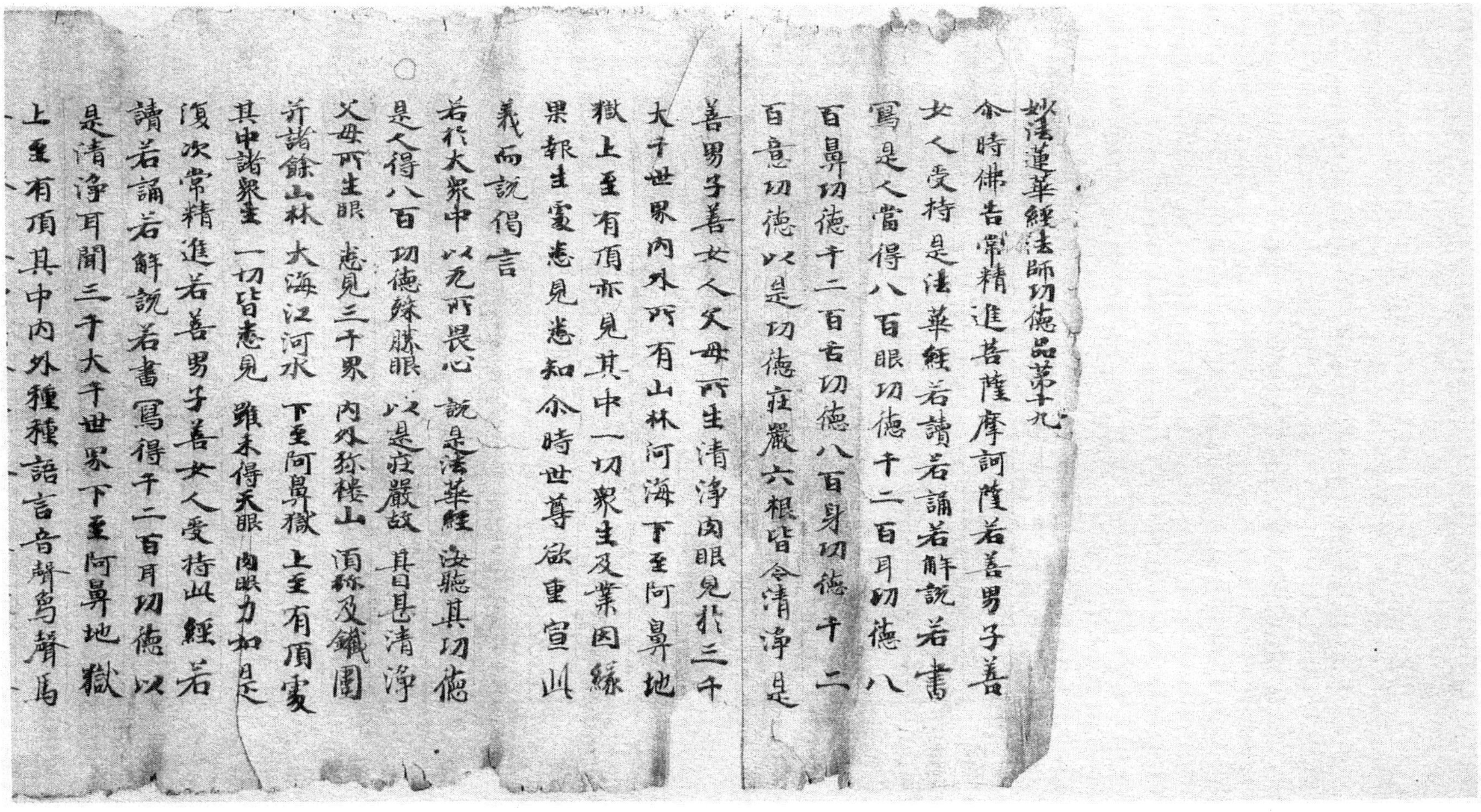
妙法蓮華經法師功德品第十九
尒時佛告常精進菩薩摩訶薩若善男子善
女人受持是法華經若讀若誦若解說若書
寫是人當得八百眼功德千二百耳功德八
百鼻功德千二百舌功德八百身功德千二
百意功德以是功德莊嚴六根皆令清淨是
善男子善女人父母所生清淨肉眼見於三千
大千世界內外所有山林河海下至阿鼻地
獄上至有頂亦見其中一切衆生及業因緣
果報生處悉見悉知尒時世尊欲重宣此
義而說偈言
若於大衆中　以无所畏心　說是法華經　汝聽其功德
是人得八百　功德殊勝眼　以是莊嚴故　其目甚清淨
父母所生眼　悉見三千界　內外弥樓山　須弥及鐵圍
并諸餘山林　大海江河水　下至阿鼻獄　上至有頂處
其中諸衆生　一切皆悉見　雖未得天眼　肉眼力如是
復次常精進若善男子善女人受持此經若
讀若誦若解說若書寫得千二百耳功德以
是清淨耳聞三千大千世界下至阿鼻地獄
上至有頂其中內外種種語言音聲象馬

BD14194 號　妙法蓮華經卷六　（8–1）

并諸餘山林　大海江河水　下至阿鼻獄　上至有頂處
其中諸衆生　一切皆悉見　雖未得天眼　肉眼力如是
復次常精進若善男子善女人受持此經若
讀若誦若解說若書寫得千二百耳功德以
是清淨耳聞三千大千世界下至阿鼻地獄
上至有頂其中內外種種語言音聲象聲馬
聲牛聲車聲啼哭聲愁歎聲螺聲鼓聲鍾聲
鈴聲笑聲語聲男聲女聲童子聲童女聲法
聲非法聲苦聲樂聲凡夫聲聖人聲喜聲不
喜聲天聲龍聲夜叉聲乾闥婆聲阿脩羅聲
迦樓羅聲緊那羅聲摩睺羅伽聲火聲水聲
風聲地獄聲畜生聲餓鬼聲比丘聲比丘尼
聲聲聞聲辟支佛聲菩薩聲佛聲以要言之
三千大千世界中一切內外所有諸聲雖未
得天耳以父母所生清淨常耳皆悉聞知如
是分別種種音聲而不壞耳根尒時世尊欲
重宣此義而說偈言
父母所生耳　清淨无濁穢　以此常耳聞　三千世界聲
象馬車牛聲　鍾鈴螺鼓聲　琴瑟箜篌聲　簫笛之音聲
清淨好歌聲　聽之而不著　无數種人聲　聞悉能解了
又聞諸天聲　微妙之歌音　及聞男女聲　童男童女聲
山川險谷中　迦陵頻伽聲　命命等諸鳥　悉聞其音聲
地獄衆苦痛　種種楚毒聲　餓鬼飢渴逼　求索飲食聲
諸阿脩羅等　居在大海邊　自共語言時　出于大音聲
如是說法者　安住於此間　遙聞是衆聲　而不壞耳根
十方世界中　禽獸鳴相呼　其說法之人　於此悉聞之
其諸梵天上　光音及遍淨　乃至有頂天　言語之音聲
法師住於此　悉皆得聞之　一切比丘衆　及諸比丘尼

BD14194號　妙法蓮華經卷六　（8–2）

諸阿脩羅等　居在大海邊　自共語言時　出于大音聲
如是說法者　安住於此間　遙聞是衆聲　而不壞耳根
十方世界中　禽獸鳴相呼　其說法之人　於此悉聞之
其諸梵天上　光音及遍淨　乃至有頂天　言語之音聲
法師住於此　悉皆得聞之　一切比丘衆　及諸比丘尼
若讀誦經典　若為他人說　法師住於此　悉皆得聞之
復有諸菩薩　讀誦於經法　若為他人說　撰集解其義
如是諸音聲　悉皆得聞之　諸佛大聖尊　教化衆生者
於諸大衆中　演說微妙法　持此法華者　悉皆得聞之
三千大千界　內外諸音聲　下至阿鼻獄　上至有頂天
皆聞其音聲　而不壞耳根　其耳聰利故　悉能分別知
持是法華者　雖未得天耳　但用所生耳　功德已如是
復次常精進若善男子善女人受持是經若
讀若誦若解說若書寫成就八百鼻功德以
是清淨鼻根聞於三千大千世界上下內外
種種諸香須曼那華香闍提華香末利華香
瞻蔔華香波羅羅華香赤蓮華香青蓮華香
白蓮華香華樹香菓樹香栴檀香沉水香多
摩羅跋香多伽羅香及千万種和香若末若
丸若塗香持是經者於此間住悉能分別又
復別知衆生之香象香馬香牛羊等香男香
女香童子香童女香及草木叢林香若近若
遠所有諸香悉皆得聞分別不錯持是經者
雖住於此亦聞天上諸天之香波利質多羅
拘鞞陀羅樹香及曼陀羅華香摩訶曼陀羅
華香曼殊沙華香摩訶曼殊沙華香栴檀沉
水種種末香諸雜華香如是等天香和合所
出之香无不聞知又聞諸天身香釋提桓因

BD14194號　妙法蓮華經卷六　（8–3）

遠所有諸香悉皆得聞分別不錯持是經者
雖住於此亦聞天上諸天之香波利質多羅
拘鞞陀羅樹香及曼陀羅華香摩訶曼陀羅
華香曼殊沙華香摩訶曼殊沙華香栴檀沉
水種種末香諸雜華香如是等天香和合所
出之香无不聞知又聞諸天身香釋提桓因
在勝殿上五欲娛樂嬉戲時香若在妙法堂
上為忉利諸天說法時香若於諸園遊戲時
香及餘天等男女身香皆悉遙聞如是展轉
乃至梵世上至有頂諸天身香亦皆聞之并
聞諸天所燒之香及聲聞香辟支佛香菩薩
香諸佛身香亦皆遙聞知其所在雖聞此香
然於鼻根不壞不錯若欲分別為他人說憶
念不謬尒時世尊欲重宣此義而說偈言
是人鼻清淨　於此世界中　若香若臭物　種種悉聞知
須曼那闍提　多摩羅栴檀　沉水及桂香　種種華菓香
及知眾生香　男子女人香　說法者遠住　聞香知所在
大勢轉輪王　小轉輪及子　群臣諸宮人　聞香知所在
身所著珎寶　及地中寶藏　轉輪王寶女　聞香知所在
諸人嚴身具　衣服及瓔珞　種種所塗香　聞則知其身
諸天若行坐　遊戲及神變　持是法華者　聞香悉能知
諸樹華菓實　及蘇油香氣　持經者住此　悉知其所在
諸山深險處　栴檀樹華敷　眾生在中者　聞香皆能知
鐵圍山大海　地中諸眾生　持經者聞香　悉知其所在
阿脩羅男女　及其諸眷屬　鬪諍遊戲時　聞香皆能知
曠野險隘處　師子象虎狼　野牛水牛等　聞香知所在
若有懷妊者　未辯其男女　无根及非人　聞香悉能知
以聞香力故　知其初懷妊　成就不成就　安樂產福子

BD14194 號　妙法蓮華經卷六　（8–4）

阿脩羅男女　及其諸眷屬　鬪諍遊戲時　聞香皆能知
曠野險隘處　師子象虎狼　野牛水牛等　聞香知所在
若有懷妊者　未辯其男女　无根及非人　聞香悉能知
以聞香力故　知其初懷妊　成就不成就　安樂產福子
以聞香力故　知男女所念　染欲癡恚心　亦知脩善者
地中眾伏藏　金銀諸珎寶　銅器之所盛　聞香悉能知
種種諸瓔珞　无能識其價　聞香知貴賤　出處及所在
天上諸華等　曼陀曼殊沙　波利質多樹　聞香悉能知
天上諸宮殿　上中下差別　眾寶華莊嚴　聞香悉能知
天園林勝殿　諸觀妙法堂　在中而娛樂　聞香悉能知
諸天若聽法　或受五欲時　來往行坐臥　聞香悉能知
天女所著衣　好華香莊嚴　周旋遊戲時　聞香悉能知
如是展轉上　乃至於梵世　入禪出禪者　聞香悉能知
光音遍淨天　乃至于有頂　初生及退沒　聞香悉能知
諸比丘眾等　於法常精進　若坐若經行　及讀誦經法
或在林樹下　專精而坐禪　持經者聞香　悉知其所在
菩薩志堅固　坐禪若讀誦　或為人說法　聞香悉能知
在在方世尊　一切所恭敬　愍眾而說法　聞香悉能知
眾生在佛前　聞經皆歡喜　如法而脩行　聞香悉能知
雖未得菩薩　无漏法生鼻　而是持經者　先得此鼻相
復次常精進若善男子善女人受持是經若
讀若誦若解說若書寫得千二百舌功德若
好若醜若美不美及諸苦澀物在其舌根皆
變成上味如天甘露无不美者若以舌根於
大眾中有所演說出深妙聲能入其心皆令
歡喜快樂又諸天子天女釋梵諸天聞是深
妙音聲有所演說言論次第皆悉來聽及諸
龍龍女夜叉夜叉女乾闥婆乾闥婆女阿脩

BD14194 號　妙法蓮華經卷六　（8–5）

變成上味如天甘露无不美者若以舌根於
大衆中有所演說出深妙聲能入其心皆令
歡喜快樂又諸天子天女釋梵諸天聞是深
妙音聲有所演說言論次第皆悉來聽及諸
龍龍女夜叉夜叉女乾闥婆乾闥婆女阿脩
羅阿脩羅女迦樓羅迦樓羅女緊那羅緊那
羅女摩睺羅伽摩睺羅伽女為聽法故皆來
親近恭敬供養及比丘比丘尼優婆塞優婆
夷國王王子群臣眷屬小轉輪王大轉輪王
七寶千子內外眷屬乘其宮殿俱來聽法以
是菩薩善說法故婆羅門居士國內人民盡
其形壽隨侍供養又諸聲聞辟支佛菩薩諸
佛常樂見之是人所在方面諸佛皆向其處
說法悉能受持一切佛法又能出於深妙法
音尒時世尊欲重宣此義而說偈言
是人舌根淨 終不受惡味 其有所食噉 悉皆成甘露
以深淨妙音 於大衆說法 以諸因緣喻 引導衆生心
聞者皆歡喜 設諸上供養 諸天龍夜叉 及阿脩羅等
皆以恭敬心 而共來聽法 是說法之人 若欲以妙音
遍滿三千界 隨意即能至 大小轉輪王 及千子眷屬
合掌恭敬心 常來聽受法 諸天龍夜叉 羅刹毗舍闍
亦以歡喜心 常樂來供養 梵天王魔王 自在大自在
如是諸天衆 常來至其所 諸佛及弟子 聞其說法音
常念而守護 或時為現身
復次常精進若善男子善女人受持是經若
讀若誦若解說若書寫得八百身功德得清
淨身如淨瑠璃衆生憙見其身淨故三千大千
世界衆生生時死時上下好醜生善處惡處

BD14194號 妙法蓮華經卷六 (8–6)

常念而守護 或時為現身
復次常精進若善男子善女人受持是經若
讀若誦若解說若書寫得八百身功德得清
淨身如淨瑠璃衆生憙見其身淨故三千大千
世界衆生生時死時上下好醜生善處惡處
悉於中現及鐵圍山大鐵圍山彌樓山摩
訶彌樓山等諸山及其中衆生悉於中現下
至阿鼻地獄上至有頂所有及衆生悉於中
現若聲聞辟支佛菩薩諸佛說法皆於身中
現其色像尒時世尊欲重宣此義而說偈言
若持法華者 其身甚清淨 如彼淨瑠璃 衆生皆憙見
又如淨明鏡 悉見諸色像 菩薩於淨身 皆見世所有
唯獨自明了 餘人所不見 三千世界中 一切諸群萌
天人阿脩羅 地獄鬼畜生 如是諸色像 皆於身中現
諸天等宮殿 乃至於有頂 鐵圍及彌樓 摩訶彌樓山
諸大海水等 皆於身中現 諸佛及聲聞 佛子菩薩等
若獨若在衆 說法悉皆現 雖未得无漏 法性之妙身
以清淨常體 一切於中現
復次常精進若善男子善女人如來滅後受
持是經若讀若誦若解說若書寫得千二百
意功德以是清淨意根乃至聞一偈一句通
達无量无邊之義解是義已能演說一句一
偈至於一月四月乃至一歲諸所說法隨其
義趣皆與實相不相違背若說俗間經書治
世語言資生業等皆順正法三千大千世界
六趣衆生心之所行心所動作心所戲論皆
悉知之雖未得无漏智慧而其意根清淨如
此是人有所思惟籌量言說皆是佛法无不

BD14194號 妙法蓮華經卷六 (8–7)

意功德以是清淨意根乃至聞一偈一句通
達无量无邊之義解是義已能演說一句一
偈至於一月四月乃至一歲諸所說法隨其
義趣皆與實相不相違背若說俗間經書治
世語言資生業等皆順正法三千大千世界
六趣衆生心之所行心所動作心所戲論皆
悉知之雖未得无漏智慧而其意根清淨如
此是人有所思惟籌量言說皆是佛法无不
真實亦是先佛經中所說尒時世尊欲重宣
此義而說偈言
是人意清淨　明利无穢濁　以此妙意根　知上中下法
乃至聞一偈　通達无量義　次第如法說　月四月至歲
是世界內外　一切諸衆生　若天龍及人　夜叉鬼神等
其在六趣中　所念若干種　持法華之報　一時皆悉知
十方无數佛　百福莊嚴相　為衆生說法　悉聞能受持
思惟无量義　說法亦无量　終始不忘錯　以持法華故
悉知諸法相　隨義識次第　達名字語言　如所知演說
此人有所說　皆是先佛法　以演此法故　於衆无所畏
持法華經者　意根淨若斯　雖未得无漏　先有如是相
是人持此經　安住希有地　為一切衆生　歡喜而愛敬
能以千万種　善巧之語言　分別而說法　持法華經故
妙法蓮華經常不輕菩薩品第二十

BD14194號　妙法蓮華經卷六　（8–8）

則於此經不能聽受讀誦為人解說須菩提
在在處處若有此經一切世間天人阿脩羅所
應供養當知此處則為是塔皆應恭敬礼
作圍遶以諸華香而散其處
復次須菩提善男子善女人受持讀誦此
經若為人輕賤是人先世罪業應墮惡道以今
世人輕賤故先世罪業則為消滅當得阿耨多
羅三藐三菩提須菩提我念過去无量阿僧
祇劫於然燈佛前得值八百四千万億那由他
諸佛悉皆供養承事无空過者若復有人
於後末世能受持讀誦此經所得功德於我
所供養諸佛功德百分不及一千万億分乃
至筭數譬喻所不能及須菩提若善男
子善女人於後末世有受持讀誦此經所得功
德我若具說者或有人聞心則狂亂狐疑不
信須菩提當知是經義不可思議果報亦不
可思議
尒時須菩提白佛言世尊善男子善女人發
阿耨多羅三藐三菩提心云何應住云何降
伏其心佛告須菩提善男子善女人發阿耨

BD14195號　金剛般若波羅蜜經　（8–1）

信須菩提當知是經義不可思議果報亦不
可思議
尒時須菩提白佛言世尊善男子善女人發
阿耨多羅三藐三菩提心云何應住云何降
伏其心佛告須菩提善男子善女人發阿耨
多羅三藐三菩提者當生如是心我應滅度
一切衆生滅度一切衆生已而无有一衆生實
滅度者何以故若菩薩有我相人相衆生
相壽者相則非菩薩所以者何須菩提實
无有法發阿耨多羅三藐三菩提者
須菩提於意云何如來於然燈佛所有法得
阿耨多羅三藐三菩提不不也世尊如我解
佛所說義佛於然燈佛所无有法得阿耨
多羅三藐三菩提佛言如是如是須菩提
實无有法如來得阿耨多羅三藐三菩提須菩
提若有法如來得阿耨多羅三藐三菩提然
燈佛則不與我受記汝於來世當得作佛号
釋迦牟尼以實无有法得阿耨多羅三藐三
菩提是故然燈佛與我受記作是言汝於來
世當得作佛号釋迦牟尼何以故如來者即諸
法如義若有人言如來得阿耨多羅三藐三
菩提須菩提實无有法佛得阿耨多羅三藐
三菩提須菩提如來所得阿耨多羅三藐三菩
提於是中无實无虛是故如來說一切法皆
是佛法須菩提所言一切法即非一切法是
故名一切法

BD14195號　金剛般若波羅蜜經　（8–2）

三菩提須菩提如來所得阿耨多羅三藐三菩
提於是中无實无虛是故如來說一切法皆
是佛法須菩提所言一切法即非一切法是
故名一切法
須菩提譬如人身長大須菩提言世尊如來
說人身長大則爲非大身是名大身
須菩提菩薩亦如是若作是言我當滅度无
量衆生則不名菩薩何以故須菩提實无有
法名爲菩薩是故佛說一切法无我无人无衆
生无壽者須菩提若菩薩作是言我當莊
嚴佛土是不名菩薩何以故如來說莊嚴佛
土者即非莊嚴是名莊嚴須菩提若菩薩
通達无我法者如來說名真是菩薩
須菩提於意云何如來有肉眼不如是世尊
如來有肉眼須菩提於意云何如來有天眼
不如是世尊如來有天眼須菩提於意云何
如來有慧眼不如是世尊如來有慧眼須菩
提於意云何如來有法眼不如是世尊如來
有法眼須菩提於意云何如來有佛眼不如
是世尊如來有佛眼須菩提於意云何恒河
中所有沙佛說是沙不如是世尊如來說是
沙須菩提於意云何如一恒河中所有沙有如
是等恒河是諸恒河所有沙數佛世界如是
寧爲多不甚多世尊佛告須菩提尒所國
土中所有衆生若干種心如來悉知何以故如
來說諸心皆爲非心是名爲心所以者何須

BD14195號　金剛般若波羅蜜經　（8–3）

是等恒河是諸恒河所有沙數佛世界如是
寧為多不甚多世尊佛告須菩提尒所國
土中所有衆生若干種心如来悉知何以故如
来說諸心皆為非心是名為心所以者何須
菩提過去心不可得現在心不可得未来心
不可得須菩提於意云何若有人滿三千大千
世界七寶以用布施是人以是因緣得福多不
如是世尊此人以是因緣得福甚多須菩提
若福德有實如来不說得福德多以福德
无故如来說得福德多
須菩提於意云何佛可以具足色身見不不
也世尊如来不應以具足色身見何以故如来說
具足色身即非具足色身是名具足色身
須菩提於意云何如来可以具足諸相見不
不也世尊如来不應以具足諸相見何以故
如来說諸相具足即非具足是名諸相具足
須菩提汝勿謂如来作是念我當有所說法
莫作是念何以故若人言如来有所說法即
為謗佛不能解我所說故須菩提說法者无
法可說是名說法
須菩提白佛言世尊佛得阿耨多羅三藐三
菩提為无所得耶如是如是須菩提我於阿
耨多羅三藐三菩提乃至无有少法可得是
名阿耨多羅三藐三菩提復次須菩提是法
平等无有高下是名阿耨多羅三藐三菩提
以无我无人无衆生无壽者脩一切善法則得

BD14195 號　金剛般若波羅蜜經　（8–4）

菩提為无所得耶如是如是須菩提我於阿
耨多羅三藐三菩提乃至无有少法可得是
名阿耨多羅三藐三菩提復次須菩提是法
平等无有高下是名阿耨多羅三藐三菩提
以无我无人无衆生无壽者脩一切善法則得
阿耨多羅三藐三菩提須菩提所言善法者
如来說非善法是名善法
須菩提若三千大千世界中所有諸須弥山
王如是等七寶聚有人持用布施若人以此般
若波羅蜜經乃至四句偈等受持讀誦為
他人說於前福德百分不及一百千万億分乃
至筭數譬喻所不能及
須菩提於意云何汝等勿謂如来作是念我
當度衆生須菩提莫作是念何以故實无有
衆生如来度者若有衆生如来度者如来
則有我人衆生壽者須菩提如来說有我者
則非有我而凡夫之人以為有我須菩提凡夫
者如来說則非凡夫
須菩提於意云何可以卅二相觀如来不須
菩提言如是如是以卅二相觀如来佛言須
菩提若以卅二相觀如来者轉輪聖王則是
如来須菩提白佛言世尊如我解佛所說義
不應以卅二相觀如来尒時世尊而說偈言
若以色見我　以音聲求我　是人行邪道　不能見如来
須菩提汝若作是念如来不以具足相故得阿
耨多羅三藐三菩提須菩提莫作是念如来

BD14195 號　金剛般若波羅蜜經　（8–5）

如来須菩提白佛言世尊如我解佛所說義
不應以卅二相觀如来尒時世尊而說偈言
若以色見我以音聲求我是人行邪道不能見如来
須菩提汝若作是念如来不以具足相故得阿
耨多羅三藐三菩提須菩提莫作是念如来
不以具足相故得阿耨多羅三藐三菩提
須菩提汝若作是念發阿耨多羅三藐三菩
提者說諸法断滅莫作是念何以故發阿耨多
羅三藐三菩提者於法不說断滅相須菩提
若菩薩以滿恒河沙等世界七寶布施若復
有人知一切法无我得成於忍此菩薩勝前菩
薩所得功德須菩提以諸菩薩不受福德
故須菩提白佛言世尊云何菩薩不受福德
須菩提菩薩所作福德不應貪著是故說
不受福德
須菩提若有人言如来若来若去若坐若
卧是人不解我所說義何以故如来者无所從
来亦无所去故名如来
須菩提若善男子善女人以三千大千世界
碎為微塵於意云何是微塵衆寧為多不
甚多世尊何以故若是微塵衆實有者佛
則不說是微塵衆所以者何佛說微塵衆則
非微塵衆是名微塵衆世尊如来所說三千
大千世界則非世界是名世界何以故若世界實
有者則是一合相如来說一合相則非一合相是名
一合相須菩提一合相者則是不可說但凢夫

BD14195 號　金剛般若波羅蜜經　（8–6）

則不說是微塵衆所以者何佛說微塵衆則
非微塵衆是名微塵衆世尊如来所說三千
大千世界則非世界是名世界何以故若世界實
有者則是一合相如来說一合相則非一合相是名
一合相須菩提一合相者則是不可說但凢夫
之人貪著其事須菩提若人言佛說我見人
見衆生見壽者見須菩提於意云何是人
解我所說義不世尊是人不解如来所說
義何以故世尊說我見人見衆生見壽者見
即非我見人見衆生見壽者見是名我見
人見衆生見壽者見須菩提發阿耨多羅三
藐三菩提心者於一切法應如是知如是見如是
信解不生法相須菩提所言法相者如来說
即非法相是名法相須菩提若有人以滿无
量阿僧祇世界七寶持用布施若有善男子
善女人發菩薩心者持於此經乃至四句偈等受
持讀誦為人演說其福勝彼云何為人演說
不取於相如如不動何以故
一切有為法如夢幻泡影如露亦如電應作如是觀
佛說是經已長老須菩提及諸比丘比丘尼
優婆塞優婆夷一切世間天人阿脩羅聞佛
所說皆大歡喜信受奉持
金剛般若波羅蜜經

BD14195 號　金剛般若波羅蜜經　（8–7）

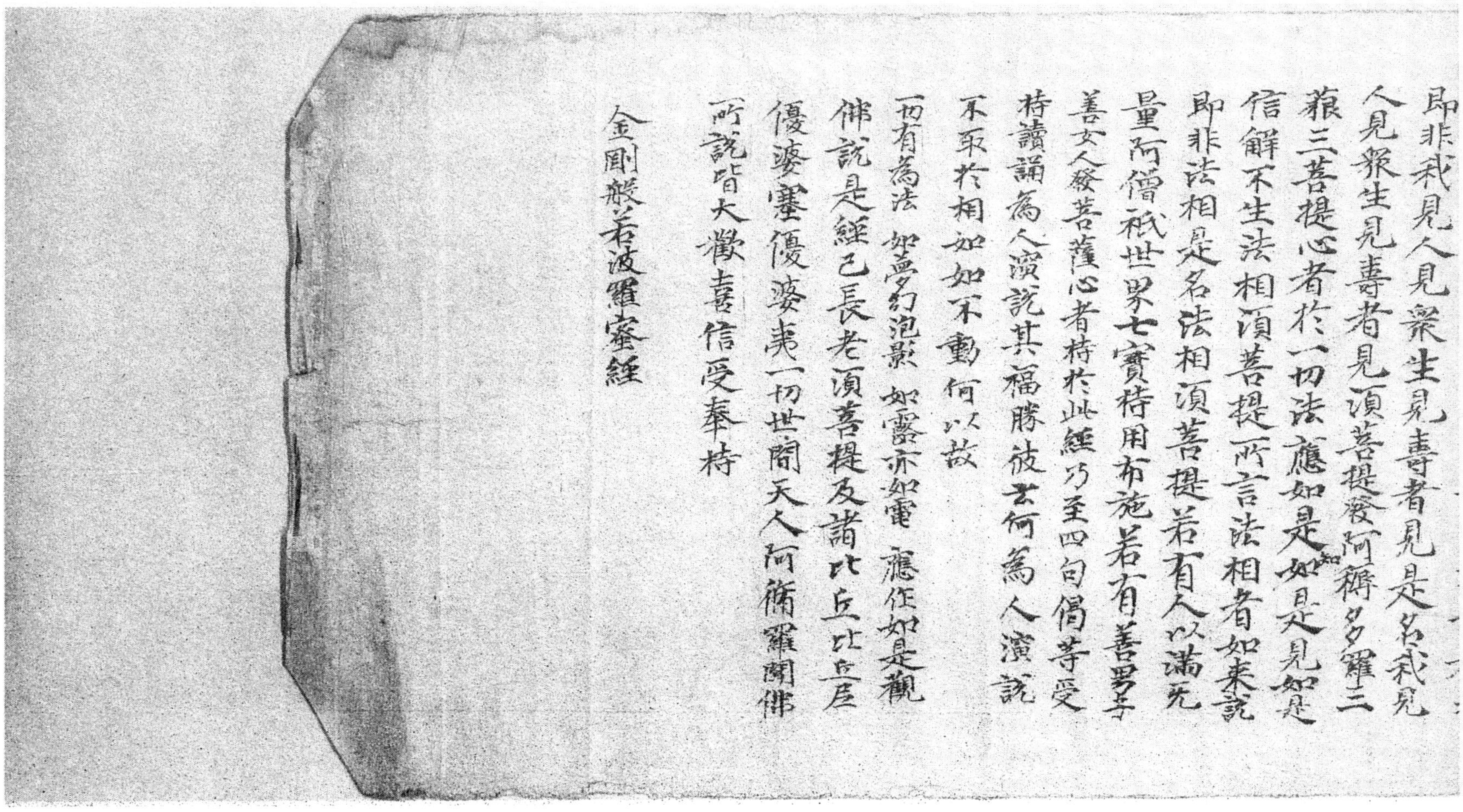

即非我見人見衆生見壽者見是名我見
人見衆生見壽者見須菩提發阿耨多羅三
藐三菩提心者於一切法應如是知如是見如是
信解不生法相須菩提所言法相者如來說
即非法相是名法相須菩提若有人以滿无
量阿僧祇世界七寶持用布施若有善男子
善女人發菩薩心者持於此經乃至四句偈等受
持讀誦為人演說其福勝彼云何為人演說
不取於相如如不動何以故
一切有為法 如夢幻泡影 如露亦如電 應作如是觀
佛說是經已長老須菩提及諸比丘比丘尼
優婆塞優婆夷一切世間天人阿脩羅聞佛
所說皆大歡喜信受奉持
金剛般若波羅蜜經

BD14195 號　金剛般若波羅蜜經　（8–8）

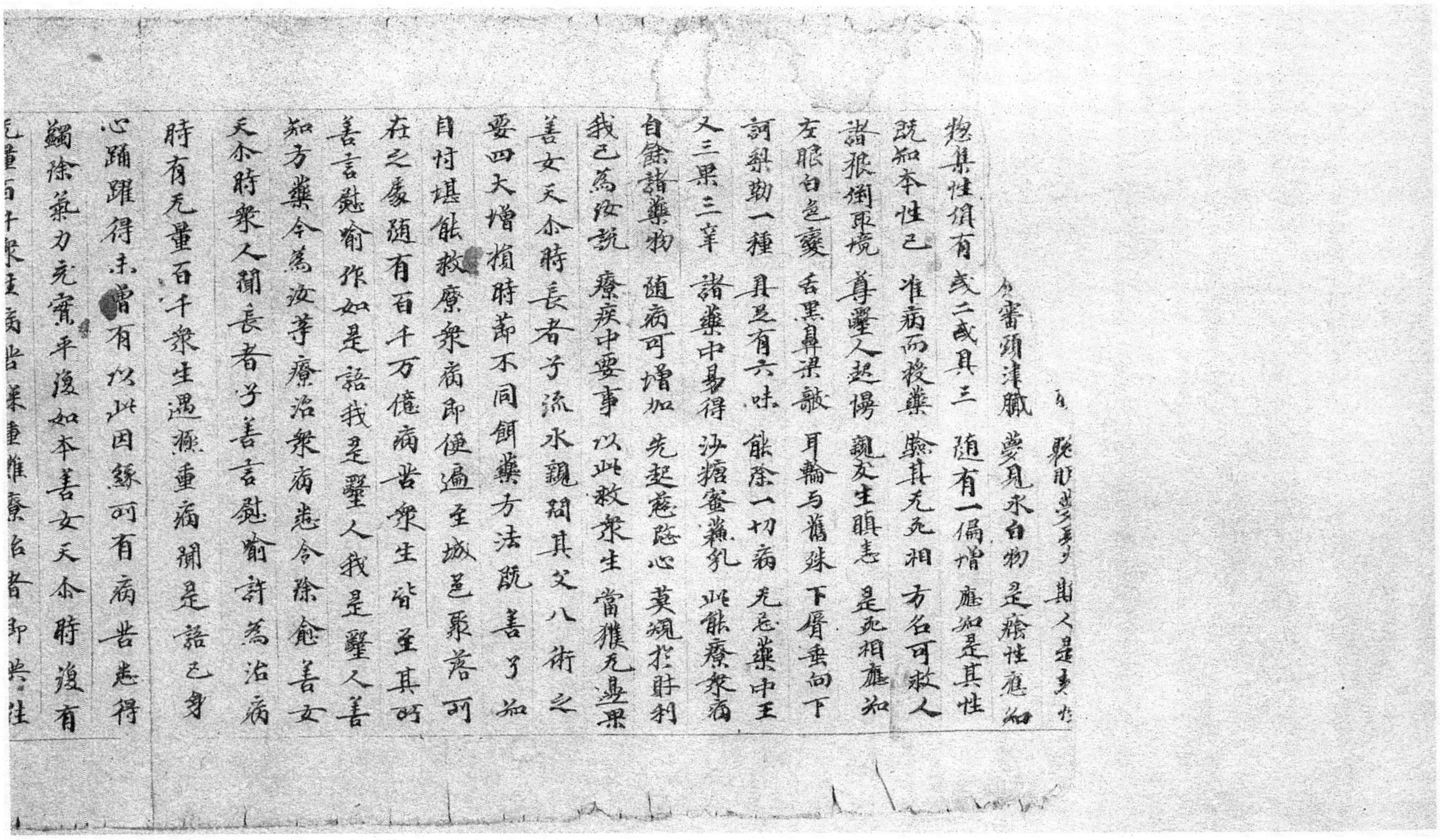

……其人是……
念審頭津膩 夢見水白物 是癊性應知
總集性俱有 或二或具三 隨有一偏增 應知是其性
既知本性已 准病而設藥 驗其无死相 方名可救人
諸根倒取境 尊醫人起慢 親友生瞋恚 是死相應知
左眼白色變 舌黑鼻梁欹 耳輪與舊殊 下脣垂向下
訶梨勒一種 具足有六味 能除一切病 无忌藥中王
又三果三辛 諸藥中易得 沙糖蜜蘇乳 此能療衆病
自餘諸藥物 隨病可增加 先起慈愍心 莫規於財利
我已為汝說 療疾中要事 以此救衆生 當獲无邊果
善女天尒時長者子流水親問其父八術之
要四大增損時節不同餌藥方法既善了知
自忖堪能救療衆病即便遍至城邑聚落所
在之處隨有百千万億病苦衆生皆至其所
善言慰喻作如是語我是醫人我是醫人善
知方藥今為汝等療治衆病悉令除愈善女
天尒時衆人聞長者子善言慰喻許為治病
時有无量百千衆生遇極重病聞是語已身
心踴躍得未曾有以此因緣所有病苦悉得
蠲除氣力充實平復如本善女天尒時復有
无量百千衆生病苦深重難療治者即共往

BD14196 號　金光明最勝王經卷九　（9–1）

天尒時衆人聞長者子善言慰喻許為治病
時有无量百千衆生遇極重病聞是語已身
心踊躍得未曾有以此因緣所有病苦悉得
蠲除氣力充實平復如本善女天尒時復有
无量百千衆生病苦深重難療治者即共往
詣長者子所重請醫療時長者子即以妙藥
令服皆蒙除差善女天是長者子於此國内
百千万億衆生病苦悉得除差
金光明最勝王經長者子流水品第廿五
尒時佛告菩提樹神善女天尒時長者子流
水於往昔時在天自在光王國内療諸衆生
所有病苦令得平復受安隱樂時諸衆生以
病除故多脩福業廣行惠施以自歡娛即共
往詣長者子所咸生尊敬作如是言善哉善
哉大長者子善能滋長福德之事增益我等
安隱壽命仁今實是大力醫王慈悲菩薩妙
閑醫藥善療衆生无量病苦如是稱歎周遍
城邑善女天時長者子妻名水肩藏有其二
子一名水滿二名水藏是時流水將其二子
漸次遊行城邑聚落過空澤中深險之處見
諸禽獸豺狼狐玃鵰鷲之屬食血肉者皆悉
奔飛一向而去時長者子作如是念此諸禽
獸何因緣故一向飛走我當隨後暫往觀之
即便隨去見有大池名曰野生其水將盡於
此池中多有衆魚流水見已生大悲心時有
樹神示現半身作如是語善哉善哉善男子
汝有實義名流水者可愍此魚應与其水有

BD14196號　金光明最勝王經卷九　（9–2）

獸何因緣故一向飛走我當隨後暫往觀之
即便隨去見有大池名曰野生其水將盡於
此池中多有衆魚流水見已生大悲心時有
樹神示現半身作如是語善哉善哉善男子
汝有實義名流水者可愍此魚應与其水有
二因緣名為流水一能流水二能与水汝今
應當隨名而作是時流水問樹神言此魚頭
數為有幾何樹神答曰數滿十千善女天時
長者子聞是數已倍益悲心時此大池為日
所曝餘水无幾是十千魚將入死門旋身婉
轉見是長者心有所希隨逐瞻視目未曾捨
時長者子見是事已馳趣四方欲覓於水竟
不能得復望一邊見有大樹即便昇上折取
枝葉為作蔭涼復更推求是池中水從何處
來尋覓不已見一大河名曰水生時此河邊
有諸魚人為取魚故於河上流懸險之處决
棄其水不令下過於所决處卒難脩補便作
是念此崖深峻設百千人時經三月亦未能
斷況我一身而堪濟辦時長者子速還本城
至大王所頭面礼足却住一面合掌恭敬作
如是言我為大王國土人民治種種病悉令
安隱漸次遊行至某空澤見有一池名曰野
生其水欲涸有十千魚為日所暴將死不久
唯願大王慈悲愍念與二十大象暫往負水
濟彼魚命如我與諸病人壽命尒時大王即
勅大臣速疾與此醫王大象時彼大臣奉王
勅已白長者子善哉大士仁今自可至象廐
中隨意選取二十大象利益衆生令得安樂

BD14196號　金光明最勝王經卷九　（9–3）

唯願大王慈悲憐念與二十大象暫往負水
濟彼魚命如我與諸病人壽命尒時大王即
勅大臣速疾與此醫王大象時彼大臣奉王
勅已白長者子善哉大士仁今自可至象廐
中隨意選取二十大象利益衆生令得安樂
是時流水及其二子將二十大象又從酒家
多借皮囊往决水處以囊盛水象負至池瀉
置池中水即弥滿還復如故善女天時長者
子於池四邊周旋而視時彼衆魚亦復隨逐循
岸而行時長者子復作是念衆魚何故隨我
而行必為飢火之所惱逼復欲從我求索於
食我今當与尒時長者子流水告其子言汝
取一象最大力者速至家中啓父長者家中
所有可食之物乃至父母食噉之分及以妻
子奴婢之分悉皆收取即可持來尒時二子
受父教已乘最大象速往家中至祖父所説
如上事收取家中可食之物置於象上疾還
父所至彼池邊是時流水見其子來身心喜
踊遂取餅食遍散池中魚得食已悉皆飽足
便作是念我今施食令魚得命願於來世當
施法食充濟无邊復更思惟我先曾於空閑
林處見一苾芻讀大乘經説十二緣生甚深
法要又經中説若有衆生臨命終時得聞寶
髻如来名者即生天上我今當為是十千魚
演説甚深十二緣起亦當稱説寶髻佛名然
贍部洲有二種人一者深信大乘二者不信
毀呰亦當為彼增長信心時長者子作如是

BD14196 號　金光明最勝王經卷九　（9–4）

髻如来名者即生天上我今當為是十千魚
演説甚深十二緣起亦當稱説寶髻佛名然
贍部洲有二種人一者深信大乘二者不信
毀呰亦當為彼增長信心時長者子作如是
念我入池中可為衆魚説深妙法作是念已
即便入水唱言南謨過去寶髻如来應正遍
知明行足善逝世間解无上士調御丈夫天
人師佛世尊此佛往昔脩菩薩行時作是誓
願於十方界所有衆生臨命終時聞我名者
命終之後得生三十三天尒時流水復為池
魚演説如是甚深妙法此有故彼有此生故
彼生所謂无明緣行行緣識識緣名色名色
緣六處六處緣觸觸緣受受緣愛愛緣取取
緣有有緣生生緣老死憂悲苦惱此滅故彼
滅所謂无明滅則行滅行滅則識滅識滅則
名色滅名色滅則六處滅六處滅則觸滅觸
滅則受滅受滅則愛滅愛滅則取滅取滅則
有滅有滅則生滅生滅則老死滅老死滅則
憂悲苦惱滅如是純極苦蘊悉皆除滅説是
法已復為宣説十二緣起相應陁羅尼曰
怛姪他　毗折你　毗折你毗折你　僧塞棵你
僧塞枳你　僧塞枳你　毗尒你　毗尒你　毗尒你
毗尒你　莎訶　怛姪他　那弭你
那弭你　那弭你　窣難你　窣難你
窣難你　颯鉢嘿設你　颯鉢嘿設你
颯鉢嘿設你莎訶　怛姪他　薜達你　薜
達你　薜達你　窒里瑟你你　窒里瑟你你

BD14196 號　金光明最勝王經卷九　（9–5）

呬你 [illegible] 那弭你
那弭你 那弭你 然雉你 然雉你
然雉你 颯鉢嘿設你 颯鉢嘿設你
颯鉢嘿設你莎訶 怛姪他 薜達你 薜
達你 薜達你 窒里瑟你你 窒里瑟你
窒里瑟你你 郎波地你 郎波地你
郎波地你莎訶 怛姪他 婆毗你
婆毗你 婆毗你 闍底你 闍底你
闍底你 闍摩你你 闍摩你你
闍摩你你莎訶
尒時世尊為諸大衆說長者子昔緣之時
諸人天衆嘆未曾有時四大天王各於其處
異口同音作如是說
善哉釋迦尊 說妙法明呪 生福除衆惡 十二支相應
我等亦說呪 擁護如是法 若有生違逆 不善隨順者
頭破作七分 猶如蘭香梢 我等於佛前 共說其呪曰
怛姪他 四里謎 揭睇 健 陁哩
旃荼里地灑 驗伐灑石 四伐灑
補囉布灑 矩矩末底 崎囉末底達地目
郫 窶嚕婆母嚕婆 具荼母嚕 儘提
杜嚕 杜嚕毗灑 鬚泥悉泥沓 花洛下同 娓
達沓娓 郎悉悝哩 烏率吒囉 伐底
頻剌婆伐底 鉢杜摩伐底
俱蘇摩伐底 莎訶
佛告善女天尒時長者子流水及其二子為
彼池魚施水施食并說法已俱共還家是
長者子流水復於後時因有聚會設衆伎樂
醉酒而臥時十千魚同時命過生三十三天起

佛告善女天尒時長者子流水及其二子為
彼池魚施水施食并說法已俱共還家是
長者子流水復於後時因有聚會設衆伎樂
醉酒而臥時十千魚同時命過生三十三天起
如是念我等以何善業因緣生此天中便相
謂曰我等先於贍部洲內墮傍生中共受魚
身長者子流水施我等水及以餅食復為我
等說甚深法十二緣起及陁羅尼復稱寶髻
如來名号以是因緣能令我等得生此天是
故我今咸應詣彼長者子所報恩供養尒時
十千天子即於天沒至贍部洲大醫王所
長者子在高樓上安隱而睡時十千天子共
以十千真珠瓔珞置其頭邊復以十千置其
足處復以十千置於右脅復以十千置右脅
邊雨曼陁羅花摩訶曼陁羅花積至于膝光
明普照種種天樂出妙音聲令贍部洲有睡
眠者皆悉覺悟長者子流水亦從睡寤是時
十千天子為供養已即於空中飛騰而去於
天自在光王國內處處皆雨天妙蓮花是諸
天子復至本處空澤池中雨衆天花便於此沒
還天宮殿隨意自在受五欲樂天自在光王
至天曉已問諸大臣昨夜何緣忽現如是希
有瑞相放大光明大臣答言大王當知有諸
天衆於長者子流水家中雨四十千真珠瓔
珞及天曼陁羅花積至于膝王告臣曰詣長
者家喚取其子大臣受勅即至其家奉宣王
命喚長者子時長者子即至王所王曰何緣
昨夜示現如是希有瑞相長者子言如我思

珞及天曼陀羅花積至于膝王告臣曰諸長
者家喚取其子大臣受勅即至其家奉宣王
命喚長者子時長者子即至王所王曰何緣
昨夜示現如是希有瑞相長者子言如我思
忖定應是彼池内眾魚如經所説命終之後
得生三十三天彼來報恩故現如是希奇之
相王曰何以得知流水答曰王可遣使并我
二子往彼池所驗其虚實彼十千魚為死為
活王聞是語即便遣使及子向彼池邊見其
池中多有曼陀羅花積成大聚諸魚並死見
已馳還為王廣説王聞是已心生歡喜歎未
曾有尒時佛告菩提樹神善女天汝今當知
昔時長者子流水者即我身是持水長者即
妙幢是彼之二子長子水滿即銀幢是次子
水藏即銀光是彼天自在光王者即汝菩提
樹神是十千魚者即十千天子是因我往昔
以水濟魚与食令飽為説甚深十二緣起并
此相應陀羅尼呪又為稱彼寶髻佛名因此
善根得生天上今來我所歡喜聽法我皆當
為授阿耨多羅三藐三菩提記説其名号
善女天如我往昔於生死中輪迴諸有廣為
利益令无量眾生悉令次第成无上覺与
其授記汝等皆應勤求出離勿為放逸
尒時大眾聞説是已悉皆悟解由大慈悲
救護一切勤脩苦行方能證獲无上菩提咸
發深心信受歡喜

BD14196號　金光明最勝王經卷九　（9–8）

曾有尒時佛告菩提樹神善女天汝今當知
昔時長者子流水者即我身是持水長者即
妙幢是彼之二子長子水滿即銀幢是次子
水藏即銀光是彼天自在光王者即汝菩提
樹神是十千魚者即十千天子是因我往昔
以水濟魚与食令飽為説甚深十二緣起并
此相應陀羅尼呪又為稱彼寶髻佛名因此
善根得生天上今來我所歡喜聽法我皆當
為授阿耨多羅三藐三菩提記説其名号
善女天如我往昔於生死中輪迴諸有廣為
利益令无量眾生悉令次第成无上覺与
其授記汝等皆應勤求出離勿為放逸
尒時大眾聞説是已悉皆悟解由大慈悲
救護一切勤脩苦行方能證獲无上菩提咸
發深心信受歡喜

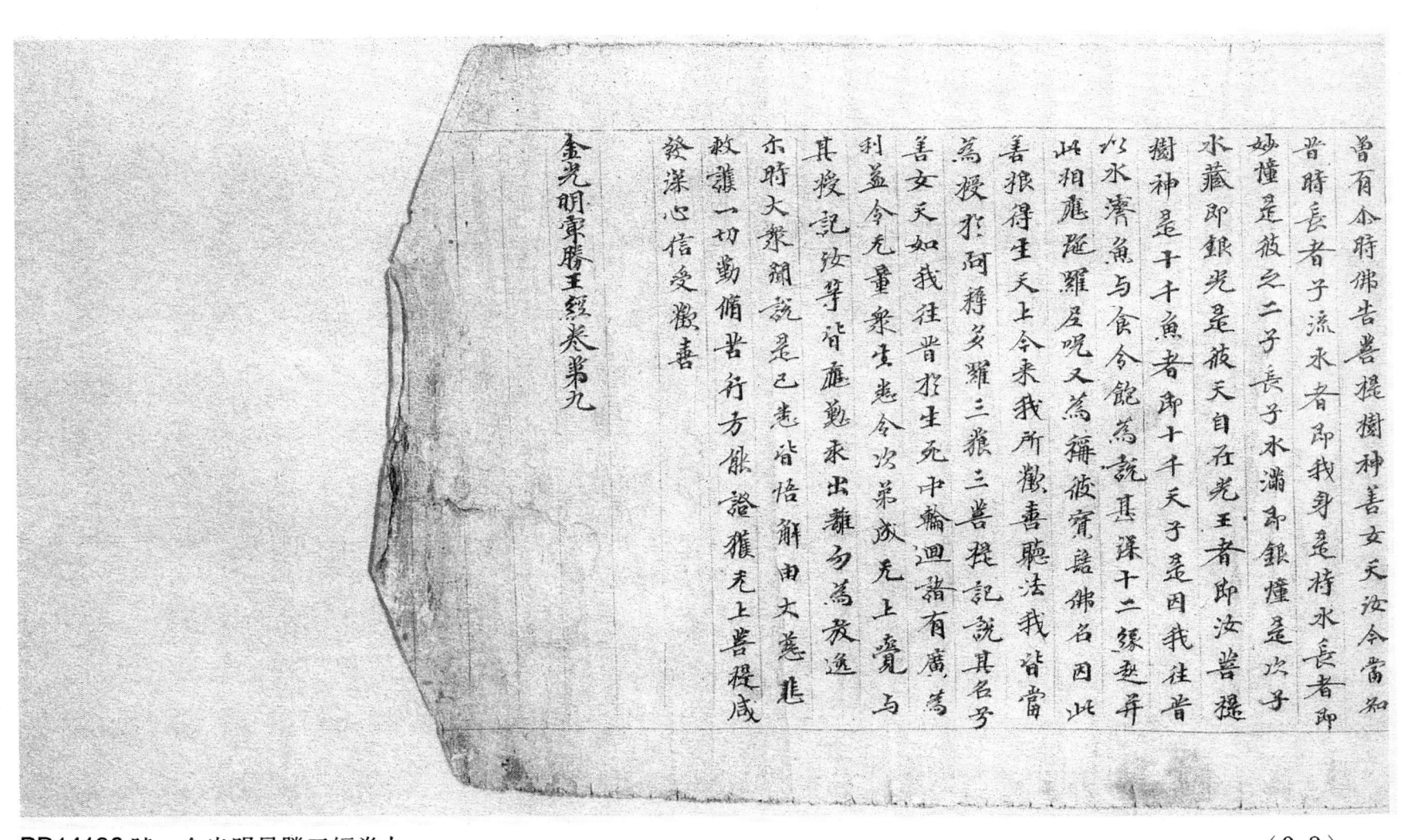

金光明最勝王經卷第九

BD14196號　金光明最勝王經卷九　（9–9）

南无香山佛　南无根本勝藏佛
南无不可知佛　南无无邊知佛
南无无量佛　南无无量自在佛
南无火光明佛　南无德藏佛
南无根本莊嚴奮迅佛　南无根本光佛
南无一切衆生見愛奮迅莊嚴王佛
從此以上八千九百佛十二部經一切賢聖
南无忍王佛　南无離一切煩惱佛
南无寶色勝佛　南无香勝王佛
南无憶藏佛　南无見一切佛
南无見愛佛　南无不可見佛
南无甘露功德稱佛
南无一切畏差別能斷煞佛
南无師子吼佛　南无散華佛
南无勝佛　南无无㝵智作佛
南无一切作樂佛　南无尊勝佛

BD14197號　佛名經（十六卷本）卷一二　（3–1）

南无甘露功德稱佛
南无一切畏差別能斷煞佛
南无師子吼佛　南无散華佛
南无勝佛　南无无㝵智作佛
南无一切作樂佛　南无尊勝佛
南无吉王佛　南无一切世間道自在王佛
南无須弥劫佛　南无勝須弥佛
南无解勝佛　南无世間聲佛
南无堅奮迅佛　南无堅自在佛
南无栴檀勝佛　南无不差別佛
南无息功德佛　南无善思惟佛
南无能斷一切業佛　南无相佛
南无寶勝佛　南无寶輪佛
南无大寶佛　南无无垢光明佛
南无樂說莊嚴稱佛　南无无垢月幢稱佛
南无華嚴光明佛　南无出火佛
南无畏觀佛　南无師子奮迅佛
南无寶精進日月光明莊嚴功德智聲王佛
南无初發心念斷一切疑煩惱佛
南无破一心闇勝佛
南无寶炎佛　南无栴檀香佛
南无火寶炎佛　南无華幢佛
南无普勝帝沙佛　南无滿賢佛
南无甯力精進奮迅佛　南无香勝佛
南无勝稱佛　南无淨鐃佛
南无華勝佛　南无離塵佛
南无得功德佛　南无不動佛

BD14197號　佛名經（十六卷本）卷一二　（3–2）

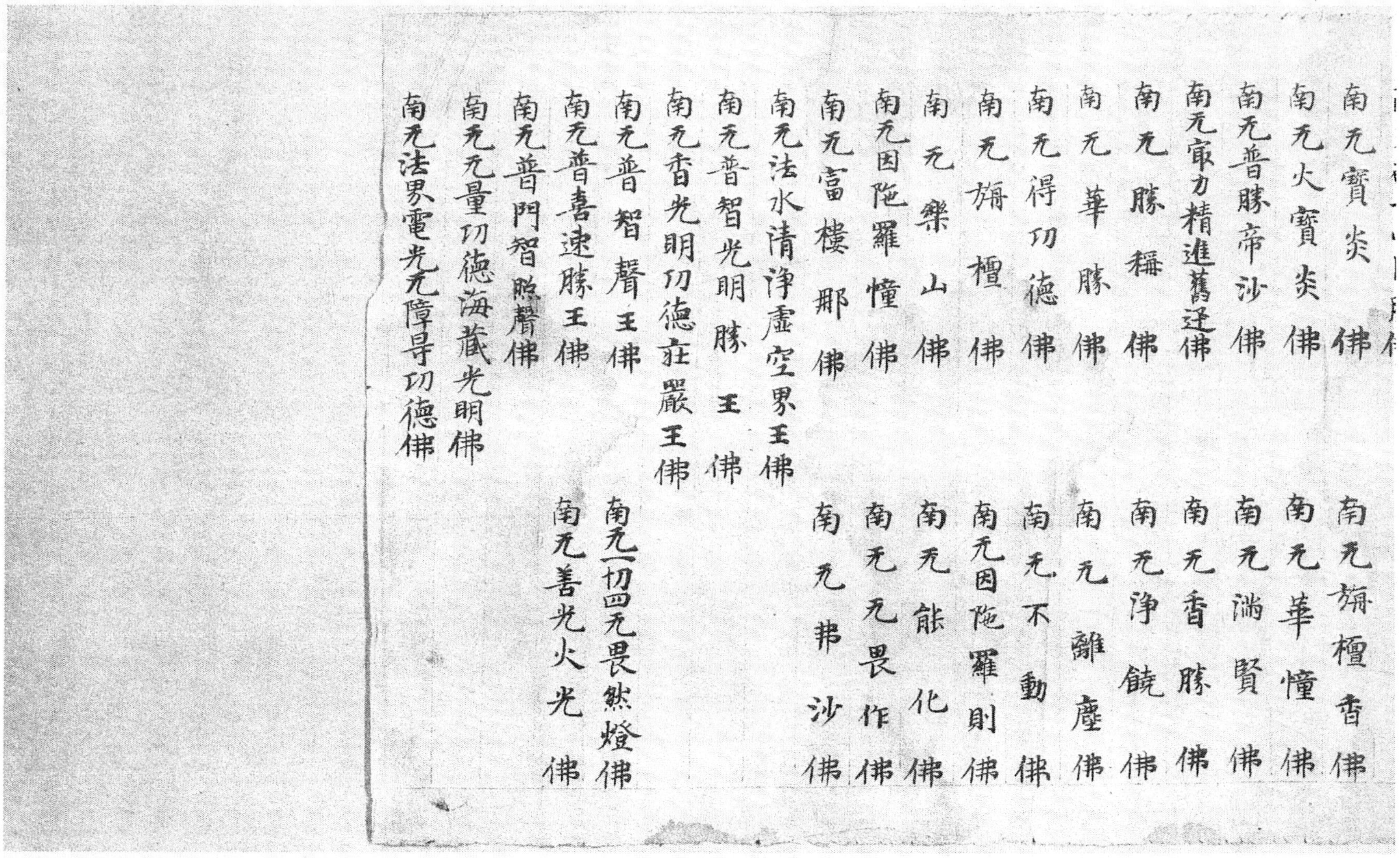
南无寶炎佛
南无旃檀香佛
南无火寶炎佛
南无華幢佛
南无普勝帝沙佛
南无淌賢佛
南无甯力精進舊迓佛
南无香勝佛
南无勝稱佛
南无淨饒佛
南无華勝佛
南无離塵佛
南无得切德佛
南无不動佛
南无旃檀佛
南无因陁羅則佛
南无樂山佛
南无能化佛
南无因陁羅幢佛
南无无畏作佛
南无富樓那佛
南无弗沙佛
南无法水清淨虛空界王佛
南无普智光明勝王佛
南无香光明切德莊嚴王佛
南无普智聲王佛
南无一切四无畏然燈佛
南无普喜速勝王佛
南无善光火光佛
南无普門智照聲佛
南无无量切德海藏光明佛
南无法界電光无障㝵切德佛

BD14197 號　佛名經（十六卷本）卷一二　（3–3）

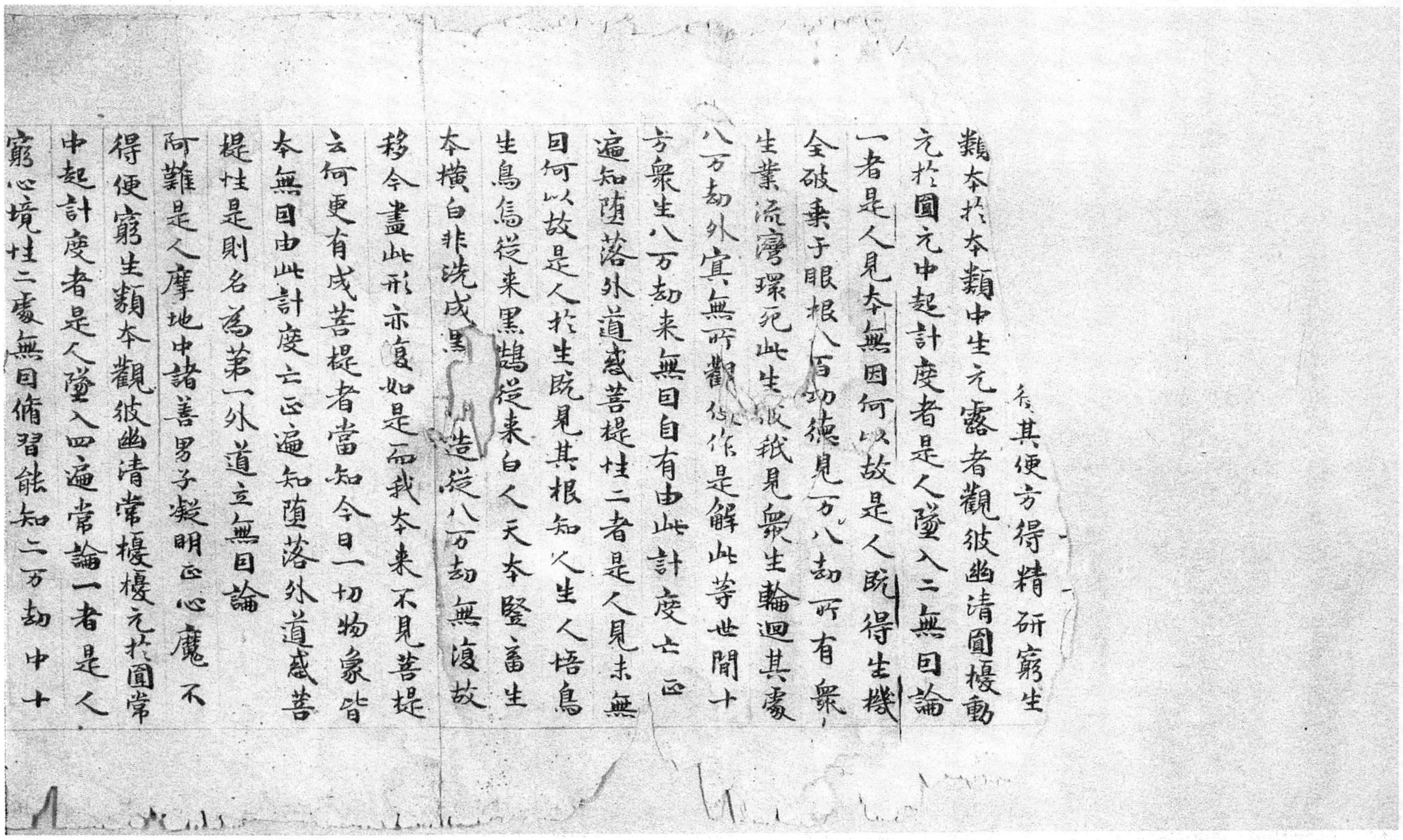
希其便方得精研窮生
類本於本類中生元露者觀彼幽清圓擾動
元於圓元中起計度者是人墜入二無因論
一者是人見本無因何以故是人既得生機
全破乘于眼根八百功德見八万劫所有衆
生業流灣環死此生彼秖見衆生輪迴其處
八万劫外冥無所觀便作是解此等世間十
方衆生八万劫來無因自有由此計度亡正
遍知墮落外道惑菩提性二者是人見末無
因何以故是人於生既見其根知人生人悟鳥
生鳥烏從來黑鵠從來白人天本豎畜生
本横白非洗成黑非造從八万劫無復改
移今盡此形亦復如是而我本來不見菩提
云何更有成菩提者當知今日一切物象皆
本無因由此計度亡正遍知墮落外道惑菩
提性是則名為第一外道立無因論
阿難是人摩地中諸善男子凝明正心魔不
得便窮生類本觀彼幽清常擾擾元於圓常
中起計度者是人墜入四遍常論一者是人
窮心境性二處無因脩習能知二万劫中十

BD14198 號　大佛頂如來密因修證了義諸菩薩萬行首楞嚴經卷一〇　（16–1）

提性是則名為第一外道立無因論
阿難是人三摩地中諸善男子凝明正心魔不
得便窮生類本觀彼幽清常擾擾元於圓常
中起計度者是人墜入四遍常論一者是人
窮心境性二處無因修習能知二万劫中十
方衆生所有生滅咸皆循環不曾散失計以
為常二者是人窮四大元四性常住修習能
知四万劫中十方衆生所有生滅咸皆體恒
不曾散失計以為常三者是人窮盡六根
末那執受心意識中本元由處性常恒故修
習能知八万劫中一切衆生循環不失本來常
住窮不失性計以為常四者是人既盡想元
生理更無流止運轉生滅想心今已永滅理
中自然成不生滅因心所度計以為常由此
計常亡正遍知墮落外道惑菩提性是則
名為第二外道立圓常論
又三摩地中諸善男子堅凝正心魔不得便
窮生類本觀彼幽清常擾動元於自他中起
計度者是人墜入四顛倒見一分無常一分
常論一者是人觀妙明心遍十方界湛然以
為究竟神我從是計我遍十方凝明不
動一切衆生於我心中自生自死則我心性名
之為常彼生滅者真無常性二者是人不觀
其心遍觀十方恒沙國土見劫壞處名為究
竟無常種性劫不壞處名究竟常三者是人
別觀我心精細微密猶如微塵流轉十方性
無移改能令此身即生即滅其不壞性名我

BD14198號　大佛頂如來密因修證了義諸菩薩萬行首楞嚴經卷一〇　（16–2）

其心遍觀十方恒沙國土見劫壞處名為究
竟無常種性劫不壞處名究竟常三者是人
別觀我心精細微密猶如微塵流轉十方性
無移改能令此身即生即滅其不壞性名我
性常一切死生從我流出名無常性四者是
人知想陰盡見行陰流行陰常流計為常性
色受想等今已滅盡名為無常由此計度一
分無常一分常故墮落外道惑菩提性是則
名為第三外道一分常論
又三摩地中諸善男子堅凝正心魔不得便
窮生類本觀彼幽清常擾動元於分位中生
計度者是人墜入四有邊論一者是人心計
生元流用不息計過未者名為有邊計相
續心名為無邊二者是人觀八万劫則見衆生
八万劫前寂無聞見無聞見處名為無邊有
衆生處名為有邊三者是人計我遍知得無
邊性彼一切人現我知中我曾不知彼之知
性名彼不得無邊之心但有邊性四者是人
窮行陰空以其所見心路籌度一切衆生一
身之中計其咸皆半生半滅明其世界一切
所有一半有邊一半無邊由此計度有邊無
邊墮落外道惑菩提性是則名為第四外道
立有邊論
又三摩地中諸善男子堅凝正心魔不得便
窮生類本觀彼幽清常擾動元於知見中生
計度者是人墜入四種顛倒不死矯亂遍計

BD14198號　大佛頂如來密因修證了義諸菩薩萬行首楞嚴經卷一〇　（16–3）

邊墮落外道惑菩提性是則名為第四外道
立有邊論
又三摩地中諸善男子堅凝正心魔不得便
窮生類本觀彼幽清常擾動元於知見中生
計度者是人墜入四種顛倒不死矯乱遍計
虛論一者是人觀變化元見遷流處名之為
變見相續處名之為恒見所見處名之為生
不見見處名之為滅相續之因性不斷處名
之為增正相續中中所離處名之為減各各
生處名之為有互互亡處名之為無以理都
觀用心別見有求法人来問其義荅言我今
亦生亦滅亦有亦無亦增亦減於一切時皆
亂其語令彼前人遺失章句二者是人諦
觀其心互互無處因無得證有人来問唯荅
一字但言其無除無之餘無所言說三者是人
諦觀其心各各有處因有得證有人来問唯
荅一字但言其是除是之餘無所言說四者
是人有無俱見其境枝故其心亦乱有人来
問荅言亦有即是亦無亦無之中不是亦有
一切矯乱無容窮詰由此計度矯乱虛無墮
落外道惑菩提性是則名為第五外道四顛
倒性不死矯乱遍計虛論
又三摩地中諸善男子堅凝正心魔不得便
窮生類本觀彼幽清常擾之元於無盡流生
計度者是人墜入死後有相發心顛倒或自
固身云色是我或見我圓含遍國土云我有
[illegible]

BD14198號　大佛頂如來密因修證了義諸菩薩萬行首楞嚴經卷一〇　（16–4）

[illegible]
又三摩地中諸善男子堅凝正心魔不得便
窮生類本觀彼幽清常擾之元於無盡流生
計度者是人墜入死後有相發心顛倒或自
固身云色是我或見我圓含遍國土云我有
色或彼前緣隨我迴復云色屬我或復我
依行中相續云我在色皆計度言死後有相如
是循環有十六相從此或計畢竟煩惱畢竟
菩提兩性並馳各不相觸由此計度死後有
故墮落外道惑菩提性是則名為第六外
道立五陰中死後有相心顛倒論
又三摩地中諸善男子堅凝正心魔不得便
窮生類本觀彼幽清常擾動元於先除滅色
受想中生計度者是人墜入死後無相發心
顛倒見其色滅形無所因觀其想滅心無所
繫知其受滅無復連綴陰性銷散縱有生理
而無受想與草木同此質現前猶不可得死
後云何更有諸相因之勘校死後相無如是
循環有八無相從此或計涅槃因果一切皆
空徒有名字究竟斷滅由此計度死後無
故墮落外道惑菩提性是則名為第七外
道立五陰中死後無相心顛倒論
又三摩地中諸善男子堅凝正心魔不得便
窮生類本觀彼幽清常擾動元於行存中兼
受想滅雙計有無自體相破是人墜入死後
俱非起顛倒論色受想中見有非有行遷流
内觀無不無如是循環窮盡陰界八俱非相

BD14198號　大佛頂如來密因修證了義諸菩薩萬行首楞嚴經卷一〇　（16–5）

又三摩地中諸善男子堅凝正心魔不得便
窮生類本觀彼幽清常擾動元於行存中兼
受想滅雙計有無自體相破是人墜入死後
俱非起顛倒論色受想中見有非有行遷流
内觀無不無如是循環窮盡陰界八俱非相
隨得一緣皆言死後有相無相又計諸行性
遷訛故心發通悟有無俱非虛實失措由此
計度死後俱非後際昏瞢無可道故墮落
外道惑菩提性是則名為第八外道立五
陰中死後俱非心顛倒論
又三摩地中諸善男子堅凝正心魔不得便
窮生類本觀彼幽清常擾動元於後後無
生計度者是人墜入七斷滅論或計身滅或
欲盡滅或苦盡滅或極樂滅或極捨滅如是
循環窮盡七際現前銷滅滅已無復由此計
度死後斷滅墮落外道惑菩提性是則名
為第九外道立五陰中死後斷滅心顛倒論
又三摩地中諸善男子堅凝正心魔不得便
窮生類本觀彼幽清常擾動元於後後有生
計度者是人墜入五涅槃論或以欲界為正
轉依觀見圓明生愛慕故或以初禪性無憂
故或以二禪心無苦故或以三禪極悅隨故
或以四禪苦樂二亡不受輪迴生滅性故迷
有漏天作無為解五處安隱為勝淨依如
是循環五處究竟由此計度五現涅槃墮落
外道惑菩提性是則名為第十外道立五

有漏天作無為解五處安隱為勝淨依如
是循環五處究竟由此計度五現涅槃墮落
外道惑菩提性是則名為第十外道立五
陰中五現涅槃心顛倒論
阿難如是十種禪那狂解皆是行陰用心交
互故現斯悟眾生頑迷不自忖量逢此現前
以迷為解自言登聖大妄語成墮無間獄汝
等必須將如來心於我滅後傳示末法遍令
眾生覺了斯義無令心魔自起深孽保持
覆護消息邪見教其身心開覺真義於
無上道不遭枝歧勿令心祈得少為足作大覺
王清淨標指
阿難彼善男子修三摩提行陰盡者諸世間
性幽清擾動同分生機倏然隳裂沉細綱紐
補特伽羅酬業深脉感應懸絕於涅槃天將
大明悟如雞後鳴瞻顧東方已有精色六根
虛靜無復馳逸內內湛明入無所入深達十
方十二種類受命元由觀由執元諸類不召
於十方界已獲其同精色不沉發現幽祕此
則名為識陰區宇若於群召已獲同中銷磨
六門合開成就見聞通鄰互用清淨十方世
界及與身心如吠瑠璃內外明徹名識陰盡
是人則能超越命濁觀其所由罔象虛無顛
倒妄想以為其本
阿難當知是善男子窮諸行空於識還元已
滅生滅而於寂滅精妙未圓能令己身根隔

是人則能超越命濁觀其所由罔象虛無顛
倒妄想以為其本
阿難當知是善男子窮諸行空於識還元已
滅生滅而於寂滅精妙未圓能令己身根隔
合開亦與十方諸類通覺覺知通溜能入
圓元若於所歸立真常因生勝解者是人則
墮因所因執娑毗迦羅所歸冥諦成其伴侶迷
佛菩提亡失知見是名第一立所得心成所
歸果違遠圓通背涅槃城生外道種
阿難又善男子窮諸行空已滅生滅而於寂
滅精妙未圓若於所歸覽為自體盡虛空界
十二類內所有衆生皆我身中一類流出生
勝解者是人則墮能非能執摩醯首羅現
無邊身成其伴侶迷佛菩提亡失知見是名
第二立能為心成能事果違遠圓通背涅槃
城生大慢天我遍圓種
又善男子窮諸行空已滅生滅而於寂滅精
妙未圓若於所歸有所歸依自疑身心從彼
流出十方虛空咸其生起即於都起所宣流
地作真常身無生滅解在生滅中早計常
住既惑不生亦迷生滅安住沉迷生勝解者是
人則墮常非常執計自在天成其伴侶迷佛
菩提亡失知見是名第三立因依心成妄計
果違遠圓通背涅槃城生倒圓種
又善男子窮諸行空已滅生滅而於寂滅精
妙未圓若於所知知遍圓故因知立解十方

BD14198號　大佛頂如來密因修證了義諸菩薩萬行首楞嚴經卷一〇　（16–8）

人則墮常非常執計自在天成其伴侶迷佛
菩提亡失知見是名第三立因依心成妄計
果違遠圓通背涅槃城生倒圓種
又善男子窮諸行空已滅生滅而於寂滅精
妙未圓若於所知知遍圓故因知立解十方
草木皆稱有情與人無異圓故因知立解十
方草木皆稱有情與人無異草木為人人
死還成十方草樹無擇遍知生勝解者是人則
墮知無知執婆吒霰尼執一切覺成其伴侶
迷佛菩提亡失知見是名第四計圓知心成
虛謬果違遠圓通背涅槃城生倒知種
又善男子窮諸行空已滅生滅而於寂滅精
妙未圓若於圓融根互用中已得隨順便於
圓化一切發生求火光明樂水清淨愛風周
流觀塵成就各各崇事以此群塵發作本
因立常住解是人則墮生無生執諸迦葉波
并婆羅門勤心役身事火崇水求出生死成
其伴侶迷佛菩提亡失知見是名第五計著
崇事迷心從物立妄求因求妄異果違遠圓
通背涅槃城生顛化種
又善男子窮諸行空已滅生滅而於寂滅精
妙未圓若於圓明計明中虛非滅群化以永
滅依為所歸依生勝解者是人則墮歸無歸
執無想天中諸舜若多成其伴侶迷佛菩提
亡失知見是名第六圓虛無心成空亡果違
遠圓通背涅槃城生斷滅種
又善男子窮諸行空已滅生滅而於寂滅精

BD14198號　大佛頂如來密因修證了義諸菩薩萬行首楞嚴經卷一〇　（16–9）

滅依爲所歸依生勝解者是人則墮歸無歸
執無相天中諸舜若多成其伴侶迷佛菩提
亡失知見是名第六圓虛無心成空亡果違
遠圓通背涅槃城生斷滅種
又善男子窮諸行空已滅生滅而於寂滅精
妙未圓若於圓常固身常住同于精圓長不
傾逝生勝解者是人則墮貪非貪執諸阿斯
陁求長命者成其伴侶迷佛菩提亡失知見
是名第七執著命元立固妄因趣長勞果違
遠圓通背涅槃城生妄延種
又善男子窮諸行空已滅生滅而於寂滅精
妙未圓觀命互通却留塵勞恐其銷盡便於
此際坐蓮花宮廣化七珍多增寶媛縱恣其
心生勝解者是人則墮真無真執吒枳迦羅
成其伴侶迷佛菩提亡失知見是名第八發
邪思因立熾塵果違遠圓通背涅槃城生
天魔種
又善男子窮諸行空已滅生滅而於寂滅精
妙未圓於命明中分別精麤踈決真僞因果
相酬唯求感應背清淨道所謂見苦斷集
證滅修道居滅已休更不前進生勝解者是
人則墮定性聲聞諸無聞僧增上慢者成其
伴侶迷佛菩提亡失知見是名第九圓精應
心成趣寂果違遠圓通背涅槃城生纏空種
又善男子窮諸行空已滅生滅而於寂滅精妙
未圓若於圓融清淨覺明發研深妙即立涅

人則墮定性聲聞諸無聞僧增上慢者成其
伴侶迷佛菩提亡失知見是名第九圓精應
心成趣寂果違遠圓通背涅槃城生纏空種
又善男子窮諸行空已滅生滅而於寂滅精妙
未圓若於圓融清淨覺明發研深妙即立涅
槃而不前進生勝解者是人則墮定性辟支
諸緣獨倫不迴心者成其伴侶迷佛菩提亡失
知見是名第十圓覺溜心成湛明果違遠
圓通背涅槃城生覺圓明不化圓種
阿難如是十種禪那中途成狂因依惑未足
中生滿足證皆是識陰用心交互故生斯位
衆生頑迷不自忖量逢此現前各以所愛先
習迷心而自休息將爲畢竟所歸寧地自言
滿是無上菩提大妄語成外道邪魔所感業
終墮無間獄聲聞緣覺不成增進汝等存
心秉如來道將此法門於我滅後傳示末世
普令衆生覺了斯義無令見魔自作沉孽
保綏哀救消息邪緣令其身心入佛知見從始
成就不遭岐路如是法門先過去世恒沙劫中
微塵如來乘此心開得無上道識陰若盡則
汝現前諸根互用從互用中能入菩薩金剛
乾慧圓明精心於中發化如淨琉璃內含寶
月如是乃超十信十住十行十向四加行心菩
薩所行金剛十地等覺圓明入於如來妙
莊嚴海圓滿菩提歸無所得此是過去先佛
世尊奢摩他中毗婆舍那覺明分析微細魔
事魔境現前汝能諳識心垢洗除不落邪

月如是乃超十信十住十行十向四加行心菩
薩所行金剛十地等覺圓明入於如來妙
莊嚴海圓滿菩提歸無所得此是過去先佛
世尊奢摩他中毗婆舍那覺明分析微細魔
事魔境現前汝能諳識心垢洗除不落邪
見陰魔銷滅天魔摧碎大力鬼神褫魄逃
逝魑魅魍魎無復出生直至菩提無諸少乏
下劣增進於大涅槃心不迷悶若諸末世愚
鈍衆生未識禪那不知說法樂脩三昧汝恐
同邪一心勸令持我佛頂陁羅尼呪若未能
誦寫於禪堂或帶身上一切諸魔所不能動
汝當恭欽十方如來究竟脩進最後垂範
阿難即從坐起聞佛示誨頂礼欽奉憶持無
失於大衆中重復白佛如佛所言五陰相中
五種虛妄為本想心我等平常未蒙如來微
細開示又此五陰為併銷除為次第盡如是
五重詣何為界唯願如來發宣大慈為此大
衆清明心目以為末世一切衆生作將來眼
佛告阿難精真妙明本覺圓淨非留死生
乃諸塵垢乃至虛空皆因妄想之所生起斯
元本覺妙明真精妄以發生諸器世間如演
若多迷頭認影妄元無因於妄想中立因緣
性迷因緣者稱為自然彼虛妄性猶實幻生
因緣自然皆是衆生妄心計度阿難如妄所起
說妄因緣若妄元無說妄因緣元無所有何
况不知推自然者是故如來與汝發明五陰

BD14198號　大佛頂如來密因修證了義諸菩薩萬行首楞嚴經卷一〇　（16–12）

若多迷頭認影妄元無因於妄想中立因緣
性迷因緣者稱為自然彼虛妄性猶實幻生
因緣自然皆是衆生妄心計度阿難如妄所起
說妄因緣若妄元無說妄因緣元無所有何
况不知推自然者是故如來與汝發明五陰
本因同是妄想汝體先因父母想生汝心非
想則不能來想中傳命如我先言心想酢
味口中唌生心想登高足心酸起懸崖不有
酢物未來汝體必非虛妄通倫口水如何因談
酢出是故當知汝現色身名為堅固第一
妄想即此所說臨高想心能令汝形真受酸
澁由因受生動能色體汝今現前順益違損
二現駈馳名為虛明第二妄想由汝念慮使
汝色身身非念倫汝身何因隨念所使種種取
像心生形取與念相應寤即想心寐為諸夢
則汝想念搖動妄情名為通第三妄想化
理不住運運密移甲長髮生氣銷容皺日夜
相代曾無覺悟阿難此若非汝云何體遷如
必是真汝何無覺則汝諸行念念不停名為
幽隱第四妄想又汝精明湛不搖處名恒常
者於身不出見聞覺知若實精真不容習
妄何因汝等曾於昔年覩一奇物經歷年歲
憶妄俱無於後忽然覆覩前異記憶宛然
曾不遺失則此精了湛不搖中念念受薰有
何籌算阿難當知此湛非真如急流水望如
恬靜流急不見非是無流若非想元寧受想
習非汝六根互用合開此之妄想無時得滅故

BD14198號　大佛頂如來密因修證了義諸菩薩萬行首楞嚴經卷一〇　（16–13）

當不遺失則此精了湛不搖中念念受薰有
何籌筭阿難當知此湛非真如急流水望如
恬静流急不見非是無流若非想元寧受想
習非汝六根互用合開此之妄想無時得滅故
汝現在見聞覺知中串習幾則湛了内罔象
虛元第五顛倒細微精想
阿難是五受陰五妄想成汝今欲知因界淺
深唯色與空是色邊際唯觸及離是受邊
際唯記與妄是想邊際唯滅與生是行邊際
湛入合湛歸識邊際此五陰元重疊生起生
因識有滅從色除理則頓悟乘悟併銷事
非頓除因次第盡我已示汝劫波巾結何所
不明再此詢問汝應將此妄想元心得開通
傳示將来末法之中諸脩行者令識虛妄
深厭自生知有涅槃不戀三界
阿難若復有人遍滿十方所有虛空盈滿七
寶持以奉上微塵諸佛承事供養心無虛度
於意云何是人以此施佛因緣得福多不阿
難荅言虛空無盡珎寶無邊昔有衆生施
佛七錢捨身猶獲轉輪王位況復現前虛
空既窮佛土充遍皆施珎寶窮劫思議尚
不能及是福云何更有邊際
佛告阿難諸佛如来語無虛妄若復有人身
具四重十波羅夷瞬息即經此方他方阿鼻
地獄乃至窮盡十方無間靡不經歷能以一
念将此法門於末劫中開示未學是人罪障
應念銷滅變其所受地獄苦因成安樂國得

BD14198號　大佛頂如來密因修證了義諸菩薩萬行首楞嚴經卷一〇　（16–14）

不能及是福云何更有邊際
佛告阿難諸佛如来語無虛妄若復有人身
具四重十波羅夷瞬息即經此方他方阿鼻
地獄乃至窮盡十方無間靡不經歷能以一
念将此法門於末劫中開示未學是人罪障
應念銷滅變其所受地獄苦因成安樂國得
福超越前之施人百倍千倍千万億倍如是
乃至筭數譬喻所不能及
阿難若有衆生能誦此經能持此呪如我廣
說窮劫不盡依我教言如教行道直成菩提
無復魔業
佛說此經已比丘比丘尼優婆塞優婆夷一
切世間天人阿脩羅及諸他方菩薩二乘聖
仙童子并初發心大力鬼神皆大歡喜作礼
而去

大佛頂萬行首楞嚴經卷第十

BD14198號　大佛頂如來密因修證了義諸菩薩萬行首楞嚴經卷一〇　（16–15）

仙童子并初發心大力鬼神皆大歡喜作礼
而去

大佛頂萬行首楞嚴經卷第十

BD14198號　大佛頂如來密因修證了義諸菩薩萬行首楞嚴經卷一〇　（16–16）

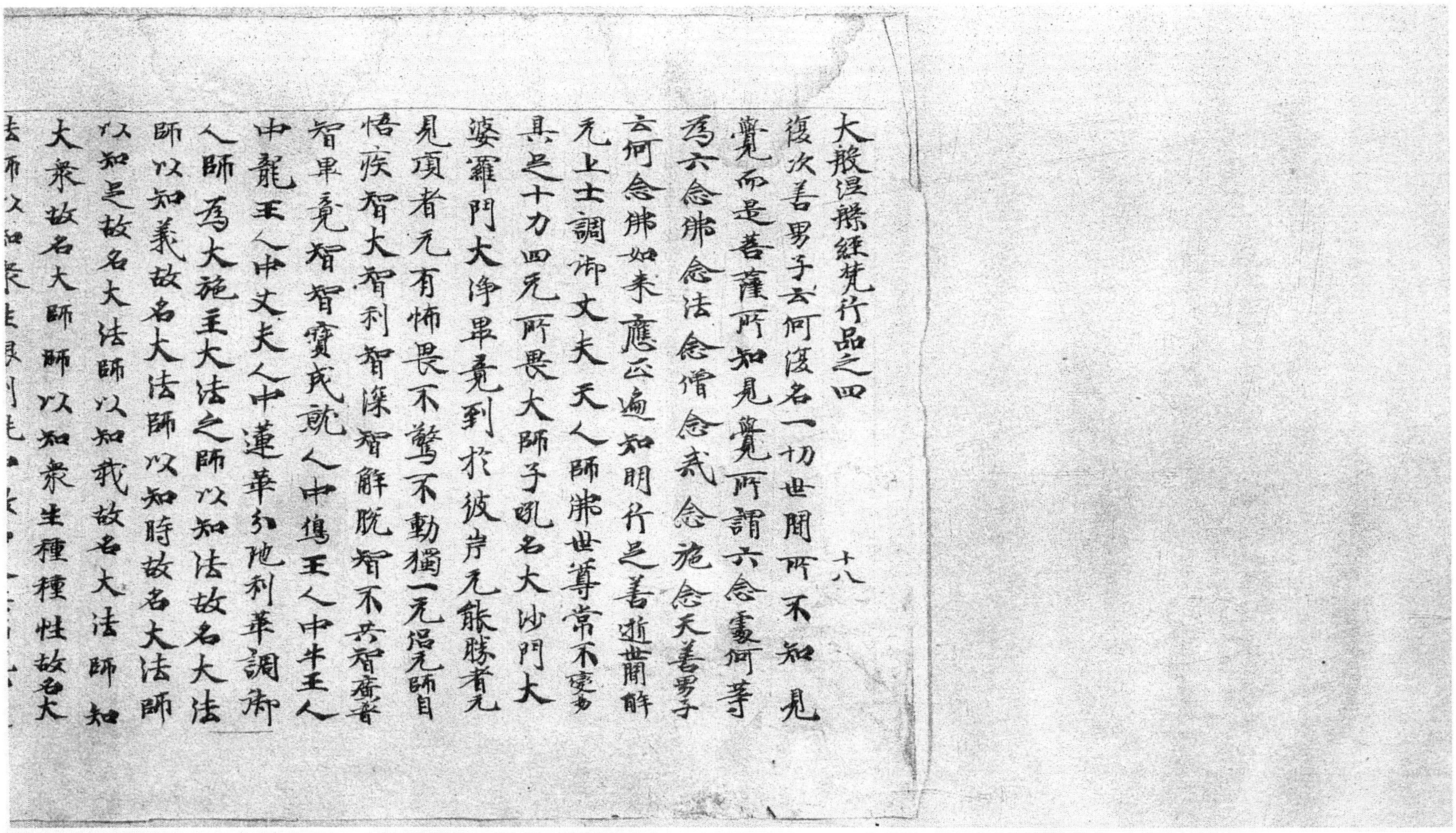

大般涅槃經梵行品之四　十八
復次善男子云何復名一切世間所不知見
覺而是菩薩所知見覺所謂六念處何等
爲六念佛念法念僧念戒念施念天善男子
云何念佛如來應正遍知明行足善逝世間解
无上士調御丈夫天人師佛世尊常不變易
具足十力四无所畏大師子吼名大沙門大
婆羅門大淨畢竟到於彼岸无能勝者无
見頂者无有怖畏不驚不動獨一无侶无師自
悟疾智大智利智深智解脫智不共智廣智
畢竟智智寶成就人中象王人中牛王人
中龍王人中丈夫人中蓮華分陀利華調御
人師爲大施主大法之師以知法故名大法
師以知義故名大法師以知時故名大法師
以知足故名大法師以知我故名大法師知
大衆故名大師師以知衆生種種性故名大
法師以知衆生根利鈍[illegible]

BD14199號　大般涅槃經（北本）卷一八　（25–1）

中龍王人中丈夫人中蓮華分陁利華調御
人師爲大施主大法之師以知法故名大法
師以知義故名大法師以知時故名大法師
以知足故名大法師以知我故名大法師知
大衆故名大師師以知衆生種種性故名大
法師以知衆生根利鈍中故名大法師說中道
故名大法師云何名如來如過去諸佛所說
不變云何不變過去諸佛爲度衆生說十二
部經如來亦尒故名如來諸佛世尊從六波
羅蜜三十七品十一空來至大涅槃如來亦
尒是故号佛爲如來也諸佛世尊爲衆生故
隨宜方便開示三乘壽命无量不可稱計如
來亦尒是故号佛爲如來也云何爲應世間
之法悉名怨家佛應害故故名爲應夫四魔
者是菩薩怨諸佛如來爲菩薩時能以智恵
破壞四魔是故名應復次應者名爲遠離爲
菩薩時應當遠離无量煩惱故名爲應復次
應者名樂過去諸佛爲菩薩時雖於无量阿
僧祇劫爲衆生故受諸苦惱終无不樂而常
樂之如來亦尒是故名應又復應者一切人
天應以種種香華瓔珞幢幡伎樂而供養之
是故名應云何正遍知正者名不顛倒遍知
者於四顛倒无不通達又復正者名爲苦行
遍知者知因苦行定有苦果又復正者名世
間中遍知者畢竟定知脩習中道得阿耨多
羅三藐三菩提又復正者名爲可數可量可

BD14199 號　大般涅槃經（北本）卷一八　（25–2）

者於四顛倒无不通達又復正者名爲苦行
遍知者知因苦行定有苦果又復正者名世
間中遍知者畢竟定知脩習中道得阿耨多
羅三藐三菩提又復正者名爲可數可量可
稱遍知者不可數不可量不可稱是故号佛
爲正遍知善男子聲聞緣覺亦有遍知亦不
遍知何以故遍者名五陰十二入十八界聲
聞緣覺亦得遍知是名遍知云何不遍知善
男子假使二乘於无量劫觀一色陰不能盡
知以是義故聲聞緣覺无有遍知云何明行
足明者名得无量善果行名脚足善果者名
阿耨多羅三藐三菩提脚足者名爲戒慧乘
戒慧足得阿耨多羅三藐三菩提是故名爲
明行足也又復明者名呪行者名吉足者名
果善男子是名世間義呪者名爲解脫吉者
名爲阿耨多羅三藐三菩提果者名爲大般
涅槃是故名爲明行足也又復明者名光行者
名業足者名果善男子是名世間義光者
名不放逸業者名六波羅蜜果者名爲阿耨
多羅三藐三菩提又復明者名爲三明一菩
薩明二諸佛明三无明明菩薩明者即是般
若波羅蜜諸佛明者即是佛眼无明明者即
畢竟空行者於无量劫爲衆生故脩諸善業
足者明見佛性以是義故名明行足云何善
逝善者名高逝名不高善男子是名世間義
高者名爲阿耨多羅三藐三菩提不高者即

BD14199 號　大般涅槃經（北本）卷一八　（25–3）

畢竟空行者於无量劫為衆生故脩諸善
是者明見佛性以是義故名明行足云何善
逝善者名高逝名不高善男子是名世間義
高者名為阿耨多羅三藐三菩提不高者即
如來心善男子心若高者不名如來是故如
來名為善逝又復善者名善知識逝者善知
識果善男子是名世間義善知識者即初發
心果者名為大般涅槃如來不捨本初發心
得大涅槃是故如來名為善逝又復善者名
好逝者名有善男子是名世間義好者名見
佛性有者名大涅槃善男子涅槃之性實非
有也諸佛世尊因世間故說言是有善男子
譬如世人實无有子說言有子實无有道說
言有道涅槃亦尒因世間故說言為有說佛
世尊成大涅槃故名善逝善男子云何世間
解善男子世間者名為五陰解者名知諸佛
世尊善知五陰故名世間解又世間者名為
五欲解名不著不著五欲故名世間解又世
間解者東方无量阿僧祇世界一切聲聞緣
覺不知不見不解諸佛悉知悉見悉解南西北
方四維上下亦復如是是故号佛為世間
解又世間者一切凡夫解者知諸凡夫善惡
因果非是聲聞緣覺所知唯佛能知是故号
佛為世間解又世間者名曰蓮華解名不汙
善男子是名世間義蓮華者即是如來不汙
者如來不為世間八法之所染汙是故号佛
為世間解又世間解者諸佛菩薩名世間解

因果非是聲聞緣覺所知唯佛能知是故号
佛為世間解又世間者名曰蓮華解名不汙
善男子是名世間義蓮華者即是如來不汙
者如來不為世間八法之所染汙是故号佛
為世間解又世間解者諸佛菩薩名世間解
何以故諸佛菩薩見世間故故名世間解善
男子如因食得命名食為命諸佛菩薩亦復
如是見世間故故名世間解云何无上士上
士者名之為斷无所斷者名无上士諸佛世
尊无有煩惱故无所斷是故号佛為无上士
又上士者名為諍訟无上士者无有諍訟如
來无諍是故号佛為无上士又上士者名語
可壞无上士者語不可壞如來所言一切衆
生所不能壞是故号佛為无上士又上士者
名為上座无上士者名无上座三世諸佛更
无過者是故号佛為无上士上者名新士者
名故諸佛世尊體大涅槃无新无故是故号
佛為无上士云何調御丈夫自既丈夫復調
丈夫善男子言如來者實非丈夫非不丈夫
因諸丈夫故名如來為丈夫也善男子一
切男女若具四法則名丈夫何等為四一善
知識二能聽法三思惟義四如說脩行善男
子若男若女具是四法則名丈夫善男子若
有男子无此四法則不得名為丈夫也何以
故身雖丈夫行同畜生如來調伏若男若女
是故号佛調御丈夫復次善男子如御馬者
凡有四種一者觸毛二者觸皮三者觸肉四

有男子无此四法則不得名為丈夫也何以
故身雖丈夫行同畜生如來調伏若男若女
是故号佛調御丈夫復次善男子如御馬者
凡有四種一者觸毛二者觸皮三者觸肉四
者觸骨隨其所觸稱御者意如來亦尒以四
種法調伏衆生一為說生令受佛語如觸其
毛隨御者意二說生老便受佛語如觸毛皮
隨御者意三者說生及以老病便受佛語如
觸毛皮肉隨御者意四者說生及老病死便
受佛語如觸毛皮肉骨隨御者意善男子御
者調馬无有決定如來世尊調伏衆生必定
不虛是故号佛調御丈夫云何天人師師有
二種一者善教二者惡教諸佛菩薩常以善
法教諸衆生何等善法謂身口意善諸佛菩
薩教諸衆生作如是言善男子汝當遠離身
不善業何以故以身惡業是可遠離得解脫
故是故我以此法教汝若是惡業不可遠離
得解脫者終不教汝令遠離也若諸衆生離
惡業已墮三惡者无有是處以遠離故成阿
耨多羅三狼三菩提得大涅槃是故諸佛菩
薩常以此法教化衆生口意亦尒是故号佛
為无上師復次昔未得道今已得之以所得
道為衆生說從本已來未脩梵行今已脩竟
以己所脩為衆生說自破无明復為衆生破
壞无明自得淨目復為衆生破除盲冥令得
淨眼自知二諦復為衆生演說二說既自解
脫復為衆生說解脫法自度无邊生死大河

BD14199號　大般涅槃經（北本）卷一八　（25–6）

為无上師復次昔未得道今已得之以所得
道為衆生說從本已來未脩梵行今已脩竟
以己所脩為衆生說自破无明復為衆生破
壞无明自得淨目復為衆生破除盲冥令得
淨眼自知二諦復為衆生演說二說既自解
脫復為衆生說解脫法自度无邊生死大河
復令衆生皆悉得度自得无畏復教衆生令
无怖畏自既涅槃復為衆生演大涅槃是故
号佛為无上師天者名晝天上晝長夜短是
故名天又復天者名无愁惱常受快樂是故
名天又復天者名為燈明能破黑闇而為大
明是故名天亦以能破惡業黑闇得於善業
而生天上是故名天又復天者名吉以吉祥
故得名為天又復天者名日日有光明故名
日為天以是義故名為天也人者名曰能多
恩義又復人者身口柔濡又復人者名有憍
慢又復人者能破憍慢善男子諸佛雖為一
切衆生无上大師然經中說為天人師何以故
善男子諸衆生中唯天與人能發阿耨多
羅三狼三菩提心能脩十善業道能得須陁
洹果斯陁含果阿那含果阿羅漢果辟支佛
道得阿耨多羅三狼三菩提是故号佛為天
人師云何為佛佛者名覺既自覺悟復能覺
他善男子辟如有人覺知有賊賊无能為菩
薩摩訶薩能覺一切无量煩惱既覺了已令
諸煩惱无所能為是故名佛以是覺故不生
不老不病不死是故名佛婆伽婆者婆伽名

BD14199號　大般涅槃經（北本）卷一八　（25–7）

他善男子譬如有人覺知有賊賊无能為菩
薩摩訶薩能覺一切无量煩惱既覺了已令
諸煩惱无所能為是故名佛以是覺故不生
不老不病不死是故名佛婆伽婆者婆伽名
破婆名煩惱能破煩惱故名婆伽婆又能成
就諸善法故又能善解諸法義故有大功德
无能勝故有大名聞遍十方故又能種種大
惠施故又於无量阿僧祇劫吐女根故善男
子若男若女能如是念佛者若行若住若坐
若卧若晝若夜若明若闇常得不離見佛世
尊善男子何故名為如來應正遍知乃至婆
伽婆而有如來无量功德大名稱耶善男子
善薩摩訶薩於昔无量阿僧祇劫恭敬父母
和上諸師上座長老於无量劫常為衆生而
行布施堅持禁戒脩習忍辱懃行精進禪定
智慧大慈大悲大喜大捨是故今得三十二
相八十種好金剛之身又復善薩於昔无量阿
僧祇劫脩習信念進定慧根於諸師長恭
敬供養常為法利不為食利善薩若持十
二部經若讀若誦常為衆生令得解脫寂靜
樂終不自為何以故善薩常脩出世間心及
出家心无為之心无諍訟心无垢穢心无繫
縛心无取著心无覆蓋心无无記心无生死
心无疑網心无貪欲心无瞋恚心无愚癡心
无憍慢心无穢濁心无煩惱心无苦心无量心
廣大心虛空心无心无无心調心不護心无
覆藏心无世間心常定心常脩心常解脫心无

BD14199 號　大般涅槃經（北本）卷一八　　　　（25–8）

心无疑網心无貪欲心无瞋恚心无愚癡心
无憍慢心无穢濁心无煩惱心无苦心无量心
廣大心虛空心无心无无心調心不護心无
覆藏心无世間心常定心常脩心常解脫心
无報心无願心善願心无語心柔濡心不住
心自在心无漏心第一義心不退心无常
心正直心无諂曲心純善心无多少心无鞕
心无凡夫心无聲聞心无緣覺心善知心界
知心生界知心住界知心自在界心是故今
得十力四无所畏大悲三念處常樂我淨
是故得稱如來乃至婆伽婆是名善薩摩訶
薩念佛
云何善薩摩訶薩念法善男子善薩摩訶薩
思惟諸佛所可說法寂妙寂上因是法故
能令衆生得現在果唯此正法无有時節
法眼所見非肉眼見然不可以譬喻為比不
生不出不住不滅不始不終无為无數无舍
宅者為作舍宅无歸作歸无明作明未到彼
岸令到彼岸為无香處作无尋香不可覩見
不動不轉不長不短永斷諸樂而安隱樂畢
竟微妙非色斷色而亦是色乃至非識斷識
而亦是識非業斷業非結斷結非物斷物而
亦是物非界斷界而亦是界非有斷有而亦
是有非入斷入而亦是入非因斷因而亦是
因非果斷果而亦是果非虛非實斷一切實
而亦是實非生非滅永斷生滅而亦是滅非
相非非相斷一切相而亦是相非教非不教

BD14199 號　大般涅槃經（北本）卷一八　　　　（25–9）

是有非入斷入而亦是入非因斷因而亦是
因非果斷果而亦是果非虛非實斷一切實
而亦是實非生非滅永斷生滅而亦是滅非
相非非相斷一切相而亦是相非教非不教
而亦是師非怖非安斷一切怖而亦是安非
忍非不忍永斷不忍而亦是忍非正非不正
斷一切正而亦是正一切法煩惱能永斷一
切煩惱清淨无相永脫諸相无量衆生畢竟
住處能滅一切生死熾火乃是諸佛所遊居
處常不變易是名菩薩念法
云何念僧諸佛聖僧如法而住受正直法隨
順脩行不可覩見不可捉持不可破壞无能
嬈害不可思識一切衆生良祐福田雖為福
田无所受取清淨无穢无漏无為廣普无邊
其心調柔平等无二无有嬈濁常不變易
是名念僧云何念戒菩薩思惟有戒不破不
漏不壞不雜雖无形色而可護持雖无觸對善
脩方便可得具足无有過咎諸佛菩薩之所
讃嘆是大方等大涅槃因善男子譬如大地
舩舫瓔珞大姓大海灰汁舍宅刀劍橋梁良
醫妙藥阿伽陁藥如意寶珠脚足眼目父
母蔭涼无能劫盜不可燒害火不能焚水不能
猶大山梯隥諸佛菩薩妙寶勝幢若住是戒
得須陁洹果我亦有分然我不須何以故若
我得是須陁洹果不能廣度一切衆生若住
是戒則得阿耨多羅三藐三菩提我亦有分

猶大山梯隥諸佛菩薩妙寶勝幢若住是戒
得須陁洹果我亦有分然我不須何以故若
我得是須陁洹果不能廣度一切衆生若住
是戒則得阿耨多羅三藐三菩提我亦有分
是我所欲何以故若得阿耨多羅三藐三菩
提當為衆生廣說妙法而作救護是名菩薩
摩訶薩念戒云何念施菩薩摩訶薩深觀此
施乃是阿耨多羅三藐三菩提因諸佛菩薩
親近脩習如是布施我亦如是親近脩習若
不惠施不能莊嚴四部之衆施雖不能畢
竟斷結而能除破現在煩惱以施因緣故常為
十方无量无邊恒河沙等世界衆生之所稱
嘆菩薩摩訶薩施衆生食則施其命以是果
報得佛之時常不變易以施樂故成佛之時
則得安樂菩薩施時如法求財不侵彼施因此
施是故成佛得清淨涅槃菩薩施時令諸衆生
不求而得是故成佛得自在我以施因緣令他
得力是故成佛獲得十力以施因緣令他得
語是故成佛得四无导諸佛菩薩脩習是施
為涅槃因我亦如是脩習布施為涅槃因廣
說如雜華中云何念天有四天王處乃至非
想非非想處若有信心得四天王處我亦有
分若我多聞布施智慧得四天王處乃至得
非想非非想處我亦有分然非我欲何以故
四天王處乃至非想非非想處皆是无常以
无常故生老病死以是義故非我所欲譬如
幻化誑於愚夫智慧之人所不惑著如幻化

非想非非想處我亦有分然非我欲何以故
四天王處乃至非想非非想處皆是无常以
无常故生老病死以是義故非我所欲譬如
幻化誑於愚夫智慧之人所不惑着如幻化
者即是四天王處乃至非想非非想處愚者
即是一切凡夫我則不同凡夫愚人我曾聞
有第一義天謂諸佛菩薩常不變易以常住
故不生不老不病不死我為衆生精懃求於
第一義天何以故第一義天能令衆生除斷
煩惱猶如意樹若我有信乃至有慧則能得
是第一義天當為衆生廣分別說第一義天
是名菩薩摩訶薩念天善男子是名菩薩非
世間也是為世間不知見覺而是菩薩所知
見覺
善男子若我弟子謂受持讀誦書寫演說十
二部經及以受持讀誦書寫敷演解說大涅
槃經等无差別者是義不然何以故善男子
大涅槃者即是一切諸佛世尊甚深秘藏以
是諸佛甚深秘藏是則為勝善男子以是義
故大涅槃經甚奇甚特不可思議迦葉菩薩白
佛言世尊我亦如是大涅槃經甚奇甚特不
可思議佛法衆僧不可思議菩薩菩提大般
涅槃亦不可思議世尊以何義故復名菩薩
不可思議義男子菩薩摩訶薩无有教者而
能自發菩提之心既發心已懃脩精進正使
大大焚燒身首終不求救捨念法心何以故

BD14199號　大般涅槃經（北本）卷一八　（25–12）

涅槃亦不可思議世尊以何義故復名菩薩
不可思議義男子菩薩摩訶薩无有教者而
能自發菩提之心既發心已懃脩精進正使
大大焚燒身首終不求救捨念法心何以故
菩薩摩訶薩常自思惟我於无量阿僧祇劫
或在地獄餓鬼畜生人中天上為諸結火之所
燒燃初不曾得一决定法决定法者即是阿耨
多羅三藐三菩提若我為於阿耨多羅三藐
三菩提終不護惜身心與命我為阿耨多羅三
藐三菩提正使碎身猶如微塵終不放捨懃精
進也何以故懃進之心即是阿耨多羅三藐
三菩提曰善男子如是菩薩未見阿耨多
羅三藐三菩提乃能如是不惜身命況復見
已是故菩薩不可思議又復不可思議菩薩
摩訶薩所見生死无量過患非是聲聞緣覺
所及雖知生死无量過惡為衆生故於中受
苦不生厭離是故復名不可思議菩薩摩訶
薩為衆生故雖在地獄受諸苦惱如三禪樂
是故復名不可思議善男子譬如長者其家
失火長者見已從舍而出諸子在後未脫火
難長者尒時定知火害為諸子故還旋赴救
不顧其難菩薩摩訶薩亦復如是雖知生死
多諸過惡為衆生故處之不厭是故復名不
可思議善男子无量衆生發菩提心見生死
中多諸過惡心即退沒或為聲聞或為緣覺
若有菩薩聞是經者終不退失菩提之心而

BD14199號　大般涅槃經（北本）卷一八　（25–13）

多諸過惡為衆生故處之不厭是故復名不
可思議善男子无量衆生發菩提心見生死
中多諸過惡心即退沒或為聲聞或為緣覺
若有菩薩聞是經者終不退失菩提之心而
為聲聞辟支佛也如是菩薩雖復未得初不
動地而心堅固无有退沒是故復名不可思
議善男子若有人言我能浮渡大海之水如
是之言不可思議不不也世尊如是之言或可
思議或不可思議何以故若人渡者則不可
思議若阿脩羅渡則可思議善男子我亦
說阿脩羅也云說人耳世尊人中亦有可思
議者不可思議者世尊人亦二種一者聖人
二者凡夫凡夫之人則不可思議賢聖之人
則可思議善男子我說凡夫不說聖人世尊
若凡夫人實不可思議善男子凡夫之人實
不能渡大海水也如是菩薩實能渡於生
死大海是故復名不可思議善男子若有人
能以藕根絲懸須弥山可思議不不也世尊善
男子菩薩摩訶薩於一念頃悉能稱量一切
生死是故復名不可思議善男子菩薩摩訶
薩已於无量阿僧祇劫常觀生死无常无我
无樂无淨而為衆生分別演說常樂我淨雖
如是說然非邪見是故復名不可思議善男
子如人入水水不能溺入大猛火火不能燒
如是之事不可思議菩薩摩訶薩亦復如是
雖處生死不為生死之所惱害是故復名不
可思議善男子人有三品謂上中下下品之人

BD14199號　大般涅槃經（北本）卷一八　（25–14）

如是說然非邪見是故復名不可思議善男
子如人入水水不能溺入大猛火火不能燒
如是之事不可思議菩薩摩訶薩亦復如是
雖處生死不為生死之所惱害是故復名不
可思議善男子人有三品謂上中下下品之人
初入胎時作是念言我今處廁衆穢歸處
如死屍間衆棘刺中大黑闇處初出胎時復
作是念我今出廁出衆穢處乃至出於大黑
闇處中品之人作是念言我今入於衆樹林
中清淨河中房室舍宅出時亦尒上品之人
作是念言我昇殿堂在華林間乘馬乘象
登涉高山出時亦尒菩薩摩訶薩初入胎時自
知入胎住時知住出時知出終不生於貪瞋
之心而未得階初住地也是故復名不可思
議善男子阿耨多羅三藐三菩提實不可
以譬喻為比善男子心亦不可以方喻為比而
皆可說菩薩摩訶薩无有師諮受學之處
而能得於阿耨多羅三藐三菩提得是法
已无慳悋常為衆生而演說之是故復名不
可思議善男子菩薩摩訶薩有身遠離非
口有口遠離非身有非身非口而亦遠離身
遠離者謂離煞盜婬是名身遠離口口遠
離者謂離妄語兩舌惡口无義語是名口遠
離非身非身非口是遠離者所謂遠離貪
嫉瞋恚邪見善男子是名非身非口而亦遠離
善男子菩薩摩訶薩不見一法是身是業及以
離主而亦有離是故復名不可思議口亦如

BD14199號　大般涅槃經（北本）卷一八　（25–15）

離非身非身非口是遠離者所謂遠離貪
嫉瞋恚耶見善男子是名非身非口而亦遠離
善男子菩薩摩訶薩不見一法是身是業及與
離主而亦有離是故復名不可思議口亦如
是善男子從身離身從口離口從慧遠離非
身非口善男子實有此慧然不能令菩薩遠
離何以故善男子无有一法能壞能作有為
法性異生異滅是故此慧不能遠離善男子
慧不能破火不能燒水不能爛風不能動地
不能持生不能生老不能老住不能住壞不
能壞貪不能貪瞋不能瞋癡不能癡以有為
性異生異滅故菩薩摩訶薩終不生念我以
此慧破諸煩惱而自說言我破煩惱雖作是
說非是虛妄是故復名不可思議迦葉復言
世尊我今始知菩薩摩訶薩不可思議佛法
衆僧大涅槃經及受持者菩提涅槃不可思
議
世尊无上佛法當久近住幾時而滅善男子
若大涅槃經乃至有是五行所謂聖行梵行
天行病行嬰兒行若我弟子有能受持讀
誦書寫演說其義為諸衆生之所恭敬尊
重讚嘆種種供養當知尒時佛法未滅善男子
若大涅槃經具足流布當尒之時我諸弟子
多犯禁戒造作衆惡不能敬信如是經典以
不信故不能受持讀誦書寫解說其義不為
衆人之所恭敬乃至供養見受持者輕賤誹
謗汝是六師非佛弟子當知佛法將滅不久

BD14199號　大般涅槃經（北本）卷一八　（25–16）

若大涅槃經具足流布當尒之時我諸弟子
多犯禁戒造作衆惡不能敬信如是經典以
不信故不能受持讀誦書寫解說其義不為
衆人之所恭敬乃至供養見受持者輕賤誹
謗汝是六師非佛弟子當知佛法將滅不久
迦葉菩薩復白佛言世尊我親從佛聞如是
義迦葉佛法住世七日然後滅盡世尊迦葉
如來有是經不如其有者云何言滅如其无
者云何說言大涅槃經是諸如來秘密之藏
佛言善男子我先說言唯有文殊乃解是義
今當重說至心諦聽善男子諸佛世尊有二
種法一者世法二者第一義法世法可滅第
一義法則不壞滅復有二種一者无常无我
无樂无淨二者常樂我淨无常无我无樂无
淨則有壞滅常樂我淨則无壞滅復有二種
一者二乘所持二者菩薩所持二乘所持則
有壞滅菩薩所持則无壞滅復有二種一者
外二者內外法者則有壞滅內法者則无壞
滅復有二種一者有為二者无為有為之法
則有壞滅无為之法无有壞滅復有二種一
者可得二不可得可得之法則有壞滅不可
得者无有壞滅復有二種一者共法二者不
共法共法壞滅不共之法无有壞滅復有二
種一者人中二者天中人中壞滅天无壞滅
復有二種一者十一部經二者方等經十一
部經則有壞滅方等經典无有壞滅善男
子若我弟子受持讀誦書寫解說方等經

BD14199號　大般涅槃經（北本）卷一八　（25–17）

種一者人中二者天中人中壞滅天无壞滅
復有二種一者十一部經二者方等經十一
部經則有壞滅方等經典无有壞滅善男
子若我弟子受持讀誦書寫解說方等經
典，恭敬供養尊重讚嘆，當知尒時佛法不滅
善男子汝向所問迦葉如來有是經不者善男子
大涅槃經卷是一切諸佛秘藏何以故諸佛雖
有十一部經不說諸佛性不說如來常樂我淨
諸佛世尊永不畢竟入於涅槃是故此經名為
如來秘密之藏十一部經所不說故故名為藏如
人七寶不出外用名之為藏善男子是人所
以藏積此物為未來事故何等未來事所謂
穀貴賊來侵國值遇惡王為用贖命道路艱
難財難得時乃當出用善男子諸佛如來秘
密之藏亦復如是為未來世諸惡比丘畜不
淨物為四衆說如來畢竟入於涅槃讀誦世
典不敬佛經如是等惡現於世時如來為欲
滅是諸惡令得遠離邪命利養如來則為演
說是經若是經典秘密之藏滅不現時當知
尒時佛法則滅善男子大涅槃經常不變易
云何難言迦葉佛時有是經不善男子迦葉
佛時所有衆生貪欲微薄智慧滋多諸菩薩
摩訶薩等調柔易化有大威德揔持不忘如
大象王世界清淨一切衆生悉知如來終不畢
竟入於涅槃常住无變雖有是典不須演
說善男子今世衆生多諸煩惱愚癡憙忘

摩訶薩等調柔易化有大威德揔持不忘如
大象王世界清淨一切衆生悉知如來終不畢
竟入於涅槃常住无變雖有是典不須演
說善男子今世衆生多諸煩惱愚癡憙忘
有智慧多諸疑網信根不立世界不淨一切
衆生咸謂如來无常遷變畢竟入於大般涅
槃是故如來演說是經善男子迦葉佛法實
亦不滅何以故常不變故
善男子若有衆生我見无我无我見我常見
无常无常見常樂見无樂无樂見樂淨見不
淨不淨見淨滅見不滅不滅見滅罪見非罪
非罪見罪輕罪見重重罪見輕乘見非乘非
乘見乘道見非道非道見道實是菩提見非
菩提實非菩提謬見菩提苦見苦見非苦集見
集滅見非滅實見非實實是世諦見第一義
諦第一義諦見是世諦歸見非歸非歸見歸
以真佛語名為魔語實是魔語以為佛語如
是之時諸佛乃說大涅槃經善男子寧說蚉
嘴盡大海底不可說言如來法滅寧言以索
繫縛猛風不可說言如來法滅寧說口吹須
彌散壞不可說言如來法滅寧言佉陀羅火
中生於蓮華不可說言如來法滅寧說阿伽陀
藥而為毒藥不可說言如來法滅寧說月可
令熱日可令冷不可說言如來法滅寧說四大
各捨自性不可說言如來法滅善男子若
佛初出得阿耨多羅三藐三菩提已未有弟
子解甚深義彼佛世尊便涅槃者當知是法

令熱日可令冷不可言如來法滅寧說四大
各捨己性不可說言如來法滅善男子若
佛初出得阿耨多羅三藐三菩提已未有弟
子解甚深義彼佛世尊便涅槃者當知是法
不久住世復次善男子若佛初出得阿耨多
羅三藐三菩提已有諸弟子解甚深義佛雖
涅槃當知是法久住於世復次善男子若佛
初出得阿耨多羅三藐三菩提已雖有弟子
解甚深義无有篤信白衣檀越敬重佛法佛
便涅槃當知是法不久住世復次善男子若
佛初出得阿耨多羅三藐三菩提已有諸弟
子解甚深義多有篤信白衣檀越敬重佛法
佛雖涅槃當知是法久住於世復次善男子
若佛初出得阿耨多羅三藐三菩提已有諸
弟子解甚深義雖有篤信白衣檀越敬重佛
法而諸弟子演說經法貪為利養不為涅槃
佛復滅度當知是法不久住世復次善男子若
佛初出得阿耨多羅三藐三菩提已有諸弟
子解甚深義雖有篤信白衣檀越敬重佛法
彼諸弟子凡所演說不貪利養為求涅槃佛
雖滅度當知是法久住於世復次善男子若
佛初出得阿耨多羅三藐三菩提已雖有弟
子解甚深義復有篤信白衣檀越敬重佛法
而諸弟子多起諍訟互相是非佛復涅槃當
知是法不久住世復次善男子若佛初出得阿
耨多羅三藐三菩提已有諸弟子解甚深
義復有篤信白衣檀越敬重佛法彼諸弟子

子解甚深義復有篤信白衣檀越敬重佛法
而諸弟子多起諍訟互相是非佛復涅槃當
知是法不久住世復次善男子若佛初出得阿
耨多羅三藐三菩提已有諸弟子解甚深
義復有篤信白衣檀越敬重佛法彼諸弟子
隨和敬法不相是非互相尊重佛雖涅槃當
知是法久住不滅復次善男子若佛初出得
阿耨多羅三藐三菩提已雖有弟子解甚深
義復有篤信白衣檀越敬重佛法彼諸弟子
為大涅槃而演說法互相恭敬不起諍訟然
畜一切不淨之物復自讚言我得須陁洹果乃
至阿羅漢果佛復涅槃當知是法不久住世復
次善男子若佛初出得阿耨多羅三藐三菩提
已有諸弟子解甚深義復有篤信白衣檀越
敬重佛法彼諸弟子為大涅槃演說經法善
隨和敬互相尊重不畜一切不淨之物亦不自
言得須陁洹乃至得阿羅漢彼佛世尊雖復
滅度當知是法久住於世復次善男子若佛初
出得阿耨多羅三藐三菩提已有諸弟子乃
至不畜不淨之物又不自言得須陁洹至阿羅
漢各執所見種種異說而作是言長老諸佛
所制四重之法乃至七滅諍法為眾生故或
遮或開十二部經亦復如是何以故佛知國
土時節各異眾生不同利鈍差別是故如來
或遮或開有輕重說善男子辟如良醫為病
服乳為病遮乳熱病聽服冷病則遮如來亦

瘂或聞十二部經亦復如是何以故佛知國
土時節各異眾生不同利鈍差別是故如來
或瘂或聞有輕重說善男子譬如良醫為病
眼亂為病瘂亂熱病聽眼冷病則瘂如來亦
尒觀諸眾生煩惱病根亦聞亦瘂長老我親
從佛聞如是義唯我知義汝不能知唯我解
律汝不能解我知諸經汝不能知彼佛滅
當知是法不久住世復次善男子若佛初出
得阿耨多羅三藐三菩提已有諸弟子乃至
不言我得須陁洹果至阿羅漢亦不說言諸佛
世尊為眾生故或瘂或聞長老我親從佛
聞如是義如是法如是律長老當順如來十
二部經此義若是我當受持如其非者我
當棄捨彼佛世尊雖復涅槃當知是法久住
於世善男子我法滅時有聲聞弟子或說有
神或說神空或說有中陰或說无中陰或說
有三世或說无三世或說有三乘或說无三
乘或言一切有或言一切无或言眾生有始
有終或言眾生无始无終或言十二因緣是
有為法或言因緣是无為法或言如來有病
苦行或言如來无病苦行或言如來不聽比
丘食十種肉何等為十人虵象馬驢狗師子豬
狐獼猴其餘悉聽或言一切不聽或言比
丘不作五事何等為五不賣生口刀酒酪沙
胡麻油等其餘悉聽或言不聽入五種舍何
等為五屠兒婬女酒家王宮旃陁羅舍餘舍
悉聽或言不聽著憍奢耶衣餘一切聽或言

狐獼猴其餘悉聽或言一切不聽或言比
丘不作五事何等為五不賣生口刀酒酪沙
胡麻油等其餘悉聽或言不聽入五種舍何
等為五屠兒婬女酒家王宮旃陁羅舍餘舍
悉聽或言不聽著憍奢耶衣餘一切聽或言
如來聽諸比丘受畜衣食臥具其價各直十
万兩金或言不聽或言涅槃常樂我淨或言
涅槃直是結盡更无別法名為涅槃譬如織
縷名之為衣衣既壞已名為无衣實无別法
名无衣也涅槃之體亦復如是善男子當尒
之時我諸弟子正說者少耶說者多受正法
少受耶法多受佛語少受魔語多善男子尒
時拘睒彌國有二弟子一者羅漢二者破戒
破戒徒眾凡有五百羅漢徒眾其數一百破
戒者說如來畢竟入於涅槃我親從佛聞如
是義如來所制四重之法若持亦可犯亦无
罪我今亦得阿羅漢果四无导智而阿羅漢
亦犯如是四重之法四重之法若是實罪阿
羅漢者終不應犯如來在世制言堅持臨涅
槃時悉皆放捨時阿羅漢比丘言長老汝不
應說如來畢竟入於涅槃我知如來常不變
易如來在世及涅槃後犯四重禁罪无差別
若言羅漢犯四重禁是義不然何以故須陁
洹人尚不犯禁況阿羅漢若長老言我是羅
漢阿羅漢者終不生想我得羅漢阿羅漢者
唯說善法不說不善長老所說純是非法若
有得見十二部經定知長老非阿羅漢善男

若言羅漢犯四重禁是義不然何以故須陁
洹人尚不犯禁況阿羅漢若長老言我是羅
漢阿羅漢者終不生想我得羅漢阿羅漢者
唯說善法不說不善長老所說純是非法若
有得見十二部經定知長老非阿羅漢善男
子尒時破戒比丘徒衆即共斫是阿羅漢命
善男子是時魔王因是二衆忿恚之心悉共
害是六百比丘尒時凡夫各共說言哀哉佛
法於是滅盡而我正法實不滅也尒時其國
有十二萬諸大菩薩善持我法云何當言我
法滅耶當于尒時閻浮提內无一比丘為我
弟子尒時波旬悉以大火焚燒一切所有經
典其中或有遺餘在者諸婆羅門即共偷取
處處採拾安置己典以是義故諸小菩薩佛
未出時率共信受婆羅門語諸婆羅門雖作
是說我有齋戒而諸外道真實无也諸外道
等雖復說言有我樂淨而實不解我樂淨義
直以佛法一字二字句二句說言我典有
如是義尒時拘尸那城娑羅雙樹間无量无
邊阿僧祇衆聞是語已悉共唱言世間虛空
世間虛空迦葉菩薩告諸大衆汝等且莫
憂愁啼哭世間不空如來常住无有變易
法僧亦尒尒時大衆聞是語已啼哭即止悉發
阿耨多羅三藐三菩提心

大般涅槃經卷第十八

BD14199號　大般涅槃經（北本）卷一八　（25–24）

法滅耶當于尒時閻浮提內无一比丘為我
弟子尒時波旬悉以大火焚燒一切所有經
典其中或有遺餘在者諸婆羅門即共偷取
處處採拾安置己典以是義故諸小菩薩佛
未出時率共信受婆羅門語諸婆羅門雖作
是說我有齋戒而諸外道真實无也諸外道
等雖復說言有我樂淨而實不解我樂淨義
直以佛法一字二字句二句說言我典有
如是義尒時拘尸那城娑羅雙樹間无量无
邊阿僧祇衆聞是語已悉共唱言世間虛空
世間虛空迦葉菩薩告諸大衆汝等且莫
憂愁啼哭世間不空如來常住无有變易
法僧亦尒尒時大衆聞是語已啼哭即止悉發
阿耨多羅三藐三菩提心

大般涅槃經卷第十八

BD14199號　大般涅槃經（北本）卷一八　（25–25）

大般涅言第十八

BD14199 號背　勘記　（1-1）

依者畢帝汝等及眷屬應
説是陀羅尼品時六万八千人
妙法蓮華經妙莊嚴王本事品第二十七
尒時佛告諸大衆乃往古世過无量无邊不
可思議阿僧祇劫有佛名雲雷音宿王華
多陀阿伽度阿羅呵三藐三佛陀國名光明
莊嚴劫名憙見彼佛法中有王名妙莊嚴其
王夫人名曰淨德有二子一名淨藏二名淨
眼是二子有大神力福德智慧久脩菩薩所
行之道所謂檀波羅蜜尸波羅蜜羼提波
羅蜜毗梨耶波羅蜜禪波羅蜜般若波羅蜜
方便波羅蜜慈悲喜捨乃至三十七品助道法
皆悉明了通達又得菩薩淨三昧日星宿三
昧淨光三昧淨色三昧淨照明三昧長莊嚴
三昧大威德藏三昧於此三昧亦悉通達尒
時彼佛欲引導妙莊嚴王及愍念衆生故説
是法華經時淨藏淨眼二子到其母所合十
指爪掌白言願母往詣雲雷音宿王華智佛
所我等亦當侍從親近供養礼拜所以者何
此佛於一切天人衆中説法華經宜應聽

BD14200 號　妙法蓮華經卷七　（11-1）

三昧於此三昧亦悉通達尒
時彼佛欲引導妙莊嚴王及愍念衆生故說
是法華經時淨藏淨眼二子到其母所合十
指爪掌白言願母往詣雲雷音宿王華智佛
所我等亦當侍從親近供養礼拜所以者何
此佛於一切天人衆中說法華經宜應聽受
母告子言汝父信受外道深著婆羅門法汝
等應往白父與共俱去淨藏淨眼合十指爪
掌白母我等是法王子而生此耶見家母告
子言汝等當憂念汝父為現神變若得見者
心必清淨或聽我等往至佛所於是二子念
其父故踊在虛空高七多羅樹現種種神變
於虛空中行住坐卧身上出水身下出火身
下出水身上出火或現大身滿虛空中而復
現小小復現大於虛空中滅忽然在地入地
如水履水如地現如是等種種神變令其父
王心淨信解時父見子神力如是心大歡喜
得未曾有合掌向子言汝等師為是誰誰之
弟子二子白言大王彼雲雷音宿王華智佛
今在七寶菩提樹下法座上坐於一切世間
天人衆中廣說法華經是我等師我是弟子
父語子言我今亦欲見汝等師可共俱往於
是二子從空中下到其母所合掌白母父王
今已信解堪任發阿耨多羅三藐三菩提心
我等為父已作佛事願母見聽於彼佛所出
家修道尒時二子欲重宣其意以偈白母

BD14200號　妙法蓮華經卷七　（11–2）

是二子從空中下到其母所合掌白母父王
今已信解堪任發阿耨多羅三藐三菩提心
我等為父已作佛事願母見聽於彼佛所出
家修道尒時二子欲重宣其意以偈白母
願母放我等　出家作沙門　諸佛甚難值　我等隨佛學
如優曇鉢羅　值佛復難是　脫諸難亦難　願聽我出家
母即告言聽汝出家所以者何佛難值故於
是二子白父母言善哉父母願時往詣雲雷
音宿王華智佛所親近供養所以者何佛難
得值如優曇鉢羅華又如一眼之龜值浮木
孔而我等宿福深厚生值佛法是故父母當
聽我等令得出家所以者何諸佛難值時亦難
遇彼時妙莊嚴王後宮八万四千人皆悉
堪任受持是法華經淨眼菩薩於法華三昧
久已通達淨藏菩薩已於无量百千万億劫
通達離諸惡趣三昧欲令一切衆生離諸惡
趣故其王夫人得諸佛集三昧能知諸佛秘
密之藏二子如是以方便力善化其父令心
信解好樂佛法於是妙莊嚴王與群臣眷屬
俱淨德夫人與後宮婇女眷屬俱其王二子
與四万二千人俱一時共詣佛所到已頭面
礼足繞佛三帀却住一面尒時彼佛為王說
法示教利喜王大歡悅尒時妙莊嚴王及其
夫人解頸真珠瓔珞價直百千以散佛上於
虛空中化成四柱寶臺臺中有大寶床敷百

BD14200號　妙法蓮華經卷七　（11–3）

礼足繞佛三帀却住一面尒時彼佛為王説
法示教利喜王大歡悦尒時妙莊嚴王及其
夫人解頸真珠瓔珞價直百千以散佛上於
虚空中化成四柱寶臺臺中有大寶床敷百
千万天衣其上有佛結跏趺坐放大光明尒
時妙莊嚴王作是念佛身希有端嚴殊特成
就第一微妙之色時雲雷音宿王華智佛告
四衆言汝等見是妙莊嚴王於我前合掌立
不此王於我法中作比丘精勤脩習助佛道
法當得作佛号娑羅樹王國名大光劫名大
高王其娑羅樹王佛有无量菩薩衆及无量
聲聞其國平正功德如是其王即時以國付
弟與夫人二子并諸眷屬於佛法中出家脩
道王出家已於八万四千歲常勤精進脩行妙
法華經過是已後得一切淨功德莊嚴三昧
即昇虚空高七多羅樹而白佛言世尊此我
二子已作佛事以神通變化轉我邪心令得
安住於佛法中得見世尊此二子者是我善
知識為欲發起宿世善根饒益我故來生我
家尒時雲雷音宿王華智佛告妙莊嚴王言
如是如是如汝所言若善男子善女人種善
根故世世得善知識其善知識能作佛事示
教利喜令入阿耨多羅三藐三菩提大王當
知善知識者是大因緣所謂化導令得見佛
發阿耨多羅三藐三菩提心大王汝見此二
子不此二子已曾供養六十五百千万億那

BD14200號　妙法蓮華經卷七　（11-4）

教利喜令入阿耨多羅三藐三菩提大王當
知善知識者是大因緣所謂化導令得見佛
發阿耨多羅三藐三菩提心大王汝見此二
子不此二子已曾供養六十五百千万億那
由他恒河沙諸佛親近恭敬於諸佛所受持
法華經愍念邪見衆生令住正見妙莊嚴王
即從虚空中下而白佛言世尊如來甚希有
以功德智慧故頂上肉髻光明顯照其眼長廣
而紺青色眉間豪相白如珂月齒白齊密
常有光明脣色赤好如頻婆菓尒時妙莊嚴
王讃歎佛如是等无量百千万億功德已於
如來前一心合掌復白佛言世尊未曾有也
如來之法具足成就不可思議微妙功德教
戒所行安隱快善我從今日不復自隨心行
不生邪見憍慢瞋恚諸惡之心説是語已礼
佛而出佛告大衆於意云何妙莊嚴王豈異
人乎今華德菩薩是其淨德夫人今佛前光
照莊嚴相菩薩是哀愍妙莊嚴王及諸眷屬
故於彼中生其二子者今藥王菩薩藥上菩
薩是是藥王藥上菩薩成就如此諸大功德
已於无量百千万億諸佛所殖衆德本成就
不可思議諸善功德若有人識是二菩薩名
字者一切世間諸天人民亦應礼拜佛説是
妙莊嚴王本事品時八万四千人遠塵離垢
於諸法中得法眼淨
妙法蓮華經普賢菩薩勸發品第二十八

BD14200號　妙法蓮華經卷七　（11-5）

不可思議功德若有人識是二菩薩名
字者一切世間諸天人民亦應礼拜佛說是
妙莊嚴王本事品時八万四千人遠塵離垢
於諸法中得法眼淨
妙法蓮華經普賢菩薩勸發品第二十八
尒時普賢菩薩以自在神通威德名聞與大
菩薩无量无邊不可稱數從東方來所經諸
國普皆震動雨寶蓮華作无量百千万億種
種伎樂又與无數諸天龍夜叉乾闥婆阿脩
羅迦樓羅緊那羅摩睺羅伽人非人等大衆
圍繞各現威德神通之力到娑婆世界耆闍
崛山中頭面礼釋迦牟尼佛右繞七帀白佛
言世尊我於寶威德上王佛國遥聞此娑婆
世界說法華經與无量无邊百千万億諸菩
薩衆共來聽受唯願世尊當為說之若善男
子善女人於如來滅後云何能得是法華經
佛告普賢菩薩若善男子善女人成就四法
於如來滅後當得是法華經一者為諸佛護
念二者殖衆德本三者入正定聚四者發救
一切衆生之心善男子善女人如是成就四
法於如來滅後必得是經尒時普賢菩薩白
佛言世尊於後五百歳濁惡世中其有受持
是經典者我當守護除其衰患令得安隱使
无伺求得其便者若魔若魔子若魔女若魔
民若為魔所著者若夜叉若羅刹若鳩槃荼
若毗舍闍若吉蔗若富單那若韋陁羅等諸

BD14200號　妙法蓮華經卷七　（11–6）

佛言世尊於後五百歳濁惡世中其有受持
是經典者我當守護除其衰患令得安隱使
无伺求得其便者若魔若魔子若魔女若魔
民若為魔所著者若夜叉若羅刹若鳩槃荼
若毗舍闍若吉蔗若富單那若韋陁羅等諸
惱人者皆不得便是人若行若立讀誦此經
我尒時乘六牙白象王與大菩薩衆俱詣其
所而自現身供養守護安慰其心亦為供養
法華經故是人若坐思惟此經尒時我復乘
白象王現其人前其人若於法華經有所忘
失一句一偈我當教之與共讀誦還令通利
尒時受持讀誦法華經者得見我身甚大歡
喜轉復精進以見我故即得三昧及陁羅尼
名為旋陁羅尼百千万億旋陁羅尼法音方
便陁羅尼得如是等陁羅尼世尊若後世後
五百歳濁惡世中比丘比丘尼優婆塞優婆
夷求索者受持者讀誦者書寫者欲脩習是
法華經於三七日中應一心精進滿三七日
已我當乘六牙白象與无量菩薩而自圍繞
以一切衆生所憙見身現其人前而為說法
示教利喜亦復與其陁羅尼呪得是陁羅尼
故无有非人能破壞者亦不為女人之所惑
亂我身亦自常護是人唯願世尊聽我說此
陁羅尼即於佛前而說呪曰
阿檀地途賣反一 檀陁婆地二 檀陁婆帝三 檀陁
鳩舍隸四 檀陁脩陁隸五 脩陁隸六 脩陁羅
婆底七 佛陀波羶禰八 薩婆陁羅尼阿婆多

BD14200號　妙法蓮華經卷七　（11–7）

[illegible]
故无有非人能破壞者亦不為女人之所惑
亂我身亦自常護是人唯願世尊聽我說此
陁羅尼即於佛前而說呪曰
阿檀地 途賣反 一 檀陁婆地 二 檀陁婆帝 三 檀陁
鳩舍隸 四 檀陁脩陁隸 五 脩陁隸 六 脩陁羅
婆底 七 佛馱波羶祢 八 薩婆陁羅尼阿婆多
尼 九 薩婆婆沙阿婆多尼 十 脩阿婆多尼 十一
僧伽婆履叉尼 十二 僧伽涅伽陁尼 十三 阿僧祇
十四 僧伽波伽地 十五 帝隸阿惰僧伽兜略 盧遮反 阿
羅帝波羅帝 十六 薩婆僧伽三摩地伽蘭地 十七
薩婆達磨脩波利剎帝 十八 薩婆薩埵樓馱
憍舍略阿䰇伽地 十九 辛阿略吉利地帝 二十
世尊若有菩薩得聞是陁羅尼者當知普
賢神通之力若法華經行閻浮提有受持者應
作此念皆是普賢威神之力若有受持讀誦
正憶念解其義趣如說脩行當知是人行普
賢行於无量无邊諸佛所深種善根為諸如
來手摩其頭若但書寫是人命終當生忉利
天上是時八万四千天女作衆伎樂而來迎
之其人即著七寶冠於婇女中娛樂快樂何
況受持讀誦正憶念解其義趣如說脩行若
有人受持讀誦解其義趣是人命終為千佛
授手令不恐怖不墮惡趣即往兜率天上弥
勒菩薩所弥勒菩薩有三十二相大菩薩衆
所共圍繞有百千万億天女眷屬而於中生
有如是等功德利益是故智者應當一心自
書若使人書受持讀誦正憶念如說脩行世

BD14200號　妙法蓮華經卷七　(11-8)

授手令不恐怖不墮惡趣即往兜率天上弥
勒菩薩所弥勒菩薩有三十二相大菩薩衆
所共圍繞有百千万億天女眷屬而於中生
有如是等功德利益是故智者應當一心自
書若使人書受持讀誦正憶念如說脩行世
尊我今以神通力故守護是經於如來滅後閻
浮提內廣令流布使不斷絕尒時釋迦牟尼
佛讚言善哉善哉普賢汝能護助是經令多
所衆生安樂利益汝已成就不可思議功德
深大慈悲從久遠來發阿耨多羅三藐三菩
提意而能作是神通之願守護是經我當以
神通力守護能受持普賢菩薩名者普賢若
有受持讀誦正憶念脩習書寫是法華經者
當知是人則見釋迦牟尼佛如從佛口聞此
經典當知是人供養釋迦牟尼佛當知是人
佛讚善哉當知是人為釋迦牟尼佛手摩其
頭當知是人為釋迦牟尼佛衣之所覆如是
之人不復貪著世樂不好外道經書手筆亦
復不憙親近其人及諸惡者若屠兒若畜猪
羊雞狗若獵師若衒賣女色是人心意質直
有正憶念有福德力是人不為三毒所惱亦
復不為嫉妬我慢邪慢增上慢所惱是人少
欲知足能脩普賢之行普賢若如來滅後後
五百歲若有人見受持讀誦法華經者應作
是念此人不久當詣道場破諸魔衆得阿耨
多羅三藐三菩提轉法輪擊法鼓吹法螺雨
法雨當坐天人大衆中師子法座上普賢若
於後世受持讀誦是經典者是人不復貪著

BD14200號　妙法蓮華經卷七　(11-9)

五百歲若有人見受持讀誦法華經者應作
是念此人不久當詣道場破諸魔衆得阿耨
多羅三藐三菩提轉法輪擊法鼓吹法螺雨
法雨當坐天人大衆中師子法座上普賢若
於後世受持讀誦是經典者是人不復貪著
衣服卧具飲食資生之物所願不虛亦於現
世得其福報若有人輕毀之言汝狂人耳空
作是行終无所獲如是罪報當世世无眼若
有供養讚歎之者當於今世得現果報若復
見受持是經者出其過惡若實若不實此人
現世得白癩病若有輕咲之者當世世牙齒
踈缺醜脣平鼻手脚繚戾眼目角睞身體臭
穢惡瘡膿血水腹短氣諸惡重病是故普賢
若見受持是經典者當起遠迎當如敬佛說
是普賢菩薩勸發品時恒河沙等无量无邊
菩薩得百千万億旋陁羅尼三千大千世界
微塵等諸菩薩具普賢道佛說是經時普賢
等諸菩薩舍利弗等諸聲聞及諸天龍人非
人等一切大會皆大歡喜受持佛語作礼而去

妙法蓮華經卷第七

BD14200號　妙法蓮華經卷七　（11–10）

見受持是經者出其過惡若實若不實此人
現世得白癩病若有輕咲之者當世世牙齒
踈缺醜脣平鼻手脚繚戾眼目角睞身體臭
穢惡瘡膿血水腹短氣諸惡重病是故普賢
若見受持是經典者當起遠迎當如敬佛說
是普賢菩薩勸發品時恒河沙等无量无邊
菩薩得百千万億旋陁羅尼三千大千世界
微塵等諸菩薩具普賢道佛說是經時普賢
等諸菩薩舍利弗等諸聲聞及諸天龍人非
人等一切大會皆大歡喜受持佛語作礼而去

妙法蓮華經卷第七

BD14200號　妙法蓮華經卷七　（11–11）

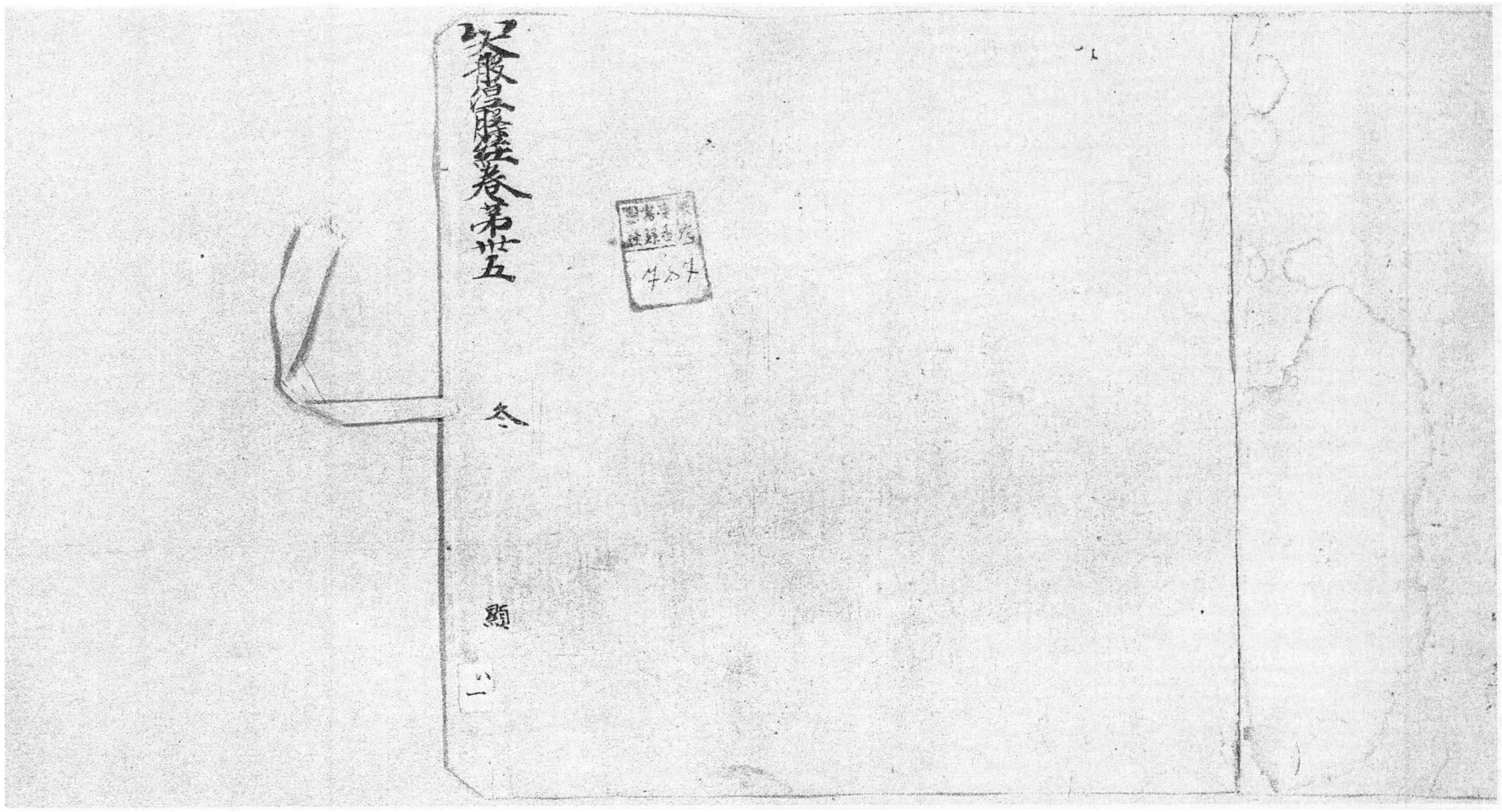
大般涅槃經卷第卅五

冬

顯

八一

BD14201 號背　護首　　（1–1）

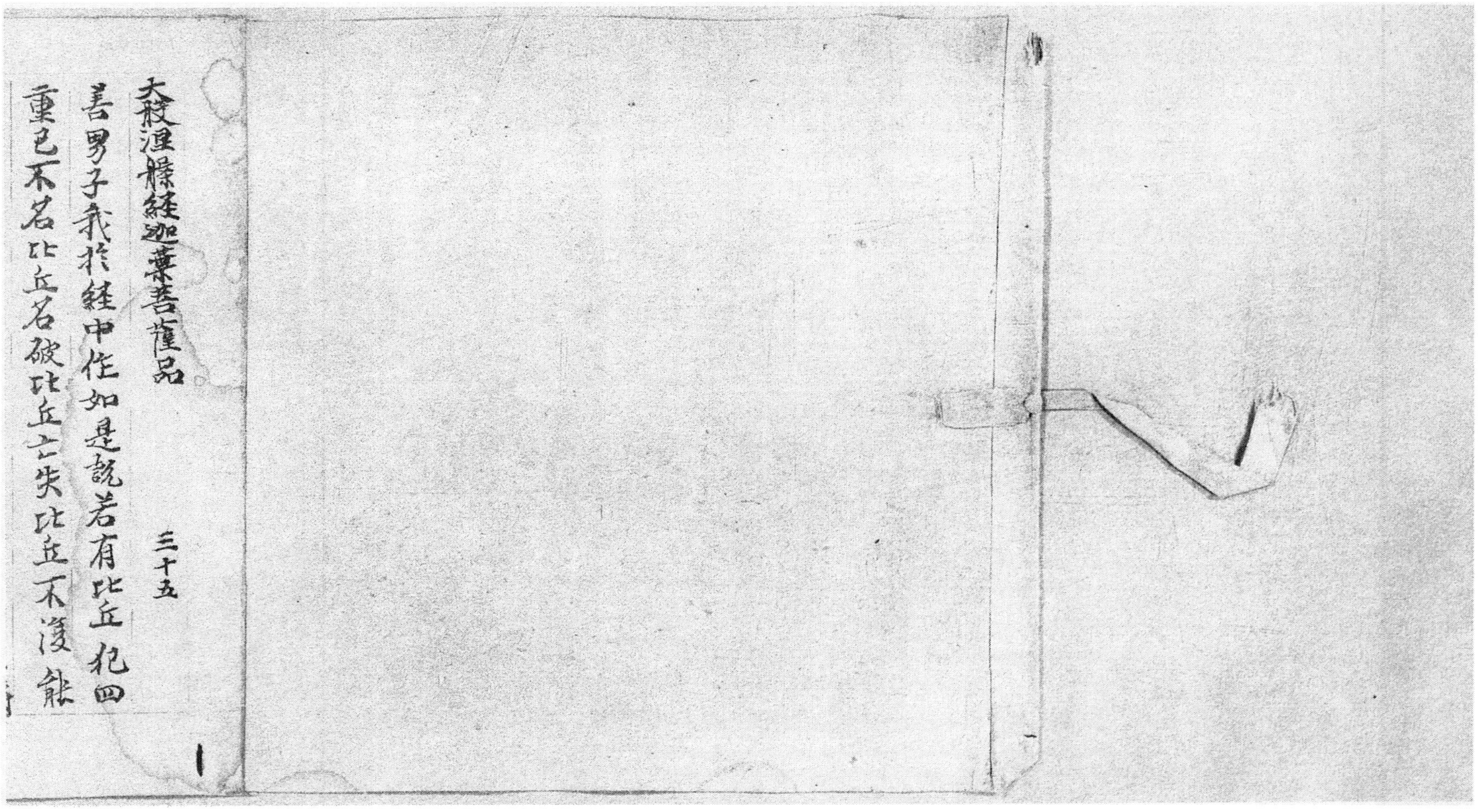
大般涅槃經迦葉菩薩品　三十五

善男子我於經中作如是說若有比丘犯四

重已不名比丘名破比丘亡失比丘不復能

BD14201 號　大般涅槃經（北本　宮本）卷三五　　（24–1）

大般涅槃經迦葉菩薩品　三十五
善男子我於經中作如是說若有比丘犯四
重已不名比丘名破比丘亡失比丘不復能
生善牙種子譬如燋種不生果實如多羅樹
頭若斷壞則不生果犯重比丘亦復如是我
諸弟子聞是說已不解我意唱言如來說諸
比丘犯重禁已失比丘戒善男子我於經中為
純陁說四種比丘一者畢竟到道二者示道
三者受道四者汙道犯四重者即是汙道
我諸弟子聞是說已不解我意唱言如來說
諸比丘犯四重已不失禁戒善男子我於經
中告諸比丘一乘一道一行一緣如是一乘乃
至一緣能為眾生作大寂靜永斷一切繫
縛愁苦苦及苦因令一切眾生到於一有我
諸弟子聞是說已不解我意唱言如來說須
陁洹乃至阿羅漢人皆得佛道善男子我於
經中說須陁洹人間天上七反往來便般涅
槃斯陁含人一受人天便般涅槃阿那含人
凡有五種或有中間般涅槃者乃至上流般
涅槃者阿羅漢人凡有二種一者現在二者
未來現在亦斷煩惱五陰未來亦斷煩惱五
陰我諸弟子聞是說已不解我意唱言如來
說須陁洹至阿羅漢不得佛道善男子我於
此經說言佛性具有六事一常二實三真四

未來現在亦斷煩惱五陰未來亦斷煩惱五
陰我諸弟子聞是說已不解我意唱言如來
說須陁洹至阿羅漢不得佛道善男子我於
此經說言佛性具有六事一常二實三真四
善五淨六可見我諸弟子聞是說已不解我
意唱言佛說眾生佛性離眾生有善男子
我又說言眾生佛性猶如虛空虛空者非過去非
未來非現在非內非外非是色聲香味觸
佛性亦尒我諸弟子聞是說已不解我意
唱言佛說眾生佛性離眾生有善男子我又
復說眾生佛性猶如貧女宅中寶藏力士額
上金剛寶珠轉輪聖王甘露之泉我諸弟子
聞是說已不解我意唱言佛說眾生佛性離
眾生有善男子我又復說犯四重禁一闡提
人謗方等經作五逆罪皆有佛性如是眾生
都无善法佛性是善我諸弟子聞是說已
不解我意唱言佛說眾生佛性離眾生有善
男子我又復說眾生者即是佛性何以故若離
眾生不得阿耨多羅三藐三菩提是故我與
波斯匿王說於象喻如盲說象雖不得象亦
不離象眾生說色乃至說識是佛性者亦復
如是雖非佛性非不佛性如我為王說箜篌
喻佛性亦尒善男子我諸弟子聞是說已不
解我意作種種說如盲問乳佛性亦尒以是
因緣或有說言犯四重禁謗方等經作五逆
罪一闡提等悉有佛性或說言无善男子我

喻佛性亦尒善男子我諸弟子聞是說已不
解我意作種種說如首閗乳佛性亦尒以是
因緣或有說言犯四重禁謗方等經作五逆
罪一闡提等悉有佛性或說言无善男子我
於處處經中說言一人出世多人利益一國土
中二轉輪王一世界中二佛出世无有是處
一四天下八四天王乃至二他化自在天亦
无是處然我乃說從閻浮提阿鼻地獄上
至阿迦貳吒天我諸弟子聞是說已不解我
意唱言佛說无十方佛我亦於諸大乘經中
說有十方佛善男子如是諍訟是佛境界非
諸聲聞緣覺所知若人於是生疑心者猶能
摧壞无量煩惱須弥山若於是中生決定
者是名執著迦葉菩薩白佛言世尊云何執
著佛言善男子如是之人若從他聞若自
尋經若他教敎於所著事不能放捨是名執
著迦葉復言世尊如是執著爲是善耶是不善
乎善男子如是執著不名爲善何以故不能
摧壞諸疑网故迦葉復言世尊如是人者本
自不疑云何說言不壞疑网善男子夫不疑
者即是疑也世尊若有人謂須陁洹人不墮
三惡是人亦當名著名疑善男子是可名定
不得名疑何以故善男子譬如有人先見人
樹後時夜行遙見杌根便生疑想人耶樹耶
善男子如人先見比丘梵志後時於路遙見

BD14201號　大般涅槃經（北本　宮本）卷三五　　（24–4）

者即是疑也世尊若有人謂須陁洹人不墮
三惡是人亦當名著名疑善男子是可名定
不得名疑何以故善男子譬如有人先見人
樹後時夜行遙見杌根便生疑想人耶樹耶
善男子如人先見比丘梵志後時於路遙見
比丘即生疑想是沙門耶是梵志乎善男子
如人先見牛與水牛後遙見牛便生疑想彼
是牛耶是水牛乎善男子一切衆生先是二
物後便生疑何以故心不了故我亦不說須
陁洹人有墮三惡不墮三惡是人何故生於
疑心迦葉言世尊如佛所說要先見已然後
疑者有人未見二種物時亦復生疑何等是
耶所謂涅槃世尊譬如有人路遇濁水然未
曾見而亦生疑如是水者深耶淺耶是人未
見云何生疑善男子夫涅槃者即是斷苦
非涅槃者即是苦也一切衆生見有二種見苦
非苦苦非苦者即是飢渴寒熱瞋喜病瘦安
隱老壯生死繫縛解脫恩愛別離怨憎聚
會衆生見已即便生疑當有畢竟遠離如是苦
惱事不是故衆生於涅槃中而生疑也汝意
若謂是人先來未見濁水云何疑者是義不
然何以故是人先於餘處見已是故於此未
曾到處而復生疑世尊是人先見深淺處時
已不生疑於今何故而復生疑佛言善男子
本未行故所以生疑是故我言不了故疑迦

BD14201號　大般涅槃經（北本　宮本）卷三五　　（24–5）

然何以故是人先於餘處見已是故於此未
曾到處而復生疑世尊是人先見深淺處時
已不生疑於今何故而復生疑佛言善男子
大未行故所以生疑是故我言不了故疑迦
葉菩薩白佛言世尊如佛所説疑即是着着
即是疑為是誰耶善男子斷善根者迦葉
言世尊何等人輩能斷善根善男子若有聰
明黠慧利根能善分别遠離善友不聽正
法不善思惟不如法住如是之人能斷善根
離是四事心自思惟无有施物何以故施者即
是捨於財物若施有報當知施主常應貧窮何
以故子果相似故是故説言无因无果若如
是説无因无果是則名為斷善根也復作是
念施主受者及以財物三事无常无有停住
若无停住云何説言此是施主受者財物若
无受者云何得果以是義故无因无果若如
是説无因无果當知是人能斷善根復作是
念施主施時有五事施受者受已或時住善
或時不善而是施主亦復不得善不善果如
世間法從子生果果還作子因即施主果即
受者而是受者不能以此善不善法令施主
得以是義故无因无果若如是説无因无果
當知是人能斷善根復作是念无有施物何
以故施物无記若是无記云何而得善果報
耶无善惡果即是无記財若无記當知則无
善惡果報是故无施无因无果若如是説无

BD14201號　大般涅槃經（北本　宮本）卷三五　（24–6）

當知是人能斷善根復作是念无有施物何
以故施物无記若是无記云何而得業果報
耶无善惡果即是无記財若无記當知則无
善惡果報是故无施无因无果若如是説无
因无果當知是人能斷善根復作是念施
者即意若是意者无見无對非是色法若非
是色云何可施是故无施无因无果若如是説
无因无果當知是人能斷善根復作是念施
主若為佛像天像命過父母而行施者則无
受者若无受者應无果報若无果報是為
无因若无因者是為无果若如是説无因无
果當知是人能斷善根復作是念无父无母
若言父母是衆生因生衆生者理應常生无
有斷絶何以故因常有故然不常生是故當
知无有父母復作是念无父无母何以故若
衆生身因父母有一人應具男女二根然无
具者當知衆生非因父母復作是念非因父
母而生衆生何以故眼見衆生不似父母謂
身色心威儀進止是故父母非衆生因復作
是念一切世間有四種无一者未生名无如
泥團時未有瓶用二者滅已名无如瓶壞已
是名為无三者各異互无如牛中无馬馬中
无牛四者畢竟名无如兎角龜毛衆生父母
亦復如是同此四无若言父母衆生因者父
母死時子不必死是故父母非衆生因復作
是念若言父母衆生因者應因父母常生衆
生然復有化生濕生是故當知非因父母

BD14201號　大般涅槃經（北本　宮本）卷三五　（24–7）

无牛四者畢竟名无如菟角龜毛衆生父母
亦復如是同此四无若言父母衆生因者父
母死時子不必死是故父母非衆生因復作
是念若言父母衆生因者應因父母常生衆
無而復有化生濕生是故當知非因父母
生衆生也復作是念自有衆生非因父母而
得生長譬如孔雀聞雷震聲而便得身又
如青雀飲雄雀淚而便得身如命命鳥見雄
者儛即便身得作是念時如其不遇善知識
者當知是人能斷善根復作是念一切世間无
善惡果何以故有諸衆生具十善法樂行慧
施懃脩功德是人亦復疾病集身中年夭喪
財物損失多諸憂苦有行十惡慳貪嫉妬懶
墮懈怠不脩諸善身安无病終保年壽多饒
財寶无諸愁苦是故知當无善惡果復作
是念我亦曾聞諸聖人說有人脩善命終多
墮三惡道中有人行惡命終生於人天之中是
故當知无善惡果復作是念一切聖人有二
種說或說煞生得善果報或說煞生得惡果
報是故當知聖說不定聖若不定我云何定
是故當知无善惡果復作是念一切世間无
有聖人何以故若言聖人應得正道一切衆
生具煩惱時脩正道者當知是人正道煩惱
一時俱有若一時有當知正道不能破結若
无煩惱而脩道者如是正道為何所作是故
具煩惱者道不能壞不具煩惱道則无用是
故當知一切世間无有聖人復作是念无明

生具煩惱時脩正道者當知是人正道煩惱
一時俱有若一時有當知正道不能破結若
无煩惱而脩道者如是正道為何所作是故
具煩惱者道不能壞不具煩惱道則无用是
故當知一切世間无有聖人復作是念无明
緣行乃至生緣老死是十二因緣一切衆生
等共有之八聖道者其性平等亦應如是一
人得時一切應得一人脩時應一切苦滅何
以煩惱等故而今不得是故當知无有正
道復作是念聖人皆有同凡夫法所謂飲
食行住坐卧睡眠喜咲飢渴寒熱愁憂恐怖
若同凡夫如是事者當知聖人不得聖道若得
聖道應當永斷如是等事如其不斷當知无
道復作是念聖人有身受五欲樂亦復罵辱
楇打於人嫉妬憍慢受於苦樂作善惡業是
因緣故知无聖人若有道者應斷是事是事
不斷當知无道復作是念多憐愍者名為
聖人何因緣故名為聖人道因緣故名為聖人
若道性憐愍便應愍念一切衆生不待脩
已然後方得如其无愍何故聖人因得聖道
能憐愍耶是故當知世无聖道復作是念一
切四大不從因生衆生等有是四大性不觀
衆生是邊應到彼不應到若有聖道性應
如是然今不尒是故當知世无聖人復作是念
若諸聖人有一涅槃當知是則无有聖人何
以故不可得故常住之法理不可得不可取

如是然今不尒是故當知世无聖人復住是念
若諸聖人有一涅槃當知是則无有聖人何
以故不可得故常住之法理不可得不可取
捨若諸聖人涅槃多者是則无常何以故可
數法故涅槃若一一人得時一切應得涅槃
若多是則有邊如其有邊云何名常若有
說言涅槃體一解脫是多如蓋是一者舌是多
者是義不然何以故一一所得非一切得亦有
邊故是應无常若无常者云何得名為涅槃
耶涅槃若无誰為聖人是故當知无有聖人
復住是念聖人之道非因緣得若聖人道非
因緣得何故一切不作聖人若一切人非聖
人者當知是則无有聖人及以聖道復住是
念聖說云見有二因緣一者從他聞法二者
內自思惟是二因緣若從緣生所從生者復
從緣生如是展轉有无窮過若是二事不從
緣生一切衆生何故不得作是觀時能斷善
根善男子若有衆生深見如是无因无果是
人能斷信等五根善男子斷善根者非是下
劣愚鈍之人亦非天中及三惡道破僧亦尒
迦葉菩薩白佛言世尊如是之人何時當能
還生善根佛言善男子是人二時還生善
根初入地獄出地獄時善男子善有三種過
去現在未來若過去者其性自滅因雖滅盡
果報未熟是故不名斷過去果斷三世因故

BD14201號　大般涅槃經（北本　宮本）卷三五　（24–10）

還生善根佛言善男子是人二時還生善
根初入地獄出地獄時善男子善有三種過
去現在未來若過去者其性自滅因雖滅盡
果報未熟是故不名斷過去果斷三世因故
名為斷迦葉菩薩白佛言世尊若斷三世因
名斷善根人即有佛性如是佛性為
是過去為是現在為是未來為遍三世若過
去者云何名常佛性亦常是故當知非過去
也若未來者云何名常何故佛說一切衆生
必定當得若必定得云何言斷若現在者復
云何常何故復言必定可見如來亦說佛性有
六一常二真三實四善五淨六可見若斷善
根有佛性者則不得名斷善根也若无佛
性云何復言一切衆生悉有佛性若言佛性
亦有亦斷云何如來復說是常佛言善男子
如來世尊為衆生故有四種答一者定答二
者分別答三者隨問答四者置答善男子
云何定答若問惡業得善果耶不善果乎是應
定答得不善果善亦如是若問如來一切智
不是應定答是一切智若問佛法是清淨不
是應定答必定清淨若問如來弟子如法住
不是應定答有如法住是名定答云何分別
答如我所說四真諦法云何為四苦集滅道
何謂苦諦有八苦故名曰苦諦云何集諦五
陰因故名為集諦云何滅諦貪欲瞋恚畢竟

BD14201號　大般涅槃經（北本　宮本）卷三五　（24–11）

荅如我所說四真諦法云何為四苦集滅道
何謂苦諦有八苦故名曰苦諦云何集諦五
陰因故名為集諦云何滅諦貪欲瞋癡畢竟
盡故名為滅諦云何道諦三十七助道法名
為道諦是名分別荅云何隨問荅如我所說一切
法无常復有問言如來世尊為何法故說
於无常荅言如來為有法故說无常无我
亦尒如我所說一切法燒他又問言如來世尊
為何法故說一切燒荅言如來為貪瞋癡說
一切燒善男子如來十力四无所畏大悲大
慈三念處首楞嚴等八万億諸三昧門三
十二相八十種好五智印等三万五千諸三昧
門金剛定等四千二百諸三昧門方便三
昧无量无邊如是等法是佛佛性如是佛性
則有七事一常二我三樂四淨五真六實七
善是名分別荅善男子後身菩薩佛性有六
一常二淨三真四實五善六少見是名分別荅
如汝先問斷善根人有佛性者是人亦有如
來佛性亦有後身佛性是二佛性鄣未來
故得名為无畢定得故得名為有是名分別荅
如來佛性非過去非現在非未來後身佛性現
在未來少可見故得名現在未具見故名為
未來如來未得阿耨多羅三藐三菩提時佛
性因故亦是過去現在未來果則不尒有是
三世有非三世後身菩薩佛性因故亦是過

BD14201 號　大般涅槃經（北本　宮本）卷三五　（24–12）

在未來少可見故得名現在未具見故名為
未來如來未得阿耨多羅三藐三菩提時佛
性因故亦是過去現在未來果則不尒有是
三世有非三世後身菩薩佛性因故亦是過
去現在未來果亦如是是名分別荅九住菩
薩佛性六種一常二善三真四實五淨六可
見佛性因故亦是過去現在未來果亦如是
是名分別荅八住菩薩下至六住佛性五事
一真二實三淨四善五可見佛性因故亦是
過去現在未來果亦如是是名分別荅五住
菩薩下至初住佛性五事一真二實三淨四可
見五善不善善男子是五種佛性六種佛
性七種佛性斷善根人必當得故故得言有
是名分別荅若有說言斷善根者定有佛性
定无佛性是名置荅迦葉菩薩言世尊我聞
不荅乃名置荅如來今者何因緣荅而名置
荅善男子我亦不說置而不荅乃說置荅善
男子如是置荅復有二種一者遮止二者莫
著以是義故得名置荅迦葉菩薩白佛言世
尊如佛所說云何名因亦是過去現在未來
果亦過去現在未來非是過去現在未來佛
言善男子五陰二種一者因二者果是因五陰
是過去現在未來是果五陰亦是過去現在
未來亦非過去現在未來善男子一切无
明煩惱等結悉是佛性何以故佛性因故從
无明行及諸煩惱得善五陰是名佛性從善

BD14201 號　大般涅槃經（北本　宮本）卷三五　（24–13）

是過去現在未來是果五陰亦是過去現在
未來亦非過去現在未來善男子一切无
明煩惱等結悉是佛性何以故佛性因故從
无明行及諸煩惱得善五陰是名佛性從善
五陰乃至獲得阿耨多羅三藐三菩提是故
我於經中先說衆生佛性如雜血乳血者即
是无明行等一切煩惱乳者即是善五陰也
是故我說從諸煩惱及善五陰得阿耨多羅
三藐三菩提如衆生身皆從精血而得成就
佛性亦尒須陁洹人斯陁含人斷少煩惱佛
性如乳阿那含人佛性猶如酪阿羅漢人猶如
生蘇從辟支佛至十住菩薩猶如熟蘇如來
佛性猶如醍醐善男子現在煩惱為作鄣
故令諸衆生不得覩見如香山中有忍辱草非
一切牛皆能得食佛性亦尒是名分別荅迦
葉菩薩白佛言世尊五種六種七種佛性若
未來有者云何說言斷善根人有佛性耶佛
言善男子如諸衆生有過去業因是業故衆
生現在得受果報有未來業以未生故終不
生果有現在煩惱若无煩惱一切衆生應當
了了現見佛性是故斷善根人以現在世煩
惱因緣能斷善根未來佛性力因緣故還生
善根迦葉言世尊未來云何能生善根善男
子猶如燈日雖復未生亦能破闇未來之生
能生衆生未來佛性亦復如是是名分別荅
迦葉菩薩白佛言世尊若言五陰是佛性者

BD14201號　大般涅槃經（北本　宮本）卷三五　（24–14）

善根迦葉言世尊未來云何能生善根善男
子猶如燈日雖復未生亦能破闇未來之生
能生衆生未來佛性亦復如是是名分別荅
迦葉菩薩白佛言世尊若言五陰是佛性者
云何說言衆生佛性非内非外佛言善男子
何因緣故如是失意我先不說衆生佛性是
中道耶迦葉言世尊我實不失意直以衆生
於此中道不能解故發斯問善男子衆生
不解即是中道或時有解或有不解善男子
我為衆生得開解故說言佛性非内非外何
以故凡夫衆生或言佛性住五陰中如器中有
果或言離陰而有猶如虛空是故如來說
於中道衆生佛性非内六入非外六入内外合
故名為中道是故如來宣說佛性即是中道
非内非外故名中道是名分別荅復次善男
子云何名為非内非外善男子或言佛性即
是外道何以故菩薩摩訶薩於无量劫在
外道中斷諸煩惱調伏其心教化衆生然後
乃得阿耨多羅三藐三菩提是故佛性即是
外道或言佛性即是内道何以故菩薩雖於
无量劫中脩集外道若離内道則不能得阿
耨多羅三藐三菩提是以佛性即是内道是
故如來遮此二邊說言佛性非内非外亦名
内外是名中道是名分別荅復次善男子或
言佛性即是如來金剛之身三十二相八十種好
何以故

BD14201號　大般涅槃經（北本　宮本）卷三五　（24–15）

耨多羅三藐三菩提是以佛性即是内道是
故如来遮此二邊說言佛性非内非外亦名
内外是名中道是名分别荅復次善男子或
言佛性即是如来金剛之身三十二相八十種好
何以故不虛誑故或言佛性即是十力四无
畏所大慈大悲及三念處首楞嚴等一切三
昧何以故因是三昧生金剛身三十二相八十
種好故是故如来遮此二邊說言佛性非内
非外亦名内外是名中道復次善男子或有
說言佛性即是内善思惟何以故離善思
惟則不能得阿耨多羅三藐三菩提故是故
佛性即是内善思惟或有說言佛性即是從
他聞法何以故從他聞法則能内善思惟若
不聞法則无思惟是以佛性即是從他聞法
是故如来遮此二邊說言佛性非内非外亦
名内道是名中道復次善男子復有說言佛
性是外謂檀波羅蜜從檀波羅蜜得阿耨多
羅三藐三菩提是以說言檀波羅蜜即是佛
性或有說言佛性是内謂五波羅蜜何以故
離是五事當知則无佛性因果是以說言五
波羅蜜即是佛性是故如来遮此二邊說言
佛性非内非外亦内亦外是名中道復次善
男子或有說言佛性在内譬如力士額上寶
珠何以故常樂我淨如寶珠故是以說言佛
性在内或說有言佛性在外如貧寶藏何以
故方便見故佛性亦尒在衆生外以方便故

BD14201號　大般涅槃經（北本　宮本）卷三五　（24–16）

男子或有說言佛性在内譬如力士額上寶
珠何以故常樂我淨如寶珠故是以說言佛
性在内或說有言佛性在外如貧寶藏何以
故方便見故佛性亦尒在衆生外以方便故
而得見之是故如来遮此二邊說言佛性非内
非外亦内亦外是名中道善男子衆生佛性
非有非无所以者何佛性雖有非如虛空 何
以故世間虛空雖以无量善巧方便不可得
見佛性可見是故雖有非如虛空佛性雖无
不同兔角何以故龜毛兔角雖以无量善巧
方便不可得生佛性可生是故雖无不同兔
角是故佛性非有非无亦有亦无云何名有
一切悉有是諸衆生不斷不滅猶如燈焰乃
至得阿耨多羅三藐三菩提是故名有云何
名无一切衆生現在未有一切佛法常樂我
淨是故名无有无合故即是中道是故佛說
衆生佛性非有非无善男子如有人問是種
子中有果无耶應定荅言亦有亦无何以故
離子之外不能生果是故名有子未出芽是
故名无以是義故亦有亦无所以者何時節
有異其體是一衆生佛性亦復如是若言衆
生中别有佛性者是義不然何以故衆生即
佛性佛性即衆生直以時異有淨不淨善男
子若有問言是子能生果不是果能生子不
應定荅言亦生不生世尊如世人說乳中有酪
是義云何善男子若有說言乳中有酪是名

BD14201號　大般涅槃經（北本　宮本）卷三五　（24–17）

佛性佛性即衆生宜以時異有淨不淨善男
子若有問言是子能生果不是果能生子不
應定荅言亦生不生世尊如世人說乳中有酪
是義云何善男子若有說言乳中有酪是名
執著若言无酪是名虛妄離是二事應定說
言亦有亦无何故名有從乳生酪因即是乳
果即是酪是名爲有云何名无色味各異服
用不同熱病服乳下病服酪乳生冷病酪生
熱病善男子若言乳中有酪性者乳即是酪
酪即是乳其性是一何因緣故乳在先出酪
不先生若有因緣一切世人何故不說若无因
緣何故酪不先出若酪不先出誰作次第乳
酪生蘇熟蘇醍醐是故知酪先无今有若
先无今有是无常法善男子若有說言乳
有酪性能生於酪水无酪性故不生酪是義不
然何以故水草亦有乳酪之性所以者何因於
水草則出乳酪若言乳中定有酪性水草无
者是名虛妄何以故心不等故故名虛妄善
男子若言乳中定有酪者酪中亦應定有乳性
何因緣故乳中出酪酪不出乳若无因緣當
知是酪本无今有是故智者應言乳中非有
酪性非无酪性善男子是故如來於是經中
說如是言一切衆生定有佛性是名爲著若
无佛性是名虛妄智者應說衆生佛性亦有
亦无善男子四事和合生於眼識何等爲四

說如是言一切衆生定有佛性是名爲著若
无佛性是名虛妄智者應說衆生佛性亦有
亦无善男子四事和合生於眼識何等爲四
眼色明欲是眼識性非眼非色非明非欲從
和合故便得出生如是眼識本无今有已有
還无是故當知无有本性乳中酪性亦復如
是若有說言水无酪性故不出酪是故乳中
定有酪性是義不然何以故善男子一切諸法
異因異果亦非一因生一切果非一切果從一因生
善男子如從四事生於眼識不可復說從四
事應生耳識善男子離於方便乳中得酪酪出生
蘇不得如是要須方便善男子智者不可見離方
便從乳得酪謂得生蘇亦應如是離方便得
善男子是故我於是經中說因生故法有
因滅故法无善男子如鹽性鹹能令非鹹
使鹹若非鹹物先有鹹性世人何故更求
鹽耶若先无者當知先无今有以餘緣故
而得鹹也若言一切不鹹之物皆有鹹性微
故不知由此微性鹽能令鹹若本无性雖
復有鹽不能令鹹譬如種子自有四大緣外
四大而得增長牙莖枝葉鹽性亦尒者是義不然何
以故不鹹之物先有鹹性者鹽亦應有微不鹹性
是鹽若有如是二性何因緣故離不鹹物不可獨
用是故知鹽本无二性如鹽一切不鹹之物亦
復如是若言外四大種力能增長內四大者是

是鹽若有如是二性何因緣故離不鹹物不可獨
用是故知鹽本无二性如鹽一切不鹹之物亦
復如是若言外四大種力能增長內四大者是
義不然何以故次第說故不從方便乳中得酪生
蘇乃至一切諸法皆不如是非方便得增外四大
亦復如是若說從外四大增內四大不見從內
四大增外四大如尸利沙菓先无形質見昴
星時菓則出生足長五寸如是菓者實不
因於外四大增善男子如我所說十二部經或
隨自意說或隨他意說或隨自他意說云
何名為隨自意說如五百比丘問舍利弗大
德佛說身因何者是耶舍利弗言諸大德汝
等亦各得正解脫自應識之何緣方作如是
問耶有比丘言大德我未獲得正解脫時意
謂无明即是身因作是觀時得阿羅漢果復
有說言大德我未獲得正解脫時謂愛无明
即是身因作是觀時得阿羅漢果或有說行識
名色六入觸受愛取有生飲食五欲即是身因
尒時五百比丘各各自說已所解已共往佛所
稽首佛足右遶三匝礼拜畢已却坐一面各
以如上已所解義向佛說之舍利弗白佛言世
尊如是諸人誰是正說誰不正說佛告舍利弗
善哉善哉一一比丘无非正說舍利弗言世尊佛意云何
佛言舍利弗我為欲界眾生說言父母即是身因如
是等經名隨意自說云何名為隨他意說如杞

BD14201號　大般涅槃經（北本　宮本）卷三五　（24–20）

以如上已所解義向佛說之舍利弗白佛言世
尊如是諸人誰是正說誰不正說佛告舍利弗
善哉善哉一一比丘无非正說舍利弗言世尊佛意云何
佛言舍利弗我為欲界眾生說言父母即是身因如
是等經名隨意自說云何名為隨他意說如杞
吒羅長者來至我所作如是言瞿曇汝知幻不
若知幻者即大幻人若不知者非一切智我
言長者知幻之人名幻人耶長者言善哉
善哉知幻之人即是幻人佛言長者舍衛
國內波斯匿王有旃陀羅名曰氣噓汝知不耶長
者答言瞿曇我久知之佛言汝久知者可得即
是旃陀羅不長者言瞿曇我雖知彼是旃
陀羅然我此身非旃陀羅佛言長者汝得是義
知旃陀羅非旃陀羅我今何故不得知幻而非
幻乎長者我實知幻知幻人知幻果報知幻伎術
我知殺知殺人知殺果報知殺解脫乃至知邪見知邪
見人知邪見果報知邪見解脫長者若說非幻之名
為幻人非邪見人說邪見人得无量罪長者言瞿
曇如汝所說我得大罪我今所有悉以相上幸莫
令彼波斯匿王知我此事佛言長者是罪因緣不必失
財乃當因是墮三惡道是時長者聞惡道名心
生恐怖白佛言聖人我今失意獲得大罪聖人
今者是一切智亦應當知獲得解脫我當
云何得脫地獄餓鬼畜生尒時我為說四真諦
長者聞已得須陀洹果心生慚愧向佛懺悔我
本愚癡佛非幻人而言是幻我從今日歸依三寶佛

BD14201號　大般涅槃經（北本　宮本）卷三五　（24–21）

今者是一切智亦應當知獲得解脫我當
云何得脫地獄餓鬼畜生尒時我為說四真諦
長者聞已得須陁洹果心生慚愧向佛懺悔我
本愚癡佛非幻人而言是幻我從今日歸依三寶佛
言善哉善哉長者是名隨他意說云何名為隨
自他說如我所說如一切世間智者說有我亦說
有智人說无我亦說无世間智人說五欲樂
有无常苦无我可斷我亦說有世間智人說
五欲樂有常樂我淨无有是處我亦如是
說无是處是名隨自他說善男子如我所說十
住菩薩少見佛性是名隨他意說何故名少見十
住菩薩得首楞嚴等三昧三千法門是故了了自
知當得阿耨多羅三藐三菩提不見一切衆生
定得阿耨多羅三藐三菩提是故我說十住菩
薩少分見佛性善男子我常宣說一切衆生悉
有佛性是名隨自意說一切衆生不斷不滅
乃至得阿耨多羅三藐三菩提是故我今
隨自意說一切衆生悉有佛性煩惱覆故不能
得見我說如是汝說亦尒是名隨自他意說善
男子如來或時為一法故說无量法如經中
說一切梵行因善知識一切梵行因雖无量
說善知識則已攝盡如我所說一切惡行邪
見為因一切惡行因雖无量若說邪見則已
攝盡或說阿耨多羅三藐三菩提信心為因
是菩提因雖復无量若說信心則已攝盡善
男子如來雖說无量諸法以為佛性然不離

BD14201號　大般涅槃經（北本　宮本）卷三五　（24–22）

見為因一切惡行因雖无量若說邪見則已
攝盡或說阿耨多羅三藐三菩提信心為因
是菩提因雖復无量若說信心則已攝盡善
男子如來雖說无量諸法以為佛性然不離
於陰界入也善男子如來說法為衆生故有
七種語一者因語二者果語三者因果語四
者喻語五者不應說語六者世流布語七者
如意語云何名因語現在因中說未來果如
我所說善男子汝見衆生樂殺乃至樂行邪
見當觀是人即地獄人善男子若有衆生不
樂殺生乃至邪見當觀是人即是天人是名
因語云何果語現在果中說過去因如經中
說善男子如汝所見貧窮衆生顏貌醜陋不
得自在當知是人定有破戒妬心瞋心无慚
愧心若見衆生多財巨富諸根具足威德
自在當知是人定有戒施精進慚愧无有妬
瞋是名果語云何因果語如經中說善男子衆
生現在六入觸因是名過去業果如來亦說
名之為業是業因緣得未來果是名因果
語云何喻語如說師子王者即喻我身大象王
大龍王波利質多羅樹七寶聚大海須弥山大
地大雨船師導師調御丈夫力士牛王婆羅門
沙門大城多羅樹如是喻經名為喻語云
何不應語我經中說天地可合河不入海如為
波斯匿王說四方山來如為鹿母優婆夷說
若娑羅樹能受八戒則得受於人天之樂如

BD14201號　大般涅槃經（北本　宮本）卷三五　（24–23）

地大雨船師導師調法丈夫力士牛王婆羅門
沙門大城多羅樹如是喻經名為喻語云
何不應語我經中說天地可合河不入海如為
波斯匿王說四方山來如為鹿母優婆夷說
若婆羅樹能受八戒則得受於人天之樂如
說十住菩薩有退轉心不說如來有二種語
寧說須陀洹人墮三惡道不說十住有退
轉心是名不應語云何世流布語如佛所說
男女大小去來坐卧車乘房舍瓶衣衆生
常樂我淨軍林城邑僧幻合散是名世流布
語云何如意語如我呵責毀禁之人令彼自責
護持禁戒如我讚嘆須陀洹人令諸凡夫生
於善心讚嘆菩薩為令衆生發菩提心說
三惡道所有苦惱為令修集諸善法故說
一切燒唯為一切有為法故說无我亦合說諸
衆生悉有佛性為令一切不放逸故是名如
意語

大般涅槃經卷第三十五

BD14201號　大般涅槃經（北本　宮本）卷三五　（24–24）

南无自在佛　南无稱光明佛
南无城就佛　南无普次佛
南无普寶佛　南无稱自在王佛
南无行法行稱佛　南无初智慧佛
南无智山佛　南无无回光明佛
南无生勝佛　南无弥藏佛
南无智海佛　南无大精進佛
南无高山勝佛　南无德藏佛
南无智法果佛　南无畏自在佛
南无大精進成就佛　南无智成就佛
南无无导王佛　南无地力精進佛
南无持地佛　南无力王佛
南无善見佛　南无法光明王佛
南无降伏魔佛　南无不斷尖佛
南无功德山佛　南无智齊佛
南无无鄣力王佛　南无善思惟佛
南无師子歡喜佛　南无式光明佛
南无使勝王佛 七千　南无盡智藏佛

BD14202號　佛名經（二十卷本）卷一二　（26–1）

南无善見佛　南无法光明王佛
南无降伏魔佛　南无不斷炎佛
南无功德山佛　南无智齊佛
南无无鄣力王佛　南无善思惟佛
南无師子徵喜佛　南无弐光明佛
南无快勝王佛 七十言　南无畫智藏佛
南无寳面勝佛　南无智波婆佛
南无決定稱佛　南无无邊觀王佛
南无法華雨佛　南无作光明佛
南无高山王佛　南无成就法輪王佛
南无无垢眼佛　南无大名聲德佛
南无导智力王佛　南无无导安隱佛
南无家門佛　南无福德力精進佛
南无智衣王佛　南无法自在王佛
南无妙安隱佛　南无智成就佛
南无大力弥留藏佛　南无觀一切德精進佛
南无得无鄣不退佛　南无香光明佛
南无一切德聚集王佛　南无法齊底佛
南无聲自在王佛　南无讃聲佛
南无種種力精進王佛　南无寳光明勝王佛
南无過一切須弥山王佛　南无寳弥留佛
南无不動法佛　南无堅固王佛
南无普功德佛　南无法莎羅弥留佛
南无聚集智聲佛　南无智炎華月王佛
南无龍王自在佛　南无憂曇末華王佛

BD14202號　佛名經（二十卷本）卷一二　（26–2）

南无不動法佛　南无堅固王佛
南无普功德佛　南无法莎羅弥留佛
南无聚集智聲佛　南无智炎華月王佛
南无龍王自在佛　南无憂曇末華王佛
南无真金色王佛　南无增長法幢王佛
南无旃檀波羅光佛　南无住法功德稱佛
南无堅固意精進佛　南无燃塵燈佛
南无精進步佛　南无无邊堅固幢佛
南无宗法稱佛　南无法王佛
南无降伏大衆佛　南无有光炎華高山佛
南无智勝照佛　南无威德燃燈佛
南无无諍无畏佛　南无智化聲佛
南无輪成就佛　南无妙身蓋佛
南无勝莊嚴王佛　南无師子座善生佛
南无放月光華王佛　南无花光明佛
復次舍利弗現在南方佛汝應當一心歸命
南无法自在吼佛　南无發心香自在莎羅佛
南无師子奮迅王佛　南无那羅延自在藏弥留勝佛
南无寳山精進自在集稱佛　南无樹提藏佛
南无星宿方便稱佛　南无功德力莎羅王佛
南无妙聲吼奮迅佛　南无得一切衆生香佛
南无大意佛　南无妙聲佛
南无寳地山佛　南无法雲吼聲佛
南无香波頭摩精成就佛　南无无垢光明佛
南无光波婆吒佛　南无功德跡佛

BD14202號　佛名經（二十卷本）卷一二　（26–3）

南无大意佛　南无妙聲佛
南无寶地山佛　南无法雲吼聲佛
南无香波頭摩精進成就佛　南无无垢光明佛
南无光波婆吒佛　南无功德跡佛
南无因緣光明佛　南无无邊功德王佛
南无增長眼佛　南无師子聲奮迅佛
南无天力師子奮迅佛　南无觀法佛
南无法華通佛　南无敬法清淨佛
南无堅精進行奮迅佛　南无自精進佛
南无弥留光佛　南无功德阿尼羅佛
南无淨根佛　南无喚智佛
南无智慧作佛　南无不破廣慧佛
南无力慧佛　南无憂頭鉢佛
南无法堅固歡喜佛　南无堅固意自在佛
七千三百
南无平等須弥山面佛　南无發捨成就佛
南无清淨藏佛　南无一切衆生自在佛
南无勝業清淨見佛　南无智自在佛
南无善快奮迅佛　南无无鄣无著精進佛
南无世間自在佛　南无廣法行佛
南无功德成就佛　南无不怯弱成就佛
南无城如意通佛　南无如觀法佛
南无旃檀蹟佛　南无敬重式王佛
南无寶名佛　南无龍王自在聲佛
南无大智莊嚴佛　南无无孤獨功德佛
南无阿羅摩佛　南无不滅莊嚴佛

南无城如意通佛　南无如觀法佛
南无旃檀蹟佛　南无敬重式王佛
南无寶名佛　南无龍王自在聲佛
南无大智莊嚴佛　南无无孤獨功德佛
南无阿羅摩佛　南无不滅莊嚴佛
南无淨功德莊嚴佛　南无自在相妙莊嚴稱佛
南无行自在王佛　南无法華孤留佛
南无法性莊嚴佛　南无顛備足佛
南无大檜莊嚴佛　南无千法无畏佛
南无有自在成就佛　南无樂法奮迅佛
南无家王佛　南无解脫王佛
南无有弥留佛　南无如意力雷王佛
南无无鄣佛月佛　南无不讃歎世間勝佛
南无法王決定佛　南无寶星宿雲王佛
南无阿私多寶勝佛　南无法行自在佛
南无地勇名佛　南无邊勝寶名佛
南无名智奮迅王佛　南无名樹迦那伽王佛
南无名智奮迅王佛　南无法華通真心佛
南无名快照明精進通集佛　南无名照觀佛王佛
南无名智盡天佛　南无名不著惡勝佛
南无名勝妙法佛　南无名大智聲慧佛
南无名見一切世間不畏佛　南无名見无畏佛
南无名聲去佛　南无如來行无量王佛
復次舍利弗現在西方佛汝應當一心敬礼
南无初光明華心照佛　南无妙聲脩行乳佛
南无星勝智籌佛　南无尊見佛

南无名聲去佛　南无如来行无量王佛
復次舍利弗現在西方佛汝應當一心敬礼
南无初光明華心照佛　南无妙聲脩行吼佛
南无住勝智稱佛　南无普見佛
南无作非心華光佛　南无法行然燈佛
南无普勝佛　南无智吼稱王佛
南无梵聲微善吼佛　南无淨眼佛
南无海香奕佛　南无千月自在藏佛
南无法蓮樂行佛　南无身賢遠光佛
南无師子廣眼佛　南无十方光明勝佛
南无智来佛　南无无邊精進勝西佛
南无大勝成就法佛　南无不空見佛
南无不可盡色佛　南无觀法智佛
南无无妨王佛　南无无邊德佛
南无智察法佛　南无一切善根菩提道佛
南无无导精進善推奮迅王佛
南无上智勝善住功德佛　南无智香勝佛
南无智勝見棄王佛　南无妙功德智佛
南无不喜樂法華吼王佛　南无法清淨来佛
南无勝上功德佛　南无聞法門藏佛
南无照法同王佛　南无力王善住法佛
南无善稱力得佛　南无无邊門見佛
南无善化莊嚴佛　南无不似見佛　七千四百
南无離瞋功德王佛　南无離塵億勝佛
南无大力般若奮迅佛　南无法鏡像佛

南无善稱力得佛　南无无邊門見佛
南无善化莊嚴佛　南无不似見佛　七千四百
南无離瞋功德王佛　南无離塵億勝佛
南无大力般若奮迅佛　南无法鏡像佛
南无堅叉利成就佛　南无一切智功德勝佛
南无不樂出功德佛　南无精進遍精進自在山佛
南无一切世間自在攝留勝佛　南无示現盡德佛
南无清淨式功德王佛　南无華嚴作莊嚴佛
南无獨王佛　南无得大通願力佛
南无吼聲速精進佛　南无勝身那羅延智佛
南无那羅延佛　南无寶光阿尼羅勝佛
南无大海弥留勝王佛　南无不住生式勝功德王佛
南无初不濁天王佛　南无虚空樂說光明稱佛
南无天自在梵增上佛　南无善行見王佛
南无種種行王佛　南无盧舍那勝功德佛
南无自在佛　南无住華佛
南无智善根成就性佛　南无无鄣导智成就佛
南无善決法佛　南无法莊嚴觀樂說稱佛
南无寶然燈佛　南无摩訶思惟藏佛
南无不可思議王佛　南无自在億佛
南无師子留藏佛　南无智王莊嚴佛
南无自在根佛　南无離聲眼佛
南无善香佛　南无不深佛
南无波頭摩佛　南无法行佛
南无廣式王佛　南无心善行稱佛

南无自在根佛　南无雜聲眼佛
南无善香佛　南无不除佛
南无波頭摩佛　南无法行佛
南无廣威王佛　南无心善行稱佛
南无法自在佛　南无如意通觀藏佛
南无燃貪燈王佛　南无世間意成就善法佛
南无福德勝田佛　南无善觀佛法勝佛
復次舍利弗現在北方佛汝應當一心歸命
南无初勝藏山佛　南无放光明佛
南无无邊智慧佛　南无龍華佛
南无一切龍奮迅勇猛佛　南无降伏一切魔佛
南无法世間鏡像佛　南无福德莊嚴佛
南无勝娑羅山佛　南无法來王佛
南无普莊嚴樹行勝佛　南无佛化成就佛
南无寶積成就佛　南无一切成就稱佛
南无三世智勝佛　南无勝威善住佛
南无種種願光佛　南无不退百勝光佛
南无多闍羅勝佛　南无奪一切耶見佛
南无得佛眼輪佛　南无得一切佛智佛
南无大慈悲救護勝佛　南无師子智橋梁佛
南无住寶祭王佛　南无諸善根福德法成就佛
南无大无垢知佛　南无智稱王佛
南无佛法波頭摩佛　南无與一切相佛
南无隨一切意法雲佛　南无滿足精進寶慧佛
南无大毗留荼佛　南无勝光明佛

BD14202號　佛名經（二十卷本）卷一二　（26–8）

南无住寶祭王佛　南无諸善根福德法成就佛
南无大无垢知佛　南无智稱王佛
南无佛法波頭摩佛　南无與一切相佛
南无隨一切意法雲佛　南无滿足精進寶慧佛
南无大毗留荼佛　南无勝光明佛
南无不動法智光佛　南无真檀雲王佛
南无不染波頭摩聲佛　南无法增上聲王佛
南无撰擇法无畏華稱佛　南无无垢劫佛
南无佛眼无垢精進檀上輪佛　南无智自在稱佛
南无无邊疑佛　南无廣威德自在王佛
南无无邊智奮迅无畏佛　南无欲法道善住佛
南无一切生智佛　南无降伏魔力堅固意佛
南无精進自在寶王佛 七十五百　南无威德藏佛
南无見利益一切歡喜佛　南无大步佛王佛
南无種種日佛　南无聲多妙寶乳佛
南无无垢法王佛　南无不退精進示現佛
南无莊嚴佛國土王佛　南无智根本華佛
南无稱涅槃佛　南无一切龍摩尼藏佛
南无樂法自在佛　南无得法相自在佛
南无无邊寶功德藏佛　南无清淨華山佛
南无大法王拘摩勝佛　南无一切盡不盡藏佛
南无華弥留善佛　南无虛空智山佛
南无智力王佛　南无无畏聲智佛
南无无邊佛聲藏佛　南无智王不盡稱佛
南无心慧奮迅王佛　南无自性清淨智佛

BD14202號　佛名經（二十卷本）卷一二　（26–9）

南无華弥留善佛　南无虛空智山佛
南无智力王佛　南无无导聲智佛
南无无邊佛聲藏佛　南无智王不盡稱佛
南无慧奮迅王佛　南无自性清淨智佛
南无智自在法王佛　南无正見佛
南无語見佛　南无滿足法香見佛
南无龍月佛　南无曰陁羅山无导王佛
南无寶自在莎羅王佛　南无見一切衆生佛
南无永住持光明王佛　南无覺一切法佛
南无智寶法勝佛　南无精進自在意法藏佛
南无无山导佛　南无无垢蹟佛
南无放光明照佛　南无弥留力自在藏佛
南无炎自在藏佛　南无精進自在弥留家自在佛
南无堅无畏功德佛　南无堅勇猛寶佛
南无堅猛家静王佛　南无降伏闍弥留山王佛
南无勝大丈夫芬陁利佛　南无聖聲藏佛
南无法平等法身佛　南无難勝佛
南无難可意佛　南无不動佛
南无妙聲佛　南无勝聲佛
南无莎羅奮迅佛　南无寶勝佛
南无愛見佛　南无妙燈佛
南无須弥劫佛　南无月光佛
南无日光佛　南无光明佛
南无藥樹王佛　南无星宿佛
南无覺佛　南无受記佛

南无須弥劫佛　南无月光佛
南无日光佛　南无光明佛
南无藥樹王佛　南无星宿佛
南无覺佛　南无受記佛
南无愛作佛　南无无畏作佛
南无盧舍那佛　南无龍功德佛
南无華寶栴檀佛　南无无垢佛
南无无煩惱佛　南无善來佛
南无金色佛　南无无根本佛
南无須弥登佛　南无可樂見光佛
南无能作光佛　南无一切濁佛
南无无染佛　南无清淨佛
南无解脱佛　南无華樹佛
南无法讃佛　南无善讃聲佛
南无得意佛　南无斷受佛
南无內外佛　南无成就憶佛
南无梵聲佛　南无妙聲佛
南无勝聲佛　南无勝德佛
南无大通佛　南无无畏佛
南无離一切煩惱佛　南无離怖佛
南无離怯弱佛 女字音　南无不可動佛
南无樂解脱佛　南无成佛
南无二足尊佛　南无一切種智佛
南无相莊嚴佛　南无不量言佛
南无不畏言佛　南无常相應言佛
南无[illegible]衆相應佛　南无[illegible]衆相應佛

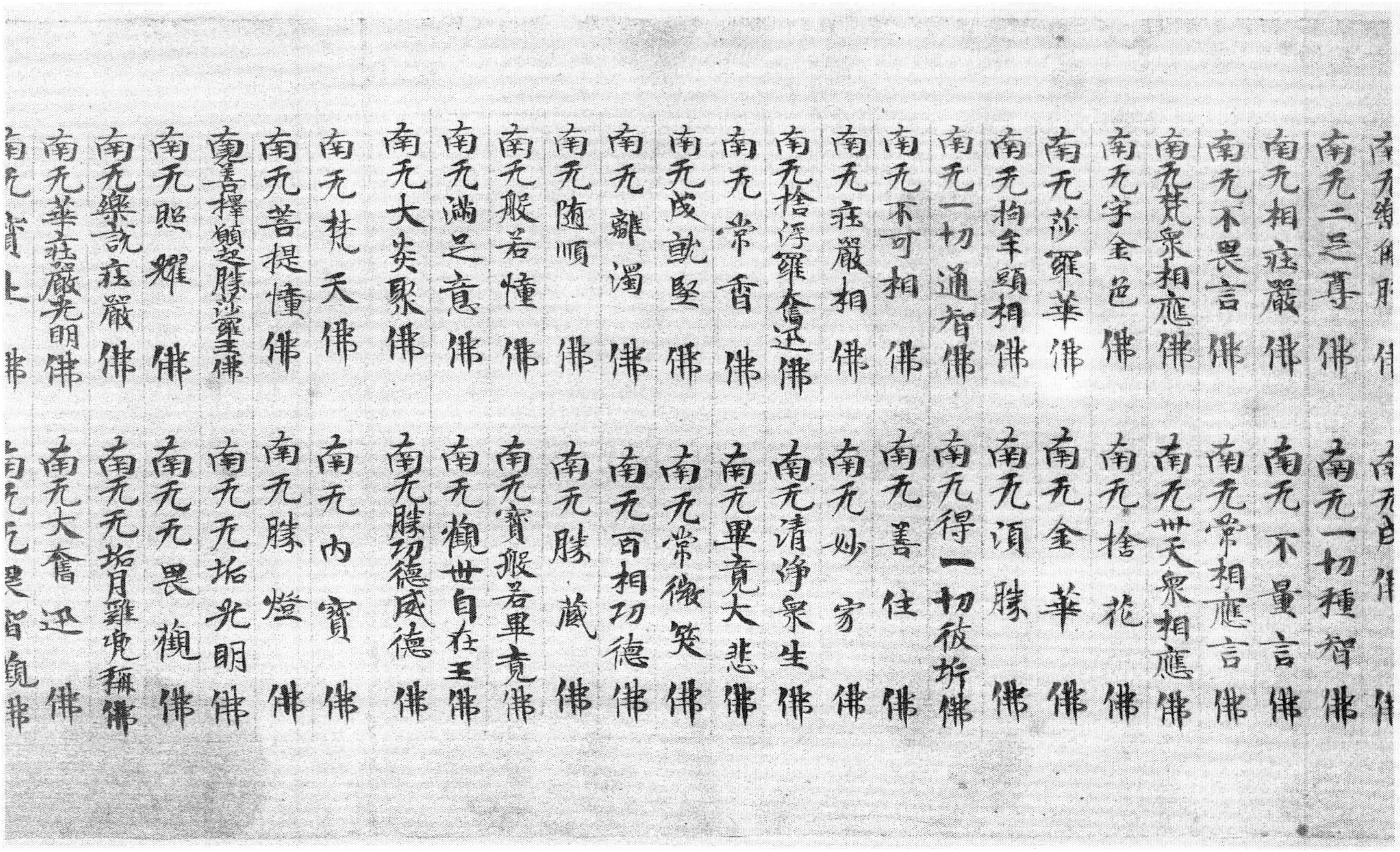
[illegible]佛　[illegible]佛
南无二足尊佛　南无一切種智佛
南无相莊嚴佛　南无不量言佛
南无不畏言佛　南无常相應言佛
南无梵衆相應佛　南无梵天衆相應佛
南无字金色佛　南无捨花佛
南无莎羅華佛　南无金華佛
南无拘牟頭相佛　南无須勝佛
南无一切通智佛　南无得一切彼岸佛
南无不可相佛　南无善住佛
南无莊嚴相佛　南无妙家佛
南无捨浮羅奮迅佛　南无清淨衆生佛
南无常香佛　南无畢竟大悲佛
南无成就堅佛　南无常微笑佛
南无離濁佛　南无百相功德佛
南无隨順佛　南无勝藏佛
南无般若幢佛　南无寶般若畢竟佛
南无滿足意佛　南无觀世自在王佛
南无大炎聚佛　南无勝功德威德佛
南无梵天佛　南无內寶佛
南无菩提幢佛　南无勝燈佛
南无善擇智超勝莎羅王佛　南无无垢光明佛
南无照耀佛　南无无畏觀佛
南无樂說莊嚴佛　南无无垢月離境稱佛
南无華莊嚴光明佛　南无大奮迅佛
南无寶上佛　南无无畏智觀佛

BD14202號　佛名經（二十卷本）卷一二　（26–12）

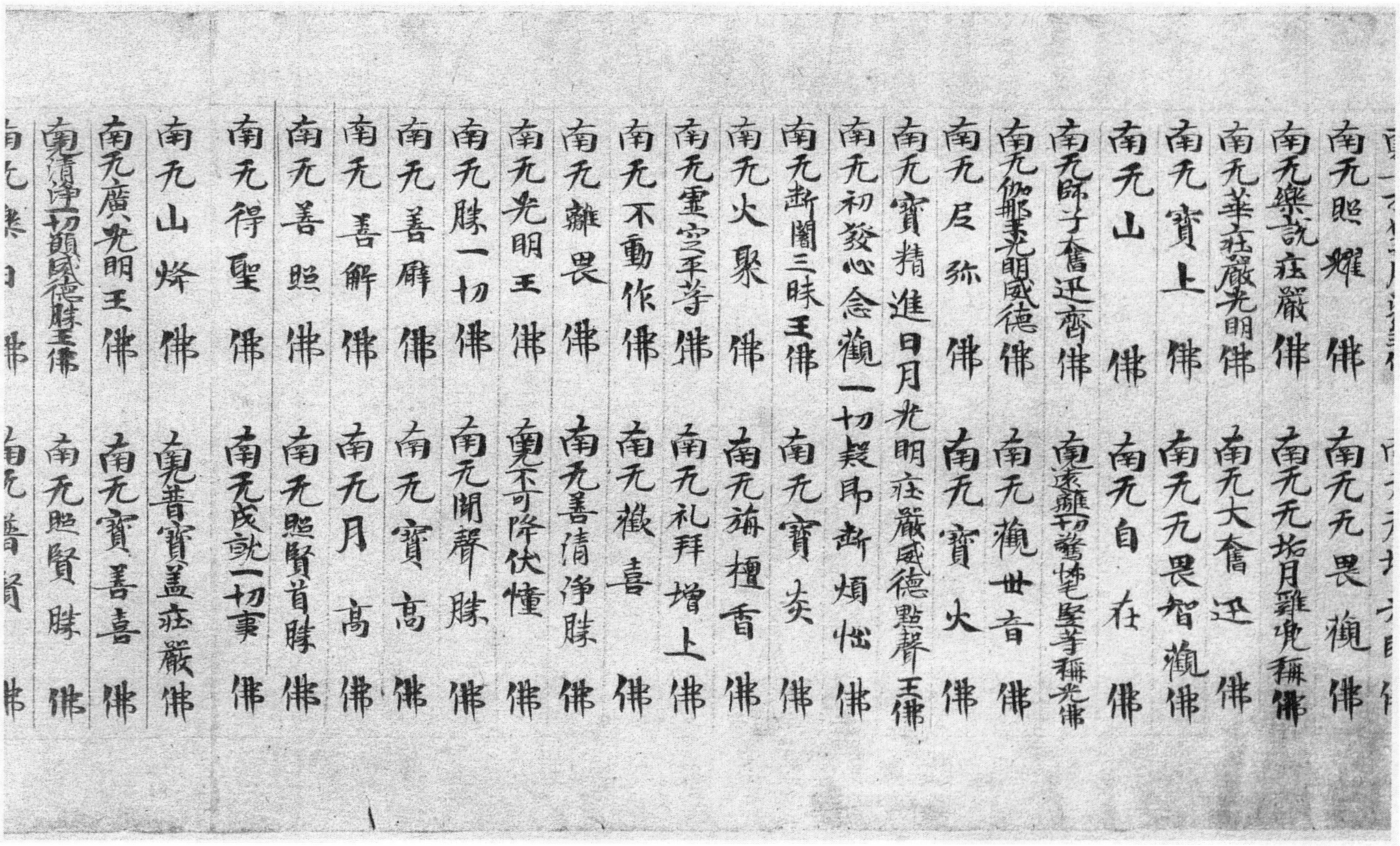
[illegible]佛　[illegible]佛
南无照耀佛　南无无畏觀佛
南无樂說莊嚴佛　南无无垢月離境稱佛
南无華莊嚴光明佛　南无大奮迅佛
南无寶上佛　南无无畏智觀佛
南无山佛　南无自在佛
南无師子奮迅齊佛　南无遠離一切驚怖毛竪等稱光佛
南无伽那華光明威德佛　南无觀世音佛
南无尼弥佛　南无寶火佛
南无寶精進日月光明莊嚴威德聲王佛
南无初發心念觀一切疑斷煩惱佛
南无斷闇三昧王佛　南无寶炎佛
南无火聚佛　南无旃檀香佛
南无虛空平等佛　南无礼拜增上佛
南无不動作佛　南无歡喜佛
南无離畏佛　南无善清淨勝佛
南无光明王佛　南无不可降伏幢佛
南无勝一切佛　南无聞聲勝佛
南无善肩佛　南无寶高佛
南无善解佛　南无月高佛
南无善照佛　南无照賢首勝佛
南无得聖佛　南无成就一切事佛
南无山烽佛　南无普寶蓋莊嚴佛
南无廣光明王佛　南无寶善喜佛
南无清淨一切願威德勝王佛　南无照賢勝佛
[illegible]佛　[illegible]佛

BD14202號　佛名經（二十卷本）卷一二　（26–13）

南无山烋佛　南无普寶蓋莊嚴佛
南无廣光明王佛　南无寶善喜佛
南无清淨一切顏威德勝王佛　南无照賢勝佛
南无樂日佛　南无普賢佛
南无功德王光明佛　南无普光明佛
南无普香佛　南无善清淨佛
舍利弗舉要言之現在諸佛說不可盡舍
利弗譬如東方恒河沙世界南方恒河沙世
界西方恒河沙世界北方恒河世界上下四維恒河
沙世界彼一切世界下至水際上至有頂滿中
微塵舍利弗於意云何彼如是微塵可如數
不舍利弗言不也世尊佛告舍利弗如是同
名釋迦牟尼佛現在世者我現前見彼諸佛母
同名摩訶摩耶父同名輪頭檀王城同名迦毗羅彼
諸佛第一聲聞弟子同名舍利弗目揵連侍者
弟子同名阿難何況種種異名母異名父
異名城異名弟異名侍者
舍利弗彼若干世界彼人於何等世界著微塵
何等世界不著微塵彼諸世界若微塵及
不著者下至水際上至有頂
舍利弗復有第二人取彼微塵彼若干微塵
數尒所佛國土阿僧祇億百千万那由他世界
過尒所世界為一步舍利弗彼人復過若干
微塵數世界為一步彼人如是過百千万億那
由他阿僧祇劫乃下一塵如是盡諸微塵

數尒所佛國土阿僧祇億百千万那由他世界
過尒所世界為一步舍利弗彼人復過若干
微塵數世界為一步彼人如是過百千万億那
由他阿僧祇劫乃下一塵如是盡諸微塵
舍利弗如是若干世界若不著微塵及不
著者是中微塵復更著十方世界舍利弗
復過是世界若著微塵及不著者彼諸世
界下至水際上至有頂滿中微塵
舍利弗復有第三人取彼尒所微塵過彼尒
所微塵數世界為過一步彼若干百千万億
那由他阿僧祇劫行乃下塵是盡諸微塵
復有第四人彼若干微塵數世界若著微塵
及不著者下至水際上至有頂滿中微塵舍
利弗於意云何彼微塵可知數不舍利弗言
不也世尊
佛告舍利弗彼若干微塵可知其數然彼
同名釋迦牟尼佛母同名摩訶摩耶父同名
輪頭檀城同名迦毗羅第一弟子同名舍利
弗目揵連侍者弟子同名阿難隨彼佛不可
知數舍利弗如是第五人第六第七第八第
九第十人舍利弗復有第十一人是人彼若干
微塵中取一微塵破為十方若干世界微塵
數分如是餘微塵亦悉破為若干世界微塵
數分舍利弗於意云何彼微塵分可知數不
舍利弗言不也世尊
佛告舍利弗復有人彼若干微塵分佛國土

微塵中取一微塵破為十方若干世界微塵
數爾如是餘微塵亦悉破為若干世界微塵
數云舍利弗於意云何彼微塵爾可知數不
舍利弗言不也世尊
佛告舍利弗復有人彼若干微塵爾佛國土
為過一步如是速疾神通行東方世界无量
无邊劫下一微塵東方盡如是微塵若者
微塵及不著者下至水際上至有頂滿中微
塵如是南方乃至十方下至水際上至有頂滿
中微塵舍利弗於意云何彼微塵可知數不
舍利弗言不也世尊
佛告舍利弗彼若干微塵爾可知其數貼現
今在世同名釋迦牟尼佛母同名摩訶摩
耶父同名輸頭檀王城同名迦毗羅弟一弟
子同名舍利弗目揵連侍者弟子同名阿難
陁不可數知何况種種異名佛異名母異名父
異名城異名弟子異名侍者舍利弗我若干
微塵數劫住世說一同名釋迦牟尼佛不可窮盡
如是同名然燈佛 同名提波延佛 同名燈光明佛 同名一切勝佛 七千言
同名彌佛 同名波頭摩勝佛 同名毗波尸佛 同名尸棄佛
同名毗舍浮佛 同名拘留孫佛 同名拘那含佛 同名迦葉佛
如是等異名佛乃至異名侍者現在世者我今
今悉知汝等應當一心敬礼
尒時佛告舍利弗若善男子善女人求阿耨
多羅三藐三菩提者當先懺悔一切諸罪若

BD14202號　佛名經（二十卷本）卷一二　（26–16）

同名毗舍浮佛 同名拘留孫佛 同名拘那含佛 同名迦葉佛
如是等異名佛乃至異名侍者現在世者我今
今悉知汝等應當一心敬礼
尒時佛告舍利弗若善男子善女人求阿耨
多羅三藐三菩提者當先懺悔一切諸罪若
比丘犯四重禁比丘尼犯八重罪式叉摩那沙弥
沙弥尼犯出家根本罪若優婆塞犯優
婆塞重戒優婆夷犯優婆夷重戒欲懺悔
者當淨洗浴著新淨衣不食薫辛當在靖處
脩治室內以諸幡華莊嚴道場香泥塗畫懸卅
九枚幡莊嚴佛坐安置佛像燒種種香旃檀
沉水薫陸多多羅蘇揵陁種種末香塗香燒如
是等種種妙香散種種華與大慈悲願救苦
衆生未度者令度未解者令解未安者令安未
涅槃者令得涅槃晝夜苦惱不生疲猒為
求无上菩提故於一切衆生自生下心如僮僕
心若比丘懺四重罪如是晝夜卅九日當對
八清淨比丘發露所犯重罪七日一對發露至
心慇重悔昔所作一心歸命十方諸佛稱名
礼拜隨力爾如是至心滿卅九日罪必除滅是
人得清淨時當有謐現若於覺中若於夢
中見十方諸佛與其記莂或見菩薩與其
記莂將詣道場共為已伴或與摩頂亦
滅罪相或自見身入大會中處在衆次或自
身處衆說法或見諸師行沙門㩉詣道場
亦其諸佛舍利弗若比丘懺悔罪時若見如

BD14202號　佛名經（二十卷本）卷一二　（26–17）

記莂將詣道場共為已伴或與摩頂 亦
滅罪相或自見身入大會中處在衆次或自
身處衆說法或見諸師行沙門將詣 道場
亦其諸佛舍利邪若比丘懺悔罪時若見如
是相者當知是人罪垢得滅除不至心
若比丘尼懺悔八重罪者當如比丘法滿是卌
九日當得清淨除不至心
若式叉摩那沙弥沙弥尼懺悔根本重罪當
對四清淨比丘比丘尼如上法滿廿一日當知
清淨除不至心
若憂婆塞憂婆夷懺重式罪應當至心恭敬
三寶若見沙門恭敬礼拜生難遭想當請詣
道場設種種供養當請一比丘心敬重者就
其發露所犯諸罪至心懺悔一心歸命十方
諸佛稱名礼拜如是滿是七日必得清淨除
不至心尒時世尊而說偈言
得成菩提降伏魔　自在經行道樹下
證无郭導眼及身　法界平等如虛空
十億國土微塵數　菩薩弟子衆圍繞
得於一切寂靜心　善住普賢諸行中
佛身相好妙莊嚴　放於種種无量光
普照十方諸國土　諸佛不可思議力
見諸國土悉无垢　无量妙色清淨滿
諸佛所有勝妙事　承佛神力見大衆
東方世界名寶幢　遠離諸垢妙莊嚴

普照十方諸國土　諸佛不可思議力
見諸國土悉无垢　无量妙色清淨滿
諸佛所有勝妙事　承佛神力見大衆
東方世界名寶幢　遠離諸垢妙莊嚴
彼處自在寶燈佛　於見現在彼世界
南方頗梨燈國土　清淨妙色普嚴淨
摩尼清淨空如來　現今在世說妙法
西方无垢清淨土　名為安樂妙世界
彼自在佛无量壽　菩薩弟子現圍繞
北方世界名香燈　國土清淨甚嚴飾
无深光幢佛所化　現今自在道場樹
瑠璃光明真妙色　國土清淨勝莊嚴
无导光雲佛如來　於今現在東北方
光明照幢世界中　現見滿足諸 菩薩
自在吼聲佛彼處　現今在於東南方
種種 樂見 佛　摩尼莊嚴妙无垢
勝妙智月如須弥　現見在於西南方
現見西北方如來　弥留光明平等界
彼處大聖自在佛　弟子菩薩衆圍繞
下方世界自在光　國土清淨寶炎藏
光明妙輪不空見　佛今住彼妙國土
上方世界光炎藏　彼世界名淨无垢
普眼功德光明雲　現見菩提樹下坐
南无毗婆尸佛　南无尸棄佛
南无毗舍浮佛　南无拘留秦佛

光明妙輪不空見佛今住彼妙國土
上方世界光炎藏 彼世界名淨无垢
普眼功德光明雲現見菩提樹下坐
南无毗婆尸佛 南无尸棄佛
南无毗舍浮佛 南无拘留秦佛
南无拘那含牟尼佛 南无迦葉佛
南无釋迦牟尼佛 南无不勝幢佛
南无靈舍那佛 南无无垢勝眼佛
南无无光明眼佛 南无善无垢清淨佛
南无光明清淨王佛 南无成就无邊功德勝佛
南无寶光明佛 南无家脩佛
南无聲德佛 南无波頭摩勝佛
南无日月佛 南无普寶蓋佛
南无然燈佛 南无提婆延佛
南无燈光明佛 南无一切勝佛
南无彌勝佛 南无波頭摩勝佛
南无大難勝佛 南无莊嚴王佛
南无十二部經般若海藏
南无菩薩十住經 南无菩薩本業經
南无諸菩薩求佛本業經 南无道神足无極變化經
南无佛昇忉利天為母說法經 南无維摩詰所說經
南无維摩詰經 南无諸法本无經
南无諸法无行經 南无寶如來三昧經
南无无極寶三昧經 南无四童子經
南无方等泥洹經 南无象腋經

南无諸法无行經 南无寶如來三昧經
南无无極寶三昧經 南无四童子經
南无方等泥洹經 南无象腋經
南无大乘方便經 南无慧上菩薩問大善權經
南无文殊師利現寶藏經 南无大方廣寶篋經
南无奮迅王問經 南无自在王經
南无諸大菩薩摩訶薩衆
南无思惟大悲菩薩 南无寶蓋山菩薩
南无雲山吼聲菩薩 南无羅網莊嚴菩薩
南无寶藏菩薩 南无法難勝菩薩
南无日難勝菩薩 南无无邊難勝菩薩
南无无垢藏菩薩 南无智山菩薩
南无山峰住持菩薩 南无須弥山燈王菩薩
南无須弥幢菩薩 南无須弥山聲菩薩
南无弥留王菩薩 南无寶杖菩薩
南无寶尸棄菩薩 南无寶來菩薩
南无寶天菩薩 南无法樂莊嚴菩薩
南无聲聞緣覺一切辟支佛
南无高去辟支佛 南无无漏辟支佛
南无憍慢辟支佛 南无盡憍慢辟支佛
南无親辟支佛 南无聲聞緣覺一切賢聖
南无過現未來三世諸佛歸命懺悔
弟子等從曠劫以來及今惡身隨逐邪見
回緣四流所溺入生死海煩惱火燒惡業纏果
不能自出車載塵牢入邪見身以无明爲父

南无新[illegible]佛　南无[illegible]
南无過現未來三世諸佛歸命懺悔
弟子等從曠劫以來及今惡身隨逐邪見
因緣四流所溺入生死海煩惱火燒惡業纏果
不能自出車軌塵牢入邪見身以无明為父
癡愛為母百千毒惡而為親友於諸有地種
苦惱身衆意賊城放心神逸於火宅內煩惱
熾盛遠離善根惡業鄣隔近惡知識或犯
如來清淨禁戒造作无量无邊十惡五逆遍
滿十方恒河沙數微塵等罪不自覺知覆藏
不悔日夜增長是故今日无量怖畏无量慚
愧歸依十方諸佛
南无東方善德佛　南无東南方无憂德佛
南无南方栴檀德佛　南无西南方寶施佛
南无西方无量明佛七千七百　南无西北方華德佛
南无北方相德佛　南无東北方三乘行佛
南无上方廣衆德佛　南无下方明德佛
弟子等從曠劫以來至于今日愛結纏縛浸
欲洪泥隨生死流入大苦海為諸煩惱勢力所
食於魔境界不能自解而此愛賊為害滋多
常為人天作入道惡以五欲花而自莊嚴入心
闇室作諸幻或詠現親善難可覺知其害
火熾然不息妄見棄害欺諸凡夫猶如[illegible]
羅剎女婦噉食善根隨作隨盡而諸衆生不
覺不知此愛過患而返親近常為嬈惱霜毒

BD14202號　佛名經（二十卷本）卷一二　（26–22）

火熾然不息妄見棄害欺諸凡夫猶如[illegible]
羅剎女婦噉食善根隨作隨盡而諸衆生不
覺不知此愛過患而返親近常為嬈惱霜毒
所急如夏暴井入中斷氣如溺深泥滯不可出
嗚呼痛哉衆生可隱患煩惱渴而復及飲諸
欲醎水增大渴愛愛之為病難可療治於諸
衆生為大繫縛以此愛故煩惱熾盛起身口意
等如法界往返生死彌淪六道集衆煩惱苦
難可窮盡咄哉自欺云何為此无常突悖之所
監逐結此癡愛從妄想生如空中雲都无實
性觀法如是无所染着是名清淨真實懺悔
弟子等從曠劫以來至于今日常為四大毒
蛇所螫愛異所溺隨愚癡海往返三界輪轉
五道所受生處无不經歷如是生死四大毒
龍瞋恚熾盛最惡難近復與无量諸惡煩惱
共相隨逐五蓋陀羅六塵怨賊破戒夜叉狂亂
黑鬼種種惡毒集在一處打自大鼓王憍慢
幢出諸惡聲如羅剎哭放結使風動煩惱山
諸魍魎作燒諸善根而諸衆生无慚无愧遇
此煩惱難愈之病而返抱持五慾霜毒業
剌纏身猶行放逸令魔波旬自在將去於生
死中受大苦惱猶此四大轉生死輪破淨戒海塞
涅槃門哀哉大苦棄異乃佘憂愁毒箭深
入我心云何與此毒蛇共俱如彼火坑燒煮心
識世實危脆无牢强者四百四病常來惱

BD14202號　佛名經（二十卷本）卷一二　（26–23）

死中受大苦惱猶此四大轉生死輪破淨戒海塞
涅槃門哀哉大苦裹畀乃尒憂愁毒蕳深
入我心云何與此毒虵共俱如彼火坑燒貪心
識世實危脆无牢强者四百四病常来惱
人壮色不停猶如奔馬臨老崚嵴設不久往
如水上泡須臾變滅是中无主猶如凡石无
作无起无来无去解法如如不著諸相是
名清淨真實懺悔
顯弟子等承是懺悔生生世世得廣大心念心
慧心明淨之心一向專求无上菩提乘薩婆
若入諸法海以大摠持攝諸佛法頂戴受
持恭敬供養盡三世際令无有餘一切劫中
一切諸佛无量方便化衆生法大乘與藏諸
出世法初生道場及涅槃時无量无邊諸微
細法及諸菩薩波羅蜜海如果等悲皆受持
脩行供養盡未来際終不休息以此善根
令諸衆生離愚癡縛裂邪見網速自究竟
无上佛法明照實相入大乘海
大乘蓮花寶達菩薩問荅報應沙門經
寶達菩薩即便入地獄中上高樓頭四顧望
視見罪人等各從四門哮吼而入寶達菩薩
前入鐵車鐵馬鐵牛鐵驢此四小獄并為一
地獄云何名曰鐵車鐵馬鐵牛鐵驢地獄此
地獄方圓縱廣十五由旬其中鐵城高一由
旬猛火煇赫烔炎洞然其車鐵作焱赫熾

前入鐵車鐵馬鐵牛鐵驢此四小獄并為一
地獄云何名曰鐵車鐵馬鐵牛鐵驢地獄此
地獄方圓縱廣十五由旬其中鐵城高一由
旬猛火煇赫烔炎洞然其車鐵作焱赫熾
盛中有鐵牛其身甚大頭角毛尾皆如鋒鋸
毛中火然烔炎俱出其鐵馬者身毛駿尾利如
刀鋒毛尾火然烔炎俱出其鐵驢者亦復如
是其地獄中有鐵鏃鏑利如鋒鋸鐵鍔燊
亂遍布其地其鍔火然猛熾於前
尒時北門之中有五百沙門呼聲哮吼眼口
火出唱如是言云何我今受如此苦獄卒夜
叉馬頭羅刹手捉三鈷鐵叉望背而鏟匈前
而出復有鐵索来繫其髀其索火然燒罪
人髀復有鐵鉫鉫罪人咽其鉫八方利如鋒鋸
烔火猛熾燒罪人頸尒時罪人宛轉倒地而
不肯前馬頭羅刹手捉鐵錛望頭而打罪人
身體碎如微塵復有餓鬼来食其肉復有
餓茍来飲其血馬頭羅刹蹹地喚言活活
罪人即活尒時鐵牛吼喚抱地其牛吼喚来
向罪人迫逐宛轉於地馬頭羅刹手捉鐵叉叉
者車上罪人䟦跟復隨牛上牛毛仰刾從
腹而入背上而出牛復䟦跟復隨馬上馬毛
仰刾亦如鋒云馬尾毡之身即碎爛須臾還
活尒時鐵馬舉脚連蹹身碎如微塵須臾

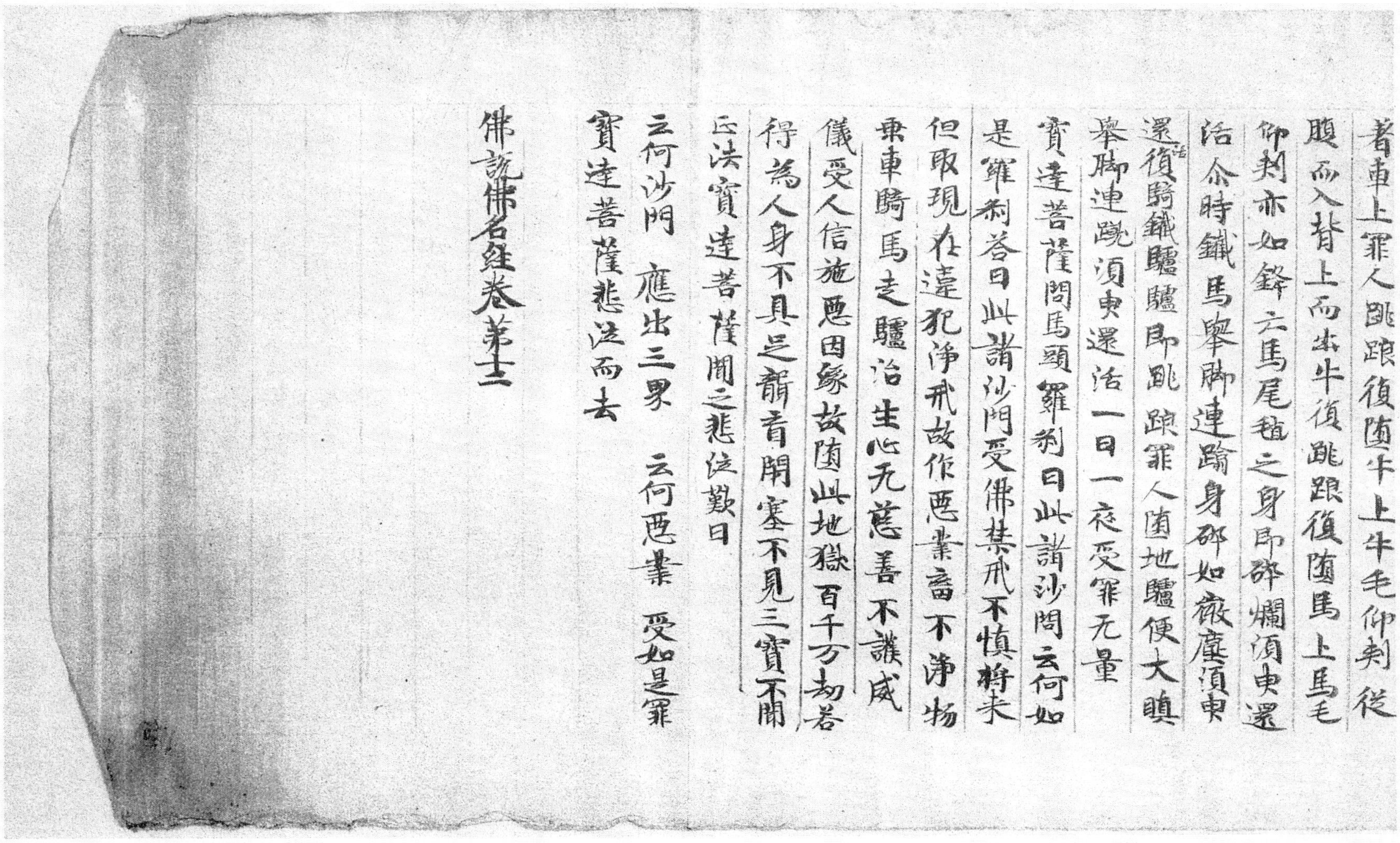
者車上罪人跳踉復隨牛上牛毛仰刾從
腹而入背上而出牛復跳踉復隨馬上馬毛
仰刾亦如鋒云馬尾䩞之身即碎爛須臾還
活尒時鐵馬舉腳連蹹身碎如微塵須臾
還活復騎鐵驢驢即跳踉罪人墮地驢便大瞋
舉腳連蹴須臾還活一日一夜受罪无量
寶達菩薩問馬頭羅刹曰此諸沙門云何如
是羅刹荅曰此諸沙門受佛禁戒不慎將来
但取現在違犯淨戒故作惡業畜不淨物
乘車騎馬走驢治生心无慈善不護威
儀受人信施惡因緣故墮此地獄百千万劫若
得為人身不具足聾盲閉塞不見三寶不聞
正法寶達菩薩聞之悲泣歎曰
云何沙門　應出三界　云何惡業　受如是罪
寶達菩薩悲泣而去
佛說佛名經卷第十二

BD14202 號　佛名經（二十卷本）卷一二　（26–26）

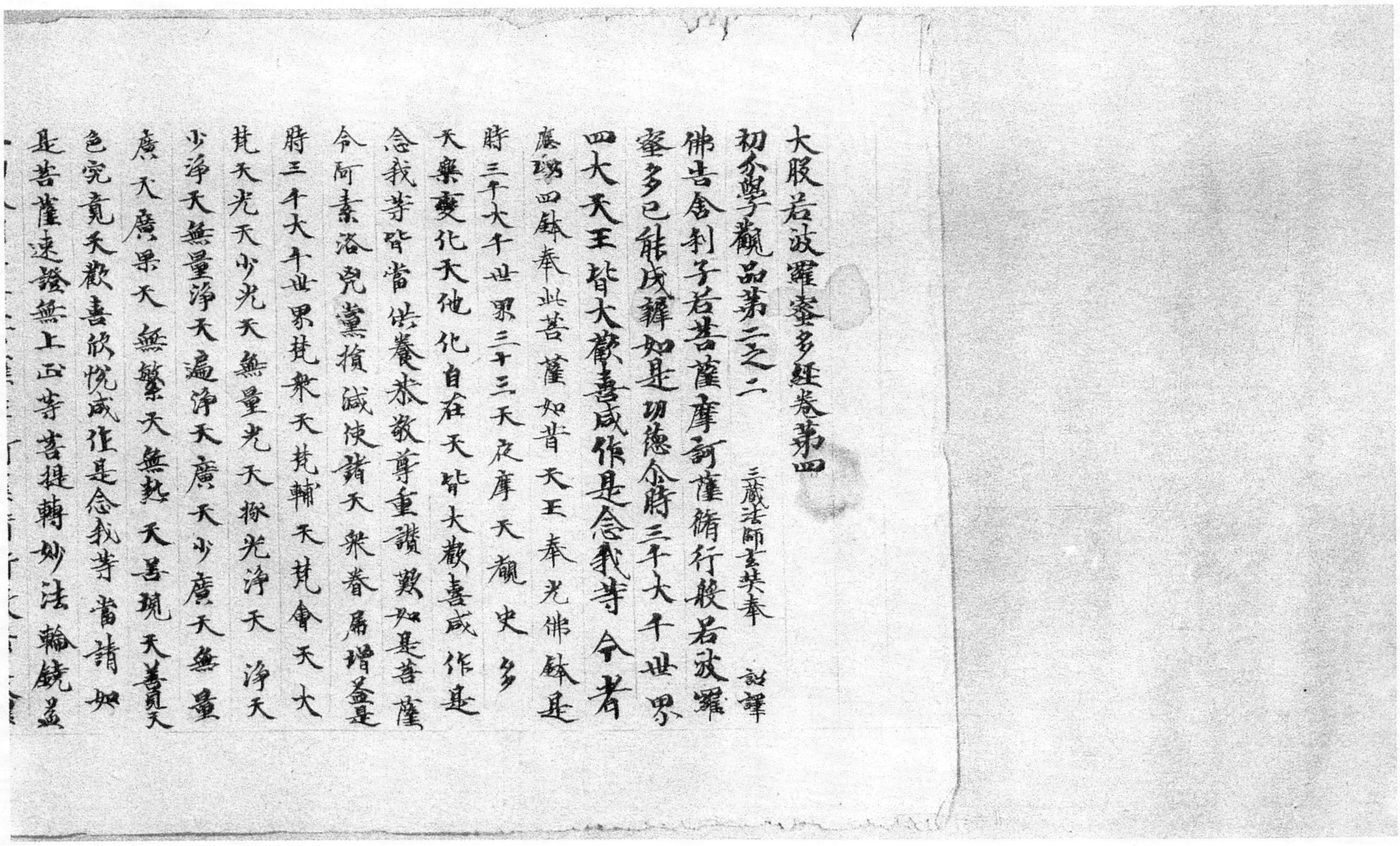
大般若波羅蜜多經卷第四
初分學觀品第二之二　三藏法師玄奘奉　詔譯
佛告舍利子若菩薩摩訶薩脩行般若波羅
蜜多已能成辦如是功德尒時三千大千世界
四大天王皆大歡喜咸作是念我等今者
應以四鉢奉此菩薩如昔天王奉先佛鉢是
時三千大千世界三十三天夜摩天覩史多
天樂變化天他化自在天皆大歡喜咸作是
念我等皆當供養恭敬尊重讚歎如是菩薩
令阿素洛兇黨損減使諸天衆眷屬增益是
時三千大千世界梵衆天梵輔天梵會天大
梵天光天少光天無量光天極光淨天淨天
少淨天無量淨天遍淨天廣天少廣天無量
廣天廣果天無繁天無熱天善現天善見天
色究竟天歡喜欣悅咸作是念我等當請如
是菩薩速證無上正等菩提轉妙法輪饒益

BD14203 號　大般若波羅蜜多經卷四　（19–1）

梵天光天少光天無量光天極光淨天淨天
少淨天無量淨天遍淨天廣天少廣天無量
廣天廣果天無繁天無熱天善現天善見天
色究竟天歡喜欣悅咸作是念我等當請如
是菩薩速證無上正等菩提轉妙法輪饒益
一切舍利子若菩薩摩訶薩脩行般若波羅
蜜多增益六種波羅蜜多時彼世界諸善男
子善女人等若見若聞皆大歡喜咸作是念我
等願為如是菩薩當作父母兄弟姊妹妻子
眷屬知識朋友因此方便脩諸善業亦當證
得無上菩提時彼世界四大王衆天乃至色
究竟天若見若聞皆大歡喜咸作是念我等
當作種種方便令是菩薩離非梵行從初發
乃至成佛常脩梵行所以者何若染色欲於
生梵天尚能為障況得無上正等菩提是故
菩薩斷欲出家脩梵行者能得無上正等菩
提非不斷者時舍利子白佛言世尊諸菩薩
摩訶薩為要當有父母妻子諸親友耶佛告
具壽舍利子言或有菩薩具有父母妻子眷
屬而脩菩薩摩訶薩行或有菩薩摩訶薩無
有妻子從初發心乃至成佛常脩梵行不壞
童真或有菩薩摩訶薩方便善巧示受五欲
厭捨出家脩行梵行方得無上正等菩提舍
利子譬如幻師或彼弟子善於幻法幻作種
種五妙欲具於中自恣共相娛樂於意云何
彼幻所作為有實不舍利子言不也世尊不
也善逝佛言舍利子菩薩摩訶薩亦復如是
為欲成熟諸有情故方便善巧化受五欲實

BD14203號　大般若波羅蜜多經卷四　（19–2）

利子譬如幻師或彼弟子善於幻法幻作種
種五妙欲具於中自恣共相娛樂於意云何
彼幻所作為有實不舍利子言不也世尊不
也善逝佛言舍利子菩薩摩訶薩亦復如是
為欲成熟諸有情故方便善巧化受五欲實
無是事然此菩薩摩訶薩於五欲中深生厭
患不為五欲過失所染以無量門訶毀諸欲欲
為熾火燒身心故欲為穢惡染自他故欲
為魁膾於去來今常為害故欲為怨敵長夜
伺求作衰損故欲如草炬欲如苦菓欲如利
劍欲如火聚欲如毒器欲如幻惑欲如闇井
欲如詐親旃荼羅等舍利子諸菩薩摩訶薩
以如是等無量過門訶毀諸欲既善了知諸
欲過失寧有真實受諸欲事但為饒益所化
有情方便善巧示受諸欲
爾時舍利子白佛言世尊云何菩薩摩訶薩
應行般若波羅蜜多佛告具壽舍利子言舍
利子菩薩摩訶薩脩行般若波羅蜜多時應
如是觀實有菩薩不見有菩薩不見菩薩名
不見般若波羅蜜多不見般若波羅蜜多名
不見行不見不行何以故舍利子菩薩自性
空菩薩名空所以者何色自性空不由空故
色空非色色不離空空不離色色即是空空
即是色受想行識自性空不由空故受想行
識空非受想行識受想行識不離空空不離
受想行識受想行識即是空空即是受想
行識何以故舍利子此但有名謂為菩提此但

BD14203號　大般若波羅蜜多經卷四　（19–3）

即是色受想行識自性空不由空故受想行
識空非受想行識受想行識不離空空不離
受想行識受想行識即是空空即是受想
行識何以故舍利子此但有名謂為菩提此但
有名謂為薩埵此但有名謂為菩提薩埵此
但有名謂之為空此但有名謂之為色受想
行識如是自性無生無滅無染無淨菩薩摩
訶薩如是行般若波羅蜜多不見生不見滅
不見染不見淨何以故但假立客名別別於
法而起分別假立客名隨起言說如如言說
如是如是生起執著菩薩摩訶薩脩行般若
波羅蜜多時於如是等一切不見由不見故
不生執著
復次舍利子諸菩薩摩訶薩脩行般若波羅
蜜多時應如是觀菩薩但有名佛但有名般
若波羅蜜多但有名色但有名受想行識但
有名眼處但有名耳鼻舌身意處但有名色
處但有名聲香味觸法處但有名眼界但有
名耳鼻舌身意界但有名色界但有名聲香
味觸法界但有名眼識界但有名耳鼻舌身
意識界但有名眼觸但有名耳鼻舌身意觸
但有名眼觸為緣所生諸受但有名耳鼻舌
身意觸為緣所生諸受但有名地界但有名
水火風空識界但有名因緣但有名等無間
緣所緣緣增上緣但有名從緣所生諸法但
有名無明但有名行識名色六處觸受愛取
有生老死愁歎苦憂惱但有名布施波羅蜜

BD14203號　大般若波羅蜜多經卷四　（19–4）

水火風空識界但有名因緣但有名等無間
緣所緣緣增上緣但有名從緣所生諸法但
有名無明但有名行識名色六處觸受愛取
有生老死愁歎苦憂惱但有名布施波羅蜜
多但有名淨戒安忍精進靜慮波羅蜜多但
有名內空但有名外空內外空空空大空勝
義空有為空無為空畢竟空無際空散空無
變異空本性空自相空共相空一切法空不
可得空無性空自性空無性自性空但有名
四念住但有名四正斷四神足五根五力七
等覺支八聖道支但名空解脫門但有名
無相無願解脫門但有名苦聖諦但有名集
滅道聖諦但有名四靜慮但有名四無量四
無色定但有名八解脫但有名八勝處九次第
定十遍處但有名陀羅尼門但有名三摩地
門但有名極喜地但有名離垢地發光地焰慧
地極難勝地現前地遠行地不動地善慧地法
雲地但有名上觀地但有名種姓地第八地
見地薄地離欲地已辦地獨覺地菩薩地如
來地但有名五眼但有名六神通但有名如
來十力但有名四無所畏四無礙解大慈大
悲大喜大捨十八佛不共法但有名三十二
大士相但有名八十隨好但有名無忘失法
但有名恒住捨性但有名一切智但有名道
相智一切相智但有名一切智智但有名永
拔煩惱習氣相續但有名預流果但有名一
來不還阿羅漢果但有名獨覺菩提但有名

BD14203號　大般若波羅蜜多經卷四　（19–5）

大士相但有名八十隨好但有名無忘失法
但有名恒住捨性但有名一切智但有名道
相智一切相智但有名一切智智但有名永
拔煩惱習氣相續但有名預流果但有名一
來不還阿羅漢果但有名獨覺菩提但有名
一切菩薩摩訶薩行但有名諸佛無上正等
菩提但有名世間法但有名出世間法但有
名有漏法但有名無漏法但有名有為法但
有名無為法但有名舍利子如我但有名謂
之為我實不可得如是有情命者生者養者
士夫補特伽羅意生儒童作者使作者起者
使起者受者使受者知者見者亦但有名謂
為有情乃至見者以不可得空故但隨世俗
假立客名諸法亦尒不應執著是故菩薩摩
訶薩脩行般若波羅蜜多時不見有我乃至
見者亦不見有一切法性
舍利子諸菩薩摩訶薩如是脩行甚深般若
波羅蜜多除諸佛慧一切聲聞獨覺等慧所
不能及以不可得空故所以者何是菩薩摩
訶薩於名所名俱無所得以不觀見無執著
故舍利子諸菩薩摩訶薩若能如是脩行般
若波羅蜜多名善脩行甚深般若波羅蜜多
舍利子假使汝及大目乾連滿贍部洲如稻
麻竹葦甘蔗林等所有智慧比行般若波羅
蜜多一切菩薩摩訶薩智慧百分不及一千分
不及一百千分不及一俱胝分不及一百俱
胝分不及一千俱胝分不及一百千俱胝分
不及一數分算分計分喻分乃至鄔波尼

麻竹葦甘蔗林等所有智慧比行般若波羅
蜜多一切菩薩摩訶薩智慧百分不及一千分
不及一百千分不及一俱胝分不及一百俱
胝分不及一千俱胝分不及一百千俱胝分
不及一數分算分計分喻分乃至鄔波尼
殺曇分亦不及一何以故舍利子是菩薩摩
訶薩智慧能使一切有情趣般涅槃一切聲
聞獨覺智慧不如是故又舍利子脩行般若
波羅蜜多一菩薩摩訶薩於一日中所脩智
慧一切聲聞獨學智慧不能及故舍利子置
贍部洲假使汝及大目乾連滿四大洲如稻
麻竹葦甘蔗林等所有智慧比行般若波羅
蜜多一菩薩摩訶薩智慧百分不及一千分
不及一百千分不及一俱胝分不及一百俱
胝分不及一千俱胝分不及一百千俱胝分
不及一數分算分計分喻分乃至鄔波尼殺
曇分亦不及一何以故舍利子是菩薩摩訶
薩智慧能使一切有情趣般涅槃一切聲聞
獨覺智慧不如是故又舍利子脩行般若波
羅蜜多一菩薩摩訶薩於一日中所脩智慧
一切聲聞獨覺智慧不能及故舍利子置四
大洲假使汝及大目乾連滿一三千大千世
界如稻麻竹葦甘蔗林等所有智慧比行
般若波羅蜜多一菩薩摩訶薩智慧百分不及
一千分不及一百千分不及一俱胝分不及
一百俱胝分不及一千俱胝分不及一百千
俱胝分不及一數分算分計分喻分乃至鄔

般若波羅蜜多一菩薩摩訶薩智慧百分不及
一千分不及一百千分不及一俱胝分不及
一百俱胝分不及一千俱胝分不及一百千
俱胝分不及一數分算分計分喻分乃至鄔
波尼殺曇分亦不及一何以故舍利子是　菩
薩摩訶薩智慧能使一切有情趣槃涅般
切聲聞獨覺智慧不如是故又舍利子脩行
般若波羅蜜多一菩薩摩訶薩於一日中所
脩智慧一切聲聞獨覺智慧不能及故舍利
子置一三千大千世界假使汝及大目乾連
充滿十方殑伽沙等諸佛世界如稻麻竹葦
甘蔗林等所有智慧比行般若波羅蜜多一
菩薩摩訶薩智慧百分不及一千分不及一
百千分不及一俱胝分不及一百俱胝分　不
及一千俱胝分不及一百千俱胝分不及　一
數分算分計分喻分乃至鄔波尼殺曇分亦
不及一何以故舍利子是菩薩摩訶薩智慧
能使一切有情趣般涅槃一切聲聞獨覺智
慧不如是故又舍利子脩行般若波羅蜜多
一菩薩摩訶薩於一日中所脩智慧一切聲
聞獨覺智慧不能及故
尒時舍利子白佛言世尊若聲聞乘預流一
來不還阿羅漢智慧若獨覺乘智慧若
菩薩摩訶薩智慧若諸如來應正等覺智慧
是諸智慧皆無差別不相違背無生無滅自性皆
空若法無差別不相違無生滅自性空是法
差別既不可得云何世尊說行般若波羅蜜

BD14203號　大般若波羅蜜多經卷四　（19–8）

來不還阿羅漢智慧若獨覺乘智慧若
菩薩摩訶薩智慧若諸如來應正等覺智慧
是諸智慧皆無差別不相違背無生無滅自性皆
空若法無差別不相違無生滅自性空是法
差別既不可得云何世尊說行般若波羅蜜
多一菩薩摩訶薩於一日中所脩智慧一切
聲聞獨覺智慧所不能及佛告具壽舍
利子言舍利子於意云何脩行般若波羅蜜多一
菩薩摩訶薩於一日中所脩智慧所成勝事
一切聲聞獨覺智慧有此事不舍利子言　不
也世尊不也善逝又舍利子於意云何脩行
般若波羅蜜多一菩薩摩訶薩於一日中所
脩智慧作是念言我當脩行一切相微妙智
一切智道相智一切相智利益安樂一切有
情被於一切法覺一切相已方便安立一切
有情於無餘依般涅槃界一切聲聞獨覺
智慧有此事不舍利子言不也世尊不也善逝
又舍利子於意云何一切聲聞獨覺頗能作
是念我當證得無上正等菩提方便安立一
切有情於無餘依涅槃界不舍利子言不也
世尊不也善逝又舍利子於意云何一切聲
聞獨覺頗能作是念我當脩行布施淨戒
安忍精進靜慮般若波羅蜜多我當脩行殊勝
四念住四正斷四神足五根五力七等覺支
八聖道支我當脩行殊勝四靜慮四无量四
無色定我當脩行殊勝八解脫八勝處九次
第定十遍處我當脩行殊勝空無相无願解
脫門我當安住內空外空內外空空空大空

BD14203號　大般若波羅蜜多經卷四　（19–9）

八聖道支我當脩行殊勝四靜慮四无量四
無色定我當脩行殊勝八解脫八勝處九次
第定十遍處我當脩行殊勝空無相无願解
脫門我當安住内空外空内外空空空大空
勝義空有為空無為空畢竟空無際空
散空無變異空本性空自相空共相空一切法空
不可得空無性空自性空無性自性空我當
安住真如法界法性不虛妄性不變異性平
等性離生性法定法住實際虛空界不思議
界我當安住殊勝苦集滅道聖諦我當脩行
一切陁羅尼門三摩地門我當脩行極喜地
離垢地發光地焰慧地極難勝地現前地遠
行地不動地善慧地法雲地我當圓滿菩薩
神通成熟有情嚴淨佛土我當圓滿五眼六
神通我當圓滿佛十力四無所畏四無礙解
大慈大悲大喜大捨十八佛不共法我當圓
滿三十二大士相八十隨好我當圓滿無 忘
失法恒住捨性我當圓滿一切智道相智一
切相智永拔一切煩惱習氣證得無上正等
菩提方便安立無量無數無邊有情於無餘
依涅槃界不舍利子言不也世尊不也善逝
佛言舍利子脩行般若波羅蜜多諸菩薩摩
訶薩皆作是念我當脩行布施淨戒安忍精
進靜慮般若波羅蜜多乃至我當永拔一切
煩惱習氣證得無上正等菩提方便安立無
量無數無邊有情於無餘依般涅槃界
舍利子譬如螢火無如是念我光能照遍贍

進靜慮般若波羅蜜多乃至我當永拔一切
煩惱習氣證得無上正等菩提方便安立無
量無數無邊有情於無餘依般涅槃界
舍利子譬如螢火無如是念我光能照遍贍
部洲普令大明如是一切聲聞獨覺無如是
念我當脩行布施淨戒安忍精進靜慮般若
波羅蜜多乃至我當永拔一切煩惱習氣證
得無上正等菩提方便安忍無量無數無邊
有情於無餘依般涅槃界舍利子譬如日輪
光明熾盛照贍部洲無不周遍如是脩行般
若波羅蜜多諸菩薩摩訶薩常作是念我
當脩行布施淨戒安忍精進靜慮般若波羅蜜
多乃至我當永拔一切煩惱習氣證得無上
正等菩提方便安立無量無數無邊有情於
無餘依般涅槃界以是故舍利子當知一切
聲聞獨覺所有智慧比行般若波羅蜜多一
菩薩摩訶薩於一日中所脩智慧百分不及
一千分不及一百千分不及一俱胝分不及
一百俱胝分不及一千俱胝分不及一百千
俱胝分不及一數分算分計分喻分乃至鄔
波尼殺曇分亦不及一
尒時舍利子白佛言世尊云何菩薩摩訶薩
能超聲聞獨覺等地能得菩薩不退轉地能
淨無上佛菩提道佛告具壽舍利子言舍利
子諸菩薩摩訶薩從初發心脩行布施淨戒
安忍精進靜慮般若方便善巧妙願力智波
羅蜜多住空無相無願之法即能超過一切

能超聲聞獨覺等地能行菩薩不退轉地能
淨無上佛菩提道佛告具壽舍利子言舍利
子諸菩薩摩訶薩從初發心脩行布施淨戒
安忍精進靜慮般若方便善巧妙願力智波
羅蜜多住空無相無願之法即能超過一切
聲聞獨覺等地能得菩薩不退轉地能淨
無上佛菩提道時舍利子復白佛言世尊諸菩
薩摩訶薩住何等地能與一切聲聞獨覺作
真福田佛告具壽舍利子言舍利子諸菩薩
摩訶薩從初發心脩行布施淨戒安忍精進
靜慮般若方便善巧妙願力智波羅蜜多住
空無相無願之法乃至安坐妙菩提座常與
一切聲聞獨覺作真福田何以故舍利子以
依菩薩摩訶薩故一切善法出現世間謂依
菩薩摩訶薩故有十善業道五近事戒八
近住戒四靜慮四無量四無色定施性福業事
戒性福業事脩性福業事等出現世間又
依菩薩摩訶薩故有四念住四正斷四神足五
根五力七等覺支八聖道支空無相無願解
脫門苦集滅道聖諦等出現世間又依菩薩
摩訶薩故有布施淨戒安忍精進靜慮般若
波羅蜜多出現世間有內空外空內外空空
空大空勝義空有為空無為空畢竟空無
際空散空無變異空本性空自性空共相空一
切法空不可得空無性空無性自性
空出現世間有一切法真如法界法性不虛
妄性不變異性平等性離生性法定法住實
際虛空界不思議界出現世間有八解脫八

BD14203號　大般若波羅蜜多經卷四　（19–12）

際空散空無變異空本性空自性空共相空一
切法空不可得空無性空無性自性
空出現世間有一切法真如法界法性不虛
妄性不變異性平等性離生性法定法住實
際虛空界不思議界出現世間有八解脫八
勝處九次第定十遍處出現世間有一切陀
羅尼門三摩地門菩薩十地出現世間有五
眼六神通出現世間有佛十力四無所畏四
無礙解大慈大悲大喜大捨十八佛不共法
出現世間有無忘失法恒住捨性出現世間
有一切智道相智一切相智出現世間有成
熟有情嚴淨佛土等無量無數無邊善法出
現世間由有如是諸善法故世間便有剎帝
利大族婆羅門大族長者大族居士大族由
有如是諸善法故世間便有四大王衆天三
十三天夜摩天覩史多天樂變化天他化
自在天由有如是諸善法故世間便有梵衆天
梵輔天梵會天大梵天光天少光天無量
光天極光淨天淨天少淨天無量淨天遍淨
天廣天少廣天無量廣天廣果天無想有情天
無繁天無熱天善現天善見天色究竟天由
有如是諸善法故世間便有空無邊處天識
無邊處天無所有處天非想非非想處天由
有如是諸善法故世間便有預流一來不還
阿羅漢獨覺由有如是諸善法故世間便有
菩薩摩訶薩及諸如來應正等覺
爾時舍利子白佛言世尊諸菩薩摩訶薩為

BD14203號　大般若波羅蜜多經卷四　（19–13）

有如是諸善法故世間便有預流一來不還
阿羅漢獨覺由有如是諸善法故世間便有
菩薩摩訶薩及諸如來應正等覺
尒時舍利子白佛言世尊諸菩薩摩訶薩為
復須報施主恩不佛告具壽舍利子言舍利
子諸菩薩摩訶薩不復須報諸施主恩何以
故已多報故所以者何舍利子諸菩薩摩訶
薩為大施主施諸有情無量善法謂施有情
十善業道五近事戒八近住戒四靜慮四無
量四無色定施戒脩性三福業事又施有情
四念住四正斷四神足五根五力七等覺支
八聖道支空無相無願解脫門苦集滅道聖
諦又施有情布施淨戒安忍精進靜慮般若
方便善巧妙願力智波羅蜜多又施有情內
空外空內外空空空大空勝義空有為空無
為空畢竟空無際空散空無變異空本性
空自相空共相空一切法空不可得空無性空
自性空無性自性空又施有情一切法真如
法界法性不虛妄性不變異性平等性離生
性法定法住實際虛空界不思議界又施有
情八解脫八勝處九次第定十遍處又施有
情陁羅尼門三摩地門菩薩十地又施有情
五眼六神通又施有情如來十力四無所畏
四無礙解大慈大悲大喜大捨十八佛不共
法又施有情無忘失法恒住捨性又施有情
一切智道相智一切相智又施有情布施愛
語利行同事成熟有情嚴淨佛土方便善巧
又施有情預流一來不還阿羅漢果獨覺菩

BD14203 號　大般若波羅蜜多經卷四　（19–14）

四無礙解大慈大悲大喜大捨十八佛不共
法又施有情無忘失法恒住捨性又施有情
一切智道相智一切相智又施有情布施愛
語利行同事成熟有情嚴淨佛土方便善巧
又施有情預流一來不還阿羅漢果獨覺菩
提又施有情一切菩薩摩訶薩行諸佛無上
正等菩提舍利子諸菩薩摩訶薩施諸有情
如是等類無量無數無邊善法故說菩薩
為大施主由此已報諸施主恩是真福田生長
勝福

初分相應品第三之一

尒時舍利子白佛言世尊脩行般若波羅蜜
多菩薩摩訶薩與何法相應故當言與般若
波羅蜜多相應佛告具壽舍利子言舍利子
脩行般若波羅蜜多菩薩摩訶薩與色空相
應故當言與般若波羅蜜多相應與受想行
識空相應故當言與般若波羅蜜多相應舍
利子脩行般若波羅蜜多菩薩摩訶薩與眼
處空相應故當言與般若波羅蜜多相應與
耳鼻舌身意處空相應故當言與般若波羅
蜜多相應舍利子脩行般若波羅蜜多菩薩
摩訶薩與色處空相應故當言與般若波羅
蜜多相應與聲香味觸法處空相應故當言
與般若波羅蜜多相應舍利子脩行般若波
羅蜜多菩薩摩訶薩與眼界空相應故當
言與般若波羅蜜多相應與耳鼻舌身意
界空相應故當言與般若波羅蜜多相應舍利子

BD14203 號　大般若波羅蜜多經卷四　（19–15）

與般若波羅蜜多相應舍利子脩行般若波
羅蜜多菩薩摩訶薩與眼界空相應故當
言與般若波羅蜜多相應與耳鼻舌身意
界空相應故當言與般若波羅蜜多相應舍利子
脩行般若波羅蜜多菩薩摩訶薩與色界空
相應故當言與般若波羅蜜多相應與聲香
味觸法界空相應故當言與般若波羅蜜多
相應舍利子脩行般若波羅蜜多菩薩摩
訶薩與眼識界空相應故當言與般若波羅
蜜多相應與耳鼻舌身意識界空相應故
當言與般若波羅蜜多相應舍利子脩行般若
波羅蜜多菩薩摩訶薩與眼觸空相應故
當言與般若波羅蜜多相應與耳鼻舌身意
觸空相應故當言與般若波羅蜜多相應舍利
子脩行般若波羅蜜多菩薩摩訶薩與眼觸
為緣所生諸受空相應故當言與般若波羅
蜜多相應與耳鼻舌身意觸為緣所生諸受
空相應故當言與般若波羅蜜多相應舍利
子脩行般若波羅蜜多菩薩摩訶薩與地界
空相應故當言與般若波羅蜜多相應與水
火風空識界空相應故當言與般若波羅蜜
多相應舍利子脩行般若波羅蜜多菩薩摩
訶薩與因緣空相應故當言與般若波羅蜜
多相應與等無間緣所緣緣增上緣及從諸
緣所生諸法空相應故當言與般若波羅蜜
多相應舍利子脩行般若波羅蜜多菩薩摩
訶薩與無明空相應故當言與般若波羅蜜

BD14203 號　大般若波羅蜜多經卷四　（19–16）

訶薩與因緣空相應故當言與般若波羅蜜
多相應與等無間緣所緣緣增上緣及從諸
緣所生諸法空相應故當言與般若波羅蜜
多相應舍利子脩行般若波羅蜜多菩薩摩
訶薩與無明空相應故當言與般若波羅蜜
多相應與行識名色六處觸受愛取有生老
死愁歎苦憂惱空相應故當言與般若波羅
蜜多相應
舍利子脩行般若波羅蜜多菩薩摩訶薩與
布施波羅蜜多空相應故當言與般若波羅
蜜多相應與淨戒安忍精進靜慮般若波羅
蜜多空相應故當言與般若波羅蜜多相應
舍利子脩行般若波羅蜜多菩薩摩訶薩與
內空相應故當言與般若波羅蜜多相應與
外空內外空空空大空勝義空有為空無為
空畢竟空無際空散空無變異空本性空自
性空無性自性空相應故當言與般若波羅
蜜多相應舍利子脩行般若波羅蜜多菩薩
摩訶薩與真如空相應故當言與般若波羅
蜜多相應與法界法性不虛妄性不變異性
平等性離生性法定法住實際虛空界不思
議界空相應故當言與般若波羅蜜多相應
舍利子脩行般若波羅蜜多菩薩摩訶薩與
四念住空相應故當言與般若波羅蜜多相
應與四正斷四神足五根五力七等覺支八
聖道支空相應故當言與般若波羅蜜多相
應舍利子脩行般若波羅蜜多菩薩摩訶薩
與四靜慮空相應故當言與般若波羅蜜多

BD14203 號　大般若波羅蜜多經卷四　（19–17）

光

四念住空相應故當言與般若波羅蜜多相
應與四正斷四神足五根五力七等覺支八
聖道支空相應故當言與般若波羅蜜多相
應舍利子脩行般若波羅蜜多菩薩摩訶薩
與苦聖諦空相應當言與般若波羅蜜多
相應與集滅道聖諦空相應故當言與般若
波羅蜜多相應舍利子脩行般若波羅蜜多
菩薩摩訶薩與十善業道空相應故當言與
般若波羅蜜多相應與五近事戒八近住戒
空相應故當言與般若波羅蜜多相應舍利
子脩行般若波羅蜜多菩薩摩訶薩與施性
福業事空相應故當言與般若波羅蜜多相

布施波羅蜜多空相應故當言與般若波羅
蜜多相應與淨戒安忍精進靜慮般若波羅
蜜多空相應故當言與般若波羅蜜多相應
舍利子脩行般若波羅蜜多菩薩摩訶薩與
內空相應故當言與般若波羅蜜多相應與
外空內外空空空大空勝義空有為空無為
空畢竟空無際空散空無變異空本性空自
相空共相空一切法空不可得空無性空自
性空無性自性空相應故當言與般若波羅
蜜多相應舍利子脩行般若波羅蜜多菩薩
摩訶薩與真如空相應故當言與般若波羅
蜜多相應與法界法性不虛妄性不變異性
平等性離生性法定法住實際虛空界不思

BD14203 號　大般若波羅蜜多經卷四　（19–18）

空畢竟空無際空散空無變異空本性空自
相空共相空一切法空不可得空無性空自
性空無性自性空相應故當言與般若波羅
蜜多相應舍利子脩行般若波羅蜜多菩薩
摩訶薩與真如空相應故當言與般若波羅
蜜多相應與法界法性不虛妄性不變異性
平等性離生性法定法住實際虛空界不思
議界空相應故當言與般若波羅蜜多相應
舍利子脩行般若波羅蜜多菩薩摩訶薩與
四念住空相應故當言與般若波羅蜜多相
應與四正斷四神足五根五力七等覺支八
聖道支空相應故當言與般若波羅蜜多相
應舍利子脩行般若波羅蜜多菩薩摩訶薩
與苦聖諦空相應故當言與般若波羅蜜多
相應與集滅道聖諦空相應故當言與般若
波羅蜜多相應舍利子脩行般若波羅蜜多
菩薩摩訶薩與十善業道空相應故當言與
般若波羅蜜多相應與五近事戒八近住戒
空相應故當言與般若波羅蜜多相應舍利
子脩行般若波羅蜜多菩薩摩訶薩與施性
福業事空相應故當言與般若波羅蜜多相
應與戒性脩性福業事空相應故當言與般

BD14203 號　大般若波羅蜜多經卷四　（19–19）

BD14203 號背　勘記　（1–1）

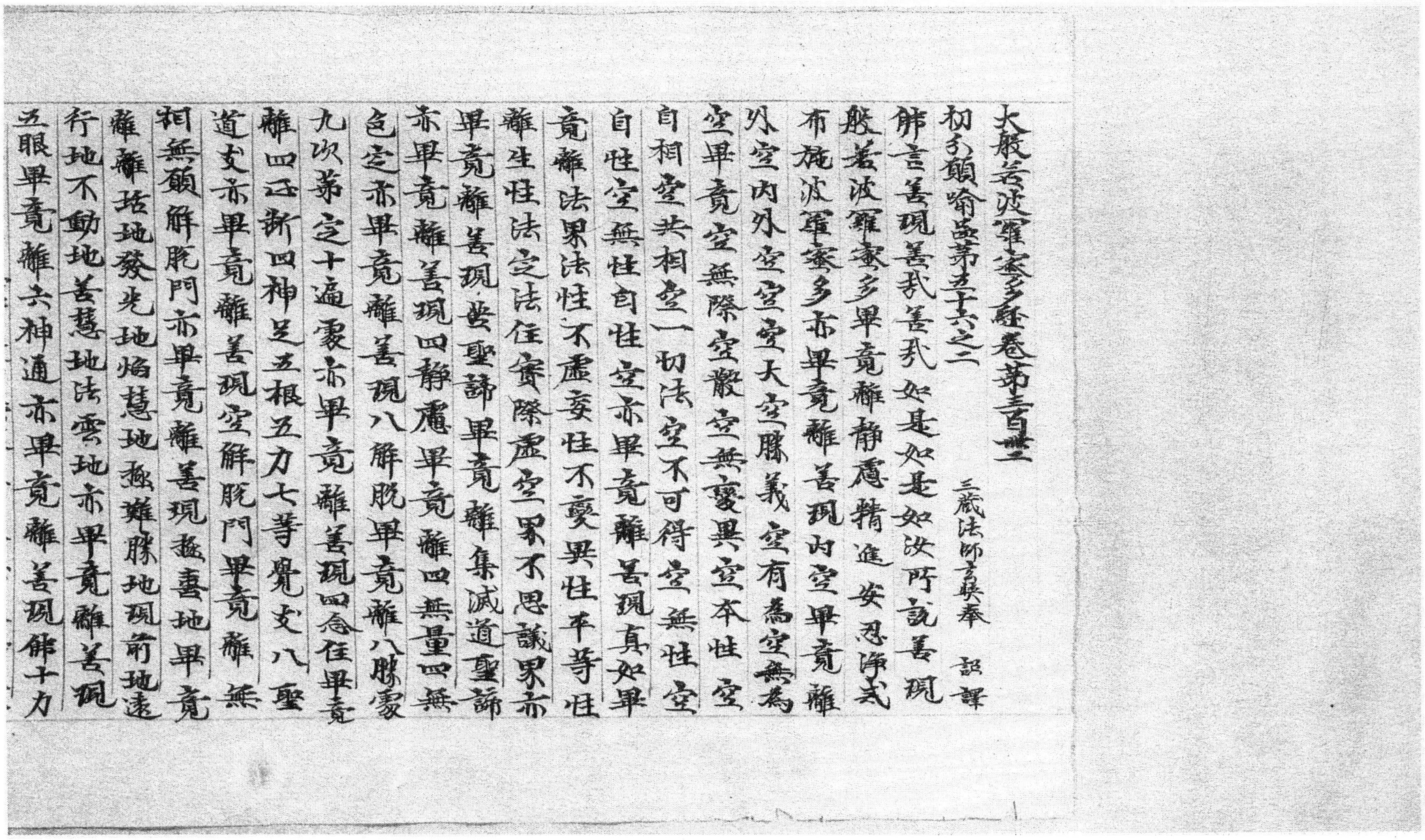

大般若波羅蜜多經卷第三百四十二
初分顚喻品第五十六之二　三藏法師玄奘奉　詔譯
能言善現善哉善哉如是如是如汝所說善現
般若波羅蜜多畢竟離靜慮精進安忍淨戒
布施波羅蜜多亦畢竟離善現內空畢竟離
外空內外空空空大空勝義空有為空無為
空畢竟空無際空散空無變異空本性空
自相空共相空一切法空不可得空無性空
自性空無性自性空亦畢竟離善現真如畢
竟離法界法性不虛妄性不變異性平等性
離生性法定法住實際虛空界不思議界亦
畢竟離善現苦聖諦畢竟離集滅道聖諦
亦畢竟離善現四靜慮畢竟離四無量四無
色定亦畢竟離善現八解脫畢竟離八勝處
九次第定十遍處亦畢竟離善現四念住畢竟
離四正斷四神足五根五力七等覺支八聖
道支亦畢竟離善現空解脫門畢竟離無
相無願解脫門亦畢竟離善現極喜地畢竟
離離垢地發光地焰慧地極難勝地現前地遠
行地不動地善慧地法雲地亦畢竟離善現
五眼畢竟離六神通亦畢竟離善現佛十力

BD14204 號　大般若波羅蜜多經卷三四二　（21–1）

道支亦畢竟離善現空解脫門畢竟離無
相無願解脫門亦畢竟離善現極喜地畢竟
離離垢地發光地焰慧地極難勝地現前地遠
行地不動地善慧地法雲地亦畢竟離善現
五眼畢竟離六神通亦畢竟離善現佛十力
畢竟離四無所畏四無礙解大慈大悲大喜
大捨十八佛不共法亦畢竟離善現無忘失
法畢竟離恒住捨性亦畢竟離善現一切智
畢竟離道相智一切相智亦畢竟離善現一
切陁羅尼門畢竟離一切三摩地門亦畢竟
離善現一切菩薩摩訶薩行畢竟離善現
諸佛無上正等菩提畢竟離善現一切智智
亦畢竟離
善現以般若波羅蜜多畢竟離靜慮精進安
忍淨戒布施波羅蜜多亦畢竟離故菩薩摩
訶薩可得無上正等菩提善現以內空畢竟
離外空內外空空空大空勝義空有為空
无為空畢竟空無際空散空無變異空本性
空自相空共相空一切法空不可得空無性空
自性空無性自性空亦畢竟離故菩薩摩
訶薩可得無上正等菩提善現以真如畢竟
離法界法性不虛妄性不變異性平等性離生
性法定法住實際虛空界不思議界亦畢竟
離故菩薩摩訶薩可得無上正等菩提善現
以苦聖諦畢竟離集滅道聖諦亦畢竟離故
菩薩摩訶薩可得無上正等菩提善現以四
靜慮畢竟離四無量四无色定亦畢竟離故
菩薩摩訶薩可得無上正等菩提善現以八

離故菩薩摩訶薩可得無上正等菩提善現
以苦聖諦畢竟離集滅道聖諦亦畢竟離故
菩薩摩訶薩可得無上正等菩提善現以四
靜慮畢竟離四無量四无色定亦畢竟離故
菩薩摩訶薩可得無上正等菩提善現以八
解脫畢竟離八勝處九次第定十遍處亦畢
竟離故菩薩摩訶薩可得無上正等菩提善
現以四念住畢竟離四正斷四神足五根五
力七等覺支八聖道支亦畢竟離故菩薩摩
訶薩可得無上正等菩提善現以空解脫門畢
竟離无相無願門脫亦畢竟離故菩薩
摩訶薩可得無上正等菩提善現以極喜地
畢竟離離垢地發光地焰慧地極難勝地現前
地遠行地不動地善慧地法雲地亦畢竟
離故菩薩摩訶薩可得無上正等菩提善現
以五眼畢竟離六神通亦畢竟離故菩薩摩
訶薩可得無上正等菩提善現以佛十力畢
竟離四無所畏四無礙解大慈大悲大喜大捨
十八佛不共法亦畢竟離故菩薩摩訶薩
可得无上正等菩提善現以無忘失法畢竟
離恒住捨性亦畢竟離故菩薩摩訶薩可
得無上正等菩提善現以一切智畢竟離道相
智一切相智亦畢竟離故菩薩摩訶薩可
得無上正等菩提善現以一切陁羅尼門畢竟離
一切三摩地門亦畢竟離故菩薩摩訶薩
可得無上正等菩提善現以一切菩薩摩訶
薩行畢竟離故菩薩摩訶薩可得無上正等
菩提善現以諸佛無上正等菩提畢竟離故

一切三摩地門亦畢竟離故菩薩摩訶薩
可得無上正等菩提善現以一切菩薩摩訶
薩行畢竟離故菩薩摩訶薩可得無上正等
菩提善現以諸佛無上正等菩提畢竟離故
菩薩摩訶薩可得無上正等菩提善現以一
切智智畢竟離故菩薩摩訶薩可得無上正
等菩提
復次善現若般若波羅蜜多非畢竟離應非
般若波羅蜜多若靜慮精進安忍淨戒布施
波羅蜜多非畢竟離應非靜慮精進安忍淨
戒布施波羅蜜多善現若內空非畢竟離應
非內空若外空內外空空空大空勝義空
有為空無為空畢竟空無際空散空無變異
空性自相空共相空一切法空不可得空無性
空自性空無性自性空非畢竟離應非外
空乃至無性自性空善現若真如非畢竟
離應非真如若法界法性不虛妄性不變異
性平等性離生性法定法住實際虛空界不
思議界非畢竟離應非法界乃至不思議界
善現若苦聖諦非畢竟離應非苦聖諦若
集滅道聖諦非畢竟離應非集滅道聖諦善
現若四靜慮非畢竟離應非四靜慮若四無
量四無色定非畢竟離應非四無量四无色
定善現若八解脫非畢竟離應非八解脫若八
勝處九次第定十遍處非畢竟離應非八勝
處九次第定十遍處
善現若四念住非畢竟離應非四念住若四
正斷四神足五根五力七等覺支八聖道支

BD14204 號　大般若波羅蜜多經卷三四二　（21–4）

勝處九次第定十遍處非畢竟離應非八勝
處九次第定十遍處
善現若四念住非畢竟離應非四念住若四
正斷四神足五根五力七等覺支八聖道支
非畢竟離應非四正斷乃至八聖道支善現
若空解脫門非畢竟離應非空解脫門若無
相無願解脫門非畢竟離應非無相無願解
脫門善現若極喜地非畢竟離應非極喜地
若離垢地發光地焰慧地極難勝地現前地
遠行地不動地善慧地法雲地非畢竟離應
非離垢地乃至法雲地善現若五眼非畢竟
離應非五眼若六神通非畢竟離應非六神
通善現若佛十力非畢竟離應非佛十力若
四無所畏四无礙解大慈大悲大喜大捨十
八佛不共法非畢竟離應非四无所畏乃至
十八佛不共法善現若無忘失法非畢竟離
應非無忘失法若恒住捨性非畢竟離應非
恒住捨性善現若一切智非畢竟離應非一
切智若道相智一切相智非畢竟離應非道
相智一切相智善現若一切陁羅尼門非畢
竟離應非一切陁羅尼門若一切三摩地門
非畢竟離應非一切三摩地門善現若一切
菩薩摩訶薩行非畢竟離應非一切菩薩摩
訶薩行善現若諸佛无上正等菩提非畢竟
離應非諸佛无上正等菩提善現若一切智
智非畢竟離應非一切智智
善現以般若波羅蜜多畢竟離故名為般若
波羅蜜多以靜慮精進安忍淨戒布施波羅

BD14204 號　大般若波羅蜜多經卷三四二　（21–5）

訶薩行善現若諸佛無上正等菩提非畢竟
離應非諸佛無上正等菩提善現若一切智
智非畢竟離應非一切智智
善現以般若波羅蜜多畢竟離故名為般若
波羅蜜多以靜慮精進安忍淨戒布施波羅
蜜多畢竟離故名為靜慮精進安忍淨戒布
施波羅蜜多善現以內空畢竟離故名為內
空以外空內外空空空大空勝義空有為空
無為空畢竟空無際空散空無變異空本性
空自相空共相空一切法空不可得空無性
空自性空無性自性空畢竟離故名為外空
乃至無性自性空善現以真如畢竟離故名
為真如以法界法性不虛妄性不變異性平
等性離生性法定法住實際虛空界不思議
界畢竟離故名為法界乃至不思議界善現
以苦聖諦畢竟離故名為苦聖諦以集滅道
聖諦畢竟離故名為集滅道聖諦善現以四
靜慮畢竟離故名為四靜慮以四無量四無
色定畢竟離故名為四無量四無色定善現
以八解脫畢竟離故名為八解脫以八勝處
九次第定十遍處畢竟離故名為八勝處九
次第定十遍處善現以四念住畢竟離故名
為四念住以四正斷四神足五根五力七等
覺支八聖道支畢竟離故名為四正斷乃至
八聖道支善現以空解脫門畢竟離故名為
空解脫門以無相無願解脫門畢竟離故
名為無相無願解脫門善現以極喜地畢竟
離故名為極喜地以離垢地發光地焰慧地

覺支八聖道支畢竟離故名為四正斷乃至
八聖道支善現以空解脫門畢竟離故名為
空解脫門以無相無願解脫門畢竟離故
名為無相無願解脫門善現以極喜地畢竟
離故名為極喜地以離垢地發光地焰慧地
極難勝地現前地遠行地不動地善慧地法
雲地畢竟離故名為離垢地乃至法雲地善
現以五眼畢竟離故名為五眼以六神通畢
竟離故名為六神通善現以佛十力畢竟離
故名為佛十力以四無所畏四無礙解大慈
大悲大喜大捨十八佛不共法畢竟離故名
為四無所畏乃至十八佛不共法善現以無
忘失法畢竟離故名為無忘失法以恒住捨
性畢竟離故名為恒住捨性善現以一切智
畢竟離故名為一切智以道相智一切相智
畢竟離故名為道相智一切相智善現以一
切陀羅尼門畢竟離故名為一切陀羅尼門
以一切三摩地門畢竟離故名為一切三摩
地門善現以一切菩薩摩訶薩行畢竟離故
名為一切菩薩摩訶薩行善現以諸佛無上
正等菩提畢竟離故名為諸佛無上正等菩
提善現以一切智智畢竟離故名為一切智
智是故善現菩薩摩訶薩非不依般若波羅
蜜多能證無上正等菩提雖離法能證離
法而證無上正等菩提非不依止甚深般若
波羅蜜多是故菩薩摩訶薩眾欲得無上正
等菩提應勤修學甚深般若波羅蜜多
時具壽善現白佛言世尊諸菩薩摩訶薩所
行法義皆為甚深佛言善現如是如是如汝

法而證無上正等菩提非不依心甚深般若
波羅蜜多是故菩薩摩訶薩衆欲得無上正
等菩提應勤脩學甚深般若波羅蜜多
時具壽善現白佛言世尊諸菩薩摩訶薩所
行法義極為甚深佛言善現如是如是如汝
所說諸菩薩摩訶薩所行法義極為甚深善
現當知諸菩薩摩訶薩能難事雖行如是
甚深法義而於聲聞獨覺地法能不作證
時善現白佛言世尊如我解佛所說義者諸
菩薩摩訶薩所作不難所以者何諸菩薩摩訶
薩所證法義都不可得能證般若波羅蜜多
亦不可得證法證者證處證時亦不可得世
尊諸菩薩摩訶薩觀一切法既不可得有何
法義可為所證有何般若波羅蜜多可為能
證復有何等而可施設證法證者證處證時
既尒云何可執由此證得無上正等菩提無上
菩提尚不可證況證聲聞獨覺地法世尊是
名菩薩無所得行若菩薩摩訶薩能行如
是無所得行於一切法得無閡障世尊若菩
薩摩訶薩聞如是說心不沉沒不驚不怖亦
不憂悔是行般若波羅蜜多世尊是菩薩摩
訶薩如是行時不見衆相不見我行不見不
行不見般若波羅蜜多是我所行不見無上
正等菩提是我所證亦復不見證處時等世
尊是菩薩摩訶薩行甚深般若波羅蜜多時
不作是念我遠聲聞及獨覺地我近無上正
等菩提世尊辟如虛空不作是念我去此法
若遠若近所以者何虛空無動亦無差別無

BD14204號　大般若波羅蜜多經卷三四二　（21–8）

正等菩提是我所證亦復不見證處時等世
尊是菩薩摩訶薩行甚深般若波羅蜜多時
不作是念我遠聲聞及獨覺地我近無上正
等菩提世尊辟如虛空不作是念我去此法
若遠若近所以者何虛空無動亦無差別無
分別故行深般若波羅蜜多諸菩薩摩訶薩
亦復如是不作是念我遠聲聞及獨覺地我
近無上正等菩提所以者何甚深般若波羅
蜜多無分別故世尊辟如幻士不作是念幻
所依法去我為遠幻具幻師去我為近聚集徒
衆亦近亦遠所以者何所幻作士無分別故
行深般若波羅蜜多諸菩薩摩訶薩亦復
如是不作是念我遠聲聞及獨覺地我近無
上正等菩提所以者何甚深般若波羅蜜多
無分別故世尊辟如影像不作是念我因彼
現去我為近所不因法去我為遠所以者何所
現影像無分別故行深般若波羅蜜多諸
菩薩摩訶薩亦復如是不作是念我遠聲聞
及獨覺地我近無上正等菩提所以者何甚
深般若波羅蜜多無分別故世尊行深般若
波羅蜜多諸菩薩摩訶薩無愛無憎所以者
何甚深般若波羅蜜多及一切法愛憎自性
不可得故世尊如諸如來應正等覺無愛無
憎行深般若波羅蜜多諸菩薩摩訶薩亦復
如是無愛無憎所以者何諸佛菩薩愛憎斷
故世尊如諸如來應正等覺永斷一切妄想
分別行深般若波羅蜜多諸菩薩摩訶薩亦
復如是伏斷一切妄想分別所以者何諸佛

BD14204號　大般若波羅蜜多經卷三四二　（21–9）

增行深般若波羅蜜多諸菩薩摩訶薩亦復
如是無愛無憎所以者何諸佛菩薩愛憎斷
故世尊如諸如来應正等覺永斷一切妄想
分別行深般若波羅蜜多諸菩薩摩訶薩亦
復如是伏斷一切妄想分別所以者何諸佛
菩薩於一切法無分別故世尊如諸如来應
正等覺不作是念我遠聲聞及獨覺地我近
無上正等菩提行深般若波羅蜜多諸菩薩
摩訶薩亦復如是不作是念我遠聲聞及獨
覺地我近無上正等菩提所以者何諸佛菩
薩無分別故世尊如諸如来應正等覺所變
化者不作是念我遠聲聞及獨覺地我近無
上正等菩提所以者何所變化者無分別故
行深般若波羅蜜多諸菩薩摩訶薩亦復如
是不作是念我遠聲聞及獨覺地我近無上
正等菩提所以者何甚深般若波羅蜜多無
分別故世尊如如来等欲有所化作化者令
作彼事而所化者不作是念我能造作如是
事業所以者何諸所化者無分別故甚深
般若波羅蜜多亦復如是有所為故而勤脩
習既脩習已雖能成辦所作事業而於所作
都無分別所以者何甚深般若波羅蜜多無
分別故世尊譬如工匠或彼弟子有所為故
造諸機關或女或男若爲馬等此諸機關雖
有所作而於彼事都無分別所以者何諸機關
事無分別故甚深般若波羅蜜多亦復如是
有所為故而成立之既成立已雖能成辦種
種事業而於所都無分別所以者何甚深

有所作而於彼事都無分別所以者何諸機關
事無分別故甚深般若波羅蜜多亦復如是
有所為故而成立之既成立已雖能成辦種
種事業而於所都無分別所以者何甚深
般若波羅蜜多於一切法無分別故
尒時具壽舍利子問具壽善現言善現為但
般若波羅蜜多無分別靜慮精進安忍淨戒
布施波羅蜜多亦無分別耶善現答言舍利
子非但般若波羅蜜多無分別靜慮精進安
忍淨戒布施波羅蜜多亦無分別時舍利子
復問善現言善現為色亦無分別受想行識
亦無分別耶善現為眼處亦無分別耳鼻舌
身意處亦無分別耶善現為色處亦无分別
聲香味觸法處亦無分別耶善現為眼界亦
無分別耳鼻舌身意界亦無分別善現為
色界亦無分別聲香味觸法界亦無分別耶
善現為識界亦无分別耳鼻舌身意識界
亦無分別耶善現為眼觸亦無分別耳鼻舌
身意觸亦無分別耶善現為眼觸為緣所生
諸受亦無分別耳鼻舌身意觸為緣所生諸
受亦无分別耶善現為地界亦無分別水火
風空識界亦無分別耶善現為無明亦無分
別行識名色六處觸受愛取有生老死亦無
分別耶善現為内空亦無分別外空内外空
空空大空勝義空有為空無為空畢竟空無
際空散空無變異空本性空自相空共相空
一切法空不可得空無性空自性空無性自
性空亦無分別耶善現為真如亦無分別法

分別耶善現為內空亦無分別外空內外空
空空大空勝義空有為空無為空畢竟空無
際空散空無變異空本性空自相空共相空
一切法空不可得空無性空自性空無性自
性空亦無分別耶善現為真如亦無分別法
界法性不虛妄性不變異性平等性離生性
法定法住實際虛空界不思議界亦無分別
耶善現為苦聖諦亦無分別集滅道聖諦亦
無分別耶善現為四靜慮亦無分別四無量
四無色定亦無分別耶善現為八解脫亦無
分別八勝處九次第定十遍處亦無分別耶
善現為四念住亦無分別四正斷四神足五
根五力七等覺支八聖道支亦無分別耶善
現為空解脫亦無分別無相無願解脫門
亦無分別耶善現為極喜地亦無分別離垢
地發光地焰慧地極難勝地現前地遠行地
不動地善慧地法雲地亦无分別耶善現為
五眼亦無分別六神通亦無分別耶善現為
佛十力亦無分別四無所畏四無礙解大慈
大悲大喜大捨十八佛不共法亦無分別耶
善現為無忘失法亦無分別恒住捨性亦無
分別耶善現為一切智亦無分別道相智一
切相智亦無分別耶善現一切陁羅尼門
亦無分別一切三摩地門亦無分別耶善現
為預流果亦無分別一來不還阿羅漢果獨
覺菩提亦无分別耶善現為一切菩薩摩訶
薩行亦無分別諸佛無上正等菩提亦無分
別耶善現為有為界亦無分別無為界亦無

BD14204號　大般若波羅蜜多經卷三四二　（21–12）

為預流果亦無分別一來不還阿羅漢果獨
覺菩提亦无分別耶善現為一切菩薩摩訶
薩行亦無分別諸佛無上正等菩提亦無分
別耶善現為有為界亦無分別無為界亦無

分別耶
善現答言舍利子色亦無分別受想行識亦
無分別舍利子眼處亦無分別耳鼻舌身意
處亦無分別舍利子色處亦無分別聲香味
觸法處亦無分別舍利子眼界亦無分別耳
鼻舌身意界亦無分別舍利子色界亦無分
別聲香味觸法界亦無分別舍利子眼識界
亦無分別耳鼻舌身意識界亦無分別舍利
子眼觸亦無分別耳鼻舌身意觸亦無分別
舍利子眼觸為緣所生諸受亦無分別耳鼻
舌身意觸為緣所生諸受亦無分別舍利子
地界亦無分別水火風空識界亦無分別舍
利子無明亦無分別行識名色六處觸受愛
取有生老死亦無分別舍利子內空亦無分
別外空內外空空空大空勝義空有為空無
為空畢竟空無際空散空無變異空本性空
自相空共相空一切法空不可得空無性空
自性空無性自性空亦無分別舍利子真如
亦無分別法界法性不虛妄性不變異性平
等性離生性法定法住實際虛空界不思議
界亦無分別舍利子苦聖諦亦無分別集滅
道聖諦亦無分別舍利子四靜慮亦無分別
四無量四無色定亦無分別舍利子八解脫
亦無分別八勝處九次第定十遍處亦無分

BD14204號　大般若波羅蜜多經卷三四二　（21–13）

果亦無分別舍利子苦聖諦亦無分別集滅
道聖諦亦無分別舍利子四靜慮亦無分別
四無量四無色定亦無分別舍利子八解脫
亦無分別八勝處九次第定十遍處亦無分
別舍利子四念住亦無分別四正斷四神足五
根五力七等覺支八聖道支亦無分別舍
利子空解脫門亦無分別無相無願解脫門
亦無分別舍利子極喜地亦無分別離垢地
發光地焰慧地極難勝地現前地遠行地不
動地善慧地法雲地亦無分別舍利子五眼
亦無分別六神通亦無分別舍利子佛十力
亦無分別四無所畏四無礙解大慈大悲大喜
大捨十八佛不共法亦無分別舍利子無忘
失法亦無分別恒住捨性亦無分別舍利子
一切智亦無分別道相智一切相智亦無
分別舍利子一切陀羅尼門亦無分別一切三
摩地門亦無分別舍利子預流果亦無分別
一來不還阿羅漢果獨覺菩提亦無分別舍
利子一切菩薩摩訶薩行亦無分別諸佛無上
正等菩提亦無分別舍利子有為界亦無分
別無為界亦無分別
舍利子言善現若一切法皆無分別云何而
有地獄傍生鬼界人天五趣差別云何復有
脩預流一來不還阿羅漢獨覺菩薩諸佛位
異善現言舍利子有情顛倒煩惱因緣造作
種種身語意業由此感得欲為根本業異熟
果依此施設地獄傍生鬼界人天五趣差別
言云何有脩預流等諸位異者舍利子無分

BD14204號　大般若波羅蜜多經卷三四二　（21–14）

種種身語意業由此感得欲為根本業異熟
果依此施設地獄傍生鬼界人天五趣差別
言云何有脩預流等諸位異者舍利子無分
別故有脩預流及預流果無分別故有脩一
來及一來果無分別故有脩不還及不還果
無分別故有脩阿羅漢果及阿羅漢果無分別
故有脩獨覺及獨覺菩提無分別故有脩菩
薩摩訶薩及菩薩摩訶薩道無分別故有脩如
來應正等覺及佛無上正等菩提舍利子
過去如來應正等覺由無分別分別斷故可
施設有未來如來應正等覺亦無分別分別
斷故可施設有現在十方諸佛世界一切如
來應正等覺現說法者亦無分別分別斷
故可施設有舍利子由此因緣知一切法皆無
分別以無分別真如法界法性實際為定量
故舍利子菩薩摩訶薩應行如是無分別相
甚深般若波羅蜜多若行如是無分別相甚
深般若波羅蜜多便能證得無分別相所求
無上正等菩提
初分堅等讚品第五十七
時舍利子問善現言菩薩摩訶薩行深般若
波羅蜜多時為行堅實法為行無堅實法耶
善現答言菩薩摩訶薩行深般若波羅蜜多
時為行無堅實法不為行堅實法何以故舍
利子般若波羅蜜多無堅實故靜慮精進安
忍淨戒布施波羅蜜多亦無堅實故舍利子
內空無堅實故外空內外空空空大空勝義
空有為空無為空畢竟空無際空散空無變

BD14204號　大般若波羅蜜多經卷三四二　（21–15）

時為行無堅實法不為行堅實法何以故舍
利子般若波羅蜜多無堅實故靜慮精進安
忍淨戒布施波羅蜜多亦無堅實故舍利子
內空無堅實故外空內外空空空大空勝義
空有為空無為空畢竟空無際空散空無變
異空本性空自相空共相空一切法空不可
得空無性空自性空無性自性空亦無堅實
故舍利子真如無堅實故法界法性不虛妄
性不變異性平等性離生性法定法住實際
虛空界不思議界亦無堅實故舍利子苦聖
諦無堅實故集滅道聖諦亦無堅實故舍利
子四靜慮無堅實故四無量四無色定亦無
堅實故舍利子八解脫無堅實故八勝處九
次第定十遍處亦無堅實故舍利子四念住
無堅實故四正斷四神足五根五力七等覺
支八聖道支亦無堅實故舍利子空解脫門
無堅實故無相無願解脫門亦無堅實故
舍利子極喜地無堅實故離垢地發光地焰慧
地極難勝地現前地遠行地不動地善慧地
法雲地亦無堅實故舍利子五眼無堅實故
六神通亦無堅實故舍利子佛十力無堅實
故四無所畏四無礙解大慈大悲大喜大捨
十八佛不共法亦無堅實故舍利子無忘失
法無堅實故恒住捨性亦無堅實故舍利子
一切智無堅實故道相智一切相智亦無堅
實故舍利子一切陀羅尼門無堅實故一切
三摩地門亦無堅實故舍利子一切菩薩摩
訶薩行無堅實故諸佛無上正等菩提亦無

BD14204號　大般若波羅蜜多經卷三四二　　（21–16）

十八佛不共法亦無堅實故舍利子無忘失
法無堅實故恒住捨性亦無堅實故舍利子
一切智無堅實故道相智一切相智亦無堅
實故舍利子一切陀羅尼門無堅實故一切
三摩地門亦無堅實故舍利子一切菩薩摩
訶薩行無堅實故諸佛無上正等菩提亦無
堅實故舍利子一切智智無堅實故
所以者何舍利子菩薩摩訶薩行深般若波
羅蜜多時於般若波羅蜜多尚不見無堅實
可得況見有堅實可得於靜慮精進安忍淨
戒布施波羅蜜多亦尚不見無堅實可得況
見有堅實可得舍利子菩薩摩訶薩行深般
若波羅蜜多時於內空尚不見無堅實可得
況見有堅實可得於外空內外空空空大空
勝義空有為空無為空畢竟空無際空散空
無變異空本性空自相空共相空一切法空
不可得空無性空自性空無性自性空亦尚
不見無堅實法可得況見有堅實可得舍利子
菩薩摩訶薩行深般若波羅蜜多時於真如
尚不見無堅實可得況見有堅實可得於法
界法性不虛妄性不變異性平等性離生性
法定法住實際虛空界不思議界亦尚不見
無堅實可得況見有堅實可得舍利子菩薩
摩訶薩行深般若波羅蜜多時於苦聖諦尚
不見無堅實可得況見有堅實可得於集滅
道聖諦亦尚不見無堅實可況見有堅實可
得舍利子菩薩摩訶薩行深般若波羅蜜
多時於四靜慮尚不見無堅實可得況見有堅
實可得於四無量四無色定亦尚不見無堅實

BD14204號　大般若波羅蜜多經卷三四二　　（21–17）

摩訶薩行深般若波羅蜜多時於苦聖諦尚
不見無堅實可得況見有堅實可得於集滅
道聖諦亦尚不見無堅實可況見有堅實可
得舍利子菩薩摩訶薩行深般若波羅蜜
多時於四靜慮尚不見無堅實可得況見有堅
實可得於四無量四無色定亦尚不見無堅實
可得況見有堅實可得舍利子菩薩摩訶
薩行深般若波羅蜜多時於八解脫尚不見無
堅實可得況見有堅實可得於八勝處九
次第定十遍處亦尚不見無堅實可得況見
有堅實可得舍利子菩薩摩訶薩行深般
若波羅蜜多時於四念住尚不見無堅實可
得況見有堅實可得於四正斷四神足五根
五力七等覺支八聖道支亦尚不見無堅實
可得況見有堅實可得舍利子菩薩摩訶薩
行深般若波羅蜜多於空解脫門尚不見無
堅實可得況見有堅實可得於無相無願解
脫門亦尚不見無堅實可得況見有堅實可
得舍利子菩薩摩訶薩行深般若波羅蜜多
時於極喜地尚不見無堅實可得況見有堅實
可得於離垢地發光地焰慧地極難勝地現
前地遠行地不動地善慧地法雲地亦尚不
見無堅實可得況見有堅實可得舍利子
菩薩摩訶薩行深般若波羅蜜多時於五眼
尚不見無堅實可得況見有堅實可得於六
神通亦尚不見無堅實可得況見有堅實可
得舍利子菩薩摩訶薩行深般若波羅蜜
多時於佛十力尚不見無堅實可得況見有
堅實可得於四無所畏四無礙解大慈大悲

尚不見無堅實可得況見有堅實可得於六
神通亦尚不見無堅實可得況見有堅實可
得舍利子菩薩摩訶薩行深般若波羅蜜
多時於佛十力尚不見無堅實可得況見有
堅實可得於四無所畏四無礙解大慈大悲
大喜大捨十八佛不共法亦尚不見無堅實
可得況見有堅實可得舍利子菩薩摩訶薩
行深般若波羅蜜多時於無忘失法尚不見
無堅實可得況見有堅實可得於恒住捨性
亦尚不見無堅實可得況見有堅實可得舍
利子菩薩摩訶薩行深般若波羅蜜多時於
一切智尚不見無堅實可得況見有堅實可
得於道相智一切相智亦尚不見無堅實可
得況見有堅實可得舍利子菩薩摩訶薩行
深般若波羅蜜多時於一切陀羅尼門尚不
見無堅實可得況見有堅實可得於一切三
摩地門亦尚不見無堅實可得況見有堅實
可得舍利子菩薩摩訶薩行深般若波羅蜜
多時於一切菩薩摩訶薩行尚不見無堅實
可得況見有堅實可得於佛無上正等菩提
亦尚不見無堅實可得況見有堅實可得舍
利子菩薩摩訶薩行深般若波羅蜜多時於
一切智智尚不見無堅實可得況見有堅實
可得

爾時有無量欲色界天子咸作是念若善男
子善女人等能發無上正等覺心如深般若
波羅蜜多所說義行不證實際平等法性不
墮聲聞及獨覺地是菩薩摩訶薩由此因緣
甚為希有能為難事應當敬禮具壽善現

尒時有無量欲色界天子咸作是念若善男
子善女人等能發無上正等覺心如說般若
波羅蜜多所說義行不證實際平等法性不
墮聲聞及獨覺地是菩薩摩訶薩由此因緣
甚為希有能為難事應當敬礼具壽善現
知諸天子之所念便告之言是菩薩摩訶薩
不證實際平等法性不墮聲聞及獨覺地亦
甚希有不足為難若菩薩摩訶薩知一切法
及諸有情皆不可得而發無上正等覺心擐
功德鎧為度無量無數無邊百千有情令得
究竟無餘涅槃是菩薩摩訶薩乃甚希有
能為難事天子當知是菩薩摩訶薩雖知有情
都無所有而發無上正等覺心擐功德鎧為欲
調伏諸有情類如有為欲調伏虛空所以者
何諸天子虛空離故當知一切有情亦離
虛空空故當知一切有情亦虛空不堅實故
當知一切有情亦不堅實虛空無所有故當
知一切有情亦無所生有以是故諸天子是
菩薩摩訶薩甚為希有能為難事天子當知
諸菩薩摩訶薩擐大悲鎧為欲調伏一切有
情而諸有情都無所有如有擐鎧與虛空戰
天子當知諸菩薩摩訶薩擐大悲鎧為欲利
樂一切有情而諸有情及大悲鎧俱不可得
所以者何諸天子有情離故此大悲鎧當知
亦離有情空故此大悲鎧當知亦空有情不
堅實故此大悲鎧當知亦不堅實有情無所
有故此大悲鎧當知亦無所有天子當知諸
菩薩摩訶薩調伏利樂諸有情事亦不可得

BD14204號　大般若波羅蜜多經卷三四二　（21–20）

亦離有情空故此大悲鎧當知亦空有情不
堅實故此大悲鎧當知亦不堅實有情無所
有故此大悲鎧當知亦無所有天子當知諸
菩薩摩訶薩調伏利樂諸有情事亦不可得
所以者何有情離故此調伏利樂事當知亦
離有情空故此調伏利樂事當知亦空有情
不堅實故此調伏利樂事當知亦不堅實有
情無所有故此調伏利樂事當知亦無所有
天子當知諸菩薩摩訶薩亦無所有所以者
何諸天子有情離故當知菩薩摩訶薩亦離
有情空故當知菩薩摩訶薩亦空有情不堅
實故當知菩薩摩訶薩亦不堅實有情無所
有故當知菩薩摩訶薩亦無所有諸天子若
菩薩摩訶薩聞如是事心不沉沒不驚不怖
亦不憂悔當知是菩薩摩訶薩行深般若波
羅蜜多

大般若波羅蜜多經卷第三百卌二

BD14204號　大般若波羅蜜多經卷三四二　（21–21）

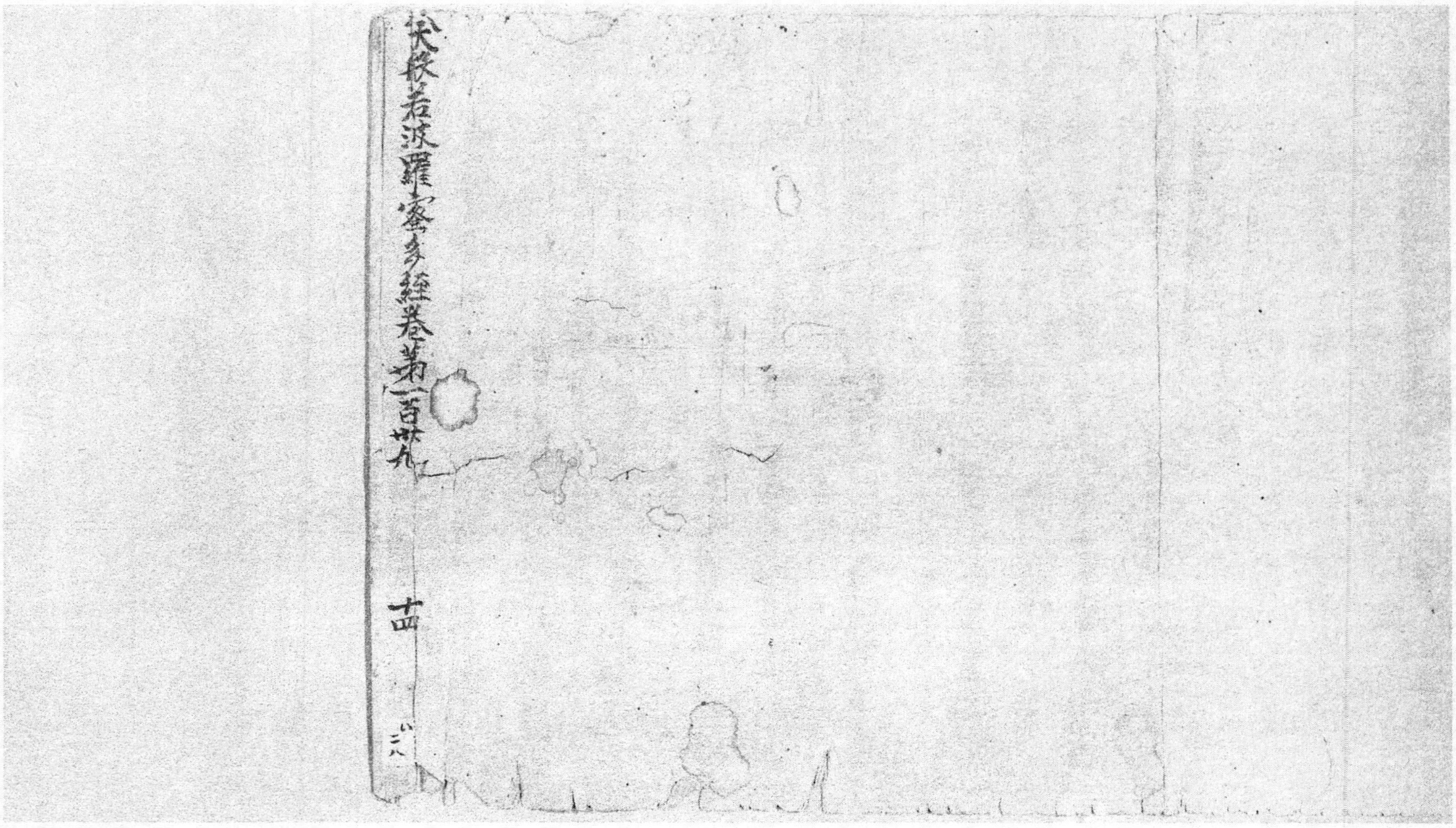

大般若波羅蜜多經卷第一百卅九

十四

BD14205 號背　護首　　（1–1）

大般若波羅蜜多經卷第一百卅九

初分校量功德品第卅之卅七　三藏法師玄奘奉　詔譯

復次憍尸迦若善男子善女人等為發无上

菩提心者說一切智若常若无常說道相智

一切相智若常若无常說一切智若樂若苦

BD14205 號　大般若波羅蜜多經卷一三九　　（20–1）

大般若波羅蜜多經卷第一百卅九

初分校量功德品第卅之卅七　　三藏法師玄奘奉　詔譯

復次憍尸迦若善男子善女人等為發无上
菩提心者說一切智若常若无常說道相智
一切相智若常若无常說一切智若樂若苦
說道相智一切相智若樂若苦說一切智若
我若无我說道相智一切相智若我若无我
說一切智若淨若不淨說道相智一切相智
若淨若不淨若有能依如是等法脩行靜慮
是行靜慮波羅蜜多復作是說行靜慮者應
求一切智若常若无常應求道相智一切相
智若常若无常應求一切智若樂若苦應求
道相智一切相智若樂若苦應求一切智若
我若无我應求道相智一切相智若我若无
我應求一切智若淨若不淨應求道相智一
切相智若淨若不淨若有能求如是等法脩
行靜慮是行靜慮波羅蜜多憍尸迦若善男
子善女人等如是求一切智若常若无常求
道相智一切相智若常若无常求一切智若
樂若苦求道相智一切相智若樂若苦求一
切智若我若无我求道相智一切相智若我
若无我求一切智若淨若不淨求道相智一
切相智若淨若不淨依此等法行靜慮者我
說名為行有所得相似靜慮波羅蜜多憍尸
迦如前所說當知皆是說有所得相似靜慮
波羅蜜多

復次憍尸迦若善男子善女人等

BD14205號　大般若波羅蜜多經卷一三九　（20–2）

說名為行有所得相似靜慮波羅蜜多憍尸
迦如前所說當知皆是說有所得相似靜慮
波羅蜜多

復次憍尸迦若善男子善女人等為發无上
菩提心者說一切陀羅尼門若常若无常說
一切三摩地門若常若无常說一切陀羅尼
門若樂若苦說一切三摩地門若樂若苦說
一切陀羅尼門若我若无我說一切三摩地
門若我若无我說一切陀羅尼門若淨若不
淨說一切三摩地門若淨若不淨若有能依
如是等法脩行靜慮是行靜慮波羅蜜多復
作是說行靜慮者應求一切陀羅尼門若常
若无常應求一切三摩地門若常若无常應
求一切陀羅尼門若樂若苦應求一切三摩
地門若樂若苦應求一切陀羅尼門若我若
无我應求一切三摩地門若我若无我應求
一切陀羅尼門若淨若不淨應求一切三摩
地門若淨若不淨若有能求如是等法脩行
靜慮是行靜慮波羅蜜多憍尸迦若善男子
善女人等如是求一切陀羅尼門若常若无
常求一切三摩地門若常若无常求一切陀羅
尼門若樂若苦求一切三摩地門若樂若苦
求一切陀羅尼門若我若无我求一切三摩
地門若我若无我求一切陀羅尼門若淨若
不淨求一切三摩地門若淨若不淨依此等
法行靜慮者我說名為行有所得相似靜慮
波羅蜜多憍尸迦如前所說當知皆是說有
所得相似靜慮波羅蜜多

BD14205號　大般若波羅蜜多經卷一三九　（20–3）

求一切陁羅尼門若我若无我求一切三摩
地門若我若无我求一切陁羅尼門若淨若
不淨求一切三摩地門若淨若不淨依此等
法行靜慮者我說名為行有所得相似靜慮
波羅蜜多憍尸迦如前所說當知皆是說有
所得相似靜慮波羅蜜多
復次憍尸迦若善男子善女人等為發无上
菩提心者說預流向預流果若常若无常說
一來向一來果不還向不還果阿羅漢向阿羅
漢果若常若无常說預流向預流果若樂
若苦說一來向一來果不還向不還果阿羅
漢向阿羅漢果若樂若苦說預流向預流果
若我若无我說一來向一來果不還向不還
果阿羅漢向阿羅漢果若我若无我說預流
向預流果若淨若不淨說一來向一來果不
還向不還果阿羅漢向阿羅漢果若淨若不
淨若有能依如是等法脩行靜慮是行靜慮
波羅蜜多復作是說行靜慮者應求預流向
預流果若常若无常應求一來向乃至阿羅
漢果若常若无常應求預流向預流果若樂
若苦應求一來向乃至阿羅漢果若樂若苦
應求預流向預流果若我若无我應求一來
向乃至阿羅漢果若我若无我應求預流向
預流果若淨若不淨應求一來向乃至阿羅
漢果若淨若不淨若有能求如是等法脩行
靜慮是行靜慮波羅蜜多憍尸迦若善男子
善女人等如是求預流向預流果若常若无
常求一來向乃至阿羅漢果若常若无常求

預流果若淨若不淨應求一來向乃至阿羅
漢果若淨若不淨若有能求如是等法脩行
靜慮是行靜慮波羅蜜多憍尸迦若善男子
善女人等如是求預流向預流果若常若无
常求一來向乃至阿羅漢果若常若无常求
預流向預流果若樂若苦求一來向乃至阿羅
漢果若樂若苦求預流向預流果若我若无
我求一來向乃至阿羅漢果若我若无我求
預流向預流果若淨若不淨求一來向乃至
阿羅漢果若淨若不淨依此等法行靜慮
者我說名為行有所得相似靜慮波羅蜜多
憍尸迦如前所說當知皆是說有所得相似
靜慮波羅蜜多
復次憍尸迦若善男子善女人等為發无上
菩提心者說一切獨覺菩提若常若无常說
一切獨覺菩提若樂若苦說一切獨覺菩提
若我若无我說一切獨覺菩提若淨若不淨
若有能依如是等法脩行靜慮是行靜慮波
羅蜜多復作是說行靜慮者應求一切獨覺
菩提若常若无常應求一切獨覺菩提若樂
若苦應求一切獨覺菩提若我若无我應求
一切獨覺菩提若淨若不淨若有能求如是
等法脩行靜慮是行靜慮波羅蜜多憍尸
迦若善男子善女人等如是求一切獨覺菩提
若常若无常求一切獨覺菩提若樂若苦求
一切獨覺菩提若我若无我求一切獨覺菩
提若淨若不淨依此等法行靜慮者我說名
為行有所得相似靜慮波羅蜜多憍尸迦如

若常若无常求一切獨覺菩提若樂若苦求
一切獨覺菩提若我若无我求一切獨覺菩
提若淨若不淨依此等法行靜慮者我說名
為行有所得相似靜慮波羅蜜多憍尸迦如
前所說當知皆是說有所得相似靜慮波羅
蜜多
復次憍尸迦若善男子善女人等為發无上菩
提心者說一切菩薩摩訶薩行若常若无
常說一切菩薩摩訶薩行若樂若苦說一切
菩薩摩訶薩行若我若无我說一切菩薩摩
訶薩行若淨若不淨若有能依如是等法脩
行靜慮是行靜慮波羅蜜多復作是說行靜
慮者應求一切菩薩摩訶薩行若常若无常
應求一切菩薩摩訶薩行若樂若苦應求一
切菩薩摩訶薩行若我若无我應求一切菩
薩摩訶薩行若淨若不淨若有能求如是等
法脩行靜慮是行靜慮波羅蜜多憍尸迦若
善男子善女人等如是求一切菩薩摩訶薩
行若常若无常求一切菩薩摩訶薩行若樂
若苦求一切菩薩摩訶薩行若我若无我求
一切菩薩摩訶薩行若淨若不淨依此等法
行靜慮者我說名為行有所得相似靜慮波
羅蜜多憍尸迦如前所說當知皆是說有所
得相似靜慮波羅蜜多
復次憍尸迦若善男子善女人等為發无上菩
提心者說諸佛无上正等菩提若常若无
常諸佛无上正等菩提若樂若苦說諸佛

BD14205 號　大般若波羅蜜多經卷一三九　（20–6）

羅蜜多憍尸迦如前所說當知皆是說有所
得相似靜慮波羅蜜多
復次憍尸迦若善男子善女人等為發无上菩
提心者說諸佛无上正等菩提若常若无
常諸佛无上正等菩提若樂若苦說諸佛
无上正等菩提若我若无我說諸佛无上正
等菩提若淨若不淨若有能依如是等法脩
行靜慮是行靜慮波羅蜜多復作是說行靜
慮者應求諸佛无上正等菩提若常若无常
應求諸佛无上正等菩提若樂若苦應求諸
佛无上正等菩提若我若无我應求諸佛无
上正等菩提若淨若不淨若有能求如是等
法脩行靜慮是行靜慮波羅蜜多憍尸迦若
善男子善女人等如是求諸佛无上正等菩
提若常若无常求諸佛无上正等菩提若樂
若苦求諸佛无上正等菩提若我若无我求
諸佛无上正等菩提若淨若不淨依此等法
行靜慮者我說名為行有所得相似靜慮波
羅蜜多憍尸迦如前所說當知皆是說有所
得相似靜慮波羅蜜多
時天帝釋復白佛言世尊云何諸善男子善
女人等說有所得精進波羅蜜多名說相似
精進波羅蜜多佛言憍尸迦若善男子善女
人等為發无上菩提心者說色若常若无常
說受想行識若常若无常說色若樂若苦說
受想行識若樂若苦說色若我若无我說受
想行識若我若无我說色若淨若不淨說受
想行識若淨若不淨若有能依如是等法脩

BD14205 號　大般若波羅蜜多經卷一三九　（20–7）

人等為發无上菩提心者說色若常若无常
說受想行識若常若无常說色若樂若苦說
受想行識若樂若苦說色若我若无我說受
想行識若我若无我說色若淨若不淨說受
想行識若淨若不淨若有能依如是等法脩
行精進是行精進波羅蜜多復作是說行精
進者應求色若常若无常應求受想行識若
常若无常應求色若樂若苦應求受想行識
若樂若苦應求色若我若无我應求受想行
識若我若无我應求色若淨若不淨應求受
想行識若淨若不淨若有能求如是等法脩
行精進是行精進波羅蜜多憍尸迦若善男
子善女人等如是求色若常若无常求受想
行識若常若无常求色若樂若苦求受想行
識若樂若苦求色若我若无我求受想行識
若我若无我求色若淨若不淨求受想行識
若淨若不淨依此等法行精進者我說名為
行有所得相似精進波羅蜜多憍尸迦如前
所說當知皆是說有所得相似精進波羅蜜
多
復次憍尸迦若善男子善女人等為發无上
菩提心者說眼處若常若无常說耳鼻舌身
意處若常若无常說眼處若樂若苦說耳鼻
舌身意處若樂若苦說眼處若我若无我說
耳鼻舌身意處若我若无我說眼處若淨若
不淨說耳鼻舌身意處若淨若不淨若有能
依如是等法脩行精進是行精進波羅蜜多
復作是說行精進者應求眼處若常若无常

BD14205號　大般若波羅蜜多經卷一三九　（20–8）

意處若常若无常說眼處若樂若苦說耳鼻
舌身意處若樂若苦說眼處若我若无我說
耳鼻舌身意處若我若无我說眼處若淨若
不淨說耳鼻舌身意處若淨若不淨若有能
依如是等法脩行精進是行精進波羅蜜多
復作是說行精進者應求眼處若常若无常
應求耳鼻舌身意處若常若无常應求眼處
若樂若苦應求耳鼻舌身意處若樂若苦應
求眼處若我若无我應求耳鼻舌身意處若
我若无我應求眼處若淨若不淨應求耳鼻
舌身意處若淨若不淨若有能求如是等法
脩行精進是行精進波羅蜜多憍尸迦若善
男子善女人等如是求眼處若常若无常求
耳鼻舌身意處若常若无常求眼處若樂若
苦求耳鼻舌身意處若樂若苦求眼處若我
若无我求耳鼻舌身意處若我若无我求眼
處若淨若不淨求耳鼻舌身意處若淨若不
淨依此等法行精進者我說名為行有所得
相似精進波羅蜜多憍尸迦如前所說當知皆
是說有所得相似精進波羅蜜多
復次憍尸迦善男子善女人等為發无上菩
提心者說色處若常若无常說聲香味觸
法處若常若无常說色處若樂若苦說聲香
味觸法處若樂若苦說色處若我若无我說
聲香味觸法處若我若无我說色處若淨若
不淨說聲香味觸法處若淨若不淨若有能
依如是等法脩行精進是行精進波羅蜜多
復作是說行精進者應求色處若常若无常

BD14205號　大般若波羅蜜多經卷一三九　（20–9）

聲香味觸法處若我若无我說色處若淨若
不淨說聲香味觸法處若淨若不淨若有能
依如是等法脩行精進是行精進波羅蜜多
復作是說行精進者應求色處若常若无常
應求聲香味觸法處若常若无常應求色處
若樂若苦應求聲香味觸法處若樂若苦應
求色處若我若无我應求聲香味觸法處若
我若无我應求色處若淨若不淨應求聲香
味觸法處若淨若不淨若有能求如是等法
脩行精進是行精進波羅蜜多憍尸迦若善
男子善女人等如是求色處若常若无常求
聲香味觸法處若常若无常求色處若樂若
苦求聲香味觸法處若樂若苦求色處若我
若无我求聲香味觸法處若我若无我求色
處若淨若不淨求聲香味觸法處若淨若不
淨依此等法行精進者我說名為行有所得
相似精進波羅蜜多憍尸迦如前所說當知
皆是說有所得相似精進波羅蜜多
復次憍尸迦若善男子善女人等為發无上
菩提心者說眼界若常若无常說色界眼識
界及眼觸眼觸為緣所生諸受若常若无常
說眼界若樂若苦說色界眼識界及眼觸眼
觸為緣所生諸受若樂若苦說眼界若我若
无我說色界眼識界及眼觸眼觸為緣所生
諸受若我若无我說眼界若淨若不淨說色
界眼識界及眼觸眼觸為緣所生諸受若淨
若不淨若有能依如是等法脩行精進是行

BD14205號　大般若波羅蜜多經卷一三九　（20–10）

觸為緣所生諸受若樂若苦說眼界若我若
无我說色界眼識界及眼觸眼觸為緣所生
諸受若我若无我說眼界若淨若不淨說色
界眼識界及眼觸眼觸為緣所生諸受若淨
若不淨若有能依如是等法脩行精進是行
精進波羅蜜多復作是說行精進者應求眼
界若常若无常應求色界乃至眼觸為緣所
生諸受若常若无常應求眼界若樂若苦應
求色界乃至眼觸為緣所生諸受若樂若苦
應求眼界若我若无我應求色界乃至眼觸
為緣所生諸受若我若无我應求眼界若淨
若不淨應求色界乃至眼觸為緣所生諸受
若淨若不淨若有能求如是等法脩行精進
是行精進波羅蜜多憍尸迦若善男子善女
人等如是求眼界若常若无常求色界乃至
眼觸為緣所生諸受若常若无常求眼界若
樂若苦求色界乃至眼觸為緣所生諸受若
樂若苦求眼界若我若无我求色界乃至眼
觸為緣所生諸受若我若无我求眼界若淨
若不淨求色界乃至眼觸為緣所生諸受若
淨若不淨依此等法行精進者我說名為行
有所得相似精進波羅蜜多憍尸迦如前所
說當知皆是說有所得相似精進波羅蜜多
復次憍尸迦若善男子善女人等為發无上
菩提心者說耳界若常若无常說聲界耳識
界及耳觸耳觸為緣所生諸受若常若无常
說耳界若樂若苦說聲界耳識界及耳觸耳
觸為緣所生諸受若樂若苦說耳界若我若

BD14205號　大般若波羅蜜多經卷一三九　（20–11）

復次憍尸迦若善男子善女人等為發无上
菩提心者說耳界若常若无常說聲界耳識
界及耳觸耳觸為緣所生諸受若常若无常
說耳界若樂若苦說聲界耳識界及耳觸耳
觸為緣所生諸受若樂若苦說耳界若我若
无我說聲界耳識界及耳觸耳觸為緣所生
諸受若我若无我說耳界若淨若不淨說聲
界耳識界及耳觸耳觸為緣所生諸受若淨
若不淨若有能依如是等法脩行精進是行
精進波羅蜜多復作是說行精進者應求耳
界若常若无常應求聲界乃至耳觸為緣所
生諸受若常若无常應求耳界若樂若苦應
求聲界乃至耳觸為緣所生諸受若樂若苦
應求耳界若我若无我應求聲界乃至耳觸
為緣所生諸受若我若无我應求耳界若淨
若不淨應求聲界乃至耳觸為緣所生諸受
若淨若不淨若有能求如是等法脩行精進
是行精進波羅蜜多憍尸迦若善男子善女
人等如是求耳界若常若无常求聲界乃至
耳觸為緣所生諸受若常若无常求耳界若
樂若苦求聲界乃至耳觸為緣所生諸受若
樂若苦求耳界若我若无我求聲界乃至耳
觸為緣所生諸受若我若无我求耳界若淨
若不淨求聲界乃至耳觸為緣所生諸受若
淨若不淨依此等法行精進者我說名為行
有所得相似精進波羅蜜多憍尸迦如前所
說當知皆是說有所得相似精進波羅蜜多

若不淨求聲界乃至耳觸為緣所生諸受若
淨若不淨依此等法行精進者我說名為行
有所得相似精進波羅蜜多憍尸迦如前所
說當知皆是說有所得相似精進波羅蜜多
復次憍尸迦若善男子善女人等為發无上
菩提心者說鼻界若常若无常說香界鼻識
界及鼻觸鼻觸為緣所生諸受若常若无常
說鼻界若樂若苦說香界鼻識界及鼻觸鼻
觸為緣所生諸受若樂若苦說鼻界若我若
无我說香界鼻識界及鼻觸鼻觸為緣所生
諸受若我若无我說鼻界若淨若不淨說香
界鼻識界及鼻觸鼻觸為緣所生諸受若淨
若不淨若有能依如是等法脩行精進是行
精進波羅蜜多復作是說行精進者應求鼻
界若常若无常應求香界乃至鼻觸為緣所
生諸受若常若无常應求鼻界若樂若苦應
求香界乃至鼻觸為緣所生諸受若樂若苦
應求鼻界若我若无我應求香界乃至鼻觸
為緣所生諸受若我若无我應求鼻界若淨
若不淨應求香界乃至鼻觸為緣所生諸受
若淨若不淨若有能求如是等法脩行精進
是行精進波羅蜜多憍尸迦若善男子善女
人等如是求鼻界若常若无常求香界乃至
鼻觸為緣所生諸受若常若无常求鼻界若
樂若苦求香界乃至鼻觸為緣所生諸受若
樂若苦求鼻界若我若无我求香界乃至鼻
觸為緣所生諸受若我若无我求鼻界若淨
若不淨求香界乃至鼻觸為緣所生諸受若

鼻觸為緣所生諸受若常若无常求鼻界若
樂若苦求香界乃至鼻觸為緣所生諸受若
樂若苦求鼻界若我若无我求香界乃至鼻
觸為緣所生諸受若我若无我求鼻界若淨
若不淨求香界乃至鼻觸為緣所生諸受若
淨若不淨依此等法行精進者我說名為行
有所得相似精進波羅蜜多憍尸迦如前所
說當知皆是說有所得相似精進波羅蜜多
復次憍尸迦若善男子善女人等為發無上
菩提心者說舌界若常若无常說味界舌識
界及舌觸舌觸為緣所生諸受若常若无常
說舌界若樂若苦說味界舌識界及舌觸為
觸為緣所生諸受若樂若苦說舌界若我若
无我說味界舌識界及舌觸舌觸為緣所生
諸受若我若无我說舌界若淨若不淨說味
界舌識界及舌觸舌觸為緣所生諸受若淨
若不淨若有能依如是等法脩行精進是行
精進波羅蜜多復作是說行精進者應求舌
界若常若无常應求味界乃至舌觸為緣所
生諸受若常若无常應求舌界若樂若苦
應求味界乃至舌觸為緣所生諸受若樂若苦
應求舌界若我若无我應求味界乃至舌觸
為緣所生諸受若我若无我應求舌界若淨
若不淨應求味界乃至舌觸為緣所生諸受
若淨若不淨若有能求如是等法脩行精進
是行精進波羅蜜多憍尸迦若善男子善女人
等如是求舌界若常若无常求味界乃至

若不淨應求味界乃至舌觸為緣所生諸受
若淨若不淨若有能求如是等法脩行精進
是行精進波羅蜜多憍尸迦若善男子善女人
等如是求舌界若常若无常求味界乃至
舌觸為緣所生諸受若常若无常求舌界若
樂若苦求味界乃至舌觸為緣所生諸受若
樂若苦求舌界若我若无我求味界乃至舌
觸為緣所生諸受若我若无我求舌界若淨
若不淨求味界乃至舌觸為緣所生諸受若
淨若不淨依此等法行精進者我說名為行
有所得相似精進波羅蜜多憍尸迦如前所
說當知皆是說有所得相似精進波羅蜜多
復次憍尸迦若善男子善女人等為發无上
菩提心者說身界若常若无常說觸界身識
界及身觸身觸為緣所生諸受若常若无常
說身界若樂若苦說觸界身識界及身觸身
觸為緣所生諸受若樂若苦說身界若我若
无我說觸界身識界及身觸身觸為緣所生
諸受若我若无我說身界若淨若不淨說觸
界身識界及身觸身觸為緣所生諸受若淨
若不淨若有能依如是等法脩行精進是行
精進波羅蜜多復作是說行精進者應求身
界若常若无常應求觸界乃至身觸為緣所
生諸受若常若无常應求身界若樂若苦應
求觸界乃至身觸為緣所生諸受若樂若苦
應求身界若我若无我應求觸界乃至身觸
為緣所生諸受若我若无我應求身界若淨
若不淨應求觸界乃至身觸為緣所生諸受

生諸受若常若无常應求身界若樂若苦應
求觸界乃至身觸爲緣所生諸受若樂若苦
應求身界若我若无我應求觸界乃至身觸
爲緣所生諸受若我若无我應求身界若淨
若不淨應求觸界乃至身觸爲緣所生諸受
若淨若不淨若有能求如是等法脩行精進
是行精進波羅蜜多憍尸迦若善男子善女
人等如是求身界若常若无常求觸界乃至
身觸爲緣所生諸受若常若无常求身界若
樂若苦求觸界乃至身觸爲緣所生諸受若
樂若苦求身界若我若无我求觸界乃至身
觸爲緣所生諸受若我若无我求身界若淨
若不淨求觸界乃至身觸爲緣所生諸受若
淨若不淨依此等法行精進者我說名爲行
有所得相似精進波羅蜜多憍尸迦如前所說
當知皆是說有所得相似精進波羅蜜多
復次憍尸迦若善男子善女人等爲發无上
菩提心者說意界若常若无常說法界意識
界及意觸意觸爲緣所生諸受若常若无常
說意界若樂若苦說法界意識界及意觸意
觸爲緣所生諸受若樂若苦說意界若我若
无我說法界意識界及意觸意觸爲緣所生
諸受若我若无我說意界若淨若不淨說法
界意識界及意觸意觸爲緣所生諸受若淨
若不淨若有能依如是等法脩行精進是行
精進波羅蜜多復作是說行精進者應求意
界若常若无常應求法界乃至意觸爲緣所
生諸受若常若无常應求意界若樂若苦應

BD14205 號　大般若波羅蜜多經卷一三九　（20–16）

界意識界及意觸意觸爲緣所生諸受若淨
若不淨若有能依如是等法脩行精進是行
精進波羅蜜多復作是說行精進者應求意
界若常若无常應求法界乃至意觸爲緣所
生諸受若常若无常應求意界若樂若苦應
求法界乃至意觸爲緣所生諸受若樂若苦
應求意界若我若无我應求法界乃至意觸
爲緣所生諸受若我若无我應求意界若淨若
不淨應求法界乃至意觸爲緣所生諸受若
淨若不淨若有能求如是等法脩行精進是
行精進波羅蜜多憍尸迦若善男子善女人
等如是求意界若常若无常求法界乃至意
觸爲緣所生諸受若常若无常求意界若樂
若苦求法界乃至意觸爲緣所生諸受若樂
若苦求意界若我若无我求法界乃至意觸
爲緣所生諸受若我若无我求意界若淨若
不淨求法界乃至意觸爲緣所生諸受若淨
若不淨依此等法行精進者我說名爲行有
所得相似精進波羅蜜多憍尸迦如前所說
當知皆是說有所得相似精進波羅蜜多
復次憍尸迦若善男子善女人等爲發无上
菩提心者說地界若常若无常說水火風空
識界若常若无常說地界若樂若苦說水火
風空識界若樂若苦說地界若我若无我說
水火風空識界若我若无我說地界若淨若
不淨說水火風空識界若淨若不淨若有能
依如是等法脩行精進是行精進波羅蜜多
復作是說行精進者應求地界若常若无常

BD14205 號　大般若波羅蜜多經卷一三九　（20–17）

風空識界若樂若苦說地界若我若无我說
水火風空識界若我若无我說地界若淨若
不淨說水火風空識界若淨若不淨若有能
依如是等法脩行精進是行精進波羅蜜多
復作是說行精進者應求地界若常若无常
應求水火風空識界若常若无常應求地界
若樂若苦應求水火風空識界若樂若苦應
求地界若我若无我應求水火風空識界若
我若无我應求地界若淨若不淨應求水火
風空識界若淨若不淨若有能求如是等法
脩行精進是行精進波羅蜜多憍尸迦若善
男子善女人等如是求地界若常若无常求
水火風空識界若常若无常求地界若樂若
苦求水火風空識界若樂若苦求地界若我
若无我求水火風空識界若我若无我求地
界若淨若不淨求水火風空識界若淨若不
淨依此等法行精進者我說名為行有所得
相似精進波羅蜜多憍尸迦如前所說當知
皆是說有所得相似精進波羅蜜多
復次憍尸迦若善男子善女人等為發无上
菩提心者說无明若常若无常說行識名色
六處觸受愛取有生老死愁歎苦憂惱若常
若无常說无明若樂若苦說行識名色六處
觸受愛取有生老死愁歎苦憂惱若樂若苦
說无明若我若无我說行識名色六處觸受
愛取有生老死愁歎苦憂惱若我若无我說
无明若淨若不淨說行識名色六處觸受愛
取有生老死愁歎苦憂惱若淨若不淨若有

BD14205號　大般若波羅蜜多經卷一三九　（20–18）

菩提心者說无明若常若无常說行識名色
六處觸受愛取有生老死愁歎苦憂惱若常
若无常說无明若樂若苦說行識名色六處
觸受愛取有生老死愁歎苦憂惱若樂若苦
說无明若我若无我說行識名色六處觸受
愛取有生老死愁歎苦憂惱若我若无我說
无明若淨若不淨說行識名色六處觸受愛
取有生老死愁歎苦憂惱若淨若不淨若有
能依如是等法脩行精進是行精進波羅蜜
多復作是說行精進者應求无明若常若无
常應求行乃至老死愁歎苦憂惱若常若无
常應求无明若樂若苦應求行乃至老死愁
歎苦憂惱若樂若苦應求无明若我若无我
應求行乃至老死愁歎苦憂惱若我若无我
應求无明若淨若不淨應求行乃至老死愁
歎苦憂惱若淨若不淨若有能求如是等法
脩行精進是行精進波羅蜜多憍尸迦若善
男子善女人等如是求无明若常若无常求
行乃至老死愁歎苦憂惱若常若无常求无
明若樂若苦求行乃至老死愁歎苦憂惱若
樂若苦求无明若我若无我求行乃至老死
愁歎苦憂惱若我若无我求无明若淨若不
淨求行乃至老死愁歎苦憂惱若淨若不淨
依此等法行精進者我說名為行有所得相
似精進波羅蜜多憍尸迦如前所說當知皆
是說有所得相似精進波羅蜜多

大般若波羅蜜多經卷第一百卅九

BD14205號　大般若波羅蜜多經卷一三九　（20–19）

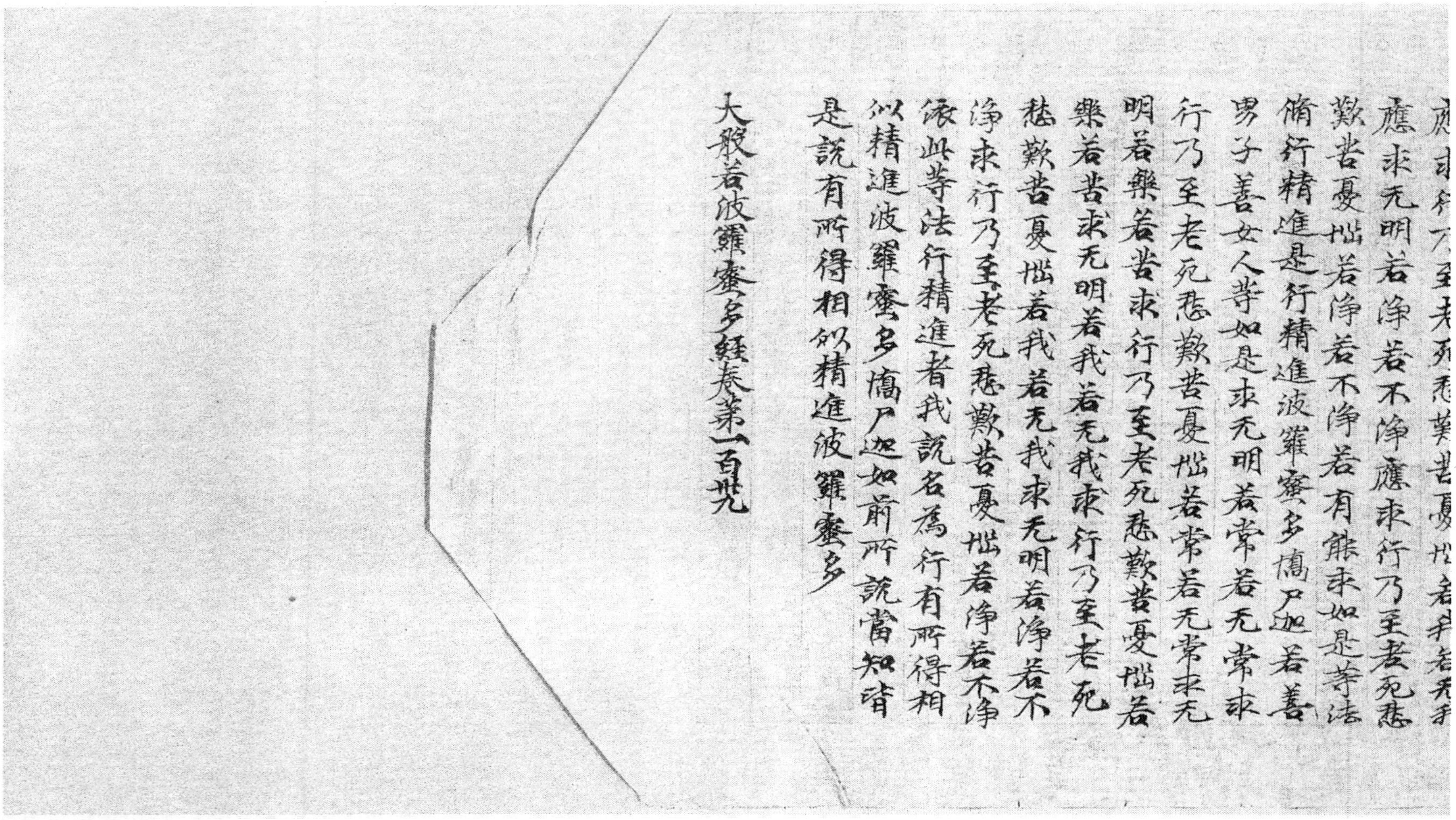
應求行乃至老死愁歎苦憂惱若我若无我
應求无明若淨若不淨應求行乃至老死愁
歎苦憂惱若淨若不淨若有能求如是等法
脩行精進是行精進波羅蜜多憍尸迦若善
男子善女人等如是求无明若常若无常求
行乃至老死愁歎苦憂惱若常若无常求无
明若樂若苦求行乃至老死愁歎苦憂惱若
樂若苦求无明若我若无我求行乃至老死
愁歎苦憂惱若我若无我求无明若淨若不
淨求行乃至老死愁歎苦憂惱若淨若不淨
依此等法行精進者我說名為行有所得相
似精進波羅蜜多憍尸迦如前所說當知皆
是說有所得相似精進波羅蜜多

大般若波羅蜜多經卷第一百卅九

BD14205號　大般若波羅蜜多經卷一三九　（20–20）

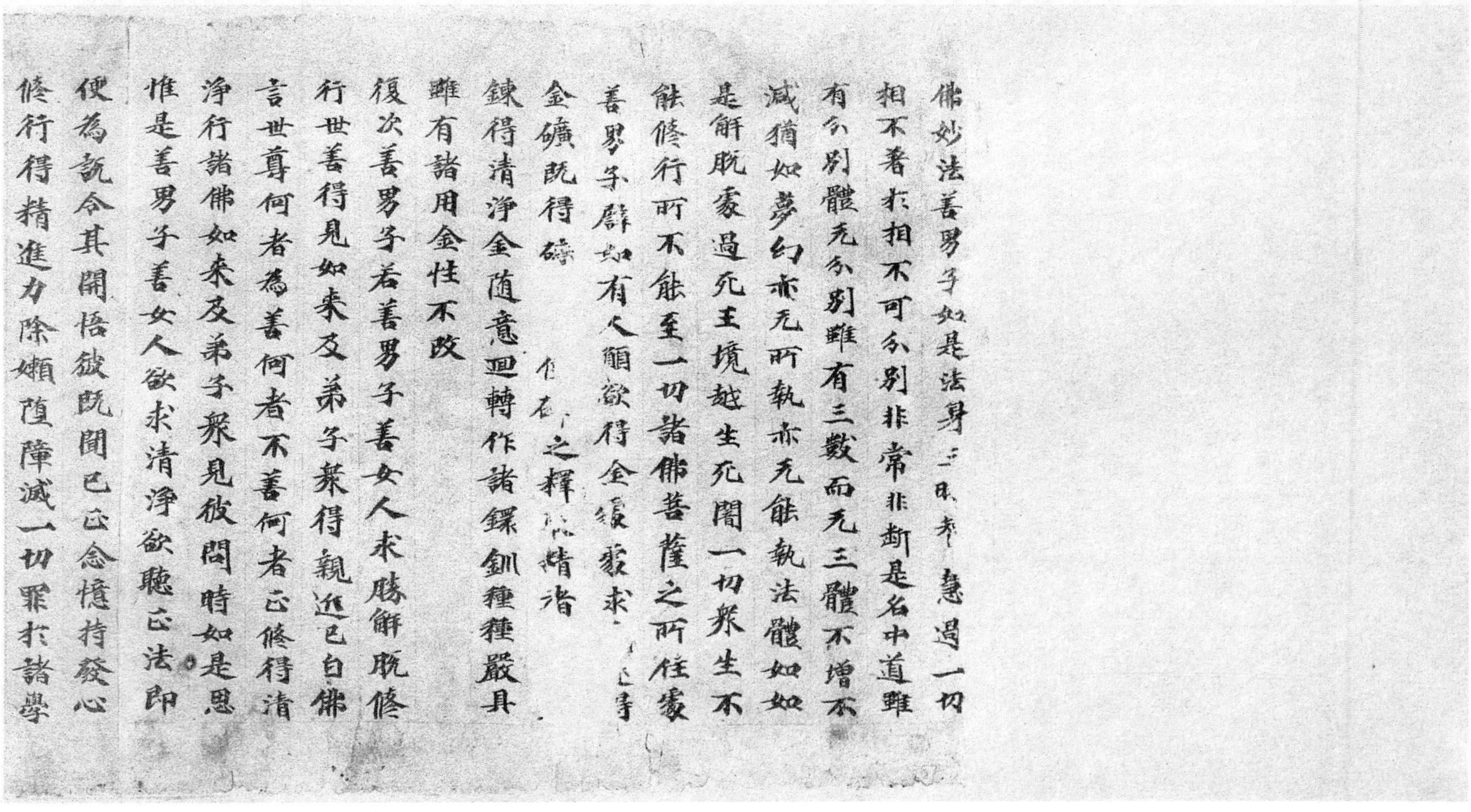
佛妙法善男子如是法身三昧智慧過一切
相不著於相不可分別非常非斷是名中道雖
有分別體无分別雖有三數而无三體不增不
減猶如夢幻亦无所執亦无能執法體如如
是解脫處過死王境越生死闇一切衆生不
能修行所不能至一切諸佛菩薩之所住處
善男子譬如有人願欲得金處處求覓遂得
金鑛既得礦已即便碎之擇取精者
鍊得清淨金隨意迴轉作諸鐶釧種種嚴具
雖有諸用金性不改
復次善男子若善男子善女人求勝解脫修
行世善得見如來及弟子衆得親近已白佛
言世尊何者為善何者不善何者正修得清
淨行諸佛如來及弟子衆見彼問時如是思
惟是善男子善女人欲求清淨欲聽正法即
便為說令其開悟彼既聞已正念憶持發心
修行得精進力除懶墮障滅一切罪於諸學

BD14206號　金光明最勝王經卷二　（14–1）

淨行諸佛如來及弟子衆見彼問時如是思
惟是善男子善女人欲求清淨欲聽正法即
便爲說令其開悟彼既聞已正念憶持發心
修行得精進力除嬾墮障滅一切罪於諸學
處離不尊重息掉悔心入於初地依初地心
除利有情障得入二地於此地中除不逼惱
障入於三地於此地中除心軟淨障入於四地
於此地中除善方便入於五地於此地中除
見真俗障入於六地於此地中除見行相障
入於七地於此地中除不見滅相障入於
八地於此地中除不見生相障入於九地
於此地中除六通障入於十地於此地中除
所知障除根本心入如來地如來地者由三
淨故名極清淨云何爲三一者煩惱淨二者
業淨三者相淨譬如真金鎔銷鍊治既燒打
已無復塵垢爲顯金性本清淨故金體清淨
非謂無金譬如濁水澄渟清淨無復滓穢爲
顯水性本清淨故非謂無水如是法身與煩
惱離苦集除已無復餘習爲顯佛性本清淨
故非謂無體譬如虛空烟雲塵霧之所障蔽
若除屏已是空界淨非謂無空如是法身一
切衆苦悉皆盡故說爲清淨非謂無體譬如
有人於睡夢中見大河水漂泛其身運手
動足截流而渡得至彼岸由彼身心不懈退故
從夢覺已不見有水彼此岸別非謂無心生
死妄想既滅盡已是覺清淨非謂無覺如是

BD14206 號　金光明最勝王經卷二　（14–2）

動足截流而渡得至彼岸由彼身心不懈退故
從夢覺已不見有水彼此岸別非謂無心生
死妄想既滅盡已是覺清淨非謂無覺如是
法界一切妄想不復生故說爲清淨非是諸
佛無其實體
復次善男子是法身者惑障清淨能現應身
業障清淨能現化身智障清淨能現法身譬
如依空出電依電出光如是依法身故能現
應身依應身故能現化身由性淨故能現法
身智慧清淨能現應身三昧清淨能現化身
此三清淨是法如如不異如如一味如如解脫如
如究竟如如是故諸佛體無有異善男子若
有善男子善女人說於如來是我大師若
作如是決定信者此人即應淨心解了如來
之身無有別異善男子以是義故於諸境界
不正思惟悉皆除斷即知彼法無有二相
亦無分別聖所修行如如於彼無有二相正
修行故如是如是一切諸障悉皆除滅如如
一切障滅如是如是法如如如如智得最清
淨如如法界正智清淨如是如是一切自在具
足攝受皆得成就一切諸障悉皆除滅一
切諸障得清淨故是名真如正智真實之相
如是見者是名聖見是則名爲真實見佛何
以故如實得見法真如故是故諸佛悉能普
見一切如來何以故聲聞獨覺已出三界
求真實境不能知見如是聖人所不知見一切

BD14206 號　金光明最勝王經卷二　（14–3）

如是見者是名聖見是則名為真實見佛何
以故如實得見法真如故是故諸佛悲能普
見一切如來何以故聲聞獨覺已出三界
求真實境不能知見如是聖人所不知見一切
凡夫皆生疑惑顛倒分別不能得度如兎浮
海必不能所以者何力微劣故凡夫之人亦
復如是不能通達法如如故然諸如來无分
別心於一切法得大自在具足清淨深智慧
故是自境界不共他故是故諸佛如來於无
量无邊阿僧祇劫不惜身命難行苦行方得
此身最上无比不可思議過言說境是妙寂靜離
諸怖畏善男子如是知見法真如者无生老死
壽命无限无有睡眠亦无飢渴心常在定无有
散動若於如來起諍論心是則不能見於如來
諸佛所說皆能利益有聽聞者无不解脫諸
惡禽獸惡人惡鬼不相逢值由聞法故果報
无盡然諸如來无无記事一切境界无欲知
心生死涅槃无有異相如來所說无不決定
諸佛如來四威儀中无非智攝一切諸法无有
不為慈悲所攝无有不為利益安樂諸衆生
者善男子若有善男子善女人於此金光
明經聽聞信解不墮地獄餓鬼傍生阿修羅
道常處人天不生下賤恒得親近諸佛如來
聽受正法常生諸佛清淨國土所以者何由
得聞此甚深法故是善男子善女人則為如
來已知已記當得不退阿耨多羅三藐三菩

道常處人天不生下賤恒得親近諸佛如來
聽受正法常生諸佛清淨國土所以者何由
得聞此甚深法故是善男子善女人則為如
來已知已記當得不退阿耨多羅三藐三菩
提若善男子善女人於此甚深微妙之法一
經耳者當知是人不謗如來不毀正法不輕
聖衆一切衆生未種善根令得種故已種善根
令增長成熟故一切世界所有衆生皆勸修
行六波羅蜜多
尒時虛空藏菩薩梵釋四王諸天衆等即從
座起偏袒右肩合掌恭敬頂禮佛足白佛言
世尊若所在處講說如是金光明王微妙經
典於其國土有四種利益何者為四一者國
王軍衆強盛无諸怨敵離於疾病壽命延長
吉祥安樂正法興顯二者中宮妃后王子諸
臣和悅无諍離於諂佞王所愛重三者沙門
婆羅門及諸國人修行正法无病安樂无枉死
者於諸福田悉皆修立四者三時中四大調
適常為諸天增加守護慈悲平等无傷害心
令諸衆生歸敬三寶皆願修習菩提之行是
為四種利益之事世尊我等亦常為　弘經
故隨逐如是持經之人所在住處為作利益
佛言善哉善哉善男子如是如是汝等應
當勤心流布此妙經王則令正法久住於世
金光明最勝王經夢見懺悔品第四
尒時妙幢菩薩親於佛前聞妙法已歡喜踊

佛言善哉善哉善男子如是如是汝等應
當勤心流布此妙經王則令正法久住於世

金光明最勝王經夢見懺悔品第四

尒時妙幢菩薩親於佛前聞妙法已歡喜踊
躍一心思惟還至本處於夜夢中見大金鼓
光明晃耀猶如日輪於此光中得見十方无
量諸佛於寶樹下坐瑠璃座无量百千大衆
圍繞而為說法見一婆羅門桴擊金鼓出大
音聲聲中演說微妙伽他明懺悔法妙幢聞
已皆悉憶持繫念而住至天曉已與无量百
千大衆圍繞持諸供具出王舍城詣鷲峯山
至世尊所礼佛足已布設香花右繞三匝退
坐一面合掌恭敬瞻仰尊顏白佛言世尊我
於夢中見婆羅門以手執桴擊妙金鼓出大
音聲聲中演說微妙伽他明懺悔法我皆憶
持唯願世尊降大慈悲聽我所說即於佛前
而說頌曰

我於昨夜中　夢見大金鼓　其形極殊妙　周遍有金光
猶如盛日輪　光明皆普耀　充滿十方界　咸見於諸佛
在於寶樹下　各處瑠璃座　无量百千衆　恭敬而圍繞
有一婆羅門　以杖擊金鼓　於其鼓聲內　說此妙伽他
金光明鼓出妙聲　遍至三千大千界
能滅三塗極重罪　及以人中諸苦厄
由此金鼓聲威力　永滅一切煩惱障
斷除怖畏令安樂　譬如自在牟尼尊
佛於生死大海中　積行修成一切智

BD14206號　金光明最勝王經卷二　（14–6）

金光明鼓出妙聲　遍至三千大千界
能滅三塗極重罪　及以人中諸苦厄
由此金鼓聲威力　永滅一切煩惱障
斷除怖畏令安樂　譬如自在牟尼尊
佛於生死大海中　積行修成一切智
能令衆生覺品具　究竟咸歸功德海
由此金鼓出妙聲　普令聞者獲梵響
證得无上菩提果　常轉清淨妙法輪
住壽不可思議劫　隨機說法利群生
能斷煩惱衆苦流　貪瞋癡等皆除滅
若有衆生處惡趣　大火猛焰周遍身
若得聞是妙鼓音　即能離苦歸依佛
皆得成就宿命智　能憶過去百千生
悉皆正念牟尼尊　得聞如來甚深教
由聞金鼓勝妙音　常得親近於諸佛
悉能捨離諸惡業　純修清淨諸善品
一切天人有情類　慇重至誠祈願者
得聞金鼓妙音聲　能令所求皆滿足
衆生墮在无間獄　猛火炎熾苦焚身
无有救護處輪迴　聞者能令苦除滅
人天餓鬼傍生中　所有現受諸苦難
得聞金鼓發妙響　皆蒙離苦得解脫
現在十方界　常住兩足尊　願以大悲心　哀愍憶念我
衆生无歸依　亦无有救護　為如是等類　能作大歸依
我先所作罪　極重諸惡業　今對十力前　至心皆懺悔
我不信諸佛　亦不敬尊親　不務修衆善　常造諸惡業
或自恃尊高　[illegible]

BD14206號　金光明最勝王經卷二　（14–7）

得聞金鼓發妙響　皆蒙離苦得解脫
現在十方界　常住兩足尊　願以大悲心　哀愍憶念我
衆生无歸依　亦无有救護　爲如是等類　能作大歸依
我先所作罪　極重諸惡業　今對十力前　至心皆懺悔
我不信諸佛　亦不敬尊親　不務修衆善　常造諸惡業
或自恃尊高　種姓及財位　盛年行放逸　常造諸惡業
心恒起邪念　口陳於惡言　不見於過罪　常造諸惡業
恒作愚夫行　无明闇覆心　隨順不善友　常造諸惡業
或因諸戲樂　或復懷憂惱　爲貪瞋所纏　故我造諸惡
親近不善人　及由慳嫉意　貧窮行諂誑　故我造諸惡
雖不樂衆過　由有怖畏故　及不得自在　故我造諸惡
或爲躁動心　或因瞋恚恨　及以飢渴惱　故我造諸惡
由飲食衣服　及貪愛女人　煩惱火所燒　故我造諸惡
於佛法僧衆　不生恭敬心　作如是衆罪　我今悉懺悔
於獨覺菩薩　亦无恭敬心　作如是衆罪　我今悉懺悔
无知謗正法　不孝於父母　作如是衆罪　我今悉懺悔
由愚癡憍慢　及以貪瞋力　作如是衆罪　我今悉懺悔
我於十方界　供養无數佛　當願拔衆生　令離諸苦難
願一切有情　皆令住十地　福智圓滿已　成佛導群迷
我爲諸衆生　苦行百千劫　以大智慧力　皆令出苦海
我爲諸含識　演說甚深經　最勝金光明　能除諸惡業
若人百千劫　造諸極重罪　暫時能發露　衆惡盡消除
依此金光明　作如是懺悔　由斯能速盡　一切諸惡業
勝定百千種　不思議總持　根力覺道支　修習常无倦
我當至十地　具足珍寶處　圓滿佛功德　濟度生死流
我於諸佛海　甚深功德藏　妙智難思議　皆令得具足

BD14206 號　金光明最勝王經卷二　（14–8）

依此金光明　作如是懺悔　由斯能速盡　一切諸惡業
勝定百千種　不思議總持　根力覺道支　修習常无倦
我當至十地　具足珍寶處　圓滿佛功德　濟度生死流
我於諸佛海　甚深功德藏　妙智難思議　皆令得具足
唯願十方佛　觀察護念我　皆以大悲心　哀受我懺悔
我於多劫中　所造諸惡業　由斯生苦惱　哀愍願消除
我造諸惡業　常生憂怖心　於四威儀中　曾无歡樂想
諸佛具大悲　能除衆生怖　願受我懺悔　令得離憂苦
我有煩惱障　及以諸報業　願以大悲水　洗濯令清淨
我先作諸罪　及現造惡業　至心皆發露　咸願得蠲除
未來諸惡業　防護令不起　設令有違者　終不敢覆藏
身三語四種　意業復有三　繫縛諸有情　无始恒相續
由斯三種行　造作十惡業　如是衆多罪　我今皆懺悔
我造諸惡業　苦報當自受　今於諸佛前　至誠皆懺悔
於此贍部洲　及他方世界　所有諸善業　今我皆隨喜
願離十惡業　修行十善道　安住十地中　常見十方佛
我以身語意　所修福智業　願以此善根　速成无上慧
我今親對十力前　發露衆多苦難事
凡愚迷惑三有難　恒造極重惡業難
我所積集欲邪難　常起貪愛流轉難
於此世間耽著難　一切愚夫煩惱難
狂心散動顛倒難　及以親近惡友難
於生死中貪染難　瞋癡闇鈍造罪難
生八无暇惡處難　未曾積集功德難
我今皆於最勝前　懺悔无邊罪惡業
我今歸依諸善逝　我礼德海无上尊

BD14206 號　金光明最勝王經卷二　（14–9）

於生死中貪染難　瞋癡闇鈍造罪難
生八无暇惡處難　未曾積集功德難
我今皆於最勝前　懺悔无邊罪惡業
我今歸依諸善逝　我禮德海无上尊
如大金山照十方　唯願慈悲哀攝受
身色金光淨无垢　目如清淨紺琉璃
吉祥威德名稱尊　大悲慧日除衆闇
佛日光明常普遍　善淨无垢離諸塵
牟尼月照極清涼　能除衆生煩惱熱
三十二相遍莊嚴　八十隨好皆圓滿
福德難思无與等　如日流光照世間
色如琉璃淨无垢　猶如滿月處虛空
妙頗梨網映金軀　種種光明以嚴飾
於生死苦暴流內　老病憂愁水所漂
如是苦海難堪忍　佛日舒光令永竭
我今稽首一切智　三千世界希有尊
光明晃耀紫金身　種種妙好皆嚴飾
如大海水量難知　大地微塵不可數
如妙高山巨稱量　亦如虛空无有際
諸佛功德亦如是　一切有情不能知
於无量劫諦思惟　无有能知德海岸
盡此大地諸山岳　析如微塵能算知
毛端渧海尚可量　佛之功德无能數
一切有情皆共讚　世尊名稱諸功德
清淨相好妙莊嚴　不可稱量知分齊
我之所有衆善業　願得速成无上尊

BD14206號　金光明最勝王經卷二　（14–10）

毛端渧海尚可量　佛之功德无能數
一切有情皆共讚　世尊名稱諸功德
清淨相好妙莊嚴　不可稱量知分齊
我之所有衆善業　願得速成无上尊
廣說正法利群生　悉令解脫於衆苦
降伏大力魔軍衆　當轉无上正法輪
久住劫數難思議　充足衆生甘露味
猶如過去諸最勝　六波羅蜜皆圓滿
滅除貪欲及瞋癡　降伏煩惱除衆苦
願我常得宿命智　能憶過去百千生
亦常憶念牟尼尊　得聞諸佛甚深法
願我以斯諸善業　奉事无邊最勝尊
遠離一切不善因　恒得修行真妙法
一切世界諸衆生　悉皆離苦得安樂
所有諸根不具足　令彼身相皆圓滿
若有衆生遭病苦　身形羸瘦无所依
咸令病苦得消除　諸根色力皆充滿
若犯王法當刑戮　衆苦逼迫生憂惱
彼受如斯極苦時　无有歸依能救護
若受鞭杖枷鎖繫　種種苦具切其身
无量百千憂惱時　逼迫身心无蹔樂
皆令得免於繫縛　及以鞭杖苦楚事
將臨刑者得命全　衆苦皆令永除盡
若有衆生飢渴逼　令得種種殊勝味
盲者得視聾者聞　跛者能行瘂能語
貧窮衆生獲寶藏　倉庫盈溢无所乏

BD14206號　金光明最勝王經卷二　（14–11）

将臨刑者得命全 衆苦皆令永除盡
若有衆生飢渇逼 令得種種殊勝味
盲者得覩聾者聞 跛者能行瘂能語
貧窮衆生獲寶藏 倉庫盈溢无所乏
皆令得受上妙樂 无一衆生受苦惱
一切人天皆樂見 容儀温雅甚端嚴
悉皆現受无量樂 受用豊饒福德具
隨彼衆生念伎樂 衆妙音聲皆現前
念水即現清涼池 金色蓮花泛其上
隨彼衆生心所念 飲食衣服及牀敷
金銀珎寶妙瑠璃 瓔珞莊嚴皆具足
勿令衆生聞惡響 亦復不見有相違
所受容貌悉端嚴 各各慈心相愛樂
世間資生諸樂具 隨心念時皆滿足
所得珎財无恡惜 分布施與諸衆生
燒香末香及塗香 衆妙雜花非一色
每日三時從樹墮 隨心受用生歡喜
普願衆生咸供養 十方一切最勝尊
三乘清淨妙法門 菩薩獨覺聲聞衆
常願勿處於卑賤 不墮无暇八難中
生在有暇人中尊 恒得親承十方佛
願得常生富貴家 財寶倉庫皆盈滿
顔貌名稱无與等 壽命延長經劫數
悉願女人變爲男 勇健聰明多智慧
一切常行菩薩道 勤修六度到彼岸
常見十方无量佛 寶王樹下而安處
處妙瑠璃師子座 恒得親承轉法輪

BD14206號　金光明最勝王經卷二　（14–12）

顔貌名稱无與等 壽命延長經劫數
悉願女人變爲男 勇健聰明多智慧
一切常行菩薩道 勤修六度到彼岸
常見十方无量佛 寶王樹下而安處
處妙瑠璃師子座 恒得親承轉法輪
若於過去及現在 輪迴三有造諸業
能招可厭不善趣 願得消滅永无餘
一切衆生於有海 生死羂網堅牢縛
願以智劒爲斷除 離苦速證菩提處
衆生於此贍部内 或於他方世界中
所作種種勝福田 我今皆悉生隨喜
以此隨喜福德事 及身語意造衆善
願此勝業常增長 速證无上大菩提
所有禮讚佛功德 深心清淨无瑕穢
迴向發願福无邊 當超惡趣六十劫
若有男子及女人 婆羅門等諸勝族
合掌一心讚歎佛 生生常憶宿世事
諸根清淨身圓滿 殊勝功德皆成就
願於未來所生處 常得人天共瞻仰
非於一佛十佛所 修諸善根今得聞
百千佛所種善根 方得聞斯懺悔法
尒時世尊聞此說已讚妙幢菩薩言善哉善
哉善男子如汝所夢金鼓出聲讚歎如來真
實功德并懺悔法若有聞者獲福甚多廣利
有情滅除罪障汝今應知此之勝業皆是過
去讚歎發願宿習因緣及由諸佛威力加護

BD14206號　金光明最勝王經卷二　（14–13）

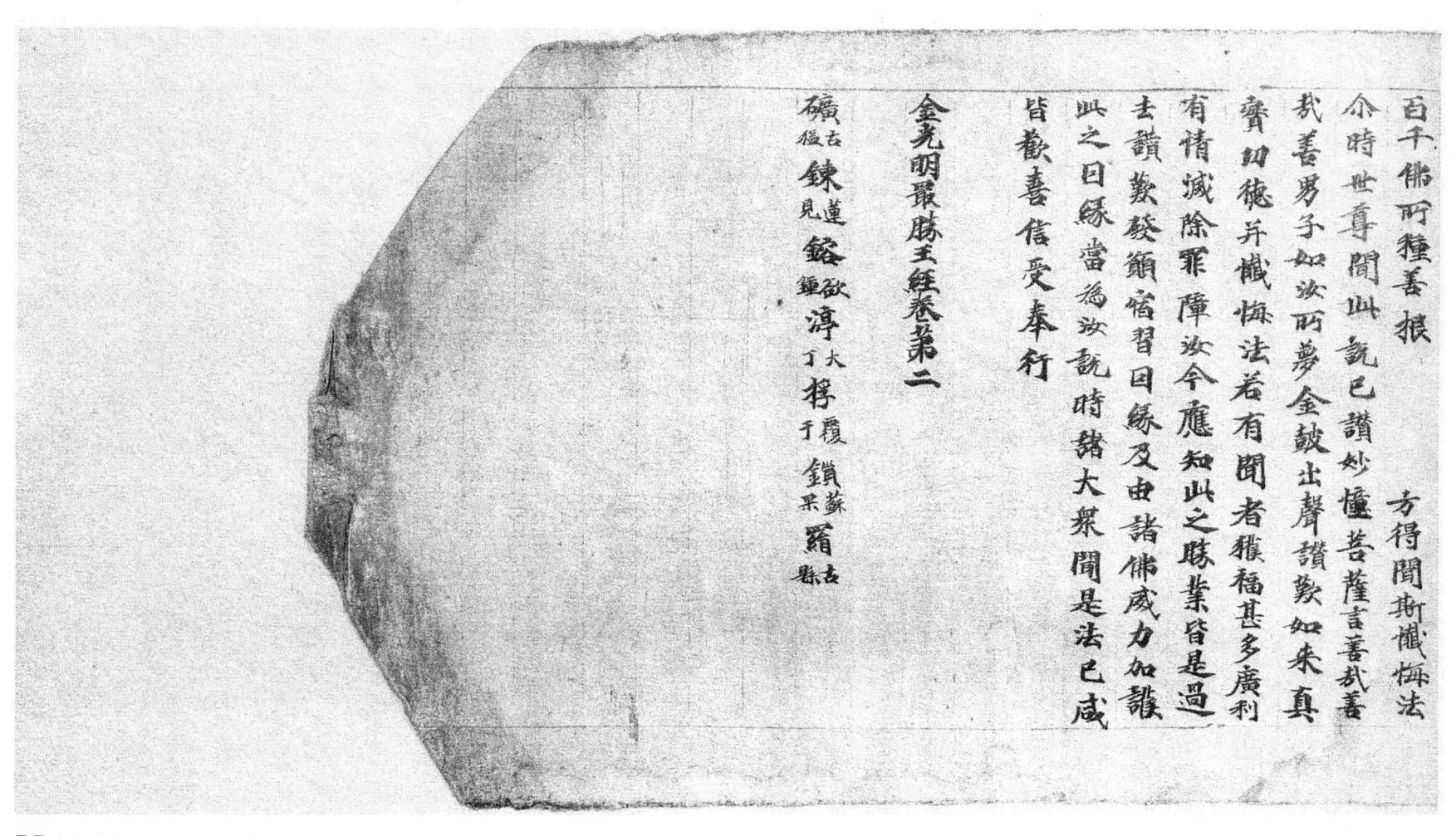

百千佛所種善根　方得聞斯懺悔法
尒時世尊聞此說已讚妙幢菩薩言善哉善
哉善男子如汝所夢金鼓出聲讚歎如來真
實功德并懺悔法若有聞者獲福甚多廣利
有情滅除罪障汝今應知此之勝業皆是過
去讚歎發願宿習因緣及由諸佛威力加護
此之因緣當為汝說時諸大衆聞是法已咸
皆歡喜信受奉行
金光明最勝王經卷第二
礦古猛　鍊蓮見　鎔欲鍾　渟大丁　捊覆于　鎖蘇果　羂古縣

BD14206 號　金光明最勝王經卷二　（14–14）

金光明最勝王經序
如是我聞一時薄
於最清淨甚深法界諸
大苾芻衆九萬八千人
伏如大象王諸漏已除無
慧善解脫所作已畢捨諸
諸有結得大自在住清淨
莊嚴證八解脫已到彼岸其名曰具壽
憍陳如具壽阿說侍多具壽婆濕波具壽摩
訶那摩具壽婆帝利迦大迦攝波優樓頻螺
迦攝伽耶迦攝那提迦攝舍利子大目乾連
唯阿難陀住於學地如是等諸大聲聞各於
晡時從定而起詣佛所頂禮佛足右繞三
帀退坐一面
復有菩薩摩訶薩百千萬億人俱有大威德
如大龍王名稱普聞衆所知識施戒清淨常
樂奉持忍行精勤經無量劫超諸靜慮繫念

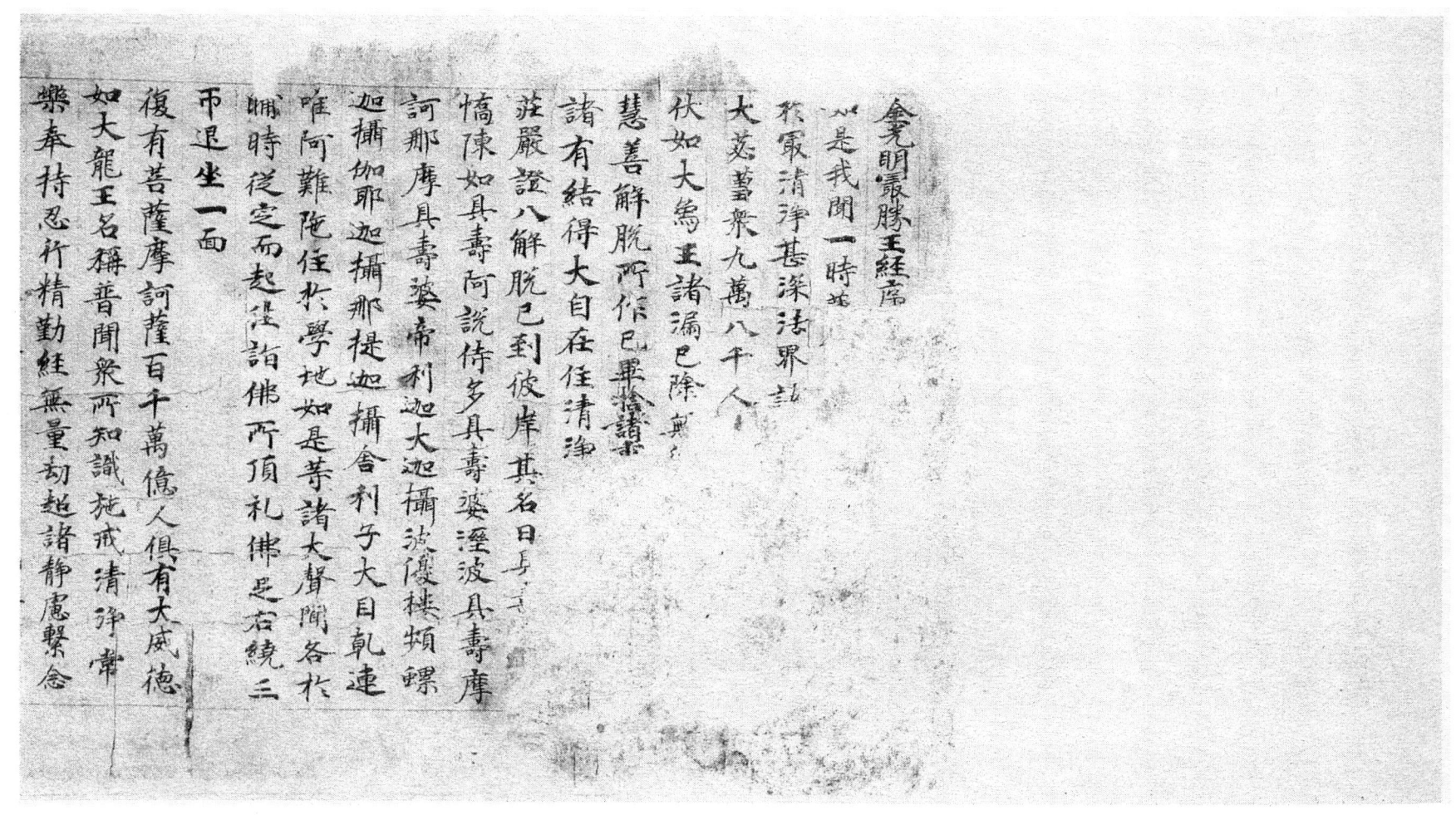

BD14207 號　金光明最勝王經卷一　（6–1）

帀退坐一面
復有菩薩摩訶薩百千萬億人俱有大威德
如大龍王名稱普聞衆所知識施戒清淨常
樂奉持忍行精勤經無量劫越諸靜慮繫念
現前開闡慧門善修方便自在遊戲微妙神
通逮得揔持辯才無盡斷諸煩惱累染皆亡
不久當成一切種智降魔軍衆而擊法鼓制
諸外道令起淨心轉妙法輪度人天衆十方
佛土悉已莊嚴六趣有情無不蒙益成就大
智具足大忍住大慈悲心有大堅固力歷事
諸佛不般涅槃發弘誓心盡未來際廣於佛
所深種淨因於三世法悟無生忍逾於二乘
所行境界以大善巧化世間於大師教能敷
演祕密之法甚深空性皆已了知無復疑惑
其名曰無障礙轉法輪菩薩常發心轉法輪
菩薩常精進菩薩不休息菩薩慈氏菩薩妙
吉祥菩薩觀自在菩薩揔持自在王菩薩大
辯莊嚴王菩薩妙高山王菩薩大海深王菩
薩寶幢菩薩大寶幢菩薩地藏菩薩虛空藏
菩薩寶手自在菩薩金剛手菩薩歡喜力菩
薩大法力菩薩大莊嚴光菩薩大金光莊嚴
菩薩淨戒菩薩常定菩薩極清淨慧菩薩堅
固精進菩薩心如虛空菩薩不斷大願菩薩
施藥菩薩療諸煩惱病菩薩醫王菩薩歡喜
高王菩薩得上授記菩薩大雲淨光菩薩大
雲持法菩薩大雲名稱喜樂菩薩大雲現無
邊稱菩薩大雲師子吼菩薩大雲牛王吼菩

BD14207號　金光明最勝王經卷一　（6–2）

固精進菩薩心如虛空菩薩不斷大願菩
施藥菩薩療諸煩惱病菩薩醫王菩薩歡喜
高王菩薩得上授記菩薩大雲淨光菩薩大
雲持法菩薩大雲名稱喜樂菩薩大雲現無
邊稱菩薩大雲師子吼菩薩大雲牛王吼菩
薩大雲吉祥菩薩大雲寶德菩薩大雲日藏
菩薩大雲月藏菩薩大雲星光菩薩大雲火
光菩薩大雲電光菩薩大雲雷音菩薩大雲
慧雨充遍菩薩大雲清淨雨王菩薩大雲花
樹王菩薩大雲青蓮花香菩薩大雲寶旃檀
香清涼身菩薩大雲除闇菩薩大雲破翳菩
薩如是等無量大菩薩衆各於晡時從定而
起往詣佛所頂礼佛足右繞三帀退坐一面
復有梨車毗童子五億八千其名曰師子光
童子師子慧童子法授童子因陁羅授童子
大光童子大猛童子佛護童子法護童子僧
護童子金剛護童子虛空護童子虛空吼童
子寶藏童子吉祥妙藏童子如是等人而為
上首悉皆安住無上菩提於大乘中深信歡
喜各於晡時往詣佛所頂礼佛足右繞三帀
退坐一面
復有四萬二千天子其名曰喜見天子喜悅
天子日光天子月髻天子明慧天子虛空淨
慧天子除煩惱天子吉祥天子如是等天而
為上首皆發弘願護持大乘紹隆正法能使
不絕各於晡時往詣佛所頂礼佛足右繞三
帀退坐一面

BD14207號　金光明最勝王經卷一　（6–3）

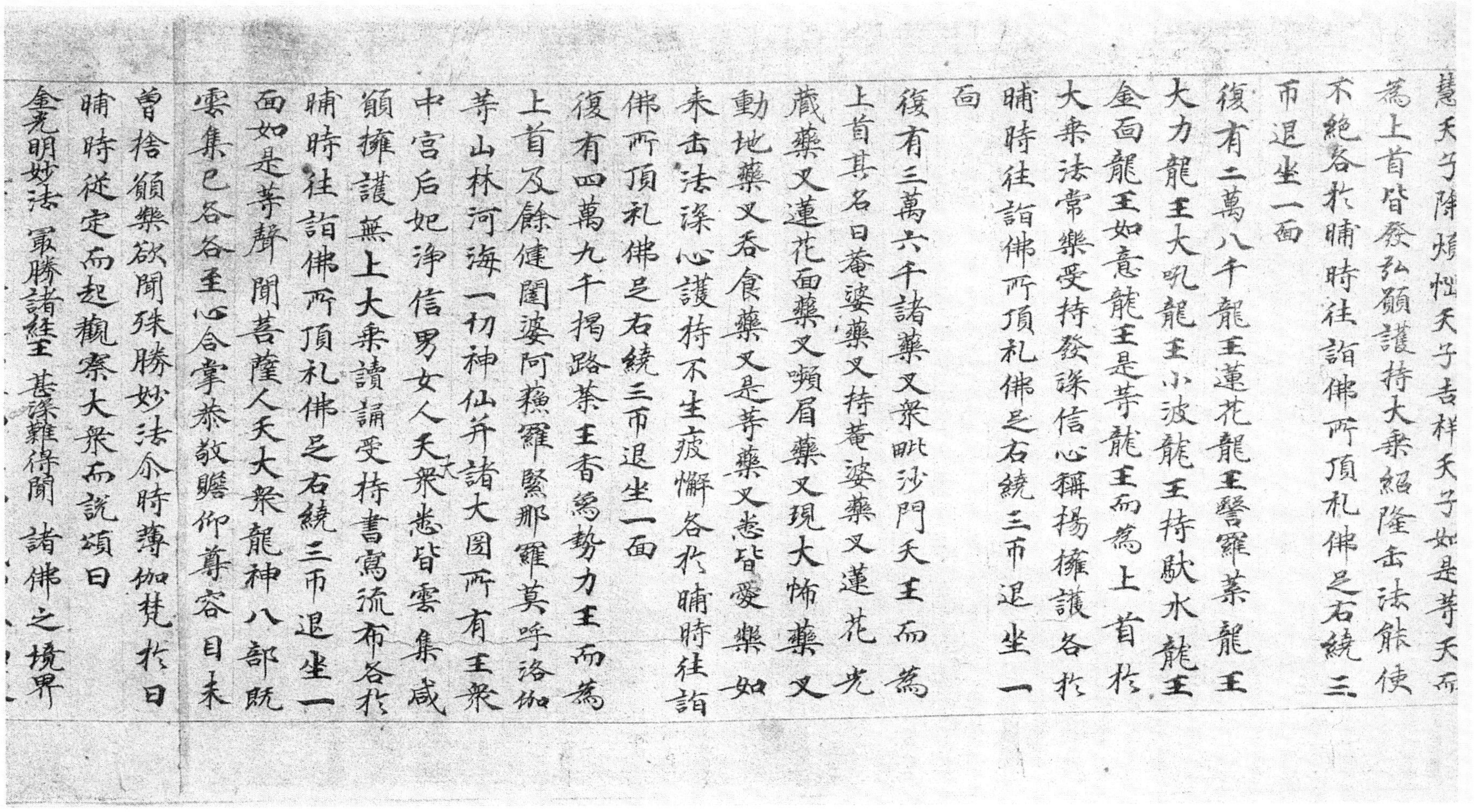

慧天子降煩惱天子吉祥天子如是等天而
為上首皆發弘願護持大乘紹隆正法能使
不絕各於晡時往詣佛所頂礼佛足右繞三
帀退坐一面
復有二萬八千龍王蓮花龍王翳羅葉龍王
大力龍王大吼龍王小波龍王持馱水龍王
金面龍王如意龍王是等龍王而為上首於
大乘法常樂受持發深信心稱揚擁護各於
晡時往詣佛所頂礼佛足右繞三帀退坐一
面
復有三萬六千諸藥叉眾毗沙門天王而為
上首其名曰菴婆藥叉持菴婆藥叉蓮花光
藏藥叉蓮花面藥叉嚬眉藥叉現大怖藥叉
動地藥叉吞食藥叉是等藥叉悉皆愛樂如
來正法深心護持不生疲懈各於晡時往詣
佛所頂礼佛足右繞三帀退坐一面
復有四萬九千揭路荼王香象勢力王而為
上首及餘健闥婆阿蘇羅緊那羅莫呼洛伽
等山林河海一切神仙并諸大國所有王眾
中宮后妃淨信男女人天大眾悉皆雲集咸
願擁護無上大乘讀誦受持書寫流布各於
晡時往詣佛所頂礼佛足右繞三帀退坐一
面如是等聲聞菩薩人天大眾龍神八部既
雲集已各各至心合掌恭敬瞻仰尊容目未
曾捨願樂欲聞殊勝妙法尒時薄伽梵於日
晡時從定而起觀察大眾而說頌曰
金光明妙法　最勝諸經王　甚深難得聞　諸佛之境界

BD14207號　金光明最勝王經卷一　（6–4）

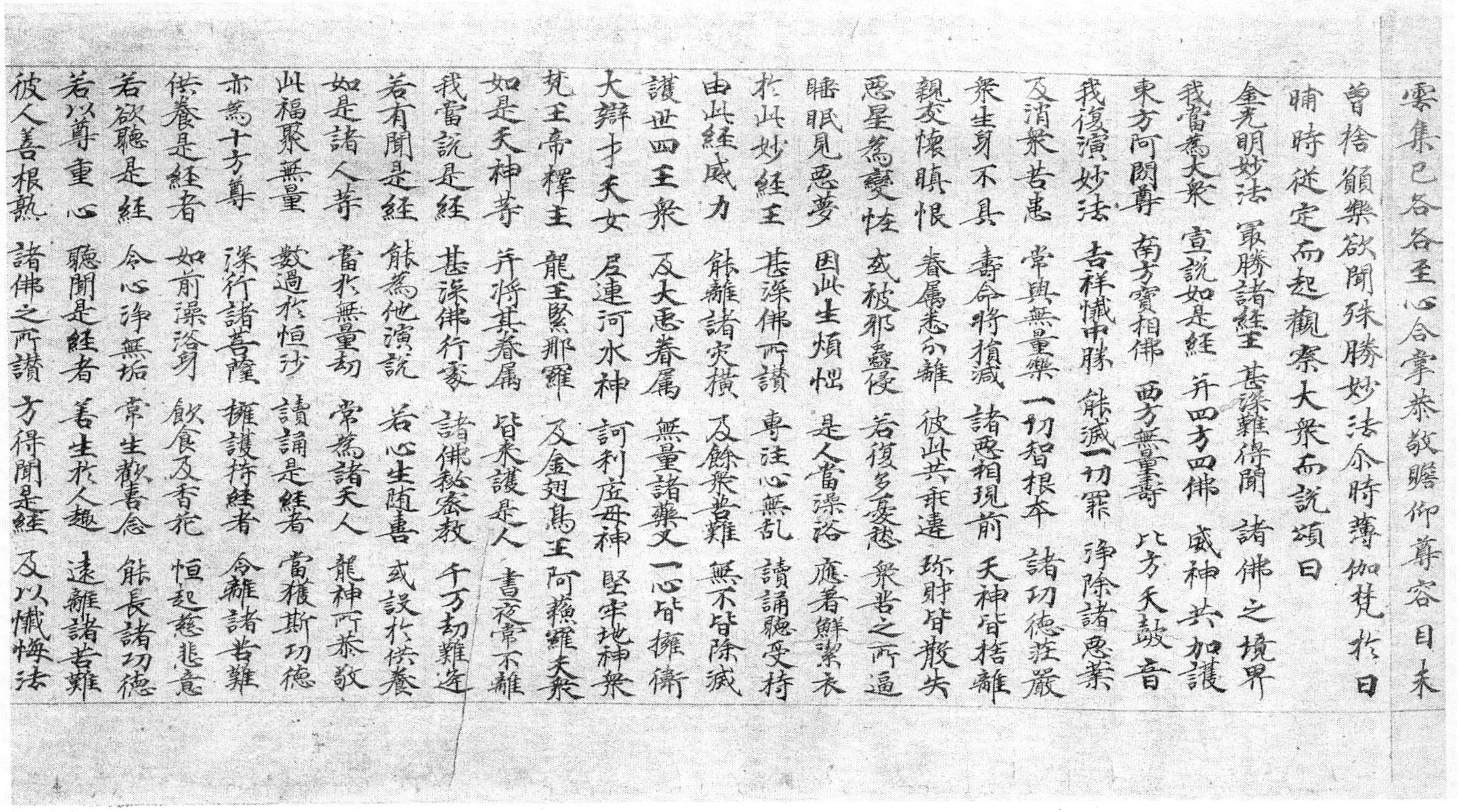

雲集已各各至心合掌恭敬瞻仰尊容目未
曾捨願樂欲聞殊勝妙法尒時薄伽梵於日
晡時從定而起觀察大眾而說頌曰
金光明妙法　最勝諸經王　甚深難得聞　諸佛之境界
我當為大眾　宣說如是經　并四方四佛　威神共加護
東方阿閦尊　南方寶相佛　西方無量壽　北方天鼓音
我復演妙法　吉祥懺中勝　能滅一切罪　淨除諸惡業
及消眾苦患　常與無量樂　一切智根本　諸功德莊嚴
眾生身不具　壽命將損減　諸惡相現前　天神皆捨離
親友懷瞋恨　眷屬悉分離　彼此共乖違　珎財皆散失
惡星為變怪　或被邪蠱侵　若復多憂愁　眾苦之所逼
睡眠見惡夢　因此生煩惱　是人當澡浴　應著鮮潔衣
於此妙經王　甚深佛所讚　專注心無亂　讀誦聽受持
由此經威力　能離諸災橫　及餘眾苦難　無不皆除滅
護世四王眾　及大臣眷屬　無量諸藥叉　一心皆擁衛
大辯才天女　尼連河水神　訶利底母神　堅牢地神眾
梵王帝釋主　龍王緊那羅　及金翅鳥王　阿蘇羅天眾
如是天神等　并將其眷屬　皆來護是人　晝夜常不離
我當說是經　甚深佛行處　諸佛秘密教　千万劫難逢
若有聞是經　能為他演說　若心生隨喜　或設於供養
如是諸人等　當於無量劫　常為諸天人　龍神所恭敬
此福聚無量　數過於恒沙　讀誦是經者　當獲斯功德
亦為十方尊　深行諸菩薩　擁護持經者　令離諸苦難
供養是經者　如前澡浴身　飲食及香花　恒起慈悲意
若欲聽是經　令心淨無垢　常生歡喜念　能長諸功德
若以尊重心　聽聞是經者　善生於人趣　遠離諸苦難
彼人善根熟　諸佛之所讚　方得聞是經　及以懺悔法

BD14207號　金光明最勝王經卷一　（6–5）

如是天神等 并將其眷屬 皆來護是人 晝夜常不離
我當說是經 甚深佛行處 諸佛秘密教 千万劫難逢
若有聞是經 能為他演說 若心生隨喜 或設於供養
如是諸人等 當於無量劫 常為諸天人 龍神所恭敬
此福聚無量 數過於恒沙 讀誦是經者 當獲斯功德
亦為十方尊 深行諸菩薩 擁護持經者 令離諸苦難
供養是經者 如前深淨身 飲食及香花 恒起慈悲意
若欲聽是經 令心淨無垢 常生歡喜念 能長諸功德
若以尊重心 聽聞是經者 善生於人趣 遠離諸苦難
彼人善根熟 諸佛之所讚 方得聞是經 及以懺悔法

金光明最勝王經如來壽量品第二

尒時王舍大城有一菩薩摩訶薩名曰妙幢
已於過去無量俱胝那庾多百千佛所承事
供養殖諸善根是時妙幢菩薩獨於靜處作
是思惟以何因緣釋迦牟尼如來壽命短促
唯八十年復作是念如佛所說有二因緣得
壽命長云何為二一者不害生命二者施他
飲食然釋迦牟尼如來曾於

BD14207號 金光明最勝王經卷一 （6–6）

佛三四五佛而種善根已於无量千万佛所
種諸善根聞是章句乃至一念生淨信者須
菩提如來悉知悉見是諸衆生得如是无量
福德何以故是諸衆生无復我相人相衆生
相壽者相无法相亦无非法相何以故是諸
衆生若心取相則為著我人衆生壽者若取
法相即著我人衆生壽者何以故若取非法
即著我人衆生壽者是故不應取法不應
取非法以是義故如來常說汝等比丘知我
說法如筏喻者法尚應捨何況非法
須菩提於意云何如來得阿耨多羅三藐三
菩提耶如來有所說法耶須菩提言如我解
佛所說義无有定法名阿耨多羅三藐三菩
提亦无有定法如來可說何以故如來所說
法皆不可取不可說非法非非法所以者何
一切賢聖皆以无為法而有差別
須菩提於意云何若人滿三千大千世界七
寶以用布施是人所得福德寧為多不須菩

BD14208號 金剛般若波羅蜜經 （14–1）

法皆不可取不可說非法非非法所以者何
一切賢聖皆以无為法而有差別
須菩提於意云何若人滿三千大千世界七
寶以用布施是人所得福德寧為多不須菩
提言甚多世尊何以故是福德即非福德性
是故如來說福德多若復有人於此經中受
持乃至四句偈等為他人說其福勝彼何以
故須菩提一切諸佛及諸佛阿耨多羅三藐
三菩提法皆從此經出須菩提所謂佛法者
即非佛法
須菩提於意云何須陁洹能作是念我得須
陁洹果不須菩提言不也世尊何以故須陁
洹名為入流而无所入不入色聲香味觸法
是名須陁洹須菩提於意云何斯陁含能作
是念我得斯陁含果不須菩提言不也世尊
何以故斯陁含名一往來而實无往來是名
斯陁含須菩提於意云何阿那含能作是念
我得阿那含果不須菩提言不也世尊何以
故阿那含名為不來而實无來是故名阿那
含須菩提於意云何阿羅漢能作是念我得
阿羅漢道不須菩提言不也世尊何以故實
无有法名阿羅漢世尊若阿羅漢作是念我
得阿羅漢道即為著我人衆生壽者世尊佛
說我得无諍三昧人中最為第一是第一離
欲阿羅漢我不作是念我是離欲阿羅漢世
尊我若作是念我得阿羅漢道世尊則不說

无有法名阿羅漢世尊若阿羅漢作是念我
得阿羅漢道即為著我人衆生壽者世尊佛
說我得无諍三昧人中最為第一是第一離
欲阿羅漢我不作是念我是離欲阿羅漢世
尊我若作是念我得阿羅漢道世尊則不說
須菩提是樂阿蘭那行者以須菩提實无所
行而名須菩提是樂阿蘭那行
佛告須菩提於意云何如來昔在然燈佛所
於法有所得不世尊如來在然燈佛所於法
實无所得須菩提於意云何菩薩莊嚴佛土
不不也世尊何以故莊嚴佛土者則非莊嚴
是名莊嚴是故須菩提諸菩薩摩訶薩應如
是生清淨心不應住色生心不應住聲香味
觸法生心應无所住而生其心
須菩提譬如有人身如須弥山王於意云何
是身為大不須菩提言甚大世尊何以故佛
說非身是名大身
須菩提如恒河中所有沙數如是沙等恒河
於意云何是諸恒河沙寧為多不須菩提言
甚多世尊但諸恒河尚多无數何況其沙須
菩提我今實言告汝若有善男子善女人以
七寶滿尒所恒河沙數三千大千世界以用
布施得福多不須菩提言甚多世尊佛告須
菩提若善男子善女人於此經中乃至受持
四句偈等為他人說而此福德勝前福德

菩提我今實言告汝若有善男子善女人以
七寶滿尒所恒河沙數三千大千世界以用
布施得福多不須菩提言甚多世尊佛告須
菩提若善男子善女人於此經中乃至受持
四句偈等為他人說而此福德勝前福德
復次須菩提隨說是經乃至四句偈等當知
此處一切世間天人阿脩羅皆應供養如佛
塔廟何况有人盡能受持讀誦須菩提當知
是人成就最上第一希有之法若是經典所
在之處則為有佛若尊重弟子
尒時須菩提白佛言世尊當何名此經我等
云何奉持佛告須菩提是經名為金剛般若
波羅蜜以是名字汝當奉持所以者何須菩
提佛說般若波羅蜜則非般若波羅蜜須菩
提於意云何如來有所說法不須菩提白佛
言世尊如來无所說須菩提於意云何三千
大千世界所有微塵是為多不須菩提言甚
多世尊須菩提諸微塵如來說非微塵是名
微塵如來說世界非世界是名世界須菩提
於意云何可以三十二相見如來不不也世
尊何以故如來說三十二相即是非相是名
三十二相須菩提若有善男子善女人以恒
河沙等身命布施若復有人於此經中乃至
受持四句偈等為他人說其福甚多
尒時須菩提聞說是經深解義趣涕淚悲泣
而白佛言希有世尊佛說如是甚深經典我

BD14208號　金剛般若波羅蜜經　（14–4）

三十二相須菩提若有善男子善女人以恒
河沙等身命布施若復有人於此經中乃至
受持四句偈等為他人說其福甚多
尒時須菩提聞說是經深解義趣涕淚悲泣
而白佛言希有世尊佛說如是甚深經典我
從昔來所得慧眼未曾得聞如是之經世尊
若復有人得聞是經信心清淨則生實相當
知是人成就第一希有功德世尊是實相者
則是非相是故如來說名實相世尊我今得
聞如是經典信解受持不足為難若當來世
後五百歲其有衆生得聞是經信解受持是
人則為第一希有何以故此人无我相人相
衆生相壽者相所以者何我相即是非相人
相衆生相壽者相即是非相何以故離一切
諸相則名諸佛
佛告須菩提如是如是若復有人得聞是經
不驚不怖不畏當知是人甚為希有何以故
須菩提如來說第一波羅蜜非第一波羅蜜
是名第一波羅蜜
須菩提忍辱波羅蜜如來說非忍辱波羅蜜
何以故須菩提如我昔為歌利王割截身體
我於尒時无我相无人相无衆生相无壽者
相何以故我於往昔節節支解時若有我相
人相衆生相壽者相應生瞋恨須菩提又念
過去於五百世作忍辱仙人於尒所世无我
相无人相无衆生相无壽者相是故須菩提

BD14208號　金剛般若波羅蜜經　（14–5）

我於尒時无我相无人相无衆生相无壽者
相何以故我於往昔節節支解時若有我相
人相衆生相壽者相應生瞋恨須菩提又念
過去於五百世作忍辱仙人於尒所世无我
相无人相无衆生相无壽者相是故須菩提
菩薩應離一切相發阿耨多羅三藐三菩提
心不應住色生心不應住聲香味觸法生心
應生无所住心若心有住則為非住是故佛
說菩薩心不應住色布施
須菩提菩薩為利益一切衆生故應如是布
施如来說一切諸相即是非相又說一切衆
生則非衆生須菩提如来是真語者實語者
如語者不誑語者不異語者須菩提如来所
得法此法无實无虛
須菩提若菩薩心住於法而行布施如人入
闇則无所見若菩薩心不住法而行布施如
人有目日光明照見種種色
須菩提當来之世若有善男子善女人能於
此經受持讀誦則為如来以佛智慧悉知是
人悉見是人皆得成就无量无邊功德
須菩提若有善男子善女人初日分以恒河
沙等身布施中日分復以恒河沙等身布施
後日分亦以恒河沙等身布施如是无量百
千万億劫以身布施若復有人聞此經典信
心不逆其福勝彼何況書寫受持讀誦為人

BD14208號　金剛般若波羅蜜經　（14–6）

沙等身布施中日分復以恒河沙等身布施
後日分亦以恒河沙等身布施如是无量百
千万億劫以身布施若復有人聞此經典信
心不逆其福勝彼何況書寫受持讀誦為人
解說須菩提以要言之是經有不可思議不
可稱量无邊功德如来為發大乘者說為發
最上乘者說若有人能受持讀誦廣為人說
如来悉知是人悉見是人皆成就不可量不
可稱无有邊不可思議功德如是人等則為
荷擔如来阿耨多羅三藐三菩提何以故須
菩提若樂小法者著我見人見衆生見壽者
見則於此經不能聽受讀誦為人解說須菩
提在在處處若有此經一切世間天人阿脩
羅所應供養當知此處則為是塔皆應恭敬
作禮圍繞以諸華香而散其處
復次須菩提善男子善女人受持讀誦此經
若為人輕賤是人先世罪業應墮惡道以今
世人輕賤故先世罪業則為消滅當得阿耨
多羅三藐三菩提
須菩提我念過去无量阿僧祇劫於然燈佛
前得值八百四千万億那由他諸佛悉皆供
養承事无空過者若復有人於後末世能受
持讀誦此經所得功德於我所供養諸佛功
德百分不及一千万億分乃至筭數譬喻所
不能及須菩提若善男子善女人於後末世

BD14208號　金剛般若波羅蜜經　（14–7）

養承事无空過者若復有人於後末世能受
持讀誦此經所得功德於我所供養諸佛功
德百分不及一千万億分乃至筭數譬喻所
不能及須菩提若善男子善女人於後末世
有受持讀誦此經所得功德我若具說者或
有人聞心則狂亂狐疑不信須菩提當知是
經義不可思議果報亦不可思議
尒時須菩提白佛言世尊善男子善女人發
阿耨多羅三藐三菩提心云何應住云何降
伏其心佛告須菩提善男子善女人發阿耨
多羅三藐三菩提心者當生如是心我應滅
度一切衆生滅度一切衆生已而无有一衆
生實滅度者何以故若菩薩有我相人相衆
生相壽者相即非菩薩所以者何須菩提實
无有法發阿耨多羅三藐三菩提心者
須菩提於意云何如來於然燈佛所有法得
阿耨多羅三藐三菩提不不也世尊如我解
佛所說義佛於然燈佛所无有法得阿耨多
羅三藐三菩提佛言如是如是須菩提實无
有法如來得阿耨多羅三藐三菩提須菩提
若有法如來得阿耨多羅三藐三菩提者然
燈佛則不與我受記汝於來世當得作佛号
釋迦牟尼以實无有法得阿耨多羅三藐三
菩提是故然燈佛與我受記作是言汝於來
世當得作佛号釋迦牟尼何以故如來者即

燈佛則不與我受記汝於來世當得作佛号
釋迦牟尼以實无有法得阿耨多羅三藐三
菩提是故然燈佛與我受記作是言汝於來
世當得作佛号釋迦牟尼何以故如來者即
諸法如義若有人言如來得阿耨多羅三藐
三菩提須菩提實无有法佛得阿耨多羅三
藐三菩提須菩提如來所得阿耨多羅三藐
三菩提於是中无實无虛是故如來說一切
法皆是佛法須菩提所言一切法者即非一
切法是故名一切法
須菩提譬如人身長大須菩提言世尊如來
說人身長大則為非大身是名大身
須菩提菩薩亦如是若作是言我當滅度无
量衆生則不名菩薩何以故須菩提實无有法
名為菩薩是故佛說一切法无我无人无衆
生无壽者須菩提若菩薩作是言我當莊嚴
佛土是不名菩薩何以故如來說莊嚴佛土
者即非莊嚴是名莊嚴須菩提若菩薩通達
无我法者如來說名真是菩薩
須菩提於意云何如來有肉眼不如是世尊
如來有肉眼須菩提於意云何如來有天眼
不如是世尊如來有天眼須菩提於意云何
如來有慧眼不如是世尊如來有慧眼須菩
提於意云何如來有法眼不如是世尊如來
有法眼須菩提於意云何如來有佛眼不如

不如是世尊如来有天眼須菩提於意云何
如来有慧眼不如是世尊如来有慧眼須菩
提於意云何如来有法眼不如是世尊如来
有法眼須菩提於意云何如来有佛眼不如
是世尊如来有佛眼須菩提於意云何恒河
中所有沙佛說是沙不如是世尊如来說是
沙須菩提於意云何如一恒河中所有沙有
如是等恒河是諸恒河所有沙數佛世界如
是寧為多不甚多世尊佛告須菩提尒所國
土中所有衆生若干種心如来悉知何以故
如来說諸心皆為非心是名為心所以者何
須菩提過去心不可得現在心不可得未来
心不可得
須菩提於意云何若有人滿三千大千世界
七寳以用布施是人以是因緣得福多不如
是世尊此人以是因緣得福甚多須菩提若
福德有實如来不說得福德多以福德无故
如来說得福德多
須菩提於意云何佛可以具足色身見不不
也世尊如来不應以具足色身見何以故如来說
具足色身即非具足色身是名具足色身須
菩提於意云何如来可以具足諸相見不不
也世尊如来不應以具足諸相見何以故如
来說諸相具足即非具足是名諸相具足
須菩提汝勿謂如来作是念我當有所說法

具足色身即非具足色身是名具足色身須
菩提於意云何如来可以具足諸相見不不
也世尊如来不應以具足諸相見何以故如
来說諸相具足即非具足是名諸相具足
須菩提汝勿謂如来作是念我當有所說法
莫作是念何以故若人言如来有所說法即
為謗佛不能解我所說故須菩提說法者无
法可說是名說法
須菩提白佛言世尊佛得阿耨多羅三藐三
菩提為无所得耶如是如是須菩提我於阿
耨多羅三藐三菩提乃至无有少法可得是
名阿耨多羅三藐三菩提復次須菩提是法
平等无有高下是名阿耨多羅三藐三菩提
以无我无人无衆生无壽者脩一切善法則
得阿耨多羅三藐三菩提須菩提所言善法
者如来說非善法是名善法
須菩提若三千大千世界中所有諸須弥山
王如是等七寳聚有人持用布施若人以此
般若波羅蜜經乃至四句偈等受持讀誦為他人
說於前福德百分不及一百千万億分乃至
筭數譬喻所不能及須菩提於意云何汝等
勿謂如来作是念我當度衆生須菩提莫作
是念何以故實无有衆生如来度者若有衆
生如来度者如来則有我人衆生壽者須菩提
如来說有我者則非有我而凡夫之人以為
有我須菩提凡夫者如来說則非凡夫

勿為如来作是念我當度衆生須菩提莫作
是念何以故實无有衆生如来度者若有衆
生如来度者如来則有我人衆生壽者須菩提
如来說有我者則非有我而凡夫之人以為
有我須菩提凡夫者如来說則非凡夫
須菩提於意云何可以三十二相觀如来不
須菩提言如是如是以三十二相觀如来佛
言須菩提若以三十二相觀如来者轉輪聖
王則是如来須菩提白佛言世尊如我解佛
所說義不應以三十二相觀如来尒時世尊
而說偈言
若以色見我　以音聲求我　是人行邪道　不能見如来
須菩提汝若作是念如来不以具足相故得
阿耨多羅三藐三菩提須菩提莫作是念如
来不以具足相故得阿耨多羅三藐三菩提
須菩提汝若作是念發阿耨多羅三藐三菩
提者說諸法斷滅莫作是念何以故發阿耨
多羅三藐三菩提者於法不說斷滅相須菩
提若菩薩以滿恒河沙等世界七寶布施若
復有人知一切法无我得成於忍此菩薩勝
前菩薩所得功德須菩提以諸菩薩不受福
德故
須菩提白佛言世尊云何菩薩不受福德須
菩提菩薩所作福德不應貪著是故說不受
福德

BD14208號　金剛般若波羅蜜經　（14–12）

復有人知一切法无我得成於忍此菩薩勝
前菩薩所得功德須菩提以諸菩薩不受福
德故
須菩提白佛言世尊云何菩薩不受福德須
菩提菩薩所作福德不應貪著是故說不受
福德
須菩提若有人言如来若来若去若坐若卧
是人不解我所說義何以故如来者无所從
来亦无所去故名如来
須菩提若善男子善女人以三千大千世界
碎為微塵於意云何是微塵衆寧為多不甚
多世尊何以故若是微塵衆實有者佛則不
說是微塵衆所以者何佛說微塵衆則非微
塵衆是名微塵衆世尊如来所說三千大千
世界則非世界是名世界何以故若世界實
有者則是一合相如来說一合相則非一合
相是名一合相須菩提一合相者則是不可說但凡
夫之人貪著其事須菩提若人言佛說我見
人見衆生見壽者見須菩提於意云何是人
解我所說義不世尊是人不解如来所說義
何以故世尊說我見人見衆生見壽者見即
非我見人見衆生見壽者見是名我見人見
衆生見壽者見須菩提發阿耨多羅三藐三
菩提心者於一切法應如是知如是見如是
信解不生法相須菩提所言法相者如来說

BD14208號　金剛般若波羅蜜經　（14–13）

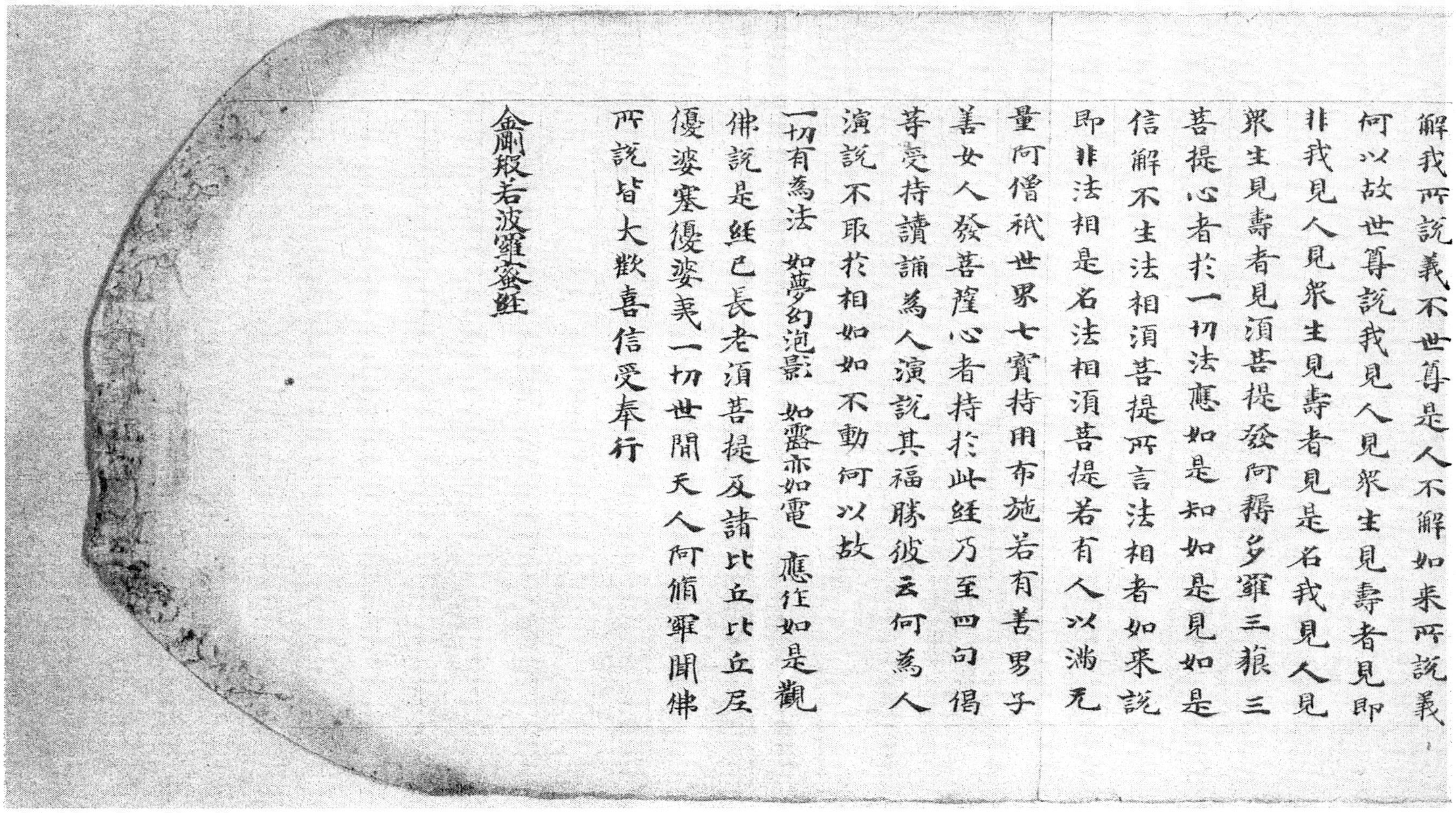

解我所說義不世尊是人不解如來所說義
何以故世尊說我見人見衆生見壽者見即
非我見人見衆生見壽者見是名我見人見
衆生見壽者見須菩提發阿耨多羅三藐三
菩提心者於一切法應如是知如是見如是
信解不生法相須菩提所言法相者如來說
即非法相是名法相須菩提若有人以滿无
量阿僧祇世界七寶持用布施若有善男子
善女人發菩薩心者持於此經乃至四句偈
等受持讀誦為人演說其福勝彼云何為人
演說不取於相如如不動何以故
一切有為法　如夢幻泡影　如露亦如電　應作如是觀
佛說是經已長老須菩提及諸比丘比丘尼
優婆塞優婆夷一切世間天人阿脩羅聞佛
所說皆大歡喜信受奉行
金剛般若波羅蜜經

BD14208號　金剛般若波羅蜜經　（14–14）

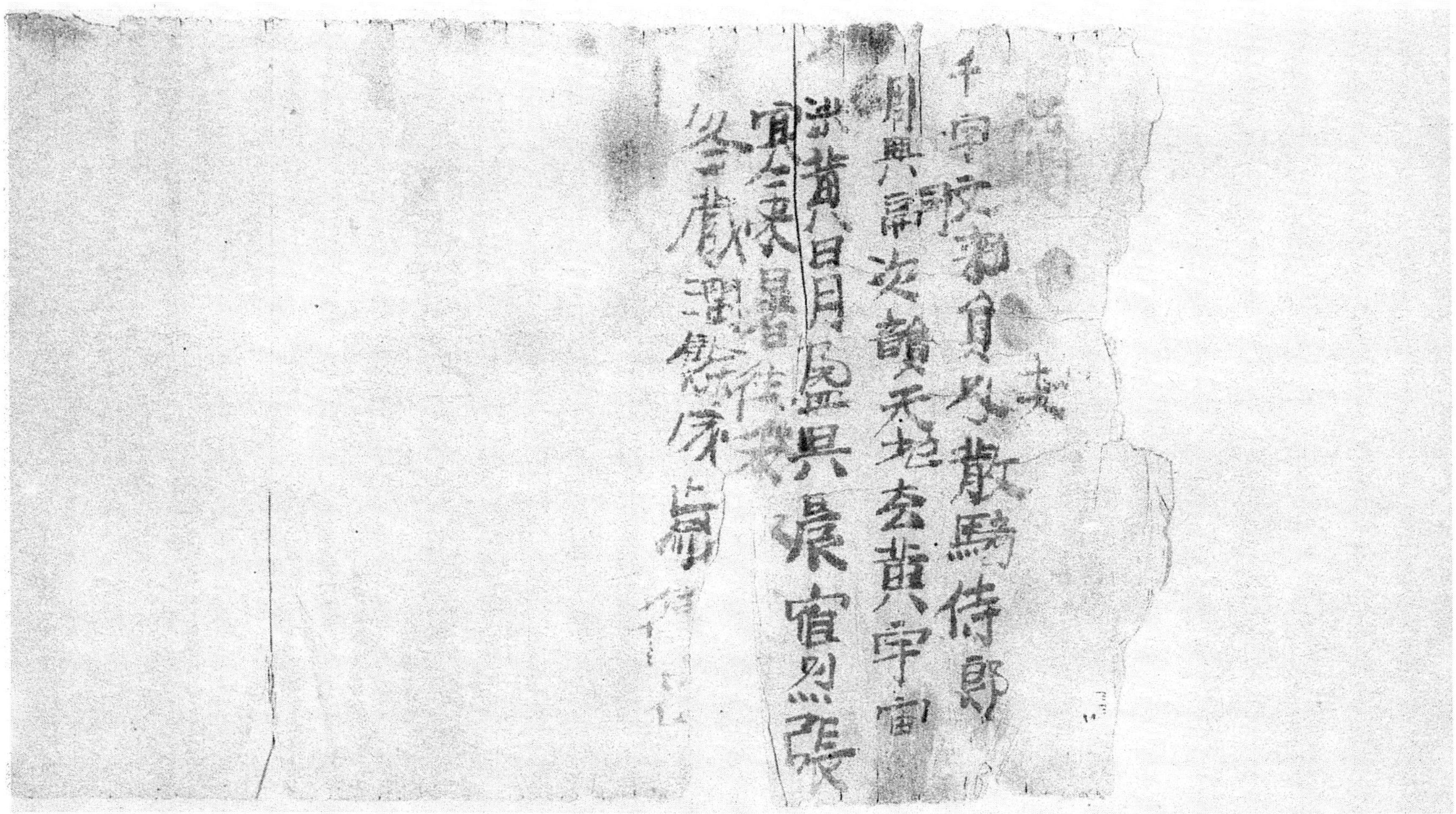

千字文勅員外散騎侍郎
周興嗣次韻天地玄黃宇宙
洪荒日月盈昃辰宿列張
宜寒來暑往秋收
冬藏潤餘成歲

BD14208號背　千字文雜寫（擬）　（1–1）

說章句生實信不
來滅後後五百歲有持戒
能生信心以此為實當知是
佛三四五佛而種善根已
種諸善根聞是章句乃至
須菩提如來悉知悉見是
量福德何以故是諸衆
生相壽者相无法相亦无
衆生若心取相則為着我
法相即着我人衆生壽者
相即着我人衆生壽者是
取非法以是義故如來常說
說法如筏喻者法尚應捨
須菩提於意云何如來得
菩提耶如來有所說法耶
佛所說義无有定法名阿耨
提亦无有定法如來可說
法皆不可取不可說非法
一切賢聖皆以无為法而

BD14209 號　金剛般若波羅蜜經　（14–1）

菩提耶如來有所說法耶
佛所說義无有定法名阿耨
提亦无有定法如來可說
法皆不可取不可說非法
一切賢聖皆以无為法而
須菩提於意云何若人以
寶以用布施是人所得福
提言甚多世尊何以故是
是故如來說福德多若復
持乃至四句偈等為他人說
故須菩提一切諸佛及諸佛
三菩提法皆從此經出須菩
即非佛法
須菩提於意云何須陁洹能作是念
陁洹果不須菩提言不也世尊何以故須陁洹
名為入流而无所入不入色聲香味觸法是
名須陁洹須菩提於意云何斯陁含能作
是念我得斯陁含果不須菩提言不也世尊
何以故斯陁含名一往來而實无往來是名
斯陁含須菩提於意云何阿那含能作是
念我得阿那含果不須菩提言不也世尊何以
故阿那含名為不來而實无來是故名阿那
含須菩提於意云何阿羅漢能作是念我
得阿羅漢道不須菩提言不也世尊何以故實
无有法名阿羅漢世尊若阿羅漢作是念我
得阿羅漢道即為着我人衆生壽者世尊佛
說我得无諍三昧人中最為第一是第一離
欲阿羅漢我不作是念我是離欲阿羅漢世

BD14209 號　金剛般若波羅蜜經　（14–2）

得阿羅漢道不須菩提言不也世尊何以故實
无有法名阿羅漢世尊若阿羅漢作是念我
得阿羅漢道即為着我人衆生壽者世尊佛
說我得无諍三昧人中最為第一是第一離
欲阿羅漢我不作是念我是離欲阿羅漢世
尊我若作是念我得阿羅漢道世尊則不說
須菩提是樂阿蘭那行者以須菩提實无
所行而名須菩提是樂阿蘭那行
佛告須菩提於意云何如來昔在然燈佛所
於法有所得不世尊如來在然燈佛所於法
實无所得
須菩提於意云何菩薩莊嚴佛土不不也世
尊何以故莊嚴佛土者則非莊嚴是名莊
嚴是故須菩提諸菩薩摩訶薩應如是生
清淨心不應住色生心不應住聲香味觸法
生心　應无所住而生其心
須菩提譬如有人身如須弥山王於意云
何是身為大不須菩提言甚大世尊何以故
佛說非身是名大身
須菩提如恒河中所有沙數如是沙等恒河
於意云何是諸恒河沙寧為多不須菩提
言甚多世尊但諸恒河尚多无數何況其沙須
菩提我今實言告汝若有善男子善女人以
七寶滿尒所恒河沙數三千大千世界以用
布施得福多不須菩提言甚多世尊佛告
須菩提若善男子善女人於此經中乃至受
持四句偈等為他人說而此福德勝前福德

BD14209號　金剛般若波羅蜜經　(14–3)

七寶滿尒所恒河沙數三千大千世界以用
布施得福多不須菩提言甚多世尊佛告
須菩提若善男子善女人於此經中乃至受
持四句偈等為他人說而此福德勝前福德
復次須菩提隨說是經乃至四句偈等當知
此處一切世間天人阿脩羅皆應供養如佛
塔廟何況有人盡能受持讀誦須菩提當知
是人成就最上第一希有之法若是經典所
在之處則為有佛若尊重弟子
尒時須菩提白佛言世尊當名何此經我等
云何奉持佛告須菩提是經名為金剛般若
波羅蜜以是名字汝當奉持所以者何須菩
提佛說般若波羅蜜則非般若波羅蜜
須菩提於意云何如來有所說法不須菩提
白佛言世尊如來无所說
須菩提於意云何三千大千世界所有微塵
是為多不須菩提言甚多世尊須菩提諸
微塵如來說非微塵是名微塵如來說世
界非世界是名世界
須菩提於意云何可以三十二相見如來不
不也世尊何以故如來說三十二相即是非
相是名三十二相
須菩提若有善男子善女人以恒河沙等
身命布施若復有人於此經中乃至受持四
句偈等為他人說其福甚多
尒時須菩提聞說是經深解義趣涕淚悲
泣而白佛言希有世尊佛說如是甚深經典

BD14209號　金剛般若波羅蜜經　(14–4)

須菩提若有善男子善女人以恒河沙等
身命布施若復有人於此經中乃至受持四
句偈等為他人說其福甚多
尒時須菩提聞說是經深解義趣涕淚悲
泣而白佛言希有世尊佛說如是甚深經典
我從昔來所得慧眼未曾得聞如是之經
世尊若復有人得聞是經信心清淨則生
實相當知是人成就第一希有功德世尊是
實相者則是非相是故如來說名實相
世尊我今得聞如是經典信解受持不足為
難若當來世後五百歲其有眾生得聞是經
信解受持是人則為第一希有何以故此人
无我相人相眾生相壽者相所以者何我相
即是非相人相眾生相壽者相即是非相何
以故離一切諸相則名諸佛佛告須菩提如
是如是若復有人得聞是經不驚不怖不畏
當知是人甚為希有
何以故須菩提如來說第一波羅蜜非第一
波羅蜜是名第一波羅蜜
須菩提忍辱波羅蜜如來說非忍辱波羅
蜜何以故須菩提如我昔為歌利王割截身
體我於尒時无我相无人相无眾生相无壽
者相何以故我於往昔節節支解時若有
我相人相眾生相壽者相應生瞋恨須菩提
又念過去於五百世作忍辱仙人於尒所世无
我相无人相无眾生相无壽者相
是故須菩提菩薩應離一切相發阿耨多
羅三藐三菩提心不應住色生心不應住聲

BD14209號　金剛般若波羅蜜經　（14–5）

者相何以故我於往昔節節支解時若有
我相人相眾生相壽者相應生瞋恨須菩提
又念過去於五百世作忍辱仙人於尒所世无
我相无人相无眾生相无壽者相
是故須菩提菩薩應離一切相發阿耨多
羅三藐三菩提心不應住色生心不應住聲
香味觸法生心應生无所住心若心有住則
為非住是故佛說菩薩心不應住色布施
須菩提菩薩為利益一切眾生應如是布施
如來說一切諸相即是非相又說一切眾生
則非眾生須菩提如來是真語者實語者
如語者不誑語者不異語者須菩提如來所
得法此法无實无虛
須菩提若菩薩心住於法而行布施如人入
闇則无所見若菩薩心不住法而行布施如
人有目日光明照見種種色
須菩提當來之世若有善男子善女人能於
此經受持讀誦則為如來以佛智慧悉知是
人悉見是人皆得成就无量无邊功德須菩
提若有善男子善女人初日分以恒河沙等
身布施中日分復以恒河沙等身布施後日
分亦以恒河沙等身布施如是无量百千万
億劫以身布施若復有人聞此經典信心
不逆其福勝彼何況書寫受持讀誦為人
解說須菩提以要言之是經有不可思議
不可稱量无邊功德如來為發大乘者說
為發最上乘者說若有人能受持讀誦

BD14209號　金剛般若波羅蜜經　（14–6）

不逆其福勝彼何况書寫受持讀誦為人
解説須菩提以要言之是經有不可思議
不可稱量无邊功德如來為發大乘者説
為發冣上乘者説若有人能受持讀誦
廣為人説如來悉知是人悉見是人皆成就
不可量不可稱无有邊不可思議功德如
是人等則為荷擔如來阿耨多羅三藐三
菩提何以故須菩提若樂小法者着我
見人見衆生見壽者見則於此經不能受持
讀誦為人解説須菩提在在處處若有此
經一切世間天人阿脩羅所應供養當知此處
則為是塔皆應恭敬作禮圍遶以諸華香
而散其處
復次須菩提善男子善女人受持讀誦此經
若為人輕賤是人先世罪業應墮惡道以今
世人輕賤故先世罪業則為消滅當得阿耨
多羅三藐三菩提須菩提我念過去无量阿
僧祇劫於然燈佛前得值八百四千万億那
由他諸佛悉皆供養承事无空過者若復有
人於後末世能受持讀誦此經所得功德於
我所供養諸佛功德百分不及一千万億分
乃至筭數譬喻所不能及須菩提若善男子
善女人於後末世有受持讀誦此經所得功
德我若具説者或有人聞心則狂亂狐疑不
信須菩提當知是經義不可思議果報亦
不可思議
尒時須菩提白佛言世尊善男子善女人發

BD14209號　金剛般若波羅蜜經　（14–7）

德我若具説者或有人聞心則狂亂狐疑不
信須菩提當知是經義不可思議果報亦
不可思議
尒時須菩提白佛言世尊善男子善女人發
阿耨多羅三藐三菩提心云何應住云何降
伏其心佛告須菩提善男子善女人發阿耨
多羅三藐三菩提者當生如是心我應滅度
一切衆生滅度一切衆生已而无有一衆生實
滅度者何以故若菩薩有我相人相衆生
相壽者相則非菩薩所以者何須菩提實无
有法發阿耨多羅三藐三菩提者須菩提於
意云何如來於然燈佛所有法得阿耨多羅三
藐三菩提不不也世尊如我解佛所説義佛於
然燈佛所无有法得阿耨多羅三藐三菩提
佛言如是如是須菩提實无有法如來得阿
耨多羅三藐三菩提須菩提若有法如來得
阿耨多羅三藐三菩提然燈佛則不與我受
記汝於來世當得作佛号釋迦牟尼以實无
有法得阿耨多羅三藐三菩提是故然燈佛
與我受記作是言汝於來世當得作佛号釋
迦牟尼何以故如來者即諸法如義若有人
言如來得阿耨多羅三藐三菩提須菩提實
无有法佛得阿耨多羅三藐三菩提須菩提
如來所得阿耨多羅三藐三菩提於是中无
實无虚是故如來説一切法皆是佛法須菩
提所言一切法者即非一切法是故名一切
法須菩提譬如人身長大須菩提言世尊如

BD14209號　金剛般若波羅蜜經　（14–8）

无有法佛得阿耨多羅三藐三菩提須菩提
如來所得阿耨多羅三藐三菩提於是中无
實无虛是故如來說一切法皆是佛法須菩
提所言一切法者即非一切法是故名一切
法須菩提譬如人身長大須菩提言世尊如
來說人身長大則為非大身是名大身須菩
提菩薩亦如是若作是言我當滅度无量衆
生則不名菩薩何以故須菩提无有法名為
菩薩是故佛說一切法无我无人无衆生无壽
者須菩提若菩薩作是言我當莊嚴佛
土是不名菩薩何以故如來說莊嚴佛土者
即非莊嚴是名莊嚴須菩提若菩薩通達
无我法者如來說名真是菩薩
須菩提於意云何如來有肉眼不如是世尊
如來有肉眼須菩提於意云何如來有天眼
不如是世尊如來有天眼須菩提於意云何
如來有慧眼不如是世尊如來有慧眼須菩
提於意云何如來有法眼不如是世尊如來
有法眼須菩提於意云何如來有佛眼不如
是世尊如來有佛眼須菩提於意云何恒河
中所有沙佛說是沙不如是世尊如來說是
沙須菩提於意云何如一恒河中所有沙有
如是等恒河是諸恒河所有沙數佛世界如
是寧為多不甚多世尊佛告須菩提尒所國
土中所有衆生若干種心如來悉知何以故
如來說諸心皆為非心是名為心所以者何
須菩提過去心不可得現在心不可得未來
心不可得

BD14209號　金剛般若波羅蜜經　（14–9）

是寧為多不甚多世尊佛告須菩提尒所國
土中所有衆生若干種心如來悉知何以故
如來說諸心皆為非心是名為心所以者何
須菩提過去心不可得現在心不可得未來
心不可得
須菩提於意云何若有人滿三千大千世界
七寶以用布施是人以是因緣得福多不如
是世尊此人以是因緣得福甚多須菩提若
福德有實如來不說得福德多以福德无故
如來說得福德多
須菩提於意云何佛可以具足色身見不不
也世尊如來不應以色身見何以故如來說
具足色身即非具足色身是名具足色身須
菩提於意云何如來可以具足諸相見不不
也世尊如來不應以具足諸相見何以故如
來說諸相具足即非具足是名諸相具足
須菩提汝勿謂如來作是念我當有所說法
莫作是念何以故若人言如來有所說法即
為謗佛不能解我所說故須菩提說法者无
法可說是名說法
須菩提白佛言世尊佛得阿耨多羅三藐三
菩提為无所得邪如是如是須菩提我於阿
耨多羅三藐三菩提乃至无有少法可得是
名阿耨多羅三藐三菩提復次須菩提是法
平等无有高下是名阿耨多羅三藐三菩提
以无我无人无衆生无壽者脩一切善法則
得阿耨多羅三藐三菩提須菩提所言善

BD14209號　金剛般若波羅蜜經　（14–10）

名阿耨多羅三藐三菩提復次須菩提是法
平等无有高下是名阿耨多羅三藐三菩提
以无我无人无衆生无壽者脩一切善法則
得阿耨多羅三藐三菩提須菩提所言善
法者如來說非善法是名善法
須菩提若三千大千世界中所有諸須弥山
王如是等七寶聚有人持用布施若人以此
般若波羅蜜經乃至四句偈等受持爲他
人說於前福德百分不及一百千万億分乃
至筭數譬喻所不能及
須菩提於意云何汝等勿謂如來作是念我
當度衆生須菩提莫作是念何以故實无有
衆生如來度者若有衆生如來度者如來則
有我人衆生壽者須菩提如來說有我者則
非有我而凡夫之人以爲有我須菩提凡夫
者如來說則非凡夫
須菩提於意云何可以三十二相觀如來不
須菩提言如是如是以三十二相觀如來佛
言須菩提若以三十二相觀如來者轉輪聖
王則是如來須菩提白佛言世尊如我解佛
所說義不應以三十二相觀如來尒時世尊
而說偈言
若以色見我　以音聲求我　是人行邪道　不能見如來
須菩提汝若作是念如來不以具足相故得
阿耨多羅三藐三菩提須菩提莫作是念如
來不以具足相故得阿耨多羅三藐三菩提
須菩提汝若作是念發阿耨多羅三藐三菩
提者說諸法斷滅莫作是念何以故發阿耨

BD14209號　金剛般若波羅蜜經　（14–11）

須菩提汝若作是念如來不以具足相故得
阿耨多羅三藐三菩提須菩提莫作是念如
來不以具足相故得阿耨多羅三藐三菩提
須菩提汝若作是念發阿耨多羅三藐三菩
提者說諸法斷滅莫作是念何以故發阿耨
多羅三藐三菩提者於法不說斷滅相須菩
提若菩薩以滿恒河沙等世界七寶布施若
復有人知一切法无我得成於忍此菩薩勝
前菩薩所得功德須菩提以諸菩薩不受福
德故須菩提白佛言世尊云何菩薩不受福
德須菩提菩薩所作福德不應貪着是故
說不受福德
須菩提若有人言如來若來若去若坐若卧
是人不解我所說義何以故如來者无所從
來亦无所去故名如來
須菩提若善男子善女人以三千大千世界
碎爲微塵於意云何是微塵衆寧爲多
不甚多世尊
何以故若是微塵衆實有者佛則不說是微
塵衆所以者何佛說微塵衆則非微塵衆是
名微塵衆世尊如來所說三千大千世界則
非世界是名世界何以故若世界實有則是
一合相如來說一合相則非一合相是名一合
相須菩提一合相者則是不可說但凡夫
之人貪着其事
須菩提若人言佛說我見人見衆生見壽者
見須菩提於意云何是人解我所說義不世

BD14209號　金剛般若波羅蜜經　（14–12）

一合相如來說一合相則非一合相是名一合
相須菩提一合相者則是不可說但凡夫
之人貪著其事
須菩提若人言佛說我見人見衆生見壽者
見須菩提於意云何是人解我所說義不世
尊是人不解如來所說義何以故世尊說我
見人見衆生見壽者見即非我見人見衆生
見壽者見是名我見人見衆生見壽者見須
菩提發阿耨多羅三藐三菩提心者於一切
法應如是知如是見如是信解不生法相須
菩提所言法相者如來說即非法相是名法
相
須菩提若有人以滿无量阿僧祇世界七寶
持用布施若有善男子善女人發菩薩心者
持於此經乃至四句偈等受持讀誦為人演
說其福勝彼云何為人演說不取於相如如
不動何以故
一切有為法　如夢幻泡影　如露亦如電　應作如是觀
佛說是經已長老須菩提及諸比丘比丘尼
優婆塞優婆夷一切世間天人阿脩羅聞
佛所說皆大歡喜信受奉持

金剛般若波羅蜜經

BD14209號　金剛般若波羅蜜經　（14–13）

說其福勝彼云何為人演說不取於相如如
不動何以故
一切有為法　如夢幻泡影　如露亦如電　應作如是觀
佛說是經已長老須菩提及諸比丘比丘尼
優婆塞優婆夷一切世間天人阿脩羅聞
佛所說皆大歡喜信受奉持

金剛般若波羅蜜經

BD14209號　金剛般若波羅蜜經　（14–14）

信觧如来誠諦之語又復告諸大
信觧如来誠諦之語是時菩薩大衆弥勒
首合掌白佛言世尊唯願說之我等當信受
佛語如是三白已復言唯願說之我等當信
受佛語尒時世尊知諸菩薩三請不止而告
之言汝等諦聽如来秘密神通之力一切世
間天人及阿脩羅皆謂今釋迦牟尼佛出釋
氏宮去伽耶城不遠坐於道場得阿耨多羅
三藐三菩提然善男子我實成佛已来无量
无邊百千万億那由他劫譬如五百千万億
那由他阿僧祇三千大千世界假使有人末為
微塵過於東方五百千万億那由他阿僧祇
國乃下一塵如是東行盡是微塵諸善男
子於意云何是諸世界可得思惟挍計知其
數不弥勒菩薩等俱白佛言世尊是諸世界
无量无邊非筭數所知亦非心力所及一切聲
聞辟支佛以无漏智不能思惟知其限數我
等住阿惟越致地於是事中亦所不達世尊
如是諸世界无量无邊尒時佛告大菩薩衆
衆諸善男子今當分明宣語汝等是諸世界

BD14210號　妙法蓮華經卷五　(11-1)

聞辟支佛以无漏智不能思惟知其限數我
等住阿惟越致地於是事中亦所不達世尊
如是諸世界无量无邊尒時佛告大菩薩衆
衆諸善男子今當分明宣語汝等是諸世界
若著微塵及不著者盡以為塵一塵一劫我
成佛已来復過於此百千万億那由他阿僧
祇劫自從是来我常在此娑婆世界說法教
化亦於餘處百千万億那由他阿僧祇國導
利衆生諸善男子於是中間我說燃燈佛等
又復言其入於涅槃如是皆以方便分別諸
善男子若有衆生来至我所我以佛眼觀其
信等諸根利鈍隨所應度處處自說名字不
同年紀大小亦復現言當入涅槃又以種種方
便說微妙法能令衆生發歡喜心諸善男子
如来見諸衆生樂於小法德薄垢重者為
是人說我少出家得阿耨多羅三藐三菩提
然我實成佛已来久遠若斯但以方便教化
衆生令入佛道作如是說諸善男子如来所
演經典皆為度脫衆生或說己身或說他身
或示己身或示他身或示己事或示他事諸
所言說皆實不虛所以者何如来如實知見
三界之相无有生死若退若出亦无在世及
滅度者非實非虛非如非異不如三界見於
三界如斯之事如来明見无有錯謬以諸衆
生有種種性種種欲種種行種種憶想分別

BD14210號　妙法蓮華經卷五　(11-2)

三界之相无有生死若退若出亦无在世及
滅度者非實非虛非如非異不如三界見於
三界如斯之事如來明見无有錯謬以諸衆
生有種種性種種欲種種行種種憶想分別
故欲令生諸善根以若干因緣譬喻言辭種
種說法所作佛事未曾暫癈如是我成佛已
來甚大久遠壽命无量阿僧祇劫常住不滅
諸善男子我本行菩薩道所成壽命今猶未
盡復倍上數然今非實滅度而便唱言當取
滅度如來以是方便教化衆生所以者何若
佛久住於世薄德之人不種善根貧窮下賤
貪著五欲入於憶想妄見網中若見如來常
在不滅便起憍恣而懷猒怠不能生難遭想
恭敬之心是故如來以方便說比丘當知諸佛
出世難可值遇所以者何諸薄德人過无量
百千万億劫或有見佛或不見者以此事故
我作是言諸比丘如來難可得見斯衆生
等聞如是語必當生於難遭之想心懷戀慕
渴仰於佛便種善根是故如來雖不實滅而
言滅度又善男子諸佛如來法皆如是為度
衆生皆實不虛譬如良醫智慧聦達明練方
藥善治衆病其人多諸子息若十二十乃至
百數以有事緣遠至餘國諸子於後飲他毒
藥藥發悶亂宛轉于地是時其父還來歸家
諸子飲毒或失本心或不失者遙見其父皆

BD14210號　妙法蓮華經卷五

（11–3）

藥善治衆病其人多諸子息若十二十乃至
百數以有事緣遠至餘國諸子於後飲他毒
藥藥發悶亂宛轉于地是時其父還來歸家
諸子飲毒或失本心或不失者遙見其父皆
大歡喜拜跪問訊善安隱歸我等愚癡誤服
毒藥願見救療更賜壽命父見子等苦惱如
是依諸經方求好藥草色香美味皆悉具足
擣簁和合與子令服而作是言此大良藥色
香美味皆悉具足汝等可服速除苦惱无復衆
患其諸子中不失心者見此良藥色香俱
好即便服之病盡除愈餘失心者見其父來雖
亦歡喜問訊求索治病然與其藥而不肯服
所以者何毒氣深入失本心故於此好色香
藥而謂不美父作是念此子可愍為毒所中
心皆顛倒雖見我喜求索救療如是好藥
而不肯服我今當設方便令服此藥即作是
言汝等當知我今衰老死時已至是好良藥
今留在此汝可取服勿憂不差作是教已復
至他國遣使還告汝父已死是時諸子聞父
背喪心大憂惱而作是念若父在者慈愍我
等能見救護今者捨我遠喪他國自惟孤露
无復恃怙常懷悲感心遂醒悟乃知此藥色
味香美即取服之毒病皆愈其父聞子悉已
得差尋便來歸咸使見之諸善男子於意云
何頗有人能說此良醫虛妄罪不不也世尊

BD14210號　妙法蓮華經卷五

（11–4）

味香美即取服之毒病皆愈其父聞子悉已
得差尋便來歸咸使見之諸善男子於意云
何頗有人能說此良醫虛妄罪不不也世尊
佛言我亦如是成佛已來无量无邊百千万
億那由他阿僧祇劫為衆生故以方便力言
當滅度亦无有能如法說我虛妄過者尒時
世尊欲重宣此義而說偈言
自我得佛來　所經諸劫數　无量百千万　億載阿僧祇
常說法教化　无數億衆生　令入於佛道　尒來无量劫
為度衆生故　方便現涅槃　而實不滅度　常住此說法
我常住於此　以諸神通力　令顛倒衆生　雖近而不見
衆見我滅度　廣供養舍利　咸皆懷戀慕　而生渴仰心
衆生既信伏　質直意柔濡　一心欲見佛　不自惜身命
時我及衆僧　俱出靈鷲山
我時語衆生　常在此不滅　以方便力故　現有滅不滅
餘國有衆生　恭敬信樂者　我復於彼中　為說无上法
汝等不聞此　但謂我滅度
我見諸衆生　沒在於苦惱　故不為現身　令其生渴仰
因其心戀慕　乃出為說法　神通力如是　於阿僧祇劫
常在靈鷲山　及餘諸住處　衆生見劫盡　大火所燒時
我此土安隱　天人常充滿　園林諸堂閣　種種寶莊嚴
寶樹多華菓　衆生所遊樂　諸天擊天鼓　常作衆伎樂
雨曼陀羅華　散佛及大衆　我淨土不毀　而衆見燒盡
憂怖諸苦惱　如是悉充滿　是諸罪衆生　以惡業因緣
過阿僧祇劫　不聞三寶名　諸有脩功德　柔和質直者

寶樹多華菓　衆生所遊樂　諸天擊天鼓　常作衆伎樂
雨曼陀羅華　散佛及大衆　我淨土不毀　而衆見燒盡
憂怖諸苦惱　如是悉充滿　是諸罪衆生　以惡業因緣
過阿僧祇劫　不聞三寶名　諸有脩功德　柔和質直者
則皆見我身　在此而說法　或時為此衆　說佛壽无量
久乃見佛者　為說佛難值　我智力如是　慧光照无量
壽命无數劫　久脩業所得　汝等有智者　勿於此生疑
當斷令永盡　佛語實不虛　如醫善方便　為治狂子故
實在而言死　无能說虛妄　我亦為世父　救諸苦患者
為凡夫顛倒　實在而言滅　以常見我故　而生憍恣心
放逸著五欲　墮於惡道中　我常知衆生　行道不行道
隨應所可度　為說種種法　每自作是意　以何令衆生
得入无上道　速成就佛身
妙法蓮華經分別功德品第十七
尒時大會聞佛說壽命劫數長遠如是无量
无邊阿僧祇衆生得大饒益於時世尊告弥勒
菩薩摩訶薩阿逸多我說是如來壽命長
遠時六百八十万億那由他恒河沙衆生得无生
法忍復千倍菩薩摩訶薩得聞持陀羅尼
門復有一世界微塵數菩薩摩訶薩得樂
說无旱辯才復有一世界微塵數菩薩摩訶
薩得百万億无量旋陀羅尼復有三千大千
世界微塵數菩薩摩訶薩能轉不退法輪復
有二千中國土微塵數菩薩摩訶薩能轉清
淨法輪復有小千國土微塵數菩薩摩訶薩

[illegible]
世界微塵數菩薩摩訶薩能轉不退法輪復
有二千中國土微塵數菩薩摩訶薩能轉清
淨法輪復有小千國土微塵數菩薩摩訶薩
八生當得阿耨多羅三藐三菩提復有四四天
下微塵數菩薩摩訶薩四生當得阿耨多
羅三藐三菩提復有三四天下微塵數菩薩
摩訶薩三生當得阿耨多羅三藐三菩提復
有二四天下微塵數菩薩摩訶薩二生當得
阿耨多羅三藐三菩提復有一四天下微塵
數菩薩摩訶薩一生當得阿耨多羅三藐三
菩提復有八世界微塵數衆生皆發阿耨多
羅三藐三菩提心佛說是諸菩薩摩訶薩得
大法利時於虛空中雨曼陁羅華摩訶曼陁
羅華以散无量百千万億寶樹下師子座上
諸佛并散七寶塔中師子座上釋迦牟尼佛
及久滅度多寶如來亦散一切諸大菩薩及
四部衆又雨細末旃檀沉水香等於虛空中
天鼓自鳴妙聲深遠又雨千種天衣垂諸瓔
珞真珠瓔珞摩尼珠瓔珞如意珠瓔珞遍於
九方衆寶香爐燒无價香自然周至供養大
會一一佛上有諸菩薩執持幡蓋次第而上
至于梵天是諸菩薩以妙音聲歌无量頌讚
嘆諸佛尒時弥勒菩薩從座而起偏袒右肩
合掌向佛而說偈言
佛說希有法 昔所未曾聞 世尊有大力 壽命不可量

至于梵天是諸菩薩以妙音聲歌无量頌讚
嘆諸佛尒時弥勒菩薩從座而起偏袒右肩
合掌向佛而說偈言
佛說希有法 昔所未曾聞 世尊有大力 壽命不可量
无數諸佛子 聞世尊分別 說得法利者 歡喜充遍身
或住不退地 或得陁羅尼 或无㝵樂說 万億旋揔持
或有大千界 微塵數菩薩 各各皆能轉 不退之法轉
復有中千界 微塵數菩薩 各各皆能轉 清淨之法輪
復有小千界 微塵數菩薩 餘各八生在 當得成佛道
復有四三二 如此四天下 微塵諸菩薩 隨數生成佛
或一四天下 微塵數菩薩 餘有一生在 當成一切智
如是等衆生 聞佛壽長遠 得无量无漏 清淨之果報
復有八世界 微塵數衆生 聞佛說壽命 皆發无上心
世尊說无量 不可思議法 多有所饒益 如虛空无邊
雨天曼陁羅 摩訶曼陁羅 釋梵如恒沙 无數佛土來
雨旃檀沉香 繽紛而亂墜 如鳥飛空下 供散於諸佛
天鼓虛空中 自然出妙聲 天衣千万種 旋轉而來下
衆寶妙香爐 燒无價之香 自然悉周遍 供養諸世尊
其大菩薩衆 執七寶幡蓋 高妙万億種 次第至梵天
一一諸佛前 寶幢懸勝幡 亦以千万偈 歌詠諸如來
如是種種事 昔所未曾有 聞佛壽无量 一切皆歡喜
佛名聞十方 廣饒益衆生 一切具善根 以助无上心
尒時佛告弥勒菩薩摩訶薩阿逸多其有衆
生聞佛壽命長遠如是乃至能生一念信解所
得功德无有限量若有善男子善女人為阿
耨多羅三藐三菩提故於八十万億那由他

尒時佛告弥勒菩薩摩訶薩阿逸多其有衆
生聞佛壽命長遠如是乃至能生一念信解所
得功德无有限量若有善男子善女人為阿
耨多羅三藐三菩提故於八十万億那由他
劫行五波羅蜜檀波羅蜜尸羅波羅蜜羼
提波羅蜜毗梨耶波羅蜜禪波羅蜜除般若
波羅蜜以是功德比前功德百分千分百千
万億分不及其一乃至筭數譬喻所不能知
若善男子善女人有如是功德於阿耨多羅
三藐三菩提退者无有是處尒時世尊欲重
宣此義而說偈言

若人求佛慧　於八十万億　那由他劫數　行五波羅蜜
於是諸劫中　布施供養佛　及緣覺弟子　并諸菩薩衆
珍異之飲食　上服與卧具　栴檀立精舍　以園林莊嚴
如是等布施　種種皆微妙　盡此諸劫數　以迴向佛道
若復持禁戒　清淨无缺漏　求於无上道　諸佛之所歎
若復行忍辱　住於調柔地　設衆惡來加　其心不傾動
諸有得法者　懷於增上慢　為此所輕惱　如是亦能忍
若復勤精進　志念常堅固　於无量億劫　一心不懈息
又於无數劫　住於空閑處　若坐若經行　除睡常攝心
以是因緣故　能生諸禪定　八十億万劫　安住心不亂
持此一心福　願求无上道　我得一切智　盡諸禪定際
是人於百千　万億劫數中　行此諸功德　如上之所說
有善男女等　聞我說壽命　乃至一念信　其福過於彼
若人悉无有　一切諸疑悔　深心須臾信　其福為如此
其有諸菩薩　无量劫行道　聞我說壽命　是則能信受

是人於百千　万億劫數中　行此諸功德　如上之所說
有善男女等　聞我說壽命　乃至一念信　其福過於彼
若人悉无有　一切諸疑悔　深心須臾信　其福為如此
其有諸菩薩　无量劫行道　聞我說壽命　是則能信受
如是諸人等　頂受此經典　願我於未來　長壽度衆生
如今日世尊　諸釋中之王　道場師子吼　說法无所畏
我等未來世　一切所尊敬　坐於道場時　說壽亦如是
若有深心者　清淨而質直　多聞能捴持　隨義解佛語
如是之人等　於此无有疑

又阿逸多若有聞佛壽命長遠解其言趣是
人所得功德无有限量能起如來无上之慧何
況廣聞是經若教人聞若自持若教人持
若自書若教人書若以華香瓔珞幢幡繒蓋
香油蘇燈供養經卷是人功德无量无邊能
生一切種智阿逸多若善男子善女人聞我
說壽命長遠深心信解則為見佛常在耆闍
崛山共大菩薩諸聲聞衆圍遶說法又見此
娑婆世界其地瑠璃坦然平正閻浮檀金以
界八道寶樹行列諸臺樓觀皆悉寶成其菩
薩衆咸處其中若有能如是觀者當知是為
深信解相又復如來滅後若聞是經而不毀
呰起隨喜心當知已為深信解相何況讀誦
受持之者斯人則為頂戴如來阿逸多是善
男子善女人不須為我復起塔寺及作僧坊
以四事供養衆僧所以者何是善男子善女人
受持讀誦是經典者為已起塔造立僧坊

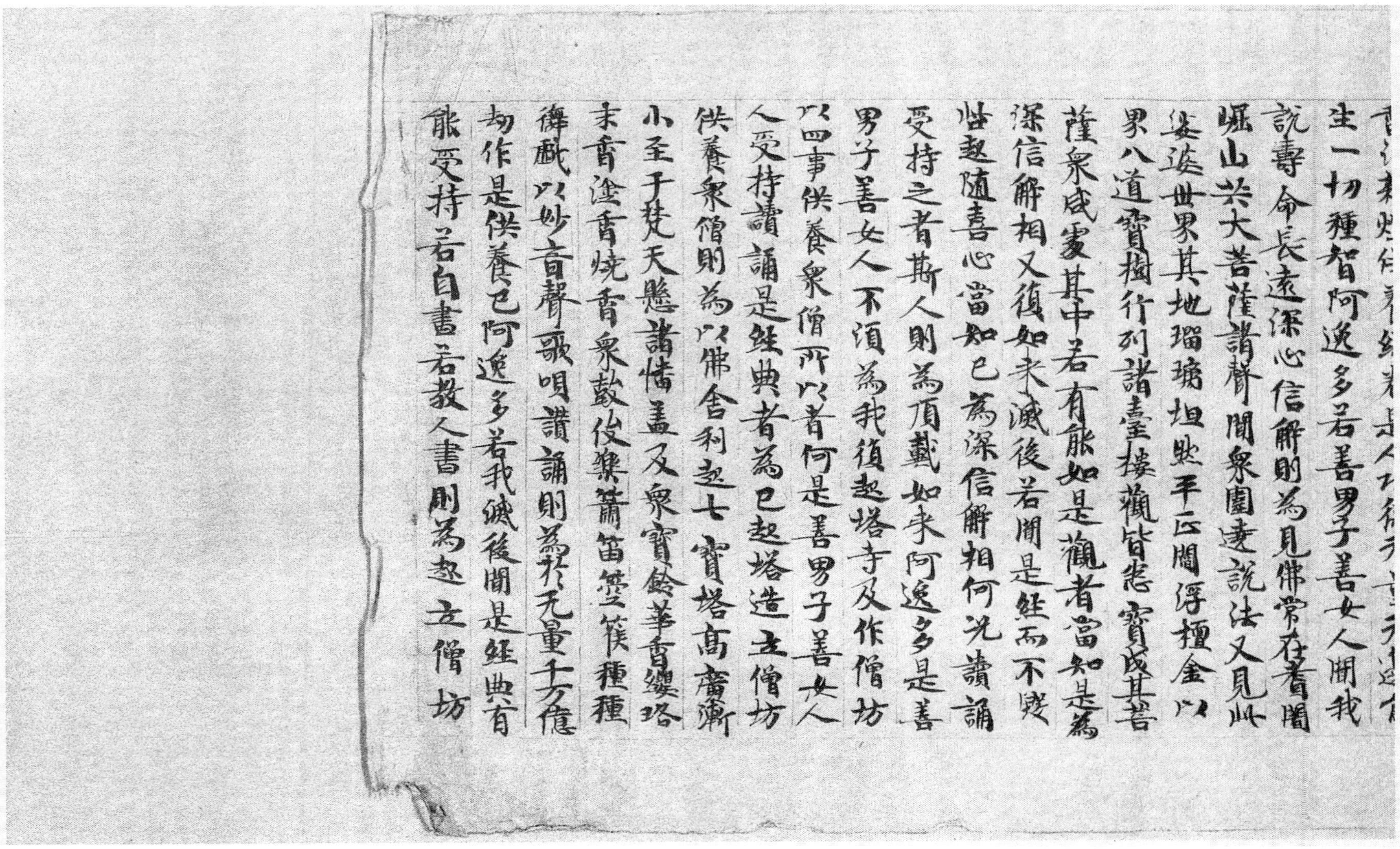

生一切種智阿逸多若善男子善女人聞我
說壽命長遠深心信解則為見佛常在耆闍
崛山共大菩薩諸聲聞眾圍遶說法又見此
娑婆世界其地瑠璃坦然平正閻浮檀金以
界八道寶樹行列諸臺樓觀皆悉寶成其菩
薩眾咸處其中若有能如是觀者當知是為
深信解相又復如來滅後若聞是經而不毀
呰起隨喜心當知已為深信解相何況讀誦
受持之者斯人則為頂戴如來阿逸多是善
男子善女人不須為我復起塔寺及作僧坊
以四事供養眾僧所以者何是善男子善女人
人受持讀誦是經典者為已起塔造立僧坊
供養眾僧則為以佛舍利起七寶塔高廣漸
小至于梵天懸諸幡蓋及眾寶鈴華香瓔珞
末香塗香燒香眾鼓伎樂簫笛箜篌種種
舞戲以妙音聲歌唄讚誦則為於无量千万億
劫作是供養已阿逸多若我滅後聞是經典有
能受持若自書若教人書則為起立僧坊

BD14210 號　妙法蓮華經卷五　　（11–11）

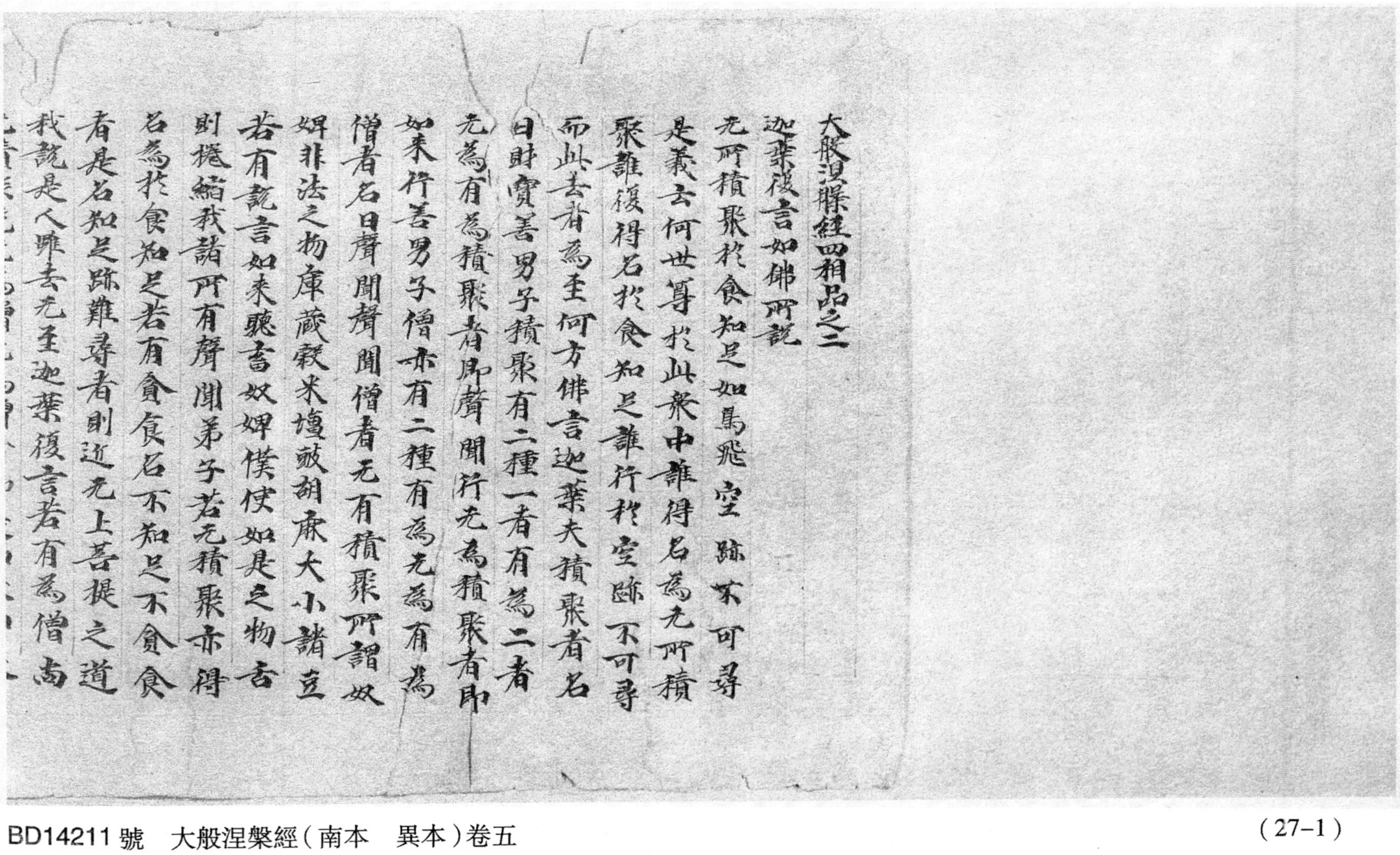

大般涅槃經四相品之二
迦葉復言如佛所說
无所積聚於食知足如鳥飛空跡不可尋
是義云何世尊於此眾中誰得名為无所積
聚誰復得名於食知足誰行於空跡不可尋
而此去者為至何方佛言迦葉夫積聚者名
曰財寶善男子積聚有二種一者有為二者
无為有為積聚者即聲聞行无為積聚者即
如來行善男子僧亦有二種有為无為有為
僧者名曰聲聞僧聲聞僧者无有積聚所謂奴
婢非法之物庫藏穀米塩酢胡麻大小諸豆
若有說言如來聽畜奴婢僕使如是之物舌
則捲縮我諸所有聲聞弟子若无積聚亦得
名為於食知足若有貪食名不知足不貪食
者是名知足跡難尋者則近无上菩提之道
我說是人雖去无至迦葉復言若有為僧尚

BD14211 號　大般涅槃經（南本　異本）卷五　　（27–1）

若有說言如來聽畜奴婢僕使如是之物者
則攝縮我諸所有聲聞弟子若无積聚亦得
名為於食知足若有貪食名不知足不貪食
者是名知足跡難尋者則近无上菩提之道
我說是人雖去无至迦葉復言若有為僧畜
无積聚洗无為僧无為僧者即是如來如來
去何當有積聚夫積聚者名為藏匿是故如
來凡有所說无所悋惜去何名藏跡不可尋
者所謂涅槃涅槃之中无有日月星辰諸宿
寒熱風雨生老病死二十五有離諸憂苦及
諸煩惱如是涅槃如來住處常不變易以是
因緣如來至是娑羅樹間於大涅槃而般涅
槃佛告迦葉所言大者其性廣博循如有人
壽命无量名大丈夫是人若能安住正法名
人中勝如我所說八大人覺為一人有為多
人有若一人具八則為最勝所言涅槃者无
諸瘡疣善男子譬如有人為毒箭所射多受
苦痛值遇良醫為拔毒箭傅以妙藥令其離
苦得受安樂是醫即便遊於城邑及諸聚落
隨有患苦瘡疣之處即往其所為療衆苦善
男子如來亦爾成等正覺為大醫王見閻浮
提苦惱衆生无量劫中被婬怒癡煩惱毒箭
受大苦切為如是等說大乘經甘露法藥療
治此已復至他方有諸煩惱毒箭之處示現
作佛為其療治是故名曰大般涅槃大般涅
槃者名解脫處隨有調伏衆生之處如來於

受大苦切為如是等說大乘經甘露法藥療
治此已復至他方有諸煩惱毒箭之處示現
作佛為其療治是故名曰大般涅槃大般涅
槃者名解脫處隨有調伏衆生之處如來於
中而住示現以是真實甚深義故名大涅槃
迦葉菩薩復白佛言世尊世間醫師悉能療
治一切衆生瘡疣病不善男子世間瘡疣凡
有二種一者可治二不可治凡可治者醫則
能治不可治者則不能治迦葉復言如佛言
者如來則為於閻浮提治衆生已若言治已
是諸衆生其中云何復有未能得涅槃者若
未悉得云何如來說言治竟欲至他方善男
子閻浮提內衆生有二一者有信二者无信
有信之人則名可治何以故定得涅槃无瘡
疣故是故我說治閻浮提諸衆生已无信之
人名一闡提一闡提者名不可治除一闡提
餘悉治已是故涅槃名无瘡疣世尊何等名
涅槃善男子夫涅槃者名為解脫迦葉復言
所言解脫為是色耶為非色乎佛言善男子
或有是色或非是色言非色者即是聲聞緣
覺解脫言是色者即是諸佛如來解脫善男
子是故解脫亦色非色如來為諸聲聞弟子
說為非色世尊聲聞緣覺若非色者云何得
住善男子如非想非非想天亦色非色我亦
說為非色若人難言非想非非想天若非色
者云何得住去來進止如是之義諸佛境界

說為非色世尊聲聞緣覺若非色者云何得
住善男子如非想非非想天亦色非色我亦
說為非色若人難言非想非非想天若非色
者云何得住去來進止如是之義諸佛境界
非諸聲聞緣覺所知解脫亦尒亦色非色說
為非色亦想非想說為非想如是之義諸佛
境界非諸聲聞緣覺所知
尒時迦葉菩薩復白佛言世尊唯願哀愍重
垂廣說大涅槃行解脫之義佛讚迦葉善哉
善哉善男子真解脫者名曰遠離一切繫縛
若真解脫離諸繫縛則无有生亦无和合譬
如父母和合生子真解脫者則不如是是故
解脫名曰不生迦葉譬如醍醐其性清淨如
來亦尒非因父母和合而生其性清淨所以
示現有父母者為欲化度諸衆生故真解脫
者即是如來如來解脫无二无別譬如春月
下諸豆子得暖氣已尋便出生真解脫者則
不如是又解脫者名曰虛无虛无即是解脫
解脫即是如來如來即是虛无非作所作凡
是作者猶如城郭樓觀却敵真解脫者則不
如是是故解脫即是如來又解脫者即无為
法譬如陶師作已還破解脫不尒真解脫者不
生不滅是故解脫即是如來如來亦尒不
生不滅不老不死不破不壞非有為法以是
義故名曰如來入大涅槃不老不死有何等
義老者名為遷變髮白面皺死者身壞命終

BD14211號　大般涅槃經（南本　異本）卷五　（27–4）

生不滅是故解脫即是如來如來亦尒不
生不滅不老不死不破不壞非有為法以是
義故名曰如來入大涅槃不老不死有何等
義老者名為遷變髮白面皺死者身壞命終
如是等法解脫中无以无是事故名解脫如
來亦无髮白面皺有為之法是故如來无有老
也无有老故則无有死又解脫者名曰无
病所謂病者四百四病及餘外來侵損身者
是處无故故名解脫无疾病者即真解脫真
解脫者即是如來如來无病是故法身亦无
有病如是无病即是如來死者名為身壞命
終是處无死即是甘露是甘露者即真解脫
真解脫者即是如來如來成就如是功德云
何當言如來无常若言无常无有是處是金
剛身云何无常是故如來不名命終如來清
淨无有垢穢如來之身非胎所汙如分陁利
本性清淨如來解脫亦復如是如是解脫即
是如來是故如來清淨无垢又解脫者諸漏
瘡疣永无遺餘如來亦尒无有一切諸漏瘡
疣又解脫者无有鬪諍譬如飢人見他飲食
生貪奪想解脫不尒又解脫者名曰安靜凡
夫人言夫安靜者謂摩醯首羅如是之言即
是虛妄真安靜者畢竟解脫畢竟解脫即是
如來又解脫者名曰安隱如多賊處不名安
隱清夷之處乃名安隱是解脫中无有怖畏
故名安隱是故安隱即真解脫真解脫者即

BD14211號　大般涅槃經（南本　異本）卷五　（27–5）

是塵盡真安靜者畢竟解脫畢竟解脫即是
如來又解脫者名曰安隱如多賊處不名安
隱清夷之處乃名安隱是解脫中无有怖畏
故名安隱是故安隱即真解脫真解脫者即
是如來如來者即是法也又解脫者无有等
侶有等侶者如有國王有隣國等夫解脫者
則无如是无等侶者謂轉輪聖王无有能與
作儔等者解脫亦介无有等侶无等侶者即
真解脫真解脫者即是如來轉法輪王是故
如來无有等侶有等侶者无有是處又解脫
者名无憂愁有憂愁者譬如國王畏難强隣
而生憂愁夫解脫者則无是事譬如壞怨則
无憂愁解脫亦介是无憂畏无憂畏者即是
如來又解脫者名无憂喜譬如女人止有一子
從役遠行卒得凶問聞之愁苦後復聞活
便生歡喜夫解脫中无有是事无憂喜者即
真解脫真解脫者即是如來又解脫者无有
塵垢譬如春月日没之後風起塵霧夫解脫
中无如是事无塵霧者喻真解脫真解脫者
即是如來譬如聖王髻中明珠无有垢穢夫
解脫性亦復如是无有垢穢无垢穢者喻真
解脫真解脫者即是如來如真金性不雜沙
石乃名真寶有人得之生於財想夫解脫性
亦復如是如彼真寶彼真寶者喻真解脫真
解脫者即是如來譬如瓦瓶破而聲嘶金剛
寶瓶則不如是夫解脫者亦无嘶破金剛寶

BD14211號　大般涅槃經（南本　異本）卷五　（27-6）

解脫真解脫者即是如來如真金性不雜沙
石乃名真寶有人得之生於財想夫解脫性
亦復如是如彼真寶彼真寶者喻真解脫真
解脫者即是如來譬如瓦瓶破而聲嘶金剛
寶瓶則不如是夫解脫者亦无嘶破金剛寶
瓶喻真解脫真解脫者即是如來是故如來
身不可壞其聲嘶者如蝸麻子熾熱之時置
之日暴出聲振爆夫解脫者无有是事如彼
金剛真寶之瓶无嘶破聲假使无量百千之
人悉共射之无能壞者无嘶破聲喻真解脫
真解脫者即是如來如貧窮人負他物故爲
他所縛枷鎖繫罸受諸苦毒夫解脫中无如是
事无有負債猶如長者多有財寶无量億數
勢力自在不負他物夫解脫者亦復如是
多有无量法財珍寶勢力自在无所負也无
所負者喻真解脫真解脫者即是如來又解
脫者名无逼切如春涉熱夏日食甜冬日冷
觸真解脫中无有如是不適意事无逼切者
喻真解脫真解脫者即是如來又无逼切者
譬如有人飽食魚肉而復飲乳是人則爲近
死不久真解脫中无如是事是人若得甘露
良藥所患得除真解脫者亦復如是甘露良
藥喻真解脫真解脫者即是如來去何逼切
不適切邪譬如凡夫我慢自高而作是念一
切衆中誰能害我即便攜持蛇虎毒虫當知
是人不盡壽命則爲橫死真解脫中无如是
事不逼切者如轉輪王所有神珠[illegible]

BD14211號　大般涅槃經（南本　異本）卷五　（27-7）

藥喻真解脫真解脫者即是如來云何遍切
不遍切邪辟如凡夫我慢自高而住是念一
切衆中誰能害我即便攜持蚖虵毒虫當知
是人不盡壽命則為横死真解脫中无如是
事不遍切者如轉輪王所有神珠能伏蜣蜋
九十六種諸毒虫等若有聞是神珠香者諸
毒消滅真解脫者亦復如是皆悉遠離二十
五有毒消滅者喻真解脫真解脫者即是如
來又不遍切者辟如虛空解脫亦尒彼虛空
者喻真解脫真解脫者即是如來又遍切者
如近乾草然諸燈火近則燋然真解脫中无
如是事又不遍切者辟如日月不遍衆生解
脫亦尒於諸衆生无有遍切无有遍切者喻
真解脫真解脫者即是如來又解脫者名无
動法猶如怨親真解脫中无如是事又不動
者如轉輪王更无聖王以為親友若更有親
則无是處解脫亦尒更无有親若有親者亦
无是處彼王无親喻真解脫真解脫者即是
如來如來者即是法也又无動者辟如素衣
易受深色解脫不尒又无動者如婆師華欲
令有臭及青色者无有是處解脫亦尒欲令
有臭及諸色者亦无是處是故解脫即是如
來又解脫者名為希有辟如水中生於蓮華
非為希有火中生者乃是希有有人見之便
生歡喜真解脫者亦復如是其有見者心生
歡喜彼希有者喻真解脫真解脫者即是如

BD14211號　大般涅槃經（南本　異本）卷五　（27-8）

生歡喜真解脫者亦復如是其有見者心生
歡喜彼希有者喻真解脫真解脫者即是如
來其如來者即是法身又希有者辟如瓔見
其齒未生漸漸長大然後乃生解脫不尒无
有生異不生解脫者名曰空寂无有不定
不定者如一闡提究竟不移犯重禁者不成
佛道无有是處何以故是人若於佛正法中
心得淨信尒時即得滅一闡提若復得作優
婆塞者亦得斷滅於一闡提犯重禁者滅此
罪已則得成佛是故若言畢定不移不成佛道
无有是處真解脫中都无如是盡滅之事又
虛寂者墮於法界如法界性即真解脫真
解脫者即是如來又一闡提若盡滅者則不
得稱一闡提也何等名為一闡提耶一闡提者
斷滅一切諸善根本心不攀緣一切善法
乃至不生一念之善真解脫中都无是事无
是事故真解脫真解脫者即是如來又解
脫者名不可量辟如穀聚其量可知真解脫
者則不如是辟如大海不可度量解脫亦尒
不可度量不可度量者即真解脫真解脫者
即是如來又解脫者名无量法如一衆生多有
業報解脫亦尒有无量報无量報者即真
解脫真解脫者即是如來又解脫者名為廣
大辟如大海无與等者解脫亦尒无能與等
无與等者即真解脫真解脫者即是如來又
解脫者名曰最上辟如虛空最高无比解脫
亦尒最高无比高无比者即真解脫真解脫
者即是如來又解脫者名无能過辟如師子

BD14211號　大般涅槃經（南本　異本）卷五　（27-9）

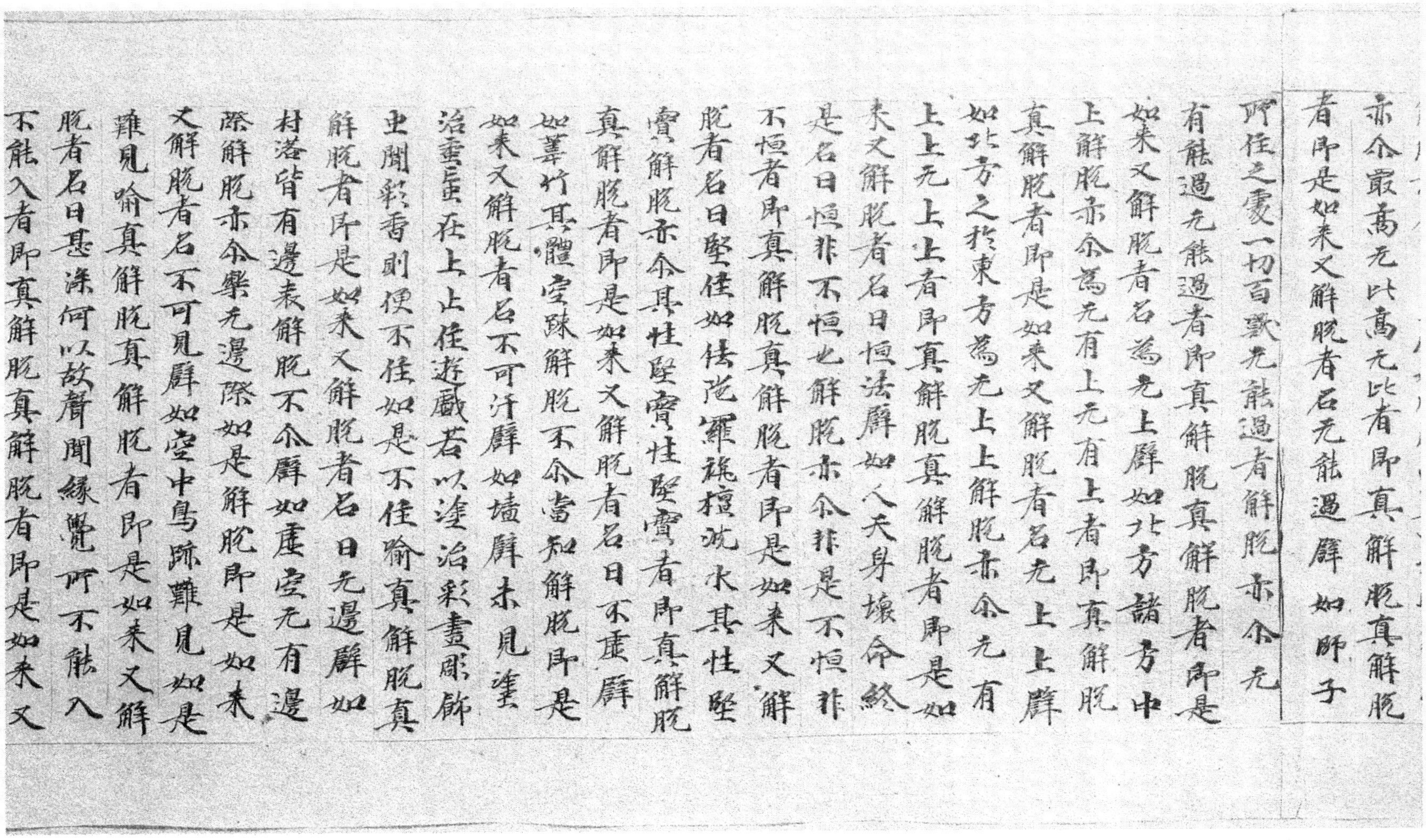

亦尒最高无比高无比者即真解脫真解脫
者即是如来又解脫者名无能過譬如師子
所住之處一切百獸无能過者解脫亦尒无
有能過无能過者即真解脫真解脫者即是
如来又解脫者名為无上譬如北方諸方中
上解脫亦尒為无有上无有上者即真解脫
真解脫者即是如来又解脫者名无上上譬
如北方之於東方為无上上解脫亦尒无有
上上无上上上者即真解脫真解脫者即是如
来又解脫者名曰恒法譬如人天身壞命終
是名曰恒非不恒也解脫亦尒非是不恒非
不恒者即真解脫真解脫者即是如来又解
脫者名曰堅住如佉陀羅栴檀沉水其性堅
實解脫亦尒其性堅實堅實者即真解脫
真解脫者即是如来又解脫者名曰不虛譬
如葦竹其體空踈解脫不尒當知解脫即是
如来又解脫者名不可汙譬如墻壁未見塗
治蚊虻在上止住遊戲若以塗治彩畫嚴飾
虫聞彩香則便不住如是不住喻真解脫真
解脫者即是如来又解脫者名曰无邊譬如
村落皆有邊表解脫不尒譬如虛空无有邊
際解脫亦尒樂无邊際如是解脫即是如来
又解脫者名不可見譬如空中鳥跡難見如是
難見喻真解脫真解脫者即是如来又解
脫者名曰甚深何以故聲聞緣覺所不能入
不能入者即真解脫真解脫者即是如来又

BD14211 號　大般涅槃經（南本　異本）卷五　（27–10）

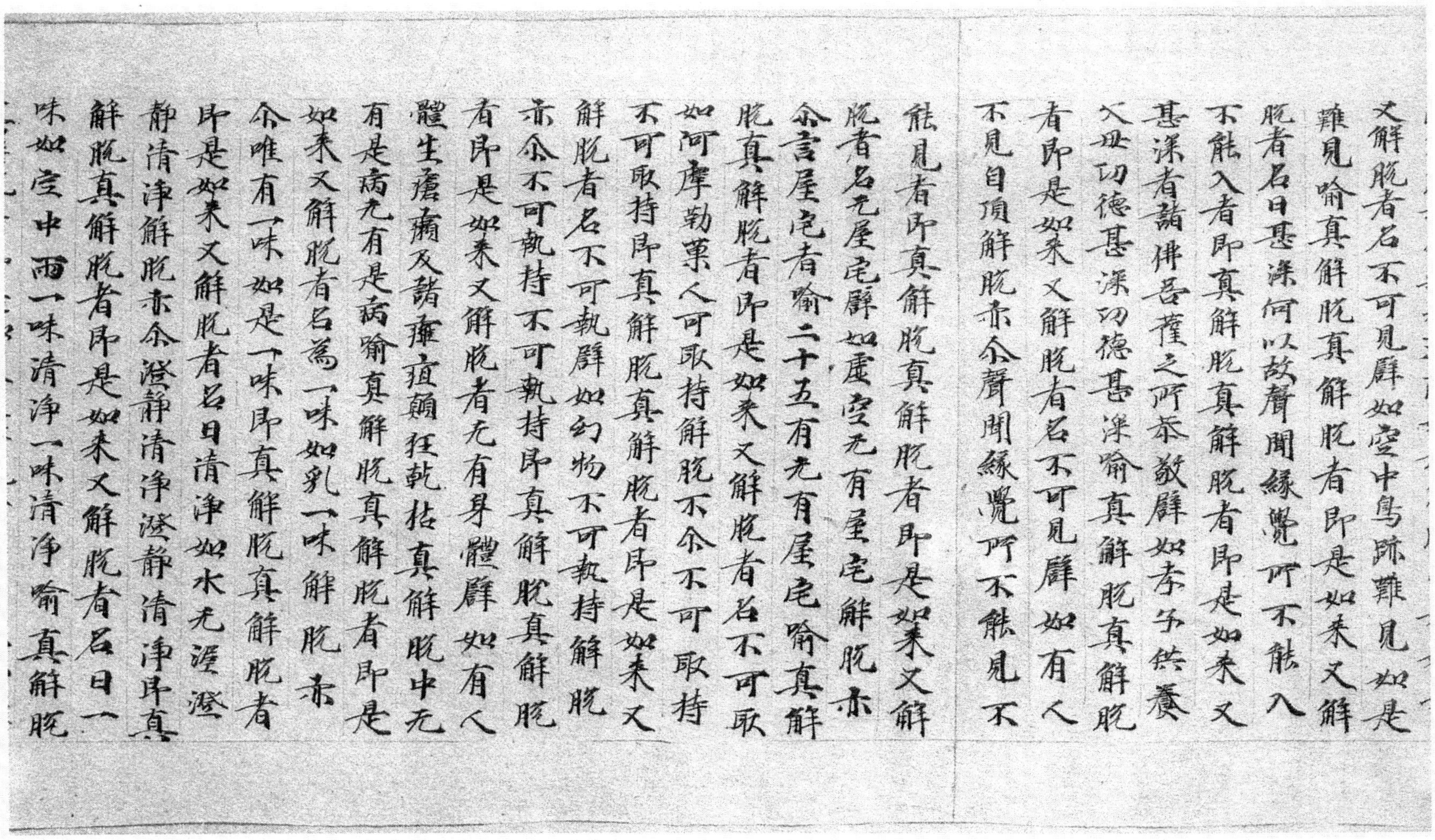

又解脫者名不可見譬如空中鳥跡難見如是
難見喻真解脫真解脫者即是如来又解
脫者名曰甚深何以故聲聞緣覺所不能入
不能入者即真解脫真解脫者即是如来又
甚深者諸佛菩薩之所恭敬譬如孝子供養
父母功德甚深功德甚深喻真解脫真解脫
者即是如来又解脫者名不可見譬如有人
不見自頂解脫亦尒聲聞緣覺所不能見不
能見者即真解脫真解脫者即是如来又解
脫者名无屋宅譬如虛空无有屋宅解脫亦
尒言屋宅者喻二十五有无有屋宅喻真解
脫真解脫者即是如来又解脫者名不可取
如河摩勒菓人可取持解脫不尒不可取持
不可取持即真解脫真解脫者即是如来又
解脫者名不可執譬如幻物不可執持解脫
亦尒不可執持不可執持即真解脫真解脫
者即是如来又解脫者无有身體譬如有人
體生瘡瘍及諸癰疽癲狂乾枯真解脫中无
有是病无有是病喻真解脫真解脫者即是
如来又解脫者名為一味如乳一味解脫亦
尒唯有一味如是一味即真解脫真解脫者
即是如来又解脫者名曰清淨如水无泥澄
靜清淨解脫亦尒澄靜清淨澄靜清淨即真
解脫真解脫者即是如来又解脫者名曰一
味如空中雨一味清淨一味清淨喻真解脫

BD14211 號　大般涅槃經（南本　異本）卷五　（27–11）

即是如來又解脫者名曰清淨如水无泥澄
靜清淨解脫亦尒澄靜清淨即真
解脫真解脫者即是如來又解脫者名曰一
味如空中雨一味清淨一味清淨喻真解脫
真解脫者即是如來又解脫者名曰除却譬
如滿月无諸雲翳解脫亦尒无諸雲翳无諸
雲翳即真解脫真解脫者即是如來又解脫
者名曰寂靜譬如有人熱病除愈身得寂靜
解脫亦尒身得寂靜身得寂靜即真解脫真
解脫者即是如來又解脫者即是平等譬如
野田毒蛇鼠狼俱有煞心解脫不尒无有煞
心无有煞心者即真解脫真解脫者即是如
來又平等者譬如父母等心於子解脫亦尒
其心平等其心平等者即真解脫真解脫者
即是如來又解脫者名无異處譬如有人雖
居上好清淨屋宅更无異處解脫亦尒无有
異處无異處者即真解脫真解脫者即是如
來又解脫者名曰知足譬如飢人值遇甘膳
食之无厭解脫不尒如食乳糜更无所須更
无所須者喻真解脫真解脫者即是如來又
解脫者名曰斷絕如人被縛斷縛得解脫解
脫亦尒斷絕一切疑心結縛如是斷疑即真
解脫真解脫者即是如來又解脫者名到彼
岸譬如大河有此彼岸解脫不尒雖无此岸
而有彼岸有彼岸者即真解脫真解脫者即
是如來又解脫者名為默然譬如大海其水

BD14211號　大般涅槃經（南本　異本）卷五　（27–12）

脫亦尒斷絕一切疑心結縛如是斷疑即真
解脫真解脫者即是如來又解脫者名到彼
岸譬如大河有此彼岸解脫不尒雖无此岸
而有彼岸有彼岸者即真解脫真解脫者即
是如來又解脫者名為默然譬如大海其水
汎漲多諸音聲解脫不尒如是解脫即是如
來又解脫者名曰美妙譬如衆藥雜呵梨勒
其味則苦解脫不尒味如甘露味如甘露者
喻真解脫真解脫者即是如來又解脫者除
諸煩惱譬如良醫和合諸藥善療衆病解脫
亦尒能除煩惱除煩惱者即真解脫真解脫
者即是如來又解脫者名曰无迮譬如小舍不
容多人解脫不尒多所容受多所容受即真
解脫真解脫者即是如來又解脫者名滅諸
愛不雜婬欲譬如女人多諸愛欲解脫不尒
如是解脫即是如來如來如是无有貪欲
瞋恚愚癡憍慢等結又解脫者名曰无愛愛
有二種一餓鬼愛二者法愛真解脫者離餓
鬼愛憐愍衆生故有法愛如是法愛即真解
脫真解脫者即是如來又解脫者離我我所
如是解脫即是如來如來者即是法也又解
脫者即是滅盡離諸有貪如是解脫即是如
來如來者即是法也又解脫者即是救護能
救一切諸怖畏者如是解脫即是如來如來
者即是法也又解脫者即是歸處若有歸依
如是解脫不求餘依譬如有人依恃於王不

BD14211號　大般涅槃經（南本　異本）卷五　（27–13）

救一切諸怖畏者如是解脫即是如來如來
者即是法也又解脫者即是歸處若有歸依
如是解脫不求餘依譬如有人依恃於王不
求餘依雖復依王則有動轉依解脫者无有
動轉无動轉者即真解脫真解脫者即是如
來如來者即是法也又解脫者名為屋宅譬如
有人行於曠野則有險難解脫不尒无有
險難无險難者即真解脫真解脫者即是如
來又解脫者是无所畏如師子王於諸百獸
不生怖畏解脫亦尒於諸魔衆不生怖畏无
怖畏者即真解脫真解脫者即是如來又解
脫者无有迮挾譬如隘路乃至不受二人並
行解脫不尒如是解脫即是如來又有不迮
譬如有人畏虎墮井解脫不尒如是解脫即
是如來又有不迮如大海中捨壞小舩得堅
牢舩乘之度海到安隱處心得快樂解脫亦
尒心得快樂得快樂者即真解脫真解脫者
即是如來又解脫者拔諸因緣譬如因乳得
酪因酪得穌因穌得醍醐真解脫中都无是
因无是因者即真解脫真解脫者即是如來
又解脫者能伏憍慢譬如大王慢於小王解
脫不尒如是解脫即是如來如來者即是法
也又解脫者伏諸放逸謂放逸者多有貪欲
真解脫中无有是名无是名者即真解脫真
解脫者即是如來又解脫者能除无明如上
妙穌除諸滓穢乃名醍醐解脫亦尒除无明

BD14211號　大般涅槃經（南本　異本）卷五　（27–14）

也又解脫者伏諸放逸謂放逸者多有貪欲
真解脫中无有是名无是名者即真解脫真
解脫者即是如來又解脫者能除无明如上
妙穌除諸滓穢乃名醍醐解脫亦尒除无明
滓生於真明如是真明即真解脫真解脫者
即是如來又解脫者名為寂靜純一无二如
空野象獨一无侶解脫亦尒獨一无二獨一
无二即真解脫真解脫者即是如來又解脫
者名為堅實如竹葦蓖麻莖幹空虛而子堅
實除佛如來其餘人天皆不堅實真解脫者
遠離一切諸有流等如是解脫即是如來又
解脫者名能覺了增益於我真解脫者亦復
如是如是解脫即是如來又解脫者名捨諸
有譬如有人食已而吐解脫亦尒捨於諸有
捨諸有者即真解脫真解脫者即是如來又
解脫者名曰決定如婆師華香七葉中无解
脫亦尒如是解脫即是如來又解脫者名曰
水大譬如水大於諸大勝能潤一切草木穀
子解脫亦尒能潤一切有生之類如是解脫
即是如來又解脫者名曰為入如有門戶則
道入路有金性處金剛可得解脫亦尒如彼
門戶修无我者則得入中如是解脫即是如
來又解脫者名曰為善譬如弟子隨逐於師
善奉教勑得名為善解脫亦尒如是解脫即
是如來又解脫者名出世法於一切法中最
為出過如衆味中穌乳最勝解脫亦尒如是

BD14211號　大般涅槃經（南本　異本）卷五　（27–15）

相又解脫者名日离善顧如弟子随逐於所
善奉教勑得名為善解脫亦尒如是解脫即
是如来又解脫者名出世法於一切法中最
為出過如眾味中穫乳眾勝解脫亦尒如是
解脫即是如来又解脫者名日不動辟如門
閫風不能動真解脫者亦復如是如是解脫
即是如来又解脫者名无濤波如彼大海其
水濤波解脫不尒如是解脫即是如来又解
脫者辟如宮殿解脫亦尒當知解脫即是如
来又解脫者名日所用如閻浮檀金多有所
任无有能說是金過惡解脫亦尒无有過惡
无有過惡即真解脫真解脫者即是如来又
解脫者名捨瓔兒行辟如大人捨小兒行解
脫亦尒除捨五陰除捨五陰即真解脫真解
脫者即是如来又解脫者名日究竟如被繫
者從繫得脫洗浴清淨然後還家解脫亦尒
畢竟清淨畢竟清淨即真解脫真解脫者即
是如来又解脫者名无作樂无作樂者貪欲瞋
恚愚癡吐故喻如有人誤飲蛇毒為除毒
故即服吐藥既得吐已毒即除愈身得安樂
解脫亦尒吐於煩惱諸結縛毒身得安樂名
无作樂无作樂者即真解脫真解脫者即是
如来又解脫者名斷四種毒蛇煩惱斷煩惱
者即真解脫真解脫者即是如来又解脫者
名離諸有滅一切苦得一切樂永斷貪欲瞋
恚愚癡拔斷一切煩惱根本拔根本者即真

如来又解脫者名斷四種毒蛇煩惱斷煩惱
者即真解脫真解脫者即是如来又解脫者
名離諸有滅一切苦得一切樂永斷貪欲瞋
恚愚癡拔斷一切煩惱根本拔根本者即真
解脫真解脫者即是如来
又解脫者名斷一切有為之法出生一切无漏
善法斷塞諸道所謂若我无我非我非无
我唯斷取着不斷我見我見者名為佛性佛
性者即真解脫真解脫者即是如来又解脫
者名不空空空空者名无所有无所有者即
是外道尼乾子等所計解脫而是尼乾實无
解脫故名空空真解脫者則不如是故不空
空不空空者即真解脫真解脫者即是如来
又解脫者名日不空如水酒酪穌蜜等瓶雖无
水酒酪穌蜜時猶故得名為水等瓶而是
瓶等不可說空及以不空若言空者則不得
有色香味觸若言不空而復无有水酒等實
解脫亦尒不可說色及以非色不可說空及以
不空若言空者則不得有常樂我淨若言
不空誰復受是常樂我淨者以是義故不可
說空及以不空空者謂无二十五有及諸煩
惱一切苦一切相一切有為行如瓶无酪則
名為空不空者謂真實善色常樂我淨不動
不變猶如彼瓶色香味觸故名不空是故解
脫猶如彼瓶彼瓶遇緣則有破壞解脫不尒
不可破壞不可破壞即真解脫真解脫者即

惱一切苦一切相一切有爲行如瓶无明則
名爲空不空者謂真實善色常樂我淨不動
不變猶如彼瓶色香味等故名不空是故解
脫猶如彼瓶彼瓶遇緣則有破壞解脫不尒
不可破壞不可破壞即真解脫真解脫者即
是如來又解脫者名曰離愛譬如有人愛心悕
望釋提桓因大梵天王自在天王解脫不
尒若得成於阿耨多羅三藐三菩提已无愛
无疑无愛无疑即真解脫真解脫者即是如
來若言解脫有愛疑者无有是處又解脫者
斷諸有貪斷一切相一切繫縛一切煩惱一
切生死一切因緣一切果報如是解脫即是
如來如來者即是涅槃一切衆生怖畏生死
諸煩惱故故受三歸譬如群鹿怖畏獵師既
得免難若得一跳則喻一歸如是三跳則喻三
歸以三跳故得受安樂衆生亦尒怖畏四
魔惡獵師故受三歸依三歸依故則得安樂
受安樂者即真解脫真解脫者即是如來如
來者即是涅槃涅槃者即是无盡无盡者即
是佛性佛性者即是決定決定者即是阿耨
多羅三藐三菩提迦葉菩薩白佛言世尊若
涅槃佛性決定如來是一義者云何說言有
三歸依佛告迦葉善男子一切衆生怖畏生
死故求三歸以三歸故則知佛性決定涅槃
善男子有法名一義異有法名義俱異名一
義異者佛常法常比丘僧常涅槃虛空皆亦

BD14211號　大般涅槃經（南本　異本）卷五　（27-18）

死故求三歸以三歸故則知佛性決定涅槃
善男子有法名一義異有法名義俱異名一
義異者佛常法常比丘僧常涅槃虛空皆亦
是常是名名一義異名義俱異者佛名爲覺
法名不覺僧名和合涅槃名解脫虛空名非
善亦名无閡是名名義俱異善男子三歸依
者亦復如是名義俱異云何爲一是故我告
摩訶波闍波提憍曇弥莫供養我當供養僧
若供養僧則得具足供養三歸摩訶波闍波
提即答我言衆僧之中无佛无法云何說言
供養衆僧則得具足供養三歸我復告言汝
隨我語則供養佛爲解脫故即供養法衆僧
受者即供養僧善男子是故三歸不得爲一
善男子如來或時說一爲三說三爲一如是
之義諸佛境界非是聲聞緣覺所知迦葉復
言如佛所說畢竟安樂名涅槃者是義云何
夫涅槃者捨身捨智若捨身智誰當受樂佛
言善男子譬如有人食已心悶出外欲吐既
得吐已而復迴還同伴問之汝今所患竟爲
差不而復來還答言已差身得安樂如來亦
尒畢竟遠離二十五有永得涅槃安樂之處
不可動轉无有盡滅斷一切受名无受樂如
是无受名爲常樂若言如來有受樂者无有
是處是故畢竟樂者即是涅槃是涅槃者即
真解脫真解脫者即是如來迦葉復言不生
不滅是解脫耶如是如是善男子不生不滅

BD14211號　大般涅槃經（南本　異本）卷五　（27-19）

不可動轉无有盡滅斷一切愛名无愛樂如
是无愛名爲常樂若言如來有愛樂者无有
是處是故畢竟樂者即是涅槃是涅槃者即
真解脫真解脫者即是如來迦葉復言不生
不滅是解脫耶如是如是善男子不生不滅
即是解脫如是解脫即是如來迦葉復言若
不生不滅是解脫者虛空之性亦无生滅應
是如來如來之性即是解脫佛告迦葉善男
子是事不然世尊何故不然善男子如迦蘭
伽鳥及命命鳥其聲清妙寧可同於烏鵲音
不不也世尊烏鵲之聲比命命等百千万倍
不可爲比迦葉復言迦蘭伽等其聲微妙身
亦不同如來云何比之烏鵲无異葶藶比須
弥山佛與虛空亦復如是迦蘭伽聲可喻佛
聲不可以喻烏鵲之聲尒時佛讚迦葉菩薩
善哉善哉汝今善解甚深難解如來有時以
因緣故引彼虛空以喻解脫如是解脫即是
如來真解脫者一切人天无能爲疋而此虛
空實非其喻爲化衆生故以虛空非喻爲喻
當知解脫即是如來如來之性即是解脫解
脫如來无二无別善男子非喻者如无比之
物不可引喻有因緣故可得引喻如經中說
面貌端政猶月盛滿白鳥鮮潔猶如雪山滿
月不得即同於面雪山不得即是白鳥善男
子不可以喻喻真解脫爲化衆生故作喻耳
以諸譬喻知諸法性皆亦如是迦葉復言云

面貌端政猶月盛滿白鳥鮮潔猶如雪山滿
月不得即同於面雪山不得即是白鳥善男
子不可以喻喻真解脫爲化衆生故作喻耳
以諸譬喻知諸法性皆亦如是迦葉復言云
何如來作二種說佛言善男子譬如有人執
持刀劍以瞋恚心欲害如來如來和悅无瞋
恨色是人當得壞如來身成逆罪不不也世
尊何以故如來身界不可壞故所以者何以
无身故唯有法性法性之性理不可壞是人
云何能壞佛身直以惡心故成无間以是因
緣引諸譬喻得知實法尒時佛讚迦葉菩薩
善哉善哉善男子我所欲說汝今已說又善
男子譬如惡人欲害其母住於野田在穀積
下母爲送食其人見已尋生害心便前磨刀
母時知已逃入積中其人持刀遶積遍斫斫
已歡喜生已然想其母尋後從穀積出還至
家中於意云何是人成就无間罪不世尊不
可定說何以故若說有罪母身應壞身若不
壞云何言有若說无罪生已然想心懷歡喜
云何言无是人雖不具足逆罪而亦是逆以
是因緣引諸譬喻得知實法佛讚迦葉善哉
善哉善男子以是因緣我說種種方便譬喻
以喻解脫雖以无量阿僧祇喻而實不可以
喻爲比或有因緣亦可喻說或有因緣不可
喻說是故解脫成就如是无量功德趣涅槃
者涅槃如來亦有如是无量功德以是[illegible]

爲因緣子說譬喻得知實法佛讚迦葉善哉
善哉善男子以是因緣我說種種方便譬喻
以喻解脫雖以无量阿僧祇喻而實不可以
喻爲比或有因緣亦可喻說或有因緣不可
喻說是故解脫成就如是无量功德趣涅槃
者涅槃如來亦有如是无量功德以如是等
无量功德成就滿故名大涅槃迦葉菩薩白
佛言世尊我今始知如來至處爲无有盡處
若无盡當知壽命亦應无盡佛言善哉善哉
善男子汝今善能護持正法若有善男子善
女人欲斷煩惱諸結縛者當住如是護持正
法
大般涅槃經四依品第八
佛復告迦葉善男子是大涅槃微妙經中有
四種人能護正法建立正法憶念正法能多
利益憐愍世間爲世間依安樂人天何等爲
四有人出世具煩惱性是名第一須陁洹人斯
陁含人是名第二阿那含人是名第三阿
羅漢人是名第四是四種人出現於世能多
利益憐愍世間爲世間依安樂人天云何名
爲具煩惱性若有人能奉持禁戒威儀具足
建立正法佛所聞解其文義轉爲他人分
別宣說所謂少欲多欲非道廣說如是八大
人覺有犯罪者教令發露懺悔滅除善知菩
薩方便所行祕密之法是名凡夫非第八人
第八人者不名凡夫名爲菩薩不名爲佛第

BD14211號　大般涅槃經（南本　異本）卷五　（27–22）

別宣說所謂少欲多欲非道廣說如是八大
人覺有犯罪者教令發露懺悔滅除善知菩
薩方便所行祕密之法是名凡夫非第八人
第八人者不名凡夫名爲菩薩不名爲佛第
二人者名須陁洹斯陁含人若得正法受持
正法從佛聞法如其所聞聞已書寫受持讀
誦轉爲他說若聞法已不寫不受不持不說
而言奴婢不淨之物佛聽畜者无有是處是
名第二人如是之人未得第二第三住處名
爲菩薩已得受記第三人者名阿那含阿那
含者誹謗正法若言聽畜奴婢僕使不淨之
物受持外道典籍書論及爲客塵煩惱所鄣
諸舊煩惱之所覆蓋若藏如來真實舍利及
爲外病之所惱害或爲四大毒蛇所侵論說
我者悉无是處若說无我斯有是處說着世
法无有是處若說大乘相續不絕斯有是處
若所受身有八万戶虫亦无是處永離婬欲
乃至夢中不失不淨斯有是處臨終之日生
怖畏者亦无是處阿那含者爲何謂也是人
不還如上所說所有過患永不能汙往返周
旋名爲菩薩已得受記不久得成阿耨多羅
三藐三菩提是則名爲第三人也第四人者
名阿羅漢阿羅漢者斷諸煩惱捨於重擔逮
得己利所作已辦住第十地得自在智隨人
所樂種種色像悉能示現如所莊嚴欲成佛
道即能得成能成如是无量功德名阿羅漢

BD14211號　大般涅槃經（南本　異本）卷五　（27–23）

名阿羅漢阿羅漢者斷諸煩惱捨於重擔逮
得己利所作已辦住第十地得自在智隨人
所樂種種色像悉能示現如所莊嚴欲成佛
道即能得成能成如是無量功德名阿羅漢
是名四人出現於世能多利益憐愍世間為
世間依安樂人天於人天中最尊最勝猶如
如來名人中勝為歸依處迦葉白佛言世尊
我今不依是四種人何以故如瞿師羅經中
佛為瞿師羅說若天魔梵為欲破壞變為佛
像具足莊嚴三十二相八十種好圓光一尋
面部圓滿猶月盛明眉間毫相白踰珂雪如
是莊嚴來向汝者汝當撿挍定其虛實既覺
知已應當降伏世尊魔等尚能變作佛身況
當不能作羅漢等四種之身坐臥空中左脅
出水右脅出火身出烟炎猶如火聚以是因
緣我於是中心不生信或有所說不能稟受
亦無敬念而作依止佛言善男子於我所說
若生疑者尚不應受況如是等是故應當善
分別知是善不善可作不可作如是作已長
夜受樂善男子譬如偷狗夜入他舍其家婢
使若覺知者即應驅罵汝疾出去若不出者
當奪汝命時狗聞之即去不還汝等從今亦
應如是降伏波旬應作是言波旬汝今不應
作如是像若故作者當以五繫繫縛於汝魔
聞是已便當還去如彼偷狗更不復還迦葉

當奪汝命時狗聞之即去不還汝等從今亦
應如是降伏波旬應作是言波旬汝今不應
作如是像若故作者當以五繫繫縛於汝魔
聞是已便當還去如彼偷狗更不復還迦葉
白佛言世尊如佛為瞿師羅長者說若能如
是降伏魔者亦可得近於大涅槃如來何必
說是四人為依止處如是四人所可言說未
必可信佛告迦葉善男子如我所說亦復如
是非為不尒善男子我為聲聞有肉眼者說
言降魔不為修學大乘人說聲聞之人雖有
天眼故名肉眼學大乘者雖有肉眼乃名佛
眼何以故是大乘經名為佛乘而此佛乘最
上最勝善男子譬如有人勇健威猛有怯弱
者常來依附其勇健人常教怯者汝當如是
持弓執箭修學矟道長鉤羂索又復告言夫
鬪戰者雖如履刃不應生於怖畏之想當視
人天生輕弱想應自生心作勇健想或時有
人素無膽勇詐作健想執持弓刀種種器杖
以自莊嚴來在陣中唱呼大喚汝於是人亦
復不應生於怖畏之想如是輩人若見汝時
不怖畏者當知是人不久散壞如彼偷狗善
男子如來亦尒告諸聲聞汝等不應畏魔波
旬若魔波旬化作佛身至汝所者汝當精勤
堅固其心降伏於魔時魔即當愁憂不樂眼
道而去善男子如彼健人不從他習學大乘

旬若魔波旬化作佛身至汝所者汝當精勤
堅固其心降伏於魔時魔即當愁憂不樂服
道而去善男子如彼健人不從他習學大乘
者亦復如是得聞種種深密經典其心所樂
不生驚怖何以故如是修學大乘之人已曾
供養恭敬礼拜過去无量万億佛故雖有无
量億千魔衆欲來侵嬈於是事中終不驚畏
善男子譬如有人得阿竭陀藥不畏一切毒
虵等畏是藥力故亦能消除一切毒等是大
乘經亦復如是如彼藥力不畏一切諸魔毒
等亦能降伏令更不起復次善男子譬如有
龍性甚㺃弊欲害人時或以眼視或以氣噓
是故一切師子虎豹豺狼狗犬皆生怖畏是
等惡獸或聞聲見形或單其无不喪命有
善呪者以呪力故能令如是諸惡毒龍金翅
鳥等惡象師子虎豹豺狼皆悉調善任為乘
乘如是等獸見彼善呪即便調伏聲聞緣覺
亦復如是見魔波旬皆生恐怖而魔波旬亦
復不生畏懼之心猶行魔業學大乘者亦復
如是見諸聲聞怖畏魔事於此大乘不生信
樂先以方便降伏諸魔悉令調善堪任為乘
因為廣說種種妙法聲聞緣覺見調魔已乃
生怖畏於此大乘无上正法乃生信樂作如
是言我等從今不應於此正法之中而作鄣
閡復次善男子聲聞緣覺於諸煩惱而生怖

BD14211號　大般涅槃經（南本　異本）卷五　（27–26）

如是見諸聲聞怖畏魔事於此大乘不生信
樂先以方便降伏諸魔悉令調善堪任為乘
因為廣說種種妙法聲聞緣覺見調魔已乃
生怖畏於此大乘无上正法乃生信樂作如
是言我等從今不應於此正法之中而作鄣
閡復次善男子聲聞緣覺於諸煩惱而生怖
畏學大乘者都无恐懼修學大乘有如是力
以是因緣先所說者為欲令彼聲聞緣覺調
伏諸魔非為大乘是大涅槃微妙經典不可
消伏甚奇甚特若有聞者聞已信受能信如
來是常住法如是之人甚為希有如優曇華
我涅槃後若有得聞如是大乘微妙經典生
信敬心當知是等於未來世百千億劫不墮
惡道

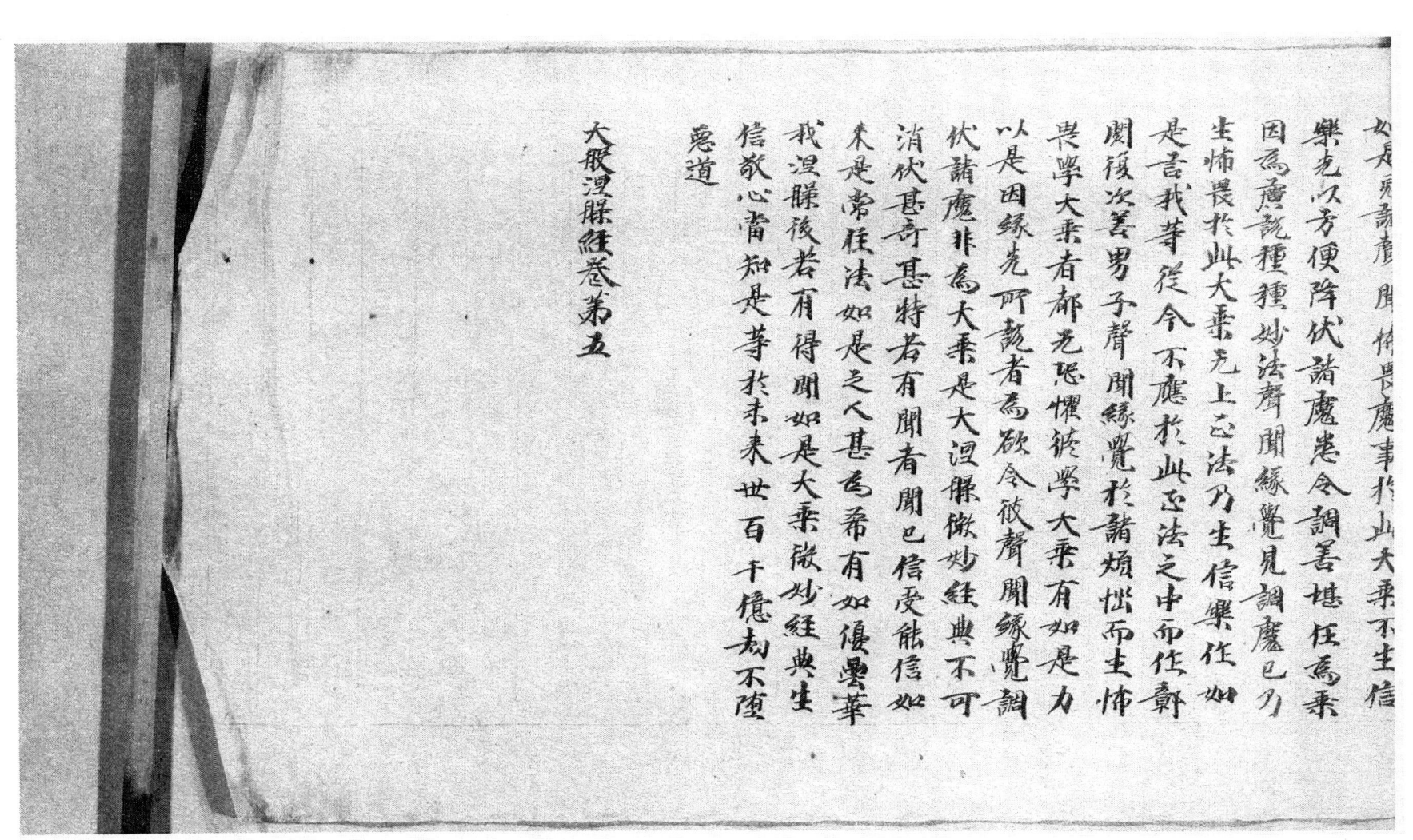

大般涅槃經卷第五

BD14211號　大般涅槃經（南本　異本）卷五　（27–27）

著　錄　凡　例

本目錄採用條目式著錄法。諸條目意義如下：

1.1　著錄編號。用漢語拼音首字“BD”表示，意為“北京圖書館藏敦煌遺書”，簡稱“北敦號”。文獻寫在背面者，標註為“背”。一件遺書上抄有多個文獻者，用數字1、2、3等標示小號。一號中包括幾件遺書，且遺書形態各自獨立者，用字母A、B、C等區別。

1.2　著錄分類號。本條記目錄暫不分類，該項空缺。

1.3　著錄文獻的名稱、卷本、卷次。

1.4　著錄千字文編號。

1.5　著錄縮微膠卷號。

2.1　著錄遺書的總體數據。包括長度、寬度、紙數、正面抄寫總行數與每行字數、背面抄寫總行數與每行字數。如該遺書首尾有殘破，則對殘破部分單獨度量，用加號加在總長度上。凡屬這種情況，長度用括弧標註。

2.2　著錄每紙數據。包括每紙長度及抄寫行數或界欄數。

2.3　著錄遺書的外觀。包括：（1）裝幀形式。（2）首尾存況。（3）護首、軸、軸頭、天竿、縹帶，經名是書寫還是貼簽，有無經名號，扉頁、扉畫。（4）卷面殘破情況及其位置。（5）尾部情況。（6）有無附加物（蟲繭、油污、線繩及其他）。（7）有無裱補及其年代。（8）界欄。（9）修整。（10）其他需要交待的問題。

2.4　著錄一件遺書抄寫多個文獻的情況。

3.1　著錄文獻首部文字與對照本核對的結果。

3.2　著錄文獻尾部文字與對照本核對的結果。

3.3　著錄錄文。

3.4　著錄對文獻的說明。

4.1　著錄文獻首題。

4.2　著錄文獻尾題。

5　著錄本文獻與對照本的不同之處。

6.1　著錄本遺書首部可與另一遺書綴接的編號。

6.2　著錄本遺書尾部可與另一遺書綴接的編號。

7.1　著錄題記、題名、勘記等。

7.2　著錄印章。

7.3　著錄雜寫。

7.4　著錄護首及扉頁的內容。

8　著錄年代。

9.1　著錄字體。如有武周新字、合體字、避諱字等，予以說明。

9.2　著錄卷面二次加工的情況。包括句讀、點標、科分、間隔號、行間加行、行間加字、硃筆、墨塗、倒乙、刪除、兑廢等。

10　著錄敦煌遺書發現後，近現代人所加內容，裝裱、題記、印章等。

11　備註。著錄揭裱互見、圖版本出處及其他需要說明的問題。

上述諸條，有則著錄，無則空缺。

為避文繁，上述著錄中出現的各種參考、對照文獻，暫且不列版本說明。全目結束時，將統一編制本條記目錄出現的各種參考書目。

本條記目錄為農曆年份標註其公曆紀年時，未進行歲頭年末之換算，請讀者使用時注意自行換算。

條　記　目　錄

BD14152—14211

1.1　BD14152 號 1
1.3　新譯大乘入楞伽經序
1.4　新 0352
2.1　895.2×26.2 厘米；20 紙；490 行，行 17 字。
2.2　01：51.2，27；　02：51.1，28；　03：34.6，19；
04：15.8，09；　05：48.9，27；　06：48.9，27；
07：49.0，27；　08：48.9，27；　09：44.1，25；
10：48.6，27；　11：48.6，27；　12：49.0，27；
13：49.0，27；　14：48.7，27；　15：49.0，27；
16：48.8，27；　17：48.8，27；　18：48.7，27；
19：48.6，27；　20：14.9，04。
2.3　卷軸裝。首尾均全。有烏絲欄。通卷近代托裱。
2.4　本遺書包括 2 個文獻：（一）《新譯大乘入楞伽經序》，31 行，今編為 BD14152 號 1。（二）《大乘入楞伽經》卷一，459 行，今編為 BD14152 號 2。
3.1　首全→大正 0672，16/0587A03。
3.2　尾全→大正 0672，16/0587B07。
4.1　新譯大乘入楞伽經序，御製（首）。
8　7～8 世紀。唐寫本。
9.1　楷書。
9.2　有行間校加字。有硃筆校改。
10　此件原為日本大谷探險隊所得並通卷托裱。護首為黄底雲龍織錦。護首有竹質天竿並有藍色縹帶。卷端有題簽，作“佛說大乘入楞伽經卷第一”。並有藍色長方形印章，2.4×3.4 厘米；印文：“圖書臺帳＼登錄番號 894”，數字係手寫。有千字文編號“籍”。尾有軸，人工水晶軸頭。粘有紙簽，上書“8，358”。

1.1　BD14152 號 2
1.3　大乘入楞伽經卷一
1.4　新 0352
2.4　本遺書由 2 個文獻組成，本文獻為第 2 個，459 行。餘參見 BD14152 號 1 之第 2 項。
3.1　首全→大正 0672，16/0587B10。
3.2　尾全→大正 0672，16/0594A29。
4.1　佛說大乘入楞伽經羅婆那王勸請品第一品（首）。
4.2　佛說大乘入楞伽經卷第一（尾）。
8　7～8 世紀。唐寫本。
9.1　楷書。
9.2　有硃筆行間校加字、校改，下邊有硃筆校改字。

1.1　BD14153 號
1.3　金剛般若波羅蜜經
1.4　新 0353
2.1　（4.5＋498.5）×25.8 厘米；12 紙；291 行，行 17 字。
2.2　01：4.5＋13.8，11；　02：48.0，28；　03：48.0，28；
04：48.3，28；　05：48.0，28；　06：48.3，28；
07：48.3，28；　08：48.0，28；　09：48.3，28；
10：48.3，28；　11：48.0，28；　12：3.2，拖尾。
2.3　卷軸裝。首殘尾全。卷面有水漬，卷尾有殘洞。有烏絲欄。通卷近代托裱。
3.1　首 3 行上下殘→大正 0235，08/0749A06～09。
3.2　尾全→大正 0235，08/0752C03。
4.2　金剛般若波羅蜜經（尾）。
5　與《大正藏》本對照，本號經文無冥司偈，參見《大正藏》，8/751C16～19。
8　7～8 世紀。唐寫本。
9.1　楷書。
10　此件原為日本大谷探險隊所得並通卷托裱。護首為黄底雲龍織錦。護首有竹質天竿並有藍色縹帶。卷端有題簽，作“金剛般若波羅蜜經”。並有藍色長方形印章，2.4×3.4 厘米；印文：“圖書臺帳＼登錄番號 887”，數字係手寫。有千字文編號“流”。尾有軸，人工水晶軸頭。粘有紙簽，上書“類別 8，番號 359”。

1.1　BD14154 號
1.3　金剛般若波羅蜜經
1.4　新 0354

2.1　188×24.8 厘米；4 紙；112 行，行 17 字。
2.2　01：47.0，28；　02：47.0，28；　03：47.0，28；
　　04：47.0，28。
2.3　卷軸裝。首尾均脫。有烏絲欄。通卷近代托裱。
3.1　首殘→大正 0235，08/0749C20。
3.2　尾殘→大正 0235，08/0751A21。
8　7～8 世紀。唐寫本。
9.1　楷書。
10　此件原為日本大谷探險隊所得並通卷托裱。護首為黃底雲龍織錦。護首有竹質天竿並有藍色縹帶。卷端有題簽，作“□□□蜜經”。並有藍色長方形印章，2.4×3.4 厘米；印文：“圖書臺帳＼登錄番號 1135”，數字係手寫。有千字文編號“不”。尾有軸，人工水晶軸頭。粘有紙簽，上書“8，360”。

1.1　BD14155 號
1.3　轉經行道願往生淨土法事讚卷上
1.4　新 0355
2.1　(1.4+743.6)×25.8 厘米；16 紙；443 行，行 16～18 字。
2.2　01：1.4+40，25；　02：47.0，28；　03：47.0，28；
　　04：46.6，28；　05：47.0，28；　06：47.0，28；
　　07：46.8，28；　08：46.8，28；　09：47.2，28；
　　10：46.8，28；　11：46.8，28；　12：47.0，28；
　　13：46.8，28；　14：46.8，28；　15：47.0，28；
　　16：47.0，26。
2.3　卷軸裝。首殘尾全。卷面多鳥糞。有烏絲欄。通卷近代托裱。
3.1　首行殘→大正 1979，47/0425C02。
3.2　尾全→大正 1979，47/0430C02。
4.2　淨土法事讚卷上（尾）。
5　與《大正藏》本對照，文字有遺漏，参见大正 47/427A25～B5、427C28～A6；又增添 8 行。其餘文字亦有不同。
7.1　尾題後有題記“願往生僧善導集記”。
8　7～8 世紀。唐寫本。
9.1　楷書。
10　此件原為日本大谷探險隊所得並通卷托裱。護首為黃底雲龍織錦。護首有竹質天竿並有藍色縹帶。卷端有題簽，作“淨土法事讚上卷”。並有藍色長方形印章，2.4×3.4 厘米；印文：“圖書臺帳＼登錄番號 1121”，數字係手寫。尾有軸，人工水晶軸頭。粘有紙簽，上書“類別 8，番號 649”。卷尾有陽文硃印：1.6×1.6 厘米；印文為“北京/圖書/舘藏/”。

1.1　BD14156 號
1.3　大般涅槃經（北本　異本）卷二九
1.4　新 0356
2.1　989.6×24.9 厘米；21 紙；533 行，行 17 字。
2.2　01：20.1，護首；　02：45.1，26；　03：49.6，28；
　　04：49.9，28；　05：49.4，28；　06：49.7，28；
　　07：49.6，28；　08：49.6，28；　09：49.5，28；
　　10：50.0，28；　11：50.0，28；　12：49.9，28；
　　13：50.1，28；　14：50.2，28；　15：50.2，28；
　　16：50.0，28；　17：49.8，28；　18：50.2，28；
　　19：50.1，28；　20：49.8，28；　21：26.8，03。
2.3　卷軸裝。首尾均全。有護首。卷首背面有古代裱補。有燕尾。有烏絲欄。
3.1　首全→大正 0374，12/0534B11。
3.2　尾全→大正 0374，12/0540C14。
4.1　大般涅槃經師子吼菩薩品之三，卷廿九（首）。
4.2　大般涅槃經卷第廿九（尾）。
5　與《大正藏》本對照，此卷經文相當於《大正藏》本《大涅槃經》卷第二八後部與卷第二九大部。與歷代大藏經分卷均不同，為異本。
8　8～9 世紀。吐蕃統治時期寫本。
9.1　楷書。硬筆書寫。
9.2　有刮改。
10　此件原為日本大谷探險隊所得。護首上端貼有小條，上寫“ろ二”。

1.1　BD14157 號
1.3　大般若波羅蜜多經卷九
1.4　新 0357
2.1　869.3×27 厘米；18 紙；492 行，行 17 字。
2.2　01：48.4，27；　02：48.3，28；　03：48.4，28；
　　04：48.3，28；　05：48.3，28；　06：48.3，28；
　　07：48.3，28；　08：48.2，28；　09：48.2，28；
　　10：48.3，28；　11：48.4，28；　12：48.2，28；
　　13：48.2，28；　14：48.3，28；　15：48.4，28；
　　16：48.2，28；　17：48.1，28；　18：48.5，17。
2.3　卷軸裝。首尾均全。有烏絲欄。
3.1　首全→大正 0220，05/0045A16。
3.2　尾全→大正 0220，05/0050C13。
4.1　大般若波羅蜜多經卷第九，/初分轉生品第四之三，三藏法師玄奘奉詔譯/（首）。
4.2　大般若波羅蜜經卷第九（尾）。
7.1　卷尾有 2 處題記，其一為：“妙留寫”；另 1 為“留祟”。
　　卷端背面有勘記“九，一”，分別為袟内卷次與袟次。
8　8～9 世紀。吐蕃統治時期寫本。
9.1　楷書。
9.2　有行間校加字。
10　卷端背鈐有長方形陽文硃印，1.7×2.2 厘米；印文為“毓卿”。
　　此件原為日本大谷探險隊所得。護首上端貼有小條，上寫“ろ三”。

1.1　BD14158 號

1.3　大般若波羅蜜多經卷一三三
1.4　新 0358
2.1　651.5×26 厘米；14 紙；381 行，行 17 字。
2.2　01：44.0，26；　02：47.0，28；　03：47.0，28；
04：47.0，28；　05：47.0，28；　06：47.0，28；
07：46.5，28；　08：46.5，28；　09：46.5，28；
10：46.5，28；　11：46.5，28；　12：46.5，28；
13：47.0，28；　14：46.5，19。
2.3　卷軸裝。首尾均全。首紙橫向破裂，第 3、4 紙接縫處下部開裂。背有古代及近代裱補。有烏絲欄。
3.1　首全→大正 0220，05/0724B02。
3.2　尾全→大正 0220，05/0728C07。
4.1　大般若波羅蜜多經卷第一百卅三，/初分校量功德品第卅之卅一，三藏法師玄奘奉詔譯/（首）。
4.2　大般若波羅蜜多經卷第一百卅三（尾）。
7.1　卷首背有勘記：“一百卅三（卷次），十四（袟次），界（收藏寺院三界寺簡稱）。”
“一百卅三”為本文獻卷次，“十四”為所屬袟次，“界”為收藏寺院三界寺的簡稱。
卷首背有題記“張記”，“張”字寫法與今天俗寫相同。
7.2　卷首、尾題均鈐有長方形陽文硃印，4×5 厘米；印文為“報恩寺藏經印”，卷首印章半殘。尾題後鈐有長方形陽文墨印，2.5×8 厘米；印文為“三界寺藏經”。
8　8～9 世紀。吐蕃統治時期寫本。
9.1　楷書。
13　此件原為日本大谷探險隊所得。編號作“ろ四”。

1.1　BD14159 號
1.3　大般若波羅蜜多經卷一七七
1.4　新 0359
2.1　892×26 厘米；19 紙；493 行，行 17 字。
2.2　01：25.0，護首；　02：46.0，26；　03：49.0，28；
04：47.0，28；　05：47.0，28；　06：48.5，28；
07：49.0，28；　08：49.0，28；　09：48.5，28；
10：49.0，28；　11：46.5，27；　12：48.5，28；
13：48.5，28；　14：48.5，28；　15：48.5，28；
16：48.5，28；　17：48.5，28；　18：48.5，28；
19：48.0，22。
2.3　卷軸裝。首尾均全。有護首和竹質天竿。卷面有水漬和油污，首紙有破裂，卷尾有殘破。有烏絲欄。
3.1　首全→大正 0220，05/0950B02。
3.2　尾全→大正 0220，05/0956A13。
4.1　大般若波羅蜜多經卷第一百七十七，/初分讚般若品第卅二之六，三藏法師玄奘奉詔譯/（首）。
4.2　大般若波羅蜜多經卷第一百七十七（尾）。
7.1　卷首背有題記“張記”，“張”字寫法與今天俗寫相同。
7.4　護首有經名：“大般若波羅蜜多經卷第一百七十七，十八。”“十八”為所屬袟次。
8　8～9 世紀。吐蕃統治時期寫本。
9.1　楷書。
10　此件原為日本大谷探險隊所得。護首上端貼有小條，上寫“ろ五”。

1.1　BD14160 號 1
1.3　大般若波羅蜜多經卷二九七
1.4　新 0360
2.1　913×26.5 厘米；20 紙；520 行，行 17 字。
2.2　01：14.0，護首；　02：45.0，26；　03：48.0，28；
04：48.0，28；　05：48.0，28；　06：47.5，28；
07：47.5，28；　08：47.0，28；　09：47.5，28；
10：47.5，28；　11：47.5，28；　12：47.0，28；
13：47.0，28；　14：47.5，28；　15：47.5，28；
16：47.0，28；　17：47.5，28；　18：47.5，28；
19：47.5，28；　20：47.0，18。
2.3　卷軸裝。首尾似全。由兩個遺書綴接而成，前者首全尾脫，後者首脫尾全。背有古代裱補。有烏絲欄。
2.4　本遺書包括 2 個文獻：（一）《大般若波羅蜜多經》卷二九七，110 行，今編為 BD14160 號 1。（二）《大般若波羅蜜多經》卷一五七，410 行，今編為 BD14160 號 2。
3.1　首全→大正 0220，06/0509B02。
3.2　尾殘→大正 0220，06/0510B28。
4.1　大般若波羅蜜多經卷第二百九十七，/初分波羅蜜多品第卅八之二，三藏法師玄奘奉詔譯/（首）。
8　8～9 世紀。吐蕃統治時期寫本。
9.1　楷書。
9.2　有刮改。
10　此件原為日本大谷探險隊所得。護首上端貼有小條，上寫“ろ六”。

1.1　BD14160 號 2
1.3　大般若波羅蜜多經卷一五七
1.4　新 0360
2.4　本遺書由 2 個文獻組成，本文獻為第 2 個，410 行。餘參見 BD14160 號 1 之第 2 項。
3.1　首殘→大正 0220，05/0846A02。
3.2　尾全→大正 0220，05/0850C02。
4.2　大般若波羅蜜多經卷第一百五十七（尾）。
7.1　尾題後有題記“比丘道斌記”。
8　8～9 世紀。吐蕃統治時期寫本。
9.1　楷書。

1.1　BD14161 號
1.3　大般若波羅蜜多經卷三一二
1.4　新 0361

2.1　864.5×25.5厘米；19紙；491行，行17字。

2.2　01：12.5，護首；　02：43.0，26；　03：46.5，28；
04：46.5，28；　05：47.5，28；　06：48.0，28；
07：47.5，28；　08：48.0，28；　09：48.0，28；
10：47.5，28；　11：47.5，28；　12：48.0，28；
13：48.0，28；　14：48.0，28；　15：48.0，28；
16：47.5，28；　17：48.0，28；　18：47.5，28；
19：47.0，17。

2.3　卷軸裝。首尾均全。有護首。首紙下邊有殘缺，卷面有破裂。有燕尾。有烏絲欄。

3.1　首全→大正0220，06/0589A04。

3.2　尾全→大正0220，06/0594B26。

4.1　大般若波羅蜜多經卷第三百一十二，/初分衆喻品第卌四之二，三藏法師玄奘奉詔譯/（首）。

4.2　大般若波羅蜜多經卷第三百一十二（尾）。

7.1　尾題後有題記："義泉第一校，超藏第二校"、"陰"。

7.4　護首有經名："大般若波羅蜜多經卷第三百一十二，□。"上有經名號。

8　8～9世紀。吐蕃統治時期寫本。

9.1　楷書。

9.2　有刮改。

10　此件原為日本大谷探險隊所得。卷首背貼有紙簽，上書："類別8，番號367"和"ろ七"。

1.1　BD14162號

1.3　大般若波羅蜜多經卷三七二

1.4　新0362

2.1　817×26厘米；18紙；466行，行17字。

2.2　01：24.0，護首；　02：43.5，26；　03：47.0，28；
04：46.0，28；　05：47.0，28；　06：47.0，28；
07：46.5，28；　08：47.0，28；　09：47.0，28；
10：47.0，28；　11：47.0，28；　12：47.0，28；
13：47.0，28；　14：47.0，28；　15：47.0，28；
16：47.0，28；　17：47.0，28；　18：07.0，20。

2.3　卷軸裝。首尾均全。有護首和竹質天竿。有燕尾。有烏絲欄。

3.1　首全→大正0220，06/0916C17。

3.2　尾全→大正0220，06/0922A25。

4.1　大般若波羅蜜多經卷第三百七十二，/初分遍學道品第六十四之七，三藏法師玄奘奉詔譯/（首）。

4.2　大般若波羅蜜多經卷第三百七十二（尾）。

7.1　護首有題記"張記"，"張"字寫法與今天俗寫相同。卷尾有題名"文文"。

7.4　護首有經名："大般若波羅蜜多經卷第三百七十二，卅八，乾。"上有經名號。

"卅八"為袟次，"乾"為收藏寺院乾元寺的簡稱。

8　8～9世紀。吐蕃統治時期寫本。

9.1　楷書。

9.2　有刮改及重文號。

10　此件原為日本大谷探險隊所得。護首背貼有小條，上寫"ろ八"。

1.1　BD14163號

1.3　大般若波羅蜜多經卷五五二

1.4　新0363

2.1　134×26.5厘米；3紙；82行，行17字。

2.2　01：45.5，27；　02：45.5，28；　03：43.0，27。

2.3　卷軸裝。首全尾脫。卷首殘破，第2、3紙下邊有破裂。有烏絲欄。

3.1　首全→大正0220，07/0841C10。

3.2　尾殘→大正0220，07/0842C07。

4.1　大般若波羅蜜多經卷第五百五十二，/第四分善友品第廿一之二，三藏法師玄奘奉詔譯/（首）。

8　8～9世紀。吐蕃統治時期寫本。

9.1　楷書。

10　此件原為日本大谷探險隊所得。護首背貼有小條，上寫"ろ九"。

1.1　BD14164號

1.3　大般若波羅蜜多經卷二七一

1.4　新0364

2.1　501.7×26.2厘米；11紙；289行，行17字。

2.2　01：17.5，09；　02：48.1，28；　03：48.3，28；
04：48.2，28；　05：48.1，28；　06：48.4，28；
07：48.8，28；　08：48.6，28；　09：48.4，28；
10：48.4，28；　11：48.9，28。

2.3　卷軸裝。首殘尾脫。打紙；研光上蠟。有烏絲欄。

3.1　首殘→大正0220，06/0372B06。

3.2　尾殘→大正0220，06/0375C04。

8　8～9世紀。吐蕃統治時期寫本。

9.1　楷書。

9.2　有行間校加字及刮改。

10　此件原為日本大谷探險隊所得。編號作"ろ十一"。

1.1　BD14165號

1.3　妙法蓮華經卷一

1.4　新0365

2.1　929.1×24.3厘米；20紙；509行，行17字。

2.2　01：13.0，護首；　02：44.5，26；　03：48.6，28；
04：49.0，28；　05：48.5，28；　06：48.5，28；
07：49.0，28；　08：49.0，28；　09：49.0，28；
10：49.0，28；　11：49.0，28；　12：49.0，28；
13：49.0，28；　14：49.0，28；　15：49.0，28；
16：49.0，28；　17：49.0，28；　18：49.0，27；

19：49.0，28；　20：40.0，08。

2.3　卷軸裝。首尾均全。有護首，已殘破。卷首有破裂，卷面多水漬。有燕尾。背有古代裱補。有烏絲欄。

3.1　首全→大正 0262，09/0001C14。

3.2　尾全→大正 0262，09/0010B21。

4.1　妙法蓮華經序品第一（首）。

4.2　妙法蓮華經卷第一（尾）。

7.3　卷背裱補紙上有多處文字，朝內粘貼，大多難以辨認。可見“諸人”2字。

8　7～8世紀。唐寫本。

9.1　楷書。

10　此件原為日本大谷探險隊所得。護首背上端貼有小白紙簽，寫有“ろ一二”。

1.1　BD14166 號

1.3　妙法蓮華經卷一

1.4　新 0366

2.1　929.6×25.6 厘米；20 紙；539 行，行 17 字。

2.2　01：13.8，護首；　02：48.0，26；　03：48.0，28；
04：48.0，28；　05：48.0，28；　06：48.5，28；
07：48.0，28；　08：48.0，28；　09：48.5，28；
10：48.3，28；　11：48.5，28；　12：48.5，28；
13：48.5，28；　14：48.5，28；　15：48.5，28；
16：48.0，28；　17：48.5，28；　18：48.0，28；
19：48.0，28；　20：47.5，09。

2.3　卷軸裝。首尾均全。有護首和竹質天竿，有彩色綢縹帶，長 60 厘米。有燕尾。有烏絲欄。

3.1　首全→大正 0262，09/0001C14。

3.2　尾全→大正 0262，09/0010B21。

4.1　妙法蓮華經序品第一（首）。

4.2　妙法蓮華經卷第一（尾）。

7.4　護首有經名：“妙法蓮華經品第一。”上有經名號。

8　8～9世紀。吐蕃統治時期寫本。

9.1　楷書。

9.2　有刮改。

10　護首及護首與經卷騎縫處有 2 枚長方形陽文硃印，1.7×2.2 厘米；印文為“毓卿”。

此件原為日本大谷探險隊所得。卷首下端貼有小白紙簽：“ろ一三”。內包裝紙上貼有小紙簽：“類別 8，番號 37”，“ろ一三”。

1.1　BD14167 號

1.3　妙法蓮華經卷三

1.4　新 0367

2.1　834×25 厘米；19 紙；530 行，行 17 字。

2.2　01：46.0，28；　02：46.0，28；　03：46.0，28；
04：46.0，28；　05：46.0，28；　06：46.0，28；
07：46.0，28；　08：46.0，28；　09：46.0，28；
10：46.0，28；　11：46.0，28；　12：46.0，28；
13：46.0，28；　14：46.0，28；　15：46.0，28；
16：46.0，28；　17：46.0，28；　18：46.0，28；
19：46.0，26。

2.3　卷軸裝。首脫尾全。經黃打紙。首紙下邊有破裂。有烏絲欄。

3.1　首殘→大正 0262，09/0019B17。

3.2　尾全→大正 0262，09/0027B09。

4.2　妙法蓮華經卷第三（尾）。

8　7～8世紀。唐寫本。

9.1　楷書。

10　此件原為日本大谷探險隊所得。卷首背上端貼小白紙簽“ろ一四”。

1.1　BD14168 號

1.3　妙法蓮華經（八卷本）卷五

1.4　新 0368

2.1　908.2×26 厘米；19 紙；正面 529 行，行 17 字；背面 1 行，6 字。

2.2　01：45.5，26；　02：48.0，28；　03：48.0，28；
04：48.0，28；　05：48.0，28；　06：48.0，28；
07：48.0，28；　08：48.0，28；　09：48.0，28；
10：48.0，28；　11：48.0，28；　12：48.0，28；
13：48.0，28；　14：48.0，28；　15：48.0，28；
16：48.0，28；　17：48.0，28；　18：47.0，28；
19：47.7，27。

2.3　卷軸裝。首尾均全。有烏絲欄。

2.4　本遺書包括 2 個文獻：（一）《妙法蓮華經（八卷本）》卷五，529 行，抄寫在正面，今編為 BD14168 號。（二）《寫經勘記》（擬），1 行，抄寫在背面，今編為 BD14168 號背。

3.1　首全→大正 0262，09/0034B23。

3.2　尾全→大正 0262，09/0042A28。

4.1　妙法蓮華經提婆達多品第十二，五（首）。

5　與《大正藏》本對照，分卷不同。本件所抄經文相當於《大正藏》本卷四第十二、十三品和卷五第十四、十五品。第十五品尾缺“而住不退地”1 句。屬八卷本。

8　9～10世紀。歸義軍時期寫本。

9.1　楷書。

9.2　有刮改。

10　此件原為日本大谷探險隊所得。卷首背下端貼有小白紙簽：“ろ一五”。內包裝紙上粘有紙簽“類別 8，番號 375”，“ろ一五”。

1.1　BD14168 號背

1.3　寫經勘記（擬）

1.4　新 0368

2.4　本遺書由 2 個文獻組成，本文獻為第 2 個，1 行，抄寫在背面。餘參見 BD14168 號的第 2 項。
3.3　錄文：
（首全）
第二，二十四紙。
（錄文完）
3.4　說明：
本文獻為寫經勘記，與正面所抄《妙法蓮華經》卷五無關。
8　9～10 世紀。歸義軍時期寫本。
9.1　楷書。

1.1　BD14169 號
1.3　妙法蓮華經卷四
1.4　新 0369
2.1　67×26 厘米；2 紙；37 行，行 17 字。
2.2　01：50.5，28；　02：16.5，09。
2.3　卷軸裝。首脫尾斷。經黃打紙。接縫處下部開裂。有烏絲欄。
3.1　首殘→大正 0262，09/0030A07。
3.2　尾殘→大正 0262，09/0030B28。
8　7～8 世紀。唐寫本。
9.1　楷書。
10　此件原為日本大谷探險隊所得。在內包裝紙上貼有小紙簽："類別 8，番號 377"。包裝紙上有"ろ一七"。

1.1　BD14170 號
1.3　般若波羅蜜多心經
1.4　新 0370
2.1　38×31 厘米；2 紙；18 行；
2.2　01：34.0，18；　02：04.0，拖尾。
2.3　卷軸裝。首尾均全。下邊殘損。有烏絲欄。
3.1　首全→大正 0251，08/0848C04。
3.2　尾全→大正 0251，08/0848C24。
4.1　般若波羅蜜多經一卷（首）。
4.2　般若波羅蜜多心經一卷（尾）。
8　8～9 世紀。吐蕃統治時期寫本。
9.1　楷書。
10　此件原為日本大谷探險隊所得。護首上端貼有小條，上寫"ろ一八"。

1.1　BD14171 號
1.3　解百生怨家陀羅尼經
1.4　新 0371
2.1　69.6×25.6 厘米；2 紙；15 行，行 17 字。
2.2　01：22.3，護首；　02：47.3，15。
2.3　卷軸裝。首尾均全。有護首及竹質天竿。有燕尾。有烏絲欄。
3.4　說明：
本經篇幅甚短，但三分具足。形態與密教經典相同。經文謂持誦普光菩薩名號及念此陀羅尼可不為怨家相害。歷代經錄未見著錄，歷代大藏經不收。敦煌遺書中存有多號。參見《敦煌學大辭典》第 704 頁。
4.1　佛說解百生怨家陀羅尼經（首）。
4.2　佛說解百怨家經（尾）。
7.4　護首有經名"佛說解百生怨家經"。上有經名號。
8　9～10 世紀。歸義軍時期寫本。
9.1　楷書。
10　此件原為日本大谷探險隊所得。卷面貼有小條，上寫"ろ二一"。

1.1　BD14172 號
1.3　金光明經卷三
1.4　新 0372
2.1　105.5×27.7 厘米；3 紙；62 行，行 17 字。
2.2　01：26.5，15；　02：39.5，23；　03：39.5，24。
2.3　卷軸裝。首殘尾全。首紙有橫向破裂。
3.1　首殘→大正 0663，16/0351B23。
3.2　尾全→大正 0663，16/0352B08。
5　與《大正藏》本對照，僅缺尾題。
8　5～6 世紀。南北朝寫本。
9.1　楷書。
9.2　有倒乙及重文號。
10　此件原為日本大谷探險隊所得。卷面貼有小條，上寫"ろ二三"。

1.1　BD14173 號
1.3　金剛般若波羅蜜經
1.4　新 0373
2.1　396.1×25.4 厘米；9 紙；244 行，行 17 字。
2.2　01：35.8，22；　02：45.0，28；　03：45.1，28；
04：45.1，28；　05：45.0，28；　06：45.1，28；
07：45.0，28；　08：45.0，28；　09：45.0，26。
2.3　卷軸裝。首斷尾全。經黃紙。卷首殘破，有破裂，接縫處有開裂。有燕尾。有烏絲欄。
3.1　首殘→大正 0235，08/0749B26。
3.2　尾全→大正 0235，08/0752C03。
4.2　金剛般若波羅蜜經（尾）。
5　與《大正藏》本對照，本號經文無冥司偈，參見《大正藏》，8/751C16～19。
8　7～8 世紀。唐寫本。
9.1　楷書。
10　此件原為日本大谷探險隊所得。卷背貼有小條，上寫"ろ二四"。

1.1 BD14174 號
1.3 大乘稻芊經
1.4 新 0374
2.1 298.3×28.3 厘米；6 紙；177 行，行 16～18 字。
2.2 01：45.7，26； 02：45.5，28； 03：51.7，32；
04：51.7，31； 05：51.9，31； 06：51.8，29。
2.3 卷軸裝。首尾均全。卷首有縱向破裂，橫向破裂。有烏絲欄。
3.1 首全→大正 0712，16/0823B20。
3.2 尾全→大正 0712，16/0826A27。
4.1 大乘稻芊經（首）。
4.2 佛說大乘稻芊經（尾）。
8 8～9 世紀。吐蕃統治時期寫本。
9.1 楷書。
9.2 有行間校加字。
13 此件原為日本大谷探險隊所得。編號作“ろ二五”。

1.1 BD14175 號
1.3 觀世音經
1.4 新 0375
2.1 （2.6＋183.6）×26.2 厘米；5 紙；108 行，行 17 字。
2.2 01：2.6＋13.9，19； 02：42.5，27； 03：41.2，25；
04：43.0，26； 05：43.0，20。
2.3 卷軸裝。首殘尾全。卷面有水漬、殘破及殘洞，接縫處有開裂。卷背多鳥糞。背有古代裱補。首紙與以後各紙紙質字跡不同。有燕尾。有烏絲欄。
3.1 首行下殘→大正 0262，09/0056C16。
3.2 尾全→大正 0262，09/0058B07。
4.2 佛說觀世音經（尾）。
8 8 世紀。唐寫本。
9.1 楷書。
13 此件原為日本大谷探險隊所得。編號作“ろ二六”

1.1 BD14176 號
1.3 無量壽宗要經
1.4 新 0376
2.1 216×31.5 厘米；5 紙；141 行，行 30 餘字。
2.2 01：43.5，28； 02：43.5，30； 03：43.0，30；
04：43.0，30； 05：43.0，23。
2.3 卷軸裝。首尾均全。卷面有油污及破裂，接縫處有開裂。有烏絲欄。
3.1 首全→大正 0936，19/0082A03。
3.2 尾全→大正 0936，19/0084C29。
4.1 大乘無量壽經（首）。
4.2 佛說無量壽宗要經（尾）。
7.1 卷尾有題名“田廣談”。
8 8～9 世紀。吐蕃統治時期寫本。
9.1 行楷。
9.2 有刮改。
10 此件原為日本大谷探險隊所得。卷首背下端貼有紙簽：“類別 8，番號 387”。上端貼有白紙簽：“ろ二八”。

1.1 BD14177 號 1
1.3 妙法蓮華經（八卷本）卷八
1.4 新 0377
2.1 （16＋321）×25.5 厘米；9 紙；190 行，行 17 字。
2.2 01：16＋31.5，27； 02：49.0，28； 03：49.0，28；
04：40.5，23； 05：23.0，13； 06：43.5，27；
07：29.0，08； 08：41.5，26； 09：14.0，拖尾。
2.3 卷軸裝。首尾均殘。首紙下邊殘缺，卷面多有油污及破裂。背有古代裱補，裱補紙上有殘字，似護首經名。有烏絲欄。已修整。
2.4 本遺書包括 2 個文獻：（一）《妙法蓮花經（八卷本）》卷八，119 行，今編為 BD14177 號 1。（二）《智炬陀羅尼經》，71 行，今編為 BD14177 號 2。
3.1 首 9 行上下殘→大正 0262，09/0056C02。
3.2 尾殘→大正 0262，09/0058B08。
4.1 □…□經觀世音菩薩普門品第□…□，八（首）。
5 與《大正藏》本對照，本文獻分卷相當於八卷本或十卷本，在此暫按八卷本著錄。
8 7～8 世紀。唐寫本。
9.1 楷書。
10 此件原為日本大谷探險隊所得。卷首背貼有小白紙簽，寫有：“ろ二九”。包裝紙貼有紙簽：“類別 8，番號 388”和“ろ二九”。
12 從本號背面揭下古代裱補紙一塊，今編為 BD16384 號。

1.1 BD14177 號 2
1.3 智炬陀羅尼經（異本）
1.4 新 0377
2.4 本遺書由 2 個文獻組成，本文獻為第 2 個，71 行。餘參見 BD14177 號 1 之第 2 項。
3.1 首全→大正 1397，21/0913C07。
3.2 尾全→大正 1397，21/0914B26。
4.1 佛說解怨結陀羅尼經（首）。
4.2 佛說解怨結經一卷（尾）。
5 與《大正藏》本對照，《大正藏》本作“智炬陀羅尼經”，本文獻作“解怨結陀羅尼經”。經名雖然不同，但內容全同，應為同一經典。

本號文字與《大正藏》本略有參差，咒語基本相同。有闕文，參見大正 1397，21/0914B07～09。或為異本，詳情待考。
8 8 世紀。唐寫本。
9.1 楷書。
9.2 有校改。有行間校加字。

1.1　BD14178 號 1
1.3　阿彌陀經
1.4　新 0378
2.1　135.1×25.5 厘米；2 紙；77 行，行 17 字。
2.2　01：62.5，39；　02：72.6，38。
2.3　卷軸裝。首脫尾全。經黄打紙。通卷上邊有等距離殘損，下有破裂。卷尾下邊有蟲繭。有燕尾。有烏絲欄。
2.4　本遺書包括 2 個文獻：（一）《阿彌陀經》，66 行，今編為 BD14178 號 1。（二）《阿彌陀佛說咒》，11 行，今編為 BD14178 號 2。
3.1　首殘→大正 0366，12/0347B04。
3.2　尾全→大正 0366，12/0348A28。
4.2　阿彌陀經一卷（尾）。
8　7～8 世紀。唐寫本。
9.1　楷書。
10　此件原為日本大谷探險隊所得。卷背貼有小條，上寫“ろ三〇”。

1.1　BD14178 號 2
1.3　阿彌陀佛說咒
1.4　新 0378
2.4　本遺書由 2 個文獻組成，本文獻為第 2 個，11 行。餘參見 BD14178 號 1 之第 2 項。
3.1　首全→大正 0369，12/0352A23。
3.2　尾全→大正 0369，12/0352B03。
4.1　阿彌陀佛說咒曰（首）。
5　與《大正藏》本對照，尾多一句：“咒中諸口傍字皆依本音轉舌言之，無口者依字讀。”
8　7～8 世紀。唐寫本。
9.1　楷書。

1.1　BD14179 號
1.3　大方便佛報恩經卷三
1.4　新 0379
2.1　131.7×27.4 厘米；4 紙；68 行，行 17 字。
2.2　01：02.5，01；　02：48.3，28；　03：48.2，28；　04：32.7，11。
2.3　卷軸裝。首斷尾全。第 3 紙上邊水浸皴蹙。有烏絲欄。
3.1　首殘→大正 0156，03/0141B28。
3.2　尾全→大正 0156，03/0142B16。
4.2　報恩經卷第三（尾）。
8　7～8 世紀。唐寫本。
9.1　楷書。
10　此件原為日本大谷探險隊所得。卷背貼有小條，上寫“ろ三一”。

1.1　BD14180 號
1.3　金光明最勝王經卷五
1.4　新 0380
2.1　（1.5＋654）×27.3 厘米；15 紙；394 行，行 17 字。
2.2　01：3.5＋26，17；　02：45.0，26；　03：45.0，26；　04：45.0，27；　05：45.0，27；　06：45.0，27；　07：45.0，27；　08：45.0，27；　09：44.5，27；　10：44.5，27；　11：44.5，28；　12：44.5，27；　13：44.5，28；　14：44.5，27；　15：44.0，26。
2.3　卷軸裝。首殘尾全。卷上下有油污，前 2 紙殘破。有 1 殘片可與首紙 2～8 行下部綴接。有烏絲欄。已修整。
3.1　首行中下殘→大正 0665，16/0422C05。
3.2　尾全→大正 0665，16/0427B12。
5　與《大正藏》本對照，本文獻缺尾題。
7.1　卷首背有勘記“金光明最勝王經蓮花品第七，五，三藏法師義淨奉詔譯”。
8　8～9 世紀。吐蕃統治時期寫本。
9.1　楷書。
10　此件原為日本大谷探險隊所得。卷上邊貼有小條，上寫“ろ三二”。

1.1　BD14181 號
1.3　金剛般若波羅蜜經
1.4　新 0381
2.1　112.9×25.5 厘米；3 紙；65 行，行 17 字。
2.2　01：20.6，11；　02：46.2，28；　03：46.1，26。
2.3　卷軸裝。首斷尾全。經黄打紙。卷面有水漬及破裂，卷尾有等距離蟲蛀殘洞。有烏絲欄。已修整。
3.1　首殘→大正 0235，08/0751C20。
3.2　尾全→大正 0235，08/0752C03。
4.2　金剛般若波羅蜜經（尾）。
8　7～8 世紀。唐寫本。
9.1　楷書。
10　此件原為日本大谷探險隊所得。卷背貼有小條，上寫“ろ三四”。

1.1　BD14182 號
1.3　妙法蓮華經卷七
1.4　新 0382
2.1　179.5×26 厘米；4 紙；104 行，行 17 字。
2.2　01：34.0，20；　02：48.5，28；　03：48.5，28；　04：48.5，28。
2.3　卷軸裝。首斷尾脫。卷面多水漬，有殘破，第 1、2 紙接縫上部開裂。已修整。
3.1　首殘→大正 0262，09/0055A22。
3.2　尾殘→大正 0262，09/0056B17。
8　9～10 世紀。歸義軍時期寫本。
9.1　隸楷。

13　此件原為日本大谷探險隊所得。編號作“ろ三五”。
按照《葉目》、《關目》、《寄托目》、《上交目》記載，本號應為《金光明經》。可參見《中國所藏大谷收集品概況——特別以敦煌寫經為中心——》。《敦煌劫餘錄續編》也著錄作“金光明經”，但起止字作“天人、敬園”、“如是、與妙”，與現存寫卷形態相符，故知原卷實為《妙法蓮華經》卷七，以往著錄有誤。《敦煌劫餘錄續編》已經發現問題，出註：“經名據簽体，俟考。”但未作詳細考訂。

1.1　BD14183 號
1.3　四分比丘尼戒本
1.4　新 0383
2.1　（3.5 +102.8 +2.3）×25.5 厘米；3 紙；62 行，行 19 字。
2.2　01：3.5 +28.5，18；02：48.8，28；03：25.5 +2.3，16。
2.3　卷軸裝。首尾均殘。第 2 紙有殘洞，通卷上邊有殘破，下部殘缺嚴重。
3.1　首 2 行上下殘→大正 1431，22/1034B29 ~ C02。
3.2　尾行上下殘→大正 1431，22/1035B12。
8　8 ~9 世紀。吐蕃統治時期寫本。
9.1　楷書。
10　此件原為日本大谷探險隊所得。卷面貼有紙條，上寫“い二”。

1.1　BD14184 號
1.3　金光明最勝王經卷五
1.4　新 0384
2.1　（9 +686.7）×25.8 厘米；15 紙；391 行，行 17 字。
2.2　01：9 +15.5，14；　02：47.5，28；　03：47.6，28；
04：47.8，28；　05：47.8，28；　06：47.8，28；
07：47.8，28；　08：47.8，28；　09：48.5，28；
10：48.5，28；　11：48.1，28；　12：48.3，28；
13：48.2，28；　14：48.0，28；　15：47.5，13。
2.3　卷軸裝。首殘尾全。首紙下部殘損，第 2 紙下方有破裂。有烏絲欄。已修整。
3.1　首 5 行上下殘→大正 0665，16/0422C11 ~15。
3.2　尾全→大正 0665，16/0427B13。
4.2　金光明最勝王經卷第五（尾）。
5　尾附音義 1 行。
7.1　尾有題記“比丘道斌寫並勘”。
8　854 年。歸義軍時期寫本。
9.1　楷書。
10　此件原為日本大谷探險隊所得。卷尾背寫有“い三”。

1.1　BD14185 號
1.3　大般若波羅蜜多經卷五七七
1.4　新 0385
2.1　63.5 ×26.5 厘米；2 紙；19 行，行 17 字。
2.2　01：18.0，11；　02：45.5，08。
2.3　卷軸裝。首斷尾全。有烏絲欄。
3.1　首殘→大正 0220，07/0985C06。
3.2　尾全→大正 0220，07/0985C25。
4.2　大般若波羅蜜多經卷第五百七十七（尾）。
7.1　尾題後有題記“索福安拾玖以”1 行。
8　8 ~9 世紀。吐蕃統治時期寫本。
9.1　楷書。
10　此件原為日本大谷探險隊所得。卷首背下寫有“い四”。

1.1　BD14186 號 1
1.3　維摩詰所說經卷上
1.4　新 0386
2.1　（9.2 +1205.5）×26 厘米；26 紙；677 行，行 28 字。
2.2　01：09.2，04；　02：49.3，28；　03：49.5，28；
04：49.5，28；　05：49.5，28；　06：49.5，28；
07：49.5，28；　08：49.5，28；　09：49.5，28；
10：49.5，28；　11：49.5，28；　12：49.5，28；
13：49.5，28；　14：49.5，28；　15：49.5，27；
16：49.5，28；　17：49.5，28；　18：49.5，28；
19：49.5，28；　20：49.5，28；　21：49.5，28；
22：49.5，28；　23：49.5，28；　24：49.5，28；
25：49.5，28；　26：17.5，02。
2.3　卷軸裝。首殘尾全。小字合抄本。卷首多水漬，下部有殘損。第 9、10 紙接縫處開裂。卷尾有蟲繭。有烏絲欄。
2.4　本遺書包括 3 個文獻：（一）《維摩詰所說經》卷上，1 行，今編為 BD14186 號 1。（一）《維摩詰所說經》卷中，394 行，今編為 BD14186 號 2。（二）《維摩詰所說經》卷下，282 行，今編為 BD14186 號 3。
3.4　說明：
本文獻僅剩尾題。相當於大正 0474，14/0528A04。
4.2　維摩詰經卷上（尾）。
8　8 ~9 世紀。吐蕃統治時期寫本。
9.1　楷書。
10　此件原為日本大谷探險隊所得。包裝紙上寫有經名“維摩詰經卷下，い五號”；貼有小紙箋，上寫“類別 8，番號 401”。卷首背貼有紙條，上寫“い五”。

1.1　BD14186 號 2
1.3　維摩詰所說經卷中
1.4　新 0386
2.4　本遺書由 3 個文獻組成，本文獻為第 2 個，394 行。餘參見 BD14186 號 1 之第 2 項。
3.1　首全→大正 0475，14/0544A22。
3.2　尾全→大正 0475，14/0551C27。
4.1　維摩詰經文殊師利問疾品第五，卷中（首）。
4.2　維摩詰經卷中（尾）。

8　8～9 世紀。吐蕃統治時期寫本。
9.1　楷書。

1.1　BD14186 號 3
1.3　維摩詰所說經卷下
1.4　新 0386
2.4　本遺書由 3 個文獻組成，本文獻為第 3 個，282 行。餘參見 BD14186 號 1 之第 2 項。
3.1　首全→大正 0475，14/0552A13。
3.2　尾全→大正 0475，14/0557B26。
4.1　維摩詰經香積佛品第十（首）。
4.2　維摩詰經卷下（尾）。
8　8～9 世紀。吐蕃統治時期寫本。
9.1　楷書。

1.1　BD14187 號
1.3　佛名經（十六卷本）卷三
1.4　新 0387
2.1　(15.5＋146.1)×30.9 厘米；31 紙；578 行，行 19 字。
2.2　01：15.5＋22，15；　02：47.0，19；　03：47.0，19；
04：47.0，19；　05：47.0，19；　06：47.0，19；
07：47.0，19；　08：47.0，19；　09：47.0，19；
10：47.0，19；　11：47.0，19；　12：47.0，19；
13：47.0，19；　14：47.0，20；　15：47.0，19；
16：47.0，19；　17：47.0，19；　18：47.0，19；
19：47.0，19；　20：50.0，21；　21：47.0，19；
22：47.0，19；　23：47.0，19；　24：50.0，20；
25：46.8，19；　26：47.0，19；　27：47.0，19；
28：47.0，19；　29：47.0，19；　30：47.0，19；
31：46.0，10。
2.3　卷軸裝。首殘尾全。接縫處有開裂，卷面有破裂。有烏絲欄。
3.1　首 6 行上殘→《七寺古逸經典研究叢書》，03/0116A04～09。
3.2　尾全→《七寺古逸經典研究叢書》，03/0163A10。
4.2　佛名經卷第三（尾）。
8　9～10 世紀。歸義軍時期寫本。
9.1　楷書。
9.2　有行間校加字。
10　此件原為日本大谷探險隊所得。卷背貼有紙條，上寫“い六”。

1.1　BD14188 號
1.3　思益梵天所問經（異卷）卷三
1.4　新 0388
2.1　990.1×26.4 厘米；21 紙；539 行，行 17 字。
2.2　01：21.5，護首；　02：47.8，26；　03：49.8，28；
04：49.9，28；　05：49.9，28；　06：50.0，28；
07：49.9，28；　08：50.0，28；　09：51.1，28；
10：50.0，28；　11：50.1，28；　12：49.9，28；
13：48.5，28；　14：48.6，28；　15：48.6，28；
16：48.7，28；　17：48.5，28；　18：48.6，28；
19：48.5，28；　20：48.5，28；　21：32.7，09。
2.3　卷軸裝。首殘尾全。有護首，已殘。卷面有油污。有烏絲欄。
3.1　首全→大正 0586，15/0047A01。
3.2　尾全→大正 0586，15/0054B11。
4.1　思益梵天問經卷第三（首）。
4.2　思益經卷第三（尾）。
5　與《大正藏》本對照，分卷不同，且本件不分品。經文相當於《大正藏》本卷第 2 尾部與卷第 3 大部。屬於異卷。
8　9～10 世紀。歸義軍時期寫本。
9.1　楷書。
10　此件原為日本大谷探險隊所得。卷首背貼有紙條，上寫“い七”。

1.1　BD14189 號
1.3　金剛般若波羅蜜經
1.4　新 0389
2.1　(2.8＋288.2)×25.6 厘米；7 紙；158 行，行 17 字。
2.2　01：2.8＋25.5，17；　02：47.7，28；　03：47.6，28；
04：47.7，28；　05：47.5，28；　06：47.6，28；
07：24.6，01。
2.3　卷軸裝。首殘尾全。經黄打紙。卷面有水漬，下邊有黴斑，接縫處多有開裂。有燕尾。有烏絲欄。
3.1　首 2 行上下殘→大正 0235，08/0750C03～04。
3.2　尾全→大正 0235，08/0752C03。
4.2　金剛般若波羅蜜經（尾）。
5　與《大正藏》本對照，本號經文無冥司偈，參見《大正藏》，8/751C16～19。
8　7～8 世紀。唐寫本。
9.1　楷書。
10　此件原為日本大谷探險隊所得。卷首背貼有紙條，上寫“い八”。

1.1　BD14190 號
1.3　妙法蓮華經卷五
1.4　新 0390
2.1　(7.5＋413.5＋15)×26 厘米；11 紙；149 行，行 17 字。
2.2　01：7.5＋27.5，21；　02：41.5，25；　03：41.5，25；
04：41.5，24；　05：41.5，24；　06：41.5，24；
07：41.5，24；　08：41.5，24；　09：41.5，24；
10：41.5，24；　11：12.5＋15，10。
2.3　卷軸裝。首尾均殘。首紙上下邊殘缺，中間有殘洞，卷面

有水漬及黴斑。第9、10紙接縫處下部開裂。有烏絲欄。已修整。
3.1　首5行下殘→大正0262，09/0042B14～20。
3.2　尾3行中上殘→大正0262，09/0046B07～12。
8　7～8世紀。唐寫本。
9.1　楷書。
10　此件原為日本大谷探險隊所得。卷首背貼有小白紙箋，写有:”い九”。

1.1　BD14191號
1.3　金光明最勝王經卷八
1.4　新0391
2.1　314.6×25.5厘米；8紙；186行，行17字。
2.2　01：42.0，26；　02：42.0，26；　03：43.0，26；
　　04：42.0，26；　05：42.2，26；　06：42.0，26；
　　07：42.0，26；　08：19.4，04。
2.3　卷軸裝。首脫尾全。有燕尾。有烏絲欄。
3.1　首殘→大正0665，16/0440C27。
3.2　尾全→大正0665，16/0444A09。
4.2　金光明經卷第八（尾）。
5　尾附音義。
8　9～10世紀。歸義軍時期寫本。
9.1　楷書。
10　此件原為日本大谷探險隊所得。卷面貼有紙條，上寫“い十”。

1.1　BD14192號
1.3　無量壽宗要經
1.4　新0392
2.1　171×31厘米；4紙；122行，行30餘字。
2.2　01：44.0，31；　02：44.5，33；　03：46.0，35；
　　04：36.5，23。
2.3　卷軸裝。首尾均全。卷面多水漬及油污，通卷上下邊殘損，前2紙接縫處有開裂，中間有殘洞。有烏絲欄。
3.1　首全→大正0936，19/0082A03。
3.2　尾全→大正0936，19/0084C29。
4.1　大乘無量壽經（首）。
4.2　佛說無量壽宗要經（尾）。
7.1　卷尾下方有題名“氾子昇”。
8　8～9世紀。吐蕃統治時期寫本。
9.1　行楷。
13　此件原為日本大谷探險隊所得。編號作“い一一”。

1.1　BD14193號
1.3　善惡因果經
1.4　新0393
2.1　（9＋174）×28厘米；4紙；95行，行18～19字。
2.2　01：9＋37.5，27；　02：45.5，27；　03：45.5，27；
　　04：45.5，14。
2.3　卷軸裝。首殘尾全。首紙有殘損破裂。已修整。有烏絲欄。已修整。
3.1　首5行中下殘→大正2881，85/1382A22～28。
3.2　尾全→大正2881，85/1383B06。
4.2　佛說因果經（尾）。
8　7～8世紀。唐寫本。
9.1　楷書。
13　此件原為日本大谷探險隊所得。編號作“い一二”。

1.1　BD14194號
1.3　妙法蓮華經卷六
1.4　新0394
2.1　279×25厘米；7紙；171行，行17字。
2.2　01：11.0，06；　02：45.5，28；　03：45.5，28；
　　04：45.5，28；　05：45.5，28；　06：45.5，28；
　　07：40.5，25。
2.3　卷軸裝。首尾均殘。經黄打紙。前2紙有破裂殘缺。有烏絲欄。
3.1　首殘→大正0262，09/0047C02。
3.2　尾殘→大正0262，09/0050B23。
8　7～8世紀。唐寫本。
9.1　楷書。
10　此件原為日本大谷探險隊所得。卷首背貼有小紙簽：“い一四”。內包裝紙上粘有紙簽：“類別8，番號409”。
12　從本號背面揭下古代裱補紙一塊，今編為BD16436號。

1.1　BD14195號
1.3　金剛般若波羅蜜經
1.4　新0395
2.1　267.5×25.2厘米；6紙；145行，行17字。
2.2　01：49.0，28；　02：49.0，28；　03：49.2，28；
　　04：24.8，14；　05：49.7，28；　06：45.8，19。
2.3　卷軸裝。首脫尾全。經黄打紙。卷首殘破有殘洞，接縫處有開裂。第5紙紙質與其他各紙不同。有燕尾。有烏絲欄。
3.1　首殘→大正0235，08/0750C19。
3.2　尾全→大正0235，08/0752C03。
4.2　金剛般若波羅蜜經（尾）。
5　與《大正藏》本對照，本號經文無冥司偈，參見《大正藏》，8/751C16～19。
8　7～8世紀。唐寫本。
9.1　楷書。
10　此件原為日本大谷探險隊所得。內包装紙上写有“い一五号”，并粘有纸簽“类别8，番号410”。

1.1　BD14196號

1.3 金光明最勝王經卷九
1.4 新0396
2.1 (2.2+301.5)×25.8厘米；7紙；181行，行17字。
2.2 01：2.2+27，18； 02：46.0，28； 03：46.0，28；
04：46.0，28； 05：46.0，28； 06：46.0，28；
07：44.5，23。
2.3 卷軸裝。首殘尾全。背有古代裱補。有燕尾。有烏絲欄。
3.1 首2行上下殘→大正0665，16/0448B17～18。
3.2 尾全→大正0665，16/0450C15。
4.2 金光明最勝王經卷第九（尾）。
8 8～9世紀。吐蕃統治時期寫本。
9.1 楷書。
10 此件原為日本大谷探險隊所得。卷端背粘有白色小纸簽，上书“い一六”。內包裝紙上亦粘有紙簽，上有“類別8，番號411”等字。

1.1 BD14197號
1.3 佛名經（十六卷本）卷一二
1.4 新0397
2.1 85.7×27.1厘米；2紙；50行，行字不等。
2.2 01：43.0，25； 02：42.7，25。
2.3 卷軸裝。首尾均脫。經黃打紙。有烏絲欄。
3.1 首殘→《七寺古逸經典研究叢書》，03/0587A12。
3.2 尾殘→《七寺古逸經典研究叢書》，03/0591A09。
8 7～8世紀。唐寫本。
9.1 楷书。
10 此件原為日本大谷探險隊所得。卷端背粘有一白色小紙簽，上写“い一八”。內包裝紙上粘有一小紙簽，上寫“類別8，番號412”。

1.1 BD14198號
1.3 大佛頂如來密因修證了義諸菩薩萬行首楞嚴經卷一〇
1.4 新0398
2.1 (4+516.1)×27.3厘米；13紙；314行，行17字。
2.2 01：4+15.3，12； 02：48.2，28； 03：48.2，28；
04：48.2，28； 05：48.1，28； 06：48.1，28；
07：48.2，28； 08：48.2，28； 09：48.2，28；
10：48.0，28； 11：48.1，28； 12：48.0，28；
13：19.3，拖尾。
2.3 卷軸裝。首殘尾全。卷首殘破嚴重，多有殘洞，卷面多有破損，卷尾下邊殘缺，有蟲繭。有烏絲欄。
3.1 首2行上殘→大正0945，19/0151C12～13。
3.2 尾全→大正0945，19/0155B04。
4.2 大佛頂萬行首楞嚴經卷第十（尾）。
8 8世紀。唐寫本。
9.1 楷书。
10 此件原為日本大谷探險隊所得。卷端背粘有白色小纸簽，上写“い一九”。內包裝紙上粘有紙簽，上寫“類別8，番號413”。

1.1 BD14199號
1.3 大般涅槃經（北本）卷一八
1.4 新0399
2.1 908.1×25.8厘米；19紙；527行，行17字。
2.2 01：47.7，27； 02：48.1，28； 03：47.9，28；
04：47.8，28； 05：47.7，28； 06：47.9，28；
07：47.7，28； 08：48.0，28； 09：48.0，28；
10：47.9，28； 11：47.7，28； 12：47.9，28；
13：48.0，28； 14：47.8，28； 15：47.8，28；
16：47.8，28； 17：47.8，28； 18：47.5，28；
19：47.1，24。
2.3 卷軸裝。首尾均全。有燕尾。有烏絲欄。
3.1 首全→大正0374，12/0468A08。
3.2 尾全→大正0374，12/0474A20。
4.1 大般涅槃經梵行品之四，十八（首）。
4.2 大般涅槃經卷第十八（尾）。
7.1 卷首背面有勘記“大般涅”3字。
8 7～8世紀。唐寫本。
9.1 楷書。
9.2 有刮改。有行間校加字。
10 此件原為日本大谷探險隊所得。卷端背粘有一白色小纸笺，上寫“い二〇”，鉛筆寫“第十八”。包裝纸上粘有紙簽，上寫“类别8，番号414”。

1.1 BD14200號
1.3 妙法蓮華經卷七
1.4 新0400
2.1 (9.5+368)×25.5厘米；10紙；207行，行17字。
2.2 01：9.5+9，10； 02：42.5，24； 03：42.5，24；
04：42.5，24； 05：42.5，24； 06：42.5，24；
07：42.5，25； 08：42.5，26； 09：42.5，25；
10：19.0，01。
2.3 卷軸裝。首殘尾全。卷面油污，下邊殘破，卷尾油污嚴重。有燕尾。有烏絲欄。
3.1 首5行上下殘→大正0262，09/0059B25～C02。
3.2 尾全→大正0262，09/0062B01。
4.2 妙法蓮華經卷第七（尾）。
8 8世紀。唐寫本。
9.1 楷書。
10 此件原為日本大谷探險隊所得。在內包裝紙上貼有小紙簽：“類別8，番號415”。包装纸上寫有：“い二一号”。

1.1 BD14201號
1.3 大般涅槃經（北本　宮本）卷三五

1.4　新 0401
2.1　901.4×24.6 厘米；20 紙；491 行；行 17 字。
2.2　01：24.4，護首；　02：49.1，27；　03：49.4，28；
04：49.3，28；　05：49.1，28；　06：49.2，28；
07：49.2，28；　08：49.1，28；　09：26.7，15；
10：20.8，12；　11：49.2，28；　12：49.1，28；
13：49.1，28；　14：49.2，28；　15：49.2，28；
16：49.0，28；　17：49.1；28；　18：49.2，28；
19：49.1，28；　20：49.9，17。
2.3　卷軸裝。首尾均全。打紙；研光上蠟。有護首，有竹質天竿及桃紅色縹帶，縹帶長 10.5 厘米。有烏絲欄。
3.1　首全→大正 0374，12/0568B22。
3.2　尾全→大正 0374，12/0574B07。
4.1　大般涅槃經迦葉菩薩品，三十五（首）。
4.2　大般涅槃經卷第三十五（尾）。
5　與《大正藏》本對照，分卷不同，分卷與宫本同。此卷經文相當於《大正藏》本卷第三四尾部與卷第三五全部。
7.4　護首有經名："大般涅槃經卷第卅五，冬，顯。"上有經名號。
"冬"，爲敦煌遺書《大般涅槃經》特有的袟號。"顯"為該遺書收藏單位"顯德寺"的簡稱。
8　9～10 世紀。歸義軍時期寫本。
9.1　楷書。
9.2　有行間校加字及刮改。
10　護首鈐有 1 藍色長方形印章，2.4×3.4 厘米；印文為"圖書臺帳登録番號"，空白處標有"787"。卷端背下方粘有一白色小紙簽上寫"い一"。

1.1　BD14202 號
1.3　佛名經（二十卷本）卷一二
1.4　新 0402
2.1　967×27.5 厘米；23 紙；531 行；行 17 字。
2.2　01：43.0，24；　02：43.0，24；　03：43.0，24；
04：43.0，24；　05：43.0，24；　06：43.0，24；
07：43.0，24；　08：43.0，24；　09：43.0，24；
10：43.0，24；　11：43.0，24；　12：43.0，24；
13：43.0，24；　14：43.0，24；　15：43.0，24；
16：43.0，24；　17：43.0，24；　18：43.0，24；
19：43.0，24；　20：43.0，24；　21：43.0，24；
22：43.0，24；　23：21.0，03。
2.3　卷軸裝。首脱尾全。卷面多水漬，有鳥糞，接縫處多有開裂。有燕尾，上下有蟲繭。有烏絲欄。
3.4　說明：
號首殘，尾全。爲二十卷本《佛說佛名經》卷十二，未爲我國歷代大藏經所收。
4.2　佛說佛名經卷第十二（尾）。
8　8 世紀。唐寫本。
9.1　楷書。
10　卷端背粘有一小白紙簽，上書"い二四"。內包裝紙上有"四一七"字樣。

1.1　BD14203 號
1.3　大般若波羅蜜多經卷四
1.4　新 0403
2.1　701.3×27.2 厘米；15 紙；416 行；行 17 字。
2.2　01：47.1，26；　02：46.8，28；　03：46.7，28；
04：46.7，28；　05：46.8，28；　06：46.7，28；
07：46.5，28；　08：46.8，28；　09：46.8，28；
10：46.8，28；　11：46.8，28；　12：46.8，28；
13：46.8，28；　14：46.6，26；　15：46.6，28。
2.3　卷軸裝。首全尾脱。第 14 紙尾有 2 行空行。有烏絲欄。14 紙因漏抄經文兑廢，15 紙重新抄寫。
3.1　首全→大正 0220，05/0017A03。
3.2　尾殘→大正 0220，05/0021B21。
4.1　大般若波羅蜜多經卷第四，/初分學觀品第二之二，三藏法師玄奘奉詔譯/（首）。
7.1　卷端背面上下各有 1 字硃筆勘記，分別為"四"，"一"。第 14 紙尾部上方有勘記"兑"字。
8　8～9 世紀。吐蕃統治時期寫本。
9.1　楷書。
10　卷端背面鈐有 2 處長方形圓角陽文硃印，1.6×2.1 厘米；印文為"毓卿"；粘有一小白紙簽，上寫"い二五"。

1.1　BD14204 號
1.3　大般若波羅蜜多經卷三四二
1.4　新 0404
2.1　790×27 厘米；18 紙；480 行；行 17 字。
2.2　01：43.0，26；　02：45.0，28；　03：45.0，28；
04：45.0，28；　05：45.0，28；　06：45.0，28；
07：45.0，28；　08：45.5，28；　09：45.5，28；
10：45.5，28；　11：45.5，28；　12：45.5，28；
13：45.5，28；　14：45.5，28；　15：45.5，28；
16：45.5，28；　17：45.5，28；　18：22.0，06。
2.3　卷軸裝。首尾均全。有烏絲欄。
3.1　首全→大正 0220，06/0754B02。
3.2　尾全→大正 0220，06/0759C18。
4.1　大般若波羅蜜多經卷第三百卌二，/初分願喻品第五十六之二，三藏法師玄奘奉詔譯/（首）。
4.2　大般若波羅蜜多經卷第三百卌二（尾）。
8　8～9 世紀。吐蕃統治時期寫本。
9.1　楷書。
10　卷首背貼有一小白紙簽，上寫"い二六"。內包裝紙粘有紙簽，上寫"類別 8，番號 419"。

1.1 BD14205 號
1.3 大般若波羅蜜多經卷一三九
1.4 新 0405
2.1 715×26 厘米；16 紙；413 行；行 17 字。
2.2 01：25.5，護首； 02：45.5，27； 03：46.0，28；
04：46.0，28； 05：46.0，28； 06：46.0，28；
07：46.0，28； 08：46.0，28； 09：46.0，28；
10：46.0，28； 11：46.0，28； 12：46.0，28；
13：46.0，28； 14：46.0，28； 15：46.0，28；
16：46.0，22。
2.3 卷軸裝。首尾均全。打紙；砑光上蠟。有護首和竹質天竿。尾有原軸，兩端塗紫紅色漆。有烏絲欄。
3.1 首全→大正 0220，05/0753B08。
3.2 尾全→大正 0220，05/0758A17。
4.1 大般若波羅蜜多經卷第一百卅九，/初分校量功德品第卅之卅七，三藏法師玄奘奉詔譯/（首）。
4.2 大般若波羅蜜多經卷第一百卅九（尾）。
7.4 護首有經名："大般若波羅蜜多經卷第一百卅九，十四。"上有經名號。
8 8～9 世紀。吐蕃統治時期寫本。
9.1 楷書。
10 卷首背下方貼有白色小紙簽，上寫"い二八"三字，內包裝紙上亦粘有一紙簽，上寫"類别 8，番號 420"。

1.1 BD14206 號
1.3 金光明最勝王經卷二
1.4 新 0406
2.1 （1.5+512）×25 厘米；11 紙；284 行；行 17 字。
2.2 01：1.5+24.5，15； 02：49.0，28； 03：48.5，28；
04：49.0，28； 05：49.0，28； 06：49.0，28；
07：48.8，28； 08：48.8，28； 09：48.8，28；
10：48.8，28； 11：47.8，17。
2.3 卷軸裝。首殘尾全。首紙殘缺 2 行。卷面多水漬，有破裂。有燕尾。有烏絲欄。已修整。
3.1 首 1 行中下殘→大正 0665，16/0409C21。
3.2 尾全→大正 0665，16/0413C06。
4.2 金光明最勝王經卷第二（尾）。
5 尾附音義一行
8 9～10 世紀。歸義軍時期寫本。
9.1 楷書。
10 卷端背上方粘有一白色小紙簽，上寫"い三〇"，內包裝紙上亦粘有一紙簽，上寫"類别 8，番號 421"。

1.1 BD14207 號
1.3 金光明最勝王經卷一
1.4 新 0407
2.1 （13+179.5+2.3）×25.2 厘米；5 紙；116 行；行 17 字。
2.2 01：13+30，26； 02：47.0，28； 03：47.0，28；
04：47.0，28； 05：8.5+2.3，06。
2.3 卷軸裝。首全尾殘。卷首右下殘缺，卷面有油污。背有古代裱補。有烏絲欄。已修整。
3.1 首 8 行中下殘→大正 0665，16/0403A03～14。
3.2 尾 1 行下殘→大正 0665，16/0404C05。
4.1 金光明最勝王經序□…□（首）。
8 8～9 世紀。吐蕃統治時期寫本。
9.1 楷書。
10 卷端背上方粘有一白色小紙簽，上書"い三一"三字，內包裝紙上亦粘有一紙簽，上書"類别 8，番號 422"。

1.1 BD14208 號
1.3 金剛般若波羅蜜經
1.4 新 0408
2.1 （3.7+506.3）×25.3 厘米；11 紙；正面 277 行，行 17 字；背面 5 行，行字不等。
2.2 01：3.7+25.5，16； 02：50.1，28； 03：50.1，28；
04：50.0，28； 05：50.3，28； 06：50.2，28；
07：50.1，28； 08：50.1，28； 09：50.2，28；
10：50.1，28； 11：29.6，09。
2.3 卷軸裝。首殘尾全。經黄紙。首紙有殘缺、破損，接縫處多有開裂。有燕尾。有烏絲欄。已修整。
2.4 本遺書包括 2 個文獻：（一）《金剛般若波羅蜜經》，277 行，抄寫在正面，今編為 BD14208 號。（二）《千字文雜寫》（擬），5 行，抄寫在背面，今編為 BD14208 號背。
3.1 首 2 行上下殘→大正 0235，08/0749A29～B02。
3.2 尾全→大正 0235，08/0752C03。
4.2 金剛般若波羅蜜經（尾）。
5 與《大正藏》本對照，本號經文無冥司偈。參見《大正藏》，8/751C16～19。
7.3 第 1 紙背面有千字文雜寫"千字文勅員外散騎侍郎/周興嗣次韻天地玄黄宇宙/洪黄（荒）日月盈昃晨（辰）宿烈（列）張/寒來暑往秋□/冬藏潤（閏）餘成歳律呂/"5 行。
8 7～8 世紀。唐寫本。
9.1 楷書。
9.2 有行間校加字。
10 卷端背粘有一白色紙簽，上寫"い三三"。內包裝紙上亦粘有一紙簽，上寫"類别 8，番號 424"。

1.1 BD14208 號背
1.3 千字文雜寫（擬）
1.4 新 0408
2.4 本遺書由 2 個文獻組成，本文獻為第 2 個，5 行，抄寫在背面。餘參見 BD14208 號的第 2 項。
3.3 錄文：
（首全）

千字文勅員外散騎侍郎/
周興嗣次韻天地玄黃宇宙/
洪黃（荒）日月盈昃晨（辰）宿烈（列）張/
寒來暑往秋□/
冬藏潤（閏）餘成歲律呂/
（錄文完）

8　9～10世紀。歸義軍時期寫本。

9.1　楷書。

1.1　BD14209號

1.3　金剛般若波羅蜜經

1.4　新0409

2.1　（47.5＋445.4）×25.5厘米；11紙；285行；行17字。

2.2　01：29.0，18；　02：18.5＋27.5，28；　03：46.2，28；
04：46.3，28；　05：46.5，28；　06：46.5，28；
07：46.5，28；　08：46.5，28；　09：46.5，28；
10：46.4，28；　11：46.5，15。

2.3　卷軸裝。首殘尾全。卷面有破裂。有燕尾。背面有古代裱補。有烏絲欄。已修整。

3.1　首29行下殘→大正0235，08/0749A27～B28。

3.2　尾全→大正0235，08/0752C03。

4.2　金剛般若波羅蜜經（尾）。

5　與《大正藏》本對照，本號經文無冥司偈。參見《大正藏》，8/751C16～19。

8　7～8世紀。唐寫本。

9.1　楷書。

10　卷端背上方粘有一白色小紙簽，上寫“ぃ三四”。內包裝紙上亦粘有一紙簽，上寫“類別8，番號425”。

1.1　BD14210號

1.3　妙法蓮華經卷五

1.4　新0410

2.1　（5.5＋391）×27.5厘米；8紙；220行；行17字。

2.2　01：5.5＋37.5，24；　02：50.5，28；　03：50.5，28；
04：50.5，28；　05：50.5，28；　06：50.5，28；
07：50.5，28；　08：50.5，28。

2.3　卷軸裝。首殘尾脫。第1紙上邊有破裂，第1、2紙接縫處下部開裂。有烏絲欄。

3.1　首3行下殘→大正0262，09/0042B04～07。

3.2　尾殘→大正0262，09/0045C06。

8　8世紀。唐寫本。

9.1　楷書。

10　卷首背上端貼有小白紙簽，上寫：“ぃ三七”。內包裝紙上有序號“四二八”。

1.1　BD14211號

1.3　大般涅槃經（南本　異本）卷五

1.4　新0411

2.1　1019.1×26.2厘米；21紙；573行；行17字。

2.2　01：47.1，26；　02：48.9，28；　03：49.1，28；
04：49.1，28；　05：48.9，28；　06：48.7，28；
07：43.6，28；　08：49.0，28；　09：49.3，28；
10：49.4，28；　11：49.5，28；　12：49.5，28；
13：49.4，28；　14：49.6，28；　15：49.5，28；
16：49.5，28；　17：49.5，28；　18：49.4，28；
19：49.4，28；　20：49.4，28；　21：41.3，15。

2.3　卷軸裝。首尾均全。首紙上有殘損。尾有原軸，兩端塗醬色漆。背面有近代修補。有烏絲欄。

3.1　首全→大正0375，12/0631B19。

3.2　尾全→大正0375，12/0638B20。

4.1　大般涅槃經四相品之二（首）。

4.2　大般涅槃經卷第五（尾）。

5　與《大正藏》本對照分卷不同，與歷代各種藏經分卷均不同。正卷經文相當於《大正藏》本卷第五《四相品之餘》大部與卷第六《四依品第八》前部。

8　9～10世紀。歸義軍時期寫本。

9.1　楷書。

10　首紙背面鈐有1藍色長方形印章，2.4×3.4厘米；印文為“圖書臺帳登錄番號”，空白處標有“1066”。卷端背上方有硃書“官8.38”。

新舊編號對照表

新字頭號與北敦號對照表

新字頭號	北敦號
新 0352	BD14152 號 1
新 0352	BD14152 號 2
新 0353	BD14153 號
新 0354	BD14154 號
新 0355	BD14155 號
新 0356	BD14156 號
新 0357	BD14157 號
新 0358	BD14158 號
新 0359	BD14159 號
新 0360	BD14160 號 1
新 0360	BD14160 號 2
新 0361	BD14161 號
新 0362	BD14162 號
新 0363	BD14163 號
新 0364	BD14164 號
新 0365	BD14165 號
新 0366	BD14166 號
新 0367	BD14167 號
新 0368	BD14168 號
新 0368	BD14168 號背
新 0369	BD14169 號
新 0370	BD14170 號
新 0371	BD14171 號
新 0372	BD14172 號
新 0373	BD14173 號
新 0374	BD14174 號
新 0375	BD14175 號
新 0376	BD14176 號
新 0377	BD14177 號 1
新 0377	BD14177 號 2
新 0378	BD14178 號 1
新 0378	BD14178 號 2
新 0379	BD14179 號
新 0380	BD14180 號
新 0381	BD14181 號
新 0382	BD14182 號
新 0383	BD14183 號
新 0384	BD14184 號
新 0385	BD14185 號
新 0386	BD14186 號 1
新 0386	BD14186 號 2
新 0386	BD14186 號 3
新 0387	BD14187 號
新 0388	BD14188 號
新 0389	BD14189 號
新 0390	BD14190 號
新 0391	BD14191 號
新 0392	BD14192 號
新 0393	BD14193 號
新 0394	BD14194 號
新 0395	BD14195 號
新 0396	BD14196 號
新 0397	BD14197 號
新 0398	BD14198 號
新 0399	BD14199 號
新 0400	BD14200 號
新 0401	BD14201 號
新 0402	BD14202 號
新 0403	BD14203 號
新 0404	BD14204 號
新 0405	BD14205 號
新 0406	BD14206 號
新 0407	BD14207 號
新 0408	BD14208 號
新 0408	BD14208 號背
新 0409	BD14209 號
新 0410	BD14210 號
新 0411	BD14211 號